LOUIS-FERDINAND CÉLINE

ÉCRITS CONTROVERSÉS

OMNIA VERITAS

LOUIS FERDINAND CÉLINE

ÉCRITS CONTROVERSÉS

Bagatelles pour un massacre – 1937

L'école des cadavres – 1938

Les beaux draps – 1941

Hommage à Zola – 1933

À l'agité du bocal - 1948

MEA CULPA – 1936

Publié par

Omnia Veritas Ltd

OMNIA VERITAS

www.omnia-veritas.com

BAGATELLES POUR UN MASSACRE

1937

À EUGÈNE DABIT,
À MES POTES DU
« THÉÂTRE EN TOILE »

Il est vilain, il n'ira pas au paradis, celui qui décède sans avoir réglé tous ses comptes. - Almanach des Bons-Enfants

Le monde est plein de gens qui se disent des raffinés et puis qui ne sont pas, je l'affirme, raffinés pour un sou. Moi, votre serviteur, je crois bien que moi, je suis un raffiné ! Tel quel ! Authentiquement raffiné. Jusqu'à ces derniers temps j'avais peine à l'admettre... Je résistais... Et puis un jour je me rendis... Tant pis !... Je suis tout de même un peu gêné par mon raffinement... Que va-t-on dire ? Prétendre ?... Insinuer ?...

Un raffiné valable, raffiné de droit, de coutume, officiel, d'habitude doit écrire au moins comme M. Gide, M. Vanderem, M. Benda, M. Duhamel, Mme Colette, Mme Fémina, Mme Valéry, les « Théâtres Français »... pâmer sur la nuance... Mallarmé, Bergson, Alain... troufignoliser l'adjectif... goncourtiser... merde ! enculagailler la moumouche, frénétiser l'Insignifiance, babiller ténu dans la pompe, plastroniser, cocoriquer dans les micros... Révéler mes « disques favoris » ... mes projets de conférences...

Je pourrais, je pourrais bien devenir aussi moi, un styliste véritable, un académique « pertinent ». C'est une affaire de travail, une application de mois... peut-être d'années... On arrive à tout... comme dit le proverbe espagnol : « Beaucoup de vaseline, encore plus de patience, Éléphant encugule fourmi. »

Mais je suis quand même trop vieux, trop avancé, trop salope sur la route maudite du raffinement spontané... après une dure carrière « de dur dans les durs » pour rebrousser maintenant chemin ! et puis venir me présenter à l'agrégation des dentelles !...

Impossible ! Le drame est là. Comment je fus saisi étranglé d'émoi... par mon propre raffinement ? Voici les faits, les circonstances...

Je m'ouvrais tout récemment à un petit pote à moi, un bon petit médecin dans mon genre, en mieux, Léo Gutman, de ce goût de plus en plus vivace, prononcé, virulent, que dis-je, absolument despotique qui me venait pour les danseuses... Je lui demandais son avis... Qu'allais-je devenir ? moi, chargé de famille ! Je lui avouai toute ma passion ravageuse...

« Dans une jambe de danseuse le monde, ses ondes, tous ses rythmes, ses folies, ses vœux sont inscrits !... Jamais écrits !... Le plus nuancé poème du monde !... émouvant ! Gutman ! Tout ! Le poème inouï, chaud et fragile comme une jambe de danseuse en mouvant équilibre est en ligne, Gutman mon ami, aux écoutes du plus grand secret, c'est Dieu ! C'est Dieu lui-même ! Tout simplement ! Voilà le fond de ma pensée ! À partir de la semaine prochaine, Gutman, après le terme... je ne veux plus travailler que pour les danseuses... Tout pour la danse ! Rien que pour la danse ! La vie les saisit, pures... les emporte... au moindre élan, je veux aller me perdre avec elles... toute la vie... frémissante... onduleuse... Gutman ! Elles m'appellent !... Je ne suis plus moi- même... Je me rends... Je veux pas qu'on me bascule dans l'infini !... à la source de tout... de toutes les ondes... La raison du monde est là... Pas ailleurs... Périr par la danseuse !... Je suis vieux, je vais crever bientôt... Je veux m'écrouler, m'effondrer, me dissiper, me vaporiser, tendre nuage... en arabesques... dans le néant... dans les fontaines du mirage... je vaux périr par la plus belle... Je veux qu'elle souffle sur mon cœur... Il s'arrêtera de battre... Je te promets ! Fais en sorte Gutman que je me rapproche du danseuses !... Je veux bien calancher, tu sais, comme tout le monde... mais pas dans un vase de nuit... par une onde... par une belle onde... la plus dansante... la plus émue... »

Je savais à qui je m'adressais, Léo Gutman pouvait me comprendre... Confrère de haut parage, Gutman !... achalandé comme bien peu... quelles relations !... frayant dans tout le haut Paris... subtil, cavaleur, optimiste, insinuant, savant, fin comme l'ambre, connaissant plus de métrites, de véroles, de baronnes par le menu, de bismuthées, d'acidosiques, d'assassinats bien mondains, d'agonies truquées, de faux seins, d'ulcères douteux, de glandes inouïes, que vingt notaires, cinq Lacassagnes, dix-huit commissaires de police, quinze confesseurs. Au surplus et par lui-même, du cul comme trente-six flics, ce qui ne gâte rien et facilite énormément toute la compréhension des choses.

« Ah ! qu'il me réplique, Ferdinand, te voilà un nouveau vice ! tu veux lutiner les étoiles ? à ton âge ! c'est la pente fatale !... Tu n'as pas beaucoup d'argent... Comme tu serais plutôt repoussant... considérant ton physique... Je te vois mal parti... Comme tu n'es pas distingué... Comme tes livres si grossiers, si sales, te feront sûrement bien du tort, le mieux serait de ne pas les montrer, encore moins que ta figure... Pour commencer je te présenterai anonyme... Ça ne te fait rien ? »

– Ah ! Je me récriai, mais Gutman, je suis partisan ! Je m'en gafe énormément ! Je veux bien certes... Et même je préfère demeurer aux aguets... Les entrevoir ces adorables, abrité par quelque lourd rideau... Je ne tiens pas du tout à me montrer personnellement... Je voudrais seulement observer en très grand secret ces mignonnes « à la barre »... dans leurs exercices comme on admire à l'église les objets du culte... de très loin... Tout le monde ne communie pas !...

– C'est cela... C'est cela même ! ne te montre pas ! T'as toujours une tête de satyre.. Les danseuses sont très effroyables... très facilement. Ce sont des oiseaux...

– Tu crois ?... Tu crois ?...

– Tout le monde le sait.

Gutman il ruisselle d'idées. Voici l'intermédiaire génial... Il a réfléchi...

– Tu n'es pas poète des fois, dis donc ? par hasard ?... qu'il me demande à brûle- pourpoint.

– Tu me prends sans vert... (Je ne m'étais jamais à moi-même posé la question.) Poète ? que je dis... Poète ?... Poète comme M. Mallarmé ? Tristan Derème, Valéry, l'Exposition ? Victor Hugo ? Guernesey ? Waterloo ? Les Gorges du Gard ? Saint-Malo ? M. Lifar ?... Comme tout le Frente Popular ? Comme M. Bloch ? Maurice Rostand ? Poète enfin ?...

– Oui ! Poète enfin !

– Hum... Hum... C'est bien difficile à répondre... Mais en toute franchise, je ne crois pas... Ça se verrait... La critique me l'aurait dit...

– Elle a pas dit ça la critique ?...

–Ah ! Pas du tout !... Elle a dit comme trésor de merde qu'on pouvait pas trouver beaucoup mieux... dans les deux hémisphères, à la ronde... que les gros livres à Ferdinand... Que c'était vraiment des vrais chiots... « Forcené, raidi, crispé, qu'ils ont écrit tous, dans une très volontaire obstination à créer le scandale verbal... Monsieur Céline nous dégoûte, nous fatigue, sans nous étonner... Un sous-Zola sans essor... Un pauvre imbécile maniaque de la vulgarité gratuite... une grossièreté plate et funèbre...

M. Céline est un plagiaire des graffiti d'édicules... rien n'est plus artificiel, plus vain que sa perpétuelle recherche de l'ignoble... même un fou s'en serait lassé... M. Céline n'est même pas fou... Cet hystérique est un malin... Il spécule sur toute la niaiserie, la jobardise des esthètes... factice, tordue au possible son style est un écœurement, une perversion, une outrance affligeante et morne. Aucune lueur dans cet égout !... pas la moindre accalmie... la moindre fleurette poétique... Il faut être un snob « tout en bronze » pour résister à deux pages de cette lecture forcenée... Il faut plaindre de tout cœur, les malheureux courriéristes obligés (le devoir professionnel !) de parcourir, avec quelle peine ! de telles étendues d'ordures !... Lecteurs ! Lecteurs !... Gardez- vous bien d'acheter un seul livre de ce cochon ! Vous êtes prévenus ! Vous auriez tout à regretter ! Votre argent ! Votre temps !.., et puis un extraordinaire dégoût, définitif peut-être pour toute la littérature !... Acheter un livre de M. Céline au moment où tant de nos auteurs, de grands, nerveux et loyaux talents, honneur de notre langue (la plus belle de toutes) pleinement en possession de leur plus belle maîtrise, surabondamment doués, se morfondent, souffrent de la cruelle mévente ! (ils en savent quelque chose). Ce serait commettre une bien vilaine action, encourager le plus terne, le plus dégradant des « snobismes », la « Célinomanie », le culte des ordures plates... Ce serait poignarder dans un moment si grave pour tous nos Arts, nos Belles-Lettres Françaises ! (les plus belles de toutes !) »

– Ils ont dit tout ça les critiques ? Je n'avais pas tout lu, je ne reçois pas l'Argus.

– Ah ! Mais dis donc ils se régalent ! Ils sont pas Juifs ? Qui c'est tes critiques ?...

– Mais la fine fleur de la critique !... Tous les grands critiques français !... Ceux qui se décernent les Grands Prix !... « Monsieur, vous êtes un grand critique »... « Un jeune critique de grand talent !... »

– Ce sont des cons ! Tous des sales cons, des Juifs ! Tous des ratés ! des suçons ! des outres ! ils ont chacun tué sous eux, au moins quinze ouvrages.. Ils se vengent... Ils crèvent... Ils dépitent... Pustulents !...

– Ah ! Si j'étais camelot du roi... ventriloque... stalinien... Célineman rabineux... comme ils me trouveraient aimable... Si je rinçais tout simplement... table, zinc ouverts... Les critiques se sont toujours inévitablement gourés... leur élément c'est l'Erreur... Ils n'ont jamais fait autre chose dans le cours des temps historiques : se gourer... Par connerie ? Par jalousie ?... Les deux seuls plateaux de ces juges. La critique est un condé fameux des Juifs... La grande vengeance des impuissants, mégalomanes, de tous les âges de décadence... Ils cadavérisent... La tyrannie sans risque, sans peine... Ce sont les ratés les plus rances qui décrètent le goût du jour !... Qui ne sait rien foutre, loupe toutes ses entreprises possède encore un merveilleux recours : Critique !... Trouvaille inouïe des temps modernes, plus aucun compte jamais à rendre. Critique ne relève que de son propre culot, de ses sales petits gardiens des plus fienteux égouts... Tout en ombres, baves, toxines, immondices, curées...

— Un seul te découvre un petit peu d'intérêt...

— Oui ?

— Marsan.

— Il en est mort.

— Fernandez...

— C'est un pote.

— Et puis Sabord.

— Je tremble pour sa vie ! mon parrain !...

— Et puis Strowsky...

— Il ne recommencera pas.

— Et Daudet ?

— Il te crache !

— Serait-il Juif ?

— Tout va mal !

Ce qu'il m'apprenait Gutman, tout d'un coup, sans préparation, me bouleversait de fond en comble...

— Gutman ! Gutman ! Je t'ai offensé mon pauvre ! Je parie, avec tous ces « Juifs »... et ces « Juifs »...

— Rien ne m'offense de ta part... Rien ne me blesse Ferdinand ! Réponds plutôt à ma question... es-tu poète oui ou merde ?

— Ah ! Léo, Léo, mon petit djibouk, pour m'en aller aux danseuses... je me ferai poète !... C'est juré !... pour aller au déduit divin, je ferai de cette terre, de ce cadavre au fond des nuages, une étoile de première grandeur ! Je ne recule devant aucun miracle...

— Alors vas-y ! ne parle plus ! au tapin ! saisis ta plume... Torche-moi un joli ballet, quelque chose de net et de fringant... j'irai le porter moi-même... à l'Opéra... M. Rouché est mon ami !... Moi-même !...

— Ah ! Ah ! je reste ébaubi... Vrai ? Vrai ?...

— Officiel !... Il fait tout ce que je lui demande...

— Ah ! Léo... (je me jetai â ses genoux) Gutman ! Gutman ! mon vieux prépuce ! Tu m'exaltes ! Je vois le ciel ! La danse c'est le paradis !...

— Oui mais fais bien attention... Un poème !... Les danseuses sont difficiles... susceptibles... délicates...

— Bluff de Juifs !... Imposteurs ! je me récrie !... Publicité !... Les valets sont devenus les maîtres ?... En quelle époque tombons-nous ? C'est grand pitié ! L'or salit tout ! Les veaux d'or ! Les Juifs sont à l'Opéra !... Théophile Gautier ! frémis ! sale hirsute. Tu serais viré avec Gisèle !... Il n'était pas Juif... déconnai-je.

— Tu dis trop de mal...

— Je jure ! je n'en dirai plus ! pour que mon ballet passe !

— Tu te vantes comme un Juif, Ferdinand !... Mais attention ! pas d'ordures ! Tous les prétextes seront valables pour t'éliminer ! Ta presse est détestable... tu es vénal... perfide, faux, puant, retors, vulgaire, sourd et médisant !... Maintenant antisémite c'est complet ! C'est le comble !.. Opéra ! Temple de la Musique ! la Tradition !... les Précautions !... Beaucoup de délicatesse ! de l'envol certes ! mais point de violence !... de ces fatras répugnants... Mr. Rouché, le Directeur, est un homme de goût parfait...

Souci du maintien de la sublimité des mélodies dans le Temple... Il ne me pardonnerait jamais de lui avoir recommandé quelque polissonnerie... d'avoir attiré son attention vénérable sur les fariboles d'un goujat... Ferdinand ! Sens et mesure ! Charme... tendresse... tradition... mélodie... les vrais poèmes sont à ce prix... les danseuses !

La fièvre me vint... j'y cédai... Voici :

LA NAISSANCE UNE FÉE

Ballet en plusieurs actes

Époque : Louis XV. Lieu : Où l'on voudra.

Décor : Une clairière dans un bois, des rochers, une rivière dans le fond.

Action : Au lever du rideau, les petits esprits de la forêt dansent, sautent, virevoltent... C'est la ronde des lutins, des farfadets, des elfes... Leur chef est un lutin couronné, le Roi des Lutins agile, preste, toujours aux aguets... Ils jouent... saute-mouton... Avec eux, dans la ronde joyeuse... une biche frêle et timide... leur petite compagne... Et puis un gros compagnon, le gros hibou... Il danse aussi par ci, par là... mais tranquillement, un peu en retrait toujours... Il est le conseiller, le sage de la petite bande... toujours un peu boudeur... Le petit lapin est là aussi... avec son tambour... On entend les cris d'une bande joyeuse... Jeunes gens et jeunes filles... qui se rapprochent de la clairière... la première de ces jeunes filles apparaît entre les buissons : Évelyne... Une très belle, très joyeuse, très gaie, très étincelante jeune fille. Elle aperçoit tout juste le dernier des petits lutins... qui s'enfuient à l'approche... effrayés par les humains...

Les lutins disparaissent dans le bois... Évelyne fait signe à ses amis, de la rejoindre vite, dans la clairière... Vite ! Vite !... Elle fait signe qu'elle a vu les lutins danser dans la clairière... Les autres rient... incrédules... Ils sont nombreux, jeunes et beaux... garçons et filles... Ils dansent à leur tour dans la clairière... Jeux... Colin-maillard...

Bouderies... Agaceries... L'un des garçons est plus particulièrement pressant... Il fait une cour ardente à Évelyne... C'est le Poète... Il est habillé en « poète »... Habit réséda, maillot collant... Cheveux blonds et bouclés... Rouleaux de poèmes sous son bras... C'est le fiancé d'Évelyne... Danses encore... Toujours danses joyeuses !...

2E TABLEAU :

Devant l'auberge du village... Le jour de la Foire... Groupes agités, affairés... bigarrés... Bateleurs, paysans, animaux, etc. Sous le grand porche de l'auberge, la vieille Karalik accroupie, dit la bonne aventure aux paysans, marchands. etc. La mère Karalik est une vieille gitane méchante... envieuse sorcière... Elle sait lire l'avenir dans les lignes de la main... Les villageois s'approchent. À droite... à gauche... les bateleurs font des tours... Orgues... musiciens... montreurs d'animaux... etc.

Évelyne et le poète suivis par toute la bande des jeunesses joyeuses débouchent en ce moment sur l'esplanade du marché... Leurs rires... leurs gambades font fuir les clients de la vieille Karalik... Son éventaire est renversé... la vieille Karalik maudit leur farandole. Elle jure... elle sacre... elle menace... les jeunes gens ripostent et se moquent d'elle... Et puis on se réconcilie un peu... Les jeunes filles se rapprochent... Le Poète aussi... La vieille ne veut plus lire dans leurs mains... Elle est fâchée... vexée... Disputes encore... La vieille saisit alors la main d'Évelyne... Tous les autres se moquent de la vieille... lui font des grimaces... La vieille jette un sort à Évelyne... au Poète... À ce moment l'orage gronde... la pluie tombe... La foule se disperse... la ronde s'éparpille... Jeunes gens et villageois s'enfuient... rentrent chez eux... la vieille demeure seule sur la grande place du marché... elle est seule sous l'orage... elle ricane... elle danse les « maléfices »... Elle se moque des jeunes gens... elle mime leurs petites manières... leurs coquetteries... Leurs manèges amoureux... Elle danse en boitant la danse des « sorcières »... La vieillesse méchante... tout autour de la scène... traversée d'éclairs et du vacarme de la foudre...

3E TABLEAU :

Le même endroit, encore devant l'auberge... Un autre jour de foire... Foule... Bateleurs, etc. Des grands panneaux décoratifs sont disposés sur les murs de l'auberge... d'autres devins racontent des histoires aux paysans... leur vantent et leur vendent des médicaments... boniments.

Dans les remous de cette foule... Une grande berline (8 chevaux) veut se frayer un chemin... Lourdement chargée... La foule veut empêcher la berline de passer... d'avancer... Des grappes de gamins se pendent aux portières... après les bagages... La grande berline penche alors et s'effondre d'un côté...

Un essieu vient de se briser... La foule toute heureuse s'amuse de l'accident... (Cet accident survient juste devant l'auberge.) Le cocher de la berline dégringole rapidement de son siège... C'est un petit homme tout brun, tout pétulant, visage bistré sous son grand tricorne, sourcils, moustaches à la Méphisto... (Attention ! en réalité, c'est le Diable lui-même, travesti !)

Il va tout de suite trouver le gros hôtelier, surgi sur le seuil de sa porte, attiré par la grande rumeur... Très grands saluts réciproques... Aux portières de la berline... apparaissent vingt têtes charmantes, minois rieurs espiègles... bouclées... vingt jeunes filles en voyage... Figures animées... pétillantes, malicieuses... Elles veulent descendre à tout prix... Le petit cocher ne veut pas... leur défend bien... Quiproquo... La foule prend fait et cause... « Descendez !... Descendez !... » La foule se presse... s'agite... On ouvre la berline... « Descendez ! » Sautent gracieusement sur le sol les vingt demoiselles (capelines de voyage, chacune un menu bagage, petite ombrelle... etc.) À peine à terre, elles gloussent... s'échappent furtives... mutines... Le petit cocher Méphisto est débordé... Il jure... Il se démène... Il les rattrape dans la foule... Enfin, il peut rassembler sa troupe... mais la lourde berline ne peut plus rouler... Cassée !...

« Pressons, Mesdemoiselles !... pressons ! »... Ayant enfin réuni, rassemblé à grand peine cette folle escorte, il sermonne ces demoiselles !... Il explique aussi au gros hôtelier qu'il est, lui, le responsable !... Qu'il est le maître ! Qu'on doit lui obéir !... Le « Maître des Ballets du Roi ! » Il doit conduire sa mutine troupe au château voisin pour les fêtes du mariage du Prince !... Le Corps de Ballet ! Les petites font encore mille espiègleries... Tout heureuses de l'incident... Grand tohu-bohu... un cochon... un veau... traversent la scène... Le Maître de Ballet « Méphisto-cocher »... regroupe enfin ses danseuses ; les fait toutes ensemble pénétrer sous le porche de l'auberge... avec son fouet... Il referme derrière lui cette lourde porte... « Assez ! assez ! » La foule s'amuse de sa colère et de son comique désarroi... Ah ! Il est malin quand même !... Il sait bien ce qu'il fait le drôle !... Il est rusé !... Il feint la contrariété... La porte fermée la foule mécontente se disperse... Les épouses entraînent leurs maris... rétifs... Évelyne entraîne son poète... Les jeunes filles sont obligées de tirer un peu sur leurs prétendants... qui soupirent à présent après les danseuses entrevues...

D'ailleurs les hommes ne s'éloignent pas pour longtemps... À peine quelques secondes... Ils reviennent en scène les uns après les autres... (les hommes seulement) essayer de surprendre ce qui se passe à l'intérieur de l'auberge... Ils frappent à la porte... On ne répond plus... Ils essayent d'ouvrir la porte... Ils collent l'œil au volet... Ils sont tous revenus là... Le poète, le gros magistrat, le notaire, le médecin, le professeur du collège, L'épicier, le maréchal-ferrant, le gendarme, le général, tous les notables, les ouvriers, le croquemort même... On entend une musique de danse... qui vient de l'intérieur de l'auberge... Ils voient par des trous les curieux... Ils miment en cadence en « petits pas » ce qu'ils aperçoivent... Les demoiselles du Ballet sont en train de répéter une figure dans l'intérieur de l'Auberge...

4E TABLEAU :

Obscurité d'abord... pendant que les notables évacuent la scène... Le mur antérieur de l'auberge est soulevé... on voit donc à présent la grande salle de l'auberge à l'intérieur... convertie pour la circonstance en studio de danse... Le petit maître de ballet ne veut pas de paresseuses. Il presse ses élèves. Il fait reculer les chaises le long du mur... les tables... Il ordonne qu'elles se mettent toutes en tenue de ballet... Elles se déshabillent... toutes... lentement... Les voici prêtes pour la leçon... Il sort son petit violon de sa poche... Barre... Positions... Entrechats... Ensembles... Badines !... Variations... Il fustige, il mène la danse...

On voit pendant ce temps par un pan coupé à droite que les gros notables sont revenus pour épier... de l'extérieur... Ils se rincent l'œil... Ils s'excitent... Scandale des épouses qui essayent de les arracher des persiennes. Ils se trémoussent comiquement les notables, se déhanchent... Ils s'écrabouillent aux fenêtres... Mais l'un d'eux, le gros magistrat d'abord, entre-bâille une. porte dérobée... Il se glisse dans l'intérieur de l'auberge. Le voici dans la pièce tout ravi... tout émerveillé !... Les petites font les effarouchées... Le diable les rassure... « Entrez.... Entrez donc... » invite-t-il le magistrat... Il l'installe dans un fauteuil bien commodément près du mur... qu'il ne perde pas un détail de la belle leçon. Par la même porte le médecin se glisse... Même accueil... le facteur, le notaire, le général... Tous bientôt s'infiltrent un par un... Ils sont installés... sous le charme de la danse et des danseuses... Tous les « représentants » des grands et petits métiers... et les notables hypnotisés par la leçon... Ils miment les gestes, les positions, les arabesques... les variations... Le diable est ravi... Le poète arrive enfin le dernier... Il est bientôt le plus exalté de tous ! Il en oublie son Évelyne... Il fait une déclaration brûlante à la première danseuse... Il ne veut plus la quitter... Il lui dédie tout de suite un magnifique poème...

5E TABLEAU :

À nouveau devant l'auberge... Le carrosse est à présent réparé... On l'amène devant la porte... Tout est prêt pour le départ... Le gros hôtelier salue le diable-cocher-maître de ballet. Celui-ci précède sa fraîche pépiante troupe... On amène les bagages... La foule se reforme autour de la lourde berline. On vient voir ce départ !... Les danseuses en voiture !... Mais les notables... juge, poète, médecin, etc. ne peuvent se résoudre à quitter les danseuses... Ils sont tous ensorcelés... ni plus ni moins !... Leurs épouses pourtant mènent gros vacarme... Ils prennent aussi d'assaut la voiture... Le scandale est à son comble ! On n'a jamais vu chose pareille ! Tous les époux, d'un coup ! oublier tous leurs devoirs !... La honte !... Elles essayent de retenir leurs maris... Mais en vain... Elles s'accrochent après les bagages ! aux portières ! aux courroies !... n'importe où !... Les époux grimpent sur le toit de la berline... escaladent... la lourde voiture... On démarre... Le Poète s'arrache aux bras d'Évelyne... Il court après la voiture... après l'« Étoile »...

La voiture déjà loin.... grande colère, grand dépit des épouses... Haines !... vengeances !... poings crispés... anathèmes !... Karalik la vieille sorcière mène, attise la furie... Et puis toutes les épouses évacuent la scène... Reste seule Évelyne en scène dans la pénombre... Elle s'éloigne à son tour toute triste... Elle est accablée... chagrine. Elle ne maudit personne... elle va se suicider... elle n'en peut plus !

6^E TABLEAU :

Dans la clairière comme au premier tableau... Évelyne entre seule, de plus en plus douloureuse et désespérée... Elle traverse doucement... vers la rivière. Elle pense à la Mort... Entrent les Anges de la Mort... en voiles noirs... Danse de la Mort... les anges entourent... bercent Évelyne... Elle essaye de danser... Elle ne peut plus... Elle défaille... Lents mouvements de regret et d'abandon... au bord de l'eau...

La Mort entre aussi... elle-même danse... elle fascine Évelyne, l'oblige à danser...

À ce moment, un homme, un chasseur traverse toute la scène... Il cherche... il fouille les taillis... Les Anges de la Mort s'enfuient à son approche... Évelyne reste seule sur un rocher, accablée... Le chasseur repasse encore... plusieurs chasseurs... Puis une biche traverse vivement... La biche amie... compagne des petits esprits de la forêt... Elle est poursuivie par les chasseurs... Elle repasse... elle est touchée... une flèche au flanc... du sang... elle s'écroule juste aux pieds d'Évelyne... Évelyne se penche sur la biche... l'emporte... la cache derrière le rocher, sur un lit de mousse.

Le chasseur revient sur ses pas... demande à Évelyne si elle n'a rien vu ?... une biche blessée ?... Non !... Elle n'a rien vu... Les chasseurs s'éloignent... Évelyne trempe son voile dans l'eau fraîche... panse la blessure de la biche...

Les petits esprits de la forêt surgissent du bois... fêtent, embrassent Évelyne qui vient de sauver leur petite amie la biche... Reconnaissance... Mais Évelyne n'est pas en train du tout de se réjouir... Elle leur fait part de son désespoir... L'abandon du Poète... Elle ne peut plus vivre... elle ne veut plus vivre... La funeste résolution !... sauter dans la rivière... Les petits esprits protestent... se récrient... s'insurgent... Elle ? Mourir ?... Ah non !... Elle doit demeurer avec ses petits amis... Pourquoi tant de chagrin ?... Elle explique... que le poète a suivi la merveilleuse danseuse... séduit... désormais... sans défense... Évelyne n'a pas su le retenir Comment rivaliser ? C'en est trop !... « Qu'à cela ne tienne ! Danser ?... s'esclaffent les petits esprits... Danser ?... Mais nous allons t'apprendre ! Nous !... Et tu danseras mieux qu'aucune autre danseuse sur terre !... Tiens !... Veux-tu que nous te montrions ?... Veux-tu apprendre les Grands secrets de la Danse ?... » Le petit roi des esprits appelle, invoque, commande les esprits de la Danse... D'abord la « Feuille au Vent »... Danse de la Feuille au Vent... Évelyne chaque fois danse avec l'esprit invoqué... de mieux en mieux... Le « Tourbillon des Feuilles »... « L'Automne »... le « Feu follet »... « Zéphir » lui-même... les « Buées ondoyantes »... la « Brise matinale »... la « Lumière des sous-bois »... etc. Évelyne danse de mieux en mieux !...

Enfin l'un des esprits fait cadeau à Évelyne d'un « Roseau d'Or » qu'il va cueillir sur la berge ; le roseau magique !... Évelyne fixe à son corsage le joli roseau d'or... Elle danse à présent divinement... C'est exact... Tous les petits esprits de la forêt accourent pour l'admirer... Ah ! elle peut retourner vers la vie !... Elle n'a plus à craindre de rivale... Adieux reconnaissants, grande émotion, touchantes effusions... Évelyne quitte ses petits amis pour rejoindre son fiancé volage... Elle quitte la clairière sur les « pointes »... Les petits amis de loin lui envoient mille baisers et tous leurs vœux de bonheur !...

7E TABLEAU :

Encore une fois devant l'auberge...

Évelyne est tout de même un peu désemparée avec son « roseau d'or »... Comment retrouver son fiancé ?... Elle ne connaît pas le chemin... Où peut-il être ?... Elle questionne... elle cherche... Personne ne sait... Puisqu'il s'agit d'une affaire diabolique, elle va s'informer auprès de Karalik la vieille sorcière, si venimeuse, si méchante...

Elle doit savoir elle !... Confiante, Évelyne lui explique... ce qui lui est arrivé... Mais qu'elle danse à présent à merveille... « Vraiment ?... vraiment ?... fais-moi voir !... » Évelyne danse quelques pas... C'est exact !... Karalik est étonnée... Elle ameute aussitôt tous les tziganes de sa tribu... Les femmes et les paysans aussi... ils entourent Évelyne... qu'elle danse ! qu'on l'admire !... Évelyne danse... Le charme est infiniment puissant... Irrésistible ! Immédiat !... Les hommes sont tous aussitôt séduits... Les tziganes surtout... L'un d'eux se détache du groupe... Il vient danser avec Évelyne...

L'effleure... Il est envoûté... La vieille Karalik, dans la foule pendant ce temps attise la jalousie des femmes... « Tu vois !... Tu vois !... Elle possède le « charme » à présent... Le Grand secret de la danse !... Elle va te prendre ton homme !... Défends-toi gitane !... » Elle force un poignard dans la main d'une des épouses, la femme du tzigane qui danse avec Évelyne à ce moment... Évelyne ne prend garde... Elle est poignardée en plein dos... Évelyne s'écroule... la foule se disperse... Horrible ! Le corps d'Évelyne reste en scène... Morte ! Un pinceau de lumière sur le cadavre... La scène toute noire... Un petit ramoneur s'écoule ainsi... en musique douce... Et puis doucement... l'on voit surgir de l'ombre... un... deux... trois petits esprits de la forêt... Trois... quatre... la biche... la gazelle... les elfes..., le feu-follet... le gros hibou...

Conciliabule alarmé... désolé... pathétique des petits esprits de la forêt... Ils arrachent le grand couteau de la plaie... Il essaye de ranimer la pauvre Évelyne... Rien à faire !...

Le petit Roi des elfes est plus désespéré que tous les autres petits « esprits » encore... Il discute avec le gros hibou... lui le sage de la tribu... Elle est bien morte Évelyne...

C'est la faute du « roseau d'or »... Elle dansait trop bien pour une vivante... trop bien... posséder un tel charme vous fait trop haïr des vivants !... Faire naître trop de jalousie vous fait tuer très certainement !... Comment faire ?... Le gros hibou a une idée...

Dans la Légende il est écrit... (dans la légende de la Forêt) que si l'on répand trois gouttes de Clair de Lune sur le front d'une vierge morte amoureuse, celle-ci peut ressusciter à l'état de fée...

Les gouttes de Lune sont les gouttes de rosée nocturne qui se trouvent au rebord de certaines orties..., et qui ont subi le rayonnement de certaines phases de la Lune... Hibou connaît dans la forêt certaine araignée « croisade » qui collectionne dans sa toile certaines gouttes de ce cru de Lune rarissime....

Il part à la recherche de l'araignée... Danse d'espoir des petits esprits de la forêt autour du cadavre... Hibou revient avec l'araignée qui presse dans les plis de son ventre une minuscule fiole pleine de « Gouttes de Lune »... Elle verse trois gouttes sur le front d'Évelyne qui reprend tout doucement connaissance Joie des petits esprits...

« Où suis-je ?... Qui suis-je ? » demande Évelyne. « Tu es notre petite fée Évelyne !... »

« Mais je suis bien vivante ?... »

« Non... tu ne peux plus retourner parmi les vivants... Tu restes avec nous désormais... Tu es devenue Fée... »

« Oh ! Comme je suis légère !... Légère comme un souffle... Comme je danse à présent ! Encore mieux !... »

Danse avec les petits esprits... et l'Araignée aussi... Mais le chagrin étreint malgré tout Évelyne... Elle n'a pas oublié tout à fait son poète... l'infidèle...

Ses petits amis sont bien navrés... la voyant encore un peu triste... Elle voudrait revoir son poète... Le délivrer des remords qui doivent à présent l'accabler... Le sauver de l'emprise de ces démones et du Diable... lui donner enfin cette dernière preuve d'affection... « Soit !... Bien !... Nous irons le voir tous ensemble ton poète... Tu te rendras compte par toi-même... » lui répondent les petits esprits... « Emmenons la méchante Karalik aussi... Elle connaît tous les chemins du vice... tous les itinéraires du diable... Elle peut nous être utile. »

Ils partent à la queue leu-leu... Ribambelle des petits esprits, Évelyne et Karalik, à travers les taillis, plaines et buissons... à la recherche du château du diable... Ils passent devant le grand rideau... dansant à la file indienne... Craintes, espiègleries... effrois... etc.

8E TABLEAU :

L'intérieur du Château du Diable...

Beaucoup d'or... des flammes... des couleurs très vives... le petit diable-cocher-maître de ballet, est alors là, chez lui, habillé « nature » en démon véritable... Il préside une table fabuleusement servie... Fraises énormes... poires formidables... poulets comme des bœufs... Tous les notables du village sont attablés... Le juge, le notaire, le général, le médecin... L'épicier aussi, le professeur. Entre chacun de ces damnés une danseuse... C'est-à-dire à présent une véritable démone... L'orgie bat son plein !... Tout en haut des marches un énorme Lucifer, lui-même tout en or... mange seul, des âmes toutes crues... à sa table, avec un couvert tout en or... Les âmes ont la forme de crieurs... Il les déchire à pleines dents... Il avale des bijoux aussi... Il sucre les cœurs avec des poudres de diamants... Il boit des larmes... etc. Le Poète est enchaîné à une petite table... Il déjeune aussi... mais il est enchaîné... La démone « première danseuse »... danse devant lui... pour lui... l'ensorcelle. Mais il ne peut jamais la toucher... l'atteindre. Il essaye... Il est au désespoir... Lucifer, en haut, se réjouit énormément de tout ce spectacle infâme... Il en veut toujours davantage... Qu'on se divertisse... Il commande au petit maître de ballet de faire danser tous ces damnés... au fouet. Tous dansent alors comme ils peuvent... chacun dans son genre... Le Juge avec ses condamnés... Le Juge bien rubicond, les condamnés bien maigres, avec leurs boulets et leurs chaînes... leurs femmes qui portent des rançons... Le vieil Avare danse avec les huissiers, avec les emprunteurs ruinés... Le Général avec les soldats morts à la guerre, hâves, avec les squelettes et les mutilés de la guerre, tout sanglants... Le Professeur avec ses élèves morveux, ses garnements les doigts dans le nez... les oreilles d'ânes... Le gros Souteneur avec ses putains et ses vicieuses et les fillettes... L'Épicier avec ses clients volés.... ses faux poids... ses fausses balances... Le Notaire avec les veuves ruinées... ses clients escroqués... Le Curé avec les bonnes surs volages et les petits clercs pédérastes... etc.

À ce moment, Karalik entr'ouvre la porte... elle entre... derrière elle, Évelyne et les petits esprits de la forêt... Surprise des démons... Lucifer n'est pas content... Il gronde... Il tonne... Éclairs... Il exige que ces intrus s'expliquent... Évelyne fait mine de vouloir délivrer le poète enchaîné... « Non ! Non ! Non !... défend Lucifer... qu'Évelyne danse !... » Les démones sont jalouses... Karalik montre à Lucifer qu'Évelyne possède le sortilège des Danses... Le roseau d'or !... Un démon va le lui arracher...

Alors Évelyne fait un geste... un seul... Signe magique !... et tout le château s'écroule !... et toute cette diablerie est dispersée... par un formidable ouragan... Nuit profonde...

Nous nous retrouvons dans la clairière comme au début... Évelyne a délivré le Poète... ses chaînes sont brisées... elles sont aux pieds d'Évelyne... Il implore son pardon... Évelyne pardonne. Il la supplie de ne plus jamais le quitter... qu'elle ne s'éloigne plus jamais... Mais elle ne peut plus demeurer avec lui... Elle est fée à présent... Elle appartient à ses petits amis de la forêt... Elle n'est plus humaine... Il l'embrasse... Il veut l'émouvoir... Mais elle demeure insensible... froide aux approches charnelles... Elle n'est plus que songe... esprit... désir... Elle est devenue fée... Le Poète est déçu... mais toujours amoureux... Pour toujours amoureux... davantage... toujours davantage... de son Évelyne devenue fée... Évelyne s'éloigne tout doucement, entraînée par ses petits amis... Elle disparaît... se dissipe... mousselines... de plus en plus épaisses vers le fond de la scène... devient de plus en plus irréelle... spirituelle... diaphane... Elle disparaît... prise par le flou du décor... mousselines... Le Poète est seul à présent... La vieille Karalik muée en crapaud ! saute, gigote, accompagnera désormais toujours le gracieux essaim des esprits moqueurs de la forêt...

Le Poète sur son rocher... au bord de l'eau... désolé... déroule son grand manuscrit... Il va chanter... il chantera toujours ses amours idéales, poétiques... impossibles...

Toujours... toujours... Rideau.

* * * * *

On peut toujours dire tout ce que l'on veut sur tout ce que l'on vous présente... Il n'existe pas de critique en soi... C'est une farce la critique en soi. Il existe une critique bienveillante et puis l'autre, poissonneuse. Tout merde ou tout nougat. Question de partialité. Pour moi, je trouve ce divertissement féerique comico-tragique, fort bien venu. Il me satisfait et j'ai meilleur goût. moi tout seul, que toute la critique pantachiote et culacagneuse réunie, j'ai donc décidé, devançant tous commentaires, que mon ballet valait bien mieux, surpassait de loin tous les vieux thèmes... tous les dadas du répertoire... la cavalerie d'Opéra... Gisèle... Bagatelles... Petits Riens... les Lacs... Sylvia... Pas de chichis ! pas de mimique !... Examinez encore un peu l'agencement de toutes ces merveilles... Regardez de plus près l'article... C'est du travail cousu main... absolument authentique... tout s'y enchaîne... dans l'agrément, le charme... tourbillonne... se retrouve... Variantes... reprises... tout s'enlace... dans l'agrément... s'élance... s'échappe encore... Qui veut danser !...

D'abord le critique de moi-même, à partir d'aujourd'hui, c'est moi. Et ça suffit. Magnifiquement... Il faut que j'organise sans désemparer ma défense... Il faut que je devance les Juifs !... tous les Juifs ! racistes, sournois, bornés, frénétiques, maléfiques... Rien qu'eux... tout pour eux !... Toujours et partout ! J'ai prévenu tout de suite Gutman... Attention Léo !... Tais-toi... Sans commentaires ! Va porter ! Il en demeurait ébloui !

« Jamais ! jamais je n'aurais cru Ferdinand... » Il en restait tout rêveur, confondu ! Il l'a relu tout haut deux fois le poème ! Il découvrait le poète enfin !... Poète comme M. Galeries ! poète comme M. Barbès !... et Tino Rossi !... Comme M. Dupanloup !... les machines à sous !... Comme les petits oiseaux !... le chemin de fer de l'Ouest... J'étais poète à ses yeux !... Nous nous embrassâmes... Il a foncé dans les démarches... Je me couche.

Je l'attends comme ça un jour... puis deux... trois... dix... Je faisais déjà un peu la gueule... Le douzième jour il me revient... gêné. « M. Rouché a trouvé que c'était pas mal ton affaire, mais il demande la musique... en même temps... Il ne veut pas entendre parler d'un ballet, comme ça, sans musique !... Un musicien bien en cour... »

Voilà qui compliquait les choses... Bien en cour ? Bien en cour ? Je sursaute... Mais...

— Mais ce sont les Juifs bien en cour !... Exprime-toi clairement...

— Tu dois aller les voir toi-même...

Je n'aime pas beaucoup tirer les cordons, j'ai fait énormément la « place », dans bien des endroits à Paris, pour placer toutes espèces d'articles... Ah ! je n'ai plus beaucoup d'entrain... Enfin foutre ! tant pis ! J'en ferai encore des démarches ! Je me ferais piler nom de Dieu !... pour me rapprocher des danseuses... Je suis prêt à n'importe quoi !... Pour la danse ! Je souffrirai deux, trois morts de suite... Je me voyais déjà, il faut que j'avoue admirablement placé... Pour tout dire bien crûment, je mettais l'Évelyne, ma fée... d'une manière ! imaginaire !... j'anticipais !... j'anticipais !... Ah ! ce n'était qu'un trompeux rêve... Quel abîme de la coupe aux lèvres ! Foutre d'azur !... Courage ! Courage ! Gutman soufflait sa trompette... il nasille, quand il s'anime...

J'ai donc été rendre visite, l'un après l'autre, à tous les grands musiciens juifs... puisqu'ils tenaient toutes les avenues... Ils furent tous bien fraternels... tout à fait cordiaux... flatteurs au possible... seulement dans l'instant... occupés... surmenés... par ceci et puis par cela... au fond assez décourageants... évasifs. Ils me firent mille compliments... Mon poème pouvait se défendre certes... Mais cependant un peu long !... trop court peut-être ? trop doux ?... trop dur ?... trop classique ? Enfin tout ce qu'on bafouille pour se débarrasser d'une pelure... d'un foutu fâcheux... Je commençais à l'avoir sec... En rentrant, à mon tour, j'ai dévisagé fort curieusement Léo Gutman... Il m'attendait sur le palier.

— Tu ne me judaïserais pas, dis donc, par hasard ?... Toi canaille ? comme ça tout à fait sourcilleux... Tu ne me crosses pas avec des yites ?...

— Ah ! Ferdinand, ce serait bien mal reconnaître...

— Rien à faire à l'Opéra...

— Écoute j'ai l'idée d'autre chose... (il était jamais à court...)

— Pour l'Exposition ?... la 37 ?... Ils vont donner des ballets ?

— Vérité ?

— Officiel !...

— Des ballets de Paris ?...

Je recommence à respirer en entendant ces paroles...

— Ah ! Ça tombe joliment pile, dis-donc, mon Léon... Moi je suis né à Courbevoie !... Et puis ensuite grandi sous cloche... dans le Passage Choiseul... (ça ne m'a pas rendu meilleur...) Alors tu te rends compte un peu ! si je la connais la capitale ?... C'est pas le Paris de mes vingt ans... C'est bien le Paris de mes six semaines, sans me forcer... Je ne suis pas arrivé du Cantal pour m'étourdir dans la Grande Roue !... J'avais humé tous les glaviots des plus peuplés quartiers du centre (ils venaient tous cracher dans le Passage) quand les grands « écrivains de Paris » couraient encore derrière leurs oies la paille au cul... Pour être de Paris... j'en suis bien !... Je peux mettre tout ça en valeur... Mon père est flamand, ma mère est bretonne... Elle s'appelle Guillou, lui Destouches...

— Cache tout ça ! cache tout ça !... Ne va pas raconter ces horreurs... Tu nous ferais un tort énorme... Je vais tout te dire Ferdinand. L'Exposition des « Arts et Techniques » c'est l'exposition juive 1937... La grande youstricave 37. Tout le monde qu'on expose est juif... enfin tout ce qui compte... qui commande... Pas les staffeurs, les jardiniers, les déménageurs, les terrassiers, les forgerons, les mutilés, les gardes aux portes...

Non ! les ramasseurs de mégots... les gardiens de latrines enfin... la frime... les biscotos... Non ! Mais tout ce qui ordonne... qui tranche... qui palpe... architectes, mon pote, grands ingénieurs, contractants, directeurs, tous youtres... parfaitement, demi, quart, de youtres... au pire francs-maçons !... Il faut que la France entière vienne admirer le génie youtre... se prosterne... saucissonne... juif !... trinque juif ! paye juif !... Ce sera l'Exposition la plus chère qu'on aura vue depuis toujours... Il faut que la France s'entraîne à crever toute pour, par les Juifs... et puis avec enthousiasme ! à plein cœur... à plein pot !...

Il disait tout ça pour de rire Gutman, question de me narguer... de se moquer un peu... Il m'imitait... Berger et Bergère...

— Ça va... ça va !... te force pas... dis-moi seulement ce que tu veux... C'est la dernière chance que je te donne... avant la brouille... la haine au sang...

— Tu vas Ferdinand, qu'il m'indique, me donner alors un véritable boulot, un petit ballet... absolument approprié aux fastes de l'Exposition...

— Gigot !... que je fais, Gutman, je te prends au mot, pour le mot... Je te laisse pas sortir ! Je te le chie pile ! mon poème... entier ! sur le marbre !... Tu pourras livrer de suite... (Nous étions dans un café)

— Garçon ! passez l'encre et la plume !...

J'allais pas encore me cailler... comme j'avais fait pour l'autre féerie... et puis que ça finisse en boudin... Je lui bâcle là en trois secousses... mon petit projet... j'avais le sujet tout mijoté... Je lui file en fouille le manuscrit, tout chaud... et je lui mande :

— Gutman ! Saute ! Mais je te préviens... face de fausse gouine ! Fais attention ! Va pas me revenir encore bredouille !... Tu me fâcherais horriblement...

VOYOU PAUL, BRAVE VIRGINIE — BALLET-MIME

Petit Prologue.

Le rideau représente sur toute la hauteur « Paul et Virginie », tableau romantique. Paul et Virginie gambadent gaiement dans un sentier bordé de hautes frondaisons tropicales... s'abritant sous une large feuille de bananier. Musique...

À ce moment, d'un côté de la scène, apparaît une très aimable et fraîche et mignonne commère en tutu, baguette frêle à la main... Elle s'avance jusqu'au milieu de la scène sur les pointes... tout doucement accompagnée en sourdine par la musique... Elle prévient très gentiment les spectateurs... « Certes ! il a couru bien des bruits sur Paul et sur Virginie... La vérité ? oh ! attention !... Tout ne fut pas raconté... Ils ne périrent ni l'un ni l'autre... ne furent noyés qu'un petit peu... au cours du terrible naufrage... Ils furent recueillis sur la rive... Vous allez voir juste comment et pourquoi... Sauvés en somme par miracle... C'est un fait ! toujours enlacés... toujours épris semble-t-il... mais il faudra bien qu'ils se réveillent... Comme il nous tarde de savoir... »

Sur ces mots... et toujours en musique et sur les pointes, la commère file dans la coulisse...

Alors le rideau se lève...

1ER TABLEAU :

Un rivage... sable... des herbes... Au loin, des palmiers, des orangers. Mille fleurs éclatantes. Paysage tropical... Une tribu de sauvages est en pleine célébration d'une fête... tam-tam... musique... danses furieuses... lascives... puis saccadées... exaspérées... Une sorcière de la tribu, dans un coin, tient une espèce de comptoir : gris-gris, fioles, amulettes, poudres, près du tam-tam... Elle parcourt les rangs... dans la sarabande... femmes, enfants, hommes... tous les âges mêlés... Elle passe à boire aux danseurs... les oblige à boire quelques gouttes de son philtre... chaque fois qu'ils paraissent un peu languissants... épuisés... vite elle les requinque avec son breuvage... elle circule... gambade à travers les rangs avec sa fiole et ses gris-gris... qu'elle agite... elle surexcite le tam-tam. Elle pousse les femmes vers les hommes... les vierges vers les mâles... les petites filles... etc. Elle est le démon de la tribu...

Pendant que les scènes s'enchevêtrent... on voit au loin une petite voile se profiler à l'horizon... qui grandit... on entend mugir la tempête... Le vent... La sarabande des nègres redouble... bacchanale... en mesure avec les rafales... Le navire se rapproche... Il va s'éventrer sur les récifs... Grand émoi chez les sauvages... Ils vont chercher leurs javelots... les haches... prêts au pillage... La tribu entière se précipite vers l'endroit du naufrage... Ils reviennent bientôt avec le butin : barils... coffres... paquets divers... et puis deux corps enlacés... qu'ils déposent sur le sable... près du feu... Deux corps inanimés... Paul et Virginie... toujours enlacés...

Ces sauvages sont de bons sauvages... ils tentent de ranimer Paul et Virginie... Ils ne reviennent pas à la vie... La sorcière écarte la foule... Elle connaît un philtre... Elle leur verse son breuvage... entre les lèvres. Paul et Virginie reprennent conscience... peu à peu. Paul a bientôt complètement retrouvé les sens... Virginie est plus lente à se remettre... Émoi... angoisse...

de Paul... Paul demande encore un peu de ce breuvage... Il est avide... La sorcière elle-même le met en garde : « Ce breuvage est d'une ardeur extrême... » Il porte aux sens... au délire ! Paul se lève... Il fait quelques pas sur la plage... Il se sent déjà beaucoup mieux. Ses yeux sont émerveillés... Il ne regarde plus Virginie... plus aussi épris semble-t-il... Mais Virginie se redresse aussi... l'enlace... Elle va mieux... Ils dansent ensemble... La ronde des bons sauvages les entoure... tout heureux d'avoir sauvé ces amoureux ! Paul veut encore boire de ce breuvage... mais Virginie se méfie... ce breuvage lui fait peur... La façon dont Paul lutine à présent les petites sauvageonnes ne lui plaît qu'à moitié... Paul se trouve agacé par cette réserve... cette pudibonderie. Virginie boude... Paul lui fait signe qu'elle l'embête... tout en dansant, frénétique !... Virginie va bouder un peu à l'écart... Première brouille !...

Dépit de Virginie lorsque Paul de plus en plus endiablé conduit une farandole éperdue, générale, de tous les sauvages et se tient comme un voyou... Il boit à la régalade le philtre ardent. Encore !... et encore !... Virginie déjà ne le reconnaît plus...

2E PROLOGUE (MÊME RIDEAU).

La même charmante commère sur les pointes jusqu'au milieu du rideau : elle annonce : « Les absents n'ont pas toujours tort... Il s'en faut ! et de beaucoup !... Vous allez voir que tante Odile pense toujours, mélancolique, à sa nièce aimée, la touchante Virginie... Elle a lu, bien relu cent fois déjà, la bonne tante Odile, chaque page du grand roman... du merveilleux récit tendre et terrible... Mais voici bientôt trois années que le « Saint-Géran » fit naufrage... Cela ne nous rajeunit pas... Tristesse est lourde aux jeunes gens... et chaque printemps doit fleurir !... Je vous annonce les fiançailles de Mirella, cousine de Virginie, avec le sémillant Oscar !... Voici Mirella, mutine, délicate et tendre, fraîche rose d'un gracieux destin...— Vous allez voir Mirella, reine du jour, dans le salon de tante Odile !... Chez tante Odile ! au Havre !... Juin 1830 ! Vous allez connaître encore une autre grande nouvelle... Je vous laisse à deviner... Par la fenêtre de tante Odile l'on aperçoit le Sémaphore... Regardez bien !... S'il apparaît un drapeau bleu... C'est un navire ! Je vous le dis !... Le navire !... Entre nous ! Chut !... Chut !...

Et la commère disparaît sur les pointes...

2E TABLEAU (LE RIDEAU SE LÈVE)

L'on aperçoit un salon de l'époque... très cossu... très bourgeois... capitons... sofas... un piano... deux, trois grandes fenêtres... baies vitrées... donnent sur la falaise... le Sémaphore... la mer au loin... très loin... Au début de l'acte, tout le monde va et vient dans le salon. Une jeunesse nombreuse... joyeuse.... pleine d'entrain... danses... duos... quadrilles... etc. cotillons... tout ce que l'on voudra de l'époque... (transposé en ballet).

La cousine Mirella (étoile) avec Oscar, son fiancé... se font mille agaceries... d'autres couples se forment... s'élancent autour d'eux... bouleversent un peu le salon... On saute par la fenêtre... On revient, etc. on gambade mais tout ceci cependant... dans le bon ton !... Élégance... souci de finesse... Au piano... deux vieilles filles, tout à fait caricaturales... Elles jouent à quatre mains... (à deux pianos, ou piano et épinette si l'on veut...) Les petits ballets se succèdent... mais une porte s'ouvre... Les danseurs interrompent leurs ébats... Une dame âgée fait son entrée... fort gracieuse... mais réservée... un peu craintive... effacée... Elle répond très aimablement... aux révérences des danseuses... Mirella et Oscar l'embrassent... d'autres aussi... On l'entoure... on la cajole... Elle ne veut pas troubler la fête... « Oh ! non !... non ! » Elle fait signe que l'on continue... qu'elle Se veut rien interrompre... que tout doit reprendre fort gaiement...

Mirella veut faire danser tante Odile, un petit tour avec Oscar !... Doucement tante Odile résiste... se dérobe... Tante Odile préfère son fauteuil près de ta fenêtre... Qu'on la laisse passer... Sous le bras, elle porte son ouvrage de tapisserie... et puis un gros livre... son chien la suit... Le bon Piram, que Virginie aimait tant... On accompagne tante Odile vers son fauteuil... devant sa fenêtre préférée... Les jeunes couples se reforment... la fête continue... Mirella éprouve, cependant à ce moment, comme une sorte de malaise... vertige... Un trouble... elle préfère attendre un peu... se reposer... avant l'autre danse... Oscar lui offre son bras... Ils se rapprochent tous les dcux de tante Odile, à la fenêtre... Tante Odile est encore plongée dans la lecture du beau roman... Mirella... à ses genoux... lui demande de lire le livre tout haut... Oscar tout près... charmant groupe... Les danseurs peu à peu s'alanguissent... ne dansent plus qu'à peine... se rapprochent aussi de tante Odile... Un cercle airs se forme, jeunes gens et jeunes filles... la musique devient de plus en plus douce, mélancolique, attendrissante... C'est le récit de tante Odile... comme un chant... la lumière du jour faiblit... un peu... C'est le crépuscule... Le rêve s'empare de cette gracieuse assistance... Tous les danseurs sur le tapis... sur le plancher... attentifs, mêlés en groupes harmonieux... écoutent tante Odile... (la douce musique...)

Mais, à ce moment, l'on frappe... et l'on flanque la porte-brutalement... Sursaut. Un petit messager, un gamin du port... surgit en dansant... gambade... fait mine d'annoncer une grande nouvelle... tout à travers le salon... En un instant... tous sont debout... Il porte un message à tante Odile... Grand bouleversement aussitôt...

Enthousiasme !... Joie de tous !... Par la fenêtre on regarde au loin... Le drapeau bleu du Sémaphore apparaît, monté, hissé... Tous dansent ensemble de joie !... Y compris la tante dans la ronde !... Le petit messager... toute la jeunesse... et Mirella et son fiancé... Farandole !... Tous au port ! Bousculade. On s'habille vite... Manteaux !... capelines !... bonnets !... chichis !... On se précipite !... Piram aussi vers la porte... bondit, jappe !

Envol de tous par les portes et les fenêtres vers — le port... Au plus vite arrivé ! Piram bondit de tous côtés... (Tout cela en farandole.)

3E PROLOGUE :

Le rideau, qui ferme la scène sur le troisième tableau, représente une sorte de formidable véhicule, engin genre diligence-autobus-tramway-locomotive... Un plan coloré d'énorme dimension de cette apocalyptique engin, machine aux roues colossales... Une diligence fantastique... d'énormes moyeux... Une chaudière genre marmite de distillerie... Une cheminée haute, immense... à l'avant... des pistons cuivrés terribles... toutes espèces de balanciers... soupapes... ustensiles inouïs... et puis cependant quelques coquetteries... Dais, guirlandes,... crédences, un mélange de machinerie et de fanfreluches romantiques... En banderole une inscription : « THE FULMICOACH Transport Lt. ».

(Cet extraordinaire chariot sortira plus tard des coulisses... roulera sur la scène même... dans un grand accompagnement de musique effrayante... au moment voulu de l'intrigue... de tonnerres fulminants.) La même charmante commère... même musique... se glisse doucement sur les pointes vers le milieu de la scène... elle porte un bouquet à la main... de bienvenue... « Ouf !.... elle fait mine d'avoir couru... Je n'en puis plus !... Ah ! Quelle surprise !... Vous avez vu cet émoi ?... Qu'on est heureux de se revoir !... Après tant d'années moroses... passées dans les larmes... Je veux être la toute première à les embrasser... Quelle joie !... Quelle joie !... »

À ce moment, par l'autre côté de la scène... entrent deux... trois... quatre personnages... des ingénieurs de l'époque... pesants... tranchants... discuteurs... redingotes... leurs aides portent divers instruments... d'arpentage... des équerres... des chevalets... L'un des ingénieurs fait des signes, des calculs sur le sol... La commère va vers lui...

« Monsieur !... Monsieur !... Qu'est-ce que cela ?... Cette énorme horreur... dites-moi ?... Quelle épouvante !...Nous attendons Paul, Monsieur, ne savez-vous rien, ?... Virginie ?... »

L'ingénieur ne répond pas... Il est plongé dans ses calculs... ses assistants mesurent la scène... la mesurent encore... jaugent... estiment... les distances...

La commère s'affaire... s'effraye... Non vraiment cela !... ne comprend plus rien... Enfin les calculs sont terminés... « Elle passera » déclare l'ingénieur fermement... C'est sa conclusion... Les autres répondent en chœur : « Elle passera ! »... Effroi de la commère... Elle regarde encore le rideau, l'abominable monstrueuse mécanique... la baguette lui tombe des mains... Elle s'enfuit... les autres, les ouvriers, ingénieurs, en se moquant la suivent... la scène est dégagée...

Le rideau se lève...

3^{E} TABLEAU :

La scène représente les quais d'un port... 1830... très grande animation... Au fond des tavernes... bouges... boutiques... « shipchandlers »... bastringues... portes qui s'ouvrent... se ferment... un bordel... Au coin d'une rue... une pancarte : une flèche désigne la route : PARIS...

Enfants... voyous débraillés... marins ivres... quelques bourgeois... des douaniers...

Tous ces groupes dansent... confusion... cohue... Petits ensembles... trios... infanterie de marine... puis se refondent dans la masse... Successivement aussi d'autres groupes tiennent un moment le principal intérêt du ballet... La foule semble s'organiser autour de ceux-ci... et puis les groupes se dissolvent encore... Filles galantes... soldats...

Prostituées en chemise sortent effarées du bobinard... Débardeurs... soldats... poursuivants... marins... marchands de frites... bistrots... etc. Mais voici un groupe de danseurs plus homogène... Des débardeurs transportant des sacs pesants (genre forts des Halles). Ils avancent à la queue leu jeu... vers la passerelle... (à gauche grimpent au flanc d'un grand navire)... Ils avancent fort péniblement... mais toujours dansant, tanguant, cependant... pesants comme des ours... Ils s'appuient sur de lourdes cannes. Éclate, à ce moment même, au fond du bistrot, la farandole criarde des pianos mécaniques... La farandole dû débardeurs... Fantaisie... (une danse d'ensemble...) Ils grimpent finalement à la passerelle... Ils y parviennent après mille efforts et disparaissent dans les cales... La foule retourne à son désordre... La foule est traversée par des passagers qui débarquent précédés de grosses valises... malles, coffres etc. tous les pays... chacun avec son véhicule typique... Un riche Anglais avec son domestique... Un lord en mail-coach... il demande la route de Paris... On la lui montre... Il est content ! Gigue... Il prend la direction de l'écriteau : Paris...

Toute la foule danse un petit moment avec lui... Les gendarmes essayent de ramener un peu de calme... Les douaniers sont débordés, sacrent et menacent... Voici une famille espagnole qui débarque par l'autre côté du navire... Mère solennelle... filles... Señoras... un grand char-à-bancs, des mules... La route de Paris !...

Mais voici d'autres débardeurs... ceux-ci roulant d'énormes tonneaux. Danse autour des tonneaux... autour... entre... sur les tonneaux... Farandole... Voici les « Oiseaux des Iles »... Marchand d'oiseaux... avec des cages, et des oiseaux fantastiques... plein les bras... perchés sur la tête. et des oiseaux (grandeur humaine). Danses... Les filles du port veulent arracher leurs plumes... se les mettre partout... Encore la police doit intervenir... Grande bataille avec les débardeurs qui protègent les filles Plumes des oiseaux... Nuages de plumes... Le commissaire du port... Il est partout à la fois... Il gronde... tempête et les douaniers partout toujours, furetants. Voici des Russes qui débarquent avec leurs traîneaux et leurs ours... Danse de l'ours et de la foule... Les ivrognes du port... dansent avec l'ours. on s'amuse fort... Les marchandes de poissons et les voyous du port... autant de farandoles... et d'autres bêtes à fourrures...

À ce moment, arrive la baleine... une énorme... On lui jette des poissons...Elle danse... Elle rend Jonas et les Esquimaux... Elle s'en va aussi vers Paris... Grande rigolade...

Voici l'Allemand qui débarque avec sa famille entière... il demande aussi Paris... il chevauche un tandem avec sa grosse épouse... Tandem tout primitif et un petit panier derrière pour ses nombreux enfants, cinq ou six... Voici l'Arabe et son harem sur un dromadaire... (danse...) Voici le maharadjah avec l'éléphant sacré... Danse de l'éléphant... La foule s'amuse... L'éléphant refuse d'aller vers Paris... On le pousse. Il résiste... C'est la lutte... Grand brouhaha... La folle mêlée... Enfin l'éléphant se décide... Il prend la route...

Mais voici la grande clique des haleuses... du port... dont la grappe arc-boutée sur la corde est précédée par un énorme « capitaine du port » congestionné... apoplectique... Il prodigue... tonitrue ses commandements ses injures... la cadence pour mieux tirer...

Ho ! Hiss !... Elles tirent les haleuses... elles entrent peu à peu en scène à coups d'efforts saccadés, soudées collées en grappe sur le câble... Immenses efforts... Elles sont vêtues de haillons... mégères terribles... et picoleuses... Elles se passent le « rouge » tout en tirant et titubant à la « régalade »... Tout ceci en musique « batelière »...

Mais l'énorme bateau résiste... Toute la grappe des batelières est par instant, par sursauts, happée hors de scène... vers la coulisse... Alors les autres personnes viennent à l'aide... Bientôt tous s'y mettent... Débardeurs... truands... soldats... marins... putains... C'est la grande entr'aide. Toujours en flux et reflux... Victoires et défaites... Le bateau cependant est le plus fort... finalement... Il entraîne tout le monde vers la coulisse... la scène se vide !... toute cette foule est pompée à rebours par le navire !... par un retrait soudain du câble. Quelques personnages reviennent peu à peu... des mousses... quelques débardeurs... une ou deux filles et soldats...

Mais voici que surgit la troupe joyeuse des amis de Mirella... avec tante Odile et Piram... Ils arrivent au port tout essoufflés... Ils rencontrent des passagers juste débarqués... et bien malades... Ces passagers nauséeux chavirent, roulent et tanguent encore... allant et venant sur le quai... Ils sont verdâtres et défaits... Ils sortent du mal de mer... Mirella les interroge : « Ont-ils vu Paul ? et Virginie ? » Ils ne savent rien du tout !... Ils veulent aller vers Paris... poursuivre leur voyage... On leur montre l'écriteau... ils s'en vont par là titubants avec leur mandoline...

Mais le « capitaine du port » aperçoit tante Odile... Ses respects... ses devoirs... Il agite fort sa longue-vue... Puis examine l'horizon... Il annonce... Ça y est ! Voici le navire !... La foule se masse tout près du quai... envahit... encombre tout l'espace... Joie !... Joie !... toutes les amies de Mirella portent des bouquets de bienvenue à la main), minute émouvante au possible !

Et voici que gravissent, bondissant quatre à quatre les marches du débarcadère : Virginie !... Paul !... On s'embrasse... on s'étreint !... Triomphe !... On se fête... On se cajole... Des cadeaux... Tout ce qu'ils rapportent des pays sauvages : tapis... animaux étranges... canaris... tout ceci porté par des nègres et des négrillons de la tribu qui les ont accompagnés... Et puis la sorcière qui ne les a pas quittés... On s'esclaffe... on jubile... Tout cela... très vivement... danse et musique... Paul va faire danser ses nègres... pour la bienvenue... Danses heurtées, saccadées, barbares, toutes nouvelles pour tante Odile et les autres... Tam-tam. Toute la foule regarde cette scène insolite, un peu inquiète... jamais on n'avait vu pareilles danses !... Tante Odile est effarée !... Les jeunes filles se blottissent contre leurs cavaliers... La danse sauvage se déroule passionnée... sadique... cruelle (avec des sabres et des javelots). Paul jubile !...

Virginie, toute blottie contre sa tante, ne semble pas très ravie par cette démonstration... Elle explique à sa tante qu'elle n'y peut rien... qu'elle est désarmée contre les extravagances de son Paul. La sorcière de la tribu passe avec le flacon maudit... Paul saisit son flacon de liqueur ardente... Il boit... il en est tout ranimé... Les éléments les plus louches, les plus voyous de la foule, les escarpes... les matelots ivres, viennent danser avec les nègres... émoustillés par ce spectacle, se mêlent à la tribu... aux danses impudiques. Tante Odile ne cache plus son indignation... Elle ne comprend plus... Les jeunes gens... les jeunes filles... viennent goûter aussi cette liqueur... maudite... Ils l'exigent de la sorcière... Ils perdent alors toute retenue... aussitôt avalée... leur danse devient extravagante, les classes, les métiers se mêlent... Mélange... chaos... Débardeurs... bourgeois... police... pucelles... tout est en ébullition... tout le port... Mirella abandonne son Oscar, qu'elle trouve trop réservé décidément... dans ses danses... elle étreint Paul qui, lui, est un luron bien dessalé...

Paul ravi... Duo lascif, provocant de Paul et Mirella... Paul trouve que Mirella est trop vêtue encore pour danser au nouveau goût... Il lui arrache son corsage... sa robe... la voici presque nue... elle a perdu toute pudeur... La sorcière les fait boire encore...

Tante Odile est outrée... Elle essaye de raisonner Mirella... Mais la jeunesse s'interpose déchaînée... On retient tante Odile... Virginie sanglote dans les bras de sa tante... Elle ne peut plus rien pour Paul... Paul est maudit... L'esprit du mal est en lui... Toute la jeunesse... les amis de Mirella tout à l'heure, les mêmes, chez tante Odile, si finement, gracieusement réservés et convenables, sont à présent déchaînés... Ils arrachent leurs vêtements à leur tour... contaminés... s'enlacent... se mêlent aux voyous... aux prostituées... Ils exigent de la sorcière toujours plus de liqueur...

Virginie n'en peut plus... Elle va vers Paul, elle essaye de le séparer de Mirella... de le reprendre... Elle lui fait honte... Paul la repousse... et ses conseils... « Tu m'embêtes à la fin... J'aime Mirella ! Elle danse à ma façon !... » Virginie se redresse sous l'outrage... « Ah ! voici le genre que tu admires ?... Il te faut du lubrique !... de la frénésie ! Soit !... Tu vas voir ! ce que moi ! je peux faire ! quand je m'abandonne au feu !... » Elle va brusquement vers la sorcière, elle se saisit de son grand flacon... le philtre entier... Elle le porte à ses lèvres... Une gorgée, deux gorgées... elle boit tout... Toute la foule est tournée vers Virginie la pudique... à présent narquoise et défiante... La sorcière veut l'empêcher... Rien à faire ! Virginie vide tout le flacon... Le délire la saisit alors... monte en elle... elle arrache ses vêtements et elle danse avec plus de flamme encore, plus de fougue, plus de provocation, de lubricité, que tout à l'heure Mirella... C'est une furie... une furie dansante... Jamais encore Paul ne l'avait vue ainsi... Et cela lui plaît, le subjugue... Il quitte déjà Mirella et se rapproche de Virginie... Il va danser avec elle... Mais Mirella, narguée... se révolte... La colère monte en elle... l'emporte... elle ne se tient plus... Tout le monde se moque... Alors Mirella bondit vers un marin, lui arrache son pistolet d'abordage, à la ceinture, vise et tue Virginie... Virginie s'écroule... Épouvante générale... On fait cercle autour de la pauvre Virginie... Paul est désespéré... Silence... Toute douce... la musique douloureuse...

Mais voici un boucan énorme !... fantastique !... de la droite des coulisses... Un bruit de locomotive... de pistons... de vapeur... de cloches... de trompette... de chaînes... de ferrailles... tout cela horriblement mélangé... Les ingénieurs de tout à l'heure repoussent la foule... se frayent un chemin... Un gamin les précède... avec un drapeau rouge et une cloche qu'il agite... Qu'on s'écarte... qu'on s'écarte ! Place !... L'engin terrible... rugissant, soufflant, vrombissant... apparaît peu à peu sur la scène... C'est le « Fulmicoach », le phénoménal ancêtre de tous les véhicules automobiles... L'ancêtre de la locomotive, de l'auto, du tramway, de toute la mécanique fulminante... Engin énorme, fantastique, effrayant... Il a sa musique, genre jazz en lui... La foule se tourne vers le monstre... déjà la foule ne pense plus à Virginie morte... étendue au premier plan...

Seul Paul est à genoux auprès d'elle... pleure... Pauvre tante Odile ne peut supporter tant d'émotions à la fois... elle devient folle... elle se précipite du quai dans l'eau... Elle se noye...

La machine infernale avance toujours peu à peu... Un homme sur l'avant du châssis, là-haut, joue de la trompette (genre mailcoach), l'émotion dans la foule est à son comble... L'enthousiasme aussi... Des vélos entourent le monstre... les cyclistes tirent du pistolet, une farandole autour du monstre... Faire du bruit !... On aperçoit à présent tout cet énorme ustensile qui avance tonitruant et majestueux... On fête le monstre vrombissant... on se passionne... Tout au sommet de la cheminée le drapeau américain... L'engin vient d'Amérique... Les touristes américains vers Paris... Le « Fulmicoach » va disparaître... La foule ne peut s'empêcher de suivre le « Fulmicoach »... fascinée... l'extraordinaire véhicule... la foule s'engouffre en coulisse... derrière le « Fulmicoach »... Reste Paul seulement, auprès de Virginie... pas longtemps... Des jeunes filles, toutes émoustillées, effrénées, bondissantes, reviennent sur leurs pas... semoncent, entraînent Paul, lui font comprendre qu'il perd son temps !... que la vie est courte !... qu'il faut aller s'amuser plus loin... toujours plus loin... qu'il faut grimper dans le « Fulmicoach »... qu'il faut boire et oublier... Elles le relèvent, l'obligent à se relever... à boire encore du flacon maudit... oublieux Paul !...

Il est debout à présent... Il titube... Il ne sait plus... Il suit la foule endiablée... Il se détourne encore un peu... La farandole l'entraîne... Il disparaît...

Il ne reste plus sur la scène que Virginie morte... dans une tache de lumière... et puis Piram, le bon chien, seul aussi à présent... le seul ami qui reste... Il se rapproche de Virginie... Il se couche, tout à côté d'elle...

C'est tout. Rideau.

Gutman est revenu de l'Exposition, quatre jours plus tard... la tête horriblement basse morveux, de la grimace aux talons Il n'avait remporté que des échecs

— C'est encore plus juif, Ferdinand, que je l'avais imaginé !

Il m'avouait, dans les sanglots, qu'il avait partout rencontré des Juifs d'un racisme effrayant tout bouillonnants de judaïsme dix par bureau trente par couloir

— C'est tout ce que tu trouves à m'apprendre ? dis donc granuleux ? Rien pour les Français alors ? Rien pour les enfants du sol ? Rien que des gardes chiots ? des vestiaires ?

Je l'aurais désarticulé, je lui aurais retourné les yeux (globuleux, juifs).

— J'en aurai jamais des danseuses alors ? J'en aurai jamais ! tu l'avoues. C'est tout pour les youtres ! Gueule donc ! traître !

— Toutes les mignonnes, Ferdinand, veulent toutes se taper les youtres. Pour elles, les Juifs, c'est tout l'avenir

Il dodelinait de la tête comme ça, comme un veau sans mère Il secouait ses oreilles immenses. Il se délectait de me faire souffrir ! Il était sadique, forcément...

— Tu veux savoir l'effet que tu me causes ? tu veux savoir ? dis. vampire ? Il ne voulait pas que je lui explique. Il a su quand même

— Je vais te le dire, tiens, je connais un homme, moi, un homme qu'est des plus instruits un agrégé de philosophie ! C'est quelque chose ! Tu sais pas comment il se marre ? comment il s'amuse ? Avec des chiens ?

Non, il savait pas.

— Il s'en va comme ça sur le soir, le long des murailles dans les fortifications Il appelle un clebs de loin, un gros il le rassure, il le caresse d'abord, il le met bien en confiance... et puis il lui tâte les burnes... comme ça... tout doucement... le gland... et puis alors il l'astique... Le clebs il est tout heureux, il se rend, il se donne... il tire la langue... au moment juste qu'il va reluire... qu'il est crispé sur la poigne... Alors, tu sais ce qu'il lui fait ?... Il arrache d'un coup le paquet, comme ça, wrack !... d'un grand coup sec !... Eh bien toi ! tiens ! dis donc, ravage ! tu me fais exactement pareil avec tes charades... Tu me fais rentrer ma jouissance... Tu m'arraches les couilles... Tu vas voir ce que c'est qu'un poème rentré !... Tu vas m'en dire des garces nouvelles ! Ah ! fine pelure de faux étron ! Ah ! tu vas voir l'antisémitisme ! Ah ! tu vas voir si je tolère qu'on vienne me tâter pour de rien !... Ah ! tu vas voir la révolte !... le réveil des indigènes !... Les Irlandais, pendant cent ans, ils se sont relevés toutes les nuits pour étrangler cent Anglais qui leur en faisaient pas le quart de ce qu'on supporte, nous, des youtres ! Officiel ! Chinois ! Officiel !

* * * * *

C'est pas d'aujourd'hui, tout compte fait, que je les connais, moi, les Sémites. Quand j'étais dans les docks à Londres, j'en ai vu beaucoup, des youpis. On croquait les rats tous ensemble, c'était pas des yites bijoutiers, c'était des malfrins terribles... Ils étaient plats comme des limandes. Ils sortaient juste de leurs ghettos, des fonds lettoniens, croates, valaques, rouméliques, des fientes de Bessarabie... Tout de suite ils se mettaient au gringue, ils avaient ça dans le grelot... à faire du charme aux bourriques... aux policemen de service... Ils commençaient la séduction, pour se faufiler dans leur Poste... Je parle des docks de « Dundee » pour ceux qui connaissent... où ça débarque les matières brutes, surtout des filasses et puis aussi la marmelade... Les « Schmout » ils se fendaient du sourire... Toujours plus près du policeman... c'était la devise... Et puis que je te le flatte... que je l'amadoue... Et que je lui dis qu'il est fort... intelligent !... qu'il est admirable, la brute !... Un cogne c'est toujours Irlandais... Ça prend toujours le coup de mirage. C'est fat comme tous les Aryens... ça se bombe... Très vivement il est bonnard, le guignol, il se mouille d'une saucisse pour les youtres... à la pitié... il les invite... un coup au poêle !... une tasse de thé...

Les Juifs, ils rentrent dans la guitoune, ils sont plus dehors... Dans la truanderie c'est eux qui se placent les premiers... Tout ça se passe sous une lance ! des cordes comme des bites ! au bord de la flotte jaune des docks... à fondre tous les navires du monde... dans un décor pour fantômes... dans la bise qui vous coupe les miches... qui vous retourne les côtes...

Le Juif il est déjà planqué, les blancs ils râlent sous les trombes... Ils s'engueulent tous comme des chiens... Ils sont dehors, ils hurlent au vent... Ils ont rien compris... Voici comme ça se passe les débarcadères... Le bateau s'annonce... il approche du quai... il accoste... Le « second » monte à la coupée... comme juste les filins viennent aux bornes. Le rafiot cale dans les « fagots »... Tous les frimands sont tassés, une horde en bas... qui la grince je vous garantis... Ils attendent le « nombre »... la grelotte !... Il en faut cinquante ! qu'il annonce...

Alors, c'est un tabac féroce... les premiers qu'arrivent, oh hiss ! là-haut ! de la bordée, sont les bons... ceux qui peuvent foncer, grimper dans l'échelle... Tous les autres, tous ceux qui retombent, ils peuvent crever... Ils auront pas le saucisson... le « shilling » et la pinte.

Y avait pas de pitié, je vous assure... C'est au canif que ça se règle... à la fin, pour les derniers... Un coup dans le fias... Fztt ! tu lâches la bride... la grappe s'écroule dans l'interstice... entre le bord et la muraille... dans la flotte ça s'étrangle encore... Ils s'achèvent dans les hélices...

Dans le fond du hangar, l'agent de la puissante compagnie, le « Soumissionnaire », il attend que ça soit prêt, que ça finisse le tabac, en patientant il casse la croûte, posément, sur une caisse à la renverse...

Je le vois toujours, jambon... petits pois... celui qu'on avait... dans une grosse assiette en étain... des petits pois gros comme des prunes... Il quitte pas sa cloche, sa pelisse, sa grosse serviette aux « manifestes »... Il attend que tout se tasse... que le pugilat cesse... il bronchait pas... Il ne pressait jamais les choses. Il se régalait jusqu'au bout...

– Ready. Mr. Jones ? qu'il interpellait à la fin... quand le calme était rétabli... Le Second répondait :

– Ready Mr. Forms !...

Les youtres ils parvenaient toujours après la bataille à rentrer quand même dans les soutes... à s'infiltrer dans les cales avec les « papiers », avec le cogne de service... Ils se ménageaient un petit afur autour des treuils, à tenir le frein... Ça grince... ça hurle... et puis ça roule... Et l'Angleterre continue !... Les palans montent et gravitent. Et les plus cons ils sont retombés entre la muraille et le cargo avec une petite lame dans le cul...

* * * * *

Parlons un peu d'autre chose...

Vers la fin de cet été, j'étais encore à Saint-Malo... je reprenais, après un dur hiver, le souffle... J'allais rêvant, méditant au long des grèves. Je revenais, ce jour-là, tout pensif du « Grand-Bé ». Je cheminais lentement à l'ombre du rempart, lorsqu'une voix... mon nom clamé... me fit tressaillir... une dame me hélait... de très loin... les jambes à son cou... elle fonce... elle arrive... un journal flottant au poing.

— Ah ! dites donc !... venez voir un peu !... Regardez donc mon journal !... comme ils vous traitent !... Ah ! vous n'avez pas encore lu ?...

Elle me soulignait le passage du doigt... Ah ! comment ils vous arrangent ! Elle en était toute jubilante... heureuse au possible...

— C'est bien vous Céline ?...

— Mais oui... mais oui... C'est mon nom de frime... mon nom de bataille !... C'est le journal de qui ?... le journal de quoi ?... que vous avez ?...

— Lisez ! ce qu'ils écrivent d'abord !... mais c'est le Journal de Paris ! le journal « Journal »... « Renégat !... » qu'ils vous intitulent... Ah ! c'est bien écrit noir sur blanc... Renégat !... comme un André Gide, qu'ils ont ajouté... comme M. Fontenoy et tant d'autres...

Cinglé ! mon sang ne fait qu'un tour ! Je bondis ! Je sursaute !... on m'a traité de mille choses... mais pas encore de renégat !...

— Renégat moi ?... Renégat qui ?... Renégat quoi ?... Renégat rien !... Mais j'ai jamais renié personne... L'outrage est énorme !... Quelle est cette face de fumier qui se permet de m'agonir à propos du communisme ?... Un nommé Helsey qu'il s'appelle !... Mais je le connais pas !... d'où qu'il a pris des telles insultes ?... D'où qu'il sort, ce fielleux tordu ? C'est-il culotté cette engeance ?... C'était bien écrit en pleine page et gras caractères... y avait pas du tout à se tromper... elle avait raison la dame...

« L'opinion des renégats n'a, bien sûr, aucune importance, les Gides, les Célines, les Fontenoys... etc. Ils brûlent ce qu'ils ont adoré... » Il est soufflé, merde, ce cave !... De quel droit il se permet, ce veau, de salir de la sorte ?...

Mais j'ai jamais renié rien du tout ! Mais j'ai jamais adoré rien !... Où qu'il a vu cela écrit ?... Jamais j'ai monté sur l'estrade pour gueuler... à tous les échos, urbi et orbi : « Moi j'en suis !... moi j'en croque !... j'en avale tout cru !... que je m'en ferais mourir !... » Non ! Non ! Non ! J'ai jamais micronisé, macronisé dans les meetings !... Je vous adore mon Staline ! mon Litvinoff adoré ! mon Comintern !... Je vous dévore éperdument ! Moi j'ai jamais voté de ma vie !... Ma carte elle doit y être encore à la Mairie du « deuxième »... J'ai toujours su et compris que les cons sont la majorité, que c'est donc bien forcé qu'ils gagnent !... Pourquoi je me dérangerais dès lors ? Tout est entendu d'avance... Jamais j'ai signé de manifeste... pour les martyrs de ceci... les torturés de par là... Vous pouvez être bien tranquilles... c'est toujours d'un Juif qu'il s'agit... d'un comité youtre ou maçon... Si c'était moi, le « torturé » pauvre simple con d'indigène français... personne pleurerait sur mon sort... Il circulerait pas de manifeste pour sauver mes os... d'un bout à l'autre de la planète... Tout le monde, au contraire, serait content... mes frères de race, les tout premiers... et puis les Juifs tous en chœur... « Ah ! qu'ils s'écrieraient, dis-donc ! Ils ont eu joliment raison de le faire aux pattes le Ferdinand... C'était qu'un sale truand vicieux, un sale hystérique emmerdeur... Faut plus jamais qu'il sorte de caisse... ce foutu vociférant. Et puis qu'il crève au plus vite !... » Voilà ce qu'on dirait pour ma pomme... le genre de chagrin éprouvé... Moi je suis bien renseigné... alors j'adhère jamais rien... ni aux radiscots... ni aux colonels... ni aux doriotants... ni aux « Sciences Christians », ni aux francs-maçons ces boy-scouts de l'ombre... ni aux enfants de Garches, ni aux fils de Pantin, à rien !... J'adhère à moi-même, tant que je peux... C'est déjà bien mal commode par les temps qui courent. Quand on se met avec les Juifs, c'est eux qui revendiquent tout l'avantage, toute la pitié, tout le bénéfice ; c'est leur race, ils prennent tout, ils rendent rien.

Mais puisqu'on reparle de ce voyage, puisque le Journal me provoque, il faut bien que je m'explique un peu... que je fournisse quelques détails. Je suis pas allé moi en Russie aux frais de la princesse !... C'est-à-dire ministre, envoyé, pèlerin, cabot, critique d'art, j'ai tout payé de mes clous... de mon petit pognon bien gagné, intégralement : hôtel, taxis, voyage, interprète, popote, boustif... Tout !... J'ai dépensé une fortune en roubles... pour tout voir à mon aise... J'ai pas hésité devant la dépense... Et puis ce sont les Soviets qui me doivent encore du pognon... Qu'on se le dise !... Si cela intéresse des gens. Je leur dois pas un fifrelin !... pas une grâce ! pas un café — crème !... J'ai douillé tout, intégralement, tout beaucoup plus cher que n'importe quel « intourist »... J'ai rien accepté. J'ai encore la mentalité d'un ouvrier d'avant-guerre...

C'est pas mon genre de râler quand je suis en dette quelque part... Mais c'est le contraire justement... c'est toujours moi le créancier... en bonne et due forme... pour mes droits d'auteur... et pas une traduction de faveur... ne confondons pas !... Ils me doivent toujours 2000 roubles, la somme est là-bas, sur mon compte à leur librairie d'État !... J'ai pas envoyé de télégramme, moi, en partant, au grand Lépidaure Staline pour le féliciter, l'étreindre, j'ai pas ronflé en train spécial... J'ai voyagé comme tout le monde, tout de même bien plus librement puisque je payais tout, fur à mesure... De midi jusqu'à minuit, partout je fus accompagné par une interprète (de la police). Je l'ai payée au plein tarif... Elle était d'ailleurs bien gentille, elle s'appelait Nathalie, une très jolie blonde par ma foi, ardentes toute vibrante de Communisme, prosélytique à vous buter, dans les cas d'urgence... Tout à fait sérieuse d'ailleurs... allez pas penser des choses !... et surveillée ! nom de Dieu !...

Je créchais à l'Hôtel de l'Europe, deuxième ordre, cafards, scolopendres à tous les étages... Je dis pas ça pour en faire un drame... bien sûr j'ai vu pire... mais tout de même c'était pas « nickel »... et ça coûtait rien que la chambre, en équivalence : deux cent cinquante francs par jour ! Je suis parti aux Soviets, mandaté par aucun journal, aucune firme, aucun parti, aucun éditeur, aucune police, à mes clous intégralement, juste pour la curiosité... Qu'on se le répète !... franc comme l'or !... Nathalie, elle me quittait vers minuit comme ça... Alors j'étais libre... Souvent j'ai tiré des bordées, après son départ, au petit bonheur... J'ai suivi bien des personnes... dans des curieux de coins de la ville... Je suis entré chez bien des gens au petit hasard des étages... tous parfaitement inconnus. Je me suis retrouvé avec mon plan dans des banlieues pas ordinaires... aux petites heures du matin... Personne m'a jamais ramené... Je ne suis pas un petit enfant... J'ai une toute petite habitude de toutes les polices du monde... Il m'étonnerait qu'on m'ait suivi... Je pourrais causer moi aussi, faire l'observateur, le reporter impartial... je pourrais aussi, en bavardant, faire fusiller vingt personnes...

Quand je dis : tout est dégueulasse dans ce pays maléfique, on peut me croire sans facture... (aussi vrai que le Colombie a essuyé des petites rafales de mitrailleuses en passant devant Cronstadt, un beau soir de l'été dernier)...

La misère russe que j'ai bien vue, elle est pas imaginable, asiatique, dostoïevskienne, un enfer moisi, harengs-saurs, concombres et délation... Le Russe est un geôlier-né, un Chinois raté, tortionnaire, le Juif l'encadre parfaitement. Rebut d'Asie, rebut d'Afrique... Ils sont faits pour se marier... C'est le plus bel accouplement qui sera sorti des enfers... Je me suis pas gêné pour le dire, après une semaine de promenades j'avais mon opinion bien faite... Nathalie, elle a essayé, c'était son devoir, de me faire revenir sur mes paroles, de m'endoctriner gentiment... et puis elle s'est mise en colère... quand elle a vu la résistance... Ça n'a rien changé du tout... Je l'ai répété à tout le monde, à Leningrad, autour de moi, à tous les Russes qui m'en parlaient, à tous les touristes que c'était un pays atroce, que ça ferait de la peine aux cochons de vivre dans une semblable fiente... Et puis comme ma Nathalie elle me faisait de l'opposition, qu'elle essayait de me convaincre...

Alors je l'ai écrit à tout le monde sur des cartes postales pour qu'ils voyent bien à la poste, puisqu'ils sont tellement curieux, de quel bois je me chauffe... Parce que j'avais rien à renier moi !... J'avais pas à mettre des mitaines... Je pense comme je veux, comme je peux... tout haut...

On comprend mon indignation, elle est naturelle, dès qu'on me traite de renégat !... J'aime pas ça... Cet Helsey il gagne son bœuf en salissant les gens de bien... Je l'ai dit à la personne qui m'avait fait lire cet écho... Qu'est-ce qu'il est capable de faire d'autre ce plumeux ?... Il déconne aujourd'hui comme ça sur le Communisme... Demain il bavera sur les Douanes... un autre jour sur la Stratosphère. Pourvu qu'il débloque... il s'en fout... C'est un grelot !... pourvu que ça se vende !... C'est toute sa technique...

Enfin c'étaient les vacances... alors j'avais des loisirs... Je me dis : « Tiens, je vais les emmerder ! » Je saisis ma plume étincelante et j'écris une de ces notes ! au directeur du Journal... qu'était rectificative... je vous le garantis... J'ai attendu l'insertion... J'ai recommencé encore une fois... deux fois... Pas plus de rectification que de beurre en bouteille... C'est la pourriture de la Presse... On vous salit... c'est gratuit... J'aurais pu envoyer l'huissier pour me venger mon honneur !... Il m'aurait dit c'est tant par mot... J'étais encore fait... Ça vaut combien « Renégat » au prix de l'Honneur ?... Si je tuais l'Helsey, au pistolet, c'est encore moi qu'irais en caisse... Et puis il existe peut-être pas le Helsey !... Enfin... de toutes les manières ils ont pas dit la vérité dans le « Journal », journal de Paris... Je suis en compte, c'est un fait... Ils me doivent des plates excuses... C'est pas tellement agréable des excuses de gens comme ça.

* * * * *

« Le Seigneur tient ses assises parmi les nations remplies de cadavres, il écrase les têtes dans les contrées tout autour. »
(Bible, psaume 110)

En toute candeur, il me paraît bien que tous ceux qui reviennent de Russie ils parlent surtout pour ne rien dire... Ils rentrent pleins de détails objectifs inoffensifs, mais évitent l'essentiel, ils n'en parlent jamais du Juif. Le Juif est tabou dans tous les livres qu'on nous présente. Gide, Citrine, Dorgelès Serge, etc. n'en disent mot... Donc ils babillent... Ils ont l'air de casser le violon, de bouleverser la vaisselle, ils n'ébrèchent rien du tout. Ils esquissent, ils trichent, ils biaisent devant l'essentiel : le Juif. Ils vont jusqu'au bord seulement de la vérité : le Juif. C'est du fignolé passe-passe, c'est du courage à la gomme, y a un filet, on peut tomber, on se fracture pas. On se fera peut — être une entorse... On sort dans les applaudissements... Roulement de tambours !... On vous pardonnera, soyez sûrs !...

La seule chose grave à l'heure actuelle, pour un grand homme, savant écrivain, cinéaste, financier, industriel, politicien (mais alors la chose gravissime) c'est de se mettre mal avec les Juifs. — Les Juifs sont nos maîtres — ici là-bas, en Russie, en Angleterre, en Amérique, partout !... Faites le clown, l'insurgé, l'intrépide, l'anti- bourgeois, l'enragé redresseur de torts... le Juif s'en fout ! Divertissements...

Babillages ! Mais ne touchez pas à la question juive, ou bien il va vous en cuire... Raide comme une balle, on vous fera calancher d'une manière ou d'une autre... Le Juif est le roi de l'or de la Banque et de la Justice... Par homme de paille ou carrément. Il possède tout... Presse... Théâtre... Radio... Chambre... Sénat... Police... ici ou là-bas... Les grands découvreurs de la tyrannie bolchévique poussent mille cris d'orfraies... ça s'entend. Ils se frappent au sang la poitrine, et cependant jamais, jamais ne décèlent la pullulation des yites, ne remontent au complot mondial... Étrange cécité... (de même potassant Hollywood, ses secrets, ses intentions, ses maîtres, son cosmique battage, son fantastique bazar d'international ahurissement, Hériat ne décèle nulle part l'œuvre essentielle, capitale de l'Impérialisme juif). Staline n'est pourtant qu'un bourreau, d'énorme envergure certes, tout dégoulinant de tripes conjurées, un barbe-bleue pour maréchaux, un épouvantail formidable, indispensable au folklore russe... Mais après tout rien qu'un idiot bourreau, un dinosaure humain pour masses russes qui ne rampent qu'à ce prix. Mais Staline n'est qu'un exécutant des basses-œuvres, très docile, comme Roosevelt, ou Lebrun, exactement, en cruauté. La révolution bolchévique est une autre histoire ! infiniment complexe ! tout en abîmes, en coulisses. Et dans ces coulisses ce sont les Juifs qui commandent, maîtres absolus. Staline n'est qu'une frime, comme Lebrun, comme Roosevelt, comme Clemenceau. Le triomphe de la révolution bolchévique, ne se conçoit à très longue portée, qu'avec les Juifs, pour les Juifs et par les Juifs... Kérensky prépare admirablement Trotzky qui prépare l'actuel Comintern (juif), Juifs en tant que secte, race, Juifs racistes (ils le sont tous) revendicateurs circoncis armés de passion juive, de vengeance juive, du despotisme juif. Les Juifs entraînent les damnés de la terre, les abrutis de la glèbe et du tour, à l'assaut de la citadelle Romanoff... comme ils ont lancé les esclaves à l'assaut de tout ce qui les gêne, ici, là-bas, partout, l'armature brûle, s'écroule et les abrutis de la glèbe, de la faucille et du marteau, un instant ivres de jactance, retombent vite sous d'autres patrons, d'autres fonctionnaires, en d'autres esclavages de plus en plus juifs. Ce qui caractérise en effet le « progrès « des sociétés dans le cours des siècles, c'est la montée du Juif au pouvoir, à tous les pouvoirs... Toutes les révolutions lui font une place de plus en plus importante... Le Juif était moins que rien au temps de Néron, il est en passe de devenir tout... En Russie, ce miracle est accompli... En France. presque... Comment se recrute, se forme un Soviet en U.R.S.S. ? Avec des ouvriers, des manuels (à la deuxième génération au moins) bien ahuris bien Stakhanovistes, et puis des intellectuels, bureaucrates juifs, strictement juifs... Plus d'intellectuels blancs ! plus de possibles critiques blancs !... Voici l'ordre majeur implicite de toute Révolution communiste. Le pouvoir ne peut demeurer aux Juifs, qu'à la condition que tous les intellectuels du parti soient ou pour le moins furieusement enjuivés... mariés à des juives, mâtinés, demi, quart de Juifs... (ceux-ci toujours plus enragés que les autres...). Pour la forme, quelques figurants aryens bien larbinisés sont tolérés pour la parade étrangère... (genre Tolstoï) tenus en soumission parfaite par la faveur et la pétoche. Tous les intellectuels non juifs, c'est-à-dire ceux qui pourraient n'être pas communistes, juifs et communistes sont pour moi synonymes, ont tous été traqués à mort... Ils vont voir au Baikal, à Sakhaline si les fraises sont mûres... Il existe évidemment quelques méchants Juifs dans le nombre, des « Radek »... quelques traîtres pour la galerie... des Serge Victor, Judas d'une variété nouvelle... On les maltraite un peu... On en fusille quelques douzaines... on les exile pour la forme... mais la farouche entente du sang subsiste, croyez-le... Litvinoff, Trotzky, Braunstein ne se haïssent que devant nous... Les rares Aryens survivants, des anciens cadres officiels, les anciennes familles en place... les rares échappés aux grandes hécatombes, qui végètent encore un peu dans les bureaux... les ambassades... doivent donner les preuves quotidiennes de soumission la plus absolue, la plus rampante, la plus éperdue, à l'idéal juif, c'est-à-dire à la suprématie de la race juive dans tous les domaines : culturels, matériels, politiques... Le Juif est dictateur dans l'âme, vingt-cinq fois comme Mussolini. La démocratie partout et toujours, n'est jamais que le paravent de la dictature juive.

En U.R.S.S., il n'est même plus besoin de ces fantoches politiques « libéraux ». Staline suffit... Franchement youtre, il serait peut-être devenu la cible facile des anti- communistes ou du monde entier, des rebelles à l'impérialisme juif. Avec Staline à leur tête, les Juifs sont parés... Qu'est-ce qui tue toute la Russie ?... qui massacre ?... qui décime ?... Quel est cet abject assassin ? ce bourreau superborgiesque ? Qui est-ce qui pille ?... Mais Nom de Dieu ! Mais c'est Staline !... C'est lui le bouc pour toute la Russie !... Pour tous les Juif ! Faut pas se gêner comme touriste, on peut raconter tout ce qu'on veut à condition qu'on ne parle pas des Juifs... Flétrir le système communiste... maudire ! tonitruer... Les Juifs s'en foutent fantastiquement ! Leur conviction elle est faite ! et foutrement faite ! La Russie toute cauchemardement dégueulasse qu'on puisse la trouver, c'est quand même une mise en train et très importante pour la révolution mondiale, le prélude du grand soir tout juif ! du grand triomphe d'Israël ! Vous pouvez saler tant que ça peut, des tonnes et des tonnes de papier sur les horreurs soviétiques, vous pouvez émettre, crever, foudroyer vos pages, tellement votre plume fonce et laboure de l'indignation, ça les fera plutôt rigoler... Ils vous trouveront de plus en plus aveugles et cons... Quand vous irez clamer partout que l'U.R.S.S. c'est un enfer... c'est encore du bruit pour rien... Mais ça leur fera moins plaisir quand vous irez en plus prétendre, que c'est les Juifs qui sont les diables du nouvel enfer ! et que tous les goymes sont damnés. Mais tout se rattrape cependant, soyez-en certains par la propagande colossale... (et les mines de l'Oural sont pas encore fatiguées)... C'est un peu plus compliqué quand on vend la mèche, la mèche juive. Enfin, c'est un peu plus coûteux... Voilà tout...

* * * * *

> *« Peuples, soyez attentifs, car l'indignation du Seigneur va fondre sur toutes les nations. Sa fureur sur toutes les armées. Elles mourront de mort sanglante, et ceux qui auront été tués seront jetés là, une puanteur horrible s'élèvera de leurs corps, et les montagnes dégoutteront de sang. »*
> ISAÏE

Ils les connaissent eux, dans les coins, les secrets de l'opinion publique, les youtres qui dirigent l'Univers, ils ont toutes les ficelles en mains. Propagande, or, publicité, radio, presse, « petites enveloppes », cinéma. D'Hollywood la juive à Moscou la youtre, même boutique, même téléphone, mêmes agences, mêmes youtres aux écoutes, à la caisse, aux affaires, et puis, en bas, rampant au sol, la même masse, plastique, imbécile, l'aryenne étendue de brutes bornées, crédules divisées, devant, derrière, autour, partout... L'immensité des viandes saoules, la moquette universelle râleuse et grouillante pour pieds juifs. Pourquoi se gêner ?... Comment éberluer, tenir dans les chaînes toutes ces viandes mornes ?... en plus des discours et de l'alcool ? Par la radio, le cinéma ! On leur fabrique des dieux nouveaux ! Et du même coup, s'il le faut, plus idoles nouvelles par mois ! de plus en plus niaises et plus creuses ! Mr. Fairbanks, Mr. Powell, donnerez-vous l'immense joie aux multitudes qui vous adulent, de daigner un petit instant paraître en personne ? dans toute votre gloire bouleversante ? épanouissime ? quelque secondes éternelles ? sur un trône tout en or massif ? que cinquante nation du monde puissent enfin contempler dans la chair de Dieu !... Ce n'est plus aux artistes inouïs, aux génies sublimissimes que s'adressent nos timides prières... nos ferveurs brûlantes... c'est aux dieux, aux dieux des veaux... les plus puissants, les plus réels de tous les dieux... Comment se fabriquent, je vous demande, les idoles dont se peuplent tous les rêves des générations d'aujourd'hui ? Comment le plus infime crétin, le canard le plus rebutant, la plus désespérante donzelle, peuvent-ils se muer en dieux ?... déesses ?... recueillir plus d'âmes en un jour que Jésus-Christ en deux mille ans ?... Publicité ! Que demande toute la foule moderne ? Elle demande à se mettre à genoux devant l'or et devant la merde !... Elle a le goût du faux, du bidon, de la farcie connerie, comme aucune foule n'eut jamais dans toutes les pires antiquités... Du coup, on la gave, elle en crève... Et plus nulle, plus insignifiante est l'idole choisie au départ, plus elle a de chances de triompher dans le cœur des foules... mieux la publicité s'accroche à sa nullité, pénètre, entraîne toute l'idolâtrie... Ce sont les surfaces les plus lisses qui prennent le mieux la peinture. On fabrique un Joseph Staline comme une Jean Crawford, même procédé, même culot, même escroquerie, mêmes Juifs effrontés aux ficelles. Entre Hollywood, Paris, New York et Moscou un circuit de bourrage continu. Charlie Chaplin travaille aussi, magnifiquement, pour la cause, c'est un grand pionnier de l'Impérialisme juif. Il est du grand secret. Vive le bon pleurnichage juif ! Vive la complainte qui réussit ! Vive l'immense lamentation ! Elle attendrit tous les bons cœurs, elle fait tomber avec l'or toutes les murailles qui se présentent. Il rend tous ces cons goymes encore plus friables, nouilles, malléables, empapaoutables, anti-prégugés ceci, anti-prégugés cela, « humanitaires » c'est tout dire, internationaux... en attendant je les connais bien ! qu'on les file en bottes ! à la juive ! arrangés aux petits obus ! Dans le fondu sentimenteux le Juif taille, découpe, ronge, effrite, empoisonne, prospère. Les malheurs du pauvre exploité, du calicot de chez Bader, du forçat de chez Citroën, Chaplin comme il peut s'en foutre, lui, plein de milliards... Vive l'excellente jérémiade ! Vivent les temps modernes ! Vivent les bons Soviets, bien youpins ! Rien ne résiste à la propagande, le tout est d'y mettre assez d'or... et les Juifs possèdent tout l'or du monde... des Monts Oural à l'Alaska ! de Californie jusqu'en Perse ! du Klondike à la Cité ! « Cité « ! « Lyonnais « ! guichets où se raccrochent, à geindre, ces sucrés de paumés d'Aryens ! le guichet des Lamentations ! L'armée des croupions surtendus ! La ruée vers l'or des emprunts mous ! Pleurer nourrit ! Pleurer fait fondre ! Pleurer c'est le triomphe des Juifs ! Réussit admirablement ! Le monde à nous par les larmes ! Vingt millions de martyrs bien entraînés c'est une force ! Les persécutés surgissent, hâves, blêmis, de la nuit des temps, des siècles de torture... L. es voici les fantômes... remords... suspendus à nos flancs... Léon Blum,... Hayes,... Zuckor.... Litvinoff,... Lévitan,... Brunschwig... Bernstein,... Bader... Kérensky,... cent mille Lévy,... Chaplin le crucifié... Les Marx Brothers tragédiques... Nous avons fait trop de martyrs... Comment racheter tous nos crimes.... Nous les avons fait trop souffrir...

Vite, faut qu'ils prennent tous nos boulots, tout notre petit pèze... Nos ultimes petits fifrelins. Il faut qu'on nous saigne encore... à fond... deux... trois... dix guerres bien atroces. Faut qu'on abatte toutes les frontières avec nos viandes de vaches aryennes... Trop justes à présent, les pogroms... pour nous, Nom de Dieu ! Tout pour nous !...

Trop juste qu'ils organisent. C'est une bénédiction du Ciel ! Je me ferais tatouer le Golgotha, moi, pour me faire pardonner.

* * * * *

Jéhovah créa les nations pour qu'elles soient immolées comme autant de victimes humaines en expiation des péchés d'Israël.

Je monte là-haut, je vais voir Popaul, mon pote. Je l'avais pas vu depuis un moment. Il demeure au sommet de Montmartre. Popaul, c'est un vieux Montmartrois, il est pas venu de sa Corrèze, pour découvrir le maquis. Il a été préconçu dans les jardins de la Galette, un soir de 14 juillet, c'est le Montmartre « de ses moins de neuf mois ». Alors c'est un « pur de pur ». Je sais qu'il aime bien le bourgueil, je lui en monte un petit flacon, question de le mettre en bonne humeur. Je veux qu'il me cause ! Il est peintre, c'est tout vous dire, au coin de l'impasse Girardon. Il barbouille quand il pleut pas trop, quand il pleut trop, ça devient trop sombre dans son atelier. Quand il fait beau, par exemple, on est alors bien mieux dehors, sur le banc de l'avenue Junot à regarder les petits oiseaux, les petits arbres comment qu'ils poussent, qu'ils se dépêchent pour pas crever, du mazout. On prend le soleil comme des vieux piafs. Popol, il a eu du mal à trouver la bonne condition, favorable pour sa barbouille, entre trop d'ombre et trop de soleil. Popol, c'est un mutilé, un grand mutilé de la grande guerre, il a donné une jambe entière pour la défense de la Patrie.

Je lui apprends tout de suite d'emblée que je suis devenu antisémite et pas un petit peu pour de rire, mais férocement jusqu'aux rognons !... à mettre tous les youtres en l'air ! phalanges, en denses cohortes, en bataillons à les faire charger contre Hitler, reprendre la Sarre, à eux tout seuls !...

— Merde ! qu'il me fait... T'auras du coton !... Les Juifs, ils sont tous au pouvoir... Ils peuvent pas s'absenter comme ça !... T'y penses tout de même pas !...Ça serait l'anarchie !... La pagaie !... C'est des personnes indispensables ! Ta croisade elle se présente pas bien !... T'auras du mal à les sortir... Les youtres c'est comme les punaises... Quand t'en prends une seule dans un plume, c'est qu'elles sont dix mille à l'étage ! Un million dans toute la crèche... C'est pas la peine d'insister... Tu vas te faire étendre, malheureux ! Tu sais pas où tu mets les doigts ! Tu connais pas le « mauvais café ? » Tu fais l'esprit fort ! le fendard ! tu vas te réveiller sur un marbre... Il va te tomber un de ces soirs une drôle de tuile sur la pêche quand tu reviens de ton dispensaire... qu'il pleut le long des maisons... Tu peux t'acheter une cloche en zinc, une bourguignotte... T'es con de t'agiter, vieux tordu !... C'est le retour d'âge qui te tracasse... C'est la bicyclette qui te vaut rien !

T'es pas fait pour la vitesse... ça te fait délirer... Je t'avais dit de faire bien gaffe... T'as plus l'âge, en vérité... à quarante-trois ans... (il est jaloux il peut plus monter en vélo à cause de sa jambe)... à moins que tu veuilles faire comme Hitler... Mais t'as pas le genre tyrolien... Tu peux pas faire trou — la-itou... Tu te feras siffler raide comme balle ! Tu veux faire ton petit Barrès ? ton Bolivar ? ta Jeanne d'Arc ? Annunzio ? Les Juifs, c'est mariole, mon pote, tu seras détruit calamiteux ver de vase Ferdinand ! avant que t'ayes dit ouf !... Ils te feront repasser... pas eux-mêmes !... mais par tes propres frères de race... Je te le prédis ! Ils ont tous les tours dans leur sac !...C'est des fakirs cent pour cent... Ils ont tout l'Orient dans leur fouille... Ils passent... ils promettent... ils jaspinent... ils avalent tout... Ils rendent jamais rien !... Ils s'en vont plus loin, ils partent avec ton auber et ton âme...

Tu te retrouves plus !... C'est les juifs errants mon pote, citoyens du monde ! Escrocs de tout ! passe-partout ! Ils te vident les fouilles et la tête, ils te dépouillent, ils te sucent le sang... Et tu vas te racheter par lambeaux ! tu les rinces, les mêmes, encore !

Dans les Beaux-Arts, ils ont tout pris ! tous les primitifs ! les folklores ! sauce juive ! Les critiques, tous juifs, francs-maçons, entonnent en chœur, hurlent au génie ! C'est normal, c'est bien régulier dans un sens : de toutes les Écoles ils sont maîtres, tyrans, propriétaires absolus, de tous les Beaux-Arts du monde, surtout en France. Tous les professeurs, tous les jurys, les galeries, les expositions sont à présent pleinement youtres C'est pas la peine de réagir... Moi si j'avais ta grande gueule, je jouerais au ballon avec eux... À ta place. je me ferais franc-maçon... C'est le baptême pour un Aryen ! ça te laverait un petit peu... Ça te ferait un petit peu nègre... Ça te ferait moins de péchés... Blanchir il faut plus en France... c'est « noircir « qu'il faut... L'avenir est aux nègres ! Nom du cul !...

— Ah ! que je sursaute, Popol ! tu me navres ! tu m'épouvantes ! Je croyais trouver un ami ! Un vrai soldat pour ma cause ! Et tu me conseilles de m'évanouir... Ça devenait trop grave pour se discuter en plein air... Rentrons, que je fais...

Je poursuivais mon raisonnement tout au fond de son atelier. Après tout, ça m'était égal, d'avoir le monde entier contre moi, dans la croisade antisémite. Mais j'aurais tenu à Popol ! un frère de guerre ça compte quand même... Je l'exhorte encore un peu...

— Comment, toi Popol,... tu te dégonfles ?... Un vrai Médaillé militaire décoré sur les champs de bataille... tu trouves ça bien régulier ?... Que pour chaque Français du sol, crevé sous les balles ennemies des Flandres à Verdun, on se fasse à présent inonder par dix mille youtres, tous bien coucous, racistes à mort, insatiables ?... Il faudrait peut-être nous, qu'on se déguise, qu'on se fasse tolérer en carpette ? au son de l'Internationale ?... en vase de nuit... en gramophone pour silence ?...

— Et le prolétaire qu'en fais-tu ? qu'il me répond...

— Il sera fleur lui, comme toujours. Il est alcoolique et cocu. Le communisme c'est qu'un vocable pour réunions, une gigantesque stavisquerie ! T'as vu les chœurs rouges maintenant, ils nous donnent tout rafraîchi le « Chant du départ » à la sauce internationale... Ça te dit rien ? Demain, tous les charniers de monde débiteront de la viande « kachère » sur tous les hymnes favoris... J'entends déjà « dans la carrière » Blaoum proposer de l'Aryen, en hachis « à la carmagnole » ! N'importe quelle révolution tourne aussitôt débutée, en Topazerie fantastique. Les grands aïeux de 93 furent tous cupides à qui mieux mieux... Fous délirants de bien se remplir... Tous ils ont foncé dans la caisse, « estouffarès » le patrimoine. Et tant que ça peut, ni plus ni moins que Gens de Cour... Les idées, les apostrophes les plus huppées, fringantes doctrines, ne servent, c'est prouvé, jamais, en définitive, qu'à s'arracher les esclaves, éberlués devant les baraques, transis d'avoir à choisir parmi les violentes distractions, les gueules ouvertes... Qui monte la plus belle entourloupe dans la foire du monde, prendra le plus de foule dans ses planches. Tout le monde entrera... Que tout le monde, que le trèpe fonce, se précipite ! Vous ne savez pas tous, figures, comme dehors vous êtes malheureux ! Les gonds pivotent, les chaînes retombent. le tour est joué... Salut vilains zoizeaux !... En revoilà pour trois,... quatre siècles,... dix, vingt... d'après la force des cloisons. Tel maître aussi fumier qu'un autre, tous aussi menteurs, fourbes, hystériques et lâches... Plus ou moins sadiques. Mais ils croissent en charognerie à la mesure des expériences... Ils profitent, s'instruisent... comparent... Athènes... Rome... 93... les Romanoff... Les Juifs, ils étudient beaucoup, complotent sans arrêt... Les « banquistes « de la Commune juive sont au point... Ils battent l'estrade à grands flonflons... Prolos ! mes frères martyrisés, prolos des cent pays du monde... je suis mûr pour vous affranchir ! Je m'en ressens au maximum ! pour vous donner tout votre confort... Je reprends un peu la férule, pour mieux vous défendre, mes enfants... ! La sécurité de vos vieux jours !... Passez voir dans l'intérieur !... Un bon mouvement !... N'ayez pas de crainte !... Vous entendez qu'on égorge derrière la cloison ? C'est une illusion de vos sens ! C'est un triste ragot fasciste ! Allez ! Allez ! Pressons-nous ! Pressons-nous tous ! Si j'ai un gros cadenas en poigne, une clef formidable... C'est un cadeau que je veux vous faire... C'est pour mieux encore vous chérir !... pour que vous retombiez dans la vie... Allons ! Allons ! du cinéma !... on vous en donnera tous les jours...

Le Juif international, il nous fera regretter Schneider, Thiers, Wendel et Gengis — Khan... Le Juif sera le pire des maîtres, plus renseigné, plus fielleux, plus minutieux, je vous garantis, complètement stérile,

« monrovien » pour la construction, incapable de rien bâtir sauf des prisons (voir la Russie). Où il n'a pas son pareil, c'est pour éberluer l'Aryen, lui faire avaler les grenouilles, le faire rebondir comme il veut de galère en abattoir, aucune résistance sérieuse, l'occidental primate, buté, ivrogne, jobard et cocu. C'est un esclave né pour Juifs, tout cuit, ahuri dès l'école primaire par des phrases et puis par l'alcool, plus tard on l'émascule par l'instruction obligatoire... Pour être sûr qu'il s'en relèvera pas, qu'il aura plus jamais de musique, qu'il ne chantera plus jamais son petit air personnel non-juif, on lui crève l'âme, comme on crève les yeux aux pigeons, pour qu'ils ne se tirent plus. On l'achève par la vinasse. Que peut-il devenir au mieux ?... Schupo, garde-mobile, manœuvre... Chien plus ou moins. C'est-à-dire chien de Juifs. Aucun satrape aryen ne dure, ne peut durer. Ils ne brandissent les uns les autres, pour exalter leurs troupeaux de buffles, que de médiocres mystiques, régionales, rétriquées, défensives... Vous verrez Hitler ! La mesure du monde actuel, ce sont des mystiques mondiales dont il fait se prévaloir ou disparaître... Napoléon l'avait compris. Le grand secret de la jungle, de toutes les jungles, la seule vérité des hommes, des bêtes et des choses. « Etre conquérant ou conquis », seule dilemme, ultime vérité. Tout le reste n'est qu'imposture, falsifis, troufignoleries, rabâcheries électorales. Napoléon a fait tout son possible, des prodiges, pour que les blancs ne cèdent pas l'Europe aux nègres et aux asiates. Les Juifs l'ont vaincu. Depuis Waterloo le sort en est jeté. À présent, le coup n'est plus le même, ils ne sont pas chez nous, les Juifs. C'est nous qui sommes chez eux. Depuis l'avènement de la Banque Rothschild, les Juifs ont repris partout la forte idée... Ils pissent aussi eux sur les mots. Etre partout, vendre tout, détenir tout, détruire tout, et l'homme blanc d'abord !... Voilà un programme consistant !...Plus tard on fera bien d'autres progrès, bien plus admirables... On se passera de l'or, des ordres précis suffiront pour la masse des esclaves. Les Juifs ne montrent pas leurs chefs... Ils tissent leur trame dans l'ombre... Ils n'exhibent que leurs pantins... leurs amuseurs, leurs « vedettes « ... La passion juive, si unanime, si térébrante, est une passion de termitière. Dans la progression des vermines, tous les obstacles sont délabrés, dilués, englués peu à peu, jusqu'aux fibres... ignoblement résolus dans le pire, fienteux magma du jus pourri et des mandibules... jusqu'aux calamités totales, à l'écroulement définitif, au vide juif.

* * * * *

On peut se demander pourquoi les journaux de droite, de gauche, du centre, ne racontent jamais rien des Juifs ? En tant que juifs, je veux dire activement juifs, attentivement juifs, spécifiquement juifs et racistes ?...

Quand ils se décident à nous parler des Juifs, qu'ils s'y trouvent contraints, par hasard, c'est avec d'infinies mitaines, un luxe inouï de précautions, d'éblouissants préambules, dix mille flatteries d'enfiotés : « Ce très grand artiste israélite voulait bien nous recevoir... une belle ascendance sémitique... le grand, le génial et philanthrope financier de la noble race des Rothschild... l'idéalisme éperdu, la flamme bouleversante, ce feux noir qu'on surprend aux prunelles, à fleur d'âme, chez ce jeune poète que l'ardeur messianique consume... »

Toutes les circonlucutasseries, ces servilités canines veulent dire en termes directs : « Attention ! mon petit journaleux, mon petit échotier fragile ! Attention ! ces individus que tu vois là devant toi, sont autant de Juifs ! Fais donc bien gaffe ! terriblement... Ils appartiennent à la race la plus puissante de l'univers... dont tu n'es de naissance qu'un des domestiques... Ils peuvent pour un mot de traviole te faire virer de ton emploi... te faire crever de faim sans appel... »

« À quel moment, Monsieur le Juif, désirez-vous que je baisse mon froc ? Saurez-vous la bonté de me mettre ?... »

Telle est la signification de ces préambules gominés, le sens profond de veulisseries poignantes.

Pendant toute l'affaire Stavisky il est passé un mot d'ordre dans toutes les rédactions du monde qui devait coûter cher par jour, une consigne formelle... On l'a intitulé turc, ce petit Juif paranoïaque, étranger perfide, métèque, espion oriental, aventurier polonais, coiffeur, heimatlos, dentiste, parachutiste, maquereau, tabétique, terre-neuvas... n'importe quoi... pour égarer, divertir... mais jamais le mot propre JUIF... Pourtant ce n'était que cela... Il n'avait pu réussir toutes ses entourloupes que par la force de la juiverie... Comme Loewenstein, comme Barmat, comme Mme Simpson, comme Bigore, comme toute la finance et le reste...

Remarquez un petit peu... en toute occasion similaire : la même fanfare... Rodomontades de la droite, braillage confus de la gauche, foire au centre, dégonfloirage de partout... Passez muscade ! C'est admirablement bien joué... Si vous risquiez un petit mot contre la grande invasion youtre, la colonisation de vos fesses, vous tous, autant que vous êtes journaux !. Matamores pourris ! putinisés encre comprise, jusqu'aux derniers caractères, on vous étranglerait si net que l'on oublierait en huit jours le nom même que vous arborâtes !... Jusqu'à la couleur de vos pages...

Plus une annonce ! Plus un théâtre ! en cinq secondes ça serait tranché, transmis, lavé... Plus un crédit, plus un permis, plus un papier, et puis bientôt plus une nouvelle, plus un appel au téléphone, le vide !... Le Juif peut faire le désert autour de n'importe quel business, banque, industrie, théâtre ou journal... Ford qui les a en horreur, il a fallu qu'il ferme sa gueule, pourtant bien puissante. Il allait sauter dans les huit jours !... Le juif arrose ou n'arrose pas !... avec de l'or !... Ça pousse ou ça ne pousse plus. Si ça ne pousse plus, l'homme crève. Aussi brave, aussi stoïque qu'on puisse l'imaginer.

O feintes campagnes ! O furibonds compromis ! O tartuferies besogneuses ! O bougonnements de vieux larbins !... Jurez ! Anathémisez ! Sacrez ! Pourfendez la lune ! Crevez les bulles communistes ! Vitupérez dans les trombones !... Quelle importance ? Aucune ! Tous les maîtres absolus du monde, sont tous absolument des youtres ! De New York, Hollywood, Milan, Prague, Berlin, Moscou... c'est du même... en dépit de toute apparence, les mêmes compères, de la même cosmique farce... Alors qu'est-ce que ça peut bien leur foutre que les barbares dans les grilles s'agitent, se bigornent, secouent leurs chaînes et leurs entraves, comme-ci, comme-ça, pour des conneries ? Il faut remonter les boulets de quelques crans et puis c'est marre... de temps à autre. Les révolutions servent à cela... ne servent qu'à cela... tremper un peu mieux la ferraille pénitentiaire, les jolis bracelets blindés, fondus ; bobards...

Mais ! qu'ils se disent les youtres, une constitution ? une autre ? C'est du même pour nous youtres qui tenons le grand manche ! Le communisme ? Mais il est parfaitement en fouille ! Nous deviendrons tous des Elaqno commissaires « le jour où les Bourses fermeront... Les Bourses, d'abord c'est des fatigues... y a des fissures... y a des goymes qui se servent encore des libertés... qui se faufilent un peu dans les rentes... Il faut que ça cesse décidément. On va supprimer ces abus !... Tout ça va rentrer dans l'ordre, dans le parfait troupeau... C'est-à-dire que les rentiers mangeront avec les autres chiens les ordures... L'or, c'est nous, Juifs ! Le Juif en or ! Et puis c'est marre !... Le monde est à nous !... c'est pas pour des frites... À nous youtres, les paranoïaques les plus ruminants de l'univers ! qu'on est vorace à mille pour un... Le nouveau truc est déjà prêt... « la machine à sous » terrifique !... Absolument, entièrement Juive pour la transition politico-financière, avec gardes mongols... Tous les édits sont au point. Il va suffire qu'on les promulgue... Ils circulent déjà dans les Loges, on les admire fort :

« 1° Tout l'or des vraies démocraties, des vrais gouvernements du Peuple, sera réservé désormais aux échanges internationaux ; 2° Les valeurs en signes, en billets, n'auront plus cours à l'étranger, ces vignettes seront réservées à l'usage des échanges à l'intérieur. »

Voilà ce qu'ils racontent les édits de l'Avenir... et cela veut dire en français net :

« À partir du jour d'aujourd'hui, seuls les Juifs pourront voyager... » Tout seuls ou avec leur famille, ou bien encore plus gentiment avec leurs petites indigènes, bien suceuses, bien idolâtrices, petites otages intimes du lit, espiègleries coloniales.

L'or devient par ce passe-passe la toute propriété des Juifs, des politiciens, commissaires juifs, des cadres juifs, artistes juifs... Vous saisissez ? Les indigènes de cet instant ne reçoivent plus pour leur labeur que des gages entièrement fictifs... des petits salaires en « monnaie de singe », des « bons points », absolument dépendants de l'arbitrage des maîtres juifs, c'est la monnaie de l'intérieur, la monnaie pâle, dite nationale, pour l'achat du kilo de pain, du cercueil, de quelques billes...

Les seigneurs juifs, toujours anxieux, persécutés, seront en perpétuel voyage d'un bout à l'autre de la planète, leur planète... Ils s'arrêteront plus... De New-York à Yokohama, de cousins en petits frères juifs, de Trébizonde au Kamtchatka, d'instabilité en angoisse, ils iront signer des accords et marchés... préparer les déportations, les envois de nouveaux esclaves, les renforts de stakhanovistes. La voici la « liberté » dont nous parle toujours Dorgelès... 80.000 lieues sous les Juifs. Les indigènes brimés, matés par la faim, le froid, la guerre la folie, dressés jusqu'au sang, jusqu'aux moelles, jusqu'à la racine du concombre, n'auront bien sûr plus aucun droit au moindre passeport ! De quoi ?... de quoi ?... Ils défileront à l'intérieur des frontières, dans leurs chenils formidables, chaque meute enclose dans ses grilles, ils défileront sous les bannières, en musique, en râlantes chorales, porteurs des magiques pancartes, des effigies de leurs chiourmes, des sentences énormes, slogans juifs... Je me tue pas l'imagination pour prévoir les événements... J'ai pas besoin d'inventer... Il suffit d'aller se rendre compte en Russie... comment qu'elle fonctionne la belle Aventure... Notre avenir est là, tout entier, il se montre à nos regards, il ne se cache pas du tout... Les Aryens ne sont pas curieux... Ils restent chez eux, font la belote, se font brunir sur les dunes, picolent, s'unissent sous les bosquets. Tandis que les Juifs, eux, se déplacent, ils y vont tous aux Soviets se compte, prendre de la graine... 98% des touristes qui viennent en U.R.S.S. chaque année, de tous les pays du monde, sont des Juifs... auteurs, poufiasses, critiques d'art, comédiens, tous juifs...

Ils vont flairer le vent d'Asie... humer l'admirable revanche. Ceux qui ne sont pas youtres, du voyage, sont tout au moins francs-maçons, grands démocrates, grands démagogues, nos plus zélés traîtres pour tout dire, effrénés propagandistes, fervents rassembleurs pour la Paix ! tous yeux clos, véreux, vendus, tout ils absorbent, tout ce qu'on leur dit... veules, bâfreurs, cupides, foutrés comme des clacs...

Quant au petit clan réfractaire, les crapauds râleurs de toujours, ils coassent juste le nécessaire... Il en faut ! S'ils existaient pas, ces putrides, il faudrait qu'on les fasse venir à quelques frais... Ils provoquent, ils justifient certaines mesures, certaines rigueurs... Certains arrêtés par exemple : « Tous les propos antisémites seront passibles désormais de la peine de mort »... Voici un édit fort convenable. Et je parie que d'ici peu, nous en verrons de tout pareils collés sur nos murs... Je fais le nécessaire.

* * * * *

Je dois dire qu'avec le Popol on est tout de même tombé d'accord, on a conclu : C'est des vampires ! des saloperies phénoménales, faut les renvoyer chez Hitler ! en Palestine ! en Pologne ! Ils nous font un tort immense ! On ne peut plus les garder ici !... Surtout que Popol, en parenthèses, il venait de subir un dur échec, son chef-d'œuvre refusé tout net par la Ville, un magnifique paysage, pour l'Exposition, tous les Juifs avaient fait florès, lui seul restant sur le sable...

Mais pour constituer ma croisade, Popol, si brave, si vaillant, ça pouvait pas tout de même suffire... Il fallait encore que je recrute... Je le préviens donc :

— Attends-moi ! je reviens immédiatement... Je ne fais qu'un saut jusqu'à Bezons, je vais réveiller mon cousin, Gustin Sabayote... Je vais le sortir de sa torpeur... Il faut qu'il nous suive... Il est célibataire aussi... Il est donc libre en principe... Il demeure à gauche de la mairie... Un moment !...

Au moment où je le surprends, il était dans sa cuisine, Gustin, en train d'ouvrir les petits pois... Gustin il a qu'un petit vice, il fume la pipe sans arrêt... Je m'embarrasse pas de préambules... je l'affranchis en cinq sec... Je lui casse le morceau... Il me répond :

— Ferdinand, te voilà bien fanatisé, enfin cause toujours, mais je te préviens je te mets en garde, les Juifs sont bien intelligents... y a qu'eux en France qui lisent des livres, qui se documentent, qui se tuyautent, ils sont armés de connaissances, occupent maintenant toutes les, places, tous les condés sont dans leurs mains, ils savent se rendre populaires, ils font du bien au surplus, au petit peuple, les 40 heures, c'est leur blot,.. et puis les vacances... Tu vas te faire mettre en prison... Tu vas te faire écharper sans doute...

— Intelligents, quoi ?... que je m'insurge. Ils sont racistes, ils ont tout l'or, ils ont saisi tous les leviers, ils se cramponnent à toutes les commandes... C'est ça leur intelligence ?... Y a pas de quoi reluire !... Ils se filent admirablement le train, ils éliminent, dégoûtent, pourchassent, traquent... tout ce qui peut rivaliser, leur porter le plus petit ombrage... C'est leur croisade contre nous, la croisade à mort... C'est ça leur intelligence !... Tous les boulots intéressants, ils se les mettent en fouilles... accaparent, ils en expulsent sec ou au petit feu tout ce qui n'est pas proprement juif... salement juif... enjuivé... proyoupin... enculé de juif... C'est la grande technique du coucou... Pour parler du maximum, pour bien illustrer les choses, si Einstein n'était pas juif, si Bergson n'était pas coupé, si Proust n'était que breton, si Freud n'avait pas la marque, on en parlerait pas beaucoup ni des uns ni des autres... ça serait pas du tout ces génies qui font lever le soleil !... Je peux te le garantir bougrement... Le moindre petit pet de Juif ça s'appelle un boum ! de nos jours une révélation admirable, mon ami, instantanément ! par l'effet automatique de l'armature juive du monde... des millions de grelots qui s'ébranlent... On la monte cette pauvre vesse en miracle ! et au galop !... Que ça soit peinture de Cézanne, Modi, Picasso et tous les autres... films de Monsieur Benhur, musique de Tartinowsky ça devient tout de suite un événement...

L'énorme préjugé favorable, mondial, devance, prélude toute intention juive... Juifs, tous les critiques de l'univers, tous les cénacles... toutes les informations !... Toutes les agences juives du monde se mettent au moindre murmure, au moindre frisson de production youtre à cracher les foudres du Tonnerre... et la publicité parlée raciste juive, fait admirablement écho... Toutes les trompettes se débouchent d'un bout à l'autre des continents, saluent, entonnent, fracassent, bourdonnent du merveilleux Hosanna ! au sublime envoyé du ciel ! Encore un Juif incomparable de la palette ! de l'écran ! de l'archet ! de la politique ! infiniment plus génial ! plus rénovateur sans conteste, que tous les génies du passé (évidemment tous des Aryens). L'épilepsie s'empare aussitôt en trombe des goymes grotesques, ils exultent en chœur ces cocus, foncent violemment dans le chorus, de toute la force de leur connerie, ils se feraient crever tous céans !... le triomphe de l'idole juive nouvelle !... Il suffit pour les combler qu'on leur offre encore un peu de merde juive pour se vautrer... Ils sont pas plus difficiles... Ils ont perdu tout instinct... Ils savent pas faire la différence entre le mort et le vivant... « l'organique » et le velléitaire, le carton-pâte et le pur jus, la vessie plutôt que la lanterne, le faux et l'authentique... Ils savent plus du tout... Ils ont sucé bien trop d'ordures, depuis bien des siècles et des âges pour s'y retrouver dans l'authentique... Ils se régalent plus qu'en falsifis... Ils prennent l'eau de Javel pour de l'eau de source... et ils la trouvent bien préférable ! infiniment supérieure. Ils sont rythmés à l'imposture. Évidemment, en conséquence, malheur, bordel ! à l'indigène qui pourrait se faire remarquer par quelque don original, par une petite musique à lui... un petit souffle de tentative ! il deviendra tout de suite suspect, détesté, honni parfaitement par ses frères de race. C'est la loi des pays conquis que rien ne doit jamais secouer la torpeur de la horde esclave... Tout doit retomber au plus tôt... dans les ruminations d'ivrognes... Ce sont eux, les frères de race, qui se chargent le plus strictement de l'obstruction méthodique, du dénigrement, de l'étouffade. Dès qu'un indigène se révèle... les autres de même race s'insurgent, le lynch n'est pas loin... Dans les bagnes, les pires sévices sont exercés par les forçats eux-mêmes... entre eux — mêmes, mille fois plus cruels que le chiourme le plus atroce...

Les frères de race sont bien dressés... Pour l'alcoolique habituel, l'eau de source devient un poison. Il la hait de toute son âme... Il n'en veut plus voir sur la table... il veut de la fiente en bouteille... en films, en livres, en tirades, en chansons d'amour, en pissats... Il ne comprend plus que le Juif... tout ce qui sort de l'égout juif.... Il s'en régale, il s'en pâme... Et rien d'autre ! Les Aryens, les Français surtout, n'existent plus, ne vivent plus, ne respirent plus, que sous le signe de l'envie, de la haine mutuelle et totale, de la médisance absolue, fanatique, maximum, du ragot forcené, plus mesquin, du cancan délirant, de l'aliénation dénigrante, du jugement bas plus bas encore, plus bouzeux, plus acharnément vil et lâche... Parfaits esclaves, agents provocateurs enthousiastes, moutons, faux-jetons, Janus de permanences et de bistrots, admirablement dressés par la police juive, les comités du grand pouvoir juif... Plus aucun sens racial d'entraide. Plus aucune mystique commune. Les Juifs nagent adorablement dans ces eaux purines... Cette énorme muflerie permanente, cette trahison mutuelle de tous contre tous, les enchante et les comble... La colonisation devient un beurre. Sur cette vénalité mesquine, absolue, du fond paysan français les Juifs se régalent, exploitent, agiotent à ravir... Ils tombent au milieu de cette charognerie abracadabrante comme l'hyène sur la tripe avancée... Ce pourri c'est leur fête, leur élément providentiel. Ils ne triomphent qu'en pleine gangrène...

Diligents, ondoyants, obséquieux, informés, orientaux, visqueux, secrets, toujours prêts à faisander, forcer vers une pourriture plus grande... plus spongieuse encore, plus intime... Ils l'ont belle ! Ils l'ont magnifique !... Corrompre largement... plus intimement.... Ils n'ont jamais rencontré sur les routes de leur triomphe des hordes larbines plus serviles, mieux bouffies de haines réciproques, ahuries par des siècles d'alcool et de polémiques mitoyennes. Tailler, farfouiller cette tourbe française, en extraire tout le jus, tout l'or, le profit, la puissance, c'est pour le Juif un jeu de prince !... L'esclave lui arrive titubant, moulu, dans les fers... Il suffit de les disposer sous ses pas. Le blanc, le Français surtout, exècre tout ce qui lui rappelle sa race... Il n'en veut à aucun prix... Tout ce qui n'a pas le cachet juif, qui ne pue pas le juif, n'a plus aujourd'hui pour l'Aryen de goût, de réalité, de saveur. Il lui faut, il exige son bluff juif, la pommade juive, le clinquant juif, l'escroquerie juive, l'imposture juive, le nivellement juif, par tout ce qu'il dénomme le progrès, progrès juif... Tout ce qui est simple, direct, comme sa propre nature occidentale, le porte à la suspicion, la haine immédiatement... Il s'insurge, il se met en boule, il n'a de cesse qu'on ait fait disparaître ces évocations de sa vue... ces fantômes qui l'agacent. La vérité, la simplicité l'insultent... Une totale inversion des instincts esthétiques... L'on est parvenu par propagande et publicité à lui faire renier à présent son propre rythme...

Ce qu'il recherche à présent le plus au cinéma, dans les livres, la musique, la peinture, c'est la grimace, l'artificieux, l'alambiqué, la contorsion afro-asiatique. Il faut aller encore plus loin dans la voie capitulaire... Supposez que moi, petit goyme, il m'advienne, un certain jour, de publier, Dieu m'en garde ! quelque petit roman... de brosser quelques grêles portraits... de moduler quelques cantates... de rédiger un mince mémoire, mettons sur le « Bilboquet », ses règles, ou quelque étude approfondie sur l'origine des verrues... si je ne suis qu'un simple autochtone... même pas franc-maçon du tiers-ordre... qui viendra me lire ?...

m'écouter ?... Certainement pas mes frères de race... Ils vénèrent trop leur ignorance, leur fainéantise, leur hébétude prétentieuse...Mais certainement tous les Juifs qui se promènent dans les parages... Si mon petit ou gros navet contient quelque authentique substance, émotive, lyrique, il sera par eux promptement décortiqué, déglouti... Les Juifs sont plutôt mal doués pour les arts, biologiquement, du fond même de leur nature. Ils essayent de faire de l'art, en Europe tout au moins ils y parviennent mal et de travers... Il faut qu'ils suppléent, qu'ils trichent, qu'ils pillent sans cesse, qu'ils sucent les voisins, les autochtones pour se soutenir... Les Juifs manquent désastreusement d'émotion directe, spontanée...Ils parlent au lieu d'éprouver... Ils raisonnent avant de sentir... Au strict, ils n'éprouvent rien... Ils se vantent... Comme tous les afro-asiatiques leur système nerveux, ataviquement, est de zinc et le demeure, rustre, vulgaire, et fort commun pour tout dire, en dépit de tant d'efforts, et d'énormes prétentions... Précoces et frustes, mais sans échos. Ils sont condamnés s'ils s'ébattent sous nos climats, à se dépenser en grimaces, en tam-tam, en imitations, comme les nègres et comme tous les singes... Ils ne ressentent rien directement, et n'assimilent que peu de chose en profondeur... d'où ces enculages infinis de mouches, ce plurifouillage tout en bluff, ces forcenées didactiques, ces analysmes effrénés, tout ce pompeux masturbage doctrinaire, au lieu d'humanité directe, de véritable inspiration. Ils seraient à plaindre, s'ils n'étaient pas si emmerdants. Ils sont plutôt bûches que violons, malgré tout ce décarcassage frénétique, universel, toujours en train de nous bluffer encore, de nous démontrer tout le contraire.

Comme tous les grands insensibles il ne leur vient guère à l'esprit, spontanément que des gaffes.

Revenons à nos moutons, quand les Juifs auront passé, je disais, à travers mes petits ouvrages, qu'ils auront prélevé, soutiré tout ce qui peut leur porter profit je serai complètement démarqué, maquillé, revendu, vulgarisé sous leurs plumes, tout enjuivé malgré moi sous leurs noms, l'étiquette, de mille autres petits Juifs internationaux. encore plus pillards si possible, de plus en plus culottés, tous plus sournois, plus talentueux, plus géniaux les uns que les autres... Mon compte sera bon à moi personnellement, on me fera le coup de l'oubli total, de l'humiliation à outrance, de l'étouffement, de la minimisation par tous les moyens en vigueur, de l'effacement, de la négation, de l'extraction si possible...

Le processus bouliphagique juif complet... D'ailleurs, il faut bien l'avouer... mes frères de race, dans l'occasion, se montreront, c'est certain, cent mille fois plus abjects que n'importe quels youtres... Ils n'ont pas je crois leurs pareils, dans le monde entier, pour dégueuler à plein fiel sur l'honnête travail. Le Français en particulier, se détache nettement de l'ensemble aryen, par sa haine irrémissible, inexpiable, pour tout ce qui, même de loin, lui rappelle quelque lyrisme. Alors, il ne se contient plus de fureur obscure ! le sang lui vient aux yeux... Quelle faillite... Quel abêtissement ! depuis les cavernes... Quelle déroute ! Quelle ignoble involution dans l'inertie et dans la chiasse... S'il nous voyaient les Cromagnons, ces graveurs sublimes ! quelle honte ! Rien n'est plus odieux de nos jours, humainement plus odieux, plus humiliant que de regarder un Français moderne dit lettré, dépiauter narquoisement un texte, un ouvrage... n'importe quelle bête à côté possède une allure noble, pathétique et profondément touchante. Mais regardez ce bravache grelot si indécent de suffisance, obscène de muflerie fanfaronne, d'outrecuidance butée, comme il est accablant... Que lui expliquer encore ? lui répondre ?... Il sait tout !... Il est incurable ! S'il a obtenu son bachot alors il n'est même plus approchable. Le paon n'est plus son cousin. Tout ce qui peut ressembler même vaguement à quelque intention poétique, lui devient une insulte personnelle... Ah ! mais ! Ah mais ! on se fout de lui ?... De ce bachot malheureux il sort mille fois plus sauvage, plus irrémédiable qu'un cafre... Il ne retrouve tout son entrain, toutes ses boutades, ses brosses à reluire, son figarotisme, toute sa tradition de pirouettes, sa frivolité piquante, toutes ses contorsions mignardes de cul surbouché qu'au moment de flatter le Juif, son sourcilleux maître. Du coup alors il se rend, il se donne, il se surpasse. Tout ce qui mijote de mielleux au fond de sa carcasse trouillotière lui jaillit sous la plume, d'un coup... Je suis tombé l'autre jour, dans le cours d'une revue d'art, sur les propos d'un de ces immondes. Il s'agissait de peinture, je cite à peu près, de mémoire :

> « Ah ! qu'il s'écriait ce fainéant, il y a belle lurette déjà, qu'en France tout au moins, nos critiques les plus éminents ne font plus aucune distinction dans leurs appréciations entre les artistes français nés sur notre sol, et nos chers artistes d'origine étrangère ! (lisez les Juifs) Paris leur doit tant et tant ! Le Rayonnement de Paris ! (juif). Puisqu'ils nous ont adoptés, eh bien nous les adoptons ! Ils deviennent également français ! (tu parles ! pas à Verdun !) au même titre que les autres ! Fraternité artistique d'abord ! par-dessus toutes les frontières !... Dans les Beaux-Arts plus de patrie ! Un seul cœur unanime pour tous ! Plus de préjugés raciaux ! Fraternité culturelle ! Qui songerait..., etc., etc. »

Bien sûr ! Bien sûr ! Durandin ! Quand tes maîtres juifs, la prochaine fois, te donneront l'ordre de leur passer une fière languetouse dans le creux des miches... de bien mastiquer la fondante, de ne pas te faire mal à l'estomac, sûrement que tu trouveras encore d'autres élans plus fougueux si possible pour communiquer ton ivresse... Je t'entends d'ici... « Mais la merde juive mes chers frères, pour un palais bien français, mais c'est une dégustation sans pareille ! Un nectar inouï ! véritable ! une montée au ciel ! Ah ! le triste sire ! Ah ! plaignez le pauvre cafard ! Celui qui boude à l'écart ! Celui qui se retient ! Celui qui ne fonce pas d'autor ! dévorer l'adorable étron... l'exquis caca juif génial ! Mais c'est un retardé de l'esprit !... La divine fiente « deux fois française » ! adoptée ! Celle que l'on doit préférer toujours précieusement, dévotieusement à n'importe quel autre délice à n'importe quel céleste séjour ! »

Tous les peuples de la Terre seront enchaînés au trône d'Israël, à la suite d'une guerre mondiale atroce où les trois quarts des populations seront décimées. Il faudra trois cents ânesses pour porter les clefs du Trésor. Le Talmud.

Mais t'es antisémite ma vache ! C'est vilain ! C'est un préjugé !

— J'ai rien de spécial contre les Juifs en tant que juifs, je veux dire simplement truands comme tout le monde, bipèdes à la quête de leur soupe... Ils me gênent pas du tout. Un Juif ça vaut peut-être un Breton, sur le tas, à égalité, un Auvergnat, un franc-canaque, un « enfant de Marie »... C'est possible... Mais c'est contre le racisme juif que je me révolte, que je suis méchant, que je bouille, ça jusqu'au tréfonds de mon bénouze !... Je vocifère ! Je tonitrue ! Ils hurlent bien eux aux racistes ! Ils arrêtent jamais ! aux abominables pogroms ! aux persécutions séculaires ! C'est leur alibi gigantesque ! C'est la grande tarte ! leur crème ! On me retirera pas du tronc qu'ils ont dû drôlement les chercher les persécutions ! foutre bite ! Si j'en crois mes propres carreaux ! S'ils avaient fait moins les zouaves sur toute l'étendue de la planète, s'ils avaient moins fait chier l'homme ils auraient peut-être pas dérouillé !... Ceux qui les ont un peu pendus, ils devaient bien avoir des raisons... On avait dû les mettre en garde ces youtres ! User, lasser bien des patiences... ça vient pas tout seul un pogrom !... C'est un grand succès dans son genre un pogrom, une éclosion de quelque chose... C'est pas bien humainement croyable que les autres ils soient tous uniquement fumiers... Ça serait trop joli...

Il faut bien observer qu'en France personne leur a jamais fait de mal... Ils ont prospéré tant et mieux, ils tiennent tout le haut du pavé... On a été avec eux libéraux, jusqu'au caleçon, regardez pourtant comme ils se tiennent !... Une bande de rats vociféroces, intraitables, implacables ennemis... C'est un bidon phénoménal ce grand martyr de la race juive... qu'on agite au-dessus des chrétiens... toujours jobards et dindonnants, enthousiastes cocus... deux millions de martyrs rien qu'en France, ça fait une force considérable ! C'est invincible à vrai dire... Une fois bien grimpés sur nos os, une fois ramollis nos bons cœurs, une fois bien sûrs qu'ils nous possèdent jusqu'aux derniers leucoblastes, alors ils se transforment en despotes, les pires arrogants culottés qu'on a jamais vus dans l'Histoire...

Napoléon disait toujours : « La neutralité pour moi, c'est le désarmement des autres ». Le principe est excellent. Les Juifs ils peuvent dire tout de même : « Le communisme pour nous, c'est l'asservissement de tous les autres »...

En fait de victimes regardez donc les Juifs un peu à travers les âges... à travers tant et tant de guerres (une si petite population) ils s'en sont pas trop mal tirés, la preuve, ils ont jamais trop pâti, ils l'ont jamais eue si mauvaise que ces billes d'Aryens. Pleurer ça conserve !... Ils volent pas beaucoup aux combats. Ils suivent plutôt ça dans les Bourses ! Hécatombes ? Hécatombes ? Reports... Reports... Transferts...

En Russie, les youtres, aussitôt qu'ils ont commandé, ils ont pas mis beaucoup de mitaines pour décimer les Aryens... C'est par millions depuis dix-sept ans, qu'ils ont fait crever les impurs... Les Juifs n'aiment pas voir couler le sang ? Des clous ! Pas le leur bien sûr !... Mais celui des autres, ils s'en montrent des plus généreux... dès que l'occasion s'en présente. Pour un Juif, souvenez-vous bien... tout non-Juif n'est qu'un animal ! Au plus il peut être amusant, utile, dangereux ou pittoresque... Jamais davantage...

La race élue dans nos régions n'a pas encore fait procéder aux exécutions massives, seulement à quelques petits meurtres sporadiques. Mais cela ne saurait tarder. En attendant le grand spectacle, on travaille doucement la bête... Ou bien par saccades, par sautes, selon paniques bien préparées... Un jour on le serre au garrot, le lendemain on lui larde les jointures, il faut que l'animal s'affole, s'épuise et cafouille dans l'arène... dégueule, crache peu à peu tout son sang... dans la sciure et dans la Bourse... Les Juifs se pourlèchent, se régalent. Quand l'animal sera sur les genoux alors viendra la mise à mort, et sans résistance possible...

Combien ils ont gagné nos Juifs dans le coup du Front Populaire ?... sur les trois... quatre dévaluations ?... C'est pas calculable ! Trouvez-moi un seul ministre qu'ait perdu un peu d'argent ?... Jamais peuple souverain ne se montra si généreux, si grandiosement prodigue envers ses émancipateurs !... Où sont passés tous ces milliards ? Cherchez pas !... Chez les autres youtres de Suisse, de Genève, de New-York, de Londres... en très jolis immeubles... délicieuses valeurs à vue, en distilleries... armements...

Les Juifs ne spéculent pas tout seuls ! ne tripotent pas tout seuls au monde !... Ils ne sont pas les seuls racketeurs... Cette bonne musique. Évidemment, les chrétiens riches ils se soignent aussi énormément ! Ils se précipitent à toute berzingue sur tous les bonis du désastre ! Bien sûr ! Bien sûr !... Chacals comme personne ! Seulement il y a un « hic »... Les capitalistes « indigènes », leurs jours sont comptés ! Ils encombrent ! Ils ne sont eux aussi que des animaux ! Il faudrait pas qu'ils oublient ! Les Juifs eux n'oublient jamais... La veille de la fête ils mourront les exploitants blancs comme les cochons pour la noce... Ils se bernent de vaines illusions !

Ils n'iront pas au bonheur ! Ils ne sont qu'otages ! Le Juif à mesure qu'il avance ferme derrière lui toutes les grilles... Personne n'échappera au Destin. Toutes les clefs, il les garde... Il jette alentour quelques os pour repérer, rallier les plus voraces... Il en fera ses caïds, les traîtres du Grand Soir, comme on préserve à la Villette quelques bêtes, soigneusement dressées, toujours les mêmes, pour entraîner les autres, la horde, au couteau, le torrent des viandes à buter, bêlantes, pagaïeuses brouteuses de conneries.

Le Juif est la plaie de l'Humanité,
l'ennemi de toutes les nations. Fourier.

Je ne réponds jamais aux lettres. Ça a fini par se savoir. J'en reçois de moins en moins. C'est pas un genre que j'ai pris. Non... Non... C'est simplement que j'aime pas les lettres une bonne fois pour toutes et que je les ai même en horreur. Je trouve ça indiscret qu'on m'écrive. J'écris à personne, moi. Les « recommandées » c'est ma phobie. Je les refuse toutes en bloc, par principe. Les autres, les simples envois, c'est ma concierge qui les déchire, elle retire seulement les timbres pour ses petits garçons... Vous me direz : « Le pèze ? » Celui-là soyez bien tranquilles, il monte pas tout seul. Il faut que je descende le chercher. Il arrive pas par la poste. Le reste forcément c'est des mots. Je ne reçois pas non plus « l'Argus », Denoël pas davantage. Il trouve que ça coûte trop cher... Et puis les articles, faut avouer ceux qui traitent de vos si belles œuvres restent toujours si loin de la question, tellement insolites, que c'est pas la peine de les lire, c'est vraiment du temps bien perdu, de la souffrance inutile.

Les critiques, surtout en France, ils sont bien trop vaniteux pour jamais parler que de leur magnifique soi-même. Ils parlent jamais du sujet. D'abord ils sont bien trop cons. Ils savent même pas de quoi il s'agit. C'est un spectacle de grande lâcheté que de les voir, ces écœurants, se mettre en branle, s'offrir une poigne bien sournoise à votre bonne santé, profiter de votre pauvre ouvrage, pour se faire reluire, paonner pour l'auditoire, camouflés, soi-disant « critiques » ! Les torves fumiers ! C'est un vice ! Ils peuvent jouir qu'en dégueulant, qu'en venant au renard sur vos pages. J'en connais qui sont écrivains et puis millionnaires, ils sortent exprès de leurs rubriques pour se filer un rassis, chaque fois que je publie un ouvrage. C'est la consolation de leurs vies... des humiliations de profondeur, des « inferiority-complex », comme ça s'intitule en jargon.

Pour la question des missives, une seule fois j'ai fait exception en faveur de la Palestine. À la suite de « Mea Culpa » il m'est arrivé de Palestine tellement de lettres en quelques courriers, que ma concierge s'en est émue. Elle m'a demandé ce qu'elle devait faire. Les Juifs ils m'écrivaient en masse, de Tel-Aviv et d'ailleurs. Et puis alors sur un ton ! dans les furies d'une de ces rages ! à en consumer les enveloppes ! Ils se poussaient au rouge-blanc, les énergumènes ! Ah ! les petits Passionistes !... (Et voilà !) Ah ! il les aiment eux, les Soviets ! Ça je peux vous l'affirmer ! Si les chrétiens aimaient leur Pape avec cette ferveur effrayante, le Pape il ferait explosion, il pourrait jamais résister... De cet énorme fracas d'injures, cafouillages tonitruants, effrénées malédictions, de ces délires anathémiques, il se dégageait malgré tout, de cette cacophonie extrême, en haines surpressées, une certaine rengaine tonique... un air de trompette vainqueur, bien juif, bien connu... l'appel qui les rassemble tous, qui les fait droper tous ensemble, qui les fait foncer corps et âmes à la curée de l'Univers, l'air du « Sozial » comme ils l'appellent... Leur grand alibi, leur grand hallali. Tous ces « braves » de la Judée, tous anonymes plus ou moins, ils me vomissent en allemand. Ils terminaient à peu près tous, après quelques pages de hargne intensive, par quelque formule de ce genre : « Du ! Dümenkopf ! wirst du nimmer doch Sozial denken ? » ! (Toi ! idiot ne penseras-tu donc jamais « sozial ? »)... « Sozial denken » ! Penser « sozial ! » Voici le pharamineux dada, le grand destrier de toute la race youtre ! de toutes les invasions, les dévastations youtres. Penser « sozial ! » cela veut dire dans la pratique, en termes bien crus : « Penser juif ! pour les Juifs ! par les Juifs, sous les Juifs ! » Rien d'autre ! Tout le surplus immense des mots, le vrombissant verbiage socialistico-humanitaro-scientifique, tout le cosmique carafouillage de l'impératif despotique juif n'est que l'enrobage mirageux, le charabia fatras poussif, la sauce orientale pour ces enculés d'Aryens, la fricassée terminologique pourrie pour l'adulation des « aveulis blancs », ivrognes rampants, intouchables, qui s'en foutrent à bite que veux-tu, s'en mystifient, s'en bâfrent à crever.

* * * * *

« Sozial denken », cela veut dire pour être tout à fait explicite une fois la Révolution faite, bien faite, réussie, les indigènes bien saignés, transis, parqués, mis en bottes, une arrivée sur nos os, une nouvelle ruée d'Orient d'au moins un million de fonctionnaires avec les rejetons, les houris, les mendigots, les hommes de main, les derviches, leurs lèpres, leurs tranchomes, les marchands d'haschisch, tout le caravansérail grêlé des hordes asiatiques.

Aux premières triomphales clameurs saluant « l'affranchissement des masses », les voilà qu'eux aussi, tressaillent, s'ébranlent et foncent en trombes sur la France, de partout, aux moindres rumeurs. Au signal que la « Bête est morte ! »... Ils laissent tomber Tel-Aviv... Ils s'envolent du Kamtchatka... Ils jaillissent de Silésie... des tréfonds Bessarabiens... des bords de la Chine, des bourbes d'Ukraine, des Insulindes, de tous les égouts d'Amérique... Ils pullulent par toutes les routes pour les rats. Ils se précipitent par myriades... Ils dévalent...ils comblent... Charles Martel n'avait rien vu !... C'est des genres de personnes discrètes celles qui nous pillent, nous saignent actuellement à côté de celles qui nous guettent. Ça sera une telle bousculade, une ruée tellement farouche vers tous les nougats que ça sera des « écrasements de terre » dans les frontières où ils passeront. Ils chargeront si dense, si épais, entre Dunkerque et la Côte d'Azur qu'on verra plus ni chemins, ni routes.

Je vous le prédis, c'est écrit, la mère des Apôtres est pas morte. Le monde est encore plein de martyrs qui crèvent au fond des ergastules du désir de nous libérer, et puis d'être « titularisés » par la même aubaine dans des fonctions pas fatigantes, d'un ministère ou d'un autre, avec une retraite. Jamais on n'a vu tant d'Apôtres, comme de nos jours, retraités. Le front commun à cet égard, c'est qu'une petite répétition, une petite avance sur l'avenir juif...

L'avenir juif s'occupera de tout. Il s'occupe déjà de tout... Des arts populaires entre autres, avec beaucoup de sollicitude... Ils font éminemment partie du fameux « Sozial » les arts populaires...

Un soir, saisi par l'inquiétude, je me suis décidé à descendre, pour me rendre compte un tout petit peu, dans la cave de la « Culture », pour voir ça ! Ce qu'ils allaient en faire des arts populaires, nos rénovateurs sociaux, quand ils nous auront « libérés »...

Ça se passera pas en plaisanteries, je peux déjà vous le garantir, y a qu'à regarder un peu leurs faces, leurs manières de « passionnés »... Je suis donc descendu dans cette cave, une petite « Sorbonne pour martyrs » encore un peu plus juive que l'autre, rue de Navarin. J'ai l'air de vaticiner, de déconner à grand plaisir, sur des « visions », de plus reconnaître que des sémites, chaque coup que je me promène, mais foi de branleur ! je vous assure ! que jamais j'avais tant vu de Juifs dans un aussi petit espace, que dans cette cave de la Culture, confinés, fumants, jamais vu tant de fonctionnaires, fonctionnaires en titre, élèves fonctionnaires, tant de Légions d'Honneur, tant d'Apôtres entassés dans un soubassement, vociférant dans les volutes, je crois que j'étais le seul Aryen de cette fanatique réunion. Je n'en menais pas large.

Et comme ils étaient messianiques ! Crépus ! myopes ! anathémateux ! Et frénétiques de rédemption ! merde ! Ils l'avaient dans le cul l'art moderne... fallait voir comme ils gigotaient, comme ils saccadaient les pauvres chaises ! Et puis pressés, trépignateurs, à faire s'écrouler toute la voûte, des rats coincés dans un fond de cale. en cours de fumigation, voilà ce qu'ils représentaient. Ils se débattaient dans cet antre, ils me rappelaient Harlem et le « Divine Father ».

Un petit tout noir, genre curé, je m'en souviens bien, il était campé sur l'estrade, il dominait le bacchanal, il s'égosillait au-dessus des contradicteurs, je vois encore ses bananes, immenses, plus larges que sa tête, ses panards qui passaient le rebord, il avait tout du Charlot, mais alors un Charlot sinistre, salvateur et râleux...

Il s'agissait de peinture, c'était le sujet de la controverse... avenir « sozial » de la peinture... Et puis sur le plan tragique et même vengeur, je vous le jure ! Il s'agissait pas de facéties... Il en écumait le « Réglisse »... se débattant, s'écartelant, pour convaincre. un « crucifié » tétanique. « Vous êtes pas mural ! » qu'il hurlait... « Vous êtes pas mural ! Vous comprenez rien du tout ! au sens des Révolutions ! Vous êtes pas mural ! Vous êtes pas mural ! Camarades ! ». Il en avait tout spécialement après un nommé Wirbelbaum... le Wirbelbaum dans un nuage, perdu dans le fond de la fumée, un terrible tourbillon de gestes...

— Toi, Wirbelbaum, che vais te dire quelque chose... tu sais quoi tu es Wirbelbaum ?...

— Tis-le ! nom de dieu ! tis-le !...

— Tu... tu... es peintre de « chefalet ! »... Où qu'il était ce Wirbelbaum ?

— Ah ! Ah ! Ah !... il s'étranglait en entendant ça... il agonisait dans les quintes... Il en râlait Wirbelbaum, les mots lui venaient plus... Il devenait fou... d'entendre des injures semblables !... Il était myope Wirbelbaum, à se faire gicler les orbites tellement il cherchait l'opposant... Il retrouvait pas le sens de l'estrade. Il répliquais à l'envers de l'autre côté... Le Réglisse il continuait, il l'incendiait davantage... Il était en sacrée transe...

— Wirbelbaum ! tu n'es pas mural !... tu es arriéré ! Wirbelbaum ! tu l'as pas l'instinct « sozial » de la Révolution des masses !... tu ne comprentras chamais ! chamais rien ! Tiens ! che fais te dire Wirbelbaum tu es un peintre, tol ! dans le chenre de Fragoûnard ! Fragoûnard ! pour le chefalet ! un peintre de chefalet ! La propagande picturale ! La fraie propagante itéolochique ! Wirbelbaum ! tu la combrends rien ! tu la combrends rien !... Les dignitaires Juifs de Culture, dont Cassou le grand Poète-Inspecteur-Damné-de-la-Terre (100 000 francs par an) ils se fendaient quand même la prune derrière le Bureau...

Le Wirbelbaum, en fusion, il tressautait de furie, les copains l'avaient pivoté dans le sens de la scène, mais fallait maintenant qu'ils s'opposent, qu'ils le ceinturent en prises, en force... Il se connaissait plus Wirbelbaum... il voulait rebondir sur les planches... réduire l'autre « mural »...

— Fragoûnard ! Fragoûnard ! il en râlait dans les vapeurs... Ah ! le menteur !... Ah ! le fumier !... Il trouvait plus ses insultes... Il lui venait plus que des bulles... des écumes... des bribes...

Considérés comme nation, les Juifs sont par excellence les exploiteurs du travail des autres hommes. — Bakounine

Mais moi je lui dis à cet enflé, mais moi ! je suis pas réactionnaire ! pas pour un poil ! pas une minute ! pas fasciste ! pas conditionnel ! Ils vous prennent tous pour ce qu'on est pas ! des talmudistes ! des compliqués ! des triples fonds comme eux-mêmes !

Mais pas du tout ! mais moi je veux bien qu'on partage ! Mais moi j'ai jamais demandé mieux ! Là ! mes quatre sous sur la table ! Tout de suite encore ! et bien gagnés ! je vous affirme... dans la quarante-troisième année de son âge !... Pas extorqués du tout au peuple. Jamais touché un petit sou qu'il n'ait gagné 120 fois ! Toutes ses études en bossant, Ferdinand, d'un patron dans l'autre... vous savez ce que cela veut dire... à la sauvette avant la guerre... Pas né dans la bourgeoisie... jamais mis une heure au lycée... de la communale au tapin !... Je te connais bien petit bonhomme !... Et youp là fier bambin !... Il marne depuis l'âge de douze ans !... 22 patrons Monsieur, 22... Ils l'ont tous foutu à la porte !... Il en a encore deux ou trois !... et même quatre pour mieux dire... Ils se tâtent pour le balancer... Ils le considèrent troublement... Ferdinand a l'habitude. Il était fourgué aux patrons corps et âme avant sa naissance, comme tous les pauvres... Il a toujours, Messieurs, Mesdames, volé ! racheté ! sa vie au jour le jour !... au fur à mesure... fait semblant d'être avec les autres... au banc de galère... Travaillé pour les singes d'une main, de l'autre pour sa tête personnelle... et bien soucieux que nul n'en sache !... Il s'est caché dans les chiots, il avait l'air d'aller se poigner, pour préparer ses examens... Je vous le dis tel quel... Ils sont méchants les frères de classe dès qu'on essaye de s'affranchir, ils sont pires que tous les patrons, comme jalousie, fiel et lâcheté... Ainsi les bachots... la médecine... et puis le « Voyage » en plus, si ça ne vous fait rien... pas par des sentiers, je vous prie, qui passaient par les Ministères. Toujours il a racheté, arraché sa vie, Ferdinand, d'un petit sursis à l'autre... d'un jour à l'autre... par cent mille ruses... et miracles... Il a fallu voler ma vie... et cependant jamais libre... Chaque matin on venait me la reprendre... ce qu'il en reste... c'est régulier... Quand j'entends des piafs installer, parler de leurs inouïes épreuves, de leurs effroyables aventures !... Putain de dieu ! j'en cramoisis !... Plats superficieux petits crabes ! Si moi je voulais causer... Quels papiers je pourrais montrer ! Quels passeports m'ont sorti du Bain...

Eh ! bien Monsieur, ça m'est égal !... Je veux bien tout remettre sur la table. Si l'on partage « absolument ». Pas autrement ! par exemple ! absolument ! je répète et tout de suite !... Moi je me sens communiste sans un atome d'arrière-pensée ! « Car vois-tu chaque jour communiste davantage ! aujourd'hui plus qu'hier et bien moins que demain... » Vous connaissez ce mirliton ? Mais alors tout le monde ! et ensemble... j'insiste ! sans exception !... aucune ! sans sursis !... pas une fausse note ! pas un soupir dans ce grand chœur ! Je me sens communiste de toutes fibres ! de tous les os ! de toute barbaque ! et c'est pas le cas pour bezef !

Ce qu'on appelle communisme dans les milieux bien avancés, c'est la grande assurance-nougat, le parasitisme le plus perfectionné des âges... garanti admirablement par le servage absolu du prolétariat mondial... l'Universelle des Esclaves... par le système bolchevique, farci superfasciste, boulonnage international, le plus grand coffre-fort blindé qu'on aura jamais conçu, rivé, compartimenté, soudé au brasier de nos tripes pour la plus grande gloire d'Israël, la défense suprême des éternels youtres pillages, l'apothéose tyrannique des délires sémites !... Salut !... Pour ça vraiment !... non Moloch ! Je m'en ressens pas !... pour faire remonter sur le trône d'autre fous semi-nègres encore mille fois pires, plus incapables, plus jacasseurs, mille fois plus criminels encore que ceux qu'on vient de perdre ! Autant de super-Béhanzins... Des clous !... Pourquoi faire ?... Mais s'il s'agit du vrai communisme, du partage de tous les biens et peines du monde dans la plus stricte égalité, alors je m'en ressens comme personne... J'ai plus besoin qu'on me stimule, qu'on me bassine... qu'on me catéchise. Je suis prêt, au garde à vous... Je suis le plus grand partageux qu'on aura jamais connu... et je vous fous mon billet qu'il me faut pas beaucoup pour vivre. Communisme tant qu'on voudra, mais sans les Juifs, jamais avec les Juifs.

Rappelons un peu les événements : Monsieur Gide en était encore à se demander tout éperdu de réticences, de sinueux scrupules, de fragilités syntaxiques, s'il fallait ou ne fallait pas enculer le petit Bédouin. que déjà depuis belle lurette le « Voyage » avait fait des siennes... J'ai pas attendu mes 80 ans pour la découvrir l'inégalité sociale. À 14 ans, j'étais fixé une bonne fois pour toutes. J'avais dégusté la chose... J'avais pas besoin de savoir lire. Qu'il me soit permis de noter (puisque l'oubli est à la mode) qu'avant, depuis, pendant le « Voyage » les écrivains de gauche, en titre, en cour au balcon, se sont énormément grattés, ici, là-bas, et puis ailleurs, pour nous donner dans le sens « communiste intime » quelque chose d'encore beaucoup mieux... L'intention était fort louable, parfaitement honnête... Mais où sont les chefs d'œuvre promis ?...

On s'est pourtant bien réunis, ici, là-bas et puis ailleurs. Et comme on a bien déclamé ! Énormément pontifié ! comme on a tranché ! jugé ! pourfendu ! navré les impies... Sur le plan idéologique. Quel massacre encore ! Et puis tout transporté par l'apostolisme, n'y tenant plus de se faire voir, trop admirable à contempler ! comme on s'est bien tâté l'esprit devant des millions de personnes ! Émerveillées, exultantes, hagardes ! au bord des estrades ! devant tous ces génies radiants en puissance !

Comme la critique a bien rampé ! comme elle a bien encensé, devancé, soufflé, tambouriné ces pauvres merdes ! les moindres fifrelins poussifs, le moindre aigrelet vermicule tombé du cul de ces prodiges... Quelle fracasserie de tambours pour saluer la chute au papier du plus piteux de ces faux étrons ! Quel carafouillage de trompettes !

Où sont cependant les chefs-d'œuvre promis ? Je n'aperçois partout, au plus loin dans ces déserts de la Promesse que piètres jonchées de brosses à reluire... toutes abusées jusqu'à la corde... En a-t-on hurlé des sottises ! Avec quel cosmique culot s'est-on poussé du rose au rouge ! au blanc ! au « sur-moi » plus que rouge !... Pauvres « moi », de nature si tiède...

Ce pourrait être un grand motif comique de l'époque, la déconfiture spirituelle des écrivains de la gauche (théâtre ou roman)... L'âme n'a pas suivi, mais pas du tout ! la doctrine, la tartuferie générale. À cet égard tout au moins la faillite est totale...

L'âme communiste ne s'exprime nulle part... dans aucun de ces livres claironnés à tels fracas... pour une excellente raison, c'est qu'ils émanent d'individus, dits créateurs, tous absolument bourgeois, de cœur et d'intention, frénétiques intimes de l'idéal des bourgeois. Ils ne possèdent que le « plaqué doctrinal » communiste, le charabia, le tout venant des bobards... Ah ! ce n'est pas facile à faire naître une musique au commandement ! la preuve !

Où sont les chefs-d'œuvre promis ?... Je posai la question, sans malice croyez-le bien. au directeur des Éditions d'État, M. Orloff, à Leningrad. M. Orloff possède la tête de bourreau la plus angoissante, la plus froncée qu'on puisse découvrir dans cette ville où pourtant le patibulisme se porte énormément. Auprès de M. Orloff, M. Deibler que je connais un peu, vous prendrait un petit air bénin, accommodant, pusillanime.

— Où sont les chefs-d'œuvre promis ?...

— Ils vont venir !... me répondit-il, fort engageant, à sa manière...

— Ils ne viendront pas, Monsieur Orloff, je ne crois pas, je ne crois plus...

— Et pourquoi donc ?...

— Parce que vos auteurs ne sont pas très communistes... ils sont même assez bourgeois... et puis quelque chose de servile...

Sur ces mots prit fin notre entrevue... l'unique.

Si demain, par supposition, les Fritz étaient rois... Si Hitler me faisait des approches avec ses petites moustaches, je râlerais tout comme aujourd'hui sous les Juifs...

Exactement. Mais si Hitler me disait : « Ferdinand ! C'est le grand partage ! On partage tout ! » Il serait mon pote ! Les Juifs ont promis de partager, ils ont menti comme toujours... Hitler il me ment pas comme les Juifs, il me dit pas je suis ton frère, il me dit « le droit c'est la force » : Voilà qui est net, je sais où je vais mettre les pieds, Je me fais miser, ou je me tire... Avec les Juifs c'est tout sirop... tout manigances... insinuances... gonzesseries... cancans, frotti-frotta... boomerang, harach-loucoums... On sait plus ce qu'on prend dans la bouche, si c'est une bite ou une chandelle... C'est une franc-maçonnerie dans l'autre ...La Révolution ?... mais je veux bien ! Pas plus égalitaire que moi !... Je suis un enfant de Robespierre pour la question d'être suspicieux... Alors les privilèges ?,.. Mais j'en ai aucun ! Je m'en fous... Celui qui n'a pas tout donné il a rien donné du tout... C'est ma devise absolue. « Débrouillard » est mort comme « Crédit ! » Qui veut essayer ? le bain alors !... Et tous ensemble ! Les hautes fonctions dans la même flotte ! la même carte au boulanger ! gi ! Pas un à pied, l'autre en vélo. Pas un à dix sous, l'autre à mille... Vous allez me dire, ces choses-là, c'est des bavardages, Ferdinand débloque encore... C'est bien ! C'est bien !... je l'admets. Je vais vous donner des précisions, minute !... vous citer des faits, des circonstances, je vais être bref, actuel et typique, je ne veux pas vous ennuyer, vous me direz si j'ai menti...

La « Colombie » des Transat abordant à Leningrad, les autorités soviétiques se mettent, c'est classique, en frais pour l'équipage... Il s'agit en quelques heures de porter ces « frères de classe », attardés dans les « endormeries » bourgeoises à température d'enthousiasme... au hurlement « Soviets partout ! » Il suffit de s'y mettre tout de suite dare-dare ! de leur faire admirer pendant quelques heures d'escale... tout ce que la ville et le Régime offrent de plus révélateur, de plus excitant pour des cœurs prolétaires. Autobus... tour... retour... églises... visites, revisites... rautobus... endoctrinage partout... discours... croquette finalement... À l'usine des téléphones on ahurit les pèlerins d'une avalanche d'explications techniques... les « sonner par les détails » fait partie du beau programme... Visite enfin terminée, réunion chez le directeur.

Bref topo, allegro du directeur, traduction par l'interprète-guide policier juif... « Vous avez vu chers camarades, en parcourant nos ateliers, que tous nos camarades ouvriers travaillent ici dans le contentement, le bonheur, l'entrain et la sécurité, "Y a de la joie !" Ce ne sont pas ici des esclaves surmenés, craintifs comme dans vos usines de l'Occident ! Ici, ouvriers, ingénieurs, contremaîtres, directeurs, tous sont égaux, tous concourent dans l'enthousiasme et l'égalité parfaite à l'édification du socialisme mondial... à la même œuvre d'émancipation internationale !... etc. !... etc. !... Pour conclure, camarades, si l'un de vous désire poser une question au camarade directeur, celui-ci sera tout à fait heureux de vous répondre en toute franchise. »

Un membre de l'équipage :

— Demandez donc au camarade directeur combien gagne en moyenne un ouvrier dans son usine ?

– De 200 à 300 roubles par mois (une paire de chaussures coûte 250 roubles, le logement 90... etc. etc.)

Un autre marin tatillon :

— Et le camarade directeur, combien il gagne, lui, par mois ?...

Petit embarras... conciliabule... chuchotements entre compère-directeur et compère — interprète...

Le directeur (en russe) :

— Allez ! allez-y !... dites-lui 1 500 roubles... L'interprète :

— Le directeur vous fait répondre qu'il gagne 1 200 roubles par mois. Puis il enchaîne, bafouilleur, enthousiaste et brouillageux :

— Mais ici, n'est-ce pas, camarades, l'ouvrier jouit d'énormes avantages, je vous ai bien fait remarquer, les ouvriers ne sont pas du tout comme chez vous, attachés pour toujours aux plus dures besognes... ils ne font qu'un temps dans les emplois subalternes ! ils montent ! ils montent ! ils gravissent tous les échelons ! tous les camarades ouvriers peuvent devenir eux aussi à leur tour directeur ! tous !...

Le directeur (un peu nerveux) :

— Dites-leur bien que j'étais ouvrier moi aussi... L'interprète (pour la surenchère) :

— Le directeur vous fait dire qu'il était autrefois marin ! comme vous !...

Pas plus marin que de beurre au cul... mais 10 500 roubles par mois et Membre du Parti... Pas plus d'avantages ouvriers que d'ablettes au Sahara...

Je vous ai donné pour exemple cette petite cascade de supercheries, multipliez cette brève histoire par quelque trois millions de cas, autant que de membres et de cousins du Parti, et vous posséderez à peu de choses près, la vérité sur les choses russes.

Jéhovah fut toujours le Dieu aimant l'odeur de la chair brûlée (Exode, 29,25) dont les hommes devaient perpétuellement apaiser la colère en lui offrant du sang. S'ils le privaient de chair humaine, ils lui sacrifiaient des animaux avec une telle abondance que le Temple de Jérusalem devint la plus colossale boucherie qui existât jamais.
— (Histoire des sacrifices, Ch. Picard)

La guerre pour la bourgeoisie c'était déjà bien fumier, mais la guerre maintenant pour les Juifs ! Je peux pas trouver d'adjectifs qui soient vraiment assez glaireux, assez myriakilogrammiques en chiasse, en carie de charogne verdoyeuse pour vous représenter ce que cela signifie : Une guerre pour la joie des Juifs ! C'est vraiment bouffer leur gangrène, leurs pires bubons. Je peux pas imaginer une humiliation qui soye pire que de se faire crever pour les youtres, je ne vois rien de plus ignoble, de plus infamant

C'est pas la question que de mourir, c'est la question d'être le plus bas, le plus en retard, le plus con têtard qu'on aura jamais foutriqué sous la calotte de tous les cieux... Que veulent-ils les Juifs ? par derrière leur baragouin socialistico-communiste ? Leur carnaval démagogique ? Toute cette escroquerie infernale ? que veulent-ils ? Qu'on aille se faire buter pour eux, que ce soit nous qu'on reprenne leurs crosses, qu'on aille, nous, faire les guignols devant les mitrailleuses d'Hitler. Pas autre chose !... L'Idée ! comme ils appellent, c'est une fantasmagorie, une entourloupe pire que le pucelage de la Sainte-Vierge !... On s'est étripé toujours sous l'impulsion des Juifs des siècles et des siècles pour le pucelage de la Sainte-Vierge, pour les burnes du Pape ! faut pas rigoler !... Les motifs dont se servent les Juifs pour nous pousser à présent à la riflette sont tout aussi nuls, aussi cons. Le communisme, ils y pensent pas ! ils n'y ont jamais pensé... Les Juifs agitent, propagent, agressent au nom de leurs plus grandes Idées, avec les tripes des chiens goymes... Il faudrait d'abord demander aux Juifs, qu'ils sacrifient eux d'abord leurs tripes ! personnelles... avant que les nôtres on les engage. Qu'ils crèvent tous eux d'abord, après on verra... L'Idée germera peut-être dans la charogne juive... C'est comme ça qu'ils se prouvent les martyrs, les vrais martyrs, pas avec des mots seulement. Les Juifs engagent toujours l'avenir mais ne font confiance qu'au présent... C'est au présent qu'ils se régalent de notre connerie, de notre hébétude, de notre crédulité en forme d'Univers einsteinien, en milliards d'années de nuit. Ces messies, ces hâves apôtres ne prennent contact avec l'Esprit, n'entrent en commerce spirituel qu'à l'aide du plus grand confort... Faut pas confondre ! Les aises et la bonne vie d'abord ! Essentiellement. Il ne s'agit, pour le fond de ces croisades hitlériennes, ou judéo-mongoles que de s'arracher les esclaves entre boutiques très rivales... Qui descendra non-juif, dans l'arène, y laissera sûrement sa barbaque et ne remontera rien du tout. C'est un chien, il aura un os, au mieux ! et puis c'est marre !... Jamais un rond du bénéfice !... De la dernière folie bourgeoise 14-18. Les youtres sont sortis grands vainqueurs !... Poincaré, Viviani, Ribot, Millerand, Clemenceau : tessons retors, aigus maniaques, imbéciles. pantins pervers, cabotins canailles, fielleux, vendus, pourvendus aux Juifs, salaisons de Juifs, vieillards ivres du goût de mort, extraits de prostates pourries, ils font durer l'Hécatombe, fanatiques des abattoirs, dans l'espoir unique, miraculeux baume pour ces cadavres en suspens, que pas un jeune n'en reviendrait. On a massacré la moitié de la France, la plus jeune, la plus virile pour ravigoter les basses mœlles de quatre magots anatomiques. Il faut ce qu'il faut ! C'est la gloire ! Tous les grands vampires durent cent ans ! Et la prochaine ce sera bien mieux ! bien plus implacable encore, bien plus fignolé, plus saignant, plus torrentiel, ça sera la fin du cheptel. La haine des Juifs pour les animaux que nous sommes est à ce point virulente, d'une telle ardeur contenue, concentrée, que nous serons projetés, embrasés, dépiautés, éparpillés dans la mitraille, tout vifs, avant d'avoir tiqué d'un œil...

Les peuples toujours idolâtrent la merde, que ce soit en musique, en peinture, en phrases, à la guerre ou sur les tréteaux. L'imposture est la déesse des foules. Si j'étais né dictateur (à Dieu ne plaise) il se passerait de drôles de choses. Je sais moi, ce qu'il a besoin le peuple, c'est pas d'une Révolution, c'est pas de dix Révolutions... Ce qu'il a besoin, c'est qu'on le foute pendant dix ans au silence et à l'eau ! qu'il dégorge tout le trop d'alcool qu'il a bu depuis 93 et les mots qu'il a entendus... Tel quel il est irrémédiable ! Il est tellement farci d'ordures maçonniques et de vinasse, il a les tripes en tel état d'enjuivement et de cirrhose qu'il croule en loques dans les chiots juifs à la poussée des hauts parleurs.

À ma « bourgeoisie du sol », pendant le temps de ma dictature, je lui en ferais tellement chier, je lui ferais apprendre des telles bonnes manières, que je lui ferais regretter la Commune, les Jésuites, les Incas. Les Huns, le suicide par les bêtes fauves. Mais c'est le « Passé » nos bourgeois ! Ils signifient presque plus rien !... Depuis toujours fourriers des Juifs, l'insécurité les annihile, ils crèvent de trouille dans le fond de leur froc. Ils savent même plus où mettre leur fias, tellement ils ont hâte de trahir, de se vendre, la peur de « trahir pas assez ». Ils se feraient peindre en Abyssins, ils se feraient retourner les narines, pour que les youtres les rétablissent, les tolèrent encore un peu, dans le nouvel ordre, les privent pas tout de suite de leurs « Hostelleries ». Ils sont nés dans la traîtrise, ils crèveront de même... dans la panne et dans la tractation... Je me demande toujours ce qui est le plus dégueulasse, une merde de Juif bien aplatie, ou un bourgeois français tout debout... lequel qu'est infect davantage ? Je peux vraiment pas décider.

La prochaine guerre on peut prévoir, ça sera trois frontières à la fois, et des badoures ! des formidables ! pas des petites ! des immenses ! Je vous la souhaite belle et guillerette ! enfants des Héros ! fils des Gaules... Allemagne ! Espagne ! Italie ! Ceux qui savent creuser, creuseront ! Jamais tant de tranchées, si profondes ! si larges ! si longues ! n'auront englouti tant d'hommes à la fois ! Pour l'immense gloire d'Israël ! pour l'Idéal maçonnique ! Pour la vengeance des petits Juifs virés des bonnes places germaniques !... Pour la gloire des Bourses ! des Valeurs et du Commerce ! et des Bidoches ! Pour l'arrivée fraîche et joyeuse de millions de youtres bien pillards qui nous manquent encore et qui se consument d'impatience dans le dénuement des ghettos !...

Français du sol, un peu de cœur ! Ne vous endormez pas comme ça !... Seriez-vous dégénérés ? Souvenez-vous en cet instant sublime, admirablement attendu, de vos traditions chevaleresques ! un Français n'a jamais sourcillé une petite seconde pour la défense de la Patrie ! Bon sang ne saurait mentir ! Sang guerrier ! Le Français ne se redresse que sous les balles ! Quel soldat ! Bayard ! Murat ! La Tour d'Auvergne ! Présent ! Sus donc aux hordes germaniques ! Affreuses massacreuses de Juifs ! L'Internationale ! oui ! mais seulement avec les Russes ! attention ! les judéo-mongols. Pas de méprises ! ne faites pas attendre Yubelkrantz !... Lisok, Lévy, Rosenbaum, ils broient du noir, ces malheureux, là-bas, ils souffrent, ils s'ennuient... pendant que vous chichitez encore devant la porte du charnier... Qu'attendez-vous donc bande de lâches ? Vous pouvez partir tranquilles... vous serez remplacés dans vos boulots promptement, dans vos maisons et vos lits... dix fois plutôt qu'une !... Vos femmes d'ailleurs ne demandent qu'à se rendre, que dis-je ! elles sont aussi impatientes de vous mener gare de l'Est que Lizok Lévy, Yubelkrantz... de vous propulser au casse-pipe... La femme est une traîtresse chienne née... autant que le Juif est escroc né... La femme, surtout la Française, raffole des crépus, des Abyssins, ils vous ont des bites surprenantes ! Ils sont si vicieux, si câlins. Ils comprennent si bien les femmes !... Ah ! cet Orient !... c'est autre chose !... cocus des tranchées, pauvre viande « kachère ! » vous ne serez pas oubliés ! vous serez pompés, happés, déglutis, fondus dans la Victoire Juive... On vous arrangera en pensions pour les veuves bien consentantes !... On se régalera avec vos os... On ira en cars admirer les lieux où vous fûtes sonnés pour les Juifs, on ira guincher sur vos tombes, vos épouses chéries et les youtres. Ils viendront sur vos charniers, dégueuler le dimanche, on s'enculera sur votre martyr. Ça sera comme ça la survie, le souvenir ! À votre santé pote !... L'Angleterre alliée ? mes burnes ! Encore une fameuse balancelle ! Ils iront mollo je vous assure ce coup-ci... encore bien plus mou qu'à l'autre... Ils risquent bien davantage... Un an pour mobiliser... encore un an pour instruire... Nous serons déjà tous asticots quand débarqueront dans les Flandres les premiers invertis d'Oxford... la jolie Home-Fleet du Whisky se répandra sur l'Atlantique expectante... Les Juifs sont rois de la Cité n'oublions jamais... l'une de leurs suprêmes citadelles avec Wall Street et Moscou...

On ne détruira pas beaucoup...soyez bien certains...De l'expectative ! beaucoup d'expectative, un « wait and see » formidable... Ils ne feront rien cette fois-ci les Juifs, la Chambre des Lords, juive, les magnats d'Angleterre avec précipitation... Ils enverront quelques avions... quelques généraux déjeuner chez Maurois... et discuter au Ministère un petit peu le tunnel sous la Manche...

Mais pour la corrida cosmique, c'est nous qui fournirons la casse... c'est notre pays, bien désigné, le plus pourri, le plus décadent d'Europe... qui doit régler tous les frais... Frais ! j'entends de notre viande... nos gésiers... à nous goymes ! après tout notre pognon...

Dans les Balkans, les Juifs anglais feront donner l'or de la Banque (le nôtre c'est-à-dire par transfert), l'Intelligence Service et les Tchèques. Les empotés preux d'Oxford, délicats énergumènes, se donneront en manifestes et en conférences... Ils militeront à Trafalgar pour l'enrôlement des chômeurs... Mais Bidart à nous, Brodin du Puy-de-Dôme, Lacassagne, Vandenput et Kersuzon fourniront joliment les pipes et toutes les carotides du Stand... Avec eux pas de flan ! pas de grimaces. Ça sera goupillé le premier jour ! Ils feront pas semblant ! Ils iront pas aux conférences. Ils se donneront du péritoine, de la baïonnette, je vous assure, de la grenade, du médiastin... C'est pour eux toute la riflette, pas une seule discussion possible... dans toute l'étendue de la patrie... Et le Juif alors ? Nos libérateurs forcenés ?... où qu'ils seront ?... nos frénétisants, nos excellents youtres ?... nos rats ?... nos adorables naturalisés ?...

Hein ?... « trop vieux, trop longs, trop gras, trop myopes, trop bigles, panards, systoliques, albumineux »... Le vent de la gloire passe à côté, ils sont trop fragiles et trop précieux... différés en somme... au plus... brancardiers... au pire : dans l'État-Major... « quelque chose » dans un genre qui inspecte beaucoup les caves... interprètes aussi forcément... officiers près du général pour donner des ordres de boucherie... beaucoup de téléphone... Il faut ce qu'il faut !...

Gutman il me disait l'autre jour :

— Tu verras tiens, Ferdinand ! Tu les connais pas les francecailles ! Un coup de clairon et hop ! ils s'envolent ! Ils foncent tous comme un seul homme !... Les voilà poitrines en avant ! superbes ! dressés devant l'ennemi...

C'est exact... C'est Bidasse... C'est bien Lidoire et Vandenput, et encore dix millions comme ça qui vont se faire crever pour le youtre ! (sur trois hommes tués à la guerre, deux sont paysans, 1/1.300e seulement est juif...). Il a bien raison Gutman. Il suffira de quinze jours de radio, de presse, et de fanfare pour qu'ils se ruent tous, bien vinasseux, se faire hacher dans les barrages, c'est enfantin comme mécanisme...

Bidasse, Guignon, Miraillé, La Goumette, et deux millions d'autres en plus vous êtes archi-fourgués déjà ! vous êtes en place dans le grand saloir... Faudrait pas tout de même vous secouer... ça ferait trop de peine à bien des gens...

Moi, si j'étais dictateur (décidément c'est une manie), je ferais passer une autre loi... une encore et c'est la dernière... Figurez-vous que je connais le bon moyen pour apaiser, pour clarifier, sans délai l'atmosphère internationale... Voici le terme de mon rescrit : en trois simples petits articles...

1° Tous les Juifs sur ce territoire, dès la déclaration de guerre, de 17 à 60 ans, demis, quarts de Juifs, mâtinés, mariés à des Juives, francs-maçons seront affectés, uniquement, aux unités d'infanterie combattantes, et de première ligne. Aucune infirmité, motif d'ajournement, de réforme ne sera valable pour un Juif ou assimilé.

Jamais ce genre de militaire ne pourra dépasser, en aucun cas, le grade de capitaine.

2° Aucune autre affectation ne pourra être donnée à un Juif, ni médecin, ni brancardier, ni artilleur, ni sapeur, ni scribe, ni aviateur, ni commissaire politique, ni garde-mites, ni chauffeur, ni camoufleur, ni ordonnance, en vertu de ce principe que tout retrait même à vingt mètres de la ligne de feu devient pour le Juif une planque admirable, une occasion immédiate de faire agir ses relations, le premier pas vers les guitounes, la rue de Grenelle, les Loges, et le courant d'air....

3° Toute infraction à ces articles sera punie de la peine de mort, sans discussion, ni murmures.

Donc, tous les Juifs en première ligne ! pas de billevesées, pas d'estouffades ! et pendant toute la durée de la guerre ! Aucun privilège admis. Les blessés juifs ne seront jamais évacués de la zone des armées... Ils crèveront s'il le faut dans la zone des armées... Ils féconderont la zone des armées. Il faut se méfier toujours des Juifs, même quand ils sont morts.

Puisque les Soviets, c'est la guerre ! Bien... Soit !... si l'aventure tourne mal, comme c'est en somme assez probable, il faut pas que nos Juifs se débinent. Il faut qu'ils payent toute la casse, il faut qu'ils dégustent jusqu'au bout. Il faut qu'ils deviennent otages, immédiatement, d'ores et déjà, qu'ils garantissent de leurs peaux cette émancipation humaine dont ils parlent toujours. On verra comment ça se goupille.

Puisque les Juifs sont nos maîtres, puisqu'ils représentent le Sel de la Terre, la Lumière du Monde, Puisque c'est eux qui doivent rendre la terre habitable, alors c'est le moment de commencer ! Tous en première ligne ! Nom de Dieu ! et pas de défaillances ! C'est le moment qu'ils nous régalent, je veux les voir illuminer moi, en première ligne ! Rendre les premières lignes habitables. Voici ce merveilleux spectacle : le plus beau théâtre juif que l'on aura jamais vu.

Ce sera beau à s'en faire mourir ! Pas cave pour un signe je promets de lever le rideau personnellement, d'y rester tant qu'il faudra pour voir enfin tous les youtres sauter le parapet, pour admirer ce sport splendide, pour voire enfin Mr. Blum tomber la bavette et puis les « Benda Brothers » monter à l'assaut, nous méprisant à tout rompre, avec mille baïonnettes dans le cul !

« Les guerres et les révolutions sont les moissons du peuple juif ». — Disraeli, Premier Ministre d'Angleterre.

Population totale de la France : 40 millions. Juifs et mâtinés : 2 millions.

Richesse totale de la France : 1 000 milliards dont 750 aux Juifs. Français mobilisés : 8 400 000 Juifs mobilisés : 45 000.

Français tués : 1 750 000 (1 sur 5). Juifs tués : 1,350 (1 sur 33).

Déclaration du Grand Rabbin.

Pour être tout à fait précis, examinons encore ces chiffres Pendant la guerre 14-18 :

1.350 tués juifs, Juifs français – En proportion cela représente un Juif pour 1 300 tués français… (1 750 000 morts)… Ce 1/1.300ᵉ de tués, je trouve, moi, qu'il représente tout à fait exactement toute l'étendue des droits juifs sur notre territoire.

Je leur donnerais volontiers 1/1.300ᵉ des droits d'exercice, dans chaque profession aux Juifs, ainsi par exemple en médecine où nous sommes environ 30 000 praticiens français, eh bien ! nous accepterions 23 Juifs de confrères. Enchanté ! voilà un chiffre très normal… absolument suffisant !... Mais comme ils doivent être rien qu'en France, médecins juifs établis, à peu près 8 000… alors n'est-ce pas…

« Le Monde entier est gouverné par 300 Israélites que je connais. » — Rathenau, Juif, Ministre allemand.

« Un Juif par créneau »... telle est ma devise pour la guerre prochaine. Un Juif et puis un franc-maçon... En somme les vrais intéressés, les prétendants aux bénéfices, les participants du pouvoir... D'abord ce sera pas difficile de servir tout le monde, c'est pas les créneaux qui manqueront de Dunkerque au golfe de Gascogne. À cet égard un jeu d'enfants ! de régaler toute la coterie ! y en aura pour toutes les Loges, pour les plus discrètes synagogues.

Mon petit décret, voyez-vous, de mobilisation du juif, de son affectation très stricte, n'est pas une petite rigolade... Bien compris, bien admis, bien assimilé par nos youtres, il peut donner des résultats dont vous serez grandement surpris, tout à fait précieux, providentiels, nous évitant, quel miracle, de participer, à toute viande, au plus grandiose charnier des âges... qui ne demande qu'à fonctionner... qui hurle déjà devant nos portes... Participation de plus certaine (que les Juifs rendent de plus en plus certaine avec leurs manières « pousse au crime »...)

Vous verriez comme par enchantement passer un souffle, que dis-je ? d'invincibles, fougueuses bourrasques, de véritables cyclones de protestations pacifiques ! à travers toutes les frontières ! il pleuvrait des tourterelles !...

Des rapprochements miraculeux, entre ennemis de « la nuit des temps » ne tarderaient pas à s'ébaucher... On se chercherait pour s'embrasser... d'un bout à l'autre de l'univers... Dès qu'on assure au cuisinier qu'il va lui-même, en personne, passer dans son court-bouillon, il gratte plus du tout d'allumettes...

« Mon cher homard ! mon cher homard ! » qu'il s'écrie, qu'il s'attendrit... Il a compris... À partir de cet instant, on nous parlerait certainement beaucoup moins des Russes, de ces grandes alliances Judéo-Tartares, impérieuses, absolument indispensables à notre bonheur... à l'affranchissement de nos esprits. Quand les Juifs se rendront bien compte, absolument compte, que c'est de leurs tripes qu'il s'agit pour fabriquer le boudin de bataille ils découvriront de suite que c'est bien affreux les « Alliances »...

Quand il faut payer de sa barbaque, les pires frénétiques « Risquetout » s'interrogent... Je vous assure qu'ils en trouveront des compromis originaux pour résoudre la Question Sociale... Les Juifs ils sont à leur aise dans la dégonflette. On les laisserait retomber sec, dans leur Barbarie, les Russes !... dans leur nuit mongole... De tous les côtés de l'Univers, par l'effet d'un soupir magique, on découvrirait tout soudain, qu'ils sont vraiment impossibles, irrespirables, ces asiates ! défécatoires... stercophages, mongoloïdes à dégueuler, qu'on aurait jamais dû laisser des affreux pareils nous distraire... qu'il faut les bouter promptement, qu'ils aillent tous se faire carrer derrière les Murailles... Kirgizes, Mandchous, Papaoutjans ! On ne causerait plus entre Apôtres dans les caves de la culture que de la Scandinavie... Des miracles norvégiens... On étudierait en détails la collaboration des classes... les syndicats ententophiles. On ne parlerait plus du tout ni d'interventions, ni de croisades, ni de très fermes attitudes...

Ça serait des apaisements partout ! On inviterait tous les fascistes à venir à Garches picoler... à jouer du biniou à la ronde, à couronner les « rosières »... Ça se passera tel quel, idyllique... le jour où les Juifs, tous les Juifs, seront intimement convaincus, absolument persuadés, qu'ils monteront tous à la riflette, et eux d'abord, et eux premiers dès l'instant de la première gâchette, de la première salve et puis en ligne jusqu'au dernier, jusqu'au bout du dernier Juif, pipe inclus.

Puisqu'il est question de conquêtes et de colonies... je dois bien avouer pour ma part que je fais aucune différence entre l'armée juive des Blum et l'armée boche des Falkenhayn... Pour moi c'est du kif au semblable L'armée Blum en légions larvaires et en formations visqueuses... l'autre plus grossière, mais pas plus furieusement rapace même humiliation, même contrainte, même avilissement, même honte... Aucune différence je déclare, entre la paix juive et la paix allemande Et je préfère la paix allemande n'importe quand. Monsieur Blum pour la marche de ses services, peut compter bien certainement sur autant de traîtres et d'espions français, entièrement dévoués à ses ordres qu'il s'en serait voué à de Moltke s'il était venu jusqu'ici. De ce côté pas d'illusion, les mêmes Juifs, les mêmes francs-maçons. Monsieur Blum possède déjà un joli corps de militants youtres d'environ deux millions d'hommes tous parfaitement disciplinés, tous parfaitement déterminés à nous mettre au garde à vous, nous les piteux autochtones... à nous consigner dans nos niches, attendant de nous mettre en daube à la sauce « Croisade anti-nazi ». Il faudrait prévoir qu'avant un an, à la manière qu'ils s'y donnent, nos services juifs aux promptes naturalisations, ces effectifs auront doublé... Tous les Français « à tour de bras » échappés de tous les ghettos : Valaques, métèques refoulés par toutes les « émigrations » du monde (surtout U.S.A.) arrivent ici pourris de tares, « inaptes au service » la plupart, mais merveilleusement rapaces, pétris d'exigences, arrogants, effrénés, revendicateurs, en chasse, en conquête farouche, à l'agression implacable de tous les emplois, des fonctions les plus réservées (voir Guerre et Marine) et puis par-dessus tout, haineux, d'une rage démoniaque, talmudique, contre tout ce qui pourrait, même un instant différer, empêcher qu'ils surprennent, saisissent, escamotent, accaparent immédiatement toutes les professions, toutes les places. Qui peut se dresser contre cette meute ?... Nous autres les Français d'avant-guerre ?... Les jeunes soufflés de maçonnisme ne voient rien. Précaires survivants de 14, que les Juifs jugent évidemment au plus bas décatis, de race alcoolique vannée, foutue, méprisable énormément, détestable à mort ?...

Monsieur Blum pour son campement, pour la progression de sa horde en pays conquis, pour la soumission de l'indigène, peut compter sur nos caïds... nos francs-maçons autochtones, ils lui sont entièrement dévoués, intrigants, cupides et fats. M. Blum détient en ses mains juives tous leurs moyens d'existence, leurs décorations, toute leur raison d'être... Ils encadrent, matent, dressent le natif au mieux des intérêts du maître, du conquérant juif... Rien à dire... C'est ainsi que les choses se passent en Afrique. Seulement de ce côté, en France c'est nous les bicots... Même arrogance, même injustice, même droit du seigneur juif. L'occupation Blum en fin de compte, plus hypocrite, plus larvaire est plus dégradante, certainement, que l'aurait été pour nous l'occupation Falkenhayn. La force détruit moins, dégrade, pourrit moins sur son passage que l'intrigue et la ruse. La colonisation « par l'intérieur » est la plus infamante, la plus ignoble des colonisations. La colonisation par les négrites juifs représente le comble de toutes les abjections morales et physiques.

Falkenhayn, autre avantage, ne demandait pas aux Belges d'aller se battre pour les Allemands. Les Allemands font leurs guerres eux-mêmes.

« Les cadeaux des Juifs sont des Pestes. »
- Tridon, Membre de la Commune de Paris.

Par les circonstances de la vie, je me suis trouvé pendant quatre ans titulaire d'un petit emploi à la S.D.N., secrétaire technique d'un Juif, un des potentats de la Maison.

C'était un drôle de boulot, assez marrant, faut bien le dire, mais pour la douillance assez terne, pas très généreux. Pas de quoi se régaler du tout. Je faisais partie moi, du « petit Cadre »... des « auxiliaires », des gens de peu Les places notables, les vrais nougats sont occupés, là comme ailleurs, par les Juifs et les « maçons »... Faut jamais confondre. École Normale, Oxford, Polytechnique, les beaux Inspecteurs des Finances, etc. Enfin l'Aristocratie... Je briguais rien, soyez tranquilles. Je suis pas jaloux. C'est pas mon genre de réussir C'était seulement une aventure... Je suis pas fait pour m'incruster... Mais alors, en fait d'expérience, je peux dire qu'elle m'a bien servi ! Je regrette pas mon temps de Genève. J'ai vu travailler les grands Juifs dans les coulisses de l'Univers, préparer les gros fricots... Ils y viennent tous tôt ou tard. C'est un endroit de leurs dévotions. C'est la plus grande Synagogue dans le plus grand Temple « Maçon » de l'univers... C'est l'antre des combinaisons les plus vicieuses de l'Époque et de l'Avenir... Depuis le Secrétaire Général jusqu'au dernier journaliste il faut avoir une drôle d'odeur pour faire florès dans la tôle... Il faut « en être » quoi ! il faut en être !... Tout ce qu'est pas youpin ou « mascaille » est assez vite éliminé... Je me faisais pas de grandes illusions... C'est regarder qui m'intéressait. Ma carrière administrative elle a quand même duré quatre ans. C'est un bail. Je les ai vus venir les grands Juifs ! Les plus grands « maçons » de la planète, les plus inquiets les plus arrogants, les plus endurcis, les plus emmerdants, les plus mégalophraseurs, les plus muets, les plus opulents, les plus tristes, depuis Bergson et Curie Madame, jusqu'aux Ben Simons britanniques, et Ras Tafaris... Il faut entendre comme ça cafouille tout ce petit monde... J'avais appris aussi moi, la chinoiserie des Commissions... la dialectique des compromis. Seulement faut pas être trop curieux, se montrer friand « d'origines »... c'est pas bien vu dans la maison. Pas trop de précision S.V.P. ! Quand je devenais inquisiteur, mon grand patron Yubelblat, il m'expédiait en voyage, en mission d'études... J'ai fait ainsi les continents à la recherche de la vérité. Si les voyages forment l'âge mûr. je peux dire que je suis bien fait. Craquelure ! comme j'ai voyagé ! pour m'instruire, pour accroître toutes mes connaissances ! Comme j'en ai vu des hôpitaux. comparé des laboratoires ! épluché les comptes des nurseries... vu fonctionner des belles casernes ! cavalé dans les abattoirs ! admiré tant de crématoires ! expertisé tellement de laiteries, des « modèles » et des moins propres... de la Gold Coast à Chicago ! et de Berg-op-Zoom à Cuba ! Je devrais être de l'Institut, tellement qu'on m'a enseigné des choses, des techniques et des pires encore... extraordinairement ennuyeuses !... Comme j'en ai vu des savants, barbus, chauves, postillonneux, bigles... Comme ils m'en ont donné des leçons... d'Harley Street à San Francisco ! de Leyden, songeuse aux tulipes, à Port-Lagos en Nigérie... bouillante de fièvre jaune. Je devrais être presque parfait en dix mille matières scientifiques, dont je ne sais plus un traître mot... Je suis vraiment l'un des crétins les plus fieffés de la planète. Ainsi va la vie...

On s'est donné un mal inouï pour me sortir de ma torpeur. Comme j'en ai parcouru des maîtres, et tous admirés jusqu'au bout, sur toutes les coutures, des heures et des heures... chacun... des fins cliniciens ventropètes, des hygiénistes si convaincus, si transformateurs, rénovateurs. si prometteurs que simplement leur salive valait déjà le prix des diamants. Irisés mirages ! J'en ai vu des cardiologistes ! des endocriniens éperdus ! des physiopathes sympatologues, et des encore bien plus étranges, plus péremptoires, confusionnistes, superspicaces les uns que les autres... Graine de Dieu !... quel tourment ! quelle engeance ! Tous les néo-Diafoirus du Progrès moderne ils se sont donné rendez-vous pour éberluer ma pauvre gomme... Ah ! ce que j'ai pu les subir !... vertigineux, impérieux, vindicatifs ou miellés... toujours à se prendre, se déprendre... se perdre un peu, s'entortiller... se faire « venir » sur un glaviot, sur une pelure de lentille, sur un poil pénien, une sottise, un mot, des heures encore pour une virgule, dans tous les sens... Comme c'est bavard, puéril et fat, étroit, râleux, bouddha, inquiet, mégalomane, persécutant, un humble chercheur !... Le pire des cabots, un Sacha, c'est encore qu'une pâle violette auprès d'un loucheur en « micro », d'un effileur de pipettes... Les pires « m'as-tu-lu » du monde, les plus susceptibles cabotins, les plus irascibles vedettes c'est dans les « Congrès » qu'on les trouve, dans les bagarres de vanité, pour les « Avancements des Sciences ». Faut entendre alors ces gueulements ! faut observer ces tours de vache ! Ils sont prêts à tous les crimes pour voir leur blaze en compte rendu élogieux. Yubelblat, mon cher patron, c'était son métier tout spécial, son œuvre internationale d'entretenir des relations suivies avec tous les grands ténors de la Découverte... Moi, mon petit afur personnel, ça consistait à l'aider dans le cours de sa politique, l'approche, la diplomatie, l'art de faire plaisir à tout le monde, à la mère, au père, aux cousins... Tâche bien aride s'il en fut ! À travers ces bilieux ingrats au possible... les échecs tournent en vinaigre, en instantanées ruptures, en vexations considérables, diplomatiques... Les savants sont impitoyables sous le rapport vanité... C'est pas, croyez, une petite pause que de rassurer un savant, de bien lui ancrer dans le cassis, que c'est bien lui le premier du monde, le tout excellentissime, qu'on en connaît pas deux comme lui... sous le rapport intuition... bouleversantes synthèses... probité, etc. Ça demande beaucoup de gestes et de paroles et des écritures continuelles et des ruses irréprochables, et puis un culot pas croyable, et puis une mémoire des bobards, absolument extraordinaire, impeccable, extra-lucide. C'est la question de vie ou de mort, de se rappeler ce qu'on a dit. La moindre gaffe c'est la bascule !... en toute occasion et par tous les moyens valables ou probables, les savants doivent jubiler d'un bout à l'autre des États, des 48, pas une seconde de répit pour leur passer des pommades, leur envoyer des petits « rappels », des petits fafiots, des transports gratuits, mille « frais », dix mille confidences, cent mille compliments et puis des tours de Commissions, pour qu'ils puissent venir en personne à Genève, s'acheminer... s'étaler discourir encore. Bernard Léon de Paris, ce gros rabbin médical, parfaitement prétentieux et nul était un des grands assidus de la Princesse du Léman... On l'a bien connu nous autres, c'était un raciste effréné (presque aussi actif que Widal, et c'est pas une bagatelle !). Il a fait énormément pour l'invasion des médecins youtres, leur triomphe en ville. Toute sa carrière a consisté, sous des apparences, à faire naturaliser 5 à 6 médecins juifs par semaine... tous racistes évidemment... Ils lui doivent une vraie statue, ces alluvionnaires, dans la cour de la Faculté en or ! sur un veau. Yubelblat, faut lui rendre justice, il était bien moins con que les autres, dans le genre des grands savants, bien moins mesquin, moins abruti, moins prétentieux. Il pigeait parfaitement l'astuce. Il délirait pas dans sa glace. Mais il était erratique comme tous les vrais prépucés, il tenait pas en place. Il fallait qu'il trace, qu'il revendique. Son genre de voyage favori, c'était la Chine... Il allait militer par là... Il faisait un saut jusqu'au Japon... Il préparait les petites affaires... Et puis il rentrait dare-dare... Il retraversait toute la planète pour un télégramme, pour un soupir... pour rien du tout... Il repassait par la Russie... Il repassait plus par la Russie... Il rappliquait par le Sud. Il rattrapait son télégramme... son soupir... son rien du tout. Et puis floc ! je le voyais jaillir ! un matin ! je le retrouvais d'un seul coup ! derrière son bureau... Il émergeait de l'autre bout du monde... comme ça... Il faisait le juif errant, l'homme-lubie, l'insolite... Pour réfléchir, il s'arrêtait, derrière ses binocles, il oscillait en avant... tout doucement sur ses tatanes... des vrais bateaux... comme le pendule... Cette manière de se tenir, bizarre, dans la vie, de disparaître dans les fugues et puis de revenir « courant d'air »... ça ressemblait pas à grand'chose. On aurait bien pu penser : cette agitation est grotesque, ce n'est que de la dispersion, du « pas sérieux », de l'étourderie. Cet homme travaille du grelot. Et pourtant c'était l'essentiel faut pas se fourvoyer. Regardez un peu les fourmis comment elles s'agitent... elles font pas toutes vraiment quelque chose, elles transportent pas toutes une bricole... elles vont, elles passent... c'est leur boulot ! ... elles reviennent... elles se dépêchent... elles lambinent... elles ont plus l'air de savoir... de se promener au petit bonheur... et puis pourtant elles fourmillent... elles ont leur idée... c'est ça l'essentiel : fourmiller.

Comme les Juifs ils sont pas beaucoup en proportion sur la terre (15 millions), il faut que partout ils se montrent, qu'ils soient partout à la fois, qu'ils essaiment les bonnes paroles à travers les colonies juives et les puissants de la juiverie, et les tout petits Juifs aussi, occultes ou avoués, apparents ou camouflés, mais tous bien racistes... il faut que la ferveur s'entretienne, l'excellente entente, les courants ardents de l'œuvre, la passion du triomphe prochain, avec des « chiffres », à l'aide des « chiffres », de statistiques, d'autres bilans encore, d'autres, victoires partielles, des Congrès à l'infini, pour la Paix, pour la Paix toujours, pour le progrès, la lumière, l'avancement des sciences et des hommes... Comme ça et toujours et tout le temps, de Washington jusqu'en Chine, de Gênes en Grèce, au Canada... C'est un afur formidable Pas une minute d'interruption... Promettre... Promettre... flatter en traçant ... réveiller le zèle ou la haine... qui s'attardent, s'affaiblissent, se perdent ... Relancer ! Quel tam-tam...

Veiller au grain ! Parcourir ... Parcourir ! Disparaître... Il était infatigable en ses pirouettes, prestes échappées, trapèzes... colloques furtifs, mystères et passe-passe internationaux, le frêle Yubelblat. Toujours en « coléanisme », en voltige, vertiges, entre deux câbles, deux télégrammes, deux rappels. Toujours en train de se relancer un peu plus loin dans la pagaïe, dénicher encore d'autres trames, d'autres filins plus embrouillés, raccrocher le tout en énigmes, et puis défendre toutes ces intrigues par des petites trappes bien occultes. il arrêtait pas... On le voyait... on le voyait plus... Il me rappelait du Zoo de Londres, cet animal extravagant l'ornithorynx qu'est si habile, le faux castor incroyable, qu'a un bec énorme d'oiseau, qu'arrête pas aussi de plonger, de fouiner, de revenir... Il disparaissait imprévisible la même chose Yubelblat... Plaf !... il enfonce, plonge dans les Indes... on le voit plus ! Une autre fois c'est dans la Chine... dans les Balkans dans les ombres du monde... dans la profondeur... Il revenait à la surface tout éberlué, clignotant... Il était habillé tout noir comme l'ornithorynx... et puis aussi l'énorme tarin, exactement aussi marrant... cornu comme l'ornithorynx... Il était souple à l'infini... extraordinaire à regarder, mais au bout des poignes par exemple, il avait aussi des griffes... et des venimeuses comme l'ornithorynx... Il fallait déjà le connaître depuis vraiment un bon moment pour qu'il vous les montre... la confiance c'était pas son faible... Enfin je vais pas prétendre que je m'ennuyais sous ses ordres... Ça serait mentir... Tel qu'il était il me plaisait bien... J'avais même pour lui de l'affection... Bien sûr il oubliait pas de m'arranger de temps à autre... de me faire déguster une vacherie... Mais moi, je ne me gênais pas non plus... Y avait une petite lutte sournoise. Un jour qu'il m'avait laissé comme ça trop longtemps à Genève, dans les boulots imbéciles, à mariner sur les dossiers, j'ai comploté dans mon genre, une petite pièce de théâtre, c'était assez inoffensif « l'Église ». Elle était ratée, c'est un fait... mais quand même y avait de la substance... je lui ai fait lire à Yubelblat. Lui qui se montrait dans la vie le plus éclectique des youtres, jamais froissé de rien du tout, ce coup-là quand même, il s'est mordu... Il a fait une petite grimace... Il a jamais oublié... Il m'en a reparlé plusieurs fois. J'avais pincé la seule corde qu'était défendue, qu'était pas bonne pour les joujoux. Lui il avait nettement compris. Il avait pas besoin de dessin...

Quant aux Aryens, c'est la détresse... Si on leur annonce pas les choses avec du néon... Quel est l'animal, je vous demande, de nos jours plus sot ?... plus épais qu'un Aryen ? Quel Zoo le reprendrait ?... Le Paradis ? ...

Yubelblat, il a essayé, c'est un fait, de me rendre parfaitement « technique », diplomatique et sagace, et puis aussi, et puis surtout, que je devienne à ses côtés un parfait administrateur. Il m'avait en sympathie, malgré mes petits défauts... ma tête de cochon... Il voulait que je m'initie à tous les maniements de ficelles, les grosses goupilles du métier, les fines astuces, qui font marcher les Assemblées, les Commissions, 2e, 3e, 4e, 5e... les têtes de pipes et les Finances... surtout les Finances...

— Moi, voyez-vous, Ferdinand, je suis toujours Secrétaire, rien que Secrétaire, à travers toutes les circonstances, vous ne me verrez qu'en Secrétaire... C'est le titre que j'ai choisi, jamais davantage... jamais ! ... Secrétaire ! pas plus ! voilà tout !... J'arrive, je ne dis mot... La discussion est commencée... Bien... Je vais m'asseoir tout doucement, bien tranquille, à la gauche du Président... Remarquez, je ne dérange personne... Les débats s'ouvrent et se déroulent... ternes ou passionnés... burlesques ou moroses... Aucune importance ! ... Dans tous les cas, aucune suite dans les idées... c'est impossible... aucune cohérence... C'est la grande règle absolue de toutes les assemblées du monde... de n'importe quelle réunion d'hommes... aussitôt qu'ils ouvrent la bouche ils ne disent plus que des sottises...

Voici la pesanteur du « nombre »... la loi écrasante des Pendules de la Bêtise... Elle entraîne tout, elle fatigue tout, elle écrase tout... Il ne s'agit pas de lutter... Tous ces niais autour de la table, bavardent, s'ébrouent, vitupèrent... oublient dès les premières paroles ce qu'ils avaient à raconter... Ils s'écoutent et ça leur suffit... Ils disent, au fond n'importe quoi... Ils s'affriolent, ils se trémoussent... Ils sont là pour se dépenser... Plus ils cafouillent, plus ils s'excitent, plus ils se perdent... C'est très facile dans notre cas avec toutes les langues... Ils se comprennent mal ou de travers... Ils se comprennent mal eux-mêmes... Ils s'embrouillent dans les quiproquos... ils se jaugent... ils se défient... d'un bout à l'autre du tapis... Ces effets les perdent... Ils s'emballent ... Les voilà franchement qui divaguent... Ils ne se retiennent plus... Ils sont venus pour discourir ... et de fort loin, le plus souvent... délégués au bavardage... du Vénézuéla... d'Arabie... de la Nouvelle-Zemble... des Petites Comores... Les micros ne sont pas faits pour les chiens... Plus ils se font vieux les délégués et plus ils babillent... La vieillesse c'est tout féminin, ça se déglingue, ça se débroquille, ça se débine tout en cancans... d'époumonements ils se surpassent... Ils montent de vrais concours d'Asthme... La pauvre question initiale existe plus... tant bousculée par ces absurdes, tiraillée, calamiteuse, elle a perdu tous contours... On sait même plus ce qu'elle est devenue... On la cherche... on la retrouve pas... Les débats se poursuivent quand même et d'autant plus véhéments... Y a un embouteillage terrible pour la prise de la parole, ils veulent tous la garder tout le temps... Mais les délégués empêtrés qui n'arrivent pas à placer un traître mot de leur discours... ils trouvent le président infâme... C'est mauvais les harangues rentrées... Ils rongent leur frein dans le coin de leur chaise, ils préparent les pires vacheries... des vitriols infernals pour assaillir ceux qui gardent comme ça tout le crachoir... Au bout d'une heure à peu près de ces effrénés jacassages, des délégués « tous contre tous », ils savent même plus où ils se trouvent ... ils ont perdu le Nord et le Sud, le sens de la porte, le large et le travers...

Ils savent même plus de quoi il retourne... La question elle est dans les pommes... dans les gueulements, les hoquets... dans les fumées...

Haletants, fourbus, ravagés, sur les boulets, ils s'écroulent... Une sorte d'angoisse les étreint... ils savent plus comment finir... Ils se cramponnent après la table... À la façon que je les entends comme ils expirent rauque, à la manière qu'ils enrayent, qu'ils râlent en saccades... aux bribes d'injures qui arrivent ... Je me dis : « Yubelblat, c'est le moment !... » L'instant exact d'intervenir... Faut pas une seconde en retard ! pas une seconde en avance ! ... Faut que ça tombe pile exactement, partir juste à « l'optimum »... Alors c'est gagné ! je les délivre ! Je les affranchis d'un coup... J'organise, Ferdinand, l'« extase »... C'est après ça qu'ils suffoquent au bout d'une heure de pancrace... de cette ébullition de mots... je connais le moyen de les faire jouir... Je donne à tout ce bavardage une sorte d'« éjaculation »... Je l'ai toujours là dans ma poche... dans un petit bout de papier... Au moment où ils en peuvent plus, où ils s'étranglent de confusion, où ils implorent l'atmosphère... Je leur sors mon petit texte... je déplie mon petit bout de papier, une « Résolution » ... retenez ce nom... une « Résolution ». Je la glisse au président, le pire radoteur de la bande, le plus éperdu de tous... Il se jette dessus, il l'agrippe, c'est écrit... Il a plus qu'à lire, ânonner... C'est fait !... En entendant ce texte bien net, qui leur arrive par miracle, qui clôt si bien leurs débats, les autres alors ils viennent au pied... ils se rendent ils « adoptent » !... dans une allégresse ! ... éjaculant à qui mieux mieux... L'orgasme ! Ils se détendent... ils se pardonnent... ils se caressent... ils se délectent... ils se congratulent... La vanité fait le reste... Ils se persuadent immédiatement... qu'ils ont fini par jouir tout seuls... je ne reste pas là, moi-même, je disparais, je m'efface... je les laisse à leurs effusions. Je n'ai rien dit... Je n'ai rien fait... Je les ai toujours dans ma poche... mes « résolutions » tout le temps des débats... Chaque matin, je les prépare... Ce sont mes petites ordonnances... Je les rédige à la maison, dans le calme même, dans mon lit, avant de descendre les retrouver dans cette pagaïe... Je sais bien moi, ce que je veux, je sais donc ce qu'il leur faut tous, aux délégués des cinquante peuples... Ce qu'ils sont faits pour « adopter »... Je suis là pour ça, Ferdinand, et c'est « écrit »... tout écrit, mon ami... noir sur blanc à l'avance... dans ma poche... avec mon petit crayon... C'est la décision, c'est l'ordre au bout du chaos. Je leur apporte leur délivrance, Ferdinand.

Tous ces petits verbeux, hagards, diffus, chiffonnés, ils montent au plaisir tous ensemble. J'avais leur coït dans ma poche... depuis le matin... Et je n'ai rien dit, Ferdinand !... pas dit un mot à ce propos. J'ai glissé le petit papier, au bon moment, voilà tout !... Ce n'est pas très difficile... Ce n'est pas moi qui ai brillé... Ce n'est pas moi qui ai parlé... On ne m'a presque pas vu... Je ne cause jamais, Ferdinand... Je ne brille jamais, Ferdinand... Jamais... Retenez bien ceci... jamais ne briller... jamais, Ferdinand...

Il faisait alors un grand effort de myope, pour me toiser sous ses carreaux... pour s'apercevoir un petit peu, si vraiment je comprenais les choses. « Il faut que nous passions « inaperçus », Ferdinand, comme des Jésuites, des Jésuites du monde moderne... vous me comprenez, « inaperçus »... ou alors tout ira mal... vraiment très mal, Ferdinand... »

Considérez bien Ferdinand, n'oubliez jamais, lorsque vous examinez, que vous observez de près l'allure de nos commissions, que plus vive est l'intelligence de chacun des participants en particulier, plus grotesque, plus abominable sera leur grand cafouillage une fois qu'ils seront réunis... Et remarquez au surplus que je les ai fait venir pour l'examen d'un problème nettement de leur spécialité... qui ne leur réserve forcément aucune espèce de surprise... qu'ils connaissent par cœur, à fond, sur toutes les coutures... sous tous les aspects... Plus ils seront éminents, plus fantastiques seront leurs bourdes... plus proliférantes, abracadabrantes, leurs conneries.... leurs méprises, plus inouïes leurs absurdités... Plus vous les trouverez élevés, considérés séparément dans le domaine de l'esprit, de la création, plus ineptes ils deviendront une fois qu'ils seront tous ensemble... Voici une règle, un théorème, une loi de l'esprit... L'esprit n'aime pas les rassemblements.

Nous possédions, à cet égard à la S.D.N. un exemple vraiment illustre, cataclysmique pour mieux dire... la Commission fameuse, dite des « Courants Intellectuels » pour l'« Expansion de la Culture et des Grandes Forces Idéologiques ». Rien que des Génies ! triés sur le volet... des génies prouvés, des personnes qui bouleversent l'Histoire des Sciences et des Arts, toutes les techniques de l'Esprit... « Regardez pourtant, Ferdinand, écoutez-moi bien ces illustres... il suffit que je leur souffle, que je leur propose le moindre prémisse de dilemme... que j'agite devant leur génie la plus vague broutille dialectique... le plus petit hochet pratique pour qu'ils se mettent à déconner... que je leur demande leur avis sur le retrait d'un seul tréma, la disjonction d'une parenthèse... le projet d'achat d'un crayon... pour qu'ils se mettent à divaguer ! ... pour qu'ils s'enlisent éperdument, se déroutent, s'affalent... Il faut avoir bien compris, Ferdinand, bien observé de près les phases de cette divaguerie cafouilleuse... Il faut que je vous affecte pendant quelque temps aux débats de cette commission, à son « Compte Rendu ».

En racontant des choses semblables on a toujours l'air de se moquer... viser à l'effet.... Mais les débats c'était pas le pire... La pire des épreuves pour les grands « Céphalo-Bills », c'était le moment des adieux... alors, c'était peines et douleurs... Ils savaient plus comment faire ... Comment se remettre en branle, fallait pourtant qu'ils retournent chez eux qu'ils se décident à reprendre le train. Quand ils avaient secoué leurs marottes, saccadé, branlé leurs osselets, comme ça, pendant huit, dix séances, fuité leurs derniers lécithines, ils retrouvaient plus la comprenette, ils savaient plus comment se tourner, comment sortir des colloques, comment résoudre ce rébus... lever la dernière séance... repartir encore un coup et puis de revenir un peu plus tard... Ils savaient plus comment s'y prendre... Ils hésitaient de partout ... Ils se choquaient en confusion les uns dans les autres... à travers les chaises affolés autour de la table... ils faisaient des bruits de noisettes en sac... Ils se ratatinaient encore plus... Ils en devenaient... vieux... vieux... vieux... C'était la débâcle des carcasses...

Sur la question de calendrier, il fallait vraiment qu'on les aide... Pour savoir la date qu'ils reviendraient... qu'ils supposaient revenir... ils en auraient vomi du sang... tellement ils confondaient les jours... ils s'étranglaient dans les dates... pour ne pas arriver à choisir... C'était déjà un hôpital rien qu'à les regarder se débattre dans les convulsions... Ils faisaient toujours grande honte aux secrétaires de service et puis forcément bien pitié !... Ils avaient perdu toute couleur, ces frêles damnés, et passaient du blanc au diaphane, chevrotant a perte de chicots, après tant de séances de fausses luttes... Une terrible cruauté ! ... dans l'apnée ils râlaient encore, tous les sphincters en déroute, agoniques méticuleux... ils se maudissaient sur l'Agenda... sur les petites dates en astérisques... et puis à cause du mois de juin et puis encore de l'autre mois, l'avril... qui n'avaient pas tous les dimanches et puis un jeudi en plus... et puis un jour de congé qui tombait en travers de l'autre...

La « Résolution » les sauvait là encore, au bord de la tombe... Ils s'arrachaient le petit papier... On leur passait les horaires... ils savaient plus où ils allaient... Ils se souvenaient plus de leurs origines, il fallait qu'on les remette en gare... Ils retrouvaient l'exubérance qu'une fois sur le quai... devant les grosses locomotives... Hatchou ! Hatchou !... Une autre frénésie les prenait... Ils s'amusaient comme des petits fous à tous les échos... Ils imitaient les grosses machines, les départs et les grêles trompettes... les sifflets... ta ! ... Ta ! ... ta ! ... Ta ! ... Psiii ! Pssiii ! ... En revoyant comme ça de la « technique », ils reprenaient la confiance... Ils faisaient amis !... amis !... bien gentiment aux voyageurs, à tout le monde autour, avec leurs petites menottes... On les installait dans le wagon... bien calés, loin des portières, on les recommandait aux personnes qu'étaient dans le couloir... Et puis le convoi s'ébranlait... ils retournaient à leurs travaux...

Quand je lui rédigeais ses longues lettres, ses délicates procédures, il me faisait recommencer souvent, Yubelblat C'était sa manière... trois fois... dix fois... quinze fois de suite... vingt fois, un beau jour... C'était son sadisme... à propos de la même broutille, d'une finesse circonlocutoire.

« Trop catégorique ! Ferdinand ! Beaucoup trop catégorique ! trop aventuré !... Beaucoup trop formel !... Vous nous engagez, Ferdinand ! faites attention !... Enveloppez !... Enveloppez toujours ! Des propositions... oui certes, il en faut... mais tout doucement... conditionnelles !... Ces précisions sont inutiles... elles intriguent... ils en demanderont davantage... toujours davantage... si vous commencez... Laissez-les donc... ils imagineront beaucoup mieux... ils imagineront des prodiges si vous demeurez assez vague... encourageant mais discret !... un petit peu subtil ! pas trop... un doute... vous me comprenez ?... Un doute... de la nuance... toujours dans la note élégante, vous me comprenez ?... nous ménager les « surprises », pour nous les « surprises »... nous pourrons ainsi démentir... nous reprendre ... L'insignifiance ! Ferdinand ! je vous l'ai recommandée ! ... l'Insignifiance ! ... comme les jésuites... C'était son dada les jésuites, sa litanie... Toujours enveloppés, on nous redoutera... vous serez craint... vous serez cru... parce qu'on supposera des choses... on imaginera... Le prestige c'est le doute... Faites ça pour moi, Ferdinand. Je vous veux du bien... ne m'engagez pas... Des informations... précises... pour nous... des renseignements vagues pour les autres... Vous me comprenez ?... »

À la fin il m'avait dressé, je rédigeais, super-malin, amphigourique comme un sous-Proust, quart-Giraudoux, para-Claudel... je m'en allais circonlocutant, j'écrivais en juif, en bel esprit de nos jours à la mode... dialecticulant... elliptique, fragilement réticent, inerte, lycée, moulé, élégant comme toutes les belles merdes, les académies Francongourt et les fistures des Annales...

Ça m'embarrassait forcément. Cette application, cette débauche, ça me gênait mon développement... Je fus excédé un matin, je claquai la porte... Après tant d'années, quand je réfléchis, c'est dans un coup d'héroïsme que j'ai quitté la S.D.N. Je me suis sacrifié, au fond, je suis un martyr dans mon genre... J'ai perdu un bien joli poste, pour la violence et la franchise des Belles lettres Françaises... On me doit une compensation... je sens que ça vient.

Le monde est une Société anonyme, un Trust dont les Juifs possèdent toutes les actions. Trust à filiales : La Communiste... La Royaliste... La Démocratique et peut-être bien La Fasciste.

Il ne faudrait pas tout de même conclure que de servir Yubelblat ça n'apprenait pas certaines choses... je parle du domaine scientifique, de la médecine appliquée, des arts sanitaires et de l'hygiène... Il connaissait, le petit sagouin, tous les secrets du métier. Il avait pas son pareil pour dépister l'entourloupe, pour percer les petits brouillards dans les recoins d'un rapport. Il aimait pas les fariboles, fallait qu'on lui ramène des chiffres... rudement positifs... de la substance contrôlable, pas des petites suppositions... des conjectures aventureuses, des élégants subterfuges... des fins récits miragineux... ça ne passait pas,... des chiffres d'abord ! et avant tout ! ... Les sources ! ... les recettes du budget ! ... avant les dépenses !... Des faits basés sur des « espèces » ... en dollars... en livres si possible... Pas des « courants d'air » ... Que ce soit de Chicago, dont il s'agisse, ou de la Chine, de Papworth ou de Mauritanie... fallait pas qu'on lui en raconte... Il interrompait tout de suite le narrateur... bien poliment il faut le dire... Il sortait son petit crayon :

— Attendez, voulez-vous... je note... Combien ?... Combien vous m'avez dit ?... je ne retiens pas très bien les chiffres...

Les brouillards, les jeux de phrases... c'était pour les autres... il encaissait lui que le pognon... L'Avenir, les paroles d'espérance ne lui inspiraient que méfiance... Il appréciait pas beaucoup les douces promesses de l'Avenir... L'Avenir c'était pour les autres, pour lui c'était du présent... du pondérable « Les phrases, l'imagination, donnons tout aux délégués, Ferdinand, aux hommes politiques, aux artistes. Nous, comprenez-moi, Ferdinand, si nous ne sommes pas très sérieux, alors il vaut mieux disparaîtrez... nous n'y arriverons jamais... Les phrases pour les Commissions... Pour nous Ferdinand, la Caisse ! » C'était vraiment raisonnable, dans la pratique, j'ai vite compris... cet admirable principe... j'ai appris à lire les budgets... à ne jamais croire rien sur parole... à tout de suite aller regarder au profond des comptes... refaire toutes les soustractions... Forcer l'homme toujours escroc, le meilleur, le plus pur, la dupe, bon de son brouillard avant qu'il vous enveloppe de même...

Maintenant, prenons un exemple, quand on vient vous raconter que l'U.R.S.S. c'est le pays de la santé, des merveilles nosocomiales, des émulations éperdues, que des progrès prodigieux marquent tous les pas de la médecine... Coupez court à tout ce verbiage, demandez seulement ce qu'ils dépensent dans un hôpital, moyen, de ce fameux U.R.S.S., pour le courant, le casuel, demandez le nombre de lits ? les salaires du personnel... nourri... pas nourri... le prix du fricot... Vous laissez pas égarer... le prix du linge, des médicaments en vrac, du blanchissage... du chloroforme, de la lumière, de l'entretien du bazar... des mille bricoles du roulement... Ça sera bien moins fatigant et cela vous révélera d'un coup mille exactitudes, que mille discours, mille articles ont précisément pour but d'escamoter à vos regards... Refaites un peu ces additions, considérez tout en roubles, en carotte, en margarine, en chaussures, anthracite... Vous aurez des sacrées surprises... Voici du sérieux ! du solide !... Tout le reste n'est que batifoles, bulles... entourloupes et mouvements de pompe... Gidisme, hypothèses, poésies...

Je ne voudrais pas vous faire un cours, une petite leçon pédantique, non, non, non, c'est pas mon goût... Mais enfin pour ceux qui ne savent pas il faut bien que j'éclaire ma lanterne... Et puis ça vous amusera peut-être... Or, voici donc l'essentiel : Quand un pays, si moche soit-il, si cave, si pauvre, si perclus qu'il se trouve, au terme de quelque grand désastre, d'immenses pestilences... : guerre, petite variole, calamités publiques, typhus, choléra, etc.... décide de se requinquer, on file au peuple, pour qu'il s'émeuve et qu'il douille, des grands coups de trompette échotissimes... On le met en transe, on l'éberlue, on l'agite... La campagne de Santé Publique « commence aussitôt... Mais il faut partir de la bonne jambe !... faut pas faire les Champignoles »... Il s'agit en quelques mois de faire tomber les statistiques, de présenter au monde entier quelque chose de très convenable... de respectable... de ne pas rester à cafouiller autour de projets saugrenus... justifier tant que possible l'argent investi... Un grand coup de libre et heureuse « en somme ! de parer au plus urgent, de dégarnir les hôpitaux toujours encombrés, dans les époques calamiteuses, les asiles... de soulager les caisses de secours raplaplas »... d'obtenir, et c'est l'astuce, la politique, les résultats les plus prompts... les plus nettes transformations et le tout à très peu de frais... Et que tout le monde s'aperçoive pour répéter alentour : les dirigeants c'est des grands mecs ! on a des as au pouvoir. « En pays fauché, gaspillage est fatal »... Du coup, on pense aux vénériens, c'est le condé classique... C'est l'Arlésienne de l'Hygiène... on est sûr de faire salle comble... On remonte d'un coup tout le théâtre...

C'est l'A.B.C. du métier de Reconstructeur du Peuple. Tout de suite : Guerre à la vérole... Voici au moins une campagne presque dépourvue d'aléas... Qui s'y engage gagne à coup sûr... Le cas est assez singulier, fort rare, avouons-le, dans l'Hygiène. En effet, dans la pratique, la plupart de ces croisades du genre sanitaire, soi-disant, ne fonctionnent que sur hypothèse, tuberculose, cancer, etc., frisent toutes plus ou moins l'escroquerie, la mendicité interdite, relèvent de la correctionnelle, et ne tendent, en définitive qu'à l'accroissement prodigieux du nombre de parasites de l'Administration centrale, où, déjà, ils surfoisonnent. Mais la lutte antivénérienne représente économiquement l'urgence même, surtout aux époques de chaos, de panique, d'émeutes, où tout s'enfile à la sauvette, un coup dans le ventre ! ni vu ! ni connu ! pots-pourris ! je t'embrouille... c'est la farandole chancriforme... le grand enculage en couronne ! la grande sarabande des véroles, petites pustules et grosses gonos... Y en a pour tous et chacun... C'est le grand flux blennorragique qui dévale à pleins trottoirs.

Tous les Régimes les plus tracassés, les plus obérés, les plus rudimentaires : Pologne, Yougoslavie, Hongrie, etc. ont tôt fait feu de toutes leurs pièces, de toutes leurs maigres ressources, sur le tréponème, les chancres, le Neisser, dès la première accalmie... Pourquoi ?... Voici le secret : Toutes ces affections se traitent facilement en grandes quantités, en séries, s'atténuent, se limitent, se circonscrivent, se jugulent, se guérissent (la vérole tout au moins) dans le minimum de temps... La police peut intervenir, contraindre les rebelles... les traitements, les médicaments, les techniques, sont infiniment éprouvés, classiques, vulgarisables. Peu d'heures perdues, pas un sou de perdu. Une très importante fraction de l'énorme contingent, de cette foule vénérienne, occulte, errante. disséminée, vagabonde, sadique, souvent volontairement contaminatrice, fort dangereuse, catastrophique en liberté, une fois mise en cadre, en colonne, sous repères, peut-être, si l'on s'y prend carrément, très rapidement identifiée, limitée, neutralisée, étiquetée, blanchie, renvoyée aux champs, à l'usine, inoffensive désormais sinon guérie tout à fait. Le jeu vaut bien la chandelle. Toute campagne antivénérienne, socialement, se solde, à relativement peu de frais, par un immense bénéfice. Les êtres qui composent cette énorme troupe vénérienne appartiennent en général aux âges moyens de l'existence, à la période productive. Ils pourront, blanchis, reprendre rapidement toutes leurs habitudes, leurs occupations. Ils se comporteront, dûment suivis, surveillés, à peu près comme tous les autres travailleurs. Ils ne traîneront plus dans les hôpitaux, à la charge des budgets publics. Très grande économie, capitale ! Ils pourront, presque sans dommage, se livrer aux jeux d'amour, promener leurs panais dans les fentes.

Tout ceci est bien régulier, absolument clair, mille fois vérifié, archi-reconnu... Quant à se préoccuper de la tuberculose, du cancer ou de gymnastique féminine et même de puériculture dans un pays famélique, surmené de toutes les façons, voici qui relève du culot, de la sottise, de l'imposture, de la belote, de la farce... Ces grands dadas très illusoires, très dispendieux, ne concernent, ne peuvent concerner que les États riches. Pour y tâter valablement, sans ridicule, il faut que soient réalisées certaines conditions d'ensemble, d'ambiance... de niveau social très élevé... de sécurité, de larges ressources budgétaires exceptionnelles en ce monde... que l'on ne trouve guère réunies qu'en Suède, au Danemark, en Hollande, dans quelques États d'Amérique, en Suisse...

Tribulations de luxe, en somme, à cinq cents ans de la Russie !... Récupérations fort coûteuses, douteuses, à de très longue échéances...

Dans les pays en faillite, très évidemment misérables, surchargés de mendigots, de vermine et de soldats, tout doit marcher au doigt et à l'œil, tambour battant, à la stricte économie, à l'essentiel... Tout le monde, je pense, est d'avis. Vérole, maladie primitive, parfaitement reconnaissable, prophylaxie, thérapeutiques parfaitement fructueuses... Beaucoup d'or en retour d'un peu de mercure... Tout ceci est tellement prouvé, démontré, rabâché ! ... élémentaire...

Voyons un peu comment les choses se passent, dans le cas d'un port énorme, surpeuplé, militaire, sous-alimenté, alcoolique, où la prostitution pullule, où les transplanté, les truands pérégrinent par centaines de mille, traqués de taudis en ruisseaux dans une sorte d'avalanche de gale, de poux, d'ahuries paniques, de scorbut, de fariboles hurlées, de saucisses pourries. Voici l'état de Léningrad. Qui nous réfute ? L'évidence même ! Il suffit qu'on se promène par-ci, par-là pendant huit jours pour s'apercevoir... Et puis, foutrement fort chacal, celui qui viendra s'en dédire ! Et même qu'il serait plus menteur que vingt-cinq ministres et sous-secrétaires d'État juifs et trente-six mille mouches à merde qui sucent de la menthe.

Le grand hôpital des maladies vénériennes se trouve situé à Léningrad dans les faubourgs de la ville, pas très loin du port... Il se présente, à première vue, comme un agglomérat de bâtisses, délabrées, toutes de structure incohérente, courettes, fondrières, cabanes, casernes croulantes, intriquées, pourries de bout en bout. Nous ne possédons, en France, rien d'aussi triste, d'aussi désolant, d'aussi déchu, dans toute notre Assistance Publique.

Peut-être l'ancien Saint-Lazare, et encore, aurait-il pu à la rigueur soutenir la comparaison... Quelques vieux Asiles de province ?... Mais, notons au crédit de Saint-Lazare, que celui-ci n'en menait pas large, et qu'il tenait par destination beaucoup plus de la prison que de l'hôpital... tandis que ce dépotoir gigantesque, dit des maladies vénériennes, s'annonce bel et bien comme un hôpital de premier ordre, populaire, et d'enseignement, S.V.P. ! le Saint Louis de l'université de Léningrad...

Or, Saint-Louis prendrait l'aspect d'un grand majestueux manoir aux côtés de ce terrible amalgame de clapiers, de ce lieu funèbre entre tous... de cette façon de morgue mal tenue... J'ai servi dans la cavalerie pendant des années, jamais, j'en suis sûr, aucun vétérinaire de régiment n'aurait permis, même pour un soir, l'hébergement d'un escadron, dans un casernement-taudis, déjeté pareil. Je connais bien des hôpitaux, un peu partout, en bien des villes et des campagnes... des mauvais, des pires, d'excellents, de fort primitifs, je n'en ai jamais rencontré par le monde d'aussi tristement dénué de tout ce qu'il faudrait pour un fonctionnement à peu près normal, raisonnable, pour l'accomplissement de sa tâche. À cet égard, une véritable gageure... Un hôpital dont les ruines valent certainement pour le décor les simulacres de Potemkine... quant à l'illusionnisme... le semblant, la frime...

Et tout cela, n'oublions jamais, après vingt ans de tonitruants défis, d'injurieuses considérations pour tous les autres systèmes capitalistes si rétrogrades... d'hymnes au progrès social inouï... à la rénovation U.R.S.S. coopératrice ! réalisatrice de bonheur ! et de liberté ! du pouvoir des masses par les masses !... le déluge enfin de plans abracadabrants, tous plus pharamineux, bouleversatiles les uns que les autres... Tous les tonnerres des orgues du vent judéo-mongol... Notons que ce grand hôpital des maladies vénériennes de Leningrad semble assez peu visité par les pèlerins de l'Intourist, les guides le négligent... Il se prête mal, il faut avouer, aux conclusions enthousiastes... D'aventure, si quelque touriste spécial, Ministre de Front Populaire en tournée de caviar, quelque savant médecin juif ou franc-maçon se fourvoie de ce côté, hors des itinéraires battus, les yeux de la Foi lui feront tôt découvrir, malgré l'évidence, quelques aspects tout à fait réjouissants... très encourageants... de cette gigantesque ordure... les vertus par exemple de ce petit personnel parfaitement admirable ! (il crève de faim), le stoïcisme de ces malades si parfaitement dociles... compréhensifs, sociaux et reconnaissants... (ils crèvent de peur). Il aura très tôt compris le caviardeux pèlerin, il répétera très vite, et sur tous les tons, la bonne leçon bien apprise des vrais amis de l'U.R.S.S. À savoir que Youssoupof, Raspoutine, Denikine et Koutiepof sont les seuls vrais responsables de cette pénurie en denrées premières et objets manufacturés, que l'on peut encore déplorer de temps à autre, mais de plus en plus rarement... des difficultés de l'approvisionnement russe, la construction russe, les hôpitaux russes... Enfin la culottée salade, toute l'entourloupe, propagandique, le brouillard à l'eau d'avenir, que dégueulent tous les Juifs du monde quand on les refile au pied du mur...

Le confrère avec lequel je visitais cet hôpital, par hasard, n'était pas youtre, c'était même un Russe très slave, d'une cinquantaine d'années, dans le genre balte, rude, explosif, et je dois dire pittoresque... à toutes les allures !... Il comprenait bien l'apoloche... Tous les dix mots environ, entre les explications, entre les détails de technique, il s'interrompait brusquement et il se mettait à crier très haut, très fort, en baryton, plein l'écho, pour que les murs en prennent tous, il rigolait en même temps...

Ici ! confrère, Tout va Très Bien !... Tous les malades vont Très Bien ! Nous sommes tous ici, Très Bien !... Il en hurlait sur la tonique... sur le mot Bien ! Il insistait, il possédait l'organe stentor... Nous arpentâmes tout au long, couloirs, corridors, grandes et petites salles... Nous nous arrêtions au surplus ici et là... pour regarder une vérole, une névrite, un petit quelque chose... Bien sûr, ils avaient des draps ces malades, des châlits de troupe, de la paillasse, mais quelle crasse ! ... bon Dieu ! quels débris ! quel grandgousien chiot moisi... quelle gamme d'horreurs... quel sale entassement poisseux !... de cachectiques sournois... d'espions grabataires, d'asiates rances, tordus de haines peureuses... toutes les têtes du cauchemar, je veux dire les expressions de ces malades... les grimaces de tous ces visages, ce qui émanait de ces âmes, non de la pourriture bien sûr, viscérale ou visible, pour laquelle je n'éprouve, on le pense, aucune répulsion, et tout au contraire un réel intérêt. Cependant le mélange de tant de hideurs... c'est trop ! ... Quelle fiente désespérée, quel prodigieux ramassis de puants guignols !... Quel cadre ! Quel égout ! ... Quel accablement ! ... Pas un coup de peinture sur les murs depuis Alexandre !... Des murs ?... du torchis en étoupe de fange ! Une sorte d'immense insistance dans le navrant, la désolation... J'ai vu pourtant bien des naufrages... des êtres... des choses... innombrables qui tombaient dans le grand limon... qui ne se débattaient même plus... que la misère et la crasse emportaient au noir sans férir... Mais je n'ai jamais ressenti d'étouffoir plus dégradant, plus écrasant, que cette abominable misère russe... Peut-être le bagne du Maroni offre — t-il de pareilles accablantes déchéances ?... Ce n'est pas sûr... Il faut le don... Souvent l'on s'est demandé après lecture des auteurs russes, je veux dire des auteurs de la grande période (pas des larbins soviétiques), par exemple Dostoïewsky, Tchekov, même Poutchkine, d'où ils provenaient ces hommes avec leurs transes, comment ils tenaient à longueur d'œuvre le ton de cette rumination délirante, funèbre ?... cet épileptisme policier, cette hantise du bouton de porte, cette détresse, cette rage, ce gémissement de chaussure qui prend l'eau, qui prendra l'eau éternellement, amplifié cosmique...

Ce prodige devient compréhensible, le sortilège s'explique sans peine après quelques jours de Russie... On conçoit parfaitement ce déchirement, ce suintement, cette dégoulinade douloureuse de toutes ces âmes, comme autant de niches pourries sur les os d'un chien famélique, battu, perclus, condamné.

Banale question d'ambiance au fond... nul besoin de rien forcer, de fabriquer le trémolo. Tout est là !... devant les yeux, sous la main... Il rôde certainement tout autour de ces gens, malades ou valides, de ces maisons, de ces choses, de ce chaos d'atrocités, unc fatalité encore mille fois plus écrasante, implacable et louche, plus démoniaque invraisemblablement, que tous les Dostoïevsky de la période libre et heureuse (en comparaison) n'auraient pu l'imaginer.

Raskolnikoff ? mais pour les Russes c'est du Bouboule ! ... ce damné doit leur paraître somme toute assez courant, assez vulgaire, aussi spontané, aussi fréquent, ordinaire, que Bouboule ! ... Ils naissent ainsi. Je reviens à ma visite du grand chancreux capharnaüm... Le confrère Touvabienovitch, revêtu lui aussi d'une blouse fort crasseuse... ni plus ni moins que les autres membres du personnel... ne me fit grâce d'aucun détail, d'aucun tournant de cette immense installation, d'aucun service spécialisé. J'ai tout vu, je pense, bien tout vu, tout senti, depuis le cagibi des piqûres, jusqu'aux oubliettes tabétiques, de la crèche aux essaims de mouches, jusqu'aux quartiers pour hérédos. Ces petits-là, syphilis infantiles, semblaient entre autres fort bien dressés, préalablement, ils m'attendaient bien sages, au passage, ils devaient jouer pour les rares visiteurs toujours le même rôle, la même petite comédie... Ils m'attendaient au réfectoire... attablés devant autant d'écuelles, par groupes, par douzaines, en cercle, tondus, verdâtres, bredouillants hydrocéphales, une bonne majorité d'idiots, entre 6 et 14 ans, enjolivés pour la bonne impression de serviettes, très crasseuses, mais très brodées... Figuration.

À notre entrée, ils se dressèrent tous d'un seul jet, et puis tous ensemble se mirent à brailler quelque chose en russe... la sentence ! Tout va Très Bien ! ... Nous sommes tous Très Bien Ici « Voilà ce qu'ils vous disent confrère ! Tous... »

Toutvabienovitch avait des élèves dans le coin... d'ailleurs il se fendait la pêche, ce confrère est un des rares Russes que j'ai vu rire pendant mon séjour à Leningrad.

— Voilà nos femmes de service ! nos infirmières du service !...

On aurait pu, avec un peu d'attention... les distinguer, les reconnaître parmi les malades, elles semblaient encore plus déchues, navrées, perclues, fondantes de misère que tous les malades hospitalisés... Elles vacillaient toutes, littéralement entre les parois du couloir, exsangues, décharnées, croulantes en guenilles... d'un bord crasseux sur l'autre.

— Combien gagnent-elles ?...

— 80 roubles par mois... (une paire de chaussures coûte 250 roubles en Russie) ... Et puis, il a ajouté, en surplus (dans son tonnerre habituel), mais elles sont nourries ! confrère, nourries !...

Il se bidonne ! « Tout va très bien ! » qu'il vocifère. Mais le meilleur de cette visite c'était pour la fin ! Les traitements gynécologiques !... la spécialité de Touvabienovitch. le bouquet ! ... Un bazar, une collection, une rétrospective d'instruments, d'antiquités ébréchées, tordues, grinçantes maudites... qu'on ne trouverait plus qu'au Val-de-Grâce, dans les cantines et les trousses du baron Larrey, avec bien du mal... Pas un broc, un trépied, une sonde, pas le moindre bistouri, la plus courante pince à griffes, de cette répugnante quincaille rien qui ne date au moins des Tzars... des vraies ordures, un fouillasson bien déglingué de saloperies innommables, tessons rongés, sublimés, pourris de permanganate à ce point qu'aux Puces « personne n'en voudrait »... les rabouins refuseraient sans appel... pas la valeur du transport en voiture à bras... une poubelle très décourageante... Tous les plateaux, corrodés, écaillés jusqu'à l'envers... macérés... je ne parle pas du linge, des trous et de la merde...

Toutvabienovitch, dans cette zone, il était aux anges... C'était sa consultation ! le moment de son art !... Retroussant ses manches, il se met en devoir aussitôt, et le voici qui fonctionne ! Les culs partout se ressemblent. Les malades attendent leur tour... une ribambelle pour grimper sur le chevalet. Les étudiants, un peu abrutis, un peu boutonneux, un peu malveillants, comme tous les étudiants du monde prennent de la graine... il s'agissait de farfouillages, de décollages des replis de grands suintements du vagin... du col... de tamponnements à pleine vulve, de pressurer les Bartholins... enfin la bricole ordinaire... le casuel glaireux des métrites... Toutvabienovitch s'en donnait... toujours cordial... bien pétulant... haut de verbe... à son affaire gaillardement. Il m'en promenait plein la vue... c'est vrai qu'il était habile... il manipulait fort crânement avec une rude dextérité tous ces attirails en déroute, ces annexes, ces purulences... en grande série un petit jet de permanganate et floutt ! ... Je te plonge dans une autre motte la moitié du bras... en pleine fièvre il faisait rendre un peu les glandes... toujours pérorant... il se secouait à peine les doigts... et floup ! fonçait dans la prochaine... pas une seconde de perdue... comme ça !... mains nues !... velues... dégoulinantes de jus jaune... sans doigtier absolument...

Je voulais pas du tout le gêner... paraître indiscret, mais quand même je voulais savoir... Quand il a eu trifouillé comme ça des douzaines de vulves, j'ai fini par lui demander :

— Vous ne portez jamais de gants ?...

— Oh ! pas la peine !... pas la peine confrère ! Ici Tout va Bien ! Tout va Parfaitement !... et de se gondoler... de plus en plus drôle... en pleine forme... Bien sûr que c'était pas de sa faute si le caoutchouc manque en Russie... Il profitait du voisinage pour regarder un petit peu dans le trou du cul... Il cherchait là aussi les gonos en bringue dans le pot de lentilles, les petits replis de l'anus. Il jetait d'abord un peu d'eau et un peu de vaseline alentour, et puis encore du menthol, il grattait avec ses ongles... enfin une petite cuisine. Et puis tout de suite, immédiatement, il refilait dans la prochaine vulve... Il s'arrêtait à l'entrée, une pression sur les Bartholins... Il était tout à fait heureux quand ça rendait vert, un jus bien épais, bien lié... Deux, trois tampons. Tout va Bien ! Confrère ! Tout va Bien !...

Mais il fallait que je me trisse... Ça pouvait pas durer toujours... On s'est quitté en plein accord. Je suis repassé chez le directeur, un Juif, celui-là, bien juif... et son secrétaire de même... Ils parlaient allemand tous les deux... Ils ont déplié devant moi, pour mon édification, toute une série de plans splendides, des relevés... des esquisses, des projections, des diagrammes, immenses, des rapports. Tout ça ayant trait à l'Avenir... Un projet de construction d'un hôpital magnifique... Ça m'intéresse pas l'avenir, c'est tout du mensonge... C'est l'astrologie des Juifs. Moi, ce qui me passionne, c'est le présent...

De quelles ressources vous disposez pour la marche de votre hôpital ? Combien vous avez de malades ?... Médecins ? personnel ?... et alités ?

ambulants ?..., etc., surface ?... combustible ? literie ?... enfin les choses pondérables... qu'il faut savoir pour pas baver pour pas perdre son temps...

J'aime pas assez les hôpitaux pour y passer quatre heures pour rien de ma garce de vie et puis m'en retourner comme un sale con calfaté... Quand il faut s'instruire on s'instruit... Quand il faut se marrer, on se marre... Tout l'un !... tout l'autre !... J'ai regardé ses livres, J'ai bien tout examiné, scrupuleusement... il m'a montré les colonnes (les chiffres c'est les mêmes en russe). Il recevait dans cet immense, sanieux taudis, à peu près 5 000 malades, bon an, mal an, alités, plus autant d'externes en traitement... Je calcule qu'avec les cadres, son personnel existant, les 90 femmes de ménage à demeure, les infirmières, la lumière, les transports, le prix de la nourriture, des médicaments, etc., etc., c'était besoin au minimum d'un budget de 12 à 16 millions de roubles pour étaler tant bien que mal... Pour qu'un tel hôpital fonctionne dans des conditions à peu près décentes... ne demeure pas, comme je le trouvai, une sorte de morgue en veilleuse... Or cet Institut, pour tout dire, pour toute allocation, ne reçoit que 2 millions de roubles annuels, soit dix fois moins que son minimum vital... Et certes, je me garde de comparer les choses de Russie aux conditions scandinaves, aux hôpitaux de Copenhague. Je me réfère tout simplement à quelque standard très médiocre, au standard français pour mieux dire. Un Standard pour besogneux.

Mais, sur ce plan, nous demeurons encore très loin de compte...

Toutes les organisations administratives russes souffrent, sont accablées, condamnées à la même grotesque pénurie, aux mêmes similaires balivernes en hommes, en matières, en fonds « ... Toutes, sauf les théâtres, la police, les militaires, les commissaires, la Propagande... à la même mégoterie crasseuse, à la même contraction au 1/10 e du budget normal (par normal, nous entendons quelque train-train très modeste, très regardant). »

Mais ne vous impatientez pas, vous ne perdez rien pour attendre ! Bientôt les Russes nous feront envie !... Nous serons comme eux ! Et puis encore bien plus bas qu'eux !...

Ce qui paraît invraisemblable ! plus bas que les Russes !... Nous l'aurons leur maladie ! la maladie russe ! nous l'avons déjà ! On nous ramassera dans la rue.

Le Mensonge n'est pas seulement un moyen qu'il est permis d'employer, mais c'est le moyen le plus éprouvé de la lutte bolchévique. — Lénine.

Il faut apprendre, sous peine de demeurer plus sot, plus opaque, plus crédule qu'un veau dans sa première semaine, à repérer la marque, la trace, l'emprise, l'initiative des Juifs, dans tous les chambardements du monde, où qu'ils s'effectuent... en Europe, en Amérique, en Asie... en n'importe quel lieu où se préparent les hécatombes, la destruction systématique, acharnée, des esprits et des viandes aryennes... Il faut apprendre à déceler dans la pratique quotidienne, la couleur et le ton, la jactance, de l'impérialisme juif, de la propagande juive (ou franc-maçonne), il faut apprendre à percer, déterminer, au fond de toutes les ombres, à travers tous ces dédales phrasouilleurs, entre les trames de toutes les calamités, derrière toutes les grimaces, l'universel mensonge, l'implacable mégalomanie conquérante juive... ses tartuferies, son racisme, tantôt larvaire, tantôt arrogant, tantôt délirant. Son imposture, l'énorme armement de cette cosmique permanente apocalypse.

Il faut renifler le diable de très loin... dans tous les coins, à travers le monde... entre les minces paragraphes de n'importe quel apparemment innocent quotidien... (droite ou gauche), ce petit coup de pouce, furtif... appuyé ... signalétique... l'épithète favorable... louangeuse... la mise en valeur, franchement publicitaire... le dénigrement soi-disant impartial... Rien n'est indifférent au Triomphe juif... L'addition opportune et même hors de Propos d'un décigramme, d'une demi-teinte de louange... pour le succès de la moindre présentation youtre compte... Les facéties de n'importe quel Juif, du plus insignifiant peintre juif, pianiste juif, banquier juif, vedette juive, filou juif, auteur juif, livre de juif, pièce juive, chanson juive... viennent ajouter quand même toujours, une petite pierre, un atome vibrant, à l'édification de notre prison, notre prison pour aryens, directeurs juifs... À la perfection de la Tyrannie juive, rien n'est perdu, si tout fait ventre, tout fait juif. Cette colonisation interne s'opère en douceur ou par force, au beau milieu des intérêts, des rythmes juifs du moment ...En France, cette mainmise s'entoure encore d'un peu de gant, pas pour longtemps, bientôt les cartes seront abattues, ceux qui ne seront pas d'avis seront égorgés (ils le sont déjà) et le juif apparaîtra aux regards admiratifs du cheptel prosterné, comme il faut ! campé, implacable, le knout au poing... Déjà, par un effet du hasard, nos journalistes, speakers, auteurs, cinéastes, ne trouvent plus rien d'admirable à travers le présent, le passé, l'Histoire et l'Avenir, dans les arts, gazettes politiques, finances, sciences, que du Juif... les efforts juifs, les succès juifs, des projets de juifs ou d'enjuivés (Voir Montaigne, Racine, Stendhal, Zola. Cézanne, Maupassant, Modi, Prout-Proust, etc.).

L'Exposition 37 nous apporte à ce propos une magnifique démonstration, écrasante, de cette furie colonisatrice juive, de moins en moins soucieuse des ressentiments et des réactions indigènes, plus avérée, plus clamoreuse chaque jour, à mesure que l'indigène plus soumis, rampe plus gluant, plus lâche. Ce fanatisme traîtreusement étrangleur va bientôt délirer... Ainsi cette asperge de la Paix, plantée, monumentale, en plein Trocadéro... Qu'en dites-vous ? Avec son immense étoile juive en buisson au sommet (Étoile du Roi David, étoile des synagogues)... Que vous apprend-elle ? ...

Ceci : Français ! les Juifs, à partir de ce moment, vous enculent tous ! Comme ils veulent, où ils veulent ! quand ils veulent !... Ce long gode pourri, consacre leur triomphe ! Qu'on se le répète ! Foules ! Pour la paix juive, vous irez demain porter vos tripes aux quatre coins du monde... C'est ainsi cuit ! À genoux peuple !... et silence !... Tendez vos fesses, en attendant de nouveaux ordres et passez la monnaie...

Avant de quitter le ghetto triomphal 37, profitant de l'occasion, passez donc jeter un coup d'œil aux stands littéraires si vantés... Même salade engluante, même supercherie tendancieuse. Examinez d'un peu plus près tout le tarabiscotage de pancartes pieusement explicatives, ces précautionneuses références, ces elliptiques schémas... Que veulent-ils nous apprendre ? Nous faire admettre séance tenante, avouer, proclamer ? désormais ceci et au garde-à-vous : Décision de nos maîtres : Ministres ! ci-devant artistes, critiques juifs, leur décision lentement mijotée ! préméditée ! conçue ! amenée officielle ! À savoir : Qu'il est bien prouvé, bien net, tout classique, à partir de ce jour que l'enculailleur irrésolu poitrineux Prout-Proust, la Miche juive aux Camélias prendra le même rang d'éminence en tout et partout, dans les manuels et les esprits qu'Honoré de Balzac !... Sonnez clairon ! C'est brandi ! C'est triomphal ! C'est à prendre ou se la tordre ! comme je vous l'affirme ! ... Maintenant voulez-vous entendre une autre musique ? un autre son de trompette un peu plus sérieux ?... d'accord ! veuillez écouter dans ce cas Mr. Hoare Belisha, Juif, Ministre de la Guerre d'Angleterre. Il nous exprime sa confiance, son bel enthousiasme, au retour des manœuvres françaises... son émerveillement, pour la tenue, la résistance aux pires fatigues, l'allure magnifiquement martiale de nos petits pioupious... Harangue de Ben Hoare Belisha : Je suis à présent convaincu que l'armée française est la première armée du monde ! qu'elle saura en tout et partout faire front, s'opposer victorieusement à toutes tentatives d'invasion !... Notre frontière est sur le Rhin ! C'est net, c'est gracieux. Bien traduit du juif en français, cela signifie : Bidart ! Norbert ! Lacassagne !

Miraillet ! Lendormi ! à vos boyaux ! mes petits potes !... Brutes ! Et très prochainement ! Tâchez de pas faire les zigotos ! de bien franchement vous faire ouvrir ! de vous élancer dans les fils !... Oui ! Comme autant de vendus que vous êtes !... Que vos viandes servent à quelque chose !... Il est temps ! Que ça préserve joliment bien, la prospérité, le bonheur des Iles judéo-britannique ! vos os feront des belles barrières pour nos splendides jardins anglais... Vous êtes donc pas tous jubilants ?... Merde ! À quoi que vous voulez servir ? Taratboum ! Di ! yié ! By gosh ! Vive le Roi ! Vivent les Lloyds ! Vive Tahure ! Vive la Cité ! Vive Madame Simpson ! Vive la Bible ! Bordel de dieu ! le Monde est un lupanar juif !

Les quinze millions de juifs enculeront
les cinq cent millions d'Aryens.

En France, le petit peuple, celui qui va écoper qui va garnir toutes les tranchées, il connaît pas beaucoup les Juifs, il les reconnaît pas dans la masse... Il ne sait même pas où ils se trouvent... les gueules qu'ils ont, qu'ils peuvent avoir, leurs manières...

D'abord, ils sont tous camouflés, travestis, caméléons, les Juifs, ils changent de noms comme de frontières, ils se font appeler tantôt bretons, auvergnats, corses, l'autre fois Turandots, Durandards, Cassoulets... n'importe quoi... qui donne le change, qui sonne trompeur...

Dans la bande, c'est les Meyers, Jacobs, Lévys qui sont encore les moins dangereux, les moins traîtres. Il faut se donner un peu de mal, pour s'y reconnaître dans les Juifs, le peuple il aime pas se donner de mal. Pour le peuple un Juif c'est un homme comme un autre... ça lui suffit 100 pour 100 comme explication... Les caractères physiques, moraux du Juif, son arsenal infini de ruses, de cautèles, de flagorneries, son avidité délirante... sa traîtrise prodigieuse...son racisme implacable... son pouvoir inouï de mensonge, absolument spontané, monstrueux de culot... l'Aryen les encaisse en toutes occasions...en plein, les subit, s'en dissout, s'en effondre, en crève sans se demander un seul petit instant tout ce qui lui arrive... ce qui se passe ?... quelle étrange musique ?... Il crève comme il a vécu, jamais détrompé, cocu jusqu'aux tripes. Il fonctionne entièrement et de toute sa viande... esprit et carcasse pour la prospérité, la gloire de son parasite le plus intraitable, le plus vorace, le plus dissolvant : le Juif ! et ne s'en aperçoit jamais ; sur vingt sous que nous dépensons, quinze vont aux financiers juifs. Même la charogne de l'Aryen, ça sert encore et toujours la gloire du Juif, sa propagande. Il n'existe dans la nature que quelques rares espèces d'oiseaux pour se démontrer aussi peu instinctifs, aussi cons, aussi faciles à duper que ces enfiotés d'Aryens... Quelques espèces, les plus niaises du règne aviaire, couvent ainsi les œufs du coucou, les poussins revendicateurs du coucou qui s'empressent, à peine éclos, de virer en bas du nid tous les œufs, toute la couvée de leurs parents adoptifs ! tout ce qui n'est pas coucou !... Ces espèces d'oiseaux si stupides ne reconnaissent pas plus le coucou dans leur nid, que le Français ne reconnaît le Juif, en train de goinfrer, saccager, carambouiller, dissoudre son propre patrimoine, même grotesque insouciance, même placidité infecte, même méninge butée de sale piaf.

L'Occidental, représente la dupe idéale, toute cuite, absolument offerte aux Juifs... au prismatisme juif ! à la dialectique brouillamineuse, prophétisante du Juif... son verbiage socialistico-oraculo-communiste !... Quelles facettes miroitantes !...

Idéologiquement l'Aryen est le cocu, l'alouette immanquable de toutes les entreprises youpines... Dans n'importe quel bobard la sauce scientifico-progresso-socialisante juive, l'Aryen fonce ! Il est sinoqué d'avance, frit... On ne peut plus l'arrêter ! il est voué, effréné, exubérant cacatoès de tous bobards sémitiques... Il est prêt à s'en faire mourir... L'Aryen admirablement préparé, notons-le, par toute son hérédité... absolument racorni par toutes les sales habitudes hypermesquines du passé paysan... Il fait un splendide cocu, méfiant et jobard, un passif orgueilleux par excellence, une dupe extraordinaire...

L'Aryen ne voyage jamais, il est bouzeux, provincial, ragotier de tradition, de constitution, incurablement. Il ne sait rien, il ne lit rien... il parle toujours, il se grise de ses propos, de ses propres paroles... Il est fat, il se croit critique... À beau mentir, qui vient de loin, le juif ment mieux qu'il respire ! ... Êtes-vous youtre ?... Ah ! mais voyons !... Y pensez-vous ?... Je suis catalan !... voyez mon poil ! ... je suis basque ! mataf ! Sorcier ! Albanais ! joueur de boules, marchand de cithares, pompier nanterrois, n'importe quoi mais Juif ? fi donc ! jamais juif !...

Le peuple ne croit pas aux Juifs, il croit dur comme fer que les juifs n'existent plus. Il s'agit pour lui d'une nouvelle fable malveillante, invention des nazis « buveurs de sang. »

Son journal sa radio, son cinéma ne lui disent jamais rien des Juifs, ou bien alors, s'ils abordent ce sujet scabreux c'est avec d'infinies louangeuses précautions, une nuée de commentaires infiniment respectueux, bien dévotieusement admiratifs. La suprêmissime intelligence, l'extraordinaire prescience politique, phénoménalement bouleversante du généralissime Raba Bloum !... c'est tout ce qu'il entend à longueur de semaines et d'années aussitôt qu'il est question des Juifs...

Oser ? le Français moyen ? avouer, faire entendre, directement, qu'il n'aime pas les Juifs ? le racisme juif ? la gigantesque escroquerie juive ? c'est, se faire classer irrémédiablement, à l'instant même, parmi les plus infréquentables fieffés cancreux tardigènes, absolument irrespirables, de l'univers ! obtus, immobiles à tout progrès, opaques fonds de poubelles glaireux, navrants tessons tout enfientés de préjugés raciaux puants... Rétrogrades magots, momies vicieuses, pauvres étrons racornis, cloîtrés, navrés dans leur vase depuis les grands cloaques ! Dreyfus ! Enfin des choses pas regardables... effroyablement monstrueuses, pas écoutables, pas pensables...

Un Juif est composé de 85% de culot et de 15% de vide !... L'Aryen n'a aucun culot... Il n'est brave qu'à la guerre... timide dans la vie... mouton... On lui fait honte ? il a honte ! immédiatement !... Il a honte de sa propre race !... On lui fait croire tout ce qu'on veut... C'est-à-dire tout ce que le Juif veut... Les Juifs, eux, n'ont pas honte du tout de leur race juive, tout au contraire, nom de Dieu ! ... ni de la circoncision ! S'ils avaient éprouvé la moindre honte d'être Juif, Il y a belle lurette, au cours des siècles, qu'ils se seraient fondus dans la masse... qu'ils n'existeraient plus du tout en tant que Juifs et racistes juifs... Leur juiverie n'est plus leur tare, c'est tout leur orgueil au contraire, leur culot suprêmissime, leur hystérie, leur religion, leur bagout, leur raison d'être, leur tyrannie, tout l'arsenal des fantastiques privilèges juifs... Seigneurs du monde juif, ils entendent bien demeurer seigneurs du monde juif et puis despotes, de plus en plus... Le Mythe des Races, c'est pour nous le mensonge préjudicieux ! pour nous le foutre dans le cul ! que ça nous ouvre bien grandes les fesses ! pendant qu'ils nous mettent et se régalent. Il faut être cul comme un Aryen pour ne pas avoir pigé ces caractéristiques pourtant extrêmement évidentes, de la juiverie qui nous possède, qui nous cerne, nous écrase, et nous saigne de toutes les façons possibles, inimaginables... Le Juif possède le goye jusqu'à la racine des entrailles, jusqu'aux vertèbres, immanquablement, sans effort, par la vanité, par la muflerie... Il gagne à tous les coups. L'Aryen, si simple, si fruste, le Juif l'a rendu snob, et soi-disant critique, dressé au dénigrement, à la méfiance envers ses frères de race, à la destruction de ses frères de race automatiquement et jamais à la Critique de la fantasmagorie juive. L'Aryen n'est plus que le singe du Juif. Il fait des grimaces sur commande. De nos jours, le goye le plus obtus, se cabre, se révolte, s'il pressent qu'il pourrait peut-être conserver au fond de sa musette quelques petits préjugés de race... Il s'inquiète, il s'angoisse de n'être pas suffisamment à la page, moderne, libéral, international, cosy-corner, démocratique, smoking, politiquement affranchi, c'est-à-dire pratiquement parlant, assez bien orienté assez profondément, tenacement, par les youtres possédé, tétaré, loti, fourgué, transpiré, négrifié dans chaque poil des sourcils, chaque goutte de sperme, chaque morpion, de la tunique de chaque viscère à la granule de son pain... de la coiffe de son calot à la douille qui va le transpercer... jamais assez glué, conchié par les Juifs... pour les Juifs... S'il se montre un petit peu curieux, un petit peu soupçonneux, on le rappelle vite à l'ordre, on lui enseigne promptement, on lui fait tout de suite comprendre, rabâcher, pour qu'il aille répéter partout (bon jobard perroquet d'Aryen) la bonne leçon : Qu'on ne peut rêver plus élevé, plus éminent, plus parfait au monde qu'un savant juif ! un ministre juif une vedette juive ! une chanson juive ! un peintre juif ! un metteur en scène juif ! une couturière juive ! un financier juif ! un architecte juif ! un médecin juif etc. ! ... Qu'ils surpassent tout ces Juifs... Ronflements de tambours ! Race élue ! suprêmement douée ! suppriment, que dis-je ? effacent ! surclassent au-delà de toute comparaison ! réciproque ou conteste ! laissent à l'infini derrière eux, pitoyables, mineux, la broutille, le rebut des castes indigènes ! ces quarterons de bafouilleurs, d'écervelés aigris, moisis prétentieux, racaille puérile... embarrassants même à regarder ! tellement ils sont moches à voir, honteux ces ignares rivaux, prétendant grotesques hi ! hi ! h ! cannibales, cancaniers, baladins, pitres morveux et tristes, engeances salement dégénérées, rebut d'âme, caste soumise à laquelle il ne faut plus jamais se vanter d'avoir appartenu... Honte des Hontes ! Souillure ! ne pas avoir quelques gouttes de sang juif c'est être de nos jours intouchable plus ou moins.

Ceux qui exercent encore par-ci par-là, leur petite malice, qui gardent encore un semblant d'existence, ne doivent ce sursis d'extinction qu'à la grande mansuétude des pouvoirs juifs, sursis d'ailleurs à tout instant révocable... S'il se tient peinard, bien soumis, s'il ne sort pas de ses bleds, du fond de ses campagnes, ce « minimisé », fragile rebut, « spécimen intellectuel blanc », on ne lui dira pas grand'chose : maître d'école, rebouteux, garde champêtre, garde mobile, barbouilleur, tâcheron... On le laissera peut-être encore un peu respirer... Mais s'il devient prétentieux, s'il parle de se rendre en ville, alors Tudieu ! malheur à lui ! ... Tant pis pour lui ! ... L'écrasement ! ... Larve ! ... Dans un monde juif, le « blanc » ne peut être que manuel ou soldat, rien de plus... L'intellectuel, l'artiste, le « chef » doit être Juif, toujours. La sélection est bien faite, le barrage fonctionne admirablement, impitoyablement... Tous les journaux de droite, ou de gauche, sont tous si parfaitement enjuivés, tellement tributaires des juifs, que s'ils pipaient d'un traître mot sur ce qui se passe véritablement dans les commandes de notre pays colonial, dans le fond de nos affaires, il ne leur resterait pas une syllabe, pas un caractère pour la mise en page, du jour au lendemain.

S'il subsiste encore par-ci, par-là, dans les fonds de quelque crevasse, quelques possibles antisémites, miraculeusement entêtés, ces épouvantails doivent faire rire, c'est leur rôle, par leurs propos incongrus, leurs boutades, leurs nasardes, leurs gesticulations parfaitement vaines. Aux masses agenouillées, démontrer plus évidemment encore par leurs farces mutines, rieurs pseudo-révoltes tout le grotesque, toute la fatuité, l'écœurante sottise de tels sporadiques, burlesques entreprises. Divertir le peuple, le faire s'esbaudir aux dépens de pareilles clowneries ! C'est parfait. Depuis l'affaire Dreyfus la cause est enterrée, la France appartient aux Juifs, corps, biens et âmes, aux Juifs internationaux. Ils le sont tous. La France est une colonie du pouvoir juif international, toute velléité de chouannerie est condamnée d'avance à la faillite honteuse... La France matérialisée, rationalisée, parfaitement muflisée, parfaitement subjuguée, par la bassesse juive, alcoolisée jusqu'aux moelles, mesquinement resquilleuse, vénale, absolument stérilisée de tout lyrisme, malthusienne par surcroît, est vouée à la destruction, au massacre enthousiaste par les Juifs. Tout soulèvement ne peut que rapidement être circonscrit, se liquider par l'écrasement des rebelles et provoquer le déclenchement des pires représailles... tout un appareil de sévices et de servitudes encore plus cruel, plus méticuleux, punitif. C'est tout...

Les Français n'ont plus d'âme, un cancer leur a bouffé l'âme, un cancer de muflerie, une tumeur maligne, mais ils sont encore plus obtus, plus racornis que mufles et malins. Toute tentative anti-juive, ravive instantanément le prurit juif, qui lui ne s'endort jamais... la grande propagande juive « au martyr juif » pour la cause jamais complètement, suffisamment couronnée, triomphante d'Israël... Jusqu'à la fin des âges le Juif nous crucifiera pour venger son prépuce. C'est écrit... C'est gai !... Toute campagne anti-youtre justifie par réplique immédiate, le rassemblement de mille congrès encore plus surchauffés de revendications juives, dégoulinants de fiévreuses pleurnicheries juives, l'envol de cent mille autres pétitions, enfin tout le hurlement, sarabande, empapaoutage, terriblement, tous les jeux d'orgue sursoufflés de l'éternelle jérémiade juive... les vrombissants anathèmes juifs. Rien n'est assez bas, assez infamant dès lors, pour dépeindre au monde indigné toute la monstruosité de ces rarissimes effrontés, ces phénomènes, ces rebelles d'animaux aryens qui ne peuvent déglutir, digérer, encaisser, se résoudre, au culot diabolique, à la myriade de saloperies cataclysmiques juives. — Vampires des cavernes ! Cromagnons salaces !

Valets de cirque ! Pourchasseurs de martyrs ! Deiblers de la détresse humaine ! Bêtes délirantes assoiffées du sang démocratique ! Sous-fascistes lépreux ! tout le fracas d'apocalypse s'empare à l'instant de l'univers ! pulvérise les microphones, déferle à travers tout l'écho, toutes les ondes ! assourdit, écrabouille, vaporise toute objection possible... Inutile ! miteux ! vous ne serez jamais entendu !... Vous pouvez crever ! L'infernal battage juif à la persécution domine, éteint, efface, de si haut, d'un tel écrasement, toute vérité, toute réalité, que toute tentative de redressement est absolument risible... Le dégueulasse, infini chantage juif ahurit à ce point la terre entière, depuis tellement de siècles, qu'on ne peut plus du tout s'entendre... la grande confusion de toutes les valeurs, le cosmique carambouillage, vient de là, de l'universel tam-tam des youtres, escrocs, pervers, fracasseurs et stériles... Les sentiments les plus nobles, les plus purs et sans doute les plus précieux aux sociétés humaines... pitié, amicale affection, loyauté, estime, scrupules d'authenticité, vérité, confiance, ont été au cours des âges tellement souvent, par tous les Juifs, cabotinisés, abusés, agiotés, bafoués, escroqués, violés, vendus, survendus de cent mille manières, qu'ils ont perdu tout cours, toute valeur, tout crédit d'échange. Absolument suspects, désormais, ces anciens sentiments ne sont plus aux yeux du monde qu'autant de piteuses ou burlesques supercheries, dissimulant à coup certain quelque espèce d'immonde intention, quelque nouvelle canaillerie, manigance criminelle.

Mais en dépit de tant d'expériences le coup du Juif « traqué », « martyr », prend encore toujours, immanquablement, sur ce con de cocu d'Aryen. La petite histoire lamentable du persécuté juif, la jérémiade juive, le « Chaplinisme » le fait toujours mouiller.

Infaillible !...Les siens s'ils viennent se plaindre un peu, ses propres frères de race, de quelque malheur bien aryen, comment qu'il les envoie rebondir ! Il les exècre immédiatement pour leurs plaintes, pour cela même, il les juge au plus sévère... il les hait pour leur culot, leur vue, leur astuce... Seuls les malheurs de Juifs le touchent à coup sûr ! Le récit de ces « horreurs » le trouve sans méfiance, sans résistance, sans scepticisme. Il avale tout. Les malheurs juifs font partie de la légende... la seule légende d'ailleurs à laquelle croit encore l'Aryen... Suprême miracle ! ... Quand le volé, le pillard juif hurle au secours, la poire aryenne sursaute d'emblée... blète... chute... Dégustation !...C'est ainsi que les Juifs possèdent toute la richesse, tout l'or du monde. L'agresseur hurle qu'on l'égorge ! Le truc est vieux comme Moïse... Il fonctionne toujours... C'est sûrement un Juif pris la main dans le sac, qui nous a valu le Déluge, tous les Déluges. Le Juif fait noyer tout le monde, lui saute dans l'Arche et sauve sa peau. Le peuple ne voit pas ses Juifs, pas plus qu'à la guerre les troupiers ne fréquentent les généraux. Et pourtant ce sont bien eux, les généraux, qui les font monter à la pipe, les généraux « pour des Juifs », instruments eux-mêmes des juifs... Ce sont les juifs qui possèdent tout l'or du monde. Sans or pas de guerre. Le peuple ? ses tripes sont déjà percluses, grevées de milliards d'hypothèques, tous les abatis du peuple sont numérotés, promis, jurés, solennel ! à tous les Juifs de la terre, banquiers, courtiers, Commissaires, de New-York à Helsingford, de Pernambouc à Moscou... fourgués, dépiautés, supputés, suppliciés, agiotés, intégralement ! tous à l'avance et « sur pied » ... pour l'immense tuerie prochaine... Comme je vous le dis... Et pour faire mieux valser les choses, on fera donner toute la musique !...l'Impulsion, la bonne cadence...Celle qui semble au mieux provoquer, pimenter, inciter le fond de la viande... précipiter dans la horde le terrible Instinct de Mort... les « Chevaux de bois » de la grande boucherie... L'air communiste, par exemple, la grande fanfare des délire ? juifs ! ... Elle est à la mode présente... de la Mort présente... Le principal c'est que ça tourne... que ça bondisse et que ça ronfle... Que les affaires ne traînent pas, se déplacent, que le monde sursaute, que les États culbutent, que les inflations s'avalanchent..., Le Juif tient toutes les ficelles, loges, banques, États, commandes, opinions, musiques, il fera débiter les Aryens en tranches, en boisseaux, à la sauce mitraille le jour qu'il aura choisi, le jour où ça lui fera plaisir, à l'heure H ! vite !...

Il est temps, je crois, Aryens, de faire votre prière, de bien avouer que vous êtes tous condamnés, victimes heureuses, consentantes, parfaitement exaucées, bien pourvues transies et reconnaissantes... « Mon cher youtre, mon cher tyran, culotté ! » Allons tous ensemble ! « je vous implore ! montrez-vous ! mon atroce cher cruel maître ! Daignez ! ô mon chéri monstre ! trop discret crucificateur ! trop rare à mes yeux ! je vous adore ! Exaucez tous mes vœux ! Vous me faites languir ! vous me voyez éploré ! transi de bonheur à la pensée que je vais enfin souffrir encore bien davantage... plus profondément que jamais ... Moi qui vous ai tout donné déjà ! Tout ce que j'ai possédé ! Toute ma terre ! Tous mes enfants ! Il me reste cependant encore quelques bols de sang dans les veines ! je veux qu'on m'écorche tout vif ... pour vous ! Vous verrez mon sang couler pour vous ! tout pour vous ! féconder votre terre, ô mon Juif adorable !... Daignez ! daignez ! je vous adjure ! si vous êtes bon comme on le prétend, comme on l'assure... de tous côtés, alors, égorger nous, vous-même, ô mon Juif ! Égorgez-moi, les yeux grands ouverts ! O votre divine cruauté ! Vous tous, vous voir enfin tous ! tous rassemblés, réjouis ! mes impitoyables bourreaux ! Tous ! Vous voir tous rayonnants une suprême fois. Et puis mourir pour vous ! Sous votre couteau enfin... »

Voici la bonne prière du veau, bien parfait, le veau le plus con du monde ! de tous les abattoirs du monde ! de tous les sacrifiés du monde ! le veau le mieux dressé de l'univers ! celui qui beugle ! qui galope après son boucher pour le supplier qu'il l'égorge.

Soyons accommodants. Établissons un compromis.

Mais tout d'abord, comment faut-il les appeler. Rien n'est plus délicat... Sa Grâce Madame Edouard, la juive, presque reine ? ... et lui ?... Monsieur Simpson VIII ?... On ne sait plus... Toujours cette question d'identifier les Juifs, maçons et enjuivés... Je me demande si un numéro d'ordre dans chaque profession ne ferait pas mieux l'affaire ?... un matricule par exemple, ainsi tout simplement... Monsieur le Cinéaste 350. Inutile d'ajouter juif, tout le monde comprendra... Monsieur le grand peintre 792... Monsieur le virtuose admirable 1617 ?

— Oh ! comment trouvez-vous cette jolie chanteuse folkloriste ?

— Mais c'est la petite 1873 ! Je la reconnais parfaitement ! Quel piquant ! quelle allure ! quels pieds ! ... quel brio ! Mais ne passait-elle pas jeudi dernier à l'X.Y.Z. ?

Je l'applaudis en connaissance de cause...

— De qui cet émouvant article ?

— Mais du grand journaliste 7735 ... Tiens ! tiens ! relisons de plus près.

Ainsi plus d'équivoque, plus de faux-blases, de noms qui dissimulent... Des matricules !..

— De qui ce joli pavillon tellement bien doré ?...

— Mais de l'illustre architecte 1871 ! Ah ! Ah ! combien ? ...

— Et lette délégation splendide, qui s'en va représenter la France aux fêtes d'Amérique ?...

— Mais voyons, comme d'habitude, Messieurs et Dames les grands missionnaires représentatifs : 1411, 742, 635, 14 et 10 357... Tout simplement.

— Pas un Durand ? ...

— Non ! Non ! Non ! mon ami ! jamais un Durand ! ou bien un Durand juif.

— Et ce professeur, dont on va répétant partout qu'il a tant de génie ?

— Vous ne le savez pas ?... Mais c'est l'inouï 42 186 !

— Vous m'en direz tant ! ...

On nous va rebattant les oreilles depuis des années avec ces fameuses 200 familles. Encore un flan fantastique ! Il n'y a qu'une grande famille, bien plus puissante que toutes les autres... la grande famille juive internationale, et leurs petits cousins « maçons » ...

Puisque le grand Frédéric a renfloué ses finances par la vente de « noms » aux juifs, pourquoi ne pourrions-nous pas, à notre tour gagner un peu d'or, en obligeant les Juifs à nous acheter des matricules ?... Suivant l'importance... le goût... la réussite... la profession du client ! en monnaie internationale bien entendu ! en shillings, en Livres, 100 Livres, d'après l'opulence... par unité du matricule. Les nouveaux arrivants à « six chiffres » paieraient ainsi toujours bien davantage que les anciens immigrés... Justice !

Le petit professeur, chiffonnier, ouvrier tailleur... etc., un shilling par unité. Les banquiers, 100 Livres par unité. Justice... Certaines professions comme médecins, avocats, surpcuplécs, deviendraient hors de prix !.. d'ailleurs les matricules seraient annuels, plaque annuelle, comme pour les vélos, taxe annuelle... il faut se décider ... Faire quelque chose !

Adhérent du Front Commun, le salut poing fermé et levé est le « signe de croix » du Juif depuis 2 000 ans. Ils le font encore dans les synagogues.

J'ai reçu un livre récemment de J.-R. Bloch, un livre sur la guerre d'Espagne, orné d'une violente dédicace

« À Louis-Ferdinand Céline,
parce que là-bas on tue ! »

Possible ! mais toujours est-il qu'on n'a pas tué, J.-R. Bloch ! Tant mieux ! Nom de Dieu ! Tant mieux ! S'ils ont respecté la vie et la liberté de J.-R. Bloch, bel et bien remonté d'Espagne sain et sauf ! documenté, gaillard, imprécateur, martial comme général Cherfils, interventionniste à tous cris ! plus ultra, plus passionné que jamais !... Veni, Vedi, Retournit, Donnit quelques conférences, fort applaudies, embrassit la Passionaria !... remontit dans bel avion, ronflit, remontit moral, revenit !... C'est une drôle de guerre quand même la guerre d'Espagne !... On y entre, on en sort comme dans un moulin... Les vraies guerres sont celles dont on ne sort pas... Déjà, les « délégations parlementaires » au front ? déjà ? déjà les petites casquettes « poincarillées » ? déjà ?... Petits jouisseurs, petits sadiques d'événements, frémissants de vivre à fond « les heures extraordinaires » d'un monde en catastrophe... Mais en artistes bien préparés, spectateurs, ne confondons pas. Tout pour le vago-tonique ! ... et rien dans la culotte ! ... La race des pousse-au-crime est toujours semblable à elle — même, « va-t-en-guerre » bourgeois, « pousse-au-crime » communiste, du kif absolument ! comme fiente, identique ! Apôtres et stratèges de la tripe d'autrui... Il s'agit d'éprouver d'inédites sensations, rien de plus, rien de moins... « mieux-que-cocaïne ».

Il se peut fort bien qu'à brève échéance, les meneurs révolutionnaires soient obligés d'assassiner, obligés ? de faire assassiner les personnes de l'opposition avant qu'eux — mêmes on les repasse... Ceci est dans l'ordre des choses, fatal, classique... Cela commence même sous nos yeux... Mais combattre, n'est-ce pas, pour le fameux idéal ou sans idéal... c'est une tout autre paire de burnes... tout à fait différente... Je ne parle pas d'entrer en ligne contre « le ramassis d'armée Franco », mais de combattre bel et bien contre des troupes absolument régulières... Troupes régulières allemandes, par exemple, et parfaitement au point, parfaitement armées... La vraie bigorne en somme... Pas d'amateurisme... Alors ? ... à qui la musette ?... Répandre, éparpiller des conseils, des ordres, des manifestes rageurs, stimuler le moral, émoustiller les abattoirs... tout cela c'est du joujou... du frisson de la tricherie, alibibi... théâtre... rodomontades ... cinéma... La seule épreuve dans les choses de l'idéal, c'est la dérouillade personnelle, sans phrases, sans spectateurs, au petit matin... sortir du couvert, comme un condamné à mort, amener sa viande aux « barbelés », au niveau des plus hautes idées, beaucoup plus haut en fait que les plus hautes Idées... Voilà qui compte... Et voici des épreuves dont on revient très rarement, par conséquent, pas très « artistes », guère utilisables fructueuses... Tout ce qui est artiste doit avoir une suite, une « exploitation » ... La véritable sincérité n'a jamais de suite... Le culte des héros c'est le culte de la veine.

— Êtes-vous d'accord ?... Avez-vous l'âme en face des trous ?... au bout de chacun de vos gestes ?... oui ? Je ne crois pas... J'ai l'impression que vous voyez faux... que vous vivez faux... tout en vous sonne faux ... Spectateurs !...jouisseurs ! vous êtes, vous vous cherchez, vous voulez jouir ... profiter du grand triomphe juif et maçonnique... vous n'entendez pas qu'il vous coûte l'existence — vous ne risquez même pas votre place... Vous serez plus embusqués dans la prochaine que les bourgeois ne le furent dans la précédente... L'embusquage comme la mitrailleuse a fait des progrès énormes, à ce que je découvre, on se planque, on se superplanque à présent des années d'avance... Je ne connais pas un apôtre qui ne soit au moins dans l'État-Major ... ou de la super-aviation bavarde et photogénique...

Ceux qui brûlant de foi et d'apostolisme soviétique ne sont pas à l'heure actuelle en tranchées devant Madrid ou Saragosse, ne sont au fond que d'équivoques « petites causeuses ». À eux, les caves de la Culture ! les picnics aux Fausses-Reposes.

Pour la prochaine, qui se dessine, qui s'organise autour de nous, jamais on aura surpris au fond de tant de cachettes et d'armoires, tant d'apôtres et de fervents bellicistes planqués... Le monde est pourri, c'est un fait par le cinéma, le cabotinage... (O ces charges de cavaleries légères ! ...) Le matuvuisme le plus exorbitant, le plus indécent est à la base, au fond, de tous les grands mouvements d'Idées actuels, inséparable....

Le monde était en 14 beaucoup plus simpliste, plus nature, plus sincère, beaucoup moins ficelle, moins vicieux qu'aujourd'hui. En 37, le cabotinage, le phrasage s'étale partout, domine tout, mine tout, même le peuple, hélas ! lui-même déjà très faisandé, bien avancé en pourriture cabotine ... Je me souviens d'être monté en rifle avec des combattants bretons. Ils ne savaient pas lire, ni écrire, brigadiers compris... Ils inspiraient une confiance absolue, qui ne s'est jamais démentie ! « ac cadaver ». je me méfie beaucoup des soldats qui savent lire... qui vont au cinéma... Qui sait lire devant le péril devient facilement raisonneur, un peu hésitant, subtil... Il se croit au cinéma, il demande à voir la suite... Il n'y a pas de suite ! ... Attention !.. Il faudra dans les rangs oublier le cinéma ! ... Voici qui promet beaucoup de travail à la Prévôté... Elle ne chômera guère. Elle sera sur les dents derrière tous ces « spectateurs ». Les pelotons non plus ne chômeront pas... les recommandations non plus...

Chaque guerre, chaque révolution rapproche le moment où nous atteindrons le but suprême vers lequel nous tendons... — Grand Sanhédrin, 1884.

Cette révolution s'annonce décidément comme une énorme, fanatique prise de sécurité... Une adroite et gigantesque consolidation des beefsteaks acquis.

À ce propos. rien de plus démonstratif et plus allégrant que de parcourir et examiner d'assez près, les longues listes de personnalités qui ornent, dont se recommandent les fougueux partis, pacifistes, libérateurs, interventionnistes, affranchissants, etc. Les organisateurs de gauche lancent, à tout propos, quotidiennement, de tels documents, pamphlets, etc., à travers toute la presse et les cénacles soviétophiles... Rien de plus bouffon. Parcourez un peu ces listes des grands amis de l'U.R.S.S. Tous ou à peu près tous, fonctionnaires, politiciens, rentés, retraités juifs ou francs-maçons... Et comment ! Tous amplement appointés, je dirai même parfaitement opulents, une centaine de damnés absolument douillets, effrontément, grassement parasitaires, une moyenne de 100 000 francs annuels chacun... (francs Blum). Parasites des super- États ! Unissez-vous ! rassurez-vous autour des Grands Juifs !

Debout les « nantis » de la Terre !... D'entre ces « gras » combien partagent un peu leurs rentes avec la communauté maigre ?... Je demande ? Combien s'en iront de ces preux, mourir si les choses tournent mal, aux créneaux de Madrid ?... Toc ! Toc ! Toc !... qui va là ?... C'est l'ami ! l'ami de qui ? l'ami des Juifs ! l'ami du peuple ! l'ami de lui !... l'ami de soi ! l'ami du sofa !... Des vrais combattants pour l'Espagne, on peut en voir des quantités, il en débarque de troisième classe de n'importe quel Transatlantique, rentrant de New-York. Ceux-là, en fait de combattants, ce sont des vrais, des authentiques... Ils n'iront pas aux Conférences ! ils n'embrasseront pas la Passionaria. Comme tous les vrais héros du monde, ils ne feront qu'un seul saut des soutes aux tranchées.... Ils ne sont pas juifs !... Il ne faut pas qu'ils confondent, qu'ils se perdent dans le train ! Ils sont marqués pour la pipe, ce sont des retours d'émigrants. Le Grand « Comité Morgenthau, Barush, Loeb, Warburg pour l'affranchissement des peuples » leur a payé un beau voyage. Ils vont connaître le fond des choses... Ils rembourseront largement... Veni, Vidi, Clabotit.

Denoël m'a fait remettre ces jours derniers, pour mon instruction personnelle, un rapport de la « C.G.T. » sur la crise du livre en France. Document pas très substantiel où s'essoufflent « le pour et le contre » ... où l'on se demande à longueur de chapitre ce qui va finir par se décider après tant de « chèvre et choutage ». Rien du tout. Le contraire nous aurait surpris... Cependant un court passage, sur ce fond, ce magma de doléances tout à fait anodines, réveille tout à coup le lecteur... Allégresse ! ... Passages, tout en chiffres, qui veulent eux, enfin, dire quelque chose. Je cite :

« Moyenne annuelle dépensée dans quelques pays, par habitant, par an, pour l'achat de livres (seule base, de comparaison possible) États-Unis : 25 francs par tête. Allemagne : 20 francs par tête. Grande-Bretagne : 10 francs par tête. Belgique : 3 fr. 50 par tête. France : 0 fr. 50 par tête. »

Voici qui nous comble ! et qui vient le plus simplement du monde, révéler à nos yeux toute la crudité du problème, pourquoi notre fille est muette, et comment le Français se fout éperdument du livre ! dans son ensemble et son particulier... Rien à chiquer, noir sur blanc. Acceptons le fait pour ce qu'il vaut... Bien plus amusant que tragique... aussi gaillardement qu'il est énoncé. Pas de quoi fouetter un chat... Mais par exemple refusons net, pour injurieuses, comme bien répugnants mensonges, les explications qu'on nous propose académiquement, endormeuses, à savoir que le cinéma, la radio, les sports, les périodiques, etc., etc., sont responsables de la crise... empêchent les Français de lire, de se payer les bon auteurs... Culottées niaiseries, foutrissures dévergondées ! Les États-Unis, l'Angleterre, l'Allemagne possèdent dix fois autant que nous autres de tous ces genres de distractions ! et regardez comme ils continuent à lire...

Bénin Duhamel l'endormeur, ému très mesurément, par tout le bruit qu'autour du livre on mène, à travers Revues et Congrès, vient à son tour chichiter, gominer un peu la sentence, troufignoliser quelques pertinents adjectifs, adverbialiser l'agonique. Il ne rate pas de nous donner en cette délicate occasion encore un magnifique boûquin (les critiques raffolent du mot « boûquin », cela sonne familier, mais tout de même respectueusement admiratif, tendre, filial). Sur l'égrotant il s'épanche, Bénin Duhamel, en deux cents pages fignolées, le voici qui se donne en tendresses moulées... s'évertue en mille cursives guimauves... « Ah ! mais ! Ah ! mais !... » qu'il se demande le Bénin rien ne va plus ! Quelle crise, mes empereurs ! Mais on se navre à la fin !... être si peu demandé ! de se mourir en flanelle !... Où s'en va donc ? Où se disperse ? Je vous interroge ? le petit plâtre ?... le petit pognon des clients ?... Je boude ! je boude ! Le voilà !... où se dissipent les petits frics de nos clients, nos chers clients si mesurés, si fins, si français si subtils si nuancés. etc. ! etc. Mais Duhamel, cher illustre, vous donnez pas mal à la tête ! mon cher Dumouton, mais c'est bien simple, tout facile, élémentaire, tout leur pognon part à la vinasse ! C'est pas difficile à trouver ! le petit pognon des clients voyons, remettons nos lunettes, admirons un autre passage du joli rapport, d'autres chiffres... « l'Alcoolisme en France » parfaitement éloquents, substantiels aussi. « La France est le pays le plus fort consommateur d'alcool du monde... 21 litres 300 d'alcool pur, taxé par tête d'habitant... par an... (en comptant les bouilleurs de cru, ce chiffre s'élève à 26 litres par tête environ...). Les autres peuples d'Europe ont tous une consommation inférieure... D'un quart, de moitié, de trois quarts... 14 litres 84 Italie, 14 litres 80 Espagne, 9 litres 27 Belgique, 8 litres 87 Suisse, 5 litres 64 Autriche, 4 litres 89 Angleterre et Hongrie, 4 litres 52 Tchécoslovaquie, 3 litres 85 Allemagne, 3 litres 5 Pays-Bas, 2 litres 99 Suède, 2 litres Danemark, 2 litres 77 Islande, 1 litre 81 Norvège. Si la consommation des boissons distillées a baissé depuis la guerre d'environ 1/4 (3 litres d'alcool par habitant au lieu de 4), cette diminution a été compensée largement par une augmentation de la consommation du vin, qui était avant 1900, environ 35 millions d'hectolitres annuels, devenue en ces dernières années environ 50 millions d'hectolitres annuels... »

Il est donc inexact d'affirmer que l'alcoolisme diminue en France, au contraire, il progresse, mais il est aujourd'hui produit plus souvent qu'autrefois par les boissons fermentées... La répartition, l'habitude de boire a gagné les milieux féminins, certaines habitudes alcooliques sont devenues particulièrement tyranniques, par exemple, celle de l'apéritif. (P. Rieman).

Voyez qu'en France, on sait encore se distraire... Sur la question du casse-poitrine, il est donc absolument officiel, tangible, palpable, que le Français ne craint personne... Il se démontre au chronomètre à plein comptoir, à la bonbonne, à la péniche, aux litres, au récipient qu'on désire, l'universel champion de vinasse !... foudroyant, imbattable et de très loin !... Lecteur piteux, c'est possible, mais insurpassable alcoolique ! Il n'est même pas question de rivaliser... Qui veut le verre ? Même l'Anglais qu'on cite parfois comme un fier ivrogne, à l'épreuve, n'existe pas. Quel bluff ! quelle prétention ! C'est bien simple, aucun nordique, aucun nègre, aucun sauvage, aucun civilisé non plus n'approche et de très loin le Français, pour la rapidité, la capacité de pompage vinassier. Seule la France pourrait battre ses propres records de vinasse, ses descentes de picton. Ce sont d'ailleurs à peu près les seuls records qu'elle puisse battre. Mais dans cette épreuve « Hors Concours », « Prima Classa ». Aux autres sports, de muscles, de souffle, le Français se ménage, il se réserve... Il ne se montre jamais très ardent, très en train. Lui si brillant dans la vie, sur les stades il ne brille plus... Que le Français haïsse la lecture ? Cela peut fort bien se comprendre, se défendre et même devenir à tout prendre une aimable originalité...

Qu'il préfère le bavardage aux textes, la rhétorique labiale aux déchiffrages de paragraphes... Et pourquoi pas ?. . Où est le mal ? Mais qu'il se démontre, sans faiblir jamais, en toute occasion, où on le met en ligne, et depuis 50 ans bientôt, aussi platement, infailliblement galette, infantile, en n'importe quel sport, la rigolade des stades de l'univers à vrai dire, ceci pour être une originalité aussi, n'est pas moins tenacement humiliant. Cette énorme, infinie quantité de vestes sportives trouble un peu l'assurance, la naturelle jactance du peuple français. Pour une fois devant toutes ces défaites aussi régulières qu'imposantes, qu'immanquables, ses maîtres ergotent un petit peu, les masses se méfient... se troublent... méditent... Mais pourquoi méditer ?... La réponse est là, tout à fait éclatante, elle coule à pleins bords, si j'ose dire : Vinasse !...

Ce préambule n'est pas vain, il nous met en présence d'un autre petit roi de France, monarque à son tour, secondaire, suzerain, vizir fidèle du grand roi juif... vieux preux lui-même, chevronné, de l'abrutissement des masses, par le zinc, le bavardage et le jus de grappe à la chimie... Le Roi Bistrot, possède, lui aussi, tous les droits, par accord politique absolument intangible, à l'immunité complète, au silence total, à tous les encouragements, pour l'exercice de son formidable trafic d'empoisonneur et d'assassin... Rien ne peut le troubler : la presse, la radio, les Préfets, l'État entier lui sont, pour son négoce, entièrement soumis, à ses ordres, empressés, effrénés à mieux le servir... Les deux lions rugissants de la publicité contemporaine au-dessus de tous les autres fifres, sont Cinéma l'abrutisseur et Vinico l'empoisonneur. Effleurer les abracadabrants privilèges de la vinasse, voici le seul crime en France rapidement châtié... La France est entièrement vendue, foie, nerfs, cerveau, rognons aux grands intérêts vinicoles. Le vin poison national !... Le bistrot souille, endort, assassine, putréfie aussi sûrement la race française que l'opium a pourri, liquidé complètement la race chinoise... le haschisch les Perses, la coca les Aztèques...

Le Juif, quand on lui demande de voir un petit peu ses papiers, se déclare instantanément vieil auvergnat laborieux, bigouden fidèle, corse loyal, tourangeau, landais, etc. Le picrate lui aussi ne possède que des vertus, des références unanimement, suprêmement favorables une bonne fois pour toutes, c'est entendu ! promulgué à milliards annuels... Le pinard n'est jamais autre chose qu'inoffensif, anti- rachitique, hygiénique, gaulois, digestif, antiseptique, fortifiant, carburant de l'Intelligence (le peuple le plus spirituel du monde) et panacée au surplus de « longue vie ». Mais la mortalité française demeure malgré tout l'une des plus élevées du monde...

France, 15.7 (pour 100), Angleterre, 11.7, Allemagne ; 11,8, Belgique, 12, Espagne, 15,6, Irlande, 14,4, Grèce, 15,5, Suède, 11.2, Suisse, 12.1, Norvège, 10.2, Australie, 9.5, Nouvelle-Zélande, 8,2.

À cet égard, comme à tous les égards ou presque, en dépit des lourds tombereaux d'écœurantes flagorneries que nous déverse à pleines colonnes poubelles et chaque matin notre jolie presse démagogique, la France demeure un des pays les plus arriérés du monde... Chiffres en mains. Rendons cependant justice au pinard.

Rien ne saurait le remplacer pour pousser les masses au crime et à la guerre, les abrutir au degré voulu. L'anesthésique moral le plus complet, le plus économique qu'on connaisse, c'est le vin ! et de première force... « Un coup de clairon ! et ils voleront tous aux frontières ! » prétend Gutman. Il a raison Gutman, il voit juste. « Ayant bu ! » ajoutons ! Le clairon ne suffit pas. Le cœur au ventre c'est « vin à discrétion »... Le clairon cocoricant c'est la musique, l'âme même du vin...

Les élections de la gauche je trouve se font encore plus au bistrot que les élections de la droite, sans parti pris. Jamais les bistrots n'ont connu d'affluences comparables à celle que leur vaut « les 40 heures ». Le peuple ? Jamais tant de loisirs, Jamais tant picolé... Jamais les affaires de la limonade n'ont été si encourageantes, jamais les grands apéritifs n'ont connu pareille prospérité. Regardez un peu leur matériel ?...

Quel luxe !... Un perpétuel 14 juillet... La démocratie déborde... Jamais la publicité du vin (et dérivés vins cuits etc.) ne fut tellement effrontée, tellement insolente...

L'outrecuidance des grands nectars est à son comble... Que risquent-ils ?... Rien !... Les 350 000 bistrots de France ont tout remplacé dans la vie des masses... l'église, les chants, les danses populaires, les légendes, etc. Le petit peuple, la foule la plus pauvre, est amenée, drainée au zinc comme le veau à l'abreuvoir, machinalement, la première station avant l'abattoir. Le peuple ne ressent plus le besoin d'autres choses que de nouveaux bistrots, « plus de loisirs et plus de bistrots ».

Les bibliothèques ?... Demandez un peu, si davantage on les fréquente depuis les 40 heures... On lui a ôté même jusqu'à l'idée, au peuple, l'imagination, qu'il pourrait peut-être s'évader, se « transposer » d'une autre manière qu'en se soûlant... chroniquement... Le centre spirituel, le foyer d'esprit, d'attraction, la puissance, la « catalyse » du village n'est plus l'église, ni le château ni la mairie même... C'est le bistrot, bel et bien... Quel gain spirituel !... et dans les villes le bistrot plus le cinéma... le « complet » de ahurissement moderne. Les 350 000 bistrots de France, garde-chiourmes flatteurs et mielleux du petit peuple ouvrier sont 350 000 fois plus redoutables, inamovibles, méticuleux que tous les autres tyrans évidents, précédents, patrons, châtelains, curés, bourriques... Aucune comparaison... Ils saignent et sonnent le peuple à la base... Ils le livrent aux Juifs, aux généraux le peuple, moulu, roteur, titubant, dégueulasse, parfaitement consentant à toutes les galères, à tous les massacres...

Qu'ont-ils entrepris ? qu'ont-ils même tenté nos immenses humanitaires ? nos grands frères douloureux ? Ces « infinis participants » à toutes les souffrances du peuple, pour affranchir le peuple de son plus intime, son plus implacable, son plus insatiable bourreau, l'alcool ?... Absolument rien du tout !... Au contraire ! Ainsi que Jamais les spéculateurs en Bourse, agioteurs de tous poils, en matières premières, juifs ou enjuivés n'avaient connu de période semblable aussi magnifiquement fructueuse, que celle que nous traversons depuis le triomphe du Front des masses, de même les « grands vinicoles et distillateurs », doivent la plus merveilleuse des chandelles au gouvernement « Boom Bloum » pour les miraculeuses quarante heures et l'accroissement inouï des pouvoirs vinassiers des foules.

Qu'ont-ils fait, nos frémissants dissipateurs, dispersateurs de ténèbres, pour disperser un petit peu tout cet alcool dont nous crevons ?... Ah ! ils seraient eux-mêmes dispersés bien vite par le plus vrombissant orage qui souffla jamais dans les porcheries de Lucifer !... s'ils risquaient un traître mot ! Qu'ont-ils tenté nos grands révoltés de la grande gueule, nos mirifiques pourfendeurs de toutes les iniquités pour assainir un peu la rue ?... Pour secouer même un petit peu, la plus écœurante, la plus vile et la plus lâche de toutes les dictatures connues, celle des 350 000 bistrots ? tout éblouissants, miroitants en pleine gloire et fortune... drainant, décimant, putréfiant, avec la pleine protection de tous les pouvoirs publics, à pleins goulots tous les fameux loisirs ? Toute l'étendue de ce territoire n'est plus qu'une formidable entreprise d'abrutissement, un gigantesque cloaque de Juifs et de vinasse... Personne n'est au courant ?... Personne ne moufte ?... Pas un simple bœuf mais un Himalaya sur la langue des grands Juifs ! « Commodo et incommodo »... Quelle faribole ?... Le Français est livré pieds et poings liés aux grands industriels de la vinasse, juifs ou pas... La Limonade est reine, si le Juif est roi... On s'en va tracasser, croisade ! deux ou trois malheureux bordels en province, au nom de l'hygiène générale, de la moralité publique, de telles ou telles calembredaines, mais impunément à côté, on vous file de la folie, du crime, du gâtisme à plein comptoir, sur la longueur de quatre cent mille zincs et personne ne tique ! et tout le monde est bien content !... Quelles saloperies d'hypocrites fumiers !

D'ailleurs tous nos youtres du grand socialisme (eux qui ne trinquent guère), se montrent dans la pratique, dans la cuisine politique, solidaires à fond de toutes les vinasses, ils vont ramper naturellement vers l'empereur Bibine, pour se faire avaliser, voter, introniser. Précautions, hommages, et reconnaissance... Leur seconde circoncision. Le Midi bavard, resquilleur et vaniteux est un excellent bled pour les Juifs, absolument accueillant. L'opium du peuple ce n'est plus la religion, pauvre légende aux abois, mais bien la vinasse en plein triomphe. La religion se discute, se réfute, offre mille prises au ridicule mais pas la vinasse... Entre lui et le néant, le Français n'a plus que le juif et la vinasse... Juifs et vinasse triomphent ensemble... n'oublions jamais que 80 pour cent de l'énorme quantité d'alcool consommé en France provient du vin « Le long vain de nos pères ! »... Nos pères qui ne buvaient eux, en vérité, ces simples, que d'innocentes « petites bières » familiales et de naïves piquettes. Jamais ils n'ont soupçonné l'existence même, ces aïeux, de nos terribles casse — poitrine, de nos poisons farcis, de ces vitriols d'étiquettes, de nos Élixirs d'Asile, dont on garnit, surplombe, inonde aujourd'hui comme s'il en pleuvait les guéridons et les zincs du peuple souverain, sous l'œil ravi de ses grands apôtres ! La Bastille ?...

Rigolade !... Mais regardez donc tout autour sur l'emplacement même de la Bastille... tous les bistrots étalés. . Mais ils valent à eux tous cent mille Bastilles !... pour la férule et l'exploitation. Le peuple souverain ?... Mais depuis 93 il souveraine dans un alambic ! Il en est jamais sorti ! Il n'en sortira jamais !... Pas une mesure, un Édit, un simple arrêt, depuis ce fameux souverain jour, qui n'ait été médité, promulgué, conçu à la gloire, pour la gloire, pour l'impunité, l'insolence, pour la parfaite prospérité du proliférant bistrot ! Nous avons tout vu, le comble ! Nous avons vu un ministre, et de l'Instruction Publique, pousser par circulaires formelles à la consommation du vin dans toutes les écoles de France !... Peur que l'on y pense un peu moins... Presser les instituteurs, par très vives exhortations, à se donner entièrement dans leur classe à l'éloge de la vinasse, la fabrication de plus nombreux épileptiques en somme par ordre souverain.

O le gouvernement du peuple pour le peuple, par la vinasse ! O l'Hydre de l'ignorance !...

Dans un pays, notons-le, où 50% des conscrits sont éliminés, à chaque année pour diverses causes rachitiques, « ajournés » tout à fait minables, par le Conseil de Révision, de plus en plus indulgent, très soucieux de maintenir les effectifs et de retenir le plus de monde possible sous les drapeaux... 50% de la population française, grâce au pinard, est donc ainsi tombé très nettement au rang de rebut physiologique. Cette imbibition, ce massacre alcoolique de la race entière n'est d'ailleurs pas l'une des moindres causes à ce fléchissement général... à cette très grande anémie, stérilité, banalité, ennui, à cette carence de toute inspiration, efféminisation, rabâchage, ragotage vétilleux, mesquinement vindicatif, ensemble de tares bien fâcheuses, mais fort remarquables, dont semble grevée depuis bientôt cent ans, toute la production intellectuelle française... Les intellectuels, après le peuple, ont perdu peu à peu toute signification, toute puissance, toute entreprise, toute véritable musique... Velléitaires enfermés dans une viande profondément, fatalement alcoolisée, diluée dans la vinasse... Le drame habituel de la dégénérescence mentale et physique des races alcooliques, condamnées. Les grands juifs du front populaire parfaitement avertis, ne s'y trompent pas... Ils établissent tout naturellement leurs quartiers généraux dans les grands départements viticulteurs... Ils savent bien qu'une dictature en France ne peut tenir, ne peut durer que dans l'énorme imbibition, la trempette, le colossal ahurissement vinassier de tous les individus, enfants compris, héréditaire... Le Français est actuellement le seul être vivant sous la calotte des cieux, animal ou homme, qui ne boive jamais d'eau pure... Il est tellement inverti dans ses goûts, que l'eau lui paraît à présent toxique... Il s'en détourne, comme d'un poison. De quelle manière les Chinois, je vous le demande, furent-ils, en définitive, absolument détroussés, conquis annihilés, dissous, affalés ? Par l'opium !... Et les Peaux-Rouges ? eux qui dérouillaient si splendidement tout d'abord les Yankees partout où ils les rencontraient, par qui furent-ils, ces vaillants, finalement réduits en esclavage ?... par le brandy !... et tous les nègres ?... tous les colonisables en général ? par le tafia !... par le poison le plus populaire à l'époque de la conquête... Rien de plus malin...

Les Français subiront leur sort, ils seront mis, un jour, à la sauce vinasse... Ils le sont déjà. Pas d'erreur !... Le conquérant doit être sûr de ses esclaves en tous lieux, toujours en mains, sordidement soumis, il doit être certain de pouvoir les lancer, au jour choisi, parfaitement hébétés... dociles... jusqu'aux os... gâteux de servitude, dans les plus ronflants, rugissants fours à viande... sans que jamais ils regimbent, sans qu'un seul poil de ce troupeau ne se dresse d'hésitation, sans qu'il s'échappe de cette horde le plus furtif soupçon de plainte... Le cheptel gravit d'ailleurs admirablement, il faut le dire, tous les calvaires qu'on lui présente, il monte au crématoire fort bien, tout seul, simplement stimulé par les exhortations, les hurlements de la galerie c'est entendu. Ce miracle est devenu banal, il a lieu chaque jour depuis le commencement des siècles, des tyrannies et des guerres... mais tout se passe encore bien mieux, bien plus admirablement, plus spontanément, vertigineusement pour tout dire quand les organisateurs peuvent amorcer, préparer, bercer le grand sacrifice dans les buées de quelques philtres, de quelque magie pourriture chimique bien tassée, quelque solide, constant, indéfectible, économique poison nervin, pour nous Français, notre vinasse... Alors, c'est du plein billard ! du Paradis de charnier sur terre, on gagne en tout, sur tout, en surface comme en profondeur... D'un côté l'abattoir, on le pomponne et l'apprête... de l'autre côté l'on distille à pleins tuyaux, muids, péniches... Les banques sont heureuses, on presse, on filtre, on souque, à tout cabestan !... L'instinct fait le reste... Toujours là, présent, tapi, l'instinct, immanquable, intrompable, l'instinct de Mort, au fond des hommes, au fond des races qui vont disparaître, l'instinct dont on ne parle jamais, qui ne parle jamais, le plus tenace, le plus solide, impeccable, l'instinct muet... Lui qui n'est jamais ivre, attend, entend... Que d'affiches ! que de promesses ! que d'euphories !... la démagogie nectarde, tonitrue, explose !... C'est la foire ! le grand carnaval du verbe mentir... Écoutez ces valets de torture ce qu'ils hurlent à pleins mensonges devant leurs victimes... Ils ont des mensonges plein la gueule :

« Que veut le peuple ?... Qu'exige le peuple ?... Du travail. Et du pain !... »

Mais non ! saloperies ! mais non !... Et vous le savez bien ! mieux que tout autre !... Le peuple il exige du loisir et de la vinasse ! avant tout. Il s'achète dans une famille ouvrière en France beaucoup plus de vin que de lait ou de pain... L'alcool et le tabac coûtent au peuple beaucoup plus cher que sa nourriture. Avouez-le donc pourris !... Wendel ! Wendel ! Wendel ! Tartuferies ! Pouffantes offusqueries ! Je connais cent distillateurs, cent fois plus criminels que Wendel !... qui tuent bon an, mal an, cent fois plus de monde que tous les Wendel de la terre... Et leurs affaires en sont beaucoup plus solides, beaucoup moins menacées que celles de Wendel !... Mais, ceux-là tiennent, vous le savez bien, tous vos électeurs toutes les listes en mains, et vous fermez tous vos sales gueules puantes de cabotins torves, parce que vous avez peur, une trouille infernale des distillateurs vos maîtres ?... Regardez un peu leurs « actions » ?... Leurs augmentations de capital !... Les avez-vous même effleurés d'un commencement de rigueur ?... Pas si sots !... Ce sont les chouchous du régime, de tous les régimes et de celui que vous préparez. Ils peuvent toujours, ces prétoriens du poison, attendre, comme les Juifs, sous l'orme, avec leurs « permanences bistrots » en toute sérénité, la fin de vos pitreries, mascarades, bouleversements fariboles,.. ils savent ce que vaut l'aune de toute Révolution... Ils les ont pesées toutes en muids, en barriques, toutes, ils savent que sans eux, toute autorité en France s'effondrera, sans recours, sans appel... Ils savent qu'on ne se passera jamais d'eux... Ce sont eux qui font ramper vos électeurs aux urnes, ce sont eux qui font bouillir le sang de vos soldats. Sans bistrots, vous n'êtes rien, avec les bistrots vous êtes tout. Demain, la révolution faite, la « communiste », plus de bistrots que jamais sur le territoire... « La France libre, titubante, dégueulasse et heureuse !... »

Aussi vains, bornés et frivoles que vous puissiez être... il est des leçons de l'Histoire que l'on retient... Vous avez sûrement retenu que le Tzar a payé durement pour ses derniers « Ukases », ses rescrits contre la Vodka. Ce sont ses propres édits qui l'ont fait basculer le Tzar, dégringoler du trône, et finalement étriper dans la cave de Sibérie... bien mieux que tous les bavardages du juif Oulianov-Lénine. Staline lui, n'est pas si fou... Il laissera toujours malgré tout, quelques roubles à ses moujiks pour qu'ils puissent, n'importe comment se noircir, en dépit de toutes leurs misères, bien profondément la gueule. Celui d'abord, qui n'est pas de tout temps, plus ou moins saoul, « entre deux vins », ne sera jamais ici, ou là-bas, qu'un pâle citoyen, pointilleux con, vilain camarade et douteux soldat. C'est un homme équivoque, tout bouffi de défiance, un anarchiste plein d'eau, qu'il convient de trouer.

Avec la rançon que vous versez aux Juifs, à vos maîtres, banquiers internationaux, demain grands commissaires du Peuple, vous auriez de quoi vivre à rien faire deux jours sur trois.

Encore un effronté mensonge, un credo pour gueules vinasseuses, une culottée d'infamie, « l'Internationale prolétaire » ! Il n'existe en tout au monde qu'une seule vraie internationale, c'est la raciale tyrannie juive, bancaire, politique absolue... Celle-là, est internationale ! on peut le dire ! sans interruption, sans une défaillance, totale, d'Hollywood, de Wall-Street la youtre, de Washington (Roosevelt n'est que l'instrument cabotin des grands Juifs Morgenthau, Loeb Schiff, Hayes, Barush et consorts) à Moscou, de Vancouver à Milan... Une véritable internationale, bien intégrale, bien intriquée, bien inflexible, bien sinueuse, aurifiée, racleuse, soupçonneuse, criminelle, angoissée, insatiable. toujours en conquête, jamais assouvie, jamais lassée, jamais somnolente... L'« Internationale » des Aryens, des ouvriers, c'est qu'une chanson... exactement ! rien qu'une chanson pour esclaves, rien de plus... Il faudrait que le peuple s'arrache un jour violemment, furieusement, la mite des cils pour se rendre compte que son « Internationale » de gueule, sa fameuse tonitruelle, c'est encore qu'un autre bidon, un autre disque bien tordu, bien gondolé, l'énorme fantastique fumisterie de ses meneurs attitrés... Encore une escroquerie de youtres !... pas plus d'« Internationale » pour les « damnés de la Terre » que de beurre au balcon !... L'Internationale ouvrière c'est la prestidigitation, l'imposture socio- gigantesque du très grand ancêtre « Marx Brother » le premier de nom... l'Hirsute, pour arnaquer les cons d'Aryens. Il a joliment réussi ! Aux Juifs les ors et les beefsteaks, aux cons d'Aryens trique et chansons... chacun son genre... sa destinée.

Une clameur : l'Internationale ! Une complainte d'ivrogne, une berceuse pour captifs. Pas plus de fraternité ouvrière à travers ce grand monde que de Juifs en première ligne... C'est même tout le contraire qui existe, c'est l'évidence même, d'un bout à l'autre de la planète... Ces peuples qui se cherchent pour s'étreindre, se rejoindre par — dessus les frontières maudites... empêchés qu'ils sont les malheureux de se presser cœur à cœur par les méchants capitalistes... Quelle effroyable turlutaine ! Quelle dévergondée imposture !... Rien de plus absolument contraire à toute réalité !... Dans les Congrès, mais oui ! sans doute ! dans les palabres et les bavures, bien sûr ! à la Grange-aux-Belles, ou ailleurs, certainement qu'on se fraternise ! entre « délégués » bien verveux, bien cossus, pas fatigués, pas empotés, qu'on gueule à s'enrouer de pareilles sottises ! Cette bonne foutaise ! Qu'est-ce qu'on risque ? On trinque ! on remet ça ! on se promet !... et comment qu'on fustige !... à hure que veux-tu ! tous les profiteurs des Régimes, les iniquités, les exploiteurs, les organisants de la « Rareté » ah ! ah ! cette bonne craque !... les gavés de par-ci... les repus féroces de cela... Mais dans la pratique ? Messieurs, Mesdames ?... Une fois retournés chez eux, les mêmes, exactement les mêmes vendus, comment qu'ils foncent à la police. exiger, supplier qu'on renforce les restrictions, sévérise l'immigration. tourne la vis ! Alors plus de phrases, Messieurs, Mesdames, plus de soupirs ! plus de salades !... plus de trémolos !... Des réalités ! des directives bien égoïstes, bien vaches, bien formelles... Sus aux pouilleux !... Sus aux communistes « de fait » ! À ceux qui voudraient tâter, partager entre les peuples les richesses du sol !... organiser la justice, la répartition... Tous ces chiens maigres, errants, renifleurs ! au large ! nom de

Dieu ! et puis à la trique ! Voici le concret langage des fraternisants délégués des plus opulents « trade unions » une fois qu'ils ont rentrés chez eux...

Les patries existent plus ! Mais les beaux « standards » d'existence, ils ont jamais tant existé... Autant de pays, autant de « standards » d'existence et férocement défendus, je vous prie de le croire, par ceux qui se régalent... et fébrilement enviés par ceux qui la sautent... C'est la guerre profonde, permanente... sourde... inavouable... entre tous les prolétariats... et non moins féroce que l'autre... entre les plus bas « standards » et puis « les standards-plein-la-tête »... Les standards ont des frontières et barbelées, je vous l'affirme, encore plus que les Patries... Allez donc vous essayer, vous, prolétaire, tourneur, coiffeur, modiste, dactylo, barbouilleur quelconque, de gagner un peu votre croûte aux États-Unis !... en Angleterre, en Suède, en Hollande... comme ça, au flan... tout nature !... de vous régaler un petit peu... d'un plus haut « standard d'existence » (de marner donc un peu moins tout en se faisant payer plus), vous allez voir un petit peu, comme vous allez rebondir ! et séance tenante ! sans discussion... éliminé à grands coups de lattes, comme un effronté purulent galeux ! Ah ! ça sera pas beau à voir !...

Ah ! Elle est bien morte, c'est trop triste, la fraternité ouvrière !... si elle a jamais existé !... Au moment qu'on sort des formules, qu'on s'amène gueule enfarinée, naïf croyant, pour déguster les fruits de la promesse, l'excellente chose fraternelle, tant vantée, hurlée, la grande participation dont on parle dans tous les congrès, à tous les échos du monde, alors comment qu'on se fait étendre !... C'est pas la peine d'insister ! Cette adorable fraternité, c'est une rhétorique, elle existe pas !... On vous fait voir, dès la frontière, une de ces triques implacables, une de ces matraques « embouties fer », qui vous précipite d'autor dans la niche dont vous sortez ! impertinent fou !... pas de pitié ! pas de jérémiades !... dans la pratique des esclaves, chacun sa galère... Pas de rêvasseries... Le bord où on est mieux nourri il prend pas du tout les fuyards, les resquilleurs des autres chiourmes... ceux qui viennent nager le long des bonnes coques comment qu'on les rebute ! à grands coups de mandrins plein la fiole ! qu'ils aillent au fond ces saloperies ! se faire gonfler !... Ah ! C'est bien organisé la défense des bonnes frontières démocratiques ! Pas de pitié ! Pas d'erreur ! Pas de resquille ! Les envieux ! les pougnasses, aux chiots ! Chaque peuple pour soi !... Et au surin ! à la grenade si c'est utile ! À la porte de chaque pays c'est écrit, bien noir sur rose... le bel accueil qui vous attend tous les prolétaires du monde ! « ICI C'EST COMPLET »... Voilà ! c'est pesé !... Allez pas vous imaginer pour vous faire une explication, que ce sont spécialement les « gros », les « deux cents familles », qui refoulent les truands d'ailleurs... Mais non ! mais non ! comprenez bien... ça leur ferait plutôt plaisir... les « exploiteurs » d'en recevoir des quantités ! des « peigne-cul » des autres hémisphères !... Pourquoi pas ? Ils auraient qu'à y gagner... Main-d'œuvre moins coûteuse... clients plus nombreux... Pour leur gueule tout bénéfice !... Ce sont bel et bien pour la circonstance, dans chaque pays, les prolétaires farouchement en quart, syndiqués, organisés, retranchés derrière les patrons qui défendent absolument leurs abords... leur « standard » acquis, leur radio, leur frigidaire, leur auto leur habit-à-queue, l'espèce de luxe en somme (à crédit le plus souvent) par tous les moyens de la force et de la mauvaise foi... par « l'Émigration » surtout, par la police intraitable. Il faut en découdre de ces billevesées affectueuses qu'on déconne à plein tube, à longueur de parlotes. N'importe quel « Trade-Union » anglais, américain, danois, etc. est infiniment plus charogne envers les travailleurs « maigres » des autres pays, que tous les patrons possibles ensemble réunis... implacable !... L'Hypocrisie puante de tout cet immense racolage, sentimentalo-maçonnique, de cet infernal babillage à la fraternité des classes constitue bien la farce la plus dégueulasse de ce dernier siècle... Tous les faits de toutes les frontières contractées devant nous, prouvent absolument l'opposé, dans la pratique de la « croque », la seule qui entre en ligne de compte, « ouvrièrement parlant ». Jamais les prolétaire « favorisés » n'ont été si fort attaches à leurs relatifs privilèges patriotiques, ceux qui détiennent dans leurs frontières des richesses du sol abondantes, n'ont aucune envie de partager. « La nature ne fait pas de frontières » Salut ! Elle a parfaitement doté certains territoires de toutes les richesses du Monde tandis qu'elle laissait aux autres pour toute fortune appréciable, des silex et du choléra. Les frontières sont venues toutes seules, tout naturellement... Les hommes ils se mettent en quart terrible tant qu'ils peuvent, ils y tiennent plus qu'à l'honneur, à ces bonnes richesses du sol... Ils les défendent à vrai dire, comme la prunelle de leurs yeux... contre toute immixtion, contre tout genre de partage avec les prolétaires des autres pays miteux, avec les enfants de la malchance, qui sont pas nés sur du pétrole... Tout le reste n'est que batifoles, pitreries, marxeries. Jamais on a vu, entendu, la riche « Trade-Union britannique » présenter à ses « Communes » quelque jolie motion d'accueil en faveur des chômeurs spécialistes belges, français, japonais, espagnols, valaques, « frères de classe » dans le malheur. Jamais !... Ni les syndicats U.S. À demander qu'on débride un peu les « quotas » féroces... Pas du tout ! des clous ! au contraire !... Pour les prolétariats cossus, les autres n'ont qu'à se démerder ou tous crever dans leur fange... ni plus ni moins... C'est mérité... C'est des ennemis... ennemis de la même « classe » sur la terrible question du bœuf... Catégorique ! Chacun pour soi !...

Galériens sans doute ! Tous ! Mais ne pas confondre galères et galères !... Celles qui râlent au banc d'avirons, celles qui bondissent au mazout, les « à voiles » et les « à vapeur »... Y'a de la différence partout ! Des nuances capitales... Pas de transfuges... Pas de stratagèmes ! Ceux qui doivent rester resteront !... C'est pas une armée du Salut !... du très solide manche, plein la gueule pour celui qui comprendra pas !...

Seuls les Juifs, peuvent à toute heure, tout moment, pénétrer, filtrer, s'installer dans tous les États du monde, ils jouissent en tout et partout, des mêmes privilèges exactement que les citoyens romains d'autrefois à travers tout leur Empire... Les Juifs sont chez eux, partout... dès lors c'est justice !... Les Juifs, « Civis devorans », n'arrêtent pas de foncer, te remonter à la curée, toujours, encore, sur quelques nouvelles étendues... Ils s'amènent alors par bande ! tous camouflés, bien sinueux, bien souples, bien avides... banquiers, Virtuoses, pèlerins, cousins, cinéastes, ministres, Puissances d'équivoque... Ils sont tout de suite adoptés, adaptés, choyés, dopés, rencardés à fond... chéris... Ce sont les seigneurs du monde... Rien n'est plus normal !... Ils se régalent dès l'arrivée. Mais nous, les simples boulots, les frustes taquins, que nos seules mains recommandent et nos petites astuces... qu'est-ce qu'on va foutre, nous dans l'aventure ?... si loin de nos clochers ?... L'Aryen peut pas peser très lourd aux barrières de l'immigration... On va lui faire perdre d'un coup toutes ses illusions, ses « humanités » prolétaires. Il va se faire, dès la première douane sursauter, expulser, propulser, dissoudre. Il aura pas jeté un regard, un premier coup d'œil sur la terre promise, le rivage heureux, qu'il sera déjà déconfit, navré, mis en boîte, relancé dans les fonds de cargo... Ça lui apprendra ce cave, à répéter les ritournelles, des choses qu'il peut pas comprendre... Jamais les frontières, les, ports n'ont été pour les Aryens si farouchement interdits, hérisses de règlements absolument exclusifs, de prescriptions draconiennes, de lazarets et de bourriques... L'amende, les interrogatoires, la fouille, les quarantaines dégueulasse, c'est tout pour lui... tout le brelan des humiliations policières, crasseuses et prophylactiques. tous les armements de la bonne guerre contre le fumier qui s'apporte, il faut le rembarrer d'emblée ! lui enlever et pour toujours l'idée de revenir... de repiquer au petit truc le guérir de l'aventure... qu'il se tisse ! qu'il aille pourrir ailleurs ! C'est la loi des pays forts. Des « quotas » impitoyables protégeant très bien tous les États, où la vie est un peu moins dure, contre la ruée des mendigots... le « prolétariat possesseur »... contre l'invasion des affamés qui viennent geindre à ses frontières, roder autour du pot-au-feu...

Il n'est qu'en France qu'on reçoive tout... C'est-à-dire tout ce qu'entrainent derrière eux, nos conquérants juifs... tous bicots, toute l'Afrique, le proche Orient, tous leurs janissaires, leurs tueurs, leurs hommes de main, tous ! électeurs de plus en plus...

Évidemment, comprenons bien que le bas youtre, le fias, l'« unichemise » qui sort tout juste de son souk... du fond de son ghetto roumain, il trouve une sérieuse différence, un drôle de changement quand il voit la place Pigalle... Tous ces magasins, ces torrents d'ampoules, ces pyramides de bricoles, Ça lui en jette plein les mires... toutes ces petites vendeuses bien suçantes ça lui plaît énormément... Il se trouve à l'instant, ravi, transposés sinoqué, lui qui depuis 14 siècles, arrête pas de ruser, de tressaillir d'un choléra dans l'autre, d'un typhus dans trente-six massacres, de chier du sang de déroute, de toutes les steppes et les pogroms, il trouve ce pays tout ouvert, joliment, follement délicieux... Faut pas s'étonner qu'il délire... qu'il se prenne rapidement pour un pape... Mais nous faudrait pas qu'on déraille, qu'on déclare que c'est arrivée... La réalité c'est tout autre !...

La France n'est pas un pays riche, loin de là !... C'est un pays pauvre même, un pays de petite ressource, de petite économie, un pays naturellement avare et mesquin dans ses entournures. Un sol qui ne peut donner ni pétrole, ni cuivre, ni coton, qui ne permet en tout, pour tout, qu'une très médiocre agriculture, n'est pas un sol riche !

C'est un pays au sol miteux, pour miteux... C'est un pays où l'on doit ramer, trimer, pour simplement vivre. Surtout avec l'énorme dîme que nous payons à nos parasites juifs, nationaux et internationaux (les 3/4 de nos revenus, à peu près). Si les natifs extravaguent, ils tardent pas à la sauter. C'est la loi des sols miteux, « regardants ». C'est ainsi que les choses se présentent ni plus ni moins. Il nous faut nous procurer l'essentiel de notre existence, nos matières premières au dehors (sauf le vin hélas !) Ces conditions économiques nous rendent parfaitement tributaires au départ des étrangers... Pas plus de terre « bénie des dieux » que de sucre au balcon... Les régions bénies des dieux sont l'Amérique, l'Angleterre (et colonies), les Scandinaves (à cause de leur situation), la Hollande et quelques autres, dont les prolétariats ipso facto n'ont aucune espèce d'envie de partager leurs ressources natales avec les miteux d'ici... Mieux que cela, ils nous exploitent ! et sans pitié, et comment ! derrière leurs Juifs... comme un seul homme !... Ce sont des esclaves privilégiés, des captifs de la bonne galère... Il ne faut jamais confondre...

Tout bon prolétaire anglais se trouve joliment heureux, « in petto », solidaire à fond des Lords sur ce point, que 300 millions d'Hindous en loques et d'autres exploités frimards, lui font bien plaisir, demi-animaux, demi-humains, épars au fond de l'univers, fellahcieux, Incas à plumes, coolies, benibouffes, anthropogans, cafres rouges, orthocudes, Karcolombèmes, tout à fait d'avis que tous ces misérables la sautent, là-bas, la fument, la tortillent, la faminent, se cassent le cul tous pour lui...

Farfouillent les mines, taillent les rizières, ratissent les pampas, pour lui envoyer son confort... Sur ça, il est impitoyable !... Égoïste, « Briton d'abord » ! Il se trouve pas du tout « frère de peine... ». Il a pas envie de partager ni avec moi, ni avec lui... ni avec vous... Avec les « britons » seulement et ses maîtres juifs. Il trouve que la conquête des faibles représente bien des avantages... C'est l'hypocrisie puritaine, vous la connaissez pas encore, elle est reprise par les Syndicats et puis alors en « surbrasé »... Si vous voulez vous amuser, allez donc tenter l'expérience, vous présenter un petit peu, aux « Alien offices » (du latin alienus : fou) en n'importe quel port de la côte... Douvres, Folkestone ou ailleurs... Allez donc vous renseigner si vous pouvez pas débarquer... vous chercher à Londres un petit boulot... quelque chose un peu dans vos cordes... Si vous avez jamais valsé de votre pénible existence, vous allez apprendre en moins de deux... Vous serez soufflé, volatilisé dans les atmosphères tellement vous provoquerez, violente, leur indignation... Kif ! pour l'Amérique, la Suède, la Hollande, les ports argentins, Cuba, Canada... Honduras... etc. Partout où on peut se démerder, dans tous les coins ou c'est mangeable... on vous attend pas...

Si vous voulez du pétrole, du coton, du cuivre, prolétaire d'ici, mon ami, il faut d'abord, éclairer, engraisser, un petit peu et sérieusement les copains, les prolos d'en face... de l'autre côté de la frontière, les boniments humanitaires, à ce moment-là, ne suffisent plus !... Il faut d'abord payer la dîme à ton frère de classe, mieux partagé que ta pomme par la naissance, le sol, la chance... Il est né là-bas, sur un puits de pétrole, ça compte... Et comment ! Et tant mieux pour lui ! Il ne te fera jamais cadeau d'une bribe du gâteau qu'il croque... Il attend ta dîme... joyeusement ! Tu peux crever le long de son bord, il est tout à fait insensible sur la question du partage, comme un Juif, comme un patron... Il devient chauvin inflexible à partir de ce moment-là... « Confort » n'a pas d'oreilles à travers le monde... Tes salades tu peux les garder !... Le partage absolu de tous les biens de la terre, c'est un orchestre pour les Congrès, un orphéon populaire !... Ça va pas plus loin que la musique, comme le bel hymne à Degeyter... C'est tout... Dans la pratique, les frères de classe, une fois qu'ils ont franchi leur douane, qu'ils sont rentrés des parlotes, qu'ils ont séché la salive, deviennent parfaitement patriotes, pour t'empêcher d'être emmerdant, ils se trouveront parfaitement solidaires de leur police, de leurs patrons, pour que tu restes crever dehors. Même qu'ils ont de la came en rab, à ne plus savoir où la fourguer, ils préfèrent qu'on la bouzille plutôt que de t'en faire cadeau... ça leur ferait mal... Textuel... Ça ferait baisser tous leurs prix, leur train de vie, leur dîme sur ta pomme, et leur salle de bains. Dès lors, plus d'amis, plus de phrases ! plus de fraternité galérienne ! Chien va coucher !... Ils veulent pas de ça, nom de Dieu ! Tout mais pas ça !... Effroyablement patriotes dès qu'on veut reprendre leur salle de bain... Bas les pattes ...Arrière ! Hors d'ici ! sales calamités ! crassouillants, morpionneux, faisandés !... Voilà comment qu'ils vous reçoivent ! Vous êtes renseignés... Immensément partageux ! humanitaires certes à perte de vue, redresseurs de torts infinis, tant que ça coûte pas un petit croc, pas un plus petit ressort de confort, de sommier, de la super-radio... ou alors... Rien ! ils se foutent en transe, en tétanos... Y'a pas de quoi se frapper, vociférer au scandale, c'est humain, c'est bien naturel !

Seulement il faut bien se prévenir qu'on est pays « tributaire » et c'est le cas du nôtre, exactement, pour les denrées essentielles, pour les matières indispensables à la vie de tous les jours, que si l'on se met à fonctionner, au petit bonheur, à crédit, à la providence des oiseaux, alors c'est la fin des amours ! On peut s'attendre à un réveil, qui n'est pas dans une musette quand on se laisse prendre par l'absurde, qu'on outrepasse les moyens qu'on se met à flamber les réserves... qu'on pète plus haut qu'on a l'oignon... La fatalité vous attend... et elle est pas du tout marrante... Ça peut devenir bien étrange... Encore pire qu'on a jamais vu... se retrouver un beau matin avec ses boulets si lourds, tellement pesants après les pompes qu'on est esclave de tous les autres, décidément une fois pour toutes... de tous les Anglais de la terre, des Brésiliens, des cow-boys, de tous... et encore en plus des Juifs... Ça devient le bagne infernal, ça vous fait un poids énorme... on dégringole automatiquement au rang des botocudos, circonfits, yatagans, zouzous, cafres, tous les flagellés, des « Colonial Governments ». Toute la pouillerie des sous esclaves qui laissent leurs os un peu partout, dans les déserts, les plaines, les glaces, pour que les gentlemen là-haut, bourgeois aussi bien qu'ouvriers pâtissent pas trop des temps si durs, que leur saison du cricket débute quand même à son heure, que la crise fasse pas trop souffrir les magnifiques chiens anglais, que tous les petits chats boivent leur lait, que la saison du football amène pas aux gentlemen trop de grippes et de catarrhes, que la pluie trouve à qui causer... des étoffes de premier ordre, des whisky à deux cents francs le litre, des dignités impériales.

J'étais en train de vous entretenir de certaines choses professionnelles à propos de la crise du livre... et puis je me suis interrompu... Je vais reprendre un petit peu... Ça vous délassera. Le « Livre » ce n'est pas très sérieux... C'est un sujet bien accessoire... un divertissement je l'espère... Tout le monde parle de « littérature ». Je peux bien aussi, à mon tour donner ma petite opinion...

Je me soutiens, à ce propos, d'une petite série d'articles qui m'ont semblé fort marrants... dans les « Nouvelles Littéraires » (quand je veux me crisper je les achète)...

Yves Gandon, soi-disant critique, armé d'une forte brosse à reluire, passait en revue, avec quel soin ! pour l'admiration des lecteurs, quelques textes les mieux choisis, de quelques grands contemporains... L'astuce du commentateur, sa prouesse en tout admirable, consistait à souligner tout le Charme, les fins artifices, les pertinentes subtilités, tout le sortilège de ces Maîtres, leurs indicibles magies, par l'analyse intuitive, très « proustageuse », de quelques textes particulièrement chargés de génie.

Labeur, entreprise, dévotion d'une extrême audace ! d'une périlleuse délicatesse ! Le commentateur frissonnant se risquait encore plus outre... mais alors, perlant d'angoisse ! jusqu'au Saint des Saints ! jusqu'au Trésor même ! jusqu'au style ! au reflet de Dieu ! jusqu'aux frémissements de la Forme chez ces Messies de la Beauté ! Après quelles pieuses approches ! Quel luxe inouï de préambules !... Que de fragiles pâmoisons !... Ah ! Si l'on me traitait de la sorte, comme je deviendrais impossible ! Regardons-le travailler... Bientôt chancelant... tout ébloui... notre guide se reprend encore... défaille. Les mots viennent à lui manquer... Haletant, il nous demande si nous pouvons encore le suivre... endurer tant de splendeurs... Somme-nous dignes ?... Sommes-nous dignes ? Lui-même qui croyait tout connaître... il se trouble à perdre les sens... Il se faisait une idée... quelque imagination confuse de l'étendue, de la profondeur, des gouffres de ces styles !... Présomptueux !... Il ne connaissait rien !... Les Prémices à peine !... Dans ce manoir aux mille et une merveilles, tout succombant d'admiration... Gandon titube !... tout chancelant...

Grelotte !... Tragédie !... La Tragédie ! Ah ! l'Intrépide !... d'ornements indicibles en cascades exquises... de passages sublimes en plus sublimes encore... en chutes vertigineuses... ces textes de maîtrise... littéralement magiques se révèlent ruisselants d'apports infinis esthétiques... de bouleversants Messages... d'inappréciables gemmes spirituelles... On ne sait plus où se prosterner davantage... Ah ! vraiment c'en est trop !... Gandon, lui-même transposé cependant par la foi qui l'embrase, n'en peut plus... Il se rend !... Il se donne !... Il nous adjure à son secours. Ah ! vite ! Agissons, assistons ! Soutenons Gandon !... Prévenons le pire ! Devançons quelque atroce dénouement... Pitié ! Détaillons ! Partageons son extase ! L'humanité le commande ! Courage ! Vaillance ! Pour lui tout seul, c'est bien simple s'il insiste, s'il s'obstine ! C'est la mort ! Dans les phrases ! par les phrases ! Trépassé de beauté !... de Beauté phrasuleuse ! Gandon ! Ah ! C'est trop ! Tant de perfection verbatile... pour un seul adulateur... C'est la damnation !... nous suffoquons pour lui !...

O délices littéraires assassines ! O les encrières meurtrières délectations phrasiformes ! À quels paroxysmes atroces ! épargnés aux vulgaires, n'entraînez-vous point Purismologie ! vos meilleurs enfants ! Bienheureux frustes crottés ! Brutes béates !... accroupies clans les consonances !... De cuirs en velours vous monterez au ciel !...

Mais lui Gandon n'appartient pas à la race des officiants à peu-près-istes... qui montent des textes en abat-jour... C'est un janséniste, Mordieu ! foutrement impeccable... la tiédeur le pousserait au meurtre... Il ne veut notre salut que par l'extase... et pas une extase roupilleuse... Une extase palpitante !... transfigurante !.,. Ah ! de grâce, il nous exhorte... recueillez-moi là... cette nuance... ci !... au déduit de cette tournure instable... Ah ! devant qu'un horrible zéphyr en disperse à jamais... l'onde irisée... l'avez-vous saisie ?... Je n'y survivrai pas !... Ah ! Tenez-moi, je succombe... Ah ! J'en défaille cher lecteur, à ravir... Ah ! la force de cette « épiphore »... à peine après cette « synthote » ah ! ah !... Je m'affole... je blêmis... l'audace impayable... Ah ! comme le Maître nous transfixe ! Ah ! quel virtuose miraculant... Ah ! malheur à qui ne soupire ! Et la violence ! Imaginez ! de cette simple virgule ! Mais c'est le génie ! C'est le génie !... Et la faiblesse irrésistible de cette chute différée ? Ah ! mordez ce trait singulier... ces deux conjonctions... qui s'affrontent... Ah ! l'est-il caractéristique !... Il refait Pascal en trois mots... Racine en douze !... Ah ! comme il nous prend par l'adverbe ! Ah ! le monstre ! Ah ! le divin !... Ah ! Ce Gide enfin ! ... Ce Maurras ! Ah ! ce Maurois ! Qu'en dirait Proust ?... Ah ! les vertiges de ce Claudel ! Ah ! l'infini Giraudoux ! Ah ! Gandon ! Pourquoi ne chanterais-tu pas ?... Ce serait encore, je l'assure, bien plus meilleur, bien plus merveilleux !... plus amoureux !...

Voyez par ci ! Voyez par là ! Comment trouver ceci ?...

Voyez par ci ! Voyez par là ! Comment troooouuvez-voûs cela ?

C'est ainsi dans les Cloches de Corneville avec la musique, l'ombrelle et les intonations...

Je ne voudrais pas certainement venir sur l'effort de Gandon, sur sa Messe, ses transes dévotieuses, venir faire le petit malin, le fielleux athée, le petit cracheur, le vandale. le dénigreur à toute force, par système et sadique plaisir... C'est pas mon genre, mon intention... mais quand même je suis pas d'avis... Puisque les Lettres c'est pas bien grave on peut bien dire ce qu'on en pense... Moi, dans tout ceci, qu'il admire Gandon, je ne trouve pas un pet de lapin, je devrais peut-être avoir honte ! mais j'ai beau m'écarquiller, les clartés ne m'arrivent pas... Je dois être bien opaque... Pour moi c'est tout du « Goncourt »... me rassembler, me raidir, me pincer encore, me suspendre, je ne trouve rien du tout... Dans aucun de ces gens-là, et puis non plus dans tous les autres de la même vendange. Je dois être vaguement infirme. À mon sens obtus, ils se ressemblent tous... farouchement dans l'insignifiance... Un petit peu plus un petit peu moins de plastronnage, de cuistrerie, tortillage, de velléités, d'onanisme. C'est tout ce que je peux découvrir !... Je me rends bien compte qu'ils essayent de faire des grands et des petits effets, qu'ils se donnent du mal, c'est exact pour faire lever un peu la pâte sur ces platitudes... mais la pâte ne lève jamais... C'est un fait... qu'on a beau prétendre le contraire, c'est loupé... ça flanche... ça découle...

Et plus ils se décarcassent, se malmènent la pauvre traguitte, plus ils sonnent affreusement factices de tous leurs organes et tambours... Plus ils sont pénibles à regarder... plus ils déconnent intimement et plus ils s'ébullitionnent de rage et de haine !... qu'on s'en doute et s'en aperçoive... Ils ne peuvent plus émettre jamais que de « l'informe », c'est indiqué dans les oracles du magma, de « l'inorganique »... Ils ne sont plus assez vivants pour engendrer autre chose que des histoires creuses et qui ne tiennent plus debout... Ce sont des grossesses nerveuses, infiniment prétentieuses, autoritaires, susceptibles, délirantes, d'orgueil. L'os à moelle est devenu tout creux...

Ça fait encore des drôles de bruits... mais ils ne rendent plus de moelle du tout... C'est de la faute à personne, et ils en veulent à tout le monde... La plus belle fille du monde... Ils peuvent plus jamais aboutir... Ils ne parlent que de créations comme les femmes frigides ne parlent entre elles que de sexe... à perte de vue, babilleuses, idiotes vipérines. moralisantes. Ils ont jamais joui non plus, les grands artistes de nos grands styles... Ce sont les plus mauvaises affaires qui passent leur temps à juger, prétendre, modifier, les affaires du sexe et des arts... Ce sont les pires pelures du livre qui nous font chier... interminable avec les ressources de leur style. Ils en ont foutrement jamais eu de style ! ils en auront jamais aucun ! Le problème les dépasse de partout. Un style c'est une émotion, d'abord avant tout, par-dessus tout... Ils ont jamais eu d'émotion... donc aucune musique. Se rattrapent-ils sur l'intelligence ?... Ça se verrait.

Ce n'est pas tout à fait de leur faute... à ces grands écrivains... Ils sont voués depuis l'enfance, depuis le berceau à vrai dire, à l'imposture, aux prétentions, aux ratiocinages, aux copies... Depuis les bancs de l'école, ils ont commencé à mentir, à prétendre que ce qu'ils lisaient ils l'avaient en personne vécu... À considérer l'émotion « lue », les émotions de seconde main comme leur émotion personnelle ! Tous les écrivains bourgeois sont à la base des imposteurs ! escrocs d'expérience et d'émotions... Ils sont partis dans la vie du pied d'imposture... ils continuent... ils ont débuté dans l'existence par une imposture... l'originale planque, « Le lycée »... Ce séminaire du franc-maçon, la couveuse de tous les privilèges, de toutes les tricheries, de tous les symboles. Ils se sont sentis supérieurs, nobles « appelés » spéciaux, dès la sixième année de leur âge... Un monde émotif, toute une vie, toute la vie, sépare l'école communale du lycée... Les uns sont de plain-pied, dès l'origine, dans l'expérience, les autres seront toujours des farceurs... Ils n'entrent dans l'expérience que plus tard, par la grande porte, en seigneurs, en imposteurs... même Vallès. Ils ont fait la route en auto, les mômes de la communale, à pompes... les uns ont lu la route, les autres l'ont retenue, butée, soumise pas à pas... Un homme est tout à fait achevé, émotivement c'est-à-dire, vers la douzième année. Il ne fait plus ensuite que se répéter, c'est le vice ! jusqu'à la mort... Sa musique est fixée une fois pour toutes... dans sa viande, comme sur un film photo, la première impression... C'est la première impression qui compte. Enfance des petits bourgeois, enfance de parasites et de mufles, sensibilités de parasites, de privilégiés sur la défensive, de jouisseurs, de petits précieux, maniérés, artificiels, émotivement en luxation vicieuse jusqu'à la mort... Ils n'ont jamais rien vu... ne verront jamais rien... humainement parlant... Ils ont appris l'expérience dans les traductions grecques, la vie dans les versions latines et les bavardages de M. Alain... Ainsi qu'une recrue mal mise en selle, montera sur les couilles de travers, pendant tout le reste de son service... tous les petits produits bourgeois sont loupes dès le départ, émotivement pervertis, séchés, ridés, maniérés, préservés, faisandés, du départ, Renan compris...

Ils ne feront que « penser » la vie... et ne « l'éprouveront » jamais... même dans la guerre... dans leur sale viande de « précieux », de sournois crâneurs... Encroûtés, sclérosés, onctueux, bourgeoisés, supériorisés, muffisés dès les premières compositions, Ils gardent toute leur vie un balai dans le trou du cul, la pompe latine sur la langue... Ils entrent dans l'enseignement secondaire, comme les petites chinoises dans les brodequins rétrécis, ils en sortiront émotivement monstrueux, amputés, sadiques, frigides, frivoles et retors... Ils ne comprendront plus que les tortures, que de se faire passer des syntaxes, des adverbes les uns aux autres, à travers les moignons... Ils n'auront jamais rien vu... Ils ne verront jamais rien... À part les tortures formalistes et les scrupules rhétoriciens, ils resteront fortement bouchés, imperméables aux ondes vivantes. Les parents, les maîtres. les ont voués, dès le lycée, c'est-à-dire pour toujours aux simulacres d'émotion, à toutes les charades de l'esprit, aux impostures sentimentales, aux jeux de mots, aux incantations équivoques... Ils resteront affublés, ravis, pénétrés, solennels encuistrés de toutes leurs membrures, convaincus, exaltés de supériorité, babilleux de latino-bobarderie, soufflés de vide gréco-romain, de cette « humanité » bouffonne, cette fausse humilité, cette fantastique friperie gratuite, prétentieux roucoulis de formules, abrutissant tambourin d'axiomes, maniée, brandie d'âge en âge, pour l'abrutissement des jeunes par la pire clique parasiteuse, phrasuleuse, sournoise, retranchée, politicarde, théorique vermoulue, profiteuse, inextirpable, retorse, incompétente, énucoide, désastrogène, de l'Univers : le Corps stupide enseignant...

Les versions latines, le culte des Grecs, les balivernes prétentieuses et tendancieuses, enjuivées des Alain, des PluriBendas... auront toujours raison dans l'esprit du bachelier contre l'expérience directe, les émotions directes dont la vie simple et vécue directement avec tous les. risques personnels abonde... Il est inverti du « sympathique » le bachelier, dès la « sixième » et c'est encore plus grave que les premières branlettes et les inversions « d'oigne »... La vie est un immense bazar où les bourgeois pénètrent, circulent, se servent... et sortent sans payer... les pauvres seuls payent... la petit sonnette du tiroir-caisse... c'est leur émotion... Les bourgeois, les enfants petits bourgeois, n'ont jamais eu besoin de passer à la caisse... Ils n'ont jamais eu d'émotions... D'émotion directe, d'angoisse directe, de poésie directe, infligée dès les premières années par la condition de pauvre sur la terre... Ils n'ont jamais éprouvé que des émotions lycéennes, des émotions livresques ou familiales et puis plus tard, des émotions « distinguées »... voire « artistiques »... Tout ce qu'ils élaborent par la suite, au cours de leurs « œuvres » ne peut être que le rafistolage d'emprunts, de choses vues à travers un pare-brise... un pare-chocs ou simplement volées au tréfonds des bibliothèques... traduites, arrangées, trafiquées du grec, des moutures classiques.

Jamais, absolument jamais, d'humanité directe. Des phonos. Ils sont châtrés de toute émotion directe, voués aux infinis bavardages dès les premières heures de l'enfance... comme les Juifs sont circoncis, voués aux revendications... Tout cela est biologique. implacable, rien à dire. Leur destin de petits bourgeois aryens et de petits juifs, presque toujours associés, engendrés, couvés par les familles, l'école, par l'éducation, consiste avant tout à les insensibiliser, humainement. Il s'agit d'en faire avant tout des fourbes, des imposteurs, et des cabots, des privilégiés, des frigides sociaux, des artistes du « dissimuler »...

Le français finement français, « dépouillé », s'adapte merveilleusement à ce dessein. C'est même le corset absolument indispensable de ces petits châtrés émotifs, il les soutient, les assure, les dope, leur fournit en toutes circonstances toutes les charades de l'imposture, du « sérieux » dont ils ont impérieusement besoin, sous peine d'effondrement... Le beau style « pertinent » mais il se trouve à miracle ! pour équiper tous ces frigides, ces rapaces, ces imposteurs !... Il les dote de la langue exacte, le véhicule providentiel, ajusté, méticuleux, voici l'abri impeccable de leur vide, le camouflage hermétique de toutes les insignifiances. « Style » monture rigide d'imposture sans lequel ils se trouveraient littéralement dénués, instantanément dispersés par la vie brutale, n'ayant en propre aucune substance, aucune qualité spécifique... pas le moindre poids, la moindre gravité... Mais avec ce fier classique corset tout bardé de formules, d'emprunts, de références, ils peuvent encore et comment ! jouer leurs rôles, les plus monumentaux de la farce sociale... si mirifiquement fructueuse aux eunuques. C'est toujours le toc, le factice, la camelote ignoble et creuse qui en impose aux foules, le mensonge toujours ! jamais l'authentique... Dès lors, c'est gagné ! La cause est enlevée... Le « français » de lycée, le « français » décanté, français filtré, dépouillé, français figé, français frotté (modernisé naturaliste), le français de mufle, le français Montaigne, racine, français juif à bachots français d'Anatole l'enjuivé, le français Goncourt, le français dégueulasse d'élégance, moulé, oriental, onctueux, glissant comme la merde, c'est l'épitaphe même de la race française. C'est le chinois du mandarin. Pas plus besoin d'émotion véritable au chinois mandarin, que pour s'exprimer en français « lycée »... Il suffit de prétendre. C'est le français idéal pour Robots. L'Homme véritablement, idéalement dépouillé, celui pour lequel tous les artistes littéraires d'aujourd'hui semblent écrire, c'est un robot. On peut rendre, notons-le, tout Robot, aussi luisant, « lignes simples », aussi laqué, aérodynamique, rationalisé qu'on le désire, parfaitement élégantissime, au goût du jour. Il devrait tenir tout le centre du Palais de la Découverte le Robot... Il est lui l'aboutissement de tant d'efforts civilisateurs « rationnels »... admirablement naturalistes et objectifs (toutefois Robot frappé d'ivrognerie ! seul trait humain du Robot à ce jour)... Depuis la Renaissance l'on tend à travailler de plus en plus passionnément pour l'avènement du Royaume des Sciences et du Robot social. Le plus dépouillé... le plus objectif des langages c'est le parfait journalistique objectif langage Robot... Nous y sommes... Plus besoin d'avoir une âme en face des trous pour s'exprimer humainement... Que des volumes ! des arêtes ! des pans ! et de la publicité !... et n'importe quelle baliverne robotique triomphe ! Nous y sommes...

Tous ces écrivains qu'on me vante, qu'on me presse d'admirer... n'auront jamais, c'est évident, le moindre soupçon d'émotion directe. Ils œuvrent en « arpenteurs » maniérés jusqu'au moment assez proche, où ils ne travailleront plus qu'en arpenteurs tout court... Peut-être au dernier moment, au moment de mourir ressentirons-ils une petite émotion authentique, un petit frisson de doute... Rien n'est moins sûr... Leur fameux style dépouillé néoclassique, cette cuirasse luisante, biseautée, strictement ajustée, impitoyable, impeccable qui les barde contre toute effraction de la vie depuis le lycée, leur interdit aussi à jamais, sous peine d'être immédiatement dissous, résorbés par les ondes vivantes, d'en laisser pénétrer aucune à l'intérieur de leur carcasse... Le moindre contact émotif direct avec le torrent humain et c'est la mort !... cette fois, sans phrase... Ils se meuvent au fond du courant, comme au fond d'un fleuve trop lourd, sous un énorme poids de caressantes traîtrises sourdement, en scaphandre, éberlués, empêtrés de cent mille précautions ! Ils ne communiquent avec l'extérieur que par micros, vers la surface. Ils pontifient en style « public », impeccable, envers et contre tout, saltimbanques, devins cocus... Ils grandissent avec leur cuirasse ... Ils crèvent avec leur cuirasse, dans leur cuirasse, étreints, bandagés, saucissonnés au plus juste. bouclés, couques, polis, reluisants robots, scaphandres rampants sous l'attirail énorme, emprunté de dix mille tuyaux et ficelles à peu près immobiles, presque aveugles, à tâtons, ils rampent ainsi vers le joli but lumineux de ces existences, au fond au fond ténèbres... la Retraite... Il n'émane des pertuis de leur armure, des fissures de ces robots « d'élite » que quelques gerbes, bouquets graciles, d'infinis minuscules glouglous, leurs bulles qui remontent. à l'air libre. On ne les félicite jamais de ce qu'ils sont enfin parvenus à crever un jour, dépecer leur extraordinaire carcan métallique, mais au contraire de ce qu'ils réussissent parfois à s'harnacher encore plus pesamment que la veille, se mieux caparaçonner, s'affubler d'autres accablants apports « culturels » et puis de garder malgré tout, au fond de leurs ténèbres, une sorte de possibilité de menues gesticulations... manigances badines, ruses mignardes, réticences équivoques, dites « finesses de style ».

Une fois remontés en leurs « cabinets douillets », à hauteur de camomille, l'angoisse les enserre, les tenaille longtemps, très longtemps, étranglés, livides, obsédés par le souvenir de ces infinis glauques, de ces abîmes. Ils en dépeignent avec d'éperdues réticences tous les monstres entraperçus... les autres monstres... Ils se relèvent toujours très mal... très meurtris, très douloureux, sous les caresses de la lampe, de ces boyscouteries tragiques, de ses descentes aux origines. Il leur faut « œuvrer » ensuite bien laborieusement, d'épreintes en contractures, pour que se dissipent, se bercent, enfin toutes ces frayeurs, pour qu'elles se déposent, adhèrent, tiennent enfin au papier, enfin noires, molles et tièdes sur blanc... Que d'amour encore plus d'amour pour que leur pétoche bien massée, adorablement caressée, les relâche un peu aux tripes... Toute l'affection si attentive, si vigilante d'une famille tout émue pour que leur colique s'atténue, leurs dents s'apaisent... L'amour le plus grand Amour cette redondance de vide, leur grand écouteur d'âme creuse. Que viennent-ils donc tous ces châtrés nous infecter de leurs romans ? de leurs simulacres émotifs ?

Puisqu'ils sont une bonne fois pour toutes, opaques, aveugles, manchots et sourds ! Que ne se donnent-ils uniquement à la description, c'est-à-dire au rabâchage rafistolage de ce qu'ils ont lu dans les livres ?... Que ne font-ils strictement carrière dans le « Beadeker » amusant, dans le goncourtisme descriptique, le farfouillage objectif à toute force, le Zolaïsme à la 37, encore plus scientifico-judolâtre, dreyfusien, libérateur, que l'autre ou la très minusculisante analyse d'enculage à la Prout-Proust, « montée-nuance » en demi-dard de quart de mouche ? ou plus simplement encore, furieux de constipation, que ne se mettent-ils opiniâtres, au sciage acharné du bois ? par tous les temps, quelques stères, tous les jours après déjeuner, et puis au milieu de la nuit ? Leur fatalité insensible et robotique les voue tous, une fois pour toutes, aux rigides estimations, descriptions, à l'arpentage des sentiments, aux grimaces, aux mouvements d'ensemble, aux opuscules sur commandes de tourisme, aux encartages, aux explications pour photographies aux sous-titres publicitaires, aux manchettes d'événements... Sortis de là, ils sont foutus. Sans atrocement gaffer, ils ne peuvent se risquer, se mêler de la moindre reproduction émotive. La honte vous monte à les observer, s'ébrouer, patauger dès qu'ils s'aventurent dans les moindres expressions de sentiments les plus naturels, les plus élémentaires, c'est alors une abjecte écœurante catastrophe. Indécents, grossiers, pétardiers, ils s'ensevelissent instantanément sous une avalanche de balourdises et d'obscénités. À la moindre incitation sentimentale ils gonflent, ils explosent en mille excréments infiniment fétides. Il n'est qu'un maquis de salut pour tous ces robots sursaturés d'objectivisme. Le sur-réalisme. Là, plus rien à craindre ! Aucune émotivité nécessaire. S'y réfugie, s'y proclame génie qui veut !... N'importe quel châtré, n'importe quel mastic, youtre en délire d'imposture s'y porte de soi-même au pinacle. Il suffit d'une petite entente, bien facile à conclure avec le critique, c'est-à-dire entre Juifs... « Ma grand-mère dans la stratosphère chasse les bielles de M. Picard. Les petits poissons de l'Exposition pensent à la guerre... se taisent en Seine... mal de mer... n'iront jamais en Amérique... anguilles... munitions... mes 42 tantes... »

Admirable truc juif !... Kif la critique juive !... D'un seul coup au-dessus de tous les jugements !... de tous les repères !... de tous les textes humains... Et plus il est châtré, impuissant, stérile, prétentieux et farceur, pis imposteur, plus emmerdant, et plus il aura de culot forcément, et plus il aura de génie et de fantastique succès... (publicité juive « aux ordres », bien entendu). Admirablement simple ! miracle !... La Renaissance avait splendidement préparé, par son fanatisme enjuivé, son culte pré-scientifique cette évolution puante vers toutes les bassesses. Cette promotion catastrophique de tous les châtrés du monde à la royauté des Arts... Le naturalisme, ce manifeste culturel de « garçons de laboratoires francs-maçons », foutaise encore plus ligotée, plus enferrée de Positivisme, que la Renaissance a porté la même gigantesque sottise, le même calamiteux préjugé à l'ultime puissance en fariboles. Le truc n'est pas tombé dans l'oreille d'un Juif sourd...

Les Juifs, stériles, fats, ravageurs, monstrueusement mégalomaniaques, pourceaux, achèvent à présent, en pleine forme, sous le même étendard, leur conquête du monde l'écrasement monstrueux, l'avilissement, annihilement systématique et total, de nos plus naturelles émotions de tous nos arts essentiels, instinctifs, musique, peinture, poésie, théâtre... « Remplacer l'émotion aryenne par le tam-tam nègre. »

Le sur-réatisme, prolongement du naturalisme, art pour robots haineux, instrument du despotisme, d'escroquerie, d'imposture juive... Le sur-réalisme, prolongement du naturalisme imbécile, sécateur, férule des eunuques juifs, c'est le cadastre de notre déchéance émotive... l'arpent de notre charnier, de notre fosse commune de crétins idolâtres Aryens, cosmiques, jobards et cocus... Et puis c'est entièrement tapé ! admirablement... pour nos gueules !... À la porte du sur-réalisme, frémissants depuis longtemps d'impatience, d'objectivisme, à tous les degrés, de dépouillerie, tous nos écrivains, ou à peu près, n'arrêtent plus de se dépouiller infiniment à perte de « grelot », de toute leur ultime substance. S'ils se malmènent encore un peu, s'ils s'évertuent au fantastique, s'ils se portent à l'idéalisme, à la poésie, les voici alors tout de suite fatalement si dépouillés qu'ils se trouvent après tant d'analyses, en train de surréaliser... C'est-à-dire lancés, embusqués, délirants d'impunité, dans la plus abracadabrante imposture de ce siècle, pour l'époustoufflement du peuple et des bourgeois... par l'accumulation des frénésies creuses, des simulacres parasymboliques, le frénétique branlochage frauduleux... Des grelots tous !... des grelots !... même pas des bourdons ! de vils petits grelots ! pour petites bêtes rageuses !

Chaque fois, qu'ils s'agitent un peu ou beaucoup ça remue... ça bouge... il en sort des petits bruits insolites, des grêles tintements, des petites fausses notes. Et puis c'est marre, et puis c'est tout... L'invasion surréaliste, je la trouve absolument prête, elle peut déferler sans hésitation, par l'effet de la loi du nombre... Il ne reste pour ainsi dire plus rien devant l'art Robot, prêt à fondre.

Les tenants de la grande culture, les continuateurs des classiques, sont à tel point avachis, parvenus à force de constipation styliforme, à un tel degré d'affaiblissement par grattage, branlette, pitrerie oiseuse, transmutations de fausses vessies, effilochage des symboles tombés en un tel degré de marasme, boursouflés de tels anasarques en fadeurs, insignifiances bullomateuses, qu'ils se ressemblent maintenant tous horriblement, gisants sur toutes les paillasses, dans toutes les soupentes du lupanar juif officiel !... Ils sortent tous de la même vaisselle, de la même rincette infinie... de l'insignifiance goncourtisane, du Zolasime putassier recrépit, le la même lessive surmenée, de la même plonge des choses molles, opaques, sournoises et médusoïdes !...

J'ai peut-être le goût mal formé, mais enfin pour mon humble part, je trouve que Monsieur Duhamel prolonge admirablement M. Theuriet dans ses œuvres pies... son pouvoir édificateur, que la maison Bordeaux, Bazin, Bourget cousin, Mauriac fils, peut se substituer admirablement à M. Gide pour l'enfilage des cocons. Les « bébés compliqués Goncourt », peuvent tenir encore parfaitement toutes les notes et tous les concours, il suffit qu'on les « freudise » avec un peu de soin... M. Giraudoux, c'est un fait bien pertinent, fignolise quand il s'y donne, tout aussi bien que Prout-Proust. M. Paul des Cimetières Valéry mousse, picore, disparaît dans les vagues, beadekerinne, unanimise, surréalise s'il le faut comme un Romain... reparaît au bord comme Maurras, revient en Barrès, se perd encore, bergsonise, entesté, nous nargue de petits riens... Et finalement M. Maurois qui n'est pas tout à fait du Gard, mais quand même sérieusement Vautel nous les ferait bien oublier tous... En s'entraînant quelques mois, les effacerait complètement... pourrait suffire à lui tout seul à tout l'avenir juif. Pourquoi pas ?...

Je ne vois rien dans ces babioles qui puisse vraiment nous passionner... de quoi réveiller une vraie mouche, une mouche vivante, une mouche qui vole... la cause me paraît entendue, Renaissance, naturalisme, objectivisme, surréalisme, parfaite progression vers le Robot. Nous y sommes. Je me trouve pour ce qui me concerne admirablement d'accord. Hochets, batifoles, parpaillotes, vernis « Vermot ». baedekertises, et trou du cul. Pas de quoi faire bouillir l'eau de la vaisselle.

Groupignoteux falots mélangés, croûtons de manuels édulcorés, latiniseries bigoudineuses, poulets « traduction » sauce « mesure » le tout carton-farci nuancé. Insignifiance au myriacube. Frime, foire d'eunuques en godes-prétextes, grosse caisse, bidon, lanterne, vessie, plus trempettes et lamelles prépuces reconcis ! Rien de toutes ces velléités, de ces effrontés racolages, qui n'ait été au moins cent fois rafistolé, sur toutes les faces, à la bonne franquette des réminiscences lycéennes. Toutes ces histoires, ces styles, ces poses, ces grâces viennent de la tête et de l'école... Jamais du bonhomme en propre. Ce ne sont qu'autant d'alibis, de petits prétextes d'arrivisme, de consolidation de carrière, de pétulants prurits académiques, ornementaleries pour caveaux... Littérature contemporaine calamiteux croulant catafalque en phrases, acrostiches, falbalas, si secs, si rêches, que les asticots eux-mêmes n'y viennent plus grouiller, cadavre sans lendemain, sans vie, larvaire, magma sans couleur sans horreur, plus désespérant, plus répugnant mille fois plus décevant que la plus verte, franche, bourdonnante, dégoulinante charogne, littérature en somme bien plus morte que la mort, infiniment.

Qui ne veut pas être négrifié est un fasciste à pendre.

Tout ce qui pourrait provoquer le moindre sursaut émotif, la plus furtive révolte, au sein des masses parfaitement avilies, abusées, trompées de cent mille manières, réveiller chez les indigènes la moindre velléité, le moindre rappel de leur authentique, instinctive émotion, trouve la critique en immédiate, haineuse, farouche, irréductible opposition. Le débat devient personnel. C'est leur propre viande commercialisée que l'on déprécie... Elle si benoîte, tellement passive, d'habitude, parfaitement prête à passer des « fourrées » d'un mètre dans toutes les fentes qu'on lui propose, estampillées juives... se crispe en quart, immédiat, au moindre rappel du fond émotif aryen, du fond spontané. Elle sursaute. Elle flaire qu'on va l'étrangler elle et tous les enjuivants négroïdes. L'authentique la tue c'est bien simple, elle le sait indéniablement, elle s'en gourre de manière horrible, elle possède le flair du péril, de la catastrophe, comme tous les rats flairent le naufrage.

Lorsque les Français monteront une ligue antisémite, le Président, le Secrétaire et le Trésorier seront Juifs.

Puisque tous nos grands auteurs ceux qui donnent le ton, la loi du bon genre, sortent tous du lycée des langues mortes, qu'ils ont appris dès le biberon à s'engraisser de la bonne alimentation mixte, stérilisante parfaitement racines grecques, parchemins, maniérismes mandarinades, examinines et plutacrottes de Dictionnaires, ils ne sont plus du tout à craindre, émasculés pour la vie. Rien d'imprévu, de déroutant, ne peut plus jamais jaillir de ces eunuques en papillotes humanitaires. C'est fini, soigneusement ratiboisé. Ce ne seront pour toujours qu'autant de bébés prétentieux ? voués aux choses défuntes, strictement amoureux, passionnés de substances momifiées. Ils prendront toute leur expérience dans les traités académiques, les cendres psychologiques, salonnières, médicamenteuses, les « préparations ». Ils sont voués dès la nourrice à l'existence par oui dire, aux émotions supposées, aux fines embuscades pour tricheurs passionnés, aux couveuses en cénacles, bibliothèques, Bourses, Institut ou Députations, enfin toutes les planques étonnamment diverses, qui vont des Gobelins aux

Maisons de Culture, des Mines aux Tabacs, et de la Transat aux Finances, planques, où toutes les viandes douillettes, infiniment préservées, enveloppées de leurs « versions », retrouveront à longueur d'existence, tout le confort et la sécurité du berceau familial. Ils se préservent ainsi une bonne fois pour toutes, anxieusement de tous les chocs du dehors, de la vie véritable, pleurésie, séisme de la canaille, toutes les catastrophes qui peuvent disséminer, vaporiser en un instant tous les grands bébés d'Art et d'Administration, dès qu'ils se risquent au grand jour... au grand vent du monde. Il faut se rendre à l'évidence, la plupart de nos auteurs ne sont jamais sevrés, ils restent accrochés toute la vie à des problèmes pour nourrissons, dont ils ne se détachent ensuite que bribe après bribe, avec d'infinis scrupules, d'interminables réticences dites « œuvres de maturité »... Ils basculent tous finalement dans le gâtisme, et dans la mort sans avoir jamais commis à perte de carrière, que des petites bulles irisées et puis les fragments de lexique mâchonnés, remâchés mille fois, infiniment resucés, en boules, en surprises, en rébus. Ils sont tout à fait exaucés, s'ils ont pu en train de vagir, agripper le bicorne à plumes, l'épée chatouillante et puis surtout, comble des combles, se faire graver en plein oigneul, la belle creuse épitaphe eunuque : « Tout en ce monde a été dit ». Un tel brelan d'insignifiance, militante, implacable, cette gigantesque pitrerie de toutes les frayeurs infantiles, travesties, pompeuses, fait admirablement le jeu, cadre au mieux avec tous les plans, toutes les astuces des Juifs. Puisque tous ces balbutieurs, ces pontifes emmaillotés sont foutrement incapables de réveiller le goût des masses pour l'émotion authentique, en avant toutes les « traductions ! » Pourquoi se gêner ?... Standardisons ! le monde entier ! sous le signe du livre traduit ! du livre à plat, bien insipide, objectif, descriptif, fièrement, pompeusement robot, radoteur, outrecuidant et nul. Le livre pour spectateur tout cuit de cinéma, pour amateur de théâtre juif, de peinture juive, de musique judéo- asiatique international.. Le livre éteignoir d'esprit, d'émotion authentique, le livre du « Chat qui pêche », à la Wicki Baum... le livre pour l'oubli, l'abrutissement du goye, qui lui fait oublier tout ce qu'il est, sa vérité, sa race, ses émotions naturelles, qui lui apprend mieux encore le mépris, la honte de sa propre race, de son fond émotif, le livre pour la trahison, la destruction spirituelle de l'autochtone, l'achèvement en somme de l'œuvre bien amorcée par le film, la radio, les journaux et l'alcoolisme.

Puisque tous les auteurs « d'origine », du sol, s'acharnent à écrire de plus en plus « dépouillé », banalement, tièdement, insignifiant, insensible, exactement comme des « traductions ». Puisque élevés dans les langues mortes ils vont naturellement au langage mort, aux histoires mortes, à plat, aux déroulages des bandelettes de momies, puisqu'ils ont perdu toute couleur, toute saveur, toute vacherie ou ton personnel, racial ou lyrique, aucun besoin de se gêner ! Le public prend ce qu'on lui donne. Pourquoi ne pas submerger tout ! simplement, dans un suprême effort, dans un coup de suprême culot, tout le marché français, sous un torrent de littérature étrangère ? parfaitement insipide ?... La critique juive (pour le moins soigneusement enjuivée, dans ses plus minimes rubriques, droite ou gauche), prépare, ordonne le passage des muscades. Le vent tourne d'un jour à l'autre, elle pourtant si balourde, la critique si prosaïque, si parfaitement obtuse à tout ce qui n'est pas son habituel ronron-ragotage, ne se connaît plus d'anglomanie, d'enthousiasme, pour les plus essorés navets de l'anglo-judéo-saxonie. Elle se met à vaticiner, tout éperdue de reconnaissance, elle si naphtalinée, si parfaitement « orme du mail »... casanière à en vivre « en bière ! »... tressaille soudain hyperbolique de mille coulants internationaux... On ne la reconnaît plus ! Magie !...

Que se passe-t-il ? Les adjectifs lui manquent pour mieux vanter encore ces « tendresses admirablement réticentes » des auteurs anglais... leurs palpitations si merveilleusement elliptiques, leurs trésors de profondeurs supervirtuelles... Nos plus chevronnés poncifiants zolateux, « durs de durs » naturalistes, « théâtre-libristes » de la première heure foncent balbutier en cures d'attendrissement chez « Miss Baba »... Ils en reviennent tout transis d'exquises ferveurs... ils ne fleurissent plus qu'en épithètes bonbonneuses de campagne anglaise printanière... Ceci pour la poésie... Mais s'il s'agit de psycholodrames, alors ils ne jurent plus que par les audaces du transbouleversant génial Lawrence... la bravoure inouïe de ses messages sexuels... (une pauvre bite de garde-chasse pour 650 pages) de ses prémonitions mondio-rénovatrices... de ses tortures inspirationnelles... de ses déboires trans-médullaires... ses retournements matrimoniaux... L'était-elle ? L'était-il ?... En était-elle ? En était-il ? Enfin tout le tabac juif, la charabiade publicitaire, intimiaire, hollywoodienne, qui porte d'autant mieux sur les cons, que la marchandise est plus vaine, plus creuse, plus effrontée, plus catastrophique. Du moment, où les Juifs, décident, promulguent et font admettre. une bonne fois pour toutes que l'on peut désormais supprimer de toutes les œuvres d'art l'émotion... la mélodie, le rythme vivant, (seul test de valeur authentique) la confusion règne et triomphe, la farce, la publicité, l'imposture remplacent tout, s'installent, prolifèrent instantanément. Elles n'attendent que ce moment juif pour tout remplacer, tout envahir, tout effacer. Nous y sommes. En avant les descriptions « à plat ! » les pâtes loupées !... les braguettes sans bites ! les sphincters mous ! les faux nichons, toutes les saloperies d'impostures. Elles deviennent tout aussitôt admirablement licites, officielles, prépondérantes, dogmatiques, despotiques, intraitables... La dictature des larves est la plus étouffante, la plus soupçonneuse de toutes. Du moment où elles gouvernent tout peut se violer, s'engluer, se travestir, se trafiquer, se détruire, se prostituer... N'importe quelle croulante charognerie peut devenir à l'instant l'objet d'un culte, déclencher des typhons d'enthousiasme, ce n'est plus qu'une banale question de publicité, faible ou forte, de presse, de radio, c'est-à-dire en définitive, de politique et d'or, donc de juiverie.

On se croit enculé d'un petit centimètre, on l'est déjà de plusieurs mètres.

Le pauvre petit marché du livre français, déjà si parfaitement rabougri, traqué, aux abois, se trouve bientôt écrasé par les romans, les feuilletons de M. et Mme Lehmann, Rosamonde, Virginie Woolf... Vicki Baum... M. Ludwig... M. Cohen... M. Davis... Mlle « Chat qui pêche »... toutes et tous juifs et juives... à qui mieux mieux plus tendancieux, plus nuls, plus plagiaires, plus truqueurs, plus « génie », plus démarqueurs, salisseurs, sournois, vicieux, méprisants, voraces, pleurnichards, humoristes ou sentencieux les uns que les autres. Annoncés tous bien entendu, lancés, consacrés, soufflés, sursoufflés, à grands renforts de jurys, cénacles littéraires internationaux juifs... (prix de Littérature Internationaux juifs) amenés en France par l'intermédiaire des agences juives... adoptés d'enthousiasme par tous les journaux enjuivés (ils le sont tous). Grands cocktails juifs... Champs-Élysées... partouzes... cocaïnes juives... enculages de juifs, etc. Si tous les auteurs traduits ne sont pas juifs, ils sont pour le moins soigneusement enjuivés, épouseurs de juives, projuifs, dévotement, insatiablement... proyoutres, plus que youtres, otages... Tous les agents littéraires, les impresarios de la littérature, tels les autres impresarios de toute « l'expression artistique » sont juifs. Les directeurs, les vedettes, les producteurs et bientôt tous les soi-disant créateurs du théâtre, du film, de la radio, chanson, danse, ou peinture seront juifs. Le public, c'est-à-dire la horde roteuse des cocus aryens ivrognes (province, villes et campagnes), se tape indistinctement, de la même fringale, se régale admirablement de tous les navets de M. Sacha, des éculeries de M. Bernstein, des salsifis de M. Maurois, des fricassettes de la Comédie, des épluchures de M. Cocteau. Nos snobs avalent tout aussi bien les dos Passos que les Sinclair Lewis, que les Mauriacs, les Lawrences, les Colettes... même mouture, même graissage, même insignifiant jacassage, abrutissant ronron, péricycles de gros et petits « renfermés »...

Traduits ou pas traduits, ils restent identiques, absolument, à eux-mêmes, boursouflerie, muflerie, mêmes tambourins, même carambouille, même inutilité, même insensibilité, truquée, laborieuse, même dévalorisation, même crapuleuse faillite. Pour le triomphe de ces sottises, la critique juive, évidemment donne à fond (elle n'existe que dans ce but, pour cet office) insiste, encense, pontifie, acclame, proclame... Phrasibule d'or toutes ces vessies... Cependant qu'elle traque et voue bien entendu aux pires gémonies, aux ultimes supplices, les rares voyous, les derniers douteux, les suprêmes raclures d'iconoclastes qui se permettent d'ici, de là... de jeter un peu d'eau sur ces ferveurs... de ne pas absolument trouver que tout ce qui est juif, n'est pas absolument, transfiguramment divin.

Nous sommes en plein fascisme juif.

Faut pas croire que je m'égare, que je déconne pour le plaisir, j'ai fait un petit détour, mais je reviens à mon dada... Dans ce grand dégueulant, plasmatique dégoulinage, cette mélasserie phrasibole, tout en filaments moisis, en fourres de bigoudis rhétoriques resucés, les Juifs ne restent pas inactifs... Ils prospèrent à merveille.

Toutes les décadences, toutes les époques pourries, foisonnent de Juifs, de critiques et d'homosexuels. Les Juifs actuellement sont aux anges, dans les finances, la politique et dans les arts. Vermiculaires, persuasifs, enlaçants, envahissants plus que jamais, ils filent le train derrière Prout-Proust les Picassos, les Sachas, les Cézannes... ils déferlent en croissantes marées, ils submergent tout... Au train des Juifs colle la suprême Réforme, la suprême déconfiture des Aryens. La mise en ghetto des Aryens ne saurait tarder... sous la férule nègre. Elle coïncide avec l'avènement du plus grand Art Juif de l'art Robot surréaliste pour indigènes robotisés. La « taichnique » de cette conquête du monde par le cloaque juif, de la consécration de l'Impérialisme juif, l'apothéose du Juif, spirituelle et matérielle, n'a rien d'occulte, de secret. Tout le monde peut l'admirer... Elle se déploie sous nos fenêtres... Il n'est que de se pencher un peu...

Il est excellent que M. Faulkner, Mlle Baum, M. Cohen, M. Lévy, M. Juif Genialsten, copient à longueur de carrière triomphale plagient, fouillent, démarquent nos plus chenus éculés naturalistes, nous les rebectent au goût « tough » américain sec. Ils ne peuvent que gagner à tous les coups... et la cause juive avec eux. Nos juifs du théâtre d'ici et d'ailleurs ne font jamais autre chose que de démarquer, piller, revendre tous les folklores et les classiques des pays qu'ils dévastent. Ils s'en portent admirablement. La foule des universels cocus indigènes, fonce en trombe à tous leurs guichets, ravie et suppliante. On lui revend fort cher, à la foule aryenne des copies de son patrimoine, bien conchiées, souillées, salopées de toutes les façons... Mais c'est un nougat fantastique !... Le con devenu or !... Tout ça par l'entr'aide juive... le racisme. le culot et la publicité. La critique ne pipe jamais, il ferait beau voir ! Quelle virée instantanée ! irréparable ! Non seulement elle encaisse tout, mais elle exulte à tous les coups ! Elle reluit ! Elle porte aux nues, au paradis, les supercheries les plus rances, les impostures les plus dégueulasses. Le Français lui, ne reconnaît jamais son bien. Il a tout oublié tout son patrimoine. Il n'a d'yeux et de cœur que pour son petit 4 pour 100 ! que les Juifs étouffent aussi d'ailleurs, par la même aubaine. Il fait sous lui le Français, de toute sa tête, de tous ses boyaux, de tout son pognon... Lui toujours si avare, ne peut plus rien garder. Ce n'est plus un homme, c'est un véritable cadeau... Miracle juif ! Il rachète ses propres tripes au juif. Shylock revend à Ducon sa propre livre de barbaque, après l'avoir bien salopée, pressurée, bien fait rendre tout le jus, et puis enduite, farcie de glaires et de merde juive. Ducon délire de gratitude, c'est le plus beau de l'aventure. (Grande victoire des coucous sur les cocus.) Durand fait le jeu des Juifs, tout ce qui peut encore mieux l'abrutir, l'invertir, le pervertir plus profondément, gâcher sa sensibilité, fausser son jugement, et surtout son rythme émotif, Durand l'adule... La critique ?... On ne lui trouve qu'une seule voix, mais quels accents ! pour louanger, encenser, porter aux nues tout ce qui facilite, prépare, achève l'imbibition des masses par ces saloperies, les chiasses publicitaires juives.

C'est elle qui plante tous les jalons, qui fignole toutes les étapes de la conquête mondiale juive, âmes, biens et viandes. À part rarissimes exception, des enfants de chœur bien enculés. Messieurs les youtres, les semi-nègres, vous êtes nos dieux !

Pourquoi M. Martin du Gard vient-il de remporter le Prix Nobel ? parce qu'il a très bien parlé de l'affaire Dreyfus dans ses livres. (Voir Univers Israélite, 3 décembre.)

Une bonne standardisation littéraire internationale, bien avilissante, bien ahurissante, viendrait en ce moment fort à point, parachever l'œuvre d'insensibilisation, de nivellement artistique que les Juifs ont parfaitement accomplie déjà dans la peinture, la musique et le cinéma. Ainsi le cycle de la robotisation internationale des esprits serait chose parfaite. Le serpent juif, comme dans les oracles, aurait enfin fait le tour de la terre et tout dilacéré, englué, perverti, charognisé sur son passage, à la sauce bien entendu démagogique, pacificatrice, édifianto-progressiste, affranchissante, franc-maçonne, soviétique et salutiste. Le Juif ne redoute en ce monde que l'authentique émotion, spontanée, rythmée, sur les éléments naturels. Tout travail non frelaté, non putinisé jusqu'au tréfonds, jusqu'aux suprêmes cordes, provoque chez le Juif, les réactions les plus farouches de défense. Il y flaire immédiatement sa perte, tout le châtiment de son cosmique effroyable battage, de la phénoménale, cataclysmique imposture juive. Le Juif se gare de l'authentique comme le serpent de la mangouste. Le serpent sait bien que la mangouste ne rigole pas, qu'elle l'étrangle, à coup sûr... L'authentique, seule balance pour peser le Juif à son poids d'ordure et de supercherie.

Piller, voler, pervertir, abrutir, polluer, saigner tout ce qu'il rencontre, pudeur, musique, rythme, valeur, c'est le don du Juif, son antique raison d'être. Égypte, Rome, Monarchies, Russie, demain nous autres, tout y passe. Il macère la moindre des littératures comme les plus grands empires, même « Art et Taichnique », à la satanerie, aux venins, aux plagiats, aux incantations, aux escroqueries de mille sortes. Dix mille poisons divers pour toutes les œuvres de mort comme certains crapauds. Il n'a guère le Juif, d'autre talent, mais celui-là, il le possède jusqu'à la racine du prépuce. Le plus obtus, le plus glaireux, le plus gaffeur des Juifs possède quand même ultimement ce sens d'alerte pour tout ce qu'il peut saisir, ce qui doit entrer dans ses cordes, culbuter dans sa tinette, à pourrir avec ses autres rapines, dans sa cuve aux maléfices.

Le reste, tout ce qu'il ne peut absorber, pervertir, déglutir, saloper standardiser, doit disparaître. C'est le plus simple. Il le décrète. Les banques exécutent. Pour le monde robot qu'on nous prépare, il suffira de quelques articles, reproductions à l'infini, fades simulacres, cartonnages inoffensifs, romans, voitures, pommes, professeurs, généraux, vedettes, pissotières tendancieuses, le tout standard, avec énormément de tam-tam d'imposture et de snobisme La camelote universelle, en somme, bruyante, juive et infecte... Le Juif tient tous les gouvernements, il commande toutes les machines à standardiser, il possède tous les câbles, tous les courants, demain tous les Robots.

Que voulez-vous que j'espère parmi ces cœurs abâtardis, sinon de voir mon livre jeté aux ordures. — D'Aubigné.

Le Standard en toutes choses, c'est la panacée du Juif. Plus aucune révolte à redouter des individus pré-robotiques, que nous sommes, nos meubles, romans, films, voitures, langage, l'immense majorité des populations modernes sont déjà standardisés. La civilisation moderne c'est la standardisation totale, âmes et corps sous le Juif. Les idoles « standard », nées de la publicité juive, ne peuvent jamais être redoutables pour le pouvoir juif. Jamais idoles, à vrai dire, ne furent aussi fragiles, aussi friables, plus facilement et définitivement oubliables, dans un instant de défaveur. L'adulation des foules est au commandement du Juif.

Idoles politiques, scientifiques, artistiques, etc., manigancées par les Juifs de toutes pièces. Toutes ces vedettes, scénaristes, musiciens, modernes, de la moderne pacotille, tous démarqueurs, pilleurs (de folklores et de classiques), à qui mieux mieux, angoissés de bluffer et de plaire et de mentir, putassiers jusqu'aux fibres, se créent, se détruisent, s'effacent absolument au moindre gré de l'or et de la publicité du moment. Ces prétendus immenses créateurs ne sont qu'autant de fantoches imbéciles, virtuoses ventriloques, juifs ou pas, que leurs maîtres, les potentats de la haute juiverie, les Sages, laissent parader, pirouetter, à travers le monde pour l'ahurissement, l'anesthésie des avilis colonisés, de leurs nègres à rebours. Jusqu'au moment où, las de leurs grimaces, ils leur coupent net toutes les ficelles, où ces petites ordures refilent net au néant. Cela ne cause même pas un vide, il n'y avait rien. Les auteurs de faux, de camelote, de factice, de bigophoneries modernes, tout l'art moderne, en truquages sur- réalisés, fignolés, sauce drame, humour ou rigolade, ne seront jamais redoutables pour leurs maîtres tyrans juifs. Strictement dénués de toute émotion directe, chantante, ces clowns ne peuvent rien éveiller, déclencher de dangereux dans les masses. Ce ne seront jamais que des employés, des larbins de pouvoir, lèche-culs, esclaves suceurs du despotisme juif. Pour tel de ces pitres venant à crever, cent aussitôt se précipitent pour farcer à sa place, plus lâches, plus serviles, plus ignobles si possible... Les grands lupanars d'arts modernes, les immenses clans hollywoodiens, toutes les sous-galères de l'art robot, ne manqueront jamais de ces saltimbanques dépravés... Le recrutement est infini. Le lecteur moyen, l'amateur rafignolesque, le snob cocktailien, le public enfin, la horde abjecte cinéphage, les abrutis-radios, les fanatiques envedettés, cet international prodigieux, glapissant, grouillement de jobards ivrognes et cocus, constitue la base piétinable à travers villes et continents, l'humus magnifique le terreau miraculeux, dans lequel les merdes juives publicitaires vont resplendir, séduire, ensorceler comme jamais. Le public moderne dégoûté soigneusement par la science, l'objectivisme et le Juif de toute authentique émotion, inverti jusqu'aux mœlles, ne demande qu'à se régaler de merde juive...

À l'appel, au battage (le sémite, nègre en réalité, n'est qu'une perpétuelle brute en tam-tam), la foule aryenne rapplique frémissante, elle déleste de tout son pognon, pour mieux sauter, elle engage tout pour mieux jouir juif, se vautrer juif, se pourrir Juif, sa tête, sa viande, son âme et toute sa connerie. Elle se donne. Elle se damne. La foule aryenne ne croit plus que les affiches des politiciens et des cinémas juifs, les journaux et comptes rendus de films et les critiques d'art, tous juifs.

Par contre, tout le reste lui semble entièrement conventionnel, odieusement fabriqué, ratiocineur, grossier, vulgaire, cabotin.

Jamais domestiques, jamais esclaves ne furent en vérité si totalement, intimement asservis, invertis corps et âmes, d'une façon si dévotieuse, si suppliante.

Rome ? En comparaison ?... Mais un empire du petit bonheur ! une Thélème philosophique ! Le Moyen Age ?... L'Inquisition ?... Berquinades ! Époques libres ! d'intense débraillé ! d'effréné libre arbitre ! le duc d'Albe ? Pizarro ? Cromwell ? Des artistes !

Dans tous les tonnerres, les fracas du grand charabia communiste, socialo-confusionniste, un seul cri du cœur, une seule furie ! Tout pour les youtres et mort aux goyes !

Ça n'allait déjà pas très fort dans le Royaume des Beaux-Arts, depuis la Renaissance, ce grand triomphe du « chantez-faux » ! Nous allions, tout désemparés, copieusement enjuivés, négrifiés déjà, de salsifis en fausses lanternes, mais à présent nous basculons définitivement dans la merde, nous voici tombés, déchus au sous-rang des sous-prousteries, dans l'invertébré, l'insensible à force de bourgètes analyses, de discipleries, d'objectivisme désinvolte, de « plus près des faits et des causes », de scientificologie émasculante, de jacasseries effrontées, de scénarios superbranleurs, à l'immense débâcle spirituelle, organique, aux grandes averses de mufleries, à l'écroulement confusionniste, au déluge juif, communisard, prédicant, à l'arche juive, la prison juive, c'est-à-dire tout prêts à flotter sur l'océan des meurtres juifs. Le Ranz des Robots... Vous n'entendez rien, Monsieur l'Évêque Turpin ?...

Non ! Non ! Ce sont des âmes qui passent dans les airs sur ces vapeurs de flammes...

L'immense astuce des Juifs consiste à enlever progressivement aux foules à standardiser tout goût pour l'authentique et puis aux artistes autochtones toute possibilité d'exprimer, de communiquer leur sensibilité à leurs frères de race, de réveiller chez eux quelque authentique émotion. Les Juifs revanche des Abyssins ! ont inverti le goût des blancs, à ce point, si profondément, que les Français préfèrent à présent le faux à l'authentique, la grimace à la sensibilité, à l'émotion directe le mimétisme imbécile. Les temps ne sont pas éloignés où les Français rougiront de Couperin. La musique moderne n'est qu'un tam-tam en transition... C'est le nègre juif qui nous tâte pour savoir à quel point nous sommes dégénérés et pourris, notre sensibilité aryenne négrifiée... Alors tous les nègres juifs, nous ayant robotisés, nous refileront uniquement des camelotes de traite, stakhanovisées, bien assez bonnes pour nos sales viandes d'esclaves. (Voir Russie.)

À partir de ce moment, de la parfaite réalisation de tous ces grands desseins, les Juifs pourront jouir tout à fait tranquilles de leur omnipotence. Ils tiendront le monde entier, par la police et par l'or, en esclavage absolu. Nous reviendrons aux grands pharaons juifs. Nous ne serons plus sous les pieds des Juifs qu'une intense pullulation de bêtes butées, bâtées de pancartes.

Le négociant chrétien fait seul son commerce, chaque maison est en quelque sorte isolée, tandis que les Juifs, ce sont des particules de vif-argent, à la moindre pente, ils se réunissent en bloc. (Requête de six corps de marchands à Louis XV.)

Il n'est pas inutile de revenir sur ce sujet. Nous disions qu'au départ, tout article à « standardiser » : vedette, écrivain, musicien, politicien, soutien-gorge, cosmétique, purgatif, doit être essentiellement, avant tout, typiquement médiocre. Condition absolue. Pour s'imposer au goût, à l'admiration des foules les plus abruties, des spectateurs, des électeurs les plus mélasseux, des plus stupides avaleurs de sornettes, des plus cons jobardeurs frénétiques du Progrès, l'article à lancer doit être encore plus con, plus méprisable qu'eux tous à la fois. Cette espèce de crétins scientificolâtres, matérialistiques, « cosy-cornériens », prolifie, pullule depuis la Renaissance... Ils se feraient tuer pour le Palais de la Découverte. Quant aux productions littéraires « standardisables », désirées par ces néo-brutes, pires, bien moins artistes (mille preuves) que les Cromagnons, les « chefs-d'œuvre » anglo-saxons modernes en représentent assez bien l'atterrant niveau. Qu'est-il de plus abusif en fait de prédicante connerie, à part les films, qu'un roman anglais très prétentieusement littéraire, dans le genre de Lawrence ? ou tout autre genre ?... Hardy, Chesterton, Lewis et là suite ? Je vous le demande ?... De plus fabriqué, de plus vain, bêtement bêlant ?... de plus sottement vicelard ? gaffeusement « tranche de vie » ? cahotique par impuissance, que les Dos-Passos, les Faulkner, les Cohen et complices ?... Fadasseries « montées force », outrances gratuites « montées délires », ressassages de nos plus désuets naturalistes, des plus cartonnées, des plus éculées « mea âneries », resservies, travesties, « sauce gangster » ?... encore et encore...

Je les connais un petit peu tous ces personnages éminents de l'art hébraïque anglo-saxon, « damnés » de Bloomsbury, néo-murgériens du « Village », la plus foutue clique en vérité de petits larbins de Juifs, imposteurs esthétiformes qui se puisse imaginer... le plus éculé brelan de mystifiants petits fantoches cocaino-littéraires rassemblé à baver, tortiller, sous la calotte des juives pissotières de copics. Tous ces délicats transis, à la « Wilde ». tous ces petits derviches maquillés « Frankenstein » ne persistent dans leur pitrerie. façon « lyrisme », ou façon « puissance » que par l'outrecuidance, par l'énormité des publicités juives, la jobardise croulante des snobs aryens. Voici les clowns pourris de notre débâcle, les fossoyeurs pédérastes de l'époque aryenne.

Le Juif vit non pas de son travail, mais de l'exploitation du travail des autres.
— Rochefort.

Il ne semble guère possible de prendre tous ces petits escrocs en flagrant délit d'imposture, à moins qu'ils ne se mêlent de « transposer », de « lyriser »... Copier, plagier, comme ils s'en donnent !... Toutes nos bibliothèques grincent, gémissent, d'être tant pillées à tort, à travers... Mais transposer directement la vie, c'est une autre paire de couilles !... Les bons rêves ne s'élèvent que de la vérité, de l'authentique, ceux qui naissent du mensonge, n'ont jamais ni grâce ni force. Qui s'en soucie ?... Le monde n'a plus de mélodie. C'est encore le folklore, les derniers murmures de nos folklores, qui nous bercent... Après ce sera fini, la nuit... et le tam-tam nègre. Les bons rêves viennent et naissent de la viande, jamais de la tête. Il ne sort de la tête que des mensonges. La vie vue par la tête ne vaut pas mieux que la vie vue par un poisson rouge. C'est un jardin à la française.

La seule défense, le seul recours du blanc contre le robotisme, et sans doute contre la guerre, la régression à « pire que cavernes » bien pire, c'est le retour à son rythme émotif propre. Les Juifs circoncis sont en train de châtrer l'Aryen de son rythme émotif naturel. Le nègre juif est en train de faire dégringoler l'Aryen dans le communisme et l'art robot, à la mentalité objectiviste de parfaits esclaves pour Juifs. (Le Juif est un nègre, la race sémite n'existe pas, c'est une invention de franc-maçon le Juif n'est que le produit d'un croisement de nègres et de barbares asiates.) Les Juifs sont les ennemis nés de l'émotivité aryenne, ils ne peuvent pas la souffrir. Les Juifs ne sent pas émotifs, à notre sens, ce sont les fils du Soleil du désert, des dattes et du tam-tam... Ils ne peuvent que nous haïr à fond... de toute leur âme de nègres, toutes nos émotions instinctives, ils les abhorrent. Établis, émigrés, pillants, imposteurs, sous nos cieux, dépaysés, désaxés, ils singent nos réactions, gesticulent, ratiocinent, enculent mille fois et mille fois la mouche avant de commencer à vaguement comprendre, ce qu'un Aryen pas trop abruti, pas trop alcoolique, pas trop vinassier, saisit au vol, une fois pour toutes en vingt secondes... émotivement, silencieusement, directement, impeccablement. Le Juif ne s'assimile jamais il singe salope et déteste. Il ne peut se livrer qu'à un mimétisme grossier, sans prolongements possibles. Le Juif dont les nerfs africains sont toujours plus ou moins de « zinc », ne possède qu'un réseau de sensibilité fort vulgaire, nullement relevé dans la série humaine, comme tout ce qui provient des pays chauds, il est précoce, il est bâclé. Il n'est pas fait pour s'élever beaucoup spirituellement, pour aller très loin... L'extrême rareté des poètes juifs, tous d'ailleurs resuceurs de lyrisme aryen... Le Juif, né rusé, n'est pas sensible. Il ne sauve les apparences qu'à coup de perpétuelles pitreries, simulacres, grimaces, imitations, parodies, poses, « cinégéisme », photographies, bluff, arrogance. Dans sa viande même pour l'émouvoir il ne possède qu'un système nerveux de nègre des plus rudimentaires, c'est-à-dire un équilibre de rustre. Le Juif nègre, métissé, dégénéré, en s'efforçant à l'art européen, mutile, massacre et n'ajoute rien. Il est forcé un jour ou l'autre de revenir à l'art nègre, ne l'oublions jamais. L'infériorité biologique du nègre ou du demi-nègre dans nos climats est évidente. Système nerveux « expédié », rançon de la précocité, il ne peut aller bien loin... L'adolescence nègre est extrêmement brève. Un nègre est fini à quatre ans. Le Juif est anxieux de raffinement ; une obsession, s'entourer d'or et d'objets précieux, « faire raffiné ». Or il n'est jamais intimement raffiné, somatiquement raffiné, impossible. J'ai vécu longtemps chez les nègres, je les connais. Grimaces. Il faut au nègre comme au Juif de la dorure, beaucoup de dorures de tambour, de tam-tam, de publicité pour qu'il se réveille... Il ne comprend que la grosse caisse, ou la seringante trompette arabe, au mieux. Il passe à travers toutes les nuances, il bondit, galope, s'écroule, chie sur les violettes dès qu'on le lance sur les jardins, comme un chien mal dressé... Et dire que nous sommes devenus les esclaves soumis de ces sous-brutes dépaysées ! Le Juif demeure, en dépit de tant de contorsions au bout de toutes ces pitreries, beaucoup plus bûche que violon... désastreusement impénétrable à toutes les ondes de l'intuition, aux enthousiasmes impersonnels, une buse avide, follement prétentieuse et vaine. Et puis, au comble du culot, il se fait critique.

Je veux avoir à mon enterrement la Fanfare de Tel-Aviv et les « Cadets » de la rue Triangle.

Dieu sait si le Juif essaye de se polir, de s'affiner « aryennement », pour mieux nous tromper, nous engluer, nous étrangler. En dépit de ce gigantesque labeur, il demeure après tant de siècles, l'insurpassable gaffeur des cinq continents.

Il est en fait extrêmement difficile de découvrir parmi les plus abrutis alcooleux, déjetés Aryens bouzeux, quelque individu qui puisse être comparé question de « gaffe », au plus « raffiné » des Juifs. En toutes circonstances un peu délicates, vous reconnaîtrez le Juif à ce qu'il se précipite littéralement pour gaffer. Il se trahira, pataugeant à deux pieds et quels pieds ! (d'afro-asiatique, enfant des sables, palmés). Il est normal qu'il nous haïsse, tout autant pour notre sens émotif spontané, notre sensibilité d'Aryen, notre lyrisme aryen pour notre humanité directe, que pour toutes les autres raisons du monde à la fois. Pourtant déjà fort suffisantes... Cette supériorité biologique le vexe intimement l'humilie, l'irrite au possible, l'enfurie bien plus que toutes les résistances pondérables qu'il lui arrive de soupçonner... Anxieux de gaffer, il redouble aussitôt de tyrannie. Mais après la grande « standardisation », le Juif sera bien tranquille, les gaffes ne compteront plus... Qui s'en apercevra ?... Pas les robots ! Vive la Liberté juive gaffeuse !...

Je ne suis pas « M. Chèvre et Chou ». Je ne pèse pas le Pour et le Contre. Les Juifs, eux, foncent, raflent et nous expulsent. C'est pour nous les dosages « pour et contre », les enfioteries pusillanimes. Nous en crevons.

Le Juif a déjà presque tout « standardisé » dans le domaine des arts majeurs. Il fait en ce moment de très grands efforts pour standardiser la littérature mondiale, traductions, agences littéraires, cénacles, académies, sont à pied d'œuvre, donnent à fond. Un tout petit fait entre mille : Pensez-vous, chers cocus, que ce soit naïvement, par effet du pur hasard, que l'Académie Goncourt, dans ses choix, lauréats, académiciens... s'enjuive chaque année davantage ?... Il faut au pouvoir juif de nombreux agents, des fourriers très zélés, bien placés, dociles, dévoués, finement gangsters, ils sont indispensables pour que l'armée de standardisation juive procède sans coup férir à l'étranglement de l'art indigène dans tous les domaines, les moindres replis, spirituels, matériels. Les traductions feront le reste, le gros ouvrage d'abrutissement. Mais il est indispensable d'ores et déjà que soigneusement l'on dégoûte, minimise, sape, scie, sans répit, implacablement, par tous les moyens, tous les créateurs, toute l'élite aryenne, Que le lit, le dais, les sinécures, les assurances, les trônes de toutes les pelures, les pires resucées, spongieuses galettes juives, rapidement s'édifient sur les décombres de l'art autochtone. La grande invasion par le film et les traductions ne doit être arrêtée par rien. On encule au millimètre, le premier centimètre c'est le plus dur, le plus coûteux... pour les suivants ça va tout seul ! Tous les pédérastes nous l'affirment. N'importe quel trou du cul peut devenir, bien enculé de publicité, un immense n'importe quoi, l'objet d'un culte, une suprêmissime vedette, un criminel horriblissime, une léviathane catastrophe, un film dantesque, une pâte à rasoir cosmique, un transatlantique qui fait déborder la mer, un apéritif qui fait tourner la terre, le plus grand Lépidaure des Âges, le Président du Conseil qui bouffe les casquettes vivantes. Plus c'est cul et creux, mieux ça porte. Le goût du commun est à ce prix. Le « bon sens » des foules c'est : toujours plus cons. L'esprit banquiste, il se finit à la puce savante, achèvement de l'art réaliste, sur-réaliste. Tous les partis politiques le savent bien. Ce sont tous des puciers savants. La boutonneuse Mélanie prend son coup de bite comme une reine, si 25 000 haut-parleurs hurlent à travers tous les échos, par-dessus tous les toits, soudain qu'elle est Mélanie l'incomparable... Un minimum d'originalité, mais énormément de réclame et de culot. L'être, l'étron, l'objet en cause de publicité sur lequel va se déverser la propagande massive, doit être avant tout au départ, aussi lisse, aussi insignifiant, aussi nul que possible. La peinture, le battage-publicitaire se répandra sur lui d'autant mieux qu'il sera plus soigneusement dépourvu d'aspérités, de toute originalité, que toutes ses surfaces seront absolument planes. Que rien en lui, au départ, ne peut susciter l'attention et surtout la controverse. La publicité pour bien donner tout son effet magique, ne doit être gênée, retenue, divertie par rien. Elle doit pouvoir affirmer, sacrer, vociférer, mégaphoniser les pires sottises, n'importe quelle himalayesque, décervelante, tonitruante fantasmagorie... à propos d'automobiles, de stars, de brosses à dents, d'écrivains, de chanteuses légères, de ceintures herniaires, sans que personne ne tique... ne s'élève au parterre, la plus minuscule naïve objection. Il faut que le parterre demeure en tout temps parfaitement hypnotisé de connerie.

Vous savez combien leur multitude est considérable, combien ils (les Juifs) sont unis, combien ils ont d'influence dans nos assemblées. — Cicéron.

Évidemment que les Juifs, au départ, avaient grand intérêt à choisir les auteurs judéo-anglo-saxons pour mener à bien leur standardisation mondiale littéraire, même tabac que pour les films. Identiques manigances. Une langue immensément répandue dans le monde, dont les livres se vendent déjà parfaitement sur leur marché d'origine. Voici l'immense atout de ces Juifs « standardistes ». Prenez un auteur « moyen » français, qui se tire en France, dans les bonnes passes, par exemple à 20 000 exemplaires, le même auteur, tout à fait moyen, mais anglais, sur son propre marché anglo-saxon, se « tire », très normalement, automatiquement, à 200, 300 000 exemplaires.

Pour cette simple raison que le marché judéo-anglo-saxon est infiniment potentiellement beaucoup plus riche que le marché miteux français (100 millions de lecteurs possibles au lieu de 2 à 3 millions). Parfaitement égaux en tous points de toute leur médiocrité, l'auteur anglais deviendra cependant un auteur « très connu », d'un « immense talent » par tirage décuplé, donc gavé de droits et de ristournes, tandis que le pauvre auteur français végète ou crève littéralement de misère (s'il n'est pas quelque part fonctionnaire de l'État, soit deux fois abruti).

Il existe au théâtre quelques exceptions, mais ce sont forcément tous des Juifs. Ils misent sur tous les tableaux, les plus faisandés de l'Internationale juive : cinéma, police, radio-théâtre, politique, banque, ils se sont voués dès le prépuce au troc des moutures internationales. Mais quant au livre, l'avantage immense, incomparable, le privilège royal des anglo-saxons, c'est leur marché centuple du nôtre...

C'est ainsi, par l'effet du « nombre » que les très insignifiants Lawrence, Huxley, Cohen, Wells, Cahen, Lewis, Shaw, Faulkner, Passos, etc. dont on nous bassine interminablement à longueur de Revues enthousiastes atteignent avec un peu de snobisme et de gonflage publicitaire des renommées fantastiques ! des « Victor Hugo Prix uniques » !... tout à fait marrantes quand on connaît les oiseaux. Les Juifs, pour nous les imposer, comptent énormément sur le snobisme et la jacasserie des petites cliques dites « d'avant-garde »... judé-artistico-enculagaillantes-communisardes et ne se trompent guère. Tout ira parfaitement, nos miches en ont vu d'autres.

Vive la Liberté ! Non ! Vive la Liberia ! Avec quelque chose de Tartare ! En plus !

Lorsque les Juifs se passionnent pour le Folklore et les classiques (voir Comédie — Française aux 8/10 juive) c'est pour mieux vous étouffer, mes enfants ! mettre peu à peu leurs propres ouvrages juifs au niveau des classiques, et puis éliminer les classiques, les sacquer, le Folklore de même, tout à fait, vous verrez ! Les Juifs sont les plus grands lecteurs du monde, ils démarquent, fouinent, pillent, enjuivent sans arrêt, tout ce qui leur tombe sous les lunettes, qui peut leur servir, les servir, tout ce qui peut se traduire en propagande juive, chansons, romans, musique, s'enjuiver.

Les Aryens surtout les Français, détestent les livres, les « idées creuses » (Ah ! mais !... Ah ! mais !... on se fout d'eux alors ?). Ils exigent du positif ! de la substance ! quelque chose de rationnel ! d'objectif ! Pour qui les prend-on ? Bon sang ! Bon sens ! Nom de Dieu ! Bon sens ! Descartes ! Cette exigence en « positif » quand on l'examine un peu, consiste à se vautrer rotant, sans dessein précis, sur tous les « cancans » du jour et du guéridon bafouiller à tort et à travers entre les bobards d'affiches. La grande prouesse, l'orgueil, l'exploit, c'est d'apprendre et savoir par cœur une pancarte électorale, une entière, bien éclairante (toute juive forcément). Vinasser, ragoter encore, beloter, affûter les panoplies, lancer de nouveaux défis. Voici pour le positif, la vie spirituelle, artistique et morale de l'Aryen complet.

Peut-être ira-t-on de loisir, clabauder au gré des hoquets... un peu partout... le temps que s'épuise la vinasse... qu'elle remonte... roter encore les bonnes consignes des journaux juifs... montrer sa culture aux passants... leur faire apprendre aussi, à ceux — là, les longs mots d'ordre des meneurs juifs... Les ordres en somme qu'on a déchiffrés tant bien que mal... Les instructions des invisibles maîtres... qui ne vous oublient pas... ceux qui commandent... inévitablement... invariablement de se haïr de mieux en mieux entre frères de race blanche, de se nuire par tous les moyens en attendant la prochaine guerre, à « l'heure juive »... ils seront alors tous ensemble les Aryens cocus, d'un cœur vraiment unanime, enfin unanime... Ils se feront massacrer tous ensemble pour les Juifs.

Les femmes, tout aussi alcooliques que les hommes, sont encore si possible un peu plus abruties que les hommes... par les ragots interminables, leur mesquinerie délirante « ménagère », « l'espionnite des bignolles », la rage, l'hystérie de tout médiocriser, de tout juger, de tout ravaler au plus bas, encore plus bas, de plus en plus bassement, toute parole, tout inconnu, toute œuvre, tout lyrisme, tout mystère, sauf la merde bien entendu, la magnifique merde juive, dont elles raffolent et se régalent encore plus effrénément, plus aveuglément que les hommes... Ce sont elles qui entraînent leurs maris, qui les forcent au cinéma les habituent aux superfadaises de l'écran, à la bonne « idéolochie », matérialiste objectiviste, youtre... À la vénération du super-confort, des superproductions ; des super-branlées platitudes youtres, aux super- smokings, super-cocktails, super-bagnoles, enfin toute la super-connerie mécanisante et robotisante des salles obscures, de ces cavernes cent mille fois plus abrutissantes que les pires idolâtriques catacombes des premiers siècles. Tous ces miséreux, ces serfs délirants, complètement vermoulus par la propagande « idéolochique » de la radio du film et du « cancan » délirent à présent de désirs matériels et de muflerie militante. Les chômeurs louent des smokings !

« On s'en foutra nous aussi, plein la gueule ! on les enculera vos putains. » Voire cocus ! Les Juifs vous attendent au détour, abrutis dévergondés ! pour vous sonner drôlement les cloches, pour l'incarcération finale, le passage définitif des menottes, du tabac, au moment précis... au moment où les geôles juives impeccables, communistes, déjà prêtes (modèle russe) se refermeront sur vous sur vos paroles, vos pipes, roteurs, bourriques ! Elles se refermeront sur vous !... On vous les fera ravaler à grands coups de crosses dans le buffet, vos paroles de haine et de revendications. Vous vous écroulerez dans les fers entièrement avilis, pourris, vous continuerez à roter, complètement décervelés par tant et tant de sottises vociférées pour tout jugement, sur tous les tons de l'univers, Aryens devenus bien « Robots », vous voterez tous comme des robots, pour les ceusses qui remonteront vos mécaniques, toutes vos pendules, qui vous fourniront tout le courant : les Juifs.

Pourquoi n'aurais-je pas le droit, dans mon pays, de hurler que je n'aime pas les Juifs Les francs-maçons se gênent-ils pour mener une guerre à mort contre les curés. Nous sommes en fascisme juif.

En vous parlant de toutes ces choses de traductions, de librairie... je me suis animé un peu... N'allez point m'estimer jaloux ! Ce serait mal reconnaître ma parfaite indépendance. Les Juifs, je les emmerde bien, ils peuvent gentiment me le rendre, à droite, comme à gauche, comme au centre, en travers, au particulier. Ils ne me gênent personnellement qu'un petit peu, presque pas. Il s'agit d'un conflit tout à fait « idéolochique ».

Certes, j'observe que par l'entremise des youpins : éditeurs, agents, publicistes, etc., sous l'influence des films, scénarios juifs, agresseurs, branleurs pourrisseurs, de la politique juive en somme des consignes juives, occultes où officielles, la petite production artistique française, déjà si maigrichonne, si peu rayonnante, est en train bel et bien de crever... Les Juifs doivent écraser tout c'est entendu... Mais la vie n'est pas si longue, ni si joyeuse que cela puisse en vérité vous empêcher de dormir. Et puis demeurons tout à fait équitables, les Juifs furent toujours bien aidés dans leur œuvre de destruction, d'asservissement spirituel par les maniérismes « façon noble, renaissant » et puis ensuite pusillanimes, bourgeois officiels, enfin toute la châtrerie académique, puristique, désespérément obtuse dont succombent nos arts dits français.

Ce qui nous gêne le plus dans les Juifs, quand on examine la situation, c'est leur arrogance, leur revendicarisme, leur perpétuelle martyrologo-dervicherie, leur sale tam-tam. En Afrique, chez les mêmes nègres, ou leurs cousins au Cameroun, j'ai vécu des années seul, dans un de leurs villages, en pleine forêt, sous la même paillotte, à la même calebasse. En Afrique, c'étaient des braves gens. Ici, ils me gênent, ils m'écœurent. Ils ne devenaient tout à fait insupportables au Cameroun, qu'au moment de la pleine lune, ils devenaient torturants avec leur tam-tam... Mais les autres nuits, ils vous laissaient roupiller bien tranquille, en toute sécurité. Je parle du pays « pahoin », le plus nègre pays de nègres. Mais ici, à présent, en France, Lune ou pas Lune, toujours tam-tam !... Nègres pour nègres, je préfère les anthropophages... et puis pas ici... chez eux... Au fond, c'est le seul dommage qu'ils me causent, un dommage esthétique, je n'aime pas le tam-tam... Quant à la matérielle, mon Dieu ! il m'était extrêmement facile de m'arranger... Je pouvais me payer le luxe, non seulement d'ignorer toutes ces turpitudes, mais il m'était enfantin de profiter, et comment, fort grassement, mirifiquement de cette invasion murine... putréfiante...

Mille moyens, mille précédents ! Il m'était loisible entre autres, si l'on considère mes charmes, mon très avantageux physique, ma situation pécuniaire solide, d'épouser sans faire tant d'histoires, quelque petite juive bien en cour... bien apparentée... (Il en vient toujours rôder, tâter un peu le terrain), me faire naturaliser par là même, « un petit peu juif »... Prouesse qui se porte superbement en médecine, dans les Arts, la noblesse, la politique... Passeport pour tous les triomphes, pour toutes les immunités... Tous ces propos, j'en conviens, tiennent du babillage... Bagatelles !... Babillons !...

Nous avons noté que les Juifs semblent avoir choisi l'anglais pour la langue de standardisation universelle (ils faillirent opter pour l'allemand)...

N'est-il pas amusant à ce propos d'observer que les jeunes Juifs des meilleures familles (Juifs français compris), se rendent le plus souvent à Oxford pour achever leurs études. « Finishing touch ! » Suprême vernis ! Si je voulais, si les circonstances m'obligeaient, je pourrais peut-être écrire directement mes livres en anglais. C'est une corde pour me défendre, une petite corde à mon arc. Je ne devrais pas me plaindre... Mais personne ne m'a fait cadeau de mon petit arc... J'aurais bien voulu qu'on me fasse dans la vie quelques cadeaux ! Tout est là !... Pour le moment je préfère encore écrire en français. . Je trouve l'anglais trop mou, trop délicat, trop chochote. Mais s'il le fallait... Et puis les Juifs anglo-américains me traduisent régulièrement, autre raison... et me lisent !... Nous ne sommes pas très nombreux, parmi les auteurs français de la « classe internationale ». Voilà le plus triste. Cinq ou six, je crois... tout au plus, qui pouvons étaler... C'est peu... beaucoup trop peu !... L'invasion est à sens unique, cela me gêne.

Les éditeurs judéo-anglo-saxons, très au courant des choses de la fabrication littéraire, les reconnaissent les romans « standard », ils en font fabriquer d'exactement semblables, tous les ans, par milliers, chez eux. Ils n'ont que faire de « répliques », s'embarrasser d'autres postiches... Personnellement, il me sera possible, sans doute, de me défendre encore pendant quelque temps, grâce à mon genre incantatoire, mon lyrisme ordurier vociférant, anathématique, dans ce genre très spécial, assez juif par côtés, je fais mieux que les Juifs, je leur donne des leçons. Cela me sauve. Je passe chez les Juifs des États-Unis pour un esprit fort. Pourvu que ça dure !

Nous ordonnons que tout Juif maudisse trois fois par jour tout le peuple chrétien et prie Dieu de l'exterminer avec ses rois et ses princes. — Le Talmud.

Tout à fait par hasard je tombe l'autre jour sur un journal que j'ignorais : « L'Univers Israélite », du 15 novembre 1937... Nous avons tort de ne pas lire régulièrement « L'Univers Israélite ». Un seul numéro de cet U.I nous apprend beaucoup plus de choses essentielles sur la marche du monde, que toute notre presse trahisonnante, pour esclaves, pendant tout un mois.

Ainsi nous lisons :

> « L'Art de Hâbimah. À l'Exposition 37 ».

Vous allez voir comme s'est instructif...

> « L'art en général peut être divisé en deux catégories : art national et art international... »

Au premier, appartiennent principalement les artistes de la parole : poètes, orateurs, acteurs...

> « Au deuxième, les peintres, les sculpteurs, les musiciens, les chanteurs. Le rayon des artistes de la parole est très limité ; il s'étend sur tel pays, ou tel autre — parfois il embrasse aussi un pays voisin. En d'autres termes les artistes de la parole sont organiquement liés à leur terre, et seul leur peuple les connaît, les comprend, les apprécie à leur juste valeur.
>
> « Plus heureux est l'art international : ses enfants doués sont chéris dans le monde entier, ils sont partout chez eux, pour eux, tous les peuples ont des yeux et des oreilles. Les exemples ne manquent pas ! Picasso et Chagall, Rodin et Epstein, Duncan et Fokine, Menuhin, Heifetz, Chaliapine...
>
> « De très grands artistes de la parole rompent de temps à autre les barrières de leur langue et de leur pays et deviennent internationaux — telles la Duse et Sarah Bernhardt. Mais cela n'arrive que très rarement, il faut pour cela un talent extraordinaire, prodigieux, une situation particulière, une rare énergie, une langue universellement répandue.

« Vachtangoff, ce génial metteur en scène russo-arménien — et en certain sens aussi juif — s'est créé une méthode nouvelle. Il n'a pas voulu attendre que le grand, le très grand artiste fût né : il l'a pétri lui-même, lui a insufflé une âme vivante. Il y est parvenu principalement parce qu'il a su unir tous les talents de la parole en un ensemble magnifique, tous les tempéraments artistiques en un seul rythme, avec les qualités des uns suppléer aux défauts des autres. De plus, il avait incorporé dans chaque pièce théâtrale tous les arts possibles, — musique et peinture, chœurs, danses et chants. Il ne l'a pas fait d'une façon mécanique mais d'une manière organique comme la religion dans ses extases de prières et de foi.

« La langue de la Bible, si belle qu'elle paraisse dans la bouche des artistes de « Habimah » ne joue qu'un rôle minime.

« Ce n'est pas en vain que de nombreux théâtres se sont mis à imiter « Habimah » dans son art, ils ont entrevu la colombe de l'Arche de Noé, l'annonciateur d'une expression internationale pour les artistes de la parole, ces émissaires spirituels qui créent des liens entre les peuples mieux que n'importe quel représentant diplomatique. C'est pourquoi nous devons tous saluer « Habimah » et ses artistes, à l'occasion de leur nouvelle apparition à Paris, contribuer à leur succès moral et matériel. Nul mieux que « Habimah » ne saurait parler pour nous au cœur des peuples étrangers qui ne nous connaissent pas ou ne veulent pas nous connaître. »

* * * * *

On nous communique :

« Qu'à l'occasion des représentations du théâtre « Habimah », un comité de réception a été formé et est composé de MM. : « Les grands-rabbins M. Lieber et Eisenstadt, Louis Jouvet, Charles Dullin, Gaston Baty, Georges et Ludmilla Pitoëf, Pierre Renoir, Marc Chagall, Max Nordau, Naoun Aronson, Chana Orloff Jules Adler, Georges Duhamel, de l'Académie française, Victor Basch, André Maurois, Chalom Asch, Z. Schneour, Paul Abraham, Edmond Fleg, André Spire, Henri Hertz, Joseph Milbauer, Ivan Goll, Dr. Weill-Hallé, Me Marcel Mirtil, Louis Asscher, Robert Lévy, O. Pernikoff, I. Jefrykin, Léonard Rosenthal, René Rocher, Maurice Lhemann, I. Naïditch, Léonce Bernheim, M. Jarblum, Nahoum Hermann, Joseph Fischer, etc. »

Prague :

« L'Agence télégraphique juive nous apprend que M. Léon Blum, vice-président du Conseil, qui représentait le gouvernement de la République aux obsèques du Président Masaryk, a profité de son séjour à Prague pour visiter la vieille et célèbre synagogue : Altneuschul. M. Léon Blum, qui était accompagné de Mme et Mlle Blum, a été reçu à la synagogue par le président de la communauté juive de Prague qui lui a souhaité la bienvenue en français et en hébreu. »

Palestine :

> « Le Conseil Municipal de Tel-Aviv a décidé de donner à une rue de la ville, le nom du président Masaryk. »

(Le Président Masaryk, malgré toutes les effronteries journalistiques, détestait la France, grand prince de la franc-maçonnerie en Europe Centrale, il ne devait tout son pouvoir qu'à la juiverie franc-maçonne et communisante. Il ne jurait que par la culture judéo-anglaise. Il a préparé de toutes ses forces avec Bénès l'avènement du Judéo-Bolchevisme en Europe. La Tchécoslovaquie n'est que la citadelle avancée du Kremlin en Europe.)

Vienne :

> « À la demande du gouvernement hongrois, les autorités de Vienne ont arrêté le Dr Buxbaum, de Jérusalem, délégué au récent congrès de l'Agoudath Israël à Marienbad.
>
> « Le gouvernement hongrois demande l'extradition du Dr Buxbaum qui aurait fait partie, en 1919, du gouvernement de Béla Kuhn. Il avait été condamné à mort par le tribunal militaire, après la fin du régime communiste, mais réussit à fuir et se réfugia en Palestine.
>
> « Le consul britannique à Vienne a protesté contre l'arrestation du Dr Buxbaum, celui — ci étant citoyen palestinien. »

(« Juif » et « anglais » sont parfaitement synonymes, il faudrait bien s'en persuader, un Juif ou un Anglais c'est pareil.)

PETITS FAITS DIVERS

Palestine :

> « Cependant le K.K.L. est resté et reste le grand acheteur foncier du Foyer national juif, puisqu'en 1937 il s'est rendu acquéreur de 20 000 dounams de terres, sur les 25 000 dont les Juifs sont devenus propriétaires.
>
> « Malgré tous les obstacles, le K.K.L. compte réunir, cette année, un demi-million de livres. On n'est pas à court d'offres, car la grève

a été a désastreuse pour l'économie arabe. Aussi les Arabes sont-ils prêts à vendre tout ce qu'ils peuvent.

« Il y a seize ans, le Keren Kayemeth possédait seulement 20 000 dounams de terres. Aujourd'hui nous en avons plus de 400 000. Nous avons réalisé la réforme foncière, qui consiste à nationaliser le sol, et nous l'avons fait magnifiquement. »

L'Armée :

« Nous apprenons avec le plus grand plaisir la nomination de M. le Médecin Général Worms, professeur agrégé, actuellement directeur du Service de Santé du 1er Corps d'armée, comme directeur de l'École de Santé Militaire à Lyon, et lui adressons nos plus sincères félicitations. »

* * * * *

Et chaque numéro de l'« Univers Israélite » contient pour le moins autant de renseignements, d'enseignements très précieux que ce banal exemplaire. Absolument inutile de lire nos autres cancans indigènes, tous endormeurs, fourvoyeurs, sournoisement frivoles (par ordre). « L'univers Israélite » les devance, les résume, les domine, les éteint tous de très haut, de très loin. Il nous donne les véritables nouvelles du Monde et de la France. Voilà « L'Éclaireur de France ».

Encore de l'« Univers Israélite » du 19 novembre 1937 :

« Me J. Tchernoff a fait le dimanche 7 novembre, devant les auditeurs de « Chema Israël » une très remarquable conférence sur le Judaïsme, source de justice et de morale... Nos lecteurs connaissent Me Tchernoff, avocat réputé du barreau de Paris, l'un des maîtres incontestés du droit pénal financier, historien, sociologue, écrivain... et excellent juif (textuel). Me Tchernoff s'est toujours penché avec compréhension et sympathie sur « les problèmes juifs... », etc., etc.

Que nous apprend donc Me Tchernoff au cours de cette « remarquable conférence » ?... « Qu'il est absurde et criminel de vouloir identifier le judaïsme et le bolchevisme une doctrine de calme et d'évolution avec une doctrine de violence et de révolution... »

Est-on plus culotté ?...

Que nous raconte encore Me Tchernoff ?...

« La Révolution bolchevique de 17 à laquelle ont pris part entre « autres quelques Juifs déjudaïsés ... »

Magnifique !... sublime... Prenez ici le Juif en flagrant délit de disculpation, de propagande communiste oblique... « Quelques ! »...

« Déjudaïsés ! »... Délicieux ! Adorable ! Suprême !... À s'en tordre la synagogue !... Mais le premier conseil des Commissaires du Peuple « 17 » fut précisément entièrement constitué par des Juifs... et depuis lors cela n'a pas changé !... Me Tchernoff le sait mieux que personne !... « Déjudaisés ! » Mais le Komintern c'est le Judaïsme même !... le Consistoire le plus exécutif !... le plus ardent, le plus intransigeant, le plus sanglant de la Planète !...

L'occasion est excellente puisque nous touchons à la Révolution 17 de parler encore un peu du fameux Félix M. Warburg... le grand banquier juif de New-York, vous savez ? le gendre de Jacob Schiff, chef de la famille Warburg, de la clinique Loeb, Barush, Hanauer, etc. Warburg qui subventionna le vieux breton Trotsky (15 milliards, puis 200 milliards), Parvus, Lénine et tous les autres pour révolutionner la Russie en 17. L'était-il aussi celui-là « déjudaïsé » ?... Ce « l'un des quelques juifs » ?...

Il n'y paraît guère... Il vient précisément de mourir à New-York le 20 octobre dernier, ce très puissant Félix M. Warburg, véritable instigateur, créateur du Communisme en Russie (calmez-vous, la famille Warburg n'est pas éteinte)... Qu'apprenons-nous à propos de cette mort... Que toutes les synagogues du monde entier résonnent, bourdonnent actuellement en prières pour le repos de son âme... Quel émoi dans les Consistoires !... Ce ne sont que services funèbres solennels après services solennels... Précisément à Paris le 31 octobre dernier, M. Léon Bramson, président de l'ORTF (la grande œuvre juive)... M. R. de Rothschild, MM. Bodenheimer, Bader, Weill, etc.... portent les paroles de lamentation... Nous trouvons toute la haute juiverie dans les larmes... et la petite juiverie de même... avec les « bonnes œuvres »... Toute la tribu se presse autour de ses rabbins pour gémir à la perte de son très grand Juif de patriarche, américano-soviético-milliardaire. L'extraordinaire charme qui émanait de Félix M. Warburg, sa grande noblesse de caractère, sa générosité, son dévouement à l'œuvre de reconstruction économique des masses juives déclassées... Ce fut au cours de la grande guerre et des années qui suivirent que le disparu, constamment sur la brèche, s'employa le plus activement et le plus généreusement à alléger les souffrances et à panser les maux inouïs causés par la guerre aux millions de Juifs de l'Europe Centrale et Orientale... Grâce à lui, le judaïsme américain coordonna ses efforts..., etc.... »

Tu parles !... En somme l'éloge funèbre d'un grand monarque universel... Justice d'ailleurs... Justice !... Louis XIV n'était qu'un très petit sire en fait de victoires à côté de Félix M. Warburg de New-York !... Lui pouvait causer d'un règne triomphal !...

Comprenez-vous ces très beaux euphémismes ?... « les masses juives déclassées... » chers cocus ? « la coordination des efforts ?... l'allégement des souffrances ?... ». La « déjudaïsation » ?... Tendez le poing !... Allons encore une bonne fois !... Le signe de croix juif ! Comme dans les synagogues, comme Place de la Nation ! pour l'âme de Mr. Warburg... Pour sa félicité complète ! Mon cher veau !... Les enfants Warburg ont les yeux sur vous !.. ainsi que MM. Barush... Loeb... Hanauer... Brandès... Samuel... Belisha... Kaganovitch... Rothschild... Blum... et sa sainteté même le Pape... « déjudaïsé »... comme vous dites.

> *C'est un commandement pour tout Juif de s'efforcer d'anéantir tout ce qui touche à l'Église chrétienne et ceux qui la servent. Le Christ est le fils d'une Prostituée. Il est Ben Pendera, c'est-à-dire le fils d'une bête lubrique.* — Le Talmud.

Toujours dans l'« Univers Israélite » (25 juin 1937) :

« Où va l'Europe sans les Esprits Judéo-Chrétiens. Conférence du R. P. Dieux (superbe !), Théâtre des Ambassadeurs. Dieux ne nous l'envoie pas dire... :

« Entre Chrétiens et Juifs aucune divergence... Israël a souffert pour répandre dans le monde la conception de Dieu, la plus belle... la plus pure... la plus noble... » Vive la Bible... Nom de Dieux ! Et l'auteur cite André Gode (textuel) sur l'indignité de l'homme en U.R.S.S... plus loin, Dieux ajoute... : « Le Pape et les représentants qualifiés du Protestantisme et du Judaïsme ont solennellement condamné le racisme (tu penses !), les simples citoyens doivent suivre cet exemple... Mais, à elle seule aucune compression n'est assez puissante pour entreprendre une lutte efficace. C'est pourquoi il faut organiser le Front Judéo-Chrétien (Front populaire céleste en somme) pour la défense de la liberté »...

« Deux spectres doivent rester du passé : l'antisémitisme et l'antichristianisme, parce que l'antisémitisme est le premier chapitre de l'antichristianisme. Déjà, un peu partout, les croyants de toutes les professions s'associent. Les rabbins de France protestent contre la persécution des catholiques en Espagne, et chez les Juifs on commence à comprendre la grandeur de Jésus... Le grand événement de l'avenir, ce sera la rencontre de tous les fils de la Bible et de l'Évangile... Mais en attendant ce jour lointain, pour sauver la Paix, la civilisation et la Révélation, il faut nous tendre la main », conclut l'orateur sous les chaleureux applaudissements du public... »

Nous ne rêvons pas... Ce « Dieux » au pluriel, est sûrement franc-maçon... et plus sûrement encore Juif comme le Pape... Et puis comble ! le diable est partout ! le compte rendu de cette séance est signé : Mandel.

Je ne voudrais point malgré tout pour autant que mon simple avis ait une importance quelconque, faire du chagrin autour de moi... Il se trouve toujours quelques héros, parmi tant de velléitaires, enculomanes, pluriproustiens, gidois bordeaux laids... Leur mérite est d'autant plus immense dans un pays où le lecteur, acheteur, se révèle en définitive tout aussi rare, clairsemé, invraisemblable, que la grouse furtivole aux Buttes-Chaumont. Voici donc une phalange bien stoïque, allant toujours s'amenuisant, s'effritant chaque jour davantage, toute succombante aux basses besognes de journalisme et de radio. Rivée par les youtres à la galère des litanies juives pour masses ivrognes...

D'autre part, je le dis de suite, il serait erroné de croire que je me prends pour un modèle, que je voudrais qu'on me copie !... Bien sûr j'ai ma petite musique, ceux qui peuvent en dire autant ne sont pas encore si nombreux par les temps qui courent... Ils deviennent même, à cause de la mécanique, de la fatigue cérébrale, du frénétique châtrage objectiviste, de plus en plus rares. Cela m'empêche d'être jaloux... C'est pour les autres la jalousie. Ce serait inepte de ma part... Je râle par principe. C'est tout. Je n'aime pas voilà, les défis, l'imposture, les faux blases. Tous ces gens qui installent, me choquent et m'excèdent. J'ai le droit. Je sais nettement que l'art Gidien après l'art Wildien, après l'art Proustien, font partie de l'implacable continuité du programme juif. Amener tous les goyes à bien s'enculer. Pourrir soigneusement leur élite, leur bourgeoisie par l'apologie de toutes les inversions, les snobismes, les vanités, les énerver, les gangrener, les ridiculiser de telle manière qu'à la moindre secousse du prolétariat que les Juifs auront parfaitement, méticuleusement dopé d'avance, farci de haine et d'envie, cette prétendue élite, bascule tout au fond de son cloaque. Une bonne chasse au sang, et tout sera dit !... emporté dans l'égout !... un vertige !...

Revenons à ce qui me concerne humblement. Je ne force personne d'acheter mes livres. Toute la critique est bien en quart, à la porte de chaque librairie pour empêcher qu'on m'achète. Le lecteur éventuel se trouve soigneusement prévenu, la critique bien enjuivée (de droite comme de gauche, je répète) extrêmement virulente pour débiner ma camelote. Même les libraires me sont hostiles en majorité. Ils ont leurs goûts à eux, des goûts de Français bien rétrécis... ils déplorent... les sales cocus ! Ah ! Si j'avais voulu hurler avec les « émancipateurs », comme cela me fut tant de fois proposé ! Huit jours encore avant « Mort à Crédit » pas un seul journal de la « gôche » qui ne soit venu par envoyé spécial, me passer une petite liche bien fourrée... m'offrir ses colonnes et à quels prix !... Huit jours plus tard quel déluge ! Ah ! les saloperies fumières !...Ah ! comme ils sont tous vils et fiotes ! Comme Gide a bien fait, Nom de Dieu, de bien tous les enculer ! Je veux bien moi qu'on m'achète plus. Je connais deux cents autres manières et des bien moins fatigantes pour trouver mon bœuf... Tous ces bigleux mangeront de la merde que je me taperai des vraies grives encore. Ah ! si j'avais hurlé comme eux, comment qu'ils m'auraient trouvé beau ! un Lion ! Prophétique messager ! Insurpassable ! Ah ! qu'ils m'auraient intitulé : Une des Voix du Monde !... Ah ! s'ils peuvent courir vraiment aussi vite que je les emmerde comme ils vont le gagner le Grand Prix ! Quelle importance ces misères ? je déraille !... J'ai quelques confrères admirables, je ne les cite pas tous, je ne veux pas leur faire du tort. Tenez Siménon des « Pitard », on devrait en parler tous les jours ! Marcel Aymé réussit le conte mieux que Maupassant. Les « Conquérants » de Malraux, pour autant que j'en puisse juger, voici du chef-d'œuvre ! Évidemment à présent la presse juive « l'engénise » à perte de souffle. Ce sont les horreurs du métier. Elie Faure, bien qu'à mi-youtre, si franc — maçon me passionne, sauf quand il parle d'amour, alors il déconne à pleine bourre, il se met à peser d'un seul coup plusieurs tonnes de merde gaffeuse, comme presque tous les enjuivés lancés dans le sentiment. Je me ferais mourir pour Lenôtre.

Dabit de la « Villa Oasis » si peu remarquée... Morand (quand il essaye pas de faire du roman, de l'émotion) me paraît être le modèle de tout vigoureux écrivain du genre. Et Mac Orlan ! Il avait tout prévu, tout mis en musique, trente ans d'avance. J'aurais chez moi, si je pouvais, tous les « Dessins animés ». C'est vous dire que je suis bignolle, pas délicat pour un rond... Je veux bien (voyez-vous ça) de tous les genres, aucun ne me semble inférieur, à condition que la matière soit organique et organisée, que le sang circule, partout, autour et dedans à partir du cœur, respire avec les poumons, tienne debout, en somme, que le truc tourne avec un point de catalyse bien vivant, le plus vivant possible, insupportable ! au centre bien caché, bien scellé, au tréfonds de la viande, qu'on ne me trompe pas que cela palpite qu'on ne me vante pas tel pauvre cadavre en froufrous babillards... Tous ces tricheurs pourris, ces velléitaires genre « génie », ces inorganiques me font rendre. Je donnerais tous les Proust de la terre et d'une autre encore pour « Brigadier vous avez raison », pour deux chansons d'Aristide. Si l'on se met à délirer il faut vraiment avoir la fièvre... faut pas faire semblant !...

J'aime encore mieux Claude Farrère que douze ou treize faux-monnayeurs. Pour mon petit personnel je dois beaucoup à Barbusse, à Daudet du « Rêve éveillé ». Vlaminck me semble parmi les peintres celui qui se rapproche le plus de mon idéal avec Gen Paul et Mahé... Il ne faut pas imaginer que tous ces gens-là sont des potes ou le furent... Ce serait une erreur fatale ! Peut-être sans doute qu'ils me détestent ou me détestaient de leur garce vivant. La plupart, je les ai jamais vus. Je tiens pas du tout à les voir, ni à leur plaire, au contraire, ce sont les coiffeurs de la vie, qui tiennent toujours beaucoup à plaire, les putains. Plus on est haï, je trouve, plus on est tranquille... Ça simplifie beaucoup les choses, c'est plus la peine d'être poli, je ne tiens pas du tout à être aimé... Je n'ai pas besoin de « tendresse »... C'est toujours les pires saloperies de l'existence que j'ai entendu soupirer après les « tendraîsses »... C'est ainsi qu'ils se rassurent. C'est comme l'honnêteté, la probité, la vertu... Quels sont les murs au monde qui entendent le plus parler de ces choses-là ?... Ce sont les murs d'un cabinet de Juge d'instruction... Quelles sont les arènes où l'on vocifère maximum au nom de toutes les Libertés ? de la France aux Français ? de l'abolition des injustices et des privilèges ?... Dans les arènes du Communisme pleines à craquer de Juifs délirants de racisme et de voracité. C'est pesé ! Chers fauves, arrivez donc me déchirer tous ces veaux !...

Revenons à nos gais moutons... Je digresse comme une vieille chaisière. Question de « littérature » je ne me donne donc pas pour modèle, nenni ! On m'a énormément copié, certes, sans rien dire ! rien divulguer, c'était fatal... Ici et là, un peu partout et dans bien d'autres pays... Ceux qui me copient m'abominent forcément, m'éreintent dès qu'ils peuvent, plus que tous les autres à la fois. Je suis le papa de bien des petits enfants, à maigres couillettes, qui font à mes frais les petits farauds, les petits inspirés, les petits fiévreux prophètes, d'une petite « sauterie » dans une autre à droite, au centre et surtout à gauche. Je ne veux pas les déranger, je suis discret par nature, les papas savent bien qu'il faut s'effacer, que c'est le plaisir des enfants de faire leurs petits crâneurs... Je veux pas les déranger, m'amener en trouble-fête... J'ai même pour eux, je l'avoue, une petite tendresse bien compréhensible... Je voudrais pouvoir leur passer un petit peu de glycérophosphate, qu'ils se renforcent un peu les os... une armature plus solide... En général, ils sont mous, ils puent le lycée, le babillage, la branlette, le cœur leur manque. Ils me font de la peine à regarder... Pour un peu je les renierais. C'est malheureux, en fait, en somme, qu'ils aient pas plutôt continué à écrire poli « goncourtien »... Ça vient tout seul chez les mufles, ce genre goncourtien. Tous les gens polis sont des mufles. Pas plus poli qu'un bourreau... Quand on a pris le temps d'étudier si bien l'adjectif convenable, au moment qu'il monte à la plume, c'est qu'on est sec comme un coup de trique. Croyez-moi j'ai fait souvent l'expérience. Notre belle littérature néo-classique, goncourtienne et proustophile n'est qu'un immense parterre de mufleries desséchées, une dune infinie d'osselets frétillants. Pour bien réussir dans le franc grossier, l'émotion directe, il ne suffit pas, ce serait trop facile, d'invoquer la merde chaque fois qu'on se trouve à court. Tels romantiques et classiques dès qu'ils se sentaient bafouilleux, fourvoyés un petit peu en traître terrain, prenaient à rescousse Dieu le père ! l'imposaient aussitôt. Ficelles ! silence ! et vénération ! Pour bien donner au « vulgaire » il est tout à fait impérieux que tout d'instinct vous en retienne, que tout vous éloigne... et c'est le paradoxe, des vautreries ordurières... des abandons lâches du commun... de la matière morte en somme... de tout le rebut en un mot... Que tout vous rappelle au contraire despotiquement à la vie, au fluide, à la danse.

La grossièreté n'est supportable qu'en langage parlé, vivant, et rien n'est plus difficile que de diriger, dominer, transposer la langue parlée, le langage émotif, le seul sincère, le langage usuel, en langue écrite, de le fixer sans le tuer… Essayez... Voici la terrible « technique » où la plupart des écrivains s'effondrent, mille fois plus ardue que l'écriture dite « artiste » ou « dépouillée », « standard » moulée, maniérée, que l'on apprend branleux en grammaire de l'école. Rictus, que l'on cite toujours, n'y réussissait pas toujours, loin de là ! Force lui était de recourir aux élisions, abréviations, apostrophes Tricheries ! Le maître du genre, c'est Villon, sans conteste. Montaigne, plein de prétentions à cet égard, écrit tout juste à l'opposé, en juif, semeur d'arabesques, presque du « France » avant la lettre, du Pré-Proust...

Dès qu'on se sent un peu « commun » dans la fibre et l'intimité, le mieux, de beaucoup, sans conteste, c'est de se vouer aux bonnes manières, de faire carrière en « dépouillerie » en élégante concision, sobriété délicate, finement tremblotante, colettisme. Tous les « parfaits styles » dès lors vous appartiennent avec plus ou moins de petit doigt, lanlaire !

Plus rien à craindre de vos élans !... Vous ne serez jamais découvert, le monde, si bourbeux, si porc, tellement irrémédiablement bas du cul, ses « chiots » toujours si près des talons, ne se torche que de papillotes, pasteurisées... Toute sa distinction !... La seule à vrai dire. Pour cette raison et nulle autre, vous observerez que les dames s'effarent et se déconcertent, interpellées en durs propos, tressaillent des moindres grossièretés. Elles toujours si près du balai, toujours si boniches par nature, dès qu'elles écrivent, c'est au plus précieux, au plus raffiné, aux orchidées qu'elles s'accordent... Elles n'empruntent qu'à Musset, Marivaux, Noailles, ou Racine leurs séductions, leurs travestis. Supposons qu'elles se laissent aller... quel déballage ! une minute ! Jugement de Dieu !... Ce serait alors vraiment la fin du monde ! Écrire pourtant de cul de bite, de merde, en soi n'est rien d'obscène, ni vulgaire. La vulgarité commence, Messieurs, Mesdames, au sentiment, toute la vulgarité, toute l'obscénité ! au sentiment ! Les écrivains, comme les écrivaines, pareillement enfiotés de nos jours, enjuivés domestiqués jusqu'aux ventricules depuis la Renaissance, n'ont de cesse, s'évertuent, frénétiques au « délicat », au « sensible », à « l'humain »... comme ils disent... Dans ce but, rien ne leur paraît plus convaincant, plus décisif, que le récit des épreuves d'amour... de l'Amour... pour l'Amour... par l'Amour... tout le « bidet lyrique » en somme... Ils en ont plein les babines ces croulants dégénérés manièreux cochons de leur « Amour ! » ...

C'est en écrivant d'Amour à perte d'âme, en vocabulant sur mille tons d'Amour, qu'ils s'estiment sauvés... Mais voici précisément, canailles ! le mot d'infamie ! le rance des étables, le vocable le plus lourd d'abjection qu'il soit !... l'immondice maléfique ! le mot le plus puant, obscène, glaireux, du dictionnaire ! avec « cœur ! ». Je l'oubliais cet autre renvoi visqueux ! La marque d'une bassesse intime, d'une impudeur, d'une insensibilité de vache vautrée, irrévocable, pour litières artistico-merdeuses extraordinairement infamantes... Chaque lettre de chacun de ces mots suaves pèse sa bonne demi-tonne de chiasse exquise... Tous les jurys Feminas s'en dégustent, ne respirent que par ces étrons, à longueur de pâmoison, s'en ravissent intimement, festoyeusement « tout à la merde », s'en affriolent en sonnets, pellicules, conférences, mille tartines et téléphones et doux billets...

Racine ? Quel emberlificoté tremblotant exhibitionniste ! Quel obscène, farfouilleux pâmoisant chiot ! Au demi-quart juif d'ailleurs !... Regardez les bêtes sauvages un petit peu, toujours nobles, toujours pudiques... Mais les lapins en clapiers, les chiens en chenils, les porcs dans leurs bauges, en voilà des êtres qui parlent, rêvent, pensent, agissent pour l'Amour ! Toute la pourriture, la servitude des races commence, s'achève par l'amour, les « tournois », les émois, les sussurages de l'Amour !... Un bon coup d'alcool par là-dessus et c'est l'écroulement ! Les voici bien abâtardis, bien mûrs pour tous les esclavages, pourvu qu'ils s'enculent encore et toujours plus et plus toujours... dans tous les chenils, les clapiers qu'on leur présente... vautrés dans leurs arguties, dans leurs arabesques d'Amour, ils exultent !... C'est leur paille !... Il n'existe à parler franc qu'une seule obscénité. Mais celle-ci élémentaire, inexorable, biologique infiniment corruptrice, c'est le « Parlez-moi d'amour » putréfiant. Rien ne lui résiste.

Tout s'en trouve, en très peu de temps, corrompu, vermoulu, « muflisé » à jamais... C'est la vraie « débauche »... L'effrénée putasserie des sentiments et des mots doit se payer en définitive très cher, se solder par de très cruels supplices. Aux hordes avachies, « amorosées », les infinies servitudes !... Toutes les prostitutions du cul ne sont que vétilles auprès de ce « niagaresque » dégueulé de « doux murmures » de « sentiments brûlants », « d'ineffables ivresses »... tout ce déluge d'enfioteries dont on nous submerge pour notre décadence. La veulasserie des choses de l'âme nous confectionne plus d'abrutis, de serfs et de fous ennuyeux, de maniaques obtus et sourds que toutes les véroles d'un siècle renforcées ensemble.

Le Juif qui viole ou corrompt une femme non juive et même la tue doit être absous en justice, parce qu'il n'a fait de mal qu'à une jument. — Le Talmud.

« Qu'est-ce qui rentre dur et sort mou ? » Voici une bonne devinette...

Ceux qui savent répondent : le biscuit !... Les films c'est pareil... Ils commencent durs et finissent mous... guimauve à la merde !... au jus « sentiment ». Les foules se régalent, c'est leur bonheur, leur ivresse, il leur faut leur merde, leur bonne merde juive, merde — radio, merde-sport (tous les combats de boxe, toutes les compétitions de la route et du vélodrome sont truqués), merde-alcool, merde-crime, merde-politique, merde-cinéma, ils s'en font crever !... Jamais trop ! Jamais trop d'étrons ! Jamais trop coûteux ! La littérature d'ailleurs les prépare à bien apprécier cette jolie fiente. La littérature se met au niveau, il faut bien, des plus accablants scénarios, des plus surbranlés. Elle ne végète plus qu'à ce prix, ne sait plus comment s'enjuiver davantage, plaire par conséquent, s'envaser encore un peu plus, renchérir dans la sentimentalerie... Tout en étrons !... Plus près toujours ! Plus près du peuple ! plus politique ! plus démagogue !

L'esprit « banquiste » en somme... L'esprit du pitre Tabarin (1630 est déjà youtre)... Au prochain acte la puce savante ! Messieurs, Mesdames, le peuple vous renverra aux gogs un de ces trois matins !... Alors tous en prison !... et Robots Nom de Dieu !... et en avant le surréalisme !.. Le truc d'art moderne est encore plus simple !... je vais vous l'indiquer pour rien... Vous photographiez un objet, n'importe quel objet, chaise, parapluie, télescope, autobus, et puis vous le découpez en « puzzle »... Vous éparpillez les miettes, ces lambeaux, tout à travers une immense feuille de papier, vert, crème orange. Poésie !... Vous avez compris ?... Quand le robot veut de la poésie on le régale... Nous n'en sommes encore qu'au dernier stade de la décrépitude naturaliste, maniérée, cosmétiquée, napolitanisée, persuasive, flagornante, hurleuse. Vous attendrez quelques mois !... Vous l'aurez l'art robot ! On pourrit l'esclave aryen, on le prépare de toutes les manières : et tant qu'il peut s'en goinfrer !... Si quelque petit Juif s'amène, d'aventure détenteur d'une nouvelle façon de miner, d'ahurir encore mieux l'Aryen, plus intimement... Son avenir est assuré... Et quel avenir !... Quel contrat fulgurant ! Il ne faut à Hollywood que trois semaines de publicité mondiale intensive pour transmuter le plus grêle, frelaté, en train de surir normalement, rance ulcéromateux petit fifre de youtre en épatantissime

Phénix, le réincarner Michel Ange ! plus Rembrandt, plus Mirandole ! Voyez-vous d'ici ! Vous n'existez pas !... Le Juif est à l'origine de tout le cinéma... aux commandes, Hollywood, Moscou, Billancourt... Meyers sur Meyers... Korda, Hayes, Zukor Chaplin, Paramount... Fairbank... Ulmann... Cantor..., etc., etc. Il est au milieu dans les salles « circuits », dans les rédactions... les critiques. Il est au bout... à la caisse... Il est partout... Ce qui vient du Juif retourne aux Juifs ! automatique !... inexorablement. Ayant drainé au passage, repassage sur toutes les routes du monde, toute la subsistance spirituelle et tout le flouze des cons d'Aryens, abrutis, cocus, avinés, fanatisés par ces merdes ! pour ces merdes ! dans la merde !... Comme ils ont bien appris aux foules, les youtres de la pellicule, l'obscénité sentimentale ! toutes les « caresses et les aveux » !... le dépotoir des longs baisers... l'indignité... l'énorme dégueulis « d'Amour ! »...

Le théâtre va culbuter, un soir, bientôt, tout entier, sans faire un gros plouf dans le cinéma !... étron tortilleur ! dans la fosse commune, dans la gigantesque vidange ! dans l'Attraction Universelle ! l'art mondial juif. Vous observerez que le courant de vedettes (tous grands génies évidemment, théâtreux et cinéatiques), se fait de plus en plus animé, intensif, ces derniers mois entre Hollywood, Moscou et les capitales d'Europe... Ces « artistes » ne voyagent qu'en service commandé... Ils participent tous à la grande colonisation mondiale par le cinéma juif... Chacun apportant à Hollywood tour à tour, sa petite trahison personnelle, ses petits renseignements intimes, ses petites félonies, infiniment anxieux de plaire encore aux Ben Mayer, Ben Zuckor... frémissant de leur rapporter encore une autre ficelle émotive, volée aux arts autochtones, aux arts aryens, pour faire mieux encore passer la marchandise filmée juive pourrissante. Un petit secret de pénétration... Tout cela soigneusement rétribué, trafic abject je vous assure... spirituellement... Juifs de toutes les grimaces unissez — vous !... C'est fait !...

Autre trafic parallèle, pour les apprenties vedettes, entre l'Europe et Hollywood. Trafic des plus belles, des plus désirables petites Aryennes bien suceuses, bien dociles, bien sélectionnées, par les khédives négrites juifs d'Hollywood « Metteurs en scène » (!) écrivains (?) gouines de pachas, machinistes... banquiers assortis... Tous nos vizirs de l'Univers juif !... Ce n'est plus la route de Buenos... c'est la route de Californie et de « haut luxe » et vice versa. Les petits culs d'Aryennes, les plus tendres, bien juvéniles, et mignons, tout ce qu'il y a de mieux dans le cheptel, absolument tout premier choix, pour les gros vielloques, négrifiants... les plus fermentées pourritures concentrées youtres du suprême cinéma !... Juif partout ! au cul ! de tout ! et dans la pipe !... le bon foutre juif !... Tu les boufferas les hémorroïdes du gros paneux, suiffeux fameux youtre, haineux pacha, petite sœur de race !... reine de beauté !... Ils en raffolent des chichis fourrés ! Tu n'as pas seize ans pour les prunes ! Tu veux faire carrière ?... Minois ? Tu veux être adulée !

dis-moi ?... Tu veux être Reine de l'Univers juif ! Minute !... Attends un petit peu d'abord... frémissante ! À la pipe enfant !... Tu crois qu'il suffit d'être belle ?... Ouvre d'abord ton gentil ventre... Tu crois les journaux de cinéma ?... Tu n'as pas fini ! Tu veux passer souveraine, petite garce ?... Mondiale favorite ? Très bien ! Alors descends un petit peu d'abord à l'anus de M. Lévy-Lévy, dit Samuel l'Abyssin, dit Kalkeinstein, dit Ben Cinéma, lui amuser sa procidence... suce tout doucement le lourd paquet... qu'il t'éprouve !... Assez de phrases ! là !... Ne crève rien de tes quenottes !.. La gloire c'est un trou du cul ! bien compliqué, fragilement boursouflé, de suiffeux juif... doucement !... N'abîme rien, ma charmante, surtout ! Ne fais pas saigner M. Kalkeinstein... Il t'attend !... Dépêche-toi chérie. Tout doux !... À présent une autre ! raffole des « blondes » par-dessus tout, M. Kalkeinstein, Ben Cinéma... comme tous les nègres... Il possède, chères postulantes ! toutes les photographies déjà bien en place, sur son grand bureau directorial... Il mouille. Le Parc aux Cerfs Abdul-Hamid ? Rio-Janeiro ? Primitives bordelleries ! Hollywood fait lui bien mieux... une sélection bien plus fine... bien plus astucieuse, plus rationnelle... Préface de la grande Réserve des plus belles blanches pour les Juifs exclusivement. Razzia tous les dimanches. La sélection française des petits tendrons de beauté se trouve particulièrement guettée par les grands chacals juifs de Californie. Une magnifique réputation de suceuses, de très mignoteuses putains précède les Françaises partout... Le nabab judéo-canaque d'Hollywood, tard sorti de son ghetto... veut, c'est naturel, il est le roi... se rendre compte... J'ai connu l'un de ces pachas, il était splendide dans son genre. Il est mort d'ailleurs à la tâche... Au moment où il débarquait il arrêtait pas de se réjouir jusqu'à son départ... Il éprouvait en personne à longueur de bite et de nuit, toutes les aspirantes vedettes... C'était pas possible d'imaginer la consommation de cet homme... Le nombre de mignonnes qui se présentent pour se faire calcer rien qu'à la furtive perspective d'un engagement pour Hollywood ...ou même un petit rôle d'essai aux environs de Paris... Complètement affriolées ! C'est par douzaines que ça radine ! plus mignonnes les unes que les autres pour sucer la bite du monsieur... et sa chaude-pisse et sa vérole... Et pas des blèches, je vous assure ! rien que des tendrons ! !... toutes présentées par leurs familles, et même des pucelles. Rien que des Aryennes et des petites bourgeoises pas faméliques. Rien au-dessus de la « majorité » ... L'ambition !... Et l'Abyssin horrible en plus ! laid, vieux et sale, lourdingue et con, une vraie ordure, en tout et partout... une vraie dégueulure de ghetto. Jamais il avait de résistance... Il se les farcissait toutes... à l'espérance, au mirage juif, au bon mot ! Ah ! Don Juan ! quel causeur ! Les mères auraient fait l'impossible peur qu'ils les enculent davantage, leurs jolies fillettes ! si douées pour les Arts... Il en pouvait plus... Elles le léchaient sur toutes les faces... ses vieilles burnes flasques... Hollywood ! Plus elles étaient « fiancées » plus ça plaisait... Il tenait un petit carnet pour numéroter les pucelages... parfois 25 dans un mois... Il était sadique comme 36 chats de Perse... De temps en temps ca tournait mal, y avait du tabac, des pères, des frères de familles qui se montraient... des petits chantages en perspective... Mais les pachas sont protégés... il avait même, celui-là, tout spécialement, pour son service, un vrai commissaire de police attaché à sa personne pour le dépêtrer.. quand ça fumait un peu fort... La police intervenait. On réveillait même la nuit le Préfet dans sa Préfecture pour qu'il donne des ordres... pour qu'on lui ramène ses mignonnes, quand elles se faisaient la valise... absolument comme sous Louis XV... quand sa queue l'empêchait de dormir... Ça. sert à quelque chose nos impôts. Seulement faudrait pas que je vous gâte, que vous alliez vous croire Pacha... Il y a l'énorme différence !... Le « Bon Plaisir » ça subsiste... c'est plus les mêmes qui en profitent, voilà tout... Faut pas confondre !... Vous petite cloche, vous cave d'Aryen, vous vous feriez drôlement sonner s'il vous prenait la fantaisie de jouer comme ça les petits satyres ! même le quart ! même le dixième ! on vous ferait passer vite le goût... Vous auriez même pas le coup de Bastille ! Vous auriez droit aux « castagnettes »... Pfoui ! la raclure d'indigène ! qui pisse à présent partout ! Le sale coyote ! La débranlure ! à la niche ! infect... couché !... Ce ne sont là, je vous l'affirme, que tout autant de gamineries... Délassements de conquérants ! distractions de khédives. Bagatelles ! L'œuvre sérieuse n'en pâtit pas ! Au contraire !... Le programme talmudique ne souffre aucun retard d'exécution. L'érotisme polluant fait partie du programme. C'est tout. Chapitre intime.

Quant aux principes généraux ils sont intangibles. Observez que tous les films français, anglais, américains, c'est-à-dire juifs, sont infiniment tendancieux, toujours, des plus bénins aux plus amoureux !... des plus historiques aux plus idéalistes... Ils n'existent et ne se propagent que pour la plus grande gloire d'Israël... sous divers masques : démocratie, l'égalité des races, la haine des « préjugés nationaux », l'abolition des privilèges, la marche du progrès, etc. l'armée des bobards démocratiques en somme... leur but strict est d'abrutir le goye toujours davantage... de l'amener le plus tôt possible à renier toutes ses traditions, ses malheureux tabous, ses « superstitions », ses religions, à lui faire abjurer en somme tout son passé, sa race, son propre rythme au profit de l'idéal juif. De faire naître en lui, par le film, le goût bientôt irrésistible pour toutes les choses juives qui s'achètent, de la matière, du luxe, qu'il se fabrique ainsi lui-même, l'Aryen, les verges pour se battre et les chaînes pour s'enferrer, qu'il paye pour comble, chemin faisant, avec quel exorbitant « surplus » tout l'appareil de son servage et de tout son abrutissement.

Vous noterez que, dans les films, le Juif, en tant que « personnage juif » n'apparaît jamais à vos yeux qu'en « persécuté », touchant personnage, écrasé par ta malignité des choses, la malchance... et surtout par la brutalité des Aryens... (Voyez Chaplin)... « Pleurnicher nourrit » admirablement ! L'humour juif est toujours unilatéral, toujours dirigé contre les institutions aryennes ; on ne nous montre jamais le Juif avide, vorace, larvaire et vautour, arrogant ou limande, tel qu'il se transforme, se frégolinise inlassablement, dans la vie de tous les jours, selon les besoin de la conquête. Quel champ prodigieux pourtant offert à la verve des humoristes ! analystes, satiristes, redresseurs virulents de tous les torts, fanatiques justiciers, fins scalpels de l'iniquité ! Quelle manne ! quel matériel abracadabrant d'imprévus ! d'inouïs imbroglios cette ruée gigantesque des rats youtres sur l'univers, inassouvibles voraces en délire, insatiables, enragés d'un virus dont le Monde s'anéantit... sous nos yeux, avec eux, sous eux, quel cyclone universel !... Du grotesque en cataclysme aux plus déchirantes grandes guignoleries... de tout !... De la Russie subcarpatique aux déserts américains... aux petits « cafés lapidaires ». Le monde en torture !

Drôle ! Au moment d'aborder ces infernaux parages, le Juif, le djibouk des arts, de toucher à son propre problème, son propre destin, l'enjuivé se résorbe, s'évapore, élude... Plus personne !... Au moment d'affronter la réelle, la seule question humaine du moment, la ritournelle typique de la terre, de débrider un peu cet anthrax : la Conjuration juive... son infiltration, l'accaparement par la youtrerie de tous les ressorts, de tous les leviers et commandes du monde... La trame en somme de la Démiurgie, l'apostolique hébraïque... Plus rien !... Plus un Juif !... Ces mêmes foudres d'humour, ces impitoyables scalpels, ces dramaturges supervibrants, s'attendrissent... tous ces extra-lucides s'embrouillent... ces effarants super-analystes se mettent à badiner, toute la clique superartiste youtre, biaise, ondoie, évite, triche, se glace et revient, girouette, au galop, piquer, piper encore, morfondre davantage, si possible, abolir, remariner, dilacérer la bonne vieille charogne bourgeoise (toujours nationale), la vieille carne bien dissolue, bien fétide, fatiguée de pourrir... à ne plus savoir comment... L'on nous sert encore un coup, les « privilèges de la naissance »... les « préjugés nobiliaires », les « jalousies criminelles », les « amours » contrariées... les suramours de la cinquantaine... les scrupules désastreux, les traditions désuètes, les perversions de l'héritage, la sottise des industriels aryens... les ménopauses du Génie..., etc., etc., enfin tout le théâtre Bernstein... international... l'antique friperie surmenée, la foire des fantômes abusifs, délavés, écheveaux de nouilles dramatulantes... Tout cela creux absolument, grossièrement inactuel, fictif, tricherie hurlante... Toujours autour des « 200 familles » plus ou moins !... Mais qui vient nous raconter les saloperies foncièrement juives des 500.000 familles effrénément juives, campées sur notre sol ?... La progression effroyable de la horde juive mondiale ? Personne !... Notre étranglement progressif ? Voici pourtant le véritable drame ! Aucun autre drame n'existe en comparaison... Du petit au grand, de l'individu au tout...

Je ne me suis pas fait faute moi-même de foncer à tour de bras dans la bourgeoisie. Je fais cela bien mieux qu'un Juif, beaucoup mieux, en pleine connaissance de cause.

Mais chacun son tour ! à la volée d'orties !... Je voudrais bien, c'est le moment, que les Juifs aussi se régalent ! Ils le méritent ! énormément !... Qu'attendent-ils pour se gâter ces fins bistouris, ces violoncelles supervibrants de l'humour et de la tragédie ?...

Impitoyables, méticuleux, effrénés, en tous Régimes, à dévoiler tous les travers, les lèpres, fanatisés par les moindres pustules sociales, héros à débrider les plus dégoulinantes écrouelles, maintenant qu'ils gouvernent... je les surprends transis, éperdus de verve ? Quelle surprise ! Quelle désillusion ! En humour comme à la guerre, ceux qui commandent doivent trinquer en tout premier lieu ! Mais c'est élémentaire ! justice immanente ! Le magnifique Louis XIV (et toute sa cour de fripouilles) en entendait de fort roides et de toutes les couleurs ! et se faisait gloire de les écouter. Nos juifs sont bien plus vétilleux, intolérants, susceptibles, mauvais joueurs... J'attends toujours quelque pièce bien substantielle, une œuvre vraiment d'époque, de nos Bernstein, Verneuil, Achart, Passeur, Deval, Jouvet, Sacha et tous autres... qui nous montrerait les Juifs à leur grand boulot d'asservissement, de conquête, de pénétration. Et comme ils doivent être renseignés ! aux premières loges ! C'est le moment d'être objectifs ! fulgurants ! « tranche de vie ! »... Si le sujet ne s'y prête pas ! nul ne s'y prête !

Avec ou sans périphrases ! chacun selon sa nature ! son humeur ! sa prédilection ! Nous montrer sans façon, le Juif en train de nous secouer notre blé... de se faire reluire dans nos conneries... de bien enlacer nos gonzesses... de se torcher le fias dans nos rideaux, de nous délivrer « y a de la joie ! » nos fascicules pour la prochaine... Chiche qu'on ne verra jamais ça !... ni en film ! ni en chansonnettes ! Au tragique ? Au rocambolesque ? l'affaire Prince, et mille autres ? Tout simplement ! Quels super-romans policiers ! Bien juifs au tréfonds, classiques ! maçonniques ! Décidément le fameux humour juif... l'objectivisme à tout rompre... l'analyse suprêmement poussée... l'arabesque idéologique... prophétologiquement transposée...

Toutes ces merveilles illuminantes ne vont pas plus loin que l'Aryen, toutes ces vérités : pour l'Aryen... analyse de l'Aryen... pulvérisation de l'Aryen ! jamais du Juif ! Tous les films juifs sont farcis d'outrages pour l'Aryen, toujours de flatteries pour le Juif. C'est la règle... Examinez de près, chers cocus... comme tous les Marxs, ces Chaplins, ces Cantors... etc., se foutent de notre pauvre tranche. Si l'on nous montre un petit Juif quelque part au théâtre... dans un film... au music-hall (tous les music- halls sont entièrement juifs) en tant que juif, « juif avoué », alors pariez à coup sûr ! On vous le servira sous la forme idéaliste, infiniment ! touchant illuminé !

voire enjoué, spirituel, frémissant néo-petit jésus, voué corps et âme au rachat de nos dépravations infinies, de nos sanguinolents accès, de nos frénésies de pithécanthropes incurables, de massacreurs invétérés. Il s'offre... Brute ! nous le lacérons !... Ton cul ! Boule à merde ! Jamais on ne nous le représente tel qu'il est le juif, en implacable petit choléra raciste polluant, relié par chaque filament de son être de larve juive à tous les maléfices de tous les âges et de tout l'univers... Et c'est ça qui me désespère. C'est celui-là précisément de petit Juif que je voulais voir à l'écran.

Dans les films (tous juifs) tout le grotesque, le crime, l'imbécillité c'est pour nous, tout le beau rôle, la Gloire, la Finesse, l'Humour, la Bonté, la Beauté, l'Humanité, c'est pour les Juifs.

Tout petit Juif, à sa naissance, trouve dans son berceau toutes les possibilités d'une jolie carrière de metteur en scène, de grand acteur, de grand rabbin, de grande salope, de grand banquier... Si quelque audacieux non-juif s'aventure dans le cinéma, il devra donner de ces preuves de servilité absolue... que ça relèvera du génie dans la brosse à reluire ?... s'il arrive à se faire tolérer, admettre, parmi les Juifs, il faudra qu'il en ajoute, tellement sans cesse et sans fin... de l'enjuivage qu'il se fasse enrouter si fort... si profondément ! d'une manière ! qu'il s'ouvre !... super-ouvre les derrières !... pour les aimer tous à la fois !... Que ça sera pas commode !... Que ses films littéralement dégoulineront « d'idéolochie » messianique et d'humour super-tendancieux... S'il n'arrive pas à donner cent mille et cent mille autres preuves de limacerie éperdument gluante, très irréfutable, il n'ira pas à Hollywood ! Il ne pourra jamais ramper jusqu'aux cimes de la carrière... Jamais il ne connaître Ben-Cameraman, le Suprêmissime en personne ! le « Jérusalem vivant » d'aujourd'hui ! dont nous adorons, Aryens, tous les Messages, par les miracles de la lumière... qu'il nous mande de bien rester à genoux...de prier... d'attendre... bien mignons dociles... Qu'on sera tous enfouraillés... qu'on en aura chacun son tour ! qu'on en aura pour tout le monde... que c'est l'Hostie d'Hollywood... Jérusalem Ben Yiyi !... qu'en attendant on passe tout le pèze pour la quête... Qu'il pense à nous Ben Yiyi !... Qu'il est là-bas pour notre bonheur ! qu'il est Dieu déjà !... qu'il nous mettra jusqu'au cœur !... Enfin toutes les espérances qu'on a besoin dans nos pots, si tristes... si vides...

Autrefois, certains nobles entretenaient un théâtre dans leurs châteaux. Il s'y donnaient la comédie, en famille : auditoire, acteurs, auteurs, tout était de la famille.

Aujourd'hui les théâtres parisiens sont encore des théâtres de famille, ils fonctionnent d'après le même principe, tout y est juif : acteurs, auteurs, auditoire, critiques... Ils appartiennent tous (et les Music-Halls) à la grande famille juive, les pièces aussi forcément... ou tellement arrangées, trafiquées, enjuivées... tendancieuses... « silencieuses »... qu'elles sont juives quand même. Nous voici donc revenus au théâtre de famille, pour une « certaine catégorie sociale », les grands profiteurs du moment, nos maîtres juifs... Le succès des pièces que l'on joue dépend entièrement de la juiverie, ce succès est entretenu, soutenu, propagé par la juiverie : bijoutiers, haute couture, banque, snobs, fourreurs, putanat..., etc. Si vous pénétrez par hasard dans l'un de ces théâtres (d'avant-garde ou d'arrière-garde) vous leur trouvez, à ces théâtres, un drôle de petit air... étrange... équivoque.., C'est vous l'étrange... l'étranger !... Vous n'êtes jamais véritablement intéressé par les spectacles... Ils ne vous concernent guère. Ils ne parlent pas votre langue... Vous vous trouvez mal à votre aise... Un certain snobisme... une certaine outrance... vous gênent... un certain mielleux... vous met en garde... une certaine insistance tendancieuse... Obscénité sentimentale... un très certain horrible mauvais goût... un certain rythme vous agacent... Ces gens parlent d'une drôle de manière spécieuse, réticente... prédicante par instant... et puis empapaoutante... Ils se tiennent ces acteurs d'une drôle de façon... boutiquière... ils ont toujours l'air de vendre... On ne sait quoi... de l'amour ?... des sentiments ? de vanter quelque camelote ?... Parbleu ! Vous êtes dans un souk !... Dans un « théâtre de famille » juif... Vous êtes un intrus... Et les « Théâtres pour les Masses ! » (encore plus juifs si possible que les autres théâtres) malgré tous leurs anathèmes, leurs déclamations, leurs transes, n'échappent pas à la grande règle du jour : « Théâtres pour familles juives » créés, conçus, subventionnés pour la virulente forcenée défense des intérêts mondiaux juifs : strictement ! des privilégiées familles juives, de la grande famille mondiale juive (contre nous).

Pas plus de « sozial » dans toutes cette aventure que de beurre au cul ! impossible !

Strictement « familiaux et juifs » ces théâtres dits populaires, communistes, d'où tous ces terribles fiascos inéluctables, très facilement prévisibles, en Russie tout comme en France : Théâtres du Boulevard, Théâtres de Culture... même tabac !... méticuleusement !... même hantise ! même mission !

Ces théâtres de famille ne peuvent vraiment intéresser que les familles juives, nos potentats négroïdes, c'est-à-dire leurs parasites, leurs putains et leurs clients, francs-maçons et autres traîtres... Tout comme les spectacles si spéciaux que montait dans son château de Passy, Grimaud de la Reynière, n'intéressaient que lui, sa famille, sa clique, ses putains, les autres fermiers généraux et les grands parasites des Fermes, infiniment jouisseurs, tous satrapes extravagants qui pensaient tous forcément à peu près de la même manière sur les questions essentielles et les façons de s'amuser.

La Terre est le Paradis des Juifs. Ils ont tout. Ils peuvent tout se permettre.

Puisque nous en sommes aux Beaux-Arts, ne quittons pas ce chapitre sans parler un petit peu de l'Exposition Poly-Juive-Maçonnique 37. Je l'intitule assez bien puisque tous les grands boulots furent équitablement répartis, moitié-moitié entre Juifs et francs-maçons. L'indigène pur 100 pour 100, de la guerre dernière et de la prochaine, il a eu des clous pour ses miches, pour se les blinder, et puis le droit de passer son fric dans les tourniquets payants. Elle va fermer nous dit-on, cette exposition, c'est dommage, mais le souvenir reste, le souvenir d'une prise officielle du grand pouvoir youtre, temporel et spirituel sur toute la France et les Français, depuis le Comité des Forges jusqu'aux Instructions Publiques, depuis le moindre petit souk, jusqu'au plus vielleux « régional ». Tout ça parfaitement enyoutré, autant par les architectes que par toute l'École des Beaux-Arts, ce bon pavillon soviétique... et les mots d'ordre C. G. T. Toutes ces bonnes choses, bien entendu, sous l'égide de « l'Affranchissement », de la Paix, encore plus de Paix, du Progrès Sozial, de plus de « Clarté »... de « Lumière »... de « Franchise »... de « Justice »... « d'Humanité »... de « Découvertes »... enfin de youtrerie... de Djiboukerie messianique... Je veux bien que c'était tout cuit, que les Juifs n'ont eu en France qu'à se baisser pour prendre le pouvoir... Se baisser ?... que dis-je ?... se redresser seulement un peu !... Nos bourgeois aryens sont accroupis, vagissants, mille fois plus méprisables encore que les youtres les plus fétides... bien plus rampants, crougnoteurs, sournois, resquilleurs, matérialisés, immobiles, rances cupides, anti-artistes, anti-lyriques, déchansonnés, mufles kératinisés parfaitement. Le plus infâme ramassis de larves en vérité qui puisse se résoudre dans les crevasses d'un aussi spongieux fumier social. Une tourbe extraordinairement abjecte de paysans anarchiques, désaxés, dépravés, débauchés jusqu'aux glaires, bouffeurs tournés boyaux, effrénés de basses prudences, délirants de tractations louches, de chiasse et de trahison... Enfin le bouquet pourri d'une décadence en torrents de purin vinasseux. Je ne puis rien imaginer de pire qu'un conseil d'administration chrétien, une « fabrique de cathédrale » par exemple d'ailleurs presque toujours soigneusement enjuivée. Les Juifs encore à la rigueur peuvent nous donner du spectacle, être marrants, nous procurer de bons moments avec leurs turlutaines racistes, leur manège incessant de martyrs, leur jactance, leurs epoustouflettes, leurs paranoïaques entreprises, leurs queues toujours en mouvement, toujours prises, reprises dans les portes, écrasées, récupérées dans les mille transes et contorsions. C'est une pitrerie perpétuelle, toute une entourloupe de djibouks, le manège des voraces coucous — ça peut faire rire. Ils peuvent vous distraire. Tandis que nos bourgeois du sol, ils sont franchement pas regardables... ennuyeux à s'en dissoudre, dans leurs foyers « genre cimetière », leurs Salles d'attente familiales. Ils ne parlent que pour mentir. Ils vendraient le soleil et la terre, et tous les innocents dessus pour s'ajouter un petit nougat, pour se préserver un coupon. Tressés les uns dans les autres ils forment le paillasson des « Loges ». C'est sur leur dos que les Juifs dansent et caracolent. Ils vendraient tous leurs frères de race pour bien moins que trente deniers. Judas Dupont bien pire que l'autre.

Je vais me permettre encore une petite remarque à propos de cette exposition 37. C'est drôle que les Juifs, toujours si « prognostiqueurs », si « oraculants » pour mieux dire, se soient comme ça, pour une fois, complètement ratatinés, déconcertés... qu'ils aient pas mieux tout prévu, l'Avenir, la grandeur du Phénomène inévitable du grand Empire Juif. C'est tout dérisoire, insipide, « postiche et moumoute » une Exposition à l'époque actuelle. C'est suranné, c'est mesquin, ça fait pour toujours 1900. Ça peut plus émouvoir personne. Le trèpe a déjà vu tout ça dans les films mirobolants, tout entendu dans la radio jacasseuse. C'était bon sous Félix Faure, « À la descente de l'Omnibus », maintenant ça fait spectacle paumé, bizarrement cracra, une foire de chef — lieu agricole. Maintenant les gens sont blasés. Ils attendent toujours plus fort. Faut leur retourner le blanc des yeux, les crever d'angoisse, les suspendre la tête en bas, leur faire respirer la Mort, pour qu'ils commencent à se divertir... C'est fini, on est surpassé, la science est devenue trop bluffeuse, du côté Barnum c'est tout cuit, ça peut plus couvrir les frais. Mais pour faire du sensationnel ! pour en jeter plein la musique, que ça soye vraiment dans la mesure et à l'échelle de notre temps, gigantissime, fallait montrer des grands travaux... des vrais labeurs pharamineux, mammouthéens, des entreprises titanesques... qu'ils en rotent alors des oursins... que la langue leur en pendrait aux bizus des quatre hémisphères... des genres de super-Pyramides... des pluri-canaux de la Mer Blanche... le nivellement des Hautes-Alpes... le remplissage de la Manche... enfin des choses bien monstrueuses... dont on puisse se montrer crâneurs... Pas des ébauches, des cafouillettes architectiques... non ! non ! Des vraies merveilles dans la Ligne... dans le plan super-orgueilleux. De pareilles super- entreprises pourraient fort bien employer des millions, des millions d'esclaves pendant des années, voire plusieurs décades !... Voici l'argument décisif... Mais à quoi riment, je vous le demande, ce pisseux grotesque ramassis de ternes, friables, venteuses ! bicoques ?... tout cet infiniment minable, croulant, prétentieux agglomérat de fausses splendeurs ?... Quelle confiance peuvent inspirer ! quelle vénération ? ces pauvres amas de carambouilles plâtreuses ?... Mais c'est burlesque, voyons !.. Ce n'est pas ainsi que l'on contraint l'esclave à se jeter à genoux, tout éperdu de reconnaissance... Mais non !... Mais non ! L'esclave, observez-le, redouble en ces parterres, de sarcasmes, de gouaille et de saucissonnage... Ce n'est point sérieux !... Ce n'est point du tout le but, le rôle essentiel de tant de palais, de merveilles, d'attractions sur-éblouissantes ! Calamiteux échec vraiment, sur tous les tableaux ! Comment les Juifs, eux qui se déplacent tant et tant à travers le monde, qui n'arrêtent pas de voyager, n'ont-ils pas compris tout de suite que leur nouveau Trocadéro ferait encore, si possible, un peu plus miteux, plus ridicule que l'autre... Démolir ça suffit pas ! Regardez ces deux pauvres « stucs » qu'ils ont mis en place, ne dirait-on pas deux « Caisses d'Épargne » très médiocres pour une petite banlieue de New-York ?... Puisqu'on veut nous jeter de la matière, ils ne se sont pas aperçus, les Juifs, que la plupart de tous ces édicules, chétifs pavillons, qu'ils ont mijotés tant de mois, feraient tout juste des bons petits chiots, sans flaflas, dans n'importe quel Chicago ? Puisque c'est la Tour Eiffel qu'est toujours le clou, eh bien Citroën pour l'esbrouffe il en tirait bien davantage ! Il en obtenait des effets... des véritables incendies... absolument, vraiment superbes... que ceux-ci sont pas foutus... rien de comparable !... Quant à leurs feux d'artifices... Nogent-le-Rotrou les ferait pâlir ! On doit bien se fendre dans les campagnes !... En somme nos fantastiques khédives du Front Populaire, récapitulons, ils ont réussi qu'une seule chose, c'est de nous produire la plus sale foire, la plus toc et la plus coûteuse que le peuple aura jamais vue... Oui, c'est bien une frime sans excuse, une loupaille abracadabrante... Si nous parlons de mécanique, mais leur Palais de la Découverte, il arrive pas au petit dixième de l'ancienne Galerie des Machines : C'est un berlingot truqué. Tout ça, je n'en disconviendrai, a coûté sans doute des milliards, qui ne sont pas perdus pour tout le monde, mais le peuple il est arrangé, il n'en a pas pour ses chaussures, à part l'asperge bien entendu, qui l'enfouine du Trocadéro, le supermirliton des youtres, la Bite-Blum, que c'est vraiment la seule chose, vraiment mémorable. Tout de même ça peut pas suffire pour hypnotiser l'étranger... Il fallait s'y prendre autrement, tout différemment. Je voudrais pas donner de conseils ! mais enfin si c'était moi-même, j'aurais attaqué d'autor quelque gigantesque boulot. Par exemple tripler la Seine jusqu'à la mer, en large comme en profondeur... Voilà un programme qui existe ! C'est des choses qui peuvent compter ! Rendre la Seine super-maritime !

Assez de ces « bergeries »... ces rognages de bout d'égouts, ces épissures de « collecteurs »... Qu'on en sorte sacré nom de Dieu ! une bonne fois pour toutes ! C'est horrible tous ces petits biefs en suints de vidanges, ces lourds dépotoirs stagnants, ces décantages pestilentiels de tout le purin de vingt provinces... À la mer ! Vos péniches elles naviguent même plus, elles rampent visqueuses sur la merde...La Seine maritimisante, c'est déjà fort beau, mais ça ne suffit pas !... Non ! Non ! Non. Je décréterais davantage, il faut amplifier le trafic direction la mer d'une manière très monstrueuse ! léviathane ! Je décréterais la construction du plus bel autostrade du monde, d'une immense ampleur alors, cinquante mètres de large, quatre voies, direction Rouen et la Manche. Vous voyez ça ?... Voilà ce qu'ils auraient dû penser ! Ça valait un petit peu mieux que toute cette soukerie crouleuse, cette calamiteuse carambouille de bistrots et de « Je-sais-tout-tisme ». Et puis encore vingt autostrades que je lancerais vers les falaises, vers les plages, vers le grand air, à partir de Rouen... J'en ouvrirais un éventail, comme on en aurait jamais vu, sur ces paysages... Ils ne demandent que ça entre le Havre et le Tréport ! un éventail de vifs accès vers le bonheur, vers les poumons, vers le grand vent, vers les globules, vers la mer !... Des autobus populaires Paris-La Bleue aller et retour : 20 francs... Ça existerait comme travail et comme résultat. Ça serait plus des djiboukeries... Voilà qui aurait du son, du fond, de la couleur, de la durée, du vrai progrès ! sans palais, sans toit, sans cloche !

Paris, puisque nous en sommes là, est une ville qu'on ne peut plus reconstruire, même plus aménager, d'une façon d'une autre. Les temps des rafistolages, des bricoles, des petites malices, des affûteries sont révolus... C'est une ville qu'a fait toute sa vie, qu'est devenue maintenant toute nuisible, mortelle pour ceux qui l'habitent. Le mieux c'est qu'elle reste croupir en retrait définitif en « touchant » musée, avec tourniquets si l'on veut, une exposition permanente, en arrière des événements, comme Aigues Mortes, Bruges ou Florence... Faut la démembrer tout à fait, lui laisser juste les parties mortes, tout le faisandé qui lui convient. Pour les humains c'est autre chose, ils peuvent pas vivre dans un cadavre... Paris jolie ville croupissante, gentiment agonique entre la noble Place des Vosges et le Musée Carnavalet... Parfait. L'agonie est un spectacle qui intéresse bien des personnes. Vieilllarde fétide qui se disloque en susurrant des choses d'Histoire... La seule banlieue possible d'une ville de quatre millions d'habitants, c'est la mer. La mer seule assez puissante, assez généreuse, pour assainir quotidiennement ce terrible infernal ramassis, cet effrayant conglomérat de pourritures organiques, inhalantes, expirantes, chiatiques, fermenteuses, fébricilantes, virulogènes. La ville la plus malsaine du monde, la plus emboîtée, la plus encastrée, infestée, confinée, irrémédiable c'est Paris ! dans son carcan de collines. Un cul-de-sac pris dans un égout, tout mijotant de charognes, de millions de latrines, de torrents de mazout et pétrole bien brûlants, une gageure de pourriture, une catastrophe physiologique, préconçue, entretenue, enthousiaste. Population à partir de mai, plongée, maintenue, ligotée dans une prodigieuse cloche au gaz, littéralement à suffoquer, strangulée dans les émanations, les volutes de mille usines, de cent mille voitures en trafic... les dégagements sulfureux, stagnants de millions de chiots, absolument corrodée, minée, putréfiée jusqu'en ses derniers hémoblastes, par les plus insidieuses, les plus pernicieuses ordures aériennes... Ventilation nulle, Paris un pot d'échappement sans échappement. Buées, nuages de tous les carbures, de toutes les huiles, de toutes les pourritures jusqu'au deuxième étage de la tour Eiffel. Une cuve, asphyxiante au fond de laquelle nous rampons et crevons... Densité de pourriture vaporeuse infranchissable à tous les rayons solaires directs. La nuit, le fameux « Ouessant » lui-même avec ses 500 000 000 de bougies, sèche risible contre ce rideau de toutes les pourritures parisiennes stagnantes, parfaitement opaques. Aucune lumière ne peut percer, disperser cette bouillie. Pourriture prodigieuse, surchauffée, enrichie infiniment, pendant tous les mois de l'été, par tant d'autres saloperies permanentes, exsudats organiques, résidus chimiques, électrifiés, de millions de carburations abjectes qui nous filent tout droit dans les bronches et le trésor de notre sang. À la bonne santé pour la ville lumière ! Une poubelle gazeuse pour tortures imbéciles !... Salut ! Les humains se traînent dans Paris. Ils ne vivent plus, c'est pas vrai !... Jamais ils n'ont leur compte humain de globules, 3 à 5 milliards au lieu de 7. Ils n'existent qu'au ralenti, en larves inquiètes Pour qu'ils sautent il faut les doper ! Ils ne s'émoustillent qu'à l'alcool. Observez ces faces d'agoniques... C'est horrible à regarder... Ils semblent toujours un peu se débattre dans un suicide...

Une capitale loin de la mer c'est une sale cuve d'asphyxie, un Père-Lachaise en convulsions. C'est pas de l'« Urbanisme » qu'il nous faut !... C'est plus d'Urbanisme du tout ! La banlieue faut pas l'arranger, faut la crever, la dissoudre. C'est le bourrelet d'infection, la banlieue, qu'entretient, préserve toute la pourriture de la ville. Tout le monde, toute la ville à la mer !... sur les artères de la campagne, pour se refaire du sang généreux, éparpiller dans la nature, au vent, aux embruns, toutes les hontes, les fientes de la ville. Débrider toutes ces crevasses, ces rues, toutes ces pustules, ces glandes suintantes de tous les pus, les immeubles, guérir l'humanité de son vice infect : la ville...

Quant à nos grandes industries, ces immenses empoisonneuses, toujours en train de gémir après la Seine et les transports, on pourrait bien les contenter, les combler dans leurs désirs... les répartir immédiatement sur tous les trajets d'autostrades, sur tout l'immense parcours rural. C'est par la place qui leur manquerait par catégories. Elles auraient des mille kilomètres de grands espaces de verdure pour dégager leurs infections... Ça dissout bien les poisons, des mille kilomètres d'atmosphère, le vert ça prend bien les carbones... Extirper les masses asphyxiques de leurs réduits, de leur asphalte, les « damnés de la gueule vinasseuse », les arracher du bistrot, les remettre un peu dans les prairies avec leurs écoles et leurs vaches, pour qu'ils réfléchissent un peu mieux, voir s'ils seraient un peu moins cons, les femmes un peu moins hystériques, une fois moins empoisonnés..

Les distances plus ou moins grandes, pour les boulots ou l'école, c'est pas une question. Les transports, il faut qu'ils servent... Plus c'est distant mieux ça vaut... « Transports » c'est fait pour transporter... Paris souqué dans sa ceinture tient encore du genre Lutèce, le genre de l'empereur Julien. Il utilisait des chevaux pour le transporter, cet homme, qu'étaient harnachés comme des clebs, avec un collier de même, qui les étranglait au trot, c'était pas pratique. Ça serait moins long en autostrade de Paris à Rouen, que pour aller de nos jours de la Porte Montrouge à la Place Clichy... C'est ça qu'on aurait dû montrer aux étrangers ! insatiables, frénétiques de sensationnel ! toute une capitale de l'Europe en train de se débiner, de se faire les valises, de s'en aller par monts, par vaux, avec tout son personnel, de déménager vers les plages... Ils seraient pas venus pour rien, les touristes « tant par tête » ... Ils auraient eu de quoi causer, de se faire des réflexions pendant les longues soirées d'hiver. C'est pas difficile de comprendre que Paris est plus habitable. Regardez un peu les gens riches, ils y habitent presque plus. Quand ils y passent deux mois par an, c'est le bout du monde !... Paris manque à présent de tout, ils le savent bien les michés, tout ce qui peut permettre à l'homme une vie à peu près supportable, pas trop asthénique : l'eau claire, le vent, les poumons, les fleurs, les espaces, les jardins, les globules rouges, le silence... On a enlevé tout ça aux masses, sournoisement. C'est la plus vilaine manigance, la plus dégueulasse escroquerie qu'une administration sinistre de rapaces vendus assassins ait jamais commise, en pleine connaissance de cause.

L'Exposition c'est le comble, on pouvait pas faire plus ignoble, que ce bourbier surfaisandé de tous les résidus de camelote, de toutes les moutures d'alcool de tous les relents de l'univers... un tout à l'égout. Toute l'hystérie juive au mazout, en haut — parleurs et guignols, bistrots et saucisses, c'est ça le bouquet de notre ville, son cœur véritable...

Il ne faut plus urbaniser, il faut crever, émietter, dissoudre les villes ! et Paris... pour l'exemple, d'abord !

Éparpiller ce Paris, faire avec lui, petit Poucet, jusqu'au bord des vagues. Ça me fait toujours chier énorme, quand j'entends tel fumier d'écrivain en crise d'effets dithyrambiques, journaleux dopé, chanter du « Credo », entonner encore une fois l'Hosanna de la ville merveilleuse (ville infâme et merveilleuse). Il n'est que ces sous- fienteux, déboulinants de leurs « wagons pommes », le cul encore tout empaillé des étables du bled natal, pour s'égosiller d'enthousiasme... « Quand je foulais, en mes vingt ans, ce pavé magique... le Boulevard Saint-Michel ! je me sentais venir des ailes !... » Fines emblavures de fausses coliques !... Petites saloperies si oiseuses ! Si vous aviez été élevés un petit peu Passage Choiseul, dessous les vitraux caloriques, si vous aviez un peu connu les soirs de tortures d'étuve, dans le fournil des gaz sulfurés, vous parlerez pas pour des riens... Vous seriez peut-être moins ardents... beaucoup moins férus, moins « bardiques » sur les délices parisiens... sur les dessous affriolants de l'incomparable capitale ! Toujours la même banale raison... pour tous ces Crédos dégueulasses... ces flagorneries urbanitaires... pour toutes ces jactances imbéciles : l'aveuglement ! la muflerie c'est tout ! C'est ça le ronron adulateur des éberlués de « leur province »... Ce n'est pas extrêmement grave que ces petits croquants déconnent, ils ont pas grande voix au chapitre. Mais où l'erreur est déplorable, c'est quand les grands Juifs se fourvoyent. C'est eux qui devraient penser à démantibuler Paris, à nous emmener tous au bon air... au grand bruit des flots... C'est ça leur terrible omission ! accablante !... Sozial ! Sozial !... c'est vite dit. Mais « sozial » d'abord avant tout, c'est une question d'air et de globules !

Il faut entretenir le cheptel, qu'il arrive pas mou à la guerre. Les Juifs aiment pas beaucoup la Manche, c'est entendu... le climat leur convient pas... leur genre c'est la Côte d'Azur, les Sénégalais c'est pareil. Jamais plus haut que le Vaucluse ! Mais il faut bien qu'ils se contentent, Paris c'est une capitale, on peut pas l'emmener au diable !

Il faut étrangler le meilleur les chrétiens, car celui qui répand le sang des impies offre un sacrifice agréable à Dieu. — Le Talmud.

Lorsque Lord Samuel, vicomte juif anglais, chef du parti libéral, nous déclare de but en blanc :

> « La France est la première puissance intéressée en Méditerranée », nous comprenons parfaitement ce que veut dire sa Grâce : « Toute la Franscaille à vos guidouilles ! Tous les hommes du péritoine sur le pont ! » Il n'est au fond que de s'entendre, une bonne fois pour toutes. M. Léon Blum, raciste implacable, pacifiste très sanguinaire, ne pense lui aussi qu'à notre mort, et ne s'en cache pas. Il précise très notablement les paroles de sa Grâce Samuel. Il nous met les points sur les i. Dans un style d'ailleurs très sémite, tout ramifié, tout enveloppé, tout nègre, c'est-à-dire précieux, réticent, sucé, onctueux, surduhamélisé, sirupeux, enculeux, un vrai lambeau d'Harach-loucoum, ce que les Français du lycée invertis, négrifiés de même, appellent le Beau Style. Ah ! comme il écrit bien notre Bloum ! Comme il est intelligent ! Ah ! l'Orient ! avec une grosse longue guiguite bien prousteuse à souhait ! bien youtre !... Pour tes sales foireuses miches fondantes de croquant torve ! Voilà ce qu'il susurre le Bloum : « Les engagements internationaux sont défiés ou mis en échec si les puissances qui les ont souscrits ne sont pas résolues d'aller jusqu'au bout. D'accord, mais aller jusqu'au bout c'est accepter le risque d'aller à la guerre. Il faut accepter l'éventualité de guerre pour préserver la paix. »

Ne dirait-on pas deux larrons, deux chirurgiens juifs associés, qui se sont mis en cheville, M. Samuel et M. Blaoum, pour pousser le patient au billard... pour l'amener, persuasifs, à se faire ouvrir...

Petit détail amusant, avez-vous idée du rythme de l'invasion juive à Paris ?...

Avant 1789	500 Juifs –
En 1800	4.000 –
En 1830	10.000 –

En 1848	18.000 –
En 1870	30.000 –
En 1914	90.000 –
En 1936	400.000 —

Autre détail pittoresque, notons que sous Philippe-Auguste, les Juifs furent propriétaires de la moitié de Paris et furent chassés par le peuple lui-même tellement ils avaient su se rendre odieux par leurs exactions, par leur pratique de l'usure. Ils furent à nouveau bannis sous Philippe le Bel, Charles VI, Louis XII, Louis XIV, Louis XVI finalement, plus faible que ses prédécesseurs, paya de sa tête la résistance des autres rois aux Juifs. Pas plus de démocratie, de libération des peuples dans toute cette histoire, en tous points fétide, que de vives truites au Bas-Meudon...

Savez-vous, c'est assez piquant, ce que répondit notre grand patriote Poincaré (marié à une juive) aux représentants d'une très importante société financière venus le pressentir, le solliciter de plaider éventuellement contre les Rothschild ?...

> « Messieurs ! vous n'y pensez pas !... Une première fois déjà ministre des Finances, Je peux à tout instant être appelé de nouveau... et il suffirait d'un mot du Baron de Rothschild... »

Tardieu, notre grand néo-puritain, doit bien partager cet avis... Pardieu ! s'il est fixé ! Pensez donc ! Jamais il ne nous parle, lui non plus, des Juifs !... Celui qui se montre assez fol pour se mettre à dos les banques juives peut dire adieu pour toujours au Pouvoir, à tous les Pouvoirs ! même à ces Pouvoirs maquillés, « protestataires fasciformes » a fortiori !... Feintes ! Diversions ! morphine !... Il n'existe qu'une seule chose sérieuse au fond de toutes les politiques : la conjuration mondiale juive, tout le reste n'est que babillage, sucettes, ronrons, confetti !

En dépit des apparences, des rodomontades d'Histoire, les Français n'ont jamais eu le sens national. Ils ont fait de nombreuses guerres, très longues et très sanglantes, entre eux et contre l'étranger, mais presque jamais pour leur compte, toujours pour le bénéfice d'une clique étrangère. Successivement colonie romaine et puis italienne, pendant des siècles... à l'Espagnole, à l'Anglaise, à la Germanique, à présent colonie juive, la France se donne en réalité à l'équipe la plus astucieuse, la plus effrontée des gangsters du moment qui la courbent, la bluffent et la saignent...

La France est une nation femelle, toujours bonne à tourner morue. Écoutez les femmes à Victor, comment qu'elles jaspinent à vide sur toutes les courbes de trottoir, dans tous les coins de chiots, à jacter de menues conneries, à s'en faire crever... enragées de mesquines sottises... c'est des « vraies Frances »... La France aussi, comme les femmes à Victor, descend plus bas chaque année dans l'ordre des maquereaux et dans l'ordre des ragots comme toutes les putains. Dans le milieu ; examinez les vieilles mômes : elles finissent toutes par les nègres, bien contentes, bien ivrognes, bien régalées, bien enculées, bien battues... La France en est à ce moment au poil ! Au moment du nègre. Le Juif dans le cul c'est son bonheur, il la fera crever, c'est son rôle... Le destin est assez simple. Il suffit d'avoir l'expérience.

Tout Français de race qui prend le pouvoir se sent perdu sans étrangers, sans cadres de l'étranger. Il se dépêche tout aussitôt de se vendre, c'est son premier souci...

Nous n'avons jamais eu de roi, de président du Conseil, de conventionnel, de « chef » qui n'ait été au moins deux ou trois fois vendu à quelque puissance étrangère. C'est-à-dire en définitive à la juiverie.

Parlons de choses moins graveleuses, connaissez-vous cette prédiction de Dostoïewsky (après la Commune de 71) : « Lorsque toutes les richesses de l'Europe seront dissipées, il nous restera la Banque des Juifs ! »

Parlons encore de la guerre : « Savez-vous pourquoi les Juifs, pendant la grande hécatombe de 14-18, ne comptèrent que 1 350 tués ? Je sais vous affranchir : parce que le Juif Abrahami, dit Abrami, sujet turc, originaire du ghetto de Constantinople fut, durant toutes les hostilités Sous-Secrétaire d'État aux effectifs — c'est simple —. Il fut amplement secondé par le juif Rheims, colonel-directeur du Recrutement de la Seine. Ainsi soit-il.

Ce n'est pas tout ! Savez-vous pourquoi notre Justice Militaire, jusqu'au dernier jour de la guerre, se montra toujours si implacable sur la répression farouche envers le simple soldat français ? Parce que la Justice Militaire était sous les ordres de M. Isaac Israël, revanche Dreyfus, Sous-Secrétaire d'État aux Basses Œuvres, tout simplement, avec Mandel-Jéroboam Rothschild, fils du véritable roi de France, comme dictateur effectif auprès du pantin Clemenceau. Admirable distribution du travail. Général Mordacq, Juif, directeur du Grand-Quartier. Voilà l'abattoir aryen au complet... Et pour le Registre des Réclamations ! !

Ne quittons pas sitôt la guerre. Savez-vous que toutes les guerres, et pas seulement la dernière, sont préméditées par les Juifs, réglées par eux longtemps d'avance, comme papier à musique ? Il est même amusant d'observer d'un peu près, les détails de cette entreprise. De retrouver les paroles juives (même d'antiquité) prophétiques. Le prophète Daniel (Lévitique XXVI) ne prédisait-il pas pour l'année 1914 « le Grand Bouleversement mondial, le commencement de la fin des empires goyes ? « Bafouillages d'illuminé ? Sans doute...

Mais plus sérieux, savez-vous que l'étudiant Princip, l'assassin de Sarejevo, actuellement statufié à Belgrade, était juif ?...

Connaissez-vous intégralement la réponse de Guillaume II, pendant la guerre, à la supérieure de l'Abbaye de Mendret (Belgique) :

> « Non, Madame. je n'ai pas voulu la guerre, le responsable n'est pas moi. La guerre m'a été imposée par les Juifs et la franc-maçonnerie. »

Un plus récent, tardif écho de la « Grande Illusion » : Déclaration de Lloyd George à la Chambre des Communes le 19 Juin 1936 (sur le problème palestinien) :

> « En 1917, l'armée française se mutina, l'Italie était défaite, la Russie mûre pour la révolution et l'Amérique n'était pas encore rangée de notre côté... De tous côtés, nous arrivait l'information qu'il était d'importance vitale, pour les Alliés, d'avoir le soutien de la Communauté juive. »

Puisque nous sommes en Angleterre, savez-vous que l'Intelligence Service anglais, création de Cromwell, constitue en fait le super-gouvernement d'Angleterre, organisme occulte aux ressources illimitées, bien au-dessus des monarques et du Parlement, émanation juive, entièrement à la dévotion des intérêts juifs, de la politique mondiale juive... qu'il y a deux reines en Angleterre... Mrs. Simpson et l'autre. La reine de la juiverie anglaise et de l'Intelligence Service et puis l'autre — l'une bien plus puissante que l'autre, le passé... l'avenir... Un vice-roi des Indes, au surplus, toujours plus ou moins juif.

Et cette guerre sino-japonaise ? Elle appartient à la même espèce que toutes les guerres de la planète. Elle ne représente que l'un des actes du Mondial Conflit sur le Théâtre Jaune, de la lutte à mort entre les juifs et antijuifs judéo-sino-russes communistes contre militaristes nippons... Il n'y aura plus avant bien des siècles, de temps, de place, de peuples au monde pour s'occuper d'autre chose que de ce Conflit : Juifs contre anti- Juifs...

Ce sont les livres des Juifs qui vous renseignent le mieux sur l'état des revendications juives, sur leur température de haine et de racisme. Nous lisons dans le livre du professeur juif Arthur Ruppin, professeur de Sociologie à l'Université hébraïque de Jérusalem :

> « S'il était vrai, comme les nazis le prétendent, que la place prise par la minorité juive dans la vie économique et culturelle germanique était insupportable aux Allemands non-juifs, il n'en reste pas moins que la manière dont le gouvernement allemand a essayé de résoudre le problème, dans un mépris total du droit des Juifs, constitue un véritable outrage. Quand Napoléon Ier voulut résoudre le problème juif en France, il convoqua le « Sanhédrin juif » et lui soumit un certain nombre de questions... »

Tiens ! tiens ! voyez-moi ce petit rusé ! Ce professeur Arthur Ruppin ! Ah ! qu'il est cocasse ! avec son « Sanhédrin » ! Mais le « Sanhédrin »... Napoléon en est précisément crevé ! Ce fut le « Sanhédrin » bel et bien qui sucra Napoléon ! Pas Wellington ! Pas Nelson !

Non Napoléon ne serait pas mort à Sainte-Hélène Si Napoléon n'avait jamais « sanhédrisé ».

Sanhédrin ! mais voici l'artisan majeur de toute la débâcle napoléonienne, de la catastrophe. C'est par le Sanhédrin, ce grand Consistoire juif que fut sauvagement sabotée la suprême tentative d'unification aryenne de l'Europe...

Ce que l'on intitule dans les revues diplomatiques, la tradition anglaise, n'est en réalité que la politique juive mondiale (comme le fameux optimisme dit anglo-saxon, n'est en réalité que l'optimisme juif, leur chant triomphal de nègres exultants). Toujours les Juifs ont miné, déconfit, salopé, carambouillé très rapidement par leurs tractations, et quelles tractations !... toutes les tentatives sérieuses de fédération européenne. Toutes, elles ont échoué, démolies par les Juifs...

Les Juifs, en fait d'unification de l'Europe et du monde ne veulent entendre parler que de leur unification juive, sous les talons juifs et pas d'autre chose, l'Empire mondial tyrannique juif.

Et ce passage du même auteur, Ruppin, ne vous rend-il pas songeur ? Vous explique — t-il un petit peu l'implacable marche au ghetto, la nôtre cette fois !

> « Au Moyen Age, alors que la vie économique reposait sur le système des guildes (corporations aryennes), il était considéré comme malhonnête de rechercher un bénéfice très élevé, puisqu'on aurait ainsi attenté au gagne-pain des autres membres de la corporation. Mais le Juif, exclu des guildes, ne pouvait voir que des compétiteurs, non des confrères, en ceux qui avaient la même profession que lui. Il était perpétuellement en conflit avec l'esprit de l'organisation des guildes. Sa manière de comprendre les affaires paraissait immorale, condamnable, du point de vue qu'on avait au Moyen Age. Il reste un vestige de cette manière de voir dans le code professionnel des médecins et des avocats, auxquels il est tacitement interdit de solliciter malades ou clients. En matière de commerce, cette conception a complètement disparu avec le système des guildes, et les méthodes commerciales des Juifs se trouvèrent réhabilitées, par l'adoption générale qui en fut faite, puisque la recherche du gain et la libre compétition devinrent les bases du système capitaliste.
>
> Les Juifs prirent rapidement une situation importante dans la banque, le commerce et l'industrie, améliorèrent et élargirent leurs

> affaires, parvinrent au premier rang des professions libérales, et réussirent d'une manière générale à s'assurer une existence meilleure et délivrée d'anxiété. En bien des cas, ils parvinrent même à la fortune, parfois à la grande opulence. »

Il vous dit ainsi tout M. Ruppin et pourquoi votre presse est muette et pourquoi vous vous trouvez tout en bas de la mélasse et pourquoi vous en crèverez... Judaïquement strangulé. Pourquoi vous serez en enfer « boulluz », juif. D'ailleurs le Juif Kurt Munger dans son livre « Les voix de Sion », vous l'annonce :

> « Il sera impossible de se débarrasser de nous. Nous avons corrodé le corps des peuples et nous avons infesté et déshonoré les races, brisé leur vigueur, putréfié tout, par notre civilisation moisie. »

Voulez-vous savoir comment le juif Léon Trotzky, créateur de l'Armée rouge, traite dans son livre « Ma vie », les soldats de cette même armée ?

> « Des singes sans queue, fiers de leur technique et qui se prétendent des hommes. »

Vous imaginez bien que si les Soviets avaient voulu exécuter Trotzky, depuis belle lurette que ça serait fait ! S'il les avait vraiment gênés !... Mais Trotzky ? un compère !... Il représente le Diable dans cette farce... Le « baron » de Staline, il travaille dans « l'exportation » voilà tout...

D'après ce que racontent des Juifs de New-York, la guerre prochaine devrait éclater vers la fin de juin 38. Ragots...

Vous connaissez peut-être de nom le « Rassemblement Universel pour la Paix ? »... Création de l'Union Soviétique financée par l'URSS, ébauche d'un vaste front populaire international ? Savez-vous comment le Dr Temple, archevêque anglican (pro-juif) de New-York s'exprima lors du dernier Rassemblement ?... En ces termes :

> « Il sera peut-être nécessaire qu'il survienne de nouveau une terrible grande guerre pour rétablir l'autorité de la Société des Nations... Il faudra peut-être que la génération actuelle et les générations futures soient décimées, sacrifiées, dans une nouvelle guerre mondiale, pour que la Ligue genevoise en sorte raffermie, tout comme la dernière guerre fut indispensable à sa création. »

Tiens ! Tiens ! Les protestants aussi ? Cette bonne blague ! Le protestantisme n'est qu'une chapelle de la plus grande juiverie. Le protestantisme doit tout à la juiverie, sa propre « Réforme » pour commencer. Le Pacte universel anglo-juif repose sur le Protestantisme. Religion de Transition. Quand l'on vous tapera dans les rues pour le « Rassemblement Universel » ... Vous saurez de quoi il s'agit.

À bâtons rompus, plus près de nous, et beaucoup moins grave, savez-vous pourquoi l'Académie Française semble subir un renouveau de brocards ?... de verveux, venimeux assauts ? Pourquoi les pamphlétaires et les frondeurs de la gauche enragent à nous les montrer les Académiciens dans leurs revues et satires plus incontinents, plus « sucrotteurs » que jamais ?... Pourquoi les festivités juives, les grandes youstrikades 37, semblaient sonner le glas funèbre de l'Académie. Pourquoi ses journaux l'abandonnent ?... Parce que son compte est bon... Ah ! que ne s'est-elle un peu davantage grouillée, pendant qu'il était temps encore, que n'a-t-elle vivement fait monter chez elle MM. Bernstein, Maurois, Picasso, Sacha, Golding, Carco, tous les Alexandre et les Samuel, et les Léo, qui se trouvaient en instance, et puis quelques généraux juifs pour colorer l'assortiment. Elle se sauvait de justesse ! Mais à présent il est trop tard ! Mille platitudes n'y changent rien, ses mois sont comptés. Vieille Toilette, vieille garde-robe impertinente, vous serez rasée ! Vous y passerez toute première !

Observez donc, c'est amusant comme les petites académies, dans les pourtours, toutes anxieuses au vent, se dépêchent, l'heure très pressante de faire tout leur plein de youtres, de donner à la grande youtrerie, cent mille gages de soumission rampante... de compréhension absolue... de se faire bien voir par M. de Rothschild... de s'enjuiver à tout rompre. Tortillant spectacle !... Il serait piquant que je vole à mon tour, effréné, à la rescousse de la vieille putain ! Non ! Non ! Bévue ! L'Académie Française a fait beaucoup, énormément, tout son possible pour le triomphe de la Juiverie, pour notre colonisation par les Juifs dans tous les domaines. Très antique vieille croulante ribaude veut à présent fermer son cul ! Barricader son pourri ? De quoi ? Quelle façon ? Voilà des chichis impossibles ! Des offusquements très burlesques ! Des tartes ! Elle doit crever la vieille ordure, par les nègres, comme elle a vécu, le fias énormément ouvert. Justice.

Le Français s'il était curieux, il en apprendrait des choses, s'il voulait un petit peu, par exemple, connaître tous les noms, véritables, de ceux qui le dirigent, et surtout les noms des parents et des grands-parents de ceux qui le commandent, qui gouvernent tout dans sa maison, qui lui font sa politique (droite et gauche), son théâtre, son administration, sa finance, son Instruction Publique, sa peinture, sa musique, ses romans, ses chansons, sa médecine, sa justice, sa police, son aviation, et bientôt tous les hauts cadres de sa marine et de l'armée (pas les combattants). Il s'apercevrait qu'au fur et à mesure des années, depuis l'affaire Dreyfus surtout, les Français de race ont été à peu près complètement évincés, découragés, minimisés, éliminés, bannis de toutes les places de commandement officielles ou occultes, qu'ils ne peuvent plus sur leur propre sol par châtrerie, désarmement systématique, former autre chose qu'un cheptel amorphe entre les mains des Juifs, fin prêts pour tous les abattoirs. Que chaque nouvelle fonction se trouve immédiatement occupée, chaque vide comblé par un Juif, enjuivé, maçon, époux de juive, etc. Le nègre monte implacable, métis sadique, intransigeant. Et je ne parle pas de notre Noblesse si parfaitement saturée de sang nègre !... L'on me citait l'autre jour le cas d'une très grande famille, d'un des plus grands noms de France où sur 135 porteurs valables authentiques du nom et du titre, 73 étaient Juifs ! par mariages, alliances, reconnaissances, etc., etc. Et ce cas n'est pas spécial, la proportion est valable pour presque toutes les « grandes familles »... Les Juifs-négrites ne sont pas chez nous. C'est nous qui sommes chez eux.

Les meneurs communistes français s'imaginent une fois le pouvoir communiste instauré en France, que ce seront eux qui dirigeront encore leurs communistes français ! Burlesque illusion !... Aussi fripouilles soumis, vicieux, cocus communistes aryens que vous puissiez être, vous serez butés, chefs ! vous tout d'abord ! Aux premières pipes ! C'est indispensable ! vos masses faut pas qu'elles se fourvoyent. On va leur apprendre d'un seul coup, toutes les bonnes manières. Et d'abord à vous oublier. À ne plus reconnaître au-dessus d'elles que le pouvoir officiel juif, l'autorité juive absolue... On va vous l'apprendre d'un seul coup l'abolition des « stupides préjugés de race ! » dont vous avez plein la gueule ! Ah ! sales dupes ! effarants cocus ! En vous butant ! Par la seule raison, en vertu du seul fait que vous n'êtes pas juifs !

N'avez-vous jamais pressenti à travers les mielleries juives, tout leur mépris, l'extraordinaire écœurement des Juifs pour « l'intouchable », insupportable fanfaron, sapajou idiot que vous êtes ?... Stupides outrecuidants crédules pantins ?... Ils vous feront rentrer dans l'ordre vos maîtres de la suprême pensée ! dès les premières balles, dans les premiers trous. Vos condamnations, chefs communistes français, sont toutes pointées, registrées, signées sur le bureau du Comintern, et pour la « première heure ». Vous aurez mené, imbéciles, frivoles ou roués, futés resquilleurs de mégots, vos hordes jusqu'à l'abattoir. Vous irez jamais plus loin. Votre rôle s'arrête là ! Vous ne dépasserez pas l'abattoir. Vos maîtres juifs n'auront plus besoin de vous... Pour toutes leurs coudées franches, votre disparition s'impose, sans délai. Perroquets, vos maîtres n'ont que trop entendu toutes vos jacasseries ! Vous ne savez pas à quel point vous leur portez sur les nerfs ! Vos masses, Révolution faite, devront apprendre d'autres chansons, mais pas avec vous ! plus jamais avec vous !... Dès les Soviets instaurés, fondront sur nous du Comintern, tout un terrible brelan de corbeaux mystiques, des milliers de Juifs djibouks implacables, commissaires du nouvel ordre atroce, celui que vous trépignez de mieux, toujours mieux connaître, meneurs communistes français ! Vous serez servis ! régalés !... Il est parfaitement écrit dans les astres, que c'est vous qui garnirez les premiers poteaux, avec vos propres barbaques larbines. C'est pas des têtes que vous avez, c'est des noix de coco, vous savez comment ça s'ouvre ! Un coup sec...

Vous y entrerez dans le nouvel ordre ! les pieds devant !... suppliciés par vos propres troupes !... et d'enthousiasme ! au commandement juif !... Je ne suis pas très au courant des circonstances espagnoles...

Les Juifs eux-mêmes, de temps en temps, veulent bien se donner le mal de nous prévenir un petit peu. Écoutez, ce sera bref, cet excellent Juif, Élie Marcus Ravage, comme il est intéressant :

> « Nous (les Juifs) sommes des intrus ; nous sommes des destructeurs ; nous nous sommes emparés de vos biens propres, de vos idéaux, de votre destinée. Nous les avons foulés aux pieds. C'est nous qui avons été la cause première de la dernière guerre et non seulement de la dernière, mais de presque toutes vos guerres. Nous n'avons pas seulement été les auteurs de la révolution russe, mais les instigateurs de toutes les grandes révolutions de votre histoire. » (*Century Magazine*, janvier 1928.)

Ah ! le Juif, quand il se déboutonne, il est curieux à écouter, il est plus du tout casuistique... C'est pas midi à quatorze heures ! C'est franco ! (ah ce mot !)...

Et celui-ci encore plus net :

> « Si dans cinquante ans, vous ne nous avez pas tous pendus, vous les chrétiens, il ne vous restera même pas de quoi acheter la corde pour le faire. » Le Juif Mires.

Réagir ? Mais comment ? Mais pourquoi ?... Puisqu'ils possèdent tout l'or du monde en vertu de quelle sophistiquerie les Juifs ne tendraient-ils pas à prendre le pouvoir ?... Tout le pouvoir ? Tout simplement ?... Affronter la juiverie mondiale mais c'est affronter le Vésuve avec un petit arrosoir, pour l'éteindre.

Diversion...

Une belle histoire... la Grande Époque Arverne...

> « Attaqué par les Romains, Bituit, roi des Gaules Barbares fit appel à tous ses guerriers... Sur son char plaqué d'argent, aux essieux de bronze, il s'avançait coiffé d'airain, paré de l'or des colliers et des bracelets. Sa meute de chasse l'accompagnait. Derrière les escadrons de son escorte se pressaient deux cent mille Gaulois avec leurs longues épées à deux tranchants, leurs épieux aux fers étincelants et leurs grands boucliers plats d'osier ou de bois, peints de vives couleurs. Lorsque du haut des collines, le roi aperçut dans la vallée du Rhône le petit carré des Légions romaines : « Il y en aura à peine aujourd'hui » s'exclama-t-il, « pour la curée de mes chiens... »

Une autre histoire vieille et vilaine... les Gaulois de la décadence...

« On trouve des Gaulois sur toutes les rives de la Méditerranée, à la solde de tous les princes ou de tous les États qui ont une injure à venger ou des ambitions à réaliser. Il ne se passa pas de guerre au cours du IIIe siècle, à laquelle ne prissent part, souvent dans les deux camps et les uns contre les autres, des contingents gaulois... Et plus d'une fois, la guerre finie, pour échapper aux revendications de leurs mercenaires, les Ptolémée d'Égypte ou le Sénat de Carthage, les prirent à quelque piège et les firent massacrer... » (Extrait des « Gaulois » par Albert Granier.)

Les Juifs sont la substance même de Dieu, mais les non-Juifs ne sont que la semence du bétail. — Le Talmud

Admirez à présent, le Juif honnête homme, en train de nous travailler à « l'estime réciproque ». Voyez comme il est insidieux, patelin, pseudo-scrupuleux, inoffensif et philosophique

(Extrait du Forum, grand périodique américain, octobre 1937.)

Enfants de la race martyre par Maurice M. Feuerlicht :

« J'ai appris très tôt dans ma vie que j'étais Juif et qu'il y avait une « question juive ». Par la suite, je devais apprendre en plus que les Juifs, en tant que groupe, ne se conduisent pas comme des gens normaux, c'est-à-dire pas comme la majorité des citoyens.

« Fils de rabbin, issu d'une famille israélite typique, je ne saurais guère nourrir de préjugés contre les Juifs et je n'ai pas du tout envie de me cacher d'en être un. Mais que personne ait jamais eu le sentiment inné de sa qualité de juif, je ne le crois pas. C'est là, un sentiment qu'on inculque aux petits Juifs à peu près en même temps qu'on leur apprend à parler et tout enseignement religieux tendra par la suite, à ne pas leur laisser oublier qu'ils sont différents des Gentils. Mon plus ancien souvenir a trait à la célébration de la « Fête des Lumières » (Hanukkah). Assis aux pieds de mon père, comme ce fut le cas d'innombrables autres petits Juifs, je l'écoute raconter la palpitante histoire de Judas Macchabée et de ses vaillants soldats qui risquèrent leurs vies pour leur religion. J'allume des bougies, je chante :

« Enfants de la race martyre,
Libres ou dans les fers,
Éveillez l'écho de vos chants,
Où que vous soyez dispersés sur terre

« Ce thème des « enfants de la race martyre », on m'en a si fort battu et rebattu les oreilles que ma sensibilité en a été très vite et très profondément pénétrée. « Peuple opprimé », « martyre », « préjugé », « persécution » : voici presque les premiers mots dont j'ai compris le sens. Si les petits Gentils m'appelaient Juif, on avait grand soin de m'expliquer à la maison qu'ils avaient voulu m'insulter et que le monde n'aime pas les Juifs. L'instruction que je recevais chez moi ne me permettait jamais d'oublier le passé. Chaque petit Juif, doit passer à son tour par toutes les persécutions qu'a pu subir son peuple depuis 3 000 ans.

« Après la « Fête des Lumières », je célébrai la Pâque et détestai de toute la force de mon cœur d'enfant le pharaon qui avait persécuté les Juifs. De crainte que j'oublie la fuite précipitée à travers la Mer Rouge, on me fit manger du pain sans levain — évocateur d'épreuves vieilles de 2 000 ans A l'école du dimanche, chez moi, là où les autres enfants écoutaient des contes de fées, ou jouaient avec les soldats de plomb, j'apprenais les atrocités de l'inquisition espagnole, l'emprisonnement des Juifs dans les enceintes réservées et des ghettos.

« Il en résulta pour moi, comme pour les autres enfants juifs un complexe de persécuté qui s'accusa à mesure que je grandissais. Je n'avais pas appris grand'chose des principes religieux du judaïsme, mais je n'ignorais rien de l'affaire Dreyfus, du Ku-Klux-Klan, de l'exclusivisme de tels clubs, de tels hôtels, des « quotas » universitaires.

C'est un tel ensemble de connaissances qui, plus que tout autre chose, donne à un Juif d'aujourd'hui le sentiment d'être juif, car nous avons beaucoup plus conscience des torts qu'on nous a fait subir que de notre religion. Notre maladie de la persécution pervertit nos rapports avec notre entourage. Le Juif qui rate un examen ou une affaire, qui tente en vain de trouver une situation ou d'entrer dans un club s'écriera : « C'est de la prévention, c'est parce que je suis juif ! » Il ne s'en trouvera pas beaucoup parmi nous pour avoir le courage de reconnaître qu'il pourrait bien y avoir là-dessous d'autres raisons et toutes personnelles. Certes l'homme qui échoue cherche partout la cause de son échec excepté chez lui. C'est un trait général de la nature humaine. Mais nous nous éloignons de la norme, nous autres Juifs, sur ce point aussi parce que nous avons fait de ce penchant une habitude d'esprit à laquelle nous avons constamment recours pour nous consoler de tous les déboires.

« Dans l'important établissement universitaire où j'ai achevé mes études, 15% des étudiants étaient des Juifs, plusieurs membres distingués du corps enseignant l'étaient aussi. On n'en reprochait pas moins à ce collège d'écarter systématiquement les Juifs, et un nombre incroyable de parents criaient non moins incroyablement à l'antisémitisme parce que leurs fils n'avaient pas réussi à faire partie d'une association, d'une équipe, avaient été refusés à un examen, n'avaient pas obtenu une distinction.

Moi qui avais affaire à eux tous les jours, je savais qu'il s'agissait de garçons mal élevés, gâtés, paresseux, perpétuellement dressés sur leurs ergots, qu'on eût tenus pour tout aussi indésirables s'ils avaient été protestants ou bouddhistes.

« On pourrait citer un nombre infini d'exemples de ce genre s'appliquant à tous les âges, à tous les types d'Israélites. Car si, en de nombreux cas, l'antisémitisme entre réellement en jeu, il n'en demeure pas moins que, trop souvent, le prétendu préjugé raciste est, en fait, un légitime réflexe de défense dirigé contre un individu. Bon nombre de Gentils sont équitables, enclins à juger les gens selon leurs mérites personnels. C'est le Juif qui provoque les malentendus avec sa susceptibilité toujours en éveil.

« Une personne affligée de la maladie de la persécution est toujours habitée par l'aveugle désir de rendre coup pour coup. La présence d'un Gentil à une cérémonie juive est sévèrement critiquée par les Juifs qui brûlent le plus d'être reçus chez les Gentils. Qu'un Juif commette le crime entre tous haïssable de prendre femme chez les Gentils, et il sentira toute la force du préjugé que les Juifs ont eux-mêmes élevé autour d'eux.

« Certaines conséquences de ce complexe de martyrisé sont à longue portée et causent, en tout cas, un préjudice irrémédiable à l'individu juif. Elles entament jusqu'aux mieux disposés des Gentils. Le Juif se montrant en effet d'une sensibilité morbide au sujet de son judaïsme, les Gentils se retiennent de faire une critique éclairée de la question, de peur d'être accusés de donner dans le travers antisémite. Et ainsi le Juif se voit privé du bénéfice qu'il retirerait d'un examen loyal de différences et de préjugés qui existent réellement.

« Le côté tout à fait tragique de cette situation naît de l'attitude inconséquente du Juif — lequel se plaint amèrement qu'on voie en lui en premier lieu le Juif et non l'individu. Il oublie que son premier mouvement à lui est toujours d'un Juif. Les journaux publient — ils qu'Isaac Rubens, 26 ans, a cambriolé la nuit dernière l'épicerie Smith ? Tous les Juifs de la ville se dressent et crient à la diffamation. Mais qu'Albert Einstein révolutionne le monde des sciences par ses théories, et les mêmes Juifs rayonnent de satisfaction en lisant un article sur « le grand savant israélite ». Il faudrait pourtant que nous nous décidions à choisir ce que nous attendons du monde ? Qu'il nous tienne pour des individus ou pour des Juifs ?

« Je crois que nous ne serons jamais des individus normaux tant que nous resterons en proie à notre complexe de martyrisés, tant que

> nous nous déroberons à la tâche de notre perfectionnement individuel, tant que nous trouverons plus commode de blâmer les autres de nos propres défauts. »

Voyez-vous ce bénin ! Cette petite ficelle ! Il écrit comme Mr. Duhamel, il pense comme Mr. Duhamel.

Après l'eau de Rose, les avertissements...

Le journal « Le Moment », publié à Varsovie, en yiddish, le plus important des journaux juifs de l'Europe orientale, nous a donné dans son numéro 260 B. du 13 novembre 1934 un bien intéressant article intitulé « Laser Moissejevitch Kaganovitch, le représentant de Staline et son alter ego »...

Quelques passages bien instructifs, prophétiques :

> « C'est vraiment un très grand homme ce Laser Moissejevitch... C'est lui qui régnera un jour sur le pays des Tzars... Sa fille qui va sur ses 21 ans est maintenant la femme de Staline. Il est excellent à l'égard des Juifs, ce Laser Moissejevitch... Vous voyez, il y a profit à avoir un homme à nous au meilleur endroit. »

Il ne se passe pas de jour où vous ne trouviez — si vous êtes un peu averti — dans votre journal habituel, droite ou gauche ou d'informations, c'est-à-dire trituré selon votre goût futile pour telle ou telle politique (en réalité toutes parfaitement juives, divers rayons simplement du grand bazar des supercheries) cent petits échos... des articles entiers consacrés au triomphe, à la gloire de la plus grande juiverie. Votre journal habituel est littéralement farci de ces petits échos, entrefilets de théâtre et de cinéma... revues de grande diplomatie... palmarès de beauté... badins... anodins... pompeux... frivoles... philosophiques... tous les genres. Au petit bonheur, je vous livre ce petit pataquès, prélevé dans « Paris-Soir » (fin octobre). Il n'est pas plus inepte, plus sirupeux, plus écœurant qu'un autre, de la même intention : « enjuivage, colonisation juive ». Il donne assez bien, je trouve, le « la » général de cette grande musique, tantôt symphonique, tantôt rigodon... plus tard Carmagnole...

« La Carrière et les carrières »

« Mme Lévy de Tact, belle-fille de l'ambassadeur de France à Moscou, puis à Berne, a fait ses débuts à la Radio, au poste Radio 37. Elle chanta, et fort bien. Son succès fut très grand.

> « Il est curieux de noter que la famille de Mme Lévy de Tact jouit d'un privilège artistique assez rare. Chacun y possède un talent d'amateur qui pourrait aisément, du jour au lendemain, se transformer en professionnel. Sa mère est compositeur et pianiste virtuose. Sa sœur fait de la danse et son mari est un imitateur de premier ordre qui

pourrait tenir la scène en empruntant la voix de Louis Jouvet, aussi bien que celle de Michel Simon ou de Joseph Caillaux.

« Quant à Mme Lévy de Tact, elle aime chanter les chansons anciennes avec une diction qui s'apparente à celle d'Yvette Guilbert, et une voix d, un charme incomparable.

« Si M. Lévy de Tact, ambassadeur, appartient à la Carrière, on peut dire que celles de sa famille auraient, si elles se manifestaient en public, un sort fort enviable. »

Que de « wunderkinder » n'est-ce pas dans une seule famille ?... Mais de quoi fouetter un chat ? Non ! Je vous l'accorde ! De tels vaniteux babillages ne peuvent alarmer personne... ne peuvent déclencher nulle émeute ! Certes !... Je vous abandonne aussi ce ton !... Cette très juive surenchère en flagornerie... Nous sommes au Congo ! ne l'oublions pas !... cette accablante concentrée balourdise, ce narcissisme si babouin, si tropical... Nous n'y pouvons rien... Les échos mondains (presque tous juifs) tiennent presque tous cette même note, ce même diapason de foire équatoriale... Tout ce très mauvais goût nous arrive de la brousse aux calebasses, par des voies très frénétiques, très ardentes, très anciennes et tarabiscotées, ne l'oublions jamais... Cette vulgarité hurlante, trépidante, abrutissante, vous la retrouverez toujours autour de tous les tam-tams !... Fatalement aussi dans tous les salons, puisque tous les salons, ou à peu près tous, sont juifs, autant de tam-tams dits mondains.

Rien n'est plus « monroviesque », plus farce en fait, en pratique, que cette drôle de prétention des salons au « bon goût »... au « raffinement »... Dans n'importe quel salon, en dix minutes d'assemblage, il se commet plus d'impairs, d'horreurs de goût et de tact, que dans tous les Corps de garde de France en dix ans... Le seul fait d'aller dans le monde dénote déjà chez le bonhomme une impudeur de cochon... une sensibilité de bûche. Le Monde, c'est un vrai paradis pour les sapajous exhibitionnistes.

— Ah ! mais, me répondrez-vous, gros pervers dégueulasse vous-même ?... Voici tout autant de remarques absolument inutiles, futiles, insolentes et vilaines...

— Mais non ! mais non ! pas futiles du tout ! Ce puéril « écho » non plus... Ah ! l'abominable erreur ! Il a sa place dans le Grand Tout. Il n'est pas à mépriser. La pénétration juive, l'infiltration, l'imbibition de juiverie, s'effectue en nappe, concevez !... par mille filets publicitaires... Rayonnants... pondérables... occultes... Ce petit écho dans sa toute suffisante niaiserie, jouera très bien son petit rôle, comme tant d'autres avant lui, semblables... après lui... Il va donner au grand public, parfaitement jobard et cocu, la bonne pensée, que tous ces noms, ces vedettes, et ces mondains et ces radios qu'on lui révèle (tous parfaitement juifs, demi-juifs, ou enjuivés) représentent tout autant d'étoiles dans un certain firmament... adorablement mystérieux... vers lequel il s'habitue à prier... à ne plus prier que « juif ». Toutes ses ferveurs, toutes ses prières d'Aryen iront désormais aux Juifs... Un petit écho comme celui-ci... mais c'est un « Ave Maria »... un petit « Ave Maria » de la juiverie... ce n'est pas grand'chose, bien sûr un petit « Ave Maria ». Mais c'est avec des millions de millions de ces « Ave Maria »... que les Juifs font tourner la terre... juive... dans le sens juif.

Dieu donna toute puissance aux Juifs sur les biens et le sang de tous les peuples.
— Le Talmud.

Dans le « Paris-Soir » du lendemain... musant... j'en découvrais encore deux ou trois... des petits échos du même ordre... superbes en vérité... sans effort... Vous les trouverez aussi... si vous les cherchez un peu... et sans vous donner aucun mal :

« Le Baron de Cahen ou le lyrisme dans les Finances »

« L'Odéon vient de présenter une pièce en vers du baron Léo de Cahen, sur « Sapho et l'Académie de Lesbos », et, aujourd'hui, l'Association France-Grande-Bretagne organise à la Sorbonne une conférence du même baron de Cahen sur Abraham.

« Tout le monde connaît la situation qu'occupe dans la Cité de Londres le fameux financier qui, même dans ses affaires, n'a pas négligé de mêler un certain lyrisme. Il s'est consacré, en effet, à deux projets grandioses : le tunnel sous la Manche et la voie ferrée du Cap au Caire. Le tunnel sous la Manche. Son histoire mériterait un volume. Ses vicissitudes furent nombreuses ; il choquait l'esprit insulaire de la Grande — Bretagne.

« Le chemin de fer du Cap au Caire, fut, lui, commencé. Il n'est pas achevé malgré les efforts de la maison Cahen qui commandita la construction de la voie jusqu'à Kenya et les travaux du fort de Monbassa.

« Le baron Cahen appartient à une véritable dynastie de lettrés et d'artistes. Son frère Alexandre, avait dans son sérail mauresque de Sidi-bou-Saïd, à Carthage, recueilli les mélodies du folklore arabe, tandis que l'autre, Samuel, a composé la musique « des Mille baisers » que le Covent Garden représenta naguère avec succès pendant la saison des Ballets Russes.

« La baronne de Cahen, née de Grand-Bey, est un peintre de talent et son accueillante maison de Piccadilly est l'un des centres où rayonnent sur Londres l'esprit français et le goût parisien.

« Ses petites-filles Sarah, Esther et Rachel, sont les compagnes favorites de jeux de la petite princesse Elisabeth, future reine d'Angleterre. »

* * * * *

Je ne vous expliquerai plus rien... J'espère qu'à présent vous savez lire « juif »... Tout au plus pourrais-je, par quelques mots opportuns, souligner les qualités exceptionnelles de ce cru très spécialement riche... le commenter très dévotieusement, comme un grand vin d'une célèbre cuvée. Bouquet d'arômes « juifs » tout à fait précieux... Grande classe !... très riche en « Tunnel sous la Manche »... Intimité monarchique... dynastique !.... soutenu d'ensorcelants parfums exquis de « Cité »... Sérail de Carthage... chemin de fer et ballets russes... « Mille baisers : »... le « certain lyrisme »... le tout très capiteux... très soutenu, très saphique, très enveloppé... sur Paris-Londres... Immense année d'Hébraïsme !... Jouissez-vous ?

Si vous étiez des enfants spirituels d'Abraham vous feriez les œuvres d'Abraham... le père spirituel dont vous êtes issus c'est le diable... Et il n'y a point de vérité en lui. — Jésus.

Vous souvenez-vous ?

« Toute la production d'Hollywood l'Infâme... monstrueuse permanente insulte au labeur prolétaire... à toute la vertu prolétarienne... la plus monstrueuse entreprise idéologique de corruption capitaliste... la plus éhontée de tous les âges... Un torrent de navets pourris... bla... bla... bla... Prolétaires ! en masses ! sifflez toutes ces ordures !... Fuyez les salles obscures, où l'on vous contamine, vous abrutit intégralement, systématiquement !... Ah ! Nous ne sommes pas dupes ! nous les « responsables » du prolétariat ! La pureté prolétarienne doit se raidir contre cet immense danger de souillure ! toutes les énergies de saine révolte se trouvent minées par cette mondiale infection !... Toutes ces vedettes, putains surplâtrées dont les salaires astronomiques d'une seule journée de grimaces surpassent bien souvent ceux que touchent plusieurs familles ouvrières misérables ! au labeur acharné ! pendant des mois !... Quelle honte ! Quel défi à notre immense détresse ! La collusion des Banques... la complicité des Trusts !... Haro !... Haro !... Cette prostitution, cette dégradation sans vergogne de tous les Arts... de tous les sentiments, ce mercantilisme sacrilège, pourrisseur des élans les plus nobles de la nature humaine... bla... bla... bla... La gangrène cinématographique ! Au pilori du peuple !... bla... bla... Nous te retrouverons ma belle ! Le complot permanent contre l'esprit sain des masses ! bla... bla... bla... le haut idéal des masses !... bla... bla... bla...

« Le cinéma, la pieuvre mondiale des cerveaux... toute la pourriture... autant de ventouses à pourriture que de salles obscures !...

« Le veau d'or d'Hollywood... arrogant, campé sur son Cinéma... « le moulin des obscénités mondiales... bla... bla... »

Qui donc nous renseignait ainsi, à longueur de colonnes ?... Mais « l'Humanité », ma chère !... des beaux âges !... des temps austères !... « l'Humanité « précisément d'avant le « Triomphe des masses « ... sous la houlette juive... Vous vous souvenez aussi ?... Mais le vent tourne, ma belle, il faut le saisir... Et tous les malheurs à celui qui ne sait pas comprendre !...

En octobre 1937, la même « Humanité », sur une tout autre corde, d'un tout autre ton, chante une tout autre chanson... Réjouissez-vous de ce qu'elle pense à présent « l'Humanité », des mêmes farcissures d'Hollywood... (dans ses pages non publicitaires)...

« LA VIE FACILE »

« Dans un genre comme le Vaudeville les Américains préfèrent la naïveté et la candeur à la grossièreté ; il faut les en féliciter. Ce sont des qualités qui ont d'autant plus de charme qu'elles ne tuent en rien le mécanisme savant qui doit déclencher en nous le rire le plus « physique ». Donc la « Vie facile » est un vaudeville, mais délicieux, frais et cocasse à souhait. Il n'y est pas jusqu'à la « scène du lit » qui ne soit d'une ravissante pudeur. Quant à la loufoquerie, elle a sa bonne part et une scène comme celle du bar automatique en délire et mis au pillage par les consommateurs, peut être classée parmi les chefs-d'œuvre. Quant à l'histoire, elle ne tient qu'à un point de départ : à la suite d'une discussion, un riche banquier jette le manteau de fourrure de sa femme d'un 20ème étage. Ce manteau tombe sur la tête d'une jeune fille, secrétaire d'un journal pour enfants. C'est tout. Mais de ce point de départ les Américains ont tiré toutes les conséquences possibles avec une fantaisie à décourager les imaginations les plus fécondes. Ce manteau de grand luxe donne à la jeune fille de telles apparences que, de conséquences en conséquences, toutes les difficultés vont disparaître devant elle. Elle sera bientôt habillée, logée, nourrie gratuitement. Si elle le faisait « exprès », ça ne réussirait peut-être pas, et ce serait de l'escroquerie. Mais comme elle ne comprend rien à ce qui lui arrive et demeure ingénue... c'est comme un conte de fées. Il n'est pas jusqu'à un prince charmant qu'elle rencontre et qu'elle finira bien par épouser, malgré toutes les situations tragi-comiques où l'a plongée son aventure. On dirait de l'Andersen revu et arrangé par les « Marx Brothers ». Et Joan Arthur, par sa gentillesse naturelle, nous fait croire bien facilement, que tout ce qui arrive à Marie Smith-à-la-vie-facile est chose méritée. »

Comme on est devenu câlin, cousin d'Hollywood à « l'Humanité » ! L'on dirait positivement La Rocque prenant ses ordres chez Tardieu... l'on s'épaule, l'on se comprend à présent... comme l'on « s'a dans la main »... Le coup n'est plus du tout le même !... On apprend plus d'une nouvelle en dix ans !... Seul l'idiot n'évolue pas !... Il suffit un jour venu, d'un tout petit coup de téléphone... et l'on se met à se comprendre... tout soudain et le miracle est accompli... et le plus facilement du monde... Et vous êtes là.. les fesses en l'air... Vous demeurez vous « masses de masses »... ruminantes !... dégueulasses !... Vous comprenez rien !...

Je voudrais être enculée sur le corps d'un homme qu'on vient de guillotiner.
(Rachel à son amant Léopold Lehon.)

Il serait bien surprenant que les Juifs ayant redoublé d'exactions, de rapines, depuis l'avènement du Front Populaire, n'aient pas senti venir une petite bouffée d'antisémitisme en France... n'aient conçu quelques craintes pour leur avenir immédiat...

Nous pouvions nous attendre à quelque contre-offensive préventive de grande envergure... à très grands frais... Pourquoi pas ?... Déjà toute notre presse (droite ou gauche) ne sert en définitive qu'à la défense des intérêts juifs, à la manœuvre des grands desseins juifs. Le cinéma, toujours si éminemment juif, devait nous donner pour la circonstance, quelques œuvres très probantes, très remarquables, une apologie du Juif extrêmement pépère.

Jusqu'à une époque récente, cette propagande s'effectuait par symboles... insinuations... allusions... coïncidences... par la bande... Voici que le ton change avec la « Grande Illusion »... Tout change ! Forte de ses succès politiques, la propagande juive débusque ses batteries, devient catégorique, affirmative, agressive... elle se découvre... Elle nous montre à présent à l'écran le Juif tel quel... non plus en breton, flamand, auvergnat, basque... mais en juif réel, textuel, en « Rosenthal »... Plus de chichis !...

Sans doute, verrons-nous bientôt, dans le même esprit, beaucoup mieux, encore plus insolent, plus impératif. Ce film remporte déjà, hurlant de sectarisme, un immense succès... La colonisation youtre peut foncer désormais « au culot » !... Toutes les digues sont rompues !... La colonisation youtre se fait de jour en jour, plus impatiente, plus despotique, plus susceptible, intransigeante. Dans ce film tout empêtré de dialogues « cheveux-sur-la-soupe » il ne s'agit au fond que d'une seule ritournelle, mais alors passionnément... faire bien comprendre aux masses imbéciles aryennes, bien faire entrer dans tous ces cassis d'ivrognes, que le Juif et l'ouvrier aryen sont exactement créés, mis au monde, pour s'entendre, pour se lier l'un à l'autre par un pacte à la vie à la mort, absolument indissoluble... « C'est écrit ».

Dans le cours de ce film, on ne nous révèle chez ce Juif, principal personnage, qu'un seul petit travers, bien véniel à vrai dire, une certaine tendance à l'orgueil, à l'ostentation... petit travers de nègre... vétille... Ce Rosenthal ne nous en paraît que plus sympathique, plus « humain »... et par contre, à son actif, que de vertus ! et quelles vertus !... essentielles ! les qualités primordiales d'une nouvelle élite, d'une nouvelle noblesse !... Grande générosité, grande clairvoyance, pacifisme frémissant, connaissances générales, tendre prescience du cœur humain... et surtout du cœur populaire !... Oh ! populaire !... Infiniment populaire !... D'habitude les films projuifs (ils le sont tous) opèrent, trafiquent, trifouillent l'opinion publique par allusions, suggestions, comparaisons, bafouillages, ils ne nous présentent guère le Juif tel quel, positivement juif, dans son rôle guerrier ou « sozial »... La « Grande Illusion » vient brusquer les choses... Ce film prend date... Il fait passer le Juif de son ombre, de son travesti, au premier plan, au plan « sozial » en tant que juif, nettement juif. La « Grande Illusion » complète admirablement l'exposition juive, la grande Youstricade 37.

Avènement du petit Juif au rôle de Messie officiel.

Parfaitement millionnaire ce petit Rosenthal... mais parfaitement « populaire »... Ah ! mais populaire encore bien plus que millionnaire !... Il est riche ! richissime ! remarquez ce petit youtre. Au départ, il a tout contre lui ce petit nabab pour jouer les rôles de rédempteur : dégaine, verbiage, figure... Il a tout du « puant »... l'exact produit surconcentré de la classe abominable... Tout pour être honni, sifflé, pendu recta par le peuple. Parasite absolu, torve produit superjuif, c'est un enfant Stavisky, un cousin Barmat. Il représente intégralement l'abject gibier de réverbère... Toute l'imagerie d'Épinal soviétique joue sur ce prototype. Il représente pour Moscou, pour « l'Humanité », le parfait « spéculant », en pleine insolence de fonction, à en rougir de perfection ! l'Ennemi du Peuple incarné... la synthèse personnifiée, le plus méprisable exemple, le plus haïssable, du Capitalisme vampire. Mais erreur, maldonne ! Pas du tout ! Miracle ! Miracle juif ! Peuple à genoux ! Loin d'esquiver la difficulté... de tricher... le créateur de cette chose aborde au contraire de front (populaire) toutes les incompatibilités du problème. Et tout ce qui semblait inconciliable devient parfaitement, devant nos yeux, harmonieux et probant ! Triomphe ! Et comment ! Haut la main ! Tout va bien ! La nouvelle vérité coule à flots, à pleines salles obscures... Ce petit Juif Rosenthal n'est pas du tout ce que l'on pouvait imaginer !... quelque capitaliste du même genre que les autres capitalistes... clique d'impassibles brutes, vaniteux, bornés, pompeurs d'entrailles, tous les autres !.... Ah ! mais pas du tout,... Attention ! Rien du tout d'abject comme les autres... comme tous les exploiteurs aryens... les patrons... les vampires aryens !... Ah ! mais !... Ah ! mais ! Attention Peuple ! toujours si prompt à généraliser... distinguons ! Finesse ! Pas abject du tout ce petit Rosenthal !... Ne confondons pas ! Ce supercapitaliste, fils de supercapitaliste ne jouit qu'à regret de ses exorbitants privilèges... Mais oui... mais oui... On ne lui découvre à l'usage, que ce tout petit défaut d'être un petit peu sûr de lui... comme tous les Apôtres... C'est tout... Ainsi voyez-vous... comme il faut se méfier des jugements portés à la hâte !... Ce petit Rosenthal est un véritable petit djibouk et nous ne nous en doutions pas !... Un petit néo Jésus-Christ... Il souffrait pour nous !... et nous ne le savions pas !... Il le dit lui-même : « Jésus, mon frère de race » De nos jours, les Messies ne naissent plus dans les étables, ils naissent dans les coffres-forts... C'est ainsi chez les Juifs... « Milliardaire et Jésus »... Qui s'en douterait ?... (Vous entendrez cependant bien rarement un Juif, si pauvre soit-il, médire des Rothschild... mais tant que ça peut ! médisent les Aryens des Wendel !... Chers Masochistes aryens !...) Le prolétariat rabâche déjà très plaisamment l'excellente rengaine... « Le Juif est un homme comme un autre ».

Un peu plus d'entrain, je vous prie ! Plus de complaisance ! Plus de zèle vers l'indigénat : « Le Juif est un homme plus qu'un autre » ! Voilà ce qu'il convient de jacasser désormais !... Perroquets aryens que je vous entende ! Sautez à vos perchoirs... et répétez en chœur... « Il est plus !... plus !... plus !... » Ce « plus » est essentiel ! il est tout !...

Vous avez à présent compris, je l'espère, Masses de Masses ! que le supercapitaliste juif demeure toujours, en toute circonstance, un capitaliste spécial, tout près du cœur du peuple... messianique, prophétique, pacifiste, essentiellement apostolique, idéaliste, suprêmement bienfaisant, « humain »... Ah ! toujours plus « humain »... Systole d'ouvrier, diastole de juif... ventricule contre ventricule... Le même cœur, le cœur même du prolétariat... Ah !...

Il a l'air d'un jouisseur frivole, ce petit Rosenthal, d'un profiteur abject. Attention ! Tout le contraire ! Apparences !... En réalité il ne pense qu'au peuple, aux malheurs du peuple... nul mieux que lui ne comprend, n'est touché par la grande détresse du peuple... S'il est acquis au programme populaire ?... à toutes les revendications du peuple ?... Ah ! Ah ! Ah ! Et pacifiste !... Foutre ! Foutre ! Il les fait lui-même les programmes du peuple pour être plus sûr... Alors ?... Nul n'est mieux renseigné que lui, nul plus que lui n'implore, ne soupire, ne désire l'avènement prochain, très prochain d'un monde bien meilleur pour le peuple, un monde où brillera toute la Justice !... enfin ! Un monde sans iniquités, sans guerres, sans privilèges de race de naissance !... une « France très libre et très heureuse ! »... en somme, sans Bourse ! sans Police ! sans Casernes !... Oui ! Tel quel... Ce petit youtre pluri-milliardaire ne pense qu'aux malheurs du peuple chaque jour davantage... Au Cercle, au Bois... au Cul... à sa Banque... toujours au Peuple !... L'Humanité le hante littéralement !... son intime mission... Systole contre diastole... Ses pulsations sont celles du peuple... Il « bat » avec le peuple... Il fut créé, mis au monde, pour aller au peuple, comprendre le peuple, comme Mr. Blum-Latige, réaliser, lui aussi comme Mr. Blum-Latige, tout le programme du Front Populaire !... fleurir pour le Front Populaire !... Ah ! mais... Ah ! mais... Voilà. Il aurait voté lui aussi, soyez tranquilles, Rosenthal, tout à fait comme Mr. le baron de Rothschild, pour le Front Populaire et l'alliance franco-soviétique.

C'est un prolétaire terrible sous des apparences ingrates, ce petit banquier Rosenthal ! tout à fait comme MM. Warburg, Loeb, Jacob Schiff, Kérensky, Trotzky, Zaharoff et Blum... exactement. Ah ! systole... diastole... Il le comprend d'instinct le peuple, de tout son instinct de Juif... les aspirations de l'ouvrier, les malheurs de l'ouvrier... sont ses propres aspirations... ses propres malheurs !...

Et maintenant le film s'occupe de nous, attention ! Aryens de l'intelligence !... Attention ! Contraste ! Notre élite : Intellectuels, noblesse aryenne, bourgeoisie aryenne se démontre absolument, radicalement, grotesquement, incapable de comprendre un traître mot aux revendications du peuple ! Ah ! C'est navrant... mais c'est ainsi !... Pervers, monstrueux égocentriques ! Quels saligauds ! Irrémédiables ! Quels monstres... Quels super-brutes !... Infinies !... En marge de toute évolution... Conclusion ! Cette « élite » aryenne doit passer la main aux Juifs, et tout de suite, et disparaître !... C.Q.F.D. Implacable décret de l'Avenir !... Boum ! Blum !... Ils retardent, sabotent, ces sinistres, le merveilleux essor social, absolument évident ! L'éclosion des Soviets ! Ouvriers + Juifs rédempteurs, le Règne juif pour tout dire : Alors ?... À temps nouveaux ! Hommes nouveaux !... Le Juif, « homme nouveau » ! C'est une trouvaille... (Voyez en Russie 10 millions de blancs exécutés par les hommes nouveaux juifs.)

Ce film se révèle décidément, tout à fait riche en haute propagande, en nombreux examens de conscience, en « récapitulations »... Il nous fait comprendre entre autres très précieuses vérités, que les « Aristocrates » ont toujours pour leur part, désiré, voulu. appelé la guerre de tous leurs vœux ! Tiens ! Tiens ! Tiens !... Je veux bien... mais ne restons pas en route ! Éclairons tout à fait notre lanterne !... Ce passage est obscur... Prévenons très loyalement, très scrupuleusement l'auditoire que ladite aristocratie, française, allemande, anglaise, très copieusement mariée, alliée aux banques juives, n'est en stricte vérité qu'une des tribus de la Juiverie...

Les représentants de ladite aristocratie s'empressent de commenter, de justifier avec quel empressement ! quel enthousiasme ! l'arrêt de mort qui les condamne... et c'est le clou du film ! Ils ont grand peur que nous ne comprenions pas !... Ils renchérissent ! « Grand merci ! Soyez bénis, s'écrient-ils, Messieurs les Jurés Juifs ! Vous avez joliment bien fait de nous condamner à mort ! Comme c'est tapé !... Ah ! nous ne l'avons pas volé ! Ah ! nous le sommes irrémédiables ! imbéciles ! sanguinaires ! frivoles ! égoïstes ! sauvages ! catastrophiques !... Ah ! comme il est salutaire, absolument impérieux pour le bonheur du genre humain, que nous y passions... Nous sommes, c'est parfaitement exacts, absolument monstrueux !... Encore un cigare, cher vicomte ?... Et maintenant pour vous épargner, ô chers jurés juifs, toute peine superflue, de vous salir un peu les mains, nous allons nous mettre en devoir de nous massacrer mutuellement... Avec quelle joie ! séance tenante ! à votre commandement juif ! » Un !

Deux ! Trois !... Et ils font comme ils annoncent !... au son d'une flûte !... Et c'est parfait !... Ils déblayent le terrain !

Ces simiesques ou fragiles matamores, tout entichés de préjugés bien rances, finement moisis, ces furieux de naphtaline en sursis de « collections » aspirent au néant ! Ils en hurlent ! Parfait ! On leur en donne ! Et d'entonner leur propre « Dies irae »...

Les Juifs :

> « Bravo ! Bravo ! Très beau courage ! magnifique allure ! splendide attitude... ».

Quant à l'intellectuel aryen, le « Pindare » de cette aventure, on nous le présente dès le début, rendu déjà en tel état de futilité, de gâtisme précoce, d'inconsistance, de rabâchage bulleux, qu'il se dissipe tout seul dans le cours du film... Nous le perdons... évaporé...

Cette « Grande Illusion » nous célèbre donc le mariage du simple, fruste, petitement démerde ouvrier aryen, confiant tourlourou devenu monteur, avec le petit Juif, djibouk, milliardaire, visqueux Messie, demain tout naturellement Commissaire du Peuple, prédestiné. Tout ce qu'il faut pour réaliser le Soviet juif-ouvrier, le strict nécessaire, rien de trop, rien de moins ! L'Avenir monte son ménage ! Le Sinaï vient de tonitruer pour la troisième fois : « Pelure de Goye, quitte plus ton youtre ! Ou ça va chier horriblement ! Le Juif, c'est ton ange gardien !... ». Et tout de suite ces sentences pénètrent au profond du cœur aryen !

Mordez ce pilote d'aviation qui ne sait même plus lire une carte du moment où le petit Juif prend le commandement ! l'est-ce suffisamment symbolique ?

Et vous, là, Mr. Figure !... Mr. Chèvre et Chou !... qui n'êtes rien de bien avouable... ni militaire... ni militant... ni professeur... ni grand-duc... ni archevêque... ni milliardaire... ni Juif... ni manœuvre... Que restez-vous là, planté ?... Vous attendez peut-être un rôle ?... Qu'attendez-vous pour disparaître ?... Allons, youp ! là... Qu'on vous pousse ?... Allons, un peu de courage !... Vous encombrez ! Vous êtes grotesque ! Vous êtes obscène ! Vous n'êtes pas de la noce !... Que foutez-vous ici ?... Votre seule présence est immonde ! Vous décomposez l'air... Comprenez-vous les symboles ?.. Le marc de café ?... Allons oust ! un peu d'énergie !... Les pistolets sont sur la table !... Tous ces acteurs se donnent du mal !... Ne demeurez pas insensible !... figé !... Sachez finir bellement !... Il est temps !... Il est « moins cinq » juif ! — La Grande Illusion ? — « L'Univers Israélite » ne saurait s'y tromper, voici ce qu'il nous déclare :

> « ... L'un des meilleurs films que la guerre ait inspirés : « La Grande Illusion », nous a donné, cet hiver, à ce propos une belle scène

> d'un symbolisme bien français. Deux prisonniers de guerre, de conditions et d'origines très différentes (ouvrier aryen, « millionnaire juif) dont les épreuves communes ont fait deux camarades, avant de tenter une dangereuse évasion, se séparent : « Au revoir, sale Juif ! » dit affectueusement l'un. « Au revoir, vieille noix ! », répond vigoureusement l'autre. Et les deux soldats se séparent après une émouvante accolade. Ils se retrouvent... Ils se réunissent... »

Grande Illusion ? Grande Illusion ?... Ah ! bien certes, oui ! la Grande Illusion !... Et comment ! L'Énorme Illusion ! Au Prodige ! Belzébuth ! Moloch ! À vos ordres ! la formidable myriacube stratosphère d'Illusion ! Nom de Dieu ! La plus suprémifique illusion du plus pharamineux Têtard qu'on aura jamais fourgué pour la surfusion des pyrites dans la prochaine Bacchanale ! L'Idéofournaise Mongo-youtre 1940 !

Les Américaines yankees, qu'on entend pousser de tels cris, créer de tels raffuts, d'universels hurlements (lynchages, pétitions, procès, etc.) dès qu'un nègre les encule (en public !) comment qu'elles se marient aux Juifs ! et à toute berzingue ! et tant que ça peut ! et plein les miches ! Les Juifs font prime comme épouseurs aux États-Unis. Le Juif est vicieux, le Juif est riche, le Juif bourre bien. Le Juif « négrite », bien plus bas que le nègre.

Encore un flan très prodigieux cette fameuse barrière des races U. S. A. ! Une barrière en bites ! Mais minute ! Je vais, à mon tour, vous dire un peu l'avenir : Un jour, les Juifs lanceront les nègres, leurs frères, leurs troupes de choc sur les derniers « cadres » blancs, les réduiront, tous ivrognes, à l'esclavage. Harlem sera le quartier « blanc »...

Les nègres en bringue, ils iront voir, ils feront danser les blancs pour eux, la « blanc-boula ».

> *« Il faut avoir vécu dans les coulisses de la Politique pour se rendre compte que le monde est dirigé par des personnes tout à fait différentes de celles que s'imagine le peuple. »* Disraëli-juif, Premier ministre d'Angleterre

Toujours certains Juifs, depuis l'Égypte, depuis Moïse, grand occultiste, se sont signalés par leur pouvoir « pronostiqueur », Juifs, dervicheurs, prophètes, hermétistes, incantateurs, initiés, talmudistes, féticheurs, khabalistes, mages, francs-maçons, messies, gris-gris, djibouks, etc., toute la sauce.

Ces spécimens superhumains, forment, au-dessus de la juiverie, le super-clan des guides mystiques, toujours écoutés, toujours suivis, en fait les véritables chefs de l'univers juif. Il en est ainsi d'ailleurs de tous les régimes asiates ou nègres. Les Juifs gardent comme leur plus précieux trésor toute leur magie noire sous la peau.

Dans toutes les époques de bouleversement l'on voit surgir, c'est automatique, leurs représentants prophétiques, les devins, leurs oracles juifs... Nostradamus... Cagliostro... Mesmer... Marat... Marx... etc. Ces Juifs, super-juifs, encore plus « émetteurs de maléfices » que les autres youtres, semblent à travers leur charabia posséder cependant le sens, la prémonition des grandes crises, des grands bouleversements juifs... Ce sont des « cataleptiques hébraïques mondiaux »... Leurs prédictions, leurs avertissements, sont très souvent admirables de justesse et de pertinence. Ils se trompent, mais souvent ils tombent pile... Ainsi Nostradamus, vers 1620, annonçait déjà fort exactement, la date de notre grande Révolution 1793 (date écrite)... Nous aurions tort de nous moquer... Moise avait bien fait les choses... Il avait doté son petit trachomateux peuple, pas fait pour voir clair du même côté que nous, de très curieuses armes, les mystères Khabalistes ne sont peut-être pas tous aussi vains, charabiatiques et phrasuleux que le prétendent nos petits malins « expérimentalistes », athées, positifs, dupés et cocus de toujours. Un petit sortilège qui vous culbute successivement l'Empire Égyptien, l'Empire Romain, la Monarchie Française, l'Empire Napoléonien, l'Empire Allemand, l'Empire Russe, demain toute la démocratie, l'Empire Britannique n'est pas un mirliton... Et je compte pour rien les Croisades, la Réforme, etc., qui sortent toutes aussi bel et bien du même philtre...

Trouvons-nous encore, de nos jours parmi nous, quelques prophètes de cette grande lignée ?... de la même force ?... même envergure ? Certainement !... Le fameux « Protocole des Sages de Sion », n'est pas autre chose qu'une vaticination de ce genre, une de ces hystéries divinisantes juives, dont on se gausse à première lecture, tellement à première vue elles relèvent par le ton, le fond, le style du tétanisme, de la fumisterie d'Asile, des farces de P. G. des écrits de « camisole », de l'insanité, de la furie vicieuse, trompeusement cohérente par hasard... et puis... et puis l'on découvre à l'usage... avec le temps... qu'elles furent parfaitement raisonnables... que de tels frénétiques, fanatiques abracadabrants fantasmes, correspondent très exactement à l'évolution des choses... C'est l'évolution des choses qui vient se superposer très exactement, géométriquement, miraculeusement sur de tels cauchemars. Et nous n'en revenons pas... Le pronostic des fous se vérifie... Toute notre connerie n'est pas faite seulement de crédulité, il faut en convenir, elle est faite aussi de scepticisme. Ces Protocoles publiés vers 1932 ont très exactement prédit tout ce qui s'est passé de juif dans le monde depuis lors... et il s'en est passé des choses juives dans le monde !... La vérité juive c'est sa couleur, son rythme, s'exprime dans les transes, c'est une vérité de forêt vierge... Dans le genre « visionneur » nous avons peut-être encore mieux que des Protocoles, plus substantiel, plus bref, plus haineux si possible... Ainsi le discours que l'on connaît assez peu, du rabbin Rzeichhorn, prononcé au cimetière de Prague en 1865 sur la tombe d'un autre grand rabbin prophétique, Siméon-ben-Jahouda. Ce texte ne fut reproduit que onze années plus tard dans le « Contemporain »... et puis dans le « Compte Rendu » de Sir John Radcliff. Les auteurs de cette reproduction n'emportèrent pas leur audace en paradis... Sir John Radcliff fut tué peu de temps plus tard, ainsi que Lasalle, le juif félon, qui l'avait communiquée.

Voici les principaux passages de cette magnifique composition, si prophétique, l'on s'en rendra compte :

> « L'or manié par des mains expertes sera toujours le levier le plus utile pour ceux qui le possèdent et objet d'envie pour ceux qui ne le possèdent pas. Avec l'or on achète les consciences les plus rebelles, on fixe le taux de toutes les valeurs, le cours de tous les produits, on subvient aux emprunts des États qu'on tient ensuite à sa merci.
>
> « Déjà les principales banques, les Bourses du monde entier, les créances sur tous les gouvernements sont entre nos mains. L'autre grande puissance est la presse. En répétant sans relâche certaines idées, la presse les fait admettre à la fin comme des vérités. Le Théâtre rend des services analogues (le cinéma et la T.S.F. n'existaient pas alors). Partout le théâtre et la « presse obéissent à nos directions.
>
> « Par l'éloge infatigable du régime démocratique, nous diviserons

les chrétiens en partis politiques, nous détruirons l'unité de leurs nations, nous y sèmerons la discorde. Impuissants, ils subiront la loi de notre Banque, toujours unie, toujours dévouée à notre cause.

« Nous pousserons les chrétiens aux guerres en exploitant leur orgueil et leur stupidité. Ils se massacreront et déblaieront la place où nous pousserons les nôtres.

« La possession de la terre a toujours procuré l'influence et le pouvoir. Au nom de la justice sociale et de l'égalité, nous morcellerons les grandes propriétés ; nous en donnerons les fragments aux paysans qui les désirent de toutes leurs forces, et qui seront bientôt endettés par l'exploitation. Nos capitaux nous en rendront maîtres. Nous serons à notre tour les grands propriétaires, et la possession de la terre nous assurera le pouvoir. (La Palestine n'est pas autre chose qu'un camp d'entraînement de commissaires juifs à l'Agriculture pour la prochaine Révolution mondiale.)

« Efforçons-nous de remplacer dans la circulation, l'or par le papier-monnaie ; nos caisses absorberont l'or, et nous réglerons la valeur du papier, ce qui nous rendra maîtres de toutes les existences.

« Nous comptons parmi nous des orateurs capables de feindre l'enthousiasme et de persuader les foules ; nous les répandrons parmi les peuples, pour annoncer les changements qui doivent réaliser le bonheur du genre humain. Par l'or et la flatterie, nous gagnerons le prolétariat, qui se chargera d'anéantir le capitalisme chrétien. Nous promettrons aux ouvriers des salaires qu'ils n'ont jamais osé rêver, mais nous élèverons aussi le prix des choses nécessaires, tellement que nos profits seront encore plus grands.

« De cette manière, nous préparerons les révolutions que les chrétiens feront eux — mêmes et dont nous cueillerons les fruits.

« Par nos railleries, par nos attaques, nous rendrons leurs prêtres ridicules, et puis odieux, leur religion aussi ridicule, aussi odieuse que leur clergé. Nous serons alors maîtres de leurs âmes. Car notre pieux attachement à notre religion, à notre culte, leur prouvera la supériorité de nos âmes...

« Nous avons déjà établi de nos hommes, dans toutes les positions importantes. Efforçons-nous de fournir aux goyim des avocats et des médecins ; les avocats sont au courant de tous les intérêts ; les médecins une fois dans la maison, deviennent des confesseurs et des directeurs de conscience. Mais surtout accaparons l'enseignement. Par là, nous répandrons les idées qui nous sont utiles, et nous pétrirons les cerveaux à notre gré.

« Si l'un des nôtres tombe malheureusement dans les griffes de la Justice chez les chrétiens, courons à son aide ; trouvons autant de témoignages qu'il en faut pour le sauver de ses juges, en attendant que nous soyons nous-mêmes les juges.

« Les monarques de la chrétienté, gonflés d'ambitions et de vanité, s'entourent de luxe et d'armées nombreuses. Nous leur fournirons tout l'argent que réclament leurs folies, et nous les tiendrons en laisse. »

Rappelons pour plaisir et pour mémoire, les principales dispositions des Protocoles (souvenons-nous 1902). Rien n'est plus revigorant que cette lecture pour un Aryen. Elle vaut pour notre salut bien des prières qui se perdent... Dieu sait comment ! entre ciel et terre...

« Encourager le luxe effréné, les modes fantastiques, les dépenses folles et éliminer graduellement la faculté de jouir des choses saines et simples...

« Distraire les masses par les amusements populaires, les jeux, les compétitions sportives, etc., amuser le peuple pour l'empêcher de penser.

« Empoisonner l'esprit par des théories néfastes ; ruiner le système nerveux par le vacarme incessant et affaiblir les corps par l'inoculation de virus de diverses maladies. (Le petit juif Rosenthal le répète dans la « Grande Illusion ».)

« Créer un mécontentement universel, et provoquer la haine et la méfiance entre les classes sociales.

« Dépouiller l'aristocratie, aux vieilles traditions, de ses terres, en les grevant d'impôts formidables, la forçant ainsi de contracter des dettes ; substituer les brasseurs d'affaires aux gens de race et établir partout le culte du Veau d'Or.

« Envenimer les relations entre patrons et ouvriers par des grèves et des « lock-out » et éliminer ainsi toute possibilité de bons rapports d'où résulterait une coopération fructueuse.

« Démoraliser les classes supérieures par tous les moyens et provoquer la fureur des masses par la vue des turpitudes et des stupidités commises par les riches.

« Permettre à l'industrie d'épuiser l'agriculture et graduellement transformer l'industrie en folles spéculations. — Encourager toutes sortes d'utopies afin d'égarer le peuple dans un labyrinthe d'idées impraticables. — Augmenter les salaires sans bénéfice aucun pour l'ouvrier, vu la majoration simultanée du coût de la vie...

> « Faire surgir des a incidents provoquant des suspicions internationales ; envenimer les antagonismes entre les peuples ; faire éclore la haine, et multiplier les armements ruineux.
>
> « Accorder le suffrage universel, afin que les destinées des nations soient confiées à des gens sans éducation.
>
> « Renverser toutes les monarchies et établir partout des républiques, intriguer pour que les postes les plus importants soient a confiés à des personnages ayant à cacher quelques secrets inavouables, afin de pouvoir les dominer par la crainte d'un scandale, les tenir par la Police.
>
> « Abolir graduellement toute forme de Constitution, afin d'y substituer le despotisme absolu du Communisme.
>
> « Organiser de vastes monopoles dans lesquels sombreront toutes les fortunes, lorsque sonnera l'Heure de la crise politique.
>
> « Détruire toute stabilité financière ; multiplier les crises économiques et préparer la banqueroute universelle ; arrêter les rouages de l'industrie ; faire crouler toutes les valeurs ; concentrer tout l'or du monde dans certaines mains ; laisser des capitaux énormes en stagnation absolue ; à un moment donné suspendre tout crédit et provoquer la panique. Préparer l'agonie des États, épuiser l'humanité par la souffrance, les angoisses et les privations, car la faim crée des esclaves. »

Tout ceci colle, concorde, je le pense admirablement avec les événements en cours. Le Juif Blumenthal était donc dans son plein droit, en écrivant pour qu'on le sache, dans le « Judisk Tidskrift » (No 57, année 1929) :

> « Notre race a donné au monde un nouveau prophète, mais il a deux visages et porte deux noms, d'un côté son nom est Rothschild, chef des grands capitalistes, et de l'autre côté Karl Marx, l'apôtre des ennemis du Capitalisme. »

Voici des paroles substantielles et de plus tout à fait exactes. Dans les grandes heures du Destin, quand les cartes s'abattent... Mr. Rothschild et Mr. Marx auparavant séparés, se retrouvent tout à fait d'accord, admirablement d'accord pour nous filer au casse-pipe, « compères de compères », nous faire tourner en boudins. C'est la jolie règle du jeu juif, le Suprême du théâtre juif. Premier acte : dispute... troisième acte... accord parfait pour nous débiter la tripe.

Trotzky-Mexique, sachez-le, s'accordera, au moment suprême admirablement, au sang, le nôtre, avec Litvinoff-Moscou, Baruch-Washington et Samuel-Cité pour nous filer aux mitrailleuses. Pas un petit fifrelin de doute n'est permis à cet égard. La parade de la haine à mort, entre

Juifs, c'est un bidon pour nous les cocus... pour Durand... pour le caporal Peugeot. Il est tout à fait officiel, cent fois prouvé, par documents irréfutables, que les premiers fonds décisifs de la Révolution bolchevique 17, furent fournis à Trotzky par les banquiers américains, de la haute finance juive (12 milliards, puis 125 milliards).

Les mêmes ou leurs descendants qui se retrouvent à présent autour de Roosevelt, le fat ventriloque, préparant la Prochaine... Ce sont ces mêmes Juifs du Grand Veau d'Or qui commandent avec la Cité, New-York et Moscou, le monde, la guerre et la paix, à savoir Jacob Schiff, Gugenheim, Barush, Breitung, Loeb et Cie, Félix Warburg, Otto Kahn, Mortimer Schiff, Hanauer. (Rapport du Service secret américain, 1917, 2e Bureau.)

Vous vous souvenez peut-être des noms des principaux chefs de la Révolution bolchevique 17 — tous juifs.

« Lénine de son vrai blase Oulianoff (1/2 juif) – Trotzky – Bronstein – Zinovieff (Apfelbaum) – Kameneff (Rosenfeld) – Dan (Gourevitch) – Ganezky (Furstenberg) – Parvus (Helphand) – Uritsky (Pademisky) – Larine (Lurge) – Bohrine (Nathason) – Martinoff (Zibar) – Bogdanoff (Zilberstein) – Garine (Garfeld) – Suchanoff (Gimel) – Kamnleff (Goldmann) – Sagersky (Krochmann) – Riazanoff (Goldenbach) – Solutzeff (Bleichmann) – Pianitsky (Ziwin) – Axelrod (Orthodox) – Glasounoff (Schultze) – Zuriesain (Weinstein) – Lapinsky (Loewensohm). L'auteur désire ajouter que certains auteurs sont convaincus que la mère de Lénine était une Juive... Lénine était un Juif (kalmouk) marié à une Juive (Kroupskaya) dont les enfants parlaient le yiddish (Herbert Fitch, détective de Scotland Yard qui avait épié Lénine comme garçon de table pendant des mois déclara qu'il était typiquement juif). Rapport « Secret Service ».

Dans le « German Bolchevik Conspiracy », page 27, publié par le « Committee of Public Informations, Washington D. C. », en octobre 1918, nous apprenons que :

> « Max Warburg avançait de l'argent aux bolcheviques : « Stockholm... 21 septembre 1917 : M. Raphaël Scholak, Haparand : « Cher Camarade. — En conformité avec un télégramme du « Westphalian Rhineland Syndicate, la banque Max Warburg et C· « nous informe qu'un crédit a été ouvert à l'entreprise du Camarade Trotzky. » (signé) J. Furstenberg.
>
> « Jacob Schiff paraît avoir donné 12 000 000 de dollars pour « la révolution russe de 1917 » (premier versement).

Dans le livre de Mme Nesta H. Webster, « The Surrender of an Empire », p. 74-79, nous trouvons des renseignements additionnels sur la montée du bolchevisme.

« Il semble que le nom véritable de l'individu mentionné dans la section III ci-dessus sous la désignation de Parvus, est Israël Lazarevitch Helphand, un Juif de la province de Minsk, en Russie blanche. Vers la fin du siècle dernier il prit part à un travail révolutionnaire à Odessa. En 1886, il s'en alla à l'étranger et finalement après plusieurs pérégrinations, s'en vint à Copenhague où il amassa une grande a fortune, comme agent en chef de la distribution du charbon allemand au Danemark, travaillant par l'entremise du parti social danois.

« Le Docteur Ziv, dans sa « Vie de Trotzky », relate que lorsqu'il a était en Amérique, en 1916, il demanda à Trotzky : « Comment va Parvus ?... » À quoi Trotzky répondit laconiquement : « Il est en train de compléter son douzième million. »

« C'est ce Juif, multimillionnaire qui, après Karl Marx, fut le plus grand inspirateur de Lénine. Ce fut par l'intervention de Parvus que Lénine fut envoyé en Russie.

« La Russie n'est pas le triomphe des travailleurs, mais ne semble être qu'un gigantesque placement des capitalistes juifs pour leurs propres fins.

Tout ceci n'est pas le résultat d'un accord éphémère entre Juifs et bolchéviques. Partout il en fut ainsi :

« En Hongrie, les grands chefs furent les Juifs Béla Kun, Agoston Peter, Grunbaum, Weintein ; en Bavière, ils s'appelaient : Kurt Eisner, Loewenberg, Birbaum, Kaiser ; à Berlin la tentative de révolution eut pour chefs Rosa Luxembourg, Lewisohn, Moses ; en Chine l'organisateur du bolchévisme est le Juif Borodine-Crusenberg ; en Italie le chef marxiste était le Juif Claudio Trèves ; au Brésil où la récente insurrection marxiste avait comme chefs les Juifs Rosenberg, Gardelsran, Gutnik, Goldberg, Strenberg, Jacob Gria et W. Friedmann ; en Espagne enfin, où la révolution rouge fut organisée par le Juif Béla Kun, entretenue par le Juif Rosenberg et « légitimée » à la Société des Nations par le Juif Del Vayo. »

Et d'ailleurs tous ces événements tombent dans l'ordre des choses qu'avait prévu le Juif Baruch Lévi (un autre prophète), dans sa lettre à son ami Karl Marx (de son véritable nom Karl Mordechai, fils du Rabbin de Trèves) :

« Dans la nouvelle organisation de l'humanité, écrivait Baruch Lévi au doctrinaire du socialisme juif, les enfants d'Israël se répandront sur toute la surface du globe et deviendront partout, sans opposition, l'élément dirigeant, surtout s'ils arrivent à imposer aux classes ouvrières le ferme contrôle de quelques-uns d'entre eux. Les

> gouvernements des nations formant la République universelle, passeront sans effort aux mains des Juifs sous le couvert de la victoire du prolétariat. La propriété privée sera alors supprimée par les gouvernants de race juive, qui contrôleront partout les fonds publics. Ainsi se réalisera la promesse du Talmud que, lorsque le temps du Messie arrivera, les Juifs posséderont les biens de tous les peuples de la terre ». (Lettre citée dans la « Revue de Paris », 1er juin 1928, page 574).

Les grands Juifs sont fiers, et ils n'ont pas tort de leur révolution bolchévique 17, le grand Rabbin Juda L. Magnes, New-York, 1919, nous fait ainsi part de sa joie :

> « Les qualités radicales qui sont dans le Juif vont au fond des choses, en Allemagne il devient un Marx et un Lassalle, un Haas et un Edouard Bernstein ; en Autriche il devient un Victor Adler et un Friedrich Adler, en Russie un Trotzky. Voyez la situation présente en Allemagne et en Russie. La Révolution met en action les forces créatrices du Juif, voyez quel grand contingent de Juifs est immédiatement prêt pour la bataille. Socialistes, révolutionnaires, menchevicks, bolcheviks, socialistes majoritaires, minoritaires, de quelque nom qu'on les appelle, on trouve dans tous ces partis des Juifs comme leurs chefs dévoués et comme leurs travailleurs réguliers. »

Mr. Cohan, dans le journal « The Communist » de Kharkoff, n· 72, 12 avril 1919, nous paraît lui aussi fort content :

> « On peut dire sans exagération que la grande révolution russe a été faite par la main des Juifs... Ce furent précisément les Juifs qui conduisirent le prolétariat russe à l'aurore de l'Internationale ».

Il se dégage de tout ceci, nous nous pressons d'en convenir, un certain relent « d'Ambigu »... de carbonarisme à la manque... de complots farciformes... de prolongements gris muraille... de maffia... de pas au plafond... de grand guignol... quelque chose de « Tour de Nesle »... qui vous incite énormément à la rigolade... Cette bonne blague... « Y'a du Juif partout »... Vous pensez que de ce côté, nous ne saurions être en retard... Je suis moi-même assez sensible pour ce qui est du ridicule... Mais tout de même, il y a les noms... les personnes, les événements... ce regroupement immanquable, irréfutable, instantané, implacable, des plus croassants, virulents, acharnés, voraces Juifs autour de chacune de nos catastrophes... comme un envol de mille corbeaux d'enfer, sur les lieux mêmes de tous nos désastres. Ceci ne s'invente pas.

Outrances !... billevesées de polémistes !... divagations de rabbins faméliques... fiévreux !... illuminations de vieux khabalistes !... Chimères de synagogues !... fugaces coïncidences de quelques vilains délires ! C'est vite dit...

Allez-vous me répondre au surplus que tous ces falbalas d'imprécations datent des âges obscurs... qu'à présent, nos grands, nos plus éminents Juifs sont parfaitement émancipés de la tutelle de leurs crasseux rabbins que nos grands youtres modernes, sont tous, eux, infiniment « progressistes » à tout rompre, insatiablement assoiffés de Science Expérimentale et de Lumière franc-maçonne, de statistiques, intellectuellement super-raffinés, affranchis... que toutes ces manigances et ces vociférations, ces divinations super-khabalistes, les portent à sourire absolument... comme nous sourions nous autres à la Transsubstantiation, de la Résurrection du Christ... Manigances en somme puériles, de pauvres djibouks aux abois, superstitions oraculeuses... vieux débris grinçants de l'épouvantail biblique... sottises...

Vous pourriez peut-être me répondre que les Grands Juifs, de la grande influence mondiale juive, n'entretiennent plus avec leurs rabbins et leurs synagogues que des relations assez floues... assez distantes... vagues... juste le minimum... la simple politesse... qu'ils ont d'autres chats à fouetter... ces grands Juifs... plus sérieux... Bien.

Savez-vous que le pouvoir exécutif de toute la juiverie mondiale s'appelle le « Kahal » ?... Assemblée des Sages d'Israël ?... Vous souvenez-vous que Napoléon, inquiet du pouvoir universel juif, tenta de capter les forces du Kahal à son profit, de faire servir le Kahal à sa propre politique mondiale napoléonienne, de le fixer tout d'abord en France, ce Kahal, sous le nom de « Grand Sanhédrin »... et qu'il échoua, Napoléon, piteusement, très fatalement dans cette entreprise. (Il y avait tout de même quelque chose de cocu dans Napoléon.) Savez-vous de quelle façon le Juif Léon Say commentait plus tard à la tribune du Parlement cette grande défaite napoléonienne, certainement la plus décisive de toutes, cause majeure, sans aucun doute, de sa grande débâcle. « La force mystérieuse de la finance à laquelle on ne résiste jamais, même quand on s'appelle Napoléon. »

Nous qui ne sommes pas Napoléon, notre sort encore plus que le sien dépend entièrement du bon vouloir des grands Juifs, des « grands occultes ». Il n'est pas idiot de penser que notre destin se discute certainement encore dans les consistoires du Kahal, autant que dans les Loges et bien davantage. Précisons, pour la France, le Consistoire Central est dirigé par le grand Rabbin Israël Lévi. Le président nul seigneur moindre que le roi de France lui-même, c'est-à-dire le baron Édouard de Rothschild... Les vice-présidences, assurées par MM. Bloch-Laroque et Helbronner (Conseiller d'État)... Voyez que l'on demeure assez pratiquant en très haut lieu... MM. Oualid et Weisweiller sont trésoriers (ils ne doivent pas être très souvent en difficulté)... Les membres du Consistoire central représentent, non seulement Paris, mais les petits « Kahals » des diverses régions françaises, Loges... etc.

Voici la liste (absolument rien de secret), dans l'Annuaire 1937-38. Aboucaya Léon. Bader Maurice. Baur Marcel. Blum Jules. Bodenheimer Henri. Brisac Jules. Cahen Adolphe. Cahen Albert. Cahen d'Anvers. Debre Simon, Grand Rabbin. Dorville Armand. Ducas Raymond. Eudlitz Moise, Dr. Hayem Jules. Helbronner Paul. Jacob Elie. Klein Dr. Leven Georges. Matchou Dr. Merzbach Georges. Moch Fernand. Mossé Armand. Naiditch Isaac. Nedjar Maurice. Olchanski R.-A. Propper Michel. Rothschild Robert (Baron de). Salzedo Mosès A. Sananès. Sée Jacques. Simon Jules. Trèves André Dr. Weill Mathieu. Wormser Georges. Sachs, à Paris. Bakouche André, Constantine. Behr Simon, Nancy (M.-et-M.). Geismar Pierre, Neuilly-sur Marne. Kahn André, Lunéville. Lajeunesse Henri, Lille. Lang René, Lyon. Messiah B., Saint-Pierre-les-Elbeuf (S. Inf.). Risser Gaston, Rouen. Seches (Grand Rabbin), Lyon. Seiligmann André, Vaucouleurs (Meuse). Sommer Léon, Tours. Wormser Achille, Dijon.

Les Loges maçonniques comptent toujours parmi leurs adhérents un très grand effectif de « frères pougnassons », simples petits êtres anxieux d'améliorer leur petit bœuf... leur consistance matérielle... d'assurer, d'amplifier leurs « ronds de cuir », petits ambitieux de comices... désireux petits caïds... Ils constituent l'infanterie, le grand effectif besogneux de la Libre Pensée.

Évidemment l'on ne saurait demander à ces pleutres, ces crouilleux petits maquereaux déroutés, autre chose que le salivage « tout venant », la bulleuse jactance électorale... le dégueulage des formules démagogiques, toutes chiées pour Robots saouls... Ils s'en donnent !... L'on ne saurait à aucun prix les initier, ces cloportes, de grands Desseins. Le Consistoire israélite est précisément formé lui, créé dans ce but, pour l'étude et la manœuvre des grands Desseins juifs. Il est constitué par une élite. Ce n'est plus là l'un de ces petits clans de minces truands sournois, resquilleurs, néo-jésuites, sursoufflés, surfaits, comme il en grouille, c'est fatal, au fond de toutes les Loges... Alouettes mirouettées... Mais non ! Mais non !... Peu de facteurs, plus de loufiats, de terrassiers, de capitaines de pompiers, d'instituteurs, parmi ces éminences... Rien que des personnages de haute condition sociale, de haute culture, rassasiés, sursaturés des plaisirs pour goujats... gueule, cul, salon, etc. plaisirs de ministres...

Amplement libérés de tous soucis matériels, ces véritables « Sages » peuvent se permettre de voir très haut et très loin... Français, voici vos maîtres !... Ils sont en condition... Mais communistes cependant ?... Et pourquoi pas ?... Certes !...

Communisants tout au moins... Que diable ! tout aussi bien que doriotistes, Laroquistes... Comme l'on veut... qu'importe !... Mr. le Baron de

Rothschild (Maurice) vote au Sénat, absolument comme Cachin, la ratification du Pacte franco-soviétique... Le Baron James de Rothschild, maire de Compiègne, se désiste parfaitement aux élections législatives, en faveur du candidat du Front Populaire... Il faut ce qu'il faut...

Mais quel est donc le rôle exact de ce consistoire ?... central ?... Je vais vous l'indiquer...

> « Il délibère et statue sur la situation créée par les événements ; il décide des mesures qu'il convient d'appliquer. Ainsi s'immisce-t-il dans la vie quotidienne de chaque Juif, et il la dirige, en quelque sorte à tous points de vue. Aussi l'activité de chaque membre de la communauté juive s'exerce-t-elle dans le sens indiqué par le Kahal et dans le seul intérêt du Judaïsme. »

Voilà, vous avez compris, caporal Peugeot ?... Ainsi dès l'ouverture du prochain stand « Pour la libération des Peuples », pour la France toujours plus libre et plus heureuse, eh bien vous vous précipiterez !... Le premier rigodon, comme d'habitude mon ami, c'est pour votre thorax de cocu ! Qu'on se le dise !... Le Consistoire et les petits amis du Consistoire ont tous leurs yeux démocratiques fixés, hypnotisés, sur vos tripes ! Ah ! comme les Anglais ! Pas davantage !... mais pas moins !... La guerre et la Paix ?... Juives !...

En définitive, Français « Cocoricos », vous partirez à la guerre, à l'heure choisie par Mr. le Baron de Rothschild, votre seigneur et maître absolu... à l'heure fixée, en plein accord, avec ses cousins souverains de Londres, de New-York et Moscou. C'est lui, Mr. de Rothschild, qui signera votre Décret de Mobilisation Générale, par la personne interposée, par la plume tremblotante de son pantin-larbin-ministre.

Ah ! Si nous avions encore en France, un tout petit peu de couilles... notre petit mot à dire... Ah ! Si nous pouvions rédiger encore la « Timide Supplique »... Mais nous ne pouvons plus rien... Plus un mot à dire... Nous irions ramper à genoux... la corde au cou... jusqu'au Consistoire... le plus humblement du monde... implorer qu'on nous épargne... encore une année... 18 mois... qu'on nous foute la paix une bonne fois pour toutes... « La Paix aryenne »...

Nous recevrait-on ?... Les fameuses 200 familles, aryennes ou pas, mais je vous les donne ! je n'en retiens pas une !... Je vous en fais, moi aussi, le très royal cadeau... Je ne vais pas pleurer sur leur sort infect ! Soyez bien tranquilles ! Tous les Patenôtres, Lederlins, Dupuys... Renaults... Wendels... Schneiders... Michelins et tutti cotys...

Mais vous pouvez les emporter... Je leur dois rien... je vous assure... Seulement puisqu'on s'amuse, je voudrais bien alors quand même, que nous jouions franc jeu ! franc jeu jusqu'au bout !... Qu'on n'oublie pas le

Consistoire dans la bigorne générale... ni les belles familles associées... Ni les grands trusts youtres affameurs... les L. L. Dreyfus, par exemple (pluri-milliardaires) ni les Baders et consorts... les grands amis de MM. Blum... Mais non !... Mais non !... Pas du tout !... Je ne me régalerai pas de quelques comparses et de quelques raclures apeurées... entités fuyantes boucs émissaires... fondantes Têtes de turc... Mais voyons ! Pas du tout !... Je refuse ces « courants d'air » !... Je veux du solide !... Des réalités !... des vrais responsables !... des « durs de Khabales »... J'ai la dent !... Une dent énorme !... Une vraie dent totalitaire !... Une dent mondiale !... Une dent de Révolution !... Une dent de conflagration planétaire !... De mobilisation de tous les charniers de l'Univers ! Un appétit sûrement divin ! Biblique !...

Les non-Juifs ont été créés pour servir le Juif jour et nuit. — Le Talmud.

Les Juifs, directement ou par personnes interposées, possèdent en France les Trusts suivants soit 750 milliards sur les 1 000 milliards de la fortune française :

Trust : des Banques et de l'Or.

— de l'Alimentation.

— des Articles de Paris

— de la Fourrure.

— de la Confection et des Bas.

— des Pétroles et de ses Dérivés.

— de l'Ameublement.

— de la Chaussure.

— des Transports et Chemins de Fer.

— de l'Électricité.

— de l'Eau et du Gaz.

— des Produits Chimiques et Pharmaceutiques.

— des Agences Télégraphiques.

— des Stupéfiants.

— des Armements.

— des Gaz de Combat.

— des Grands Moulins.

— du Blé.

— de la Presse et du Journalisme.

— des Objets de Piété.

— de la Maroquinerie.

— de l'Industrie du Livre.

— des Magasins à Prix Uniques.
— des Théâtres (auteurs et salles).
— du Cinéma (Studios).
— des Ventes (Bandes noires).
— de l'Automobile (en formation).
— des Éponges et Fibres pour Brosserie.
— de la Joaillerie.
— de la Spéculation Immobilière.
— de l'Usure et Escroquerie.
— des Stations Radiophoniques.
— des Organisations Politiques.
— des Objets d'Art et Antiquités.
— des Maisons à succursales multiples.
— des Produits Photographiques.
— des Eaux Minérales.
— des Sociétés Immobilières.
— des Grands Magasins.
— des Modes et Haute Couture.
— des Assurances.
— des Cuirs et Peaux.
— des Houillères.
— des Cellules et Moteurs d'Avions.
— des Compagnies de Navigation.
— de l'Optique Médicale.
— de la Bonneterie.
— de la Chemiserie.
— des Fonderies et Forges.
— des Matières Premières (trust mondial).
— des Grandes Brasseries.
— du Tourisme (Grands Hôtels, stations thermales, Casinos, etc.).

— des Raffineries de Sucre.

— des Adjudications Militaires.

— des Lampes T. S. F.

— des Professions Libérales (en formation).

— et Lisieux ! et le Pape !

Il faut être beaucoup plus sot qu'un veau de la première semaine pour ne pas admettre, dans ces conditions, que les Juifs sont bien nos tyrans... absolus, qu'ils décident absolument, souverainement de notre existence ou de nos suppressions : Révolution, guerre, famine. Dans n'importe quelle société anonyme, lorsque l'un des actionnaires détient la majorité des actions (l'énorme majorité), c'est lui qui commande, les autres obéissent. Autant de fragiles têtards. Et nous ne sommes même pas têtards, nous autres... pas actionnaires !... sous-têtards !

Nous ne devons jamais oublier que...

> *« C'est à la Franc-Maçonnerie qu'on doit la République de cette époque ; que ce sont les Maçons et les Loges qui ont fait la République. »* — Convent du G. Orient 1887.

> *« Le premier acte des Francs-Maçons sera de glorifier la race juive, qui a gardé inaltéré le dépôt divin de la science. Alors ils s'appuieront sur elle pour effacer des frontières. »* — « Le Symbolisme », revue maçonnique, 1926.

> *« La Franc-Maçonnerie est une institution juive dont l'Histoire, les degrés, les rites, les mots de passe et les explications sont juifs du commencement à la fin. »* - Rabbin Wise Isaac, Israelite of America, 1886.

> *« La Révolution Internationale est pour demain l'œuvre de la Franc-Maçonnerie. »* - Bulletin Officiel de la Grande Loge de France, Octobre 1922.

> *« Les Hommes au pouvoir en ce siècle n'ont pas affaire seulement aux Gouvernements, aux Rois, aux Ministres, mais encore aux Sociétés secrètes. Au dernier moment elles peuvent mettre à néant tous les accords. Elles possèdent des agents partout, des agents sans scrupules, qui poussent à l'assassinat. Elles peuvent, si elles le jugent à propos, amener un massacre. »* - Disraeli, Premier Ministre Anglais.

> *« L'Esprit de la Franc-Maçonnerie, c'est l'esprit du Judaïsme dans ses croyances les plus fondamentales ; ce sont ses idées, c'est son langage, c'est presque son organisation. »* — « La Vérité Israélite ».

« La Maçonnerie n'est rien de plus, rien de moins que la révolution en action, la conspiration en permanence. » - Initiations secrètes au 33e degré.

« L'Époque messianique sera l'époque glorieuse où s'accomplira l'extermination des Chrétiens et des Gentils. » - Grand Rabbin Ahabanel.

Tout de même, il suffit de regarder, d'un petit peu près, telle belle gueule de youtre bien typique, homme ou femme, de caractère, pour être fixé à jamais... Ces yeux qui épient, toujours faux à en blêmir... ce sourire coincé... ces babines qui relèvent : la hyène... Et puis tout d'un coup ce regard qui se laisse aller, lourd, plombé, abruti... le sang du nègre qui passe... Ces commissures naso-labiales toujours inquiètes... flexueuses, ravinées, remontantes, défensives, creusées de haine et de dégoût... pour vous !... pour vous l'abject animal de la race ennemie, maudite, à détruire... Leur nez, leur « toucan » d'escroc, de traître, de félon, ce nez Stavisky, Barmat, Tafari... de toutes les combinaisons louches, de toutes les trahisons, qui pointe, s'abaisse, fonce sur la bouche, leur fente hideuse, cette banane pourrie, leur croissant, l'immonde grimace youtre, si canaille, si visqueuse, même chez les Prix de Beauté, l'ébauche de la trompe suceuse : le Vampire... Mais c'est de la zoologie !... élémentaire !... C'est à votre sang qu'elles en veulent ces goules !... Cela devrait vous faire hurler... tressaillir, s'il vous restait au fond des veines le moindre soupçon d'instinct, s'il vous passait autre chose dans la viande et la tête, qu'une tiède pâte rhétorique, farcie de fifines ruselettes, le petit suint tout gris des formules ronronnées, marinées d'alcool... De pareilles grimaces comme l'on en trouve sur la gueule des Juifs, sachez-le, ne s'improvisent pas, elles ne datent pas d'hier ou de l'Affaire Dreyfus... Elles surgissent du fond des âges, pour notre épouvante, des tiraillements du métissage, des bourbiers sanglants talmudiques, de tout l'Apocalypse en somme !...

Malheur au damné ! Crève donc animal impossible !... Rebut ! Tu ne sursautes même plus d'effroi à la vue de tels monstres ! Tu ne vois pas ta torture et ta mort inscrites, ravinées sur ces hures ? Quel miroir te faut-il donc ?... Pour voir ta propre mort ?...

Toutes les laideurs veulent dire toutes quelque chose. Regarde ! Puisque tu es trop fainéant pour lire dans les livres, déchiffre au moins apprends à lire sur la figure des Juifs l'arrêt qui te concerne, personnellement, l'Arrêt, l'Annonce vivante, grimacière, de ton massacre.

Nous avons mille fois, cent mille fois pire que les Fermiers Généraux. Nous avons les Juifs et les francs-maçons.

Juifs ! Fixe ! Vous crevez pas l'imagination ! Vous l'avez lourde et gaffeuse

Je ne suis pas le cagoulard No· 1 Je ne suis pas payé par Goering. Ni par Musso ni par Tardieu !...

Ni même par Mr. Rothschild ! (Tout est possible) Je ne suis payé par personne...

Je ne serai Jamais payé par personne. Je ne veux fonder aucun parti.

Je ne veux pas monter sur l'estrade.

Je ne veux dominer personne Je n'ai pas besoin d'argent. Je n'ai pas besoin de puissance

Vraiment je n'ai besoin de rien.

Mais je suis chez moi, et les Juifs m'emmerdent Et leurs manigances me font chier.

Je le dis tout haut, à ma manière... Comme je le pense.

Repos !

Fixe !... Si l'on refoulait tous les Juifs, qu'on les renvoie en Palestine avec leurs caïds francs-maçons — puisqu'ils s'adorent — Nous cesserions d'être « Intouchables »

Au pays des Émirs négrites... Nous n'aurions ni guerre, ni faillite... Avant longtemps... longtemps... longtemps...

Et nous aurions beaucoup de places vides... immédiatement Tout de suite... les meilleures en vérité...

Nos enfants n'auraient plus besoin d'aller supplier, quémander...

Aux Juifs... francs-maçons... et autres bouliphages Ténias... Vermines, « Fermiers lombricaux » de la Viande commune... Quelques petits restes de pitance... L'aumône... la charité...

Ils n'auraient plus besoin de supplier les Juifs De bien vouloir les laisser vivre... Subsister, sur leur propre territoire, encore un petit instant... Sursis ! Avant d'aller crever pour eux... Pour leurs diableries, leurs farces, leurs complexes... Leurs prodigieuses ventrées De pieuvres juives

Dans les furieuses terribles batailles. Dans les grandes fournaises Kabaliques.

Repos !

Autrefois, quand les Juifs devenaient rétifs et insolents, les Rois devenaient cruels. Le Juif Simon ne voulait pas ouvrir ses trésors au Roi Henri III, le roi le fit venir, lui fit arracher 17 dents, séparant chacune de ces extractions de cette demande :

« Prête-moi tes trésors... »

À la dix-septième le Juif céda. Ce mode d'emprunt a été abandonné par les chefs d'État modernes, mais pour ne pas laisser perdre le procédé, les gens de finance l'ont appliqué à leur façon de prêter.

Aujourd'hui, en effet, ce sont les gens de haute finance (les Juifs) qui arrachent les dents des gouvernements jusqu'à ce que ceux-ci leur aient livré l'argent de leurs administrés.

Ceci balance cela.

Sous Louis XV et sous Louis XVI, l'égalité tendait à se faire, la finance montait, la dignité descendait. La masse était dépouillée, mais on faisait vivre les talents individuels.

Aujourd'hui celle-ci et ceux-là meurent également.

(Extrait de l'Histoire des Gens de Finance, par John Grand Carteret.) (p. 301-310)

Ohé ! Oyez la Juiverie ! la Mascaille !

Et couvrez-moi d'ordures ! Je vous entends branler ! fouiller ! foutriquer vos poubelles ! Que vous êtes loursingues et cons ! Plus souffleux ! Plus lâches ! Plus vils que le banc des rhinos dans la fiente en panique ! Beau dire ! Beau crosser ! Beau faire ! « Princes ! » Beau tuer ! Bourriques ! Loufes ! Popes de la trahison ! Compagnons ! Gueule au charron ! Ding ! Ding ! Dong ! Que vous l'avez dans le cul ! Carillon ! Charades ! Tornades ! Que vous l'avez dans le cul ! Chiasse !

Ni promesse, ni serment n'obligent le Juif à l'égard des chrétiens. — Le Talmud

À présent la bonne grosse tranche de ce beau Thorez... sur sa couverture « Ma vie »... bonne grosse bouille bien offerte... Boubouroche en triomphe... Invraisemblable !... en bras de chemise... bien en chaleur, bien en chair, bien vain, bien poupin... L'Aryen idéal pour prestidigitateur juif... Le cocu rêvé... Le sergent tout frais promu... ravi... exultant... tout en « roue »... première sortie !... miroitant du galon... Pitié !...

Quelle splendide pièce à promener dans la cage aux vampires ! Quel propice, savoureux dindon ! Pauvre innocent super-guignolet !... Voici donc le bébé-führer !... L'arroseur arrosé !... qui va jouer notre pauvre petite partie, déjà si compromise, sur les damiers internationaux ?... contre la clique de maquignons-politiques, diplomates, « gris-gris », commissaires juifs, la plus rusée, la plus perverse, la plus complexe, la plus faisandée, maléfiante, torve, vénéneuse, scorpionique imaginable !... Le ramassis de fripouilles, djibouks, agents doubles, magiciens, bourriques, illusionnistes charlatans, le plus complet, le plus blindé, le mieux assorti, le plus raciste, le plus effronté de la planète, bonneteurs avérés, chevronnés, sorcelleux, officieux, officiels, vertigincux, de l'intrigue maléfique, magique, à centuple fond, de l'esquive, des cent mille passe-passes asiates, des tarots qui assassinent, des déserts miragineux... des cadavres sans tête... des cordes sans pendus... des mots sans suite... des malles sans couvercles... des nuages messagers... Insurpassables virtuoses pour tous dédales et pertes casuistiques... acrobates inimaginables pour tous catacombes et toutes oubliettes... La quintessence même des plus infinies vicieuses gangstériques crapules de l'Univers... Et puis alors pour nous défendre ?... nos os, nos pauvres « carrés »... Qui ? Ce Cadum ?... Merde !... Ça va mal !... Ça va très mal !... Ils en feront qu'un coup de glotte les youtres.

> « Que sonne l'heure de la mobilisation et, avant de partir sur la route glorieuse de leurs destinées, les mobilisés abattront MM. Béraud et Maurras comme des chiens. » — (*Le Populaire*, novembre 1933.)

Ah ! qu'on ne m'oublie pas !

D'autant que les « brigades juives d'assassins » ne montent pas elles, en ligne ! Petits crépus, tirez vite ! tirez juste ! Attention !

« Les Juifs seuls sont des hommes et les autres nations ne sont que des variétés d'animaux. » (Le Talmud.)

Je ne sais plus quel empoté de petit youtre (j'ai oublié son nom, mais c'était un nom youtre) s'est donné le mal, pendant cinq ou six numéros d'une publication dite médicale (en réalité chiots de Juifs), de venir chier sur mes ouvrages et mes « grossièretés » au nom de la psychiatrie. La rage raciste de ce pleutre, sa folie d'envie se déguisaient pour la circonstance en vitupération « scientifique ». Il en écumait d'insultes, cet infect, dans son charabia psycholo-freudien, délirant, pluricon. Cet imbécile d'après son verbiage, sa marotte, son pathos, devait être aliéniste. Les aliénistes sont presque tous idiots, mais celui-ci donnait l'impression d'un véritable tétanique en « sottise », d'un super critique en somme. Je ne sais plus par quelles tares, mentales et physiques, par quelles abjectes perversions, monstrueuses dispositions, obsession très cadavérique, pourriture d'âme, ce sous-enculé de la cuistrerie expliquait tous mes livres, mais, dans tous les cas, jamais crapaud pustuleux (ma pomme) tout dégoulinant de fiente vénéneuse ne fut plus hideux, plus insupportable aux regards de la blanche, parfaite colombe (lui-même). Tout ceci sans importance, mais une petite remarque s'impose, amusante : le Freudisme a fait énormément pour les Juifs de la médecine et de la psychiatrie. Il a permis à tous ces sous-nègres grotesques, diafoireux, dindonnants, du Diplôme, de donner libre cours à toutes leurs lubies, vésanies, rages saccageuses, mégalomanies inavouables, despotismes intimes... Les voici tout pontifiants de freudisme ces saltimbanques de brousse, post- congolais, avec tout leur culot diabolique, de néo-féticheurs... « Tout Liberia dans nos murs ! » Rien de plus comique aux colonies, plus vif sujet de rigolade que l'outrecuidante jactance des médecins indigènes frais émoulus des Facultés coloniales. Ils valent leur pesant de ridicule. Mais ici nous prenons, nous, la bamboula des médecins, juifs pires négrites oniriques, pour argent comptant !... Prodige ! Le moindre diplôme, la moindre nouvelle amulette, fait délirer le négroïde, tous les négroïdes juifs, rugir d'orgueil ! Tout le monde sait cela... Kif avec nos youtres depuis que leur Boudah Freud leur a livré les clefs de l'âme ! (Elie Faure me déclarait quelques jours avant sa mort que Freud avait découvert l'endroit où se trouvait Dieu ! où se trouvait l'âme !) Admirez comme ils jugent, tranchent, à présent, décident nos youtres super- mentaux menteurs, de toute valeur, de la vérité, de la puissance, souverainement, de toutes les productions spirituelles ! Sans appel ! Freud ! L'alter-ego de Dieu ! Comme Kaganovitch est l'alter-ego de Staline !

C'est en bêlant que nous, petits enfants transis de crainte, nous devons désormais aller nous faire juger par ces émanations de Dieu-même !

J'en chie un tous les matins moi, de critique juif, et c'a ne me fait pas de mal au fias ! Qu'on se le dise...

Mais d'où tiennent-ils tous ces canaques tant d'insolence ? Qui fera rentrer sous paillotte tous ces gris-gris en rupture ?... tous ces bouffons négroïdes, « tam-tameurs » dépravés du Parchemin ?... ces Démiurges en noix de coco ? Quelle chicotte remettra du plomb dans les charniers de tous ces singes ? les fera ramper dans leurs tanières ? fermer leurs gueules à manioc, garder un peu leurs ordures ? Quelle chicotte ?...

Experts juifs ? Psychiatres juifs ? Voilà les juges de nos pensées ! de nos volontés ! de nos arts ! C'est le coup de grâce ! Plus bas que macaques nous voici ! Foireux au cul des singes ! Demander l'avis, la permission de la merde même, pour respirer !

Le Dr Faust parle avec le Diable. Le Dr Freud parle avec Dieu. Tout va très bien.

Petites citations :

> *Aucun homme, écrivain, politique ou diplomate, ne peut être considéré comme mûr tant qu'il n'a pas abordé carrément le problème juif.* — Wickham Stead.
>
> *L'admission de cette espèce d'hommes ne peut être que très dangereuse. On peut les comparer à des guêpes qui ne s'introduisent dans les ruches que pour tuer les abeilles, leur ouvrir le ventre et en tirer le miel qui est dans leurs entrailles : tels sont les Juifs...* — Requête des marchands à Louis XV (1777).
>
> *Ah ! si seulement Titus n'avait pas détruit Jérusalem, nous aurions été préservés de cette peste juive, et les vainqueurs n'auraient pas gémi sous le joug des vaincus.* — Claudius Rutilius Numatianuss Poète gaulois (An 350 après J.-C.).
>
> *En Allemagne, les Juifs jouent les premiers rôles et sont des révolutionnaires de premier ordre. Ce sont des écrivains, des philosophes, des poètes, des orateurs, des publicistes, des banquiers qui portent sur leurs têtes et dans leurs cœurs le poids de leur vieille infamie. Ils deviendront un fléau pour l'Allemagne... Mais ils connaîtront probablement un lendemain qui leur sera néfaste.* — Metternich (1849).

Tout ce qui est compliqué est faux et pourri.

C'est ma croyance superstitieuse que si la Dictature du Prolétariat finit par succomber, c'est qu'elle n'aura pas versé assez de sang. — Béla Kun.

Mais je le sais bien que t'aimes pas les Juifs ! qu'il m'a répondu Gustin, mais tu me remplis les oreilles... C'est pas la peine de seriner. Tu nous casses avec tes salades... Moi non plus, je ne peux pas les sentir, cependant, je m'en accommode... Il faut vivre avec son mal... Dans ma pratique de clientèle entre Épinay et les « Bastions », c'est eux maintenant qui raflent tout... Y en a plus que pour eux dans la plaine... On était tranquille autrefois... Y avait le père Comart et Gendron... Je te parle d'avant la guerre... On existait sans se faire de mal... Maintenant, ils sont quatorze Juifs et trois Arméniens dans le même espace. Ils nous expulsent tous les natifs... Fallait pas partir à la guerre, on s'est suicidé... Pour chaque Français tué à Verdun il est arrivé vingt youtres. Il s'en fabrique par cohortes des youtres médicaux dans nos facultés. Tous les jurys sont bien propices, dévoués aux Juifs, enjuivés corps et âme... Les meilleurs clients des grands maîtres sont les Juifs, faut pas oublier... Ce sont eux qui payent nos grands maîtres... qui paye commande finalement !... Ils se font soigner tant et plus...

Ça prédispose bien pour les Juifs, les petits Juifs, pour les examens... les concours, les magnifiques « équivalences »... à eux, toutes les clefs de la Maison... Le Français lui « son équivalence » c'est le « con béni »... C'est bien pour sa gueule, c'est tout ce qu'il mérite !... Ils s'établissent comme champignons nos petits youtres de la médecine... au nom des Droits de l'Homme... Ça se « naturalise » comme ça pisse un petit Juif... C'est syndiqué de tous côtés, ça embolise toutes les Loges... C'est la « taichnique » de l'invasion... le « coucouisme » médical... Pourquoi résister ?... Ils tiennent tout !... même l'archevêque ils le tiennent par les grands Juifs... Rien comme un Juif dit converti pour retaper les Églises... Le médecin du pape doit être juif... C'est une tradition... Le Vatican est un ghetto comme un autre... La politique du Vatican toujours propice à la juiverie... Nous avons eu des évêques, des papes juifs... tout un clergé franc-maçon... Quand on ne veut plus d'eux, nulle part, qu'on les brûle un peu partout, où les Juifs, je te demande, trouvent-ils refuge ?... Mais au Vatican !... Pour la résistance ?... notre armée ?... enjuivée jusqu'à la garde !... depuis Dreyfus, depuis Alexandre Millerand Juif (fils d'un gardien de synagogue !) Tous les généraux ? dans la fouille ! et la Police ?... Mais voyons... Tous ceux qui détiennent les clefs du garde-manger, de la Bourse, de la Cave, de l'Enseignement, du Livre, du Cinéma, de la Chanson... Juifs !... Tous les Music-Halls ! tous les théâtres (et la Comédie-Française), tous les journaux, toutes les radios sont juifs et juives, militants de juiverie, bouillonnants de juiverie... folkloristes s'il le faut !... que diable ! « pour mieux te séduire, mon enfant, pour mieux t'étrangler »... Toutes les vedettes (à de rares exceptions près) de la scène, du film, de la chanson, de la science, de

« l'esprit », sont juives (1/2, 1/3 ou 1/4...) Le peuple ne fredonne, ne mange, ne boit, ne lit, n'admire, n'entend parler, ne vote que du juif...

Alors toi mironton ! radoteux tordu petit scribouillant, que viens-tu nous emmerder ?... que viens-tu nous étourdir avec tes marottes ?... Je te demande un petit peu ? dis chapelure ?... Mais ils vont te résoudre ! mon ami ! sais-tu les Juifs ?... Tu les connais pas encore... Mais non... mais non... pas encore... Raconte, ils t'ont pas des fois soulevé une gonzesse ?... dis, Rhumatisme ?

— J'en ai pas... J'en ai jamais eu de gonzesse...

— Pourquoi ?...

— J'ai peur d'aimer...

— T'es un haineux, et puis c'est marre... C'est ta sale nature... Il vinassait dur Gustin, mais quand même il voyait juste.

— Ils ont tout... Il continuait. Ils sont un million de Juifs en France répartis... deux millions peut-être, si l'on compte les enjuivés... les « mascailles ». Ils font comme ils veulent au fond... d'opposition ? y en a pas !... les « Colonels »... les « Doriots »... c'est des simples divertisseurs... c'est pas sérieux... c'est des Terreurs à la morphine... Ils ne seront dans la Tragédie que les comparses d'un moment... Que le colon en ait croqué ?... La belle importance !... Aucune ! mon petit !... bagatelle !... Il ne parle jamais des youtres le colonel ! dès lors, il peut dire tout ce qu'il veut... comme Tardieu... il a toute licence !... babillages !... Celui qui ne parle pas des Juifs, qui n'a pas dans son programme de les mettre en l'air, avant tout... il cause pour causer... Il conserve des arrière-pensées... ou bien c'est un terrible con... encore mille fois plus dangereux... quelque présomptueux aveugle... C'est un fourvoyeur des masses... Même tabac pour l'autre Jacques... des « banquistes »... je te dis, des agents de voyages... Pas des croisades ! non ! des croisières. Ils organisent des « avantages »... tu te rends compte ?... des « avantages »... Ils séduisent, rassurent les petits jouisseurs par des « avantages »... Tous ces Judex fabulaires absolument anodins, ils font partie du grand programme... des amusements pour la galerie... du chapitre : les Diversions... Leurs états-majors d'ailleurs très longtemps d'avance, très soigneusement enjuivés, orchestrent tous les concerts... toutes les phases de la Croisière... « Par ici ! Messieurs, Mesdames ! encore un point de vue merveilleux !... » Il n'en peut être autrement de ces « Sauvegardeurs d'Avantages »... Ils s'effondreront comme tant d'autres depuis toujours, depuis cent ans, se sont effondrés dans une vraie cascade de fous rires. Tous ces Preux de la gueule, ces redresseurs de salive, sont faits tout juste pour s'effondrer... au moment voulu, décidé, prémédité par les banquiers juifs, les commissaires juifs, l'internationale juive. Ils n'auront qu'un mot à dire, les grands Juifs, les Warburg, les Rothschild, pour dissoudre tous ces cabotins, à l'heure choisie du Kahal, comme ils ont vaporisé tous les autres pantins de même, les bavardeurs : Boulanger... Poincaré... Clémenceau... etc. Un petit bouton qu'ils tournent et... flouff !... petit bonhomme file au néant !... disparaît... On n'en parle plus !...

La France est une colonie juive, sans insurrection possible sans discussion, ni murmure... Il faudrait pour nous libérer un véritable Sinn-Finn... un instinct de race implacable... Mais nous n'avons pas la « classe » des Sinn Finners !... Beaucoup trop enfiotés déjà avinés, avilis, efféminés, enjuivés, maçonnisés, mufflisés de toutes les manières. Des chancres pourris d'alcool et toujours plus avides rongeurs rongés.

Atroce ! ... des petites fistules bien honteuses !... Pour vaincre, s'affranchir du Juif, il faudrait pouvoir, avant tout lui annoncer en plein pif : « Toi, ton puant, pourri pognon, tu peux te le filer dans la fente, et puis maintenant trisse ! infect ! ou je te bute !... » Qui c'est qui peut causer comme ça ?... c'est pas notre cheptel... Ivrogne, mégotier, resquilleur, vénal, imbécile, et survendu ! ... Aucune chance ! Toutes les chouanneries d'ailleurs en France échouent piteusement !... Grand malheur !... Toute malédiction à celui que l'envie peut prendre de s'occuper des Français !... relisez, relisez donc, un petit peu les plus effarantes histoires des Dupleix... des La Salle... des Montcalm... vous serez pour toujours édifiés !... Quel Peuple porte, à sa honte, d'aussi prodigieuses pages de vertigineuse muflerie ?... Rien à dire, le sort en est jeté ! Et puis la guerre viendra toute seule, justicière, à l'heure de « l'Intelligence Service »... et puis nous aurons trois fronts à garnir... et puis tous les Juifs planqués à l'arrière... chez les généraux francs-maçons... à la présidence du Conseil... Je vais te dire, tiens, moi, Ferdinand, le secret des astres. La Diplomatie c'est jamais, en somme, à l'abri des mots spécieux, des petites ristournes de formules, que l'Art, la Manière de préparer le partage, le démembrement, le hachis de l'État le plus pourri d'une époque, d'un continent... pour la curée générale... la pâtée des plus voraces... Après la Pologne, la Turquie, l'Autriche... C'est à présent notre tour... C'est simple... c'est normal... Les Juifs décidément, faut qu'on y passe !... Pourquoi tous ces pauvres chichis ?... Veaux vous êtes ?... Veaux ?... oui ou flûte ?... Résister qui ?... Résister quoi ?... On a jamais vu des veaux « objecteurs de conscience » ?... Veux-tu te faire bien buter salope ? ... Toi le premier ! toi tout d'abord !... Tu vas voir un peu les martyrs ! Comment ils vont se mettre en quart... comment ils vont rappliquer !... T'as chié à présent sur tout le monde ! tu vas payer ! bulleux crabe !... Tu peux plus compter sur personne... T'es tout seul !...

C'est méchant, tu sais, les martyrs... Tu vas te faire drôlement étendre... Et puis t'iras même pas au ciel... parce que j'aime mieux te prévenir tout de suite, le Bon Dieu est juif. T'excèdes tout le monde... tu vas gagner quoi ?... Dans ce grand latin pays, tout, parfaitement tout est à vendre, retiens ceci, et d'ailleurs parfaitement vendu... La bourgeoisie tout en gueuletons, cupide, crétine et cancaneuse, est à foutre en avant, derrière !... Elle sait plus où tendre ses vieilles miches pour se faire enculer quand même !... toujours !... davantage !... se faire fourrer en sauvette par la première bite qui régale !... la plus offrante... Elle est propice comme un vieux fiacre, elle a fourgué tout aux youtres, tout ce qu'elle savait, toutes les clefs de la ville et des champs... Ses fils... ses filles... ses fausses dents... au plus offrant !... La noblesse, cette vieille imposture, se roule et quémande des sursis... Sous tous les lits de Juifs on en trouve... La noblesse c'est un lupanar pour youtres... une basse tribu sous-juive, quelque chose comme des Ouednails toujours à la traîne des Bat d'Af. Les nobles ils suivent les Juifs de même pour manger... pour tenir... La noblesse c'est la vraie capote des youtres à travers les âges, tellement les youtres s'en sont filé des vierges de nobles sur le panais. La noblesse française a sucé plus de foutre nègre qu'il n'en faut pour noyer la plaine d'Azincourt... Ce sont les gloutons du prépuce. Quant aux Rois de France, pour tout bien dire, je trouve qu'ils ont des drôles de nez... Ferdinand ! ... des vraiment drôles de nez « bourbons »... Vers le Trois ou Quatrième siècle, maman la Reine, quelque part... a bien dû se faire régaler, un tout petit peu... par quelque joli Commissaire... Judéo-chrétien... bolchévique d'alors. Crépu... ne trouves-tu pas Ferdinand ?... qu'ils ont vraiment des drôles de nez ?... qu'ils ont un peu l'air abyssin, nos grand rois de France ? Qu'ils sont tous un peu Tafaresques ?... Regarde Henri IV.

Pour le clergé catholique, c'est encore beaucoup plus simple c'est même une limpidité... c'est des vrais youtres... De peur de perdre leurs tabernacles, ils sont prêts à n'importe quoi... Ils viennent bénir tout ce qu'on leur montre... Les trous des chiens de chasse... les Temples maçons... les troncs de Pauvres... les mitraillettes... Ils ont pas de préjugés du tout... Ils font jamais la petite bouche du moment que la personne éclaire. Ils vont bénir des ascenseurs... les souris de l'Abbé Jouvence... bien d'autres petites reliquettes... Ils demandent qu'à faire plaisir... Voici la troupe de cabotins la plus servile de l'Univers.

Quant au peuple, je vais t'expliquer... Bonnard, dupe, lui, toujours cocu, farci de meneurs, pourvu qu'on le divise par pancartes, qu'on lui refile un coup de fanfare, il ira vinasseux à tordre, où l'on voudra ! toupillonner ! se faire résoudre dans les rafales... C'est son destin... C'est sa bonne chance !... À la bonne fortune des riflettes ! pour la marrante magie des mots ! pour le plus grand stupre d'Israël !... Israël Shylocratique, démocratique, allié à mort de la Cité, de l'« Intelligence », de M. Loeb et Comintern, triple tablier de peau de cochon. Il finira tout ce bon peuple, absolument viande et « Kachaire » dans le fond des « tombeaux Maginot », au son du clairon, International cette fois-ci ! la gueule encore toute miroitante des bulles d'enthousiasme ! C'est bien écrit dans les astres, c'est absolument gagné ! La pente est savonnée comme tout... Notons, pour ne rien omettre, que l'on voit des ouvriers, par les temps qui courent, devenir assez vicieux, se livrer à des petits calculs qui manquent d'élégance, pousser dur et sauvagement à la « pipe », à toutes les interventions, fanatiques, solidaires, pour la circonstance des plus pires youtres du Consistoire... Ce n'est pas joli joli... Ce n'est pas aimable... Qu'espèrent-ils ces petits futés ?... pour la prochaine ?... Encore être les petits gâtés ?... les petits marioles sursitaires ?... Les « tombeurs d'usines ? »... Ils s'accommodent, il me semble, un peu facilement du trépas des « frères de la terre »... parce que, n'est-ce pas... la dernière : sur trois tués... deux paysans !... C'est considérable !... Faut pas oublier les choses... Seulement peut être qu'ils jouent de travers les frères de l'usine... Le coup n'est plus le même du tout !...

Les choses se ressemblent jamais à vingt et quatre ans de distance !... Peut-être qu'ils se gourent... qu'ils visionnent... Les Juifs promettent certaines choses... et puis, n'est-ce pas, ils ravisent... Les chiens blancs monteront à la rifle ! tous les chiens blancs... sans exception !... Le cheptel n'est plus abondant, on l'a énormément razzié de 14 jusqu'en 18... Cette fois-ci on n'en laissera rien... C'est les femmes qui feront les usines... Comme en Russie... les hommes ils iront se faire ouvrir... Ouvriers ou pas ouvriers... du kif !... à l'égalité des entrailles !... Vous êtes pas vous des Juifs ?... n'est-ce pas ? Souvenez-vous donc toujours que vous êtes les otages des Juifs !... La viande d'expérience. Les blancs ils la verront même pas la Paix de la France en morceaux...

De l'Ariège à la rue Lappe, de Billancourt à Trégastel on emmènera tout !... Boudins !... Vous passerez tous dans la farce ! Olivet ! Dufour ! Bidart !... Dudule et grand Lulu !... et la Gencive ! et le Tondu !... Keriben et Vandenput... vous verrez pas ça !... Vous y verrez qu'un nuage de sang et puis vous serez morts !... éclatés !... tout écartelés vivants... le long des trois fronts... Dans un entonnoir vous laisserez à tremper vos tripes... dans l'autre vous tournerez la soupe, le grand rata des gadouilles avec vos moignons... vos poumons sortis, travaillés en franges, translucides, feront de la broderie dans les fils de fer... Ça sera pas beau ? Déjà pour vous marrer le dimanche allez donc ajouter vos noms sur le Monument aux morts, celui de votre paroisse... Ça vous fera un but de promenade avec la famille... Comme ça on vous oubliera pas... tout à fait... Occupez-vous-en dès demain... Ainsi gravés dans le marbre, vous pourrez partir tranquilles, l'esprit plus libre. C'est même le seul endroit, ce marbre, de nos jours, que les Juifs essayent pas de truster... Vous serez là, entre frères de race, je vous le garantis... Vous trouverez pas beaucoup de noms juifs sur les Monuments de la dernière... les monuments de vos morts... nos pissotières à fantômes, nos dolmens pour cons dociles, pour nos cadavres super cocus... ils disent pourtant bien notre passé, nos infects « monuments aux morts »... notre présent, tout notre avenir... On les regarde pas d'assez près, jamais d'assez près, je trouve, ces méridiens de notre chance... Tout est pourtant bien nettement écrit dessus... dans le granit et dans le marbre.

Cette fois l'occasion est splendide, jamais si magnifique riflette ne fut offerte aux hordes paumées, une étendue extraordinaire pour rendre leurs âmes éperdument ! Du renfrogné Dunkerque au sémillant Biarritz !... Tous les goûts ! Que d'espace pour nos écumoirs !... Il va falloir drôlement qu'on fouille, trifouille les Recrutements pour garnir tout ça d'effectifs !... qu'on racle, qu'on ratisse à fond qu'on expurge les moindres crevasses du terroir, qu'on déterge les moindres fissures où l'indigène peut se planquer... Ah ! Ah ! Laridoire, vous frétillez mon pote ! Vous gambadez déjà ! Vous aimez les cocardes je vois ! Vous exultez de bigornes ! Attends un peu, ma petite ficelle ! Mais je vous trouve, mon garçon, pâle du fascicule !... C'est un grand médecin qui vous cause ! Je vous sens déjà « disparu »... Je vois déjà votre carne tiède toute boudinée sur un poteau... Est-ce là une gauloise attitude ?... Vous pouvez disposer mon ami !... Le Paradis est ouvert !... Ne vous retournez je vous prie, jamais !... sous aucun prétexte ! Ne vous en faites pas pour les Juifs !... Ils ont leur confort. Le Juif est exempt par nature... Il est ceci... il est cela... Il est médecin... avocat... trop gros... trop myope... trop riche... trop long. Je vous l'ai dit !... Il est pas dans son climat... Il souffre d'être avec vous... Il a toujours donné des ordres... Il est bien trop instruit pour vous... trop fin pour être mêlé... trop vicieux... plus interprète que combattif... as-tu compris brute médusée ?... Tu n'exigerais quand même ! délirant ! qu'on aille semer dans la gadouille le Sel de la Terre ?... Tu n'oserais pas le dire trop haut !... C'est bon pour toi l'immonde !... Sais-tu qu'en ce moment présent, dans la prévision des événements, qui se rapprochent... on « épure » ferme et à tour de bras, tous les bureaux de tous les Ministères de la Guerre... Il ne restera bientôt plus dans les Commandes et les États-Majors... et dans les coulisses, que des officiers tout dévoués, vendus de toute leur âme à la cause des banquiers juifs...

Ce n'est pas moi qui parle ainsi, c'est le Vénérable Paul Perrin, lors d'une récente tenue de Loges. Il t'avertit, c'est de la bonté, que ta tripe au ministère, elle est comme le franc à la Bourse, elle perd de valeur chaque jour... Sache ! et tiens compte ! Encore peut-être un ou deux mois du régime actuel, tu n'auras plus de valeur humaine, tu seras complètement dévalué, tu seras « nombre » dans les effectifs... Robot de toutes les façons, civiles et soldatesques. Assure tes cornes ! Tu devrais prévoir !... Flairer un peu le sens des vapes. Tu vas les payer tes « vacances » ! prolétaire maudit !... T'auras pas assez de derrières ta Révolution venue, pour te torcher dans les affiches, les Décrets qui paraîtront... quatre fois par jour... Mais ça fera pas baisser du tout, d'un seul petit sou, le prix du beurre...

Quand ça deviendra trop compliqué, Thorez s'en ira au Caucase, Blum à Washington (s'ils sont pas butés) chargés de mission très complexes, toi t'iras voir dans les Ardennes, te rendre compte un petit peu, de l'imitation des oiseaux par les petites balles si furtives... si bien piaulantes au vent... des vrais rossignols, je t'assure... qui viendront picorer ta tête...

— Ferdinand, quand c'est la bataille, le fascisme vaut le communisme... Dans la prochaine Walkyrie, tu peux le croire très fermement, que ça soye Hitler qui remporte ou son cousin Staline... ça sera du pareil au même... la façon qu'on sera têtards, nous. Le Français dans le cours des âges, il a jamais su ce qu'il voulait, ni dans la paix, ni dans la guerre. Pendant quinze siècles, il s'est battu, révolutionné, embouti dans tous les panneaux pour s'approprier la terre, se débarrasser des Jésuites, la terre maintenant il en veut plus, il a remplacé les Jésuites par les Juifs et les francs-maçons qui sont cent mille fois plus charognes... Maintenant il veut les usines... une fois qu'il les aura prises, il en voudra plus, c'est fatal !... Il voudra autre chose... Il passe que des enfantillages dans son pauvre cassis, des éberluteries d'éméchés, des petits caprices de vieillards, jamais un ferme propos. Toujours des trucs qui n'ont pas de sens, ni de suite... Personne actuellement peut lui dire : « Français t'es le pire con si tu bouges, t'es le pire cocu de l'univers, le cave fatal. Ta barbaque est à l'étal... un sale enculé cobaye voici pour ta gloire ! On va te filer en poivrade ». Personne le lui dit. Il se rend pas compte, il ne sait rien. Pourtant faut l'avouer tout de suite, les guerres, toutes les guerres, que les Juifs veulent nous faire faire valent pas un pipi de douanier... une demi-couille d'amiral, un schako de pantomime, la quille pourrie d'un bateau — mouche... Ça vaut rien. Je regrette de le dire. Qu'il en plaise au Consistoire, moi je m'en fous énormément qu'Hitler aille dérouiller les Russes. Il peut pas en tuer beaucoup plus, dans la guerre féroce, que Staline lui-même en fait buter, tous les jours, dans la paix libre et heureuse. Ça peut pas faire grande différence !... qu'il s'envoye donc toutes les Ukraines Hitler ! en veine de conquête ! et puis encore la Roumanie ! et les Tchèques avec ! je trouve pas un petit mot à redire... Je suis pas champion pour ghettos... Ah ! Mais pas du tout !... Pourvu qu'il écroule pas ma crèche !... C'est les Juifs chez nous qui le provoquent... C'est leurs crosses et leurs ambitions... C'est pas du tout, du tout les nôtres... Moi je voudrais bien faire une alliance avec Hitler. Pourquoi pas ? Il a rien dit contre les Bretons, contre les Flamands... Rien du tout... Il a dit seulement sur les Juifs... il les aime pas les Juifs... Moi non plus... J'aime pas les nègres hors de chez eux... C'est tout.

Je trouve pas ça un divin délice que l'Europe devienne toute noire... Ça me ferait pas plaisir du tout... C'est les Juifs de Londres, de Washington et de Moscou qu'empêchent l'alliance franco-allemande. C'est « l'Intelligence Service »... C'est les descendants de Zaharoff. C'est pas d'autres intérêts. On peut plus bouger, se mouvoir... nos tripes sont sur-hypothéquées, sur spéculées, sur-agiotées, sur-vendues pour la Croisade juive. C'est infernal !... Chaque fois qu'on remue, qu'on esquisse un tout petit rapprochement, une protestation anti youtre... On nous rappelle... de haut lieu, brutalement, au garde à vous... qu'on est de la viande d'abattoir, qu'on est déjà aux bestiaires... On prend le coup de caveçon sur le mufle, la chambrière dans les fesses... Je veux pas faire la guerre pour Hitler, moi je le dis, mais je veux pas la faire contre lui, pour les Juifs... On a beau me salader à bloc, c'est bien les Juifs et eux seulement, qui nous poussent aux mitrailleuses... Il aime pas les Juifs Hitler, moi non plus !... Y a pas de quoi se frapper pour si peu... C'est pas un crime qu'ils vous répugnent... Je les répugne bien moi, intouchable !... Les Juifs à Jérusalem, un peu plus bas sur le Niger, ils ne me gênent pas ! ils me gênent pas du tout !... Je leur rends moi tout leur Congo ! toute leur Afrique !... La Libéria, je la connais, leur République nègre, ça ressemble foutrement à Moscou. À un point que vous ne pourriez croire...

Eh bien ça ne me gêne pas du tout que les nègres dominent Libéria et la Palestine... Pourvu que moi on me transforme pas en esclave des Libériens tartarifiés, russifiés. C'est tout ce que je demande. C'est la différence. Mais dans une alliance pensez donc, entre le faible et le fort, le faible est toujours croqué. Voire ! Voire ! Revoire ! Hitler il aurait tant de travail, des telles complications inouïes à défendre ses vaches conquêtes, dans toutes les steppes de la Russie, dans les banlieues du Baikal, que ça l'occuperait foutrement. Il en aurait bien pour des siècles avant de venir nous agacer... Dans des siècles... n'est-ce pas... le Roi... l'âne... et moi... on aura plus besoin de musettes... Et puis, pour être colonisés, pour vous dire bien franchement la chose, on peut pas l'être davantage que nous le sommes aujourd'hui par les Juifs, par les nègres, par la plus immonde alluvion qui soit jamais suintée d'Orient. Par des métis, des mâtinés, le plus bas « conglomérat » de toutes les ordures de l'Égypte... ordures multipliées par merde... Salut ! votre bonne santé ! Colonisés de l'intérieur, par les métèques judéo-russes c'est la suprême infamie... Fientes on peut pas tomber plus bas !... Demandez un peu ce qu'ils en pensent tous les États limitrophes de votre Russie adorable... Ceux qui savent par expérience séculaire, ce que Tartare juif veut dire !... Ils vous éduqueront un petit peu... Ils peuvent pas concevoir, ces experts, plus immonde, plus dégradante, plus infernale, torturante enculade, qu'une tyrannie youtromongole... Deux millions de boches campés sur nos territoires pourront jamais être pires, plus ravageurs, plus infamants que tous ces Juifs dont nous crevons.

Portant les choses à tout extrême, pas l'habitude de biaiser, je le dis tout franc, comme je le pense, je préférerais douze Hitler plutôt qu'un Blum omnipotent. Hitler encore je pourrais le comprendre, tandis que Blum c'est inutile, ça sera toujours le pire ennemi, la haine à mort, absolue. Lui et toute sa clique d'Abyssins, dans la même brouette, ses girons, son Consistoire. Ils le savent d'ailleurs parfaitement, et ils le hurlent de temps à autre que c'est entre nous une haine à mort, entre noirs et blancs, ça leur part du cœur... Il suffit de retenir les mots. Nous aurions tort de chichiter... Nous n'avons plus rien à perdre... Les boches au moins, c'est des blancs... Finir pour finir, je préfère...

— Alors tu veux tuer tous les Juifs ?

— Je trouve qu'ils hésitent pas beaucoup quand il s'agit de leurs ambitions, de leurs purulents intérêts... (10 millions rien qu'en Russie)... S'il faut des veaux dans l'Aventure, qu'on saigne les Juifs ! c'est mon avis ! Si je les paume avec leurs charades, en train de me pousser sur les lignes, je les buterai tous et sans férir et jusqu'au dernier ! C'est la réciproque de l'Homme.

Je voudrais qu'il soit proclamé, pour que le peuple sans vertèbres, dit français, retrouve un peu son amour propre, absolument conclu, certain, trompeté universellement, qu'un seul ongle de pied pourri, de n'importe quel vinasseux ahuri truand d'Aryen, vautré dans son dégueulage, vaut encore cent mille fois plus, et cent mille fois davantage et de n'importe quelle façon, à n'importe quel moment, que cent vingt-cinq mille Einsteins, debout, tout dérétinisants d'effarante gloire rayonnante... J'espère que l'on m'a bien compris ?...

Gustin était pas convaincu... Il s'en allait en arabesques, comme un Juif, il fuyait...

— Ils ont peut-être l'avenir pour eux, Ferdinand... à travers tous leurs charognages... C'est peut-être pour l'avenir qu'ils travaillent...

— Si l'on étranglait tout d'abord, tous ceux qui nous parlent de l'Avenir... ça simplifierait bien les choses... Quand un homme vous parle d'Avenir c'est déjà une finie crapule... C'est bien dans les temps présents que les Juifs s'engraissent ! eux !... qu'ils font « coucous » dans nos afurs... Ils te disent pas : « J'attendrai un peu ! ... Non ! jamais ! Ils te disent : « Trisse salope indigène ! va te laver ! con de cocu ! » Ils se beurrent les Juifs au présent !... pas d'Avenir ! ...

— Ils te font pas de tort personnel ?...

— Ils m'excèdent... J'en ai plein mon page... Je me tourne, j'en écrase... Je m'en gratte dans la vie... Je peux plus ouvrir un cancan, sans retrouver leurs traces de bave... de petits filaments, des moindres échos... insidieux... des colonnes... de haut en bas...

C'est des paravents de l'armée youtre.. Y en a plein derrière... ça grouille.. ça monte... ça dévale... y en a plein dans les commentaires... ils me tâtonnent pour m'investir... Ils viennent m'apprécier la connerie, à chaque tour de page... chaque minute... pour voir combien j'ai molli, fléchi davantage... que je vais m'en apercevoir de cette nouvelle traître ficelle, d'encore cette petite ordure, de l'imprévisible entourloupe... la progression pénétrante… l'infiltration au mot à mot... Si je roupille pas... des fois... par où ils peuvent encore me mettre... si j'ai pas encore une absence... Un jour c'est un radiophone... le lendemain c'est un grand tambour... Un jeune poète évanissime... Un escroc si financier qu'il est plus grand que mille honnêtes... Le lendemain c'est des prix de Charme... de beauté... toutes juives par hasard... Tout ça travesti, vénéneux... C'est plus qu'un sous-bois plein de vampires, faut pas somnoler... des vermines qui rampent dans les ombres... gluantes, visqueuses, dans toutes les mousses... C'est plus du tout une existence... C'est un « reptarium » fantastique ! Je sors de chez moi, l'autre matin, que vois-je sur le mur d'en face ?... Une affiche : « l'Humanité »... Pour la « France libre et heureuse ! » Leur tarte pour cons à la crème... Je m'approche, une photographie... souriante... une youtre béate !... merde !... C'est un culot phénomène !... C'est le défi véritable !... Je vais pas afficher des bretonnes, moi, sur Tel-Aviv... Je suis plus discret... Et puis le camarade Lipchitz, quand il s'épanche en pleine forme, la façon qu'il nous avertit. « Si les Français sont pas contents, nous les ferons sortir. » Je trouve pas ça du tout raisonnable !... Je trouve ça grossier, préjudicieux. Charles Martel, qu'était pas fou, quand les nègres lui parlaient de la sorte pendant la bataille de Poitiers, il leur ouvrait à tous la gorge... Alors ils faisaient plus du tout de bruit...

Si l'on me retrouve un de ces matins avec un petit porte-manteau... Inutile de faire semblant d'avoir l'air de chercher...

(Il n'en coûte que 3 à 4 000 francs, pour faire abattre un homme, n'importe quel jour à Paris, un peu moins à New-York, un peu plus à Londres...).

Gutman bien poussé à fond, il s'est dévoilé tel qu'il est, une méchante, rancuneuse nature... Comme je recommençais à lui dire, tout ce que je pensais de bien des Juifs... Il s'est tout à fait fâché !... Il s'est foutu en quart affreux... Il est parti dans une crise ! une vraie colère de maudit...

— Mais tu délires, Ferdinand !... Nom de Dieu t'es saoul !... T'es noir à rouler, ma parole, t'es qu'un sale buveur « habituel »... Mais je vais te faire interner ! Je te jure !... T'as beau être confrère !... Ça ne va pas traîner... J'ai des relations dans les Asiles, moi.. Tu vas voir un petit peu... Ils sont tous juifs dans les Asiles !... Ça va bien les divertir... d'entendre ton numéro de folies... tes bêtises... Ils vont te faire capitonner... T'iras, là-bas, médire des Juifs comme tu les appelles... dans un joli cabanon... Je te ferai faire une camisole exactement sur mesure... Alors, tu nous foutras la paix... Tu retourneras à tes romans... Si t'es sage t'auras un crayon... D'abord c'est des insanités... la « Race » ça n'existe plus... c'est des mythes...

— Voilà le grand bobard gode ! pour nous !... à nous filer dans la bagouze... le « mythe des races. » !... Les Juifs, eux leur métissage, leur faux-bamboula, ils en sont pas fiers comme d'une race !... Fiers comme Artaban. Ils en ont pas honte eux d'être Juifs !... Ils savent d'où ils sortent... Ils se poussent au train comme des clebs... C'est eux qui sont les pires racistes... Eux dont tout le triomphe est raciste... Ils causent que pour nous égarer, pour nous étourdir... pour nous désarmer davantage... Tous les professeurs anthropologistes, francs-maçons du Front Populaire bien juifs, bien payés, nous l'affirment, que c'est fini, urbi-orbi, et voilà... C'est irréfutable... Le Front Populaire n'a jamais menti... C'est une berlue, c'est une chimère... un détraquement de la vision... bien navrante, une déconfiture de tes pauvres sens d'onaniste ! une véritable idéorrhée... une perte de substance lécithique... Tu t'es trop poigné Ferdinand... Tu sais, ce qu'elle dit la « tante Annie » ?... Que ferai-je pour te guérir ?... C'est l'épuisement de la ménopause ?... T'as des bouffées ?... Prends les Souris de l'abbé Jouvence...

— Pourtant, dis donc, ils sont crépus ?... Et la Palestine ? C'est pas le berceau de la « Race »...

Ça y est, il venait de me remonter, il venait d'effleurer le sujet où je suis cataleptique... Je redevenais intarissable... volubile... incoercible...

— Ils sont myopes ! tes sémites ! panards !... bas de cul ! ils puent le nègre... est-ce exact ?... déconnai-je encore ?... Je te laisse deux souffles pour répondre... ? Ont-ils les énormes nougats d'avoir poulopé dans les sables, si tant, si fort... et les bédouinages... dans les sables... à la chasse aux dattes, aux vieilles urines de chameaux... des siècles et des siècles ?... Irréfutable !... Ces feuilles des écoutes en moulin... les panards palmés, je dis : juifs !... l'odeur ! et les lunettes donc !... Ces vieux granulômes !... les suites... les séquelles miteuses...

Ah ! Ah ! je marquais facilement un point sur la chasse aux dattes... Je lui montrai tout de suite, les siens « de transat », qu'étaient vraiment d'amplitude ! pour sa taille si brève... Là il était confondu...

— C'est le martyre des belles youtres, que j'ai insisté, d'avoir les pieds un peu trop « forts »... Tous les bottiers de New-York le savent... Ils se trompent pas eux sur les races...

— Tu les accables bien lâchement, Ferdinand, qu'il se rebiffe aussitôt. Toi aussi tu sors des sauvages... Si tu sors pas du désert, tu sors des cavernes, c'est bien pire ! C'était encore bien plus fétide, bien plus écœurant... Un désert c'est toujours propre... C'est pas des dattes qu'ils se tapaient tes cons d'Aryens pères... C'était de la catafouine de renne ! de la vraie mouscaille bien fondante ! et pour l'Hiver des boules de fiente malaxées ! pétries ! voilà ce qu'ils s'envoyaient tes pères !... et puis du suif à la tourbe, bien rance bien fumé.. Des vrais mangeurs de choses immondes... Voilà ce que tu crânes ?...

— Voici un portrait bien textuel !... mais c'est pas pareil... pas pareil.. .

— Toi aussi t'as plein de paille au train... De quoi tu te plains ?... et pas encore de si longtemps !...

— En vérité !... mais pas la même !... Chacun son odeur ! je dis !... Tout est là !... Je force pas la mienne sur les Juifs.... C'est eux qui montent pour me renifler... J'aime pas leur odeur c'est tout... J'ai le droit... Je suis chez moi. J'y vais pas moi, à Tel-Aviv...

D'abord ils sont bien trop racistes ! à Tel-Aviv ! encore bien plus féroces qu'Hitler ! ... Ils sont « exclusifs » comme personne !

— Mais alors, dis donc, Mr. Blum ? tu le trouves petit lui ?... bas du cul ? Ah ! Ah ! Bisque !... Bisque !...

Il marquait un point...

— M. Blum Karfulkenstein le Bulgare ? que tu veux dire ?... Ah ! mais lui c'est une autre gomme ! il est de Genève et de Lausanne !... C'est une exception ! Il confirme la règle « bas du cul »... Il est le double bas du cul !... Il est le prince des Bas-du-cul !...

Le coup était nul...

La conversation devenait aigrelette... un peu incisive... On parlait à bâtons rompus...

— Je veux pas périr par les Juifs ! Je préfère un cancer à moi !. . pas le cancer juif !...

— Personne te force !...

— Si ! Si !... Ils me forcent !... C'est eux les Juifs, qu'ont inventé le Patriotisme, après les Croisades !... la Réforme ! pour faire bouziller les chrétiens...

— Tu crois ?...

— Positif ! C'est eux qu'ont tout découvert... Les Croisades et la Réforme, ça leur a très bien réussi, seulement le Patriotisme, je voudrais bien qu'ils le prennent dans le cul, ça me rendrait service...

— Ils ont été persécutés...

— C'est eux qui nous persécutent... C'est jamais nous... Ils se vengent de trucs qu'existent pas !... On est les victimes des martyrs !... C'est nous les vampés ! pas eux, saladés, transis de mensonges, cocus, croulants dupés, sous toutes les oppressions juives. Tyrannies travesties, sournoises, genre « Optimiste » comme chez les Britons... écraseuse comme en Russie... pédante, cauteleuse, vineuse et patriote comme chez nous... Du kif !... Le monde ne marche pas tout seul... Je te dis... il peut pas marcher tout seul... Il faut que quelqu'un s'en occupe... commande... Ce sont les Juifs qui commandent... Le monde commandé par les Juifs, c'est un enfer pour les Aryens... sans abus, textuellement un enfer ! avec les flammes ! des crapauds partout ! d'éternelles tortures... des révolutions, des guerres, des boucheries, à n'en plus finir... les unes dans les autres, et les Juifs toujours au fond de toute la musique !... toujours en train d'en remettre, délirer, de comploter d'autres calvaires pour nos viandes... d'autres abracadabrants massacres, d'en puruler ! insatiables ! toujours agioteurs ! voyeurs ! bandocheurs !

effrénément... c'est leur vie !... leur raison d'être... Ils crucifient. Voilà, j'ai tout dit, je pense... les Juifs.

— C'est pas beaucoup, Ferdinand !...

— Ah ! si encore un petit mot, faut pas compter pour la prochaine que je me déplace... Je suis objecteur 700 pour 100. Le pacifiste, c'est plus le Juif... c'est moi !... La médaille militaire je l'ai depuis le 27 novembre 1914... Elle me rapporte 200 francs Blum par an... (20 francs suisses), j'en veux pas une autre... Ça sera la médaille d'Israël l'autre... Alors tu comprends...

— C'est pas très vif, comme esprit, Ferdinand... pour un Aryen t'es assez lourd !...

— Je sais, pote, ton genre, je le connais, pour l'esprit c'est Eddie Cantor... Marx Brothers...

— Jabote toujours garde mobile !... C'est nous les Sels de la terre !... Tu l'as dit toi — même !

« Sel de la terre !... » Voilà le vocable dont je sursaute !... Je voulais lui rentrer dans la glotte... Il venait de provoquer encore mon humeur la plus intraitable !...

— Ah ! sel de la Terre ! ... Ah ! Consistoire ! ... Ah ! Sage de Sion !... Ah ! macchabée... Ah ! grimace !... Ah ! alors, elle est indicible !... mais foutriquet de burnes de taupes !... Mais vous vous tenez tous qu'au bidon !... Un Juif c'est 100 pour 100 culot !...

Tambour ! ... Tambourin ! Baguettes ! Escamoteurs de vessies !...Qu'on vous arrache le haut-parleur... l'Écran du vide ! baudruches pourries !... Vous effondrez !... Au vice ! À l'estampe ? des Titans !... Au « travail loyal » comme vous dites ! devant votre frêle intérieur... des Faisans !... des faux féticheurs sursoufflés !... pas même des loufiats !... des éponges !... des vrais chiftirs, vous prenez tout !.. Plus de jus à sucer : Plus personne !... Tout autant vous Juifs ! pauvres merdures rêches ! tout épuisés du chromosome, tout filasseux !... ça gonfle qu'en trempant bien dans la soupe ! comme tous les croûtons !... Dans le bouillon !... dans notre soupe !...

— Tu vas te faire avoir, Ferdinand, dans la voie que tu t'engages... T'auras le monde entier contre toi, figure de légume !... Ça sera pas toujours facile de te faire passer pour inconscient... T'es un genre de fou qui raisonne... Les gens peuvent pas toujours savoir... Ils se trompent des fois... Ils peuvent se méprendre... Tu peux vexer des personnes... Tiens ! moi, qui te veux du bien... Je t'ai jamais trompé Ferdinand... Je t'ai jamais tendu des pièges... Je t'ai jamais dit « Tu peux y aller »... que c'était une entourloupe ?... pas vrai ?... Hein ?... dis-le ?...

— Gutman ! c'est exact !...

— Alors je te dis, moi nègre, Ferdinand, laisse tomber ces affreux propos.,. viens avec nous... tu seras content... T'es indigène ?... tes frères de race, comme tu les nommes, ils te chient sur le tronc...

— C'est exact Gutman... c'est exact, autant que les Juifs...

— Parce que tu sais pas les prendre... les Juifs, si tu savais les aborder, ils t'apprendraient à réussir... t'es qu'un sale raté dans ton genre... d'où, ces aigreurs imbéciles, ta tête de cochon... Regarde un peu les indigènes, les Juifs les contrarient jamais, eux... Au contraire, « Y'a de la joie ! » qu'ils chantent... Tu comprends y'a de la joie » de se faire enrouter !... Toi tu les engueules !... C'est pas une façon !... C'est toi qui les indisposes... Tu les humilies !... C'est vilain !... Regarde comme ils sont heureux tes « Français de race » d'avoir si bien reçu les Romains... d'avoir si bien tâté leur trique... si bien rampé sous les fourches... si bien orienté leurs miches... si bien avachi leurs endosses. Ils s'en congratulent encore à 18 siècles de distance !.. Toute la Sorbonne en jubile !... Ils en font tout leur bachot de cette merveilleuse enculade ! Ils reluisent rien qu'au souvenir !... d'avoir si bien pris leur pied... avec les centurions bourrus... d'avoir si bien pompé César... d'avoir avec le dur carcan, si étrangleur, si féroce, rampé jusqu'à Rome, entravés pire que les mulets, croulants sous les chaînes... sous les chariots d'armes... de s'être bien fait glavioter par la populace romaine... Ils s'esclaffent encore tout transis, tout émus de cette rétrospection... Ah ! qu'on s'est parfaitement fait mettre !... Ah ! la grosse ! énorme civilisation !... On a le cul crevé pour toujours... Ah ! mon popotas !... fiotas ! fiotum !... Ils s'en caressent encore l'oigne... de reconnaissance... éperdue... Ah ! les tendres miches !... Dum tu déclamas !... Roma !... Rosa ! Rosa !... Tu pederum !... Rosa ! Rosa ! mon Cicéron !

Tout recommence et c'est parfait !.. Et voilà ! tout ! C'est la cadence ! C'est la ronde ! C'est les ondes ! avec d'autres pafs ! Le paf de youtre c'est bas, j'admets ! dans la série animale, mais enfin quand même, ça bouge... Ça vaut bien une bite d'Empereur mort ?... Tu n'es pas d'avis ?...

— Mais si, mais si... j'étais d'avis...

— Puisque c'est le destin des Français de se faire miser dans le cours des âges... puisqu'ils passent d'un siècle à l'autre... d'une bite d'étrusque sur une bite maure... sur un polard de ritain... Une youtre gaule ou une saxonne ?... Ça fait pas beaucoup de différence ! C'est abusif de bouder... Tous les conquérants, ils doivent, c'est bien naturel, mettre les conquis ! c'est la loi des plus vives Espèces !... Si fait... Si fait...

— Regarde un peu toutes les mignonnes, les Aryennes... c'est facile à discerner où qu'elles vont leurs préférences... au théâtre, au cinéma, dans n'importe quel salon... « première », croisière, musette, tennis ?... Elles foncent toutes, remarque, littéralement sur le Juif, sur le crépu, sur le

« toucan ». Le crépu c'est le Roi du jour... Il monte... Le blanc descend... C'est lui qui a tous les honneurs !... C'est pour lui qu'on se met dans les frais... Elles raisonnent pas les mignonnes, elles suivent leur instinct, leur ventre... Le Juif il est parfait pour elles, il a l'avenir, il a le pognon... On n'a pas besoin de leur apprendre... Elles sentent ces choses-là de nature... Elles vibrent... Elles reçoivent les ondes... les ondes nègres... C'est le beau môme d'aujourd'hui ! le Juif ! le Juif dans tous les films, légèrement crépu, bas du pot, panard, un peu myope ! Oh ! comme il est distingué !... Surtout à la ville !... Ah ! Comme il a l'air raffiné !... avec ses jolies lunettes !... Ah ! c'est pas un fou celui-là, ni un paysan !...

— C'est vrai, c'est irréfutable, les Juifs gagnent de tous les côtés. Toutes les gonzesses aux Abyssins ! La race plein les miches ! ... Elles en ont le panier en compote ! elles peuvent plus s'asseoir tellement elles ont le fias enjuivant... Ah ! comme ils baisent fort... ces frisés !... Ah ! comme ils sont brûlants ! volcans !... C'est des vrais cœurs d'amants ! ... Cette bonne Philomène ! Tu penses comme tous les nègres ! Braquemards faits hommes !

« Ils viendront jusque dans nos bras... Égorger nos fils... nos compa-a-agnes... Aux armes !... » Il avait le mot drôle Rouget de l'Isle !... Ils égorgent bien les fils et les pères avec... mais ils enculent les compagnes... C'est encore du bénéfice... C'est déjà beaucoup moins affreux... qu'avec les « férooooces soldats ! »... Tu peux pas prétendre le contraire ! Tu devrais reconnaître !... reconnaissant !... Ils « mettent » un peu les girons, mais c'est pour la plaisanterie !... pour la bonne franquette... pour mieux encore assimiler...

Si les Allemands avaient gagné (si les Juifs avaient bien voulu, c'est-à-dire) la guerre de 14, eh bien les Français du sol, ils en auraient joliment joui ! ils auraient pris leur pied pépère avec les Fritz... Les grenadiers de Poméranie, les cuirassiers blancs !... Ah ! alors ça c'est des beaux mecs !... Ça serait passé dans l'enthousiasme, un vrai mariage passionnel !... Les Français ils deviennent tout ce qu'on veut quand on réfléchit. . Ils deviennent au fond, n'importe qui... n'importe quoi... Ils veulent bien devenir nègres... ils demandent pas mieux... Pourvu qu'un mâle bien cruel les enfouraille jusqu'au nombril ils s'estiment joliment heureux... C'est qu'une très longue succession, notre histoire, depuis les Gaulois, de cruels enfourailleurs. Pas un seul roi qu'était français. À présent en pleine décadence, faut se faire étreindre par des larvaires... se contenter de ce qui reste... Les Français toujours si avares, ils engraissent quand même très bien, tous leurs maquereaux du pouvoir. À présent que c'est le tour des youtres, leur suprême triomphe, ils vont finir raides comme des passes... Mais plus on se fait foutre... plus on demande... Et puis voilà qu'on leur promet aux Français, des bourreaux tartares !... C'est pas des choses à résister... Mais c'est une affriolance !...

Comment voudrais tu qu'on les retienne ?... Mais c'est le « bouquet » priapique !... « Des vrais de vrais ! » plus que sauvages !... Des tortureurs impitoyables !... Pas des sous- raclures d'Abyssins !... Mais non !... Mais non !... Que des tripières sur-calibrées ! en cornes d'Auroch ! Tu vois ça d'ici !...Ce voyage dans la Potosphère ! Ah ! comme ils vont nous faire souffrir ! Ah ! ces ardents. Ah ! mon joyeux !... Ah ! ces furieux !... Ah ! mon timide !... Après on aura les Kirghizes... C'est au programme !... Ah ! c'est promis !... Et puis des Mongols !... encore plus haineux !... plus bridés !... Qui croquent la terre et les vermines... Ah ! comme ils vont nous transverser !... Et puis d'autres, plus chinois encore ! plus jaunes !... plus verts... Toujours plus acharnés au pot... Ah ! Ils vous entament ! Ils nous étripent !... C'est la Croix dans le plein du cul !... Plus ils sont étranges... plus c'est fou !... Plus ils dilatent... plus ils s'enfoncent ! C'est la vie des anges par le pot !... Ils nous tuent... Voilà comme ils disent les Français !...

Gutman il avait le dernier mot...

— J'ai connu un agonique, tiens je vais te faire tout comprendre... dans ma clientèle, un garçon qui s'en allait... jeune, un artiste, et homme du monde... J'en ai vu beaucoup d'agoniques... mais celui-là... Quand on lui passait le thermomètre, qu'on lui laissait un peu à demeure... ça lui redonnait des sensations... ça le faisait encore bandocher... malgré qu'il était au coma... Il gardait ses habitudes... C'est même comme ça qu'il a fini... dans les bras de sa mère... C'est pour te dire, ma chère langouste, que dans les choses du sentiment, la raison n'a jamais de place... Ça n'a jamais ni fin, ni cesse... C'est une chose de vie dans la mort... Tu me saisis ?

Le capitaine Dreyfus est bien plus grand que le capitaine Bonaparte. Il a conquis la France et il l'a gardée.

Il a bien raison Gutman : tous ces vices après tout me débèctent... Toute cette invasion d'Abyssins n'est plus supportable. Il avait raison Lipchitz : « Les Français qui sont pas contents, nous les ferons sortir... » Je vais me tirer... On me le dira pas deux fois. Peut-être en Irlande... Ils aiment pas les Juifs en Irlande, ni les Anglais. Ils les abominent conjointement. C'est la bonne disposition par les temps qui courent... la seule ! Mais je peux pas partir comme une fleur... Je veux pas tomber à la charge des Irlandais... Je sais ce qu'il en retourne... Il me faut un petit viatique... Bien sûr, ce livre va se vendre... La critique va se l'arracher... J'ai fait les questions, les réponses... Alors ?... Je crois bien que j'ai tout prévu... Elle pourra chier tant qu'elle voudra, la Critique... Je l'ai conchiée bien plus d'avance ! Ah ! je l'emmerde, c'est le cas de le dire ! C'est la façon ! J'aurai forcément le dernier mot ! en long comme en profondeur... c'est la seule manière. J'ai pris toutes mes précautions. Mais la critique c'est pas grave, c'est bien accessoire... Ce qui compte c'est le lecteur ! C'est lui qu'il faut considérer... séduire. Je le connais Français moyen, regardant, objectif, vindicatif... Il en veut plus que pour son plâtre... dès qu'il ne s'agit plus d'un Juif... Et je n'ai pas sa cote d'amour !... Je vais donc lui donner bon poids. Je vais le gâter décidément. Je vais ajouter quelques chapitres... une dizaine... que ça représente un vrai volume... Je vais faire un peu de Baedecker... C'est la mode, c'est les Croisières... C'est susceptible de le fasciner... le genre « Magazine des Voyages »... Vous souvenez-vous ?... Ah ! le bien bel illustré !... chatoyant et tout ! divertissant au possible... ravissant de lecture... aimable... pittoresque... pimpant... Je vais reprendre ce principe... aux magies de « Michel Strogoff »... Je veux terminer ce gros et furieux ouvrage en grande courtoisie... Le coup de chapeau... le panache... Grande salutation... Je vous prie !... de ma plume immense, esbouriffée, je frôle le tapis... Grande parabole ! je vous présente mes devoirs... Grande révérence... Grande féerie... Je vous salue !... Votre serviteur !...

Il faut d'abord situer les choses, que je vous raconte un petit peu comment c'est superbe Leningrad... C'est pas eux qui l'ont construit les « guépouistes » à Staline... Ils peuvent même pas l'entretenir... C'est au-dessus des forces communistes... Toutes les rues sont effondrées, toutes les façades tombent en miettes... C'est malheureux... Dans son genre, c'est la plus belle ville du monde... dans le genre Vienne... Stockholm...

Amsterdam... entendez-moi. Comment justement exprimer toute la beauté de l'endroit... Imaginez un petit peu... les Champs-Élysées... mais alors, quatre fois plus larges, inondés d'eau pâle... la Neva... Elle s'étend encore... toujours là-bas... vers le large livide... le ciel... la mer... encore plus loin... l'estuaire tout au bout… à l'infini... la mer qui monte vers nous... vers la ville... Elle tient toute la ville dans sa main la mer !... diaphane, fantastique, tendue... à bout de bras... tout le long des rives... toute la ville, un bras de force... des palais... encore d'autres palais... Rectangles durs... à coupoles... marbres... énormes bijoux durs... au bord de l'eau blême... À gauche, un petit canal tout noir... qui se jette là... contre le colosse de l'Amirauté, doré sur toutes les tranches... chargé d'une Renommée, miroitante, tout en or... Quelle trompette ! en plein mur... Que voici de majesté !... Quel fantasque géant ? Quel théâtre pour cyclopes ?... cent décors échelonnés, tous plus grandioses... vers la mer... Mais il se glisse, piaule, pirouette une brise traître... une brise de coulisse, grise, sournoise, si triste le long du quai... une brise d'hiver en plein été... L'eau frise au rebord, se trouble, frissonne contre les pierres... En retrait, défendant le parc, la longue haute grille délicate... l'infinie dentelle forgée... l'enclos des hauts arbres... les marronniers altiers... formidables monstres bouffis de ramures... nuages de rêves repris à terre... s'effeuillant en rouille déjà... Secondes tristes... trop légères au vent... que les bouffées malmènent... fripent... jonchent au courant... Plus loin, d'autres passerelles frêles, « à soupirs », entre les crevasses de l'énorme Palais Catherine... puis implacable au ras de l'eau... d'une seule portée terrible... le garrot de la Neva... son bracelet de fonte énorme. Ce pont tendu sur le bras pâle, entre ses deux charnières maudites : le palais d'Alexandre le fou, rose lépreux catafalque, tout perclus de baroque... et la prison Pierre et Paul, citadelle accroupie, écrasée sur ses murailles, clouée sur son île par l'atroce Basilique, nécropole des Tzars, massacrés tous. Cocarde tout en pierres de prison, figée, transpercée par le terrible poignard d'or, tout aigu, l'église, la flèche d'une paroisse d'assassinés.

Le ciel du grand Nord, encore plus glauque, plus diaphane que l'immense fleuve, pas beaucoup... une teinte de plus, hagarde... Encore d'autres clochers... vingt longues perles d'or... pleurent du ciel... Et puis celui de la Marine, féroce, mastoc, fonce en plein firmament... à la perte de l'Avenue d'Octobre... Kazan la cathédrale jette son ombre sur vingt rues... tout un quartier, toutes ailes déployées sur une nuée de colonnades... À l'opposé cette mosquée... monstre en torture... le « Saint Sang »... torsades... torsions... giroles... cabochons... en pustules... toutes couleurs... mille et mille. Crapaud fantastique crevé sur son canal, immobile, en bas, tout noir, mijote...

Encore vingt avenues... d'autres percées, perspectives, vers toujours plus d'espaces... plus aériennes... La ville emportée s'étend vers les nuages... ne tient plus à la terre... Elle s'élance de partout... Avenues fabuleuses... faites pour enlever vingt charges de front... cent escadrons... Newsky !... Graves personnes !... de prodigieuses foulées... qui ne voyaient qu'immensités... Pierre... Empereur des steppes et de la mer !... Ville à la mesure du ciel !... Ciel de glace infini miroir... Maisons à leur perte... Vieilles, géantes, ridées, perclues, croulantes, d'un géant passé... farci de rats... Et puis cette horde à ramper, discontinue, le long des rues... poissante aux trottoirs... rampe encore... glue le long des vitrines... faces de glaviots... l'énorme, visqueux, marmotteux, grouillement des misérables... au rebord des ordures... Un cauchemar traqué qui s'éparpille comme il peut... De toutes les crevasses il en suinte... l'énorme langue d'Asie lampante au long des égouts... englue tous les ruisseaux, les porches, les coopératives. C'est l'effrayante lavette éperdue de Tatiana Famine... Miss Russie... Géante... grande comme toutes les steppes, grande comme le sixième du monde... et qui l'agonise... C'est pas une erreur... Je voudrais vous faire comprendre, de plus près, ces choses encore... avec des mots moins fantastiques...

Imaginez un petit peu... quelque « Quartier » d'ampleur immense... bien dégueulasse... et tout bondé de réservistes... un formidable contingent... toute une armée de truands en abominable état... encore nippés en civil... en loques... tout accablés, guenilleux... efflanqués... qu'auraient passé dix ans dans le dur... sous les banquettes à bouffer du détritus... avant de parvenir... qu'arriveraient à la fin de leur vie... tout éberlués... d'un autre monde... qu'attendraient qu'on les équipe... en bricolant des petites corvées... de ci... de là... Une immense déroute en suspens... Une catastrophe qui végète.

Peut-être faut-il à présent, à ce moment du récit, que j'éclaire un peu ma lanterne... que je vous raconte en détail ce qui s'est passé... Nathalie, ma guide — policière, proposait les distractions...

Certain tantôt, elle me dit :

— Si nous allions jusqu'aux Iles ?... (leur Pré-Catelan). Un très joli match de tennis doit avoir lieu...

Elle était fervente de tennis, Nathalie, je voulais lui faire plaisir.

— C'est entendu...

Nous voilà partis... C'était pas extrêmement près les Iles en question. Une petite heure en auto... à cause des encombrements. Tous les sportifs de Leningrad, toutes les familles de « commissaires » au grand complet, plein les gradins... Et papoti... et papota.. Il s'agissait d'un tournoi entre Cochet et Koudriach, leur champion. Déjà fin août, je vous assure qu'on la grelotte à Leningrad. Le vent de la Baltique est sévère, je vous l'affirme... Comme babillage aux alentours, ces demoiselles des « bonnes familles », elles avaient de ces caquets !... Pas du tout le public de la rue... Je ne dirai pas des élégantes... mais déjà du vrai confort... des jolies chaussures... (au moins 1 500 francs la paire), l'élite en somme... la bourgeoisie... Je me suis fait traduire les conversations... une petite en short à côté... bien trapue... bien campée... bien appétissante... elle racontait ses vacances...

« Ah ! quel voyage, ma chère amie, ah ! si tu avais vu papa ! il était furieux, imagine !... Nous n'irons plus sur la Volga !... Un peuple !... cette année !... Tu n'as pas idée, les bateaux chargés ! à faire naufrage ! à couler tous !... Rien que des laboureurs !... mon amie !... Ah ! quel peuple affreux !... » (textuel). Et de dire et de s'exclamer ! ...

La fin du match... Cochet gagnait haut la main... l'assistance tout à fait sportive sur tous les gradins... applaudissements unanimes... chaleureux... réchauffés...

Nous nous replions, avec Nathalie, vers la grille du Parc... à la recherche de notre voiture... la « Packard » 1920, que je louais 300 francs l'heure. Je ne regrette rien, je le répète. Il me reste encore des roubles... en Russie... une petite fortune... Dans les Caisses de l'État... il m'en reste bien pour 30 000 francs. 20 paires de chaussures. Au moment où nous montons en voiture, survient un Monsieur bien poli... soulève sa casquette... et de son plus juif sourire, m'adresse une petite demande...

— Monsieur Céline, cela vous plairait-il de nous ramener à Leningrad ?... que nous profitions... Je suis le chef de l'Intourist... avec mon ami... Sommes-nous indiscrets ?...

Il était parfaitement correct ce petit chef de l'Intourist :

— Mais montez-donc... Je vous en prie !...

Il s'installe auprès du chauffeur... Son copain, il me le présente... il bafouille un nom... le copain aussi bien youtre... mais alors youtre d'un autre modèle... pas un « petit filtrat de ghetto »... le modèle « Satrape »... le très imposant Pacha... le mâtiné d'Afghanistan... le costaud pancrace de grande classe... ample et fourni... du creux, du coffre, de l'abatage... la « cinquantaine »... de la brioche... du bourlaguet, du foie gras... une vareuse à la Poincaré... humblement khaki, ultra sévère... toute la « quincaille » au balcon, les motifs d'émail « soleil », les ordres plaqués au nichon... toutes les « bananes » de Lénine. Un peu citron des conjonctives... un peu du Boudah... et puis tout à fait insolite ! les moustagaches, deux houpettes bien cosmétiquées... séparées... divergentes... comme on les portait à Londres vers 1912... dans les équipes de cricket... chez les « porteurs en voltige », les « Comuters of Croydon », les « Icare Brothers » à l'Empire... Enfin vraiment un curieux mélange... Je le bigle de quart... encore un peu... comme ça tout en brinquebalant... Les pavés sont abominables... Je me dis : « Sûrement ce badour c'est un ténor de l'Aventure... C'est un homme qui a profité dans le Communisme... il est beau !... Voici un superbe hasard !... » L'auto marchait très doucement, à cause des terribles fondrières... que pour les ressorts c'est une épreuve... Depuis Catherine, certainement, c'est les mêmes « bossus » qui pavent... et je vous assure qu'ils sont cruels... C'est ça le vrai charme de cette ville... elle reste un musée dans son jus... Rien pourra jamais la changer... Faut voir les Russes au travail. Ils rappellent le régiment, au poil... Ce sera toujours les mêmes ornières... un peu plus creuses et puis c'est tout... C'est l'Asie... quoi... c'est l'Asie... Toutes les voitures, elles en crèveront... À peine un immeuble neuf... depuis la « Bolchévique 17 »... le strict absolu nécessaire : Le Guépéou... autre chose... ça aurait juré... Pourquoi faire ?... L'autre « opulent », ce ténor boudah, voilà qu'il se met à parler entre les cahots... Ah ! mais je trouve qu'il est cordial... et puis même qu'il est spirituel et tout... et qu'il est carrément jovial... Enfin voici un Russe qui cause... qu'est drôle... en plus... et qu'a l'air tout déboutonné... à plaisir !.. qu'en rajoute ! c'est étonnant !. qu'a pas un barillet dans le cul !... qu'a pas l'air de se gratter du tout !... Il semble penser tout haut... c'est le premier !... Il parle anglais comme père et mère... On se comprend..

C'est bizarre, à mesure que je l'entends, il me semble que sa voix je la reconnais... C'est pas moi qui pose les questions, c'est lui qui adresse... Il me fait :

— Monsieur, aimez-vous la Russie ?...

— Et vous, dear Sir ?... est-ce qu'elle est bonne ?...

J'ai pas l'habitude de ruser, je suis d'un naturel assez simple, j'aime pas les mystères... Puisque mes impressions le passionnent je vais lui faire part immédiatement de mes réflexions... qu'elles sont pas très favorables...

Nathalie se recroqueville dans le coin opposé... elle me fait du genou. Très inoffensif à vrai dire tout ce que je proclame... que j'aime pas beaucoup leur cuisine... (et moi la cuisine ça me laisse tiède), que j'aime pas l'huile de tournesol... J'en ai le droit... Que bagne pour bagne ils pourraient mieux... Que c'est un mauvais ordinaire de prison bien mal tenue... enfin des futilités... que les concombres c'est pas digeste... que les cafards plein les crèches.. (je payais la mienne trois cents francs par nuit) ça faisait pas un progrès sensible... Qu'ils avaient tous l'air dans la rue à première vue, médicalement, leurs travailleurs « régénérés »... d'une terrible débâcle de cloches... effroyablement anémiques... chlorotiques... flapis... une vraie retraite de Russie... décavés jusqu'aux ratamoelles... que ça me surprenait pas du tout... avec leur genre de régime... que moi même avec Nathalie, tout en flambant des sommes orgiaques, on arrivait à se nourrir qu'avec des galtouses bien suspectes... à vous couper net le sifflet... des brouets si équivoques... des petits arrière-goûts si sûrs... incroyables... Si je parlais tant de boustifaille, dont je me fous énormément, c'est parce que là-bas, n'est-ce pas, ils se proclament matérialistes, « tout pour la gueule ». C'est leur gloriole le matérialisme... Alors je faisais des remarques matérialistes... qu'étaient dans la note... des choses que devait comprendre ce beau sénateur bonzoide... Ça l'a pas mis en colère mon impertinence... Il se fendait même les babouines de m'entendre avec mes sarcasmes... persifleux... Il se tamponnait de rigolade dans le fond du bahut... Ça n'avait pas l'air de le froisser. Nathalie n'en menait pas large... Quand j'ai eu fini enfin de faire comme ça le bel esprit... Il est revenu à l'assaut d'une autre manière... Il s'est enquis d'autre façon...

— Il paraît que Monsieur Céline n'aime beaucoup nos hôpitaux ?...

Ça y était ! Cette provocation m'avait à l'instant suffi ! ... un éclair !... m'avait débrouillé la mémoire... Je m'y retrouvais parfaitement ! je lui répondis coup sur coup :

— Mais si ! Monsieur Borodine, quelle erreur navrante !... mais j'en suis « enthousiastic »... de vos hôpitaux !...voyons !... vous êtes, pour ce qui me concerne, très mal renseigné !... À mon tour, puis-je me permettre ?... puisque nous sommes aux confidences... C'est un nouveau nom, n'est-ce pas, Borodine ?...

Il se fendait de mieux en mieux...

— Là-bas, à Dartmoor, sur la lande, quand vous fabriquiez des petits sacs... vous vous appeliez ?...

— Et vous, là-bas, Monsieur Céline, à Hercules Street... est-ce bien exact ?... quand vous preniez des leçons d'anglais, à la jaune cantine « Au Courage »... sous le grand pont... Suis-je dans l'erreur ?... Waterloo...

Waterloo over the Bridge !... la gare des morts... Ah ! Ah ! Ah !... Vous êtes un fils de « Dora »... Top là !... Top ! Top ! ...

— Vous en êtes un autre !... il faut l'avouer haut et fièrement !

On s'est serré la louche en force... c'était plus la peine de prétendre...

Il avait énormément forci et jauni... je l'avais connu très mince et très pâle...

— Et cet excellent Yubelblat... hein ?... toujours myope ?... toujours lecteur en pensée ?... Ah ! il évoquait une époque. C'était amusant comme souvenir Yubelblat ! ...

— Il m'a bien servi à Anvers vous savez Monsieur Céline...

— Yubelblat ?...

— Je suis resté trois mois chez lui.. dans sa cave mon ami... dans sa cave ! ... Pas un rat dans sa cave ! ... Je vous garantis... Mais que de chats !... mon Dieu !.. Tous les chats d'Anvers !... Quels chats !...

— Bien vrai ?...

— Bien vrai !...

— Dans la cave ?...

— Comme Romanoff !...

— 17 ?...

— Quel âge avez-vous donc Céline ?... « Doucement chauffeur ! » Il commande à présent... « Doucement... faites le tour !... Il faut que je parle encore à mon ami, le « Gentleman »... Toujours « Ferdinand la migraine » ?... Ah ! l'on ne se retrouve pas tous les jours !... « enthousiastic » !... Encore il partait à se marrer.

— Yubelblat... non plus d'ailleurs !... Il avait bien promis, ce cher, de passer pourtant une fois... encore une fois... me faire une petite surprise... une petite visite... en véritable camarade... comme cela sans cérémonie... pour son retour de Pékin... Il avait promis... Il y va de moins en moins, n'est-ce pas à Pékin ?... N'est-ce pas ?... Il me semble !...

— Je ne suis plus très au courant Mr. Borodine...

— Il est fantasque ce Yubelblat... savez-vous ?... imprévisible en vérité !... Il a préféré reprendre encore ce sale bateau... Il n'aime plus le « Transsibérien ». Ah ! Ah ! Ah ! ... (Il se ramponnait la brioche). Quel voyage... Terrible détour !... La Mer Rouge vraiment !... Un bien disgracieux voyage en vérité...

On s'en esbaudissait tous deux, tellement c'était drôle tout ce détour de Yubelblat...

— Et vous alors ? Monsieur Céline ?... Vous n'aimez pas la Russie ?... Pas du tout... Mais vous aimez bien au moins, notre grand théâtre ?... Vous êtes raffiné comme un Lord, Monsieur Céline... pas seulement pour les hôpitaux... Ah ! Ah ! Ah !... Vous êtes raffiné comme un duc... Un grand-duc !... Monsieur Céline !... On vous voit beaucoup au foyer de la danse... Suis-je mieux renseigné ?...

Nathalie n'avait rien à dire... Elle regardait loin... très loin... la rue. Elle se faisait menue, toute petite...

— Vous voulez bien, Monsieur Céline, que je vous pose une question ? Une question vraiment personnelle ?... Une vraie question d'ami... un peu brutale...

— Je vous écoute.

— En cas de guerre de quel côté seriez-vous ?... Avec nous ? Ou avec l'Allemagne ?... Monsieur Céline ?...

Le petit youtre de l'Intourist, sur le siège avant, il se démanchait pour mieux entendre...

— J'attendrais... Je verrais bien... Monsieur Borodine... J'applaudirais comme au tennis... au plus adroit... au plus tenace... au plus corsaire... au plus fort ! Je m'intéresserais...

— Mais les plus forts, c'est nous ! cher Monsieur !... Tous les experts vous le diront !...

— Les experts se trompent parfois... Les Dieux se trompent bien... Nous avons des exemples...

À ces mots nets, le voilà qui change de contenance... la colère le saisit, immédiate... Il sursaute... Il bafouille... Il s'agite... Il ne tient plus sur la banquette... le feu lui monte, d'entendre des bafouillages pareils !... Une vilaine rage de Chinois...

— Oh ! ami !... ami !... qu'il suffoque... Vous dites des choses si imbéciles...

— Chauffeur ! chauffeur !... Faites donc le tour un peu par Houqué ! ... Vous ne connaissez pas, Monsieur Céline, Houqué ?... Houqué ! cela ne vous dit rien ?... Vous ne savez pas ?... Hou ! qué ? Non ?... Jamais on ne vous a parlé de Hou ! qué !... Nous allons avec mon ami, vous montrer Houqué !... Passez chauffeur, tout doucement... là...— Ici... devant... regardez Céline... ces maisons si basses... si trapues... voyez-vous bien closes... C'est le quartier de Pierre le Grand ! ici Monsieur Céline ! ... je vous le montre...

C'est là, qu'il menait s'amuser... s'éduquer un peu les personnes qui causaient un peu de travers... qui ne voulaient pas causer... qui répondaient mal aux questions... Elles faisaient tellement de bruit ces personnes, des bruits si forts !... quand elles s'amusaient avec Pierre, quand elles commençaient à reparler... qu'elles retrouvaient leurs paroles... Un tel vacarme des poumons ! Monsieur Céline... de la gorge... Hou ! qué !... comme ça !... Hou... ! qué !... comme cela ! si fort !... qu'on entendait plus que leurs cris ! à travers tout le quartier... à travers toute la Néva... jusqu'à Pierre et Paul... C'est encore le nom qu'on lui donne à ce quartier. Houqué !... Regardez bien, Monsieur Céline, toutes ces demeures... si trapues... si profondes... bien closes !... Ah ! C'est un vraiment beau quartier !... On ne fera jamais mieux !... Vous voyez un peu du dehors... Mais alors à l'intérieur !... Un très grand tzar Pierre Ier !... un très grand tzar, Monsieur Céline !...

L'auto ralentissait encore... au pas... Nous avons eu tout le temps de parcourir toutes les rues... de bien visiter en détail... en détours l'ancien « Houqué »... Comme ça toujours en plaisantant... à propos des appareils dont se servait le tzar... pour mettre de l'animation dans les confidences... pour faire venir la confiance... l'affection.

— De la confiance, Monsieur Céline !... de la confiance !...

Pourtant il fallait en finir... revenir à l'hôtel... Nous allions encore au théâtre avec Nathalie.

Il connaissait, Borodine, encore bien d'autres histoires, excellentes ! des vraiment splendides anecdotes sur Pierre Ier... Nous étions devant notre porte... Il ne m'en voulait plus du tout... Nous ne pouvions plus nous quitter...

— Allons ! Allons ! Montez me voir... sans faute ! Tenez demain !... à l'Astoria !... Nous dînerons tous les trois avec Nathalie... dans ma chambre... sans façon... en camarades !... N'est-ce pas ?... en camarades ?... Je vous raconterai des aventures extraordinaires ! des « faits » !... Seulement des « faits » ! Sur la Chine ! Et puis venez donc à Moscou... Là-bas, nous avons des choses encore beaucoup plus curieuses à regarder !... à vous montrer ! Que je vous montrerai moi-même ! ... Pourquoi rester à Leningrad ? ... Venez donc ! ... Confiance !

— Pourrai-je visiter le Kremlin ?...

— Tout ce que vous voudrez, Céline...

— Vrai de vrai ?...

— Je crache !...

— Les caves aussi ?...

— Toutes les caves !...

Encore un bon sujet pour rire !... On en gigotait sur le trottoir... de drôlerie !...

— Je peux emmener mon interprète ?...

— Mais certainement !... Bien sûr !... bien sûr !...

— À fond ? le Kremlin ?...

— À fond !...

— Promis ?...

— Promis !...

— Juste un mot par le téléphone ! et je vous fais prendre !

Ah ! que penserez-vous... tout exagérément... Ce garçon exagère !... Voyons ! Ces bolchéviques, ces « bombes entre les dents »... ne sont pas si désastreux !... Ils n'ont pas tout écrabouillé quand même !... tout réduit en poudre infâme !... Ah ! Vous me prenez sur le vif !... Ah ! La remarque est pertinente !... Ainsi tenez, leurs théâtres !... admirablement préservés !... très exact ! beaucoup mieux que leurs musées !... qui présentent je ne sais quel aspect de brocante, de « saisie-warrant »... Mais leurs théâtres ! en pleine splendeur !... Incomparables !... éblouissants !... L'intérieur surtout !... Les bâtiments, l'édifice... toujours un peu casernes... colosses... un peu « boches »... Mais l'intérieur ! les salles ! ... Quelles prestigieuses parures ! Quel transport !... Le plus beau théâtre du monde ? Mais le « Marinski » ! sans conteste !... Aucune rivalité possible !... Lui seul vaut tout le voyage !... Il doit bien compter dans les deux mille places... C'est le genre du Grand-Gaumont... du Roxy... pour l'ampleur... Mais quel style !... Quelle admirable, unique réussite !... quel ravissement ! ... Dans le genre mammouth... la perfection... léger... on ne peut mieux... du mammouth léger... aérien de grâce... décoré tout de bleu ciel, pastel filé d'argent... Autant de balcons, autant de cernes.. franges d'azur... en corbeilles... Le lustre, une nébuleuse d'étoiles... une pluie suspendue... cristallin... toute scintillante... Tout le parterre, tous les rangs en citronnier... résilles de branchages aux tons passés... bois tournés, velours sur pastel... un éparpillement de palette... une poésie dans les sièges !... Le miracle même ! Opéras de Paris, Milan, New-York, Londres !... délires de bains turcs !... pâtisseries dégorgées d'un Grangousier mort !... Ce serait comparer vraiment le Mont Saint — Michel au Sacré-Cœur, notre grand oriental lavabo... Pour vous convaincre, vous irez peut-être vous-mêmes à Leningrad... vérifier... (Réclame absolument gracieuse). Je pourrais encore avec un peu d'espace... Ce serait très facile... jaboter descriptivement... mais le temps ?... Vous dépeindre de mon mieux... tant d'autres prodigieuses perspectives... évoquer dans la mesure de mes dons futiles, toute la majesté de ces impériales demeures... leur « baroque » aussi... leur cocasse... et d'autres châteaux... toujours plus grandioses... devant la mer... bien d'autres élans magnifiques de sculptures et de grâce... Et puis l'esplanade du Palais d'Hiver... Ce vélodrome pour éléphants... où l'on pourrait perdre, sans le savoir, deux brigades !... entre deux revues !... deux charges !... Et puis tout autour, en pourtour, tout un gratte-ciel écrasé, fainéant, couché, tout en éventail... à cent mille petits trous, lucarnes et pertuis... les Bureaux du Tzar.

Je vous parle du « Marinski » avec un tel enthousiasme... Je vous vois venir... toujours suspicieux... J'avoue !... Minute !... Avec Nathalie, nous fûmes de toutes les soirées... Nous avons tout admiré, tout le répertoire... et la « Dame de Pique »... six fois... « Dame de Pique » mélodique vieille garce... Lutine sorcière, trumeau faisandé... Impératrice des âmes... « Pique » ! attend au fond du cœur russe « Dame » ! l'heure des fêtes du charnier... « Dame de Pique », messe inavouée, inavouable... charme de tous les meurtres... flamme sourde de massacre, mutine, au fond d'un monde en cendres... Un jour, la flamme timide remontera... jaillira plus haut !... si haut !... bien plus haut que le plus haut clocher d'or !... La flamme en attente... vacille... grelotte... berce... toute la musique haletante... plus tendre... berce... le hasard... « Tré cartas ! »... Trois suicides !... au jeu de la Reine dans les griffes de la momie... Trois suicides doucement montent de l'orchestre chaque soir... Dans les rouleaux d'énormes vagues brûlantes... du fond... qu'aucune police ne sait voir... Trois petits oiseaux de suicide s'envolent... trois âmes menues... si menues... que les vagues emportent furieuses... je vous dis... grondantes... mugissantes... du fond du monde... que la police ne voit pas... La vieille carne, corbeau de tous les âges... douairière tout en meurtres... en bigoudis... en falbalas... vaporeuse de guipures, en crève chaque soir... chantante... au bord de l'abîme... Tant de pourriture cascade... d'un corps si menu !... si frêle !... tant de choses !... dans un torrent d'arpèges... étouffent l'auditoire... tous ces Russes... étranglent... « Tré cartas » !... Foule maudite !... Russes blêmes !... fourbes !... conjurés !... Que personne ne sorte !... Votre destin va s'abattre ! Un soir ! dans une trombe d'accords... Le fou là-haut va sortir votre carte... « Tré cartas » ! L'officier au jeu de la Reine... Qui bouge ?... Du vieil enfer... tous les démons en queues d'étoupe, bondissent, jaillissent, gigotent... toutes les joies, regrets, remords, s'étreignent, cabrioles de toutes les haines... de tous les gouffres il en surgit... Sarabande !... De l'orchestre tout en feu... toutes les âmes et les supplices arrachent les violons... Le malheur hante... canaille... rugit !... ouvre son antre... La vieille s'écroule... Elle n'a rien dit... la Dame de Pique avait tout à dire ! ... Pouvait tout dire !... Pourtant elle ne pesait rien... moins qu'un flocon de laine... moins qu'un oiseau qui chavire... moins qu'une âme en peine... moins qu'un soupir du Destin... Son corps dans cette chute ne fit le moindre bruit... sur la scène immense, petit monstre fripé, tout en papillotes... La musique est plus lourde... bien plus lourde que ce petit froissement d'étoffes... Une feuille morte et jaunie, soyeuse.. s'abat tremblante sur le monde. Un sort.

Les « Soviets » de Leningrad occupent la loge du Tzar... Ouvriers dans le fond, en tenue du dimanche. Au premier rang, les Juifs à lunettes... quelques hirsutes... de la « tradition Bakounine »... Prisonniers vétérans politiques. Tous les Brichanteaux du Martyrologe. O la parodie périlleuse ! ... Ce défi ! ... Aux autres balcons, les provinciaux, tassés, massés... Ingénieurs.. bureaucrates... enfin les stakhanovistes... les plus bruyants, hauts de verbe, hystériques du Régime... par rangs entiers, fébriles... dopés... exhibitionnistes... pas très bien blairés, semble-t-il par les autres... spectateurs de la moyenne... Tous les balcons, tous les pourtours, parterres, parquet, bondés, compacts... de-ci, de-là, quelques groupes de petits Juifs genre étudiants, casquettes blanches à bandeau rouge... des petits Juifs français... sans doute une école politique... Voici pour la « Dame de Pique »... Mais la Danse ?... Les Ballets Russes ?... Les authentiques ?... Leur plus grande gloire ?... Autres vertiges !... Quel déploiement de décors !... de parures !... Quelle richesse aussi de talents !... Il faut tout dire !... Et quel nombre !... Une armée de « sujets » !... Rectifions ! richesse de talents « moyens » !... mais quelle fougue ! Quel brio de scène ! Quelle vie !... insensée !... Troupe certainement fort bien nourrie. Je ne fis grâce à Nathalie d'aucune soirée de ces féeries... Nathalie, préférait à tout, la « Dame de Pique »... Chacun ses faiblesses, ses sortilèges... les miens dansent... Vive la danse !... Les « Fontaines de Batchichara » !... Quelle bataille !... Une mêlée... de démons ! ailés, emportés, jaillissants... de tous les portants vers les cintres... Et quel massacre ! traversé d'éclairs et de tonnerres à faire crouler le théâtre !... 400 diables, voltigeurs, massacreurs. Pas un artiste qui ne prenne feu dans ce terrible brasier de musique, qui ne se consume tout entier dans cette démence des flammes ! Pour les « Cygnes » mêmes prestigieux propos d'enchantement... avec toutes les grâces...

Cependant déclinante... beaucoup moins heureuse... une fièvre qui mijote... insipide... le repli vers la Raison... des grimaces... les « illusions perdues »... à d'énormes frais !... Nous sommes au navet ! bien perdues !... Dans l'ensemble des « Saisons », beaucoup de fours en somme ! déjà !... Répertoire terriblement jonché d'exorbitantes épaves... Que de débandades !... leur bilan est accablant !... Combien de directeurs fusillés ?... pour de vrai ?... Combien de capitaines ne sont pas revenus !... La faute ?... À tous ! à personne !... la mienne !... la vôtre !... Ballet veut dire féerie. Voici le genre le plus ardent, le plus généreux, le plus humain de tout !... Qui l'ose ?... L'âme décline et se lasse... La verve n'est plus soutenue par une folie d'ensemble. Plus aucun créateur au cœur de tous ces poèmes... Comment les accabler ?... Ils sont partis vers la Raison... La Raison leur rend bien... Ils ne parlent plus que Raison... raisonnablement... brelan de cloches si fêlées... Les voici tout croulants de raison... Tant pis ! ... Les catastrophes les plus irrémédiables, les plus infamantes ne sont pas celles où s'écroulent nos maisons, ce sont celles qui déciment nos féeries... Ils semblent condamnés les Russes auprès de leur Musique... reniés par leur passé...

« mourants de soif auprès de la fontaine »... Leurs « succès » ?... Il en faut Mordieu ! pour peupler ces nefs gigantesques ! et les places ne sont pas données !... Il s'en faut !... Alors ?... Les vieux dadas ! tout bêtement ! Leurs « Carmen »... leurs « Manon »... leurs « Onéguine »... l'inévitable « Dame »... « Ruslan et Ludmila »... Mazeppa !... pire encore !... J'assure le triomphe, toutes les couronnes de la Russie, à l'audacieux manager qui remontera « Michel Strogoff » avec chœurs, soldats, grand orchestre, sur les scènes de Leningrad... Le Palais d'Hiver est à lui !

Revenons aux artistes ?... Parmi les danseurs : deux sujets admirables... Lyrisme, haute technique, tragédie, de véritables poètes... Les femmes ? d'excellentes ouvrières, bien douées... sans plus... une ballerine exceptée– Oulianova... Mais leurs ensembles ? La divinité !... Des orgues du mouvement humain. Essaims de coryphées à remplir tout le ciel... Leurs « Pas de quatre » ? comètes frémissantes... Les sources miroitantes du Rêve... les abords du Mirage !... Toutes les soirées du Marinski ! Quelles voluptés ! deux et trois fois tous les programmes !... À la fin, j'y tenais plus. L'idée me reprit... l'obsession... Il me semblait que moi-même, malgré tout.. Ah ! que l'orgueil est fielleux conseiller !... Comme il décuple, centuple toute sottise. Tenter ma chance ?... Qui ne risque rien... Mes poèmes ?... s'ils allaient eux, ces Russes, s'en éprendre ?... Sait-on jamais ?... Échec à Paris... peut-être succès en Russie... L'un de mes « ours » ?... Les deux peut-être ? Je donnerais mon âme en prime... Qu'on se hâte !... elle commence à m'échapper...

— Nathalie, ma chère enfant, voulez-vous de ma part, téléphoner au Directeur ?... s'il veut me recevoir ?... m'entendre quelques minutes... J'ai tout un complot dans ma poche ! C'est moi l'empressé, le galant Ferdinand, le tourbillon des dames !

Jour conclu... présentation de mon poème au directeur. Ils étaient bien une trentaine dans cet immense salon... si je compte, clairsemés autour d'une table ovale... de prodigieuse ampleur... Artistes... musiciens... administrateurs... secrétaires... à m'attendre... Quel cadre !... impérial !... à la mesure !... salon fort bien préservé dans son jus Époque Alexandre... pour nous « Tilsit »... Meubles parfaits d'acajou sombre... tentures poudreuses... naphtalinées... tapis pelés... à la trame... semis d'abeilles sur fond jonquille... Le directeur un Juif chafouin, parfaitement aimable et hostile... Son secrétaire politique... un bouffi tout en silence... tout en petites notes... hérissé de crayons... Compositeurs variés... quelques vieux virtuoses à « moumoutes », figurants muets de l'entrevue... hauts de caractères... des masques de « plein effet » par Dullin... à ma droite la Vaganova... fluette épargnée du grand cataclysme... sur la défensive... distante... suprême tenante d'une tradition qui flanche. Étoile blêmie, plâtrée, crispée, guettée... aux aguets...

Dans cette réunion, tout le monde s'épie... souriant... Après de brèves présentations... la parole m'est donnée...

Je me lance dans le récit d'emblée... la « Naissance d'une Fée »... Ils me comprennent tous parfaitement... mais aucun d'eux ne sourcille... parfaitement inertes, atones. Je fournis toute l'animation... Je suis remonté !... tout le spectacle !... je me donne !... Je mime... je me dépense à fond... comme je m'ébroue ! volubile !... évoque tant et plus ! cavalcade !... Je me surpasse !... Je suis théâtre, orchestre, danseuses ! tous les « ensembles » à la fois... moi tout seul !... Je fais l'œuf !... je sautille, je jaillis hors de ma chaise !... Je personnifie toute la « Naissance d'une Fée »... Toute la joie, la tristesse, la mélancolie... Je suis partout !... j'imite les violons... l'orchestre... les vagues entraînantes... et voici les « adages »... Personne ne me retient, ils demeurent ces pétris, soudés à leur table, « jurés d'assises ». Je me fends... développe... d'autres entrées !... les quadrilles !... Je rejaillis à l'autre bout... rebondis... cabri !... multiplié, tout en arabesques, à l'entour de ces énigmes !... Je m'échappe possédé ! innombrable... m'élance encore... Ah ! et puis net ! stop !... cambré... tourbillonne !... enchaînant, repars... débouline... dans les méandres de l'intrigue... souligne au passage mille grâces du thème... en demi-pointes... en relevés...Très bien !... deux arabesques !...

Dans le fredonnement aérien d'une valse... encore deux « fouettés »... très en dehors... je m'évade... intrigue... me dérobe... volte !... viens... En attitude ! je pique !... Sarabande... J'atterris en grande « cinquième » ! à la portée du directeur... Je plonge... à l'assistance éblouie... grande révérence !...

Enfin je les ai « décidés » !... la glace est rompue !... Ces bonzes se dégèlent... Murmures !... approbations !... clameurs !... et l'on me complimente !... L'on me cajole !... L'on me fête !... Vidi ! Vici ! Vici ! C'est très évident ! ... Quel don ! ... quel essor ! ... L'esprit ! ... L'envol !... Taglione !... Ils sont aux anges !... C'est visible ! Mais tout brusquement tout se tait, tous se ratatinent... Le directeur, leur chafouin tape dans ses mains, commande le silence, il va parler...

« Cher Monsieur, tout ceci est fort plaisant évidemment, fort bien venu certes... et je vous félicite... Mais veuillez me relire encore... je vous prie... très lentement, certains passages... et puis tout le livret voulez-vous ?... »

Ah ! Il ne désirait pas mieux, que de monter un tel spectacle d'un auteur étranger... d'une telle importance !... Très désireux... Mais cependant pas tout à fait sur ce thème... Si je voulais bien tenir compte... D'après une autre poésie... moins désuète... moins frivole... moins « archaïque »... une formule moins rêvasseuse... quelque structure plus réaliste, plus impétueuse... qui se prêterait bien davantage aux accords de musique moderne... aux ressources harmoniques du contre-ton... un peu brutale, voire violente... Les Russes raffolent de la violence. L'ignorais-je ?... Il leur en faut !... Ils l'exigent !... Quelques batailles !... de l'émeute !... pourquoi pas ?... des meurtres !... d'amples massacres bien amenés... Peut-être au surplus pourrais-je prévoir dans mon histoire, quelques passages en dialogues... Ah ! voilà qui serait innover !... du dialogue !... des paroles dansantes !... Une danseuse par mot... par lettre ! À pays neuf, des spectacles de « choc » !... Et puis d'autres conseils... éviter comme le choléra... comme trente-six mille pestes !... l'Évasion !... Ah ! plus d'Évasion !... plus de Romantisme !... d'éplorées Élégies !... Plus de ces gigoteries en Parnasse mythologique ! Fini ! ... Les Ballets doivent faire « penser » ! comme tous les autres spectacles !... et penser « sozial » !

Émouvoir... certes !... charmer... mais charmer « sozial » n'est-ce pas ? Plus le poème est réussi... plus il est « sozial » !...

« Voici, cher Monsieur Céline, le point de réalité que nous devons toujours atteindre, le « sozial » au cœur des foules... Le « sozial » en charme et en musique... Poème dansé ! vigoureux ! émouvant ! tragique ! sanglant ! émeutier !... libérateur !... Voici le souffle !... voici le thème !... et « sozial » par-dessus tout !... Voici la ligne !... la commande !... Artiste ! celui qui nous comprend ! Voici les œuvres attendues par les Ballets russes du « Plan « . Et plus du tout, plus jamais ! ces grêles perfides anémies ! ces languissements mélodieux !... Honteuses tricheries, cher Monsieur Céline, du Devenir « sozial » !...

Peut-être vers 1906... vers 1912 ces agaceries pouvaient-elles encore se défendre... mais de nos jours... pouah !... »

Je me tenais l'oreille très basse... je l'avouc... sur mon tabouret... Peu sensible au ridicule, nullement vexé, je n'éprouvais de cet échec qu'un chagrin très sincère... Au seuil du Temple je m'effondrais... Je me faisais saquer, par les connaisseurs parfaits, comme un cotillon miteux... J'en aurais pleuré...

Tous alors, devant ma mine déconfite, changèrent à l'instant de ton... Redressement à toute vapeur !...

— Mais non ! Mais non ! monsieur Céline ! C'est nous comprendre tout de travers ! Espoir ! Espoir ! au contraire ! cher monsieur Céline ! Grands espoirs ! Ce sont là, paroles amicales ! Nous comptons sur vous pour la saison prochaine ! Revenez nous voir au printemps prochain !... Nous serons toujours si heureux de vous accueillir !... toujours prêts à vous entendre, je vous assure... infiniment favorables... je ne peux pas mieux vous dire...

Le petit directeur se montrait à présent plus encourageant que tous les autres...

« Ne nous oubliez pas... Revenez !... Apportez-nous de Paris un autre manuscrit... dans la note... Nous connaissons vos dons admirables !... Ce sera réellement sublime ! Nous le savons !... ».

Tous en chœur : « Nous le savons ! Rien est perdu ! Tout au contraire ! Nous l'étudierons aussitôt tous ensemble !... Nous le monterons, il va de soi ! Et comme ceci !... Et comme cela !... »

Je suis prompt à me requinquer... un petit compliment me suffit... me rambine comme une strychnine... Je me tétanise... Je me trouve à l'instant reprêt... aux plus rebutantes performances... en un clin d'œil... Pour un peu, j'allais recommencer tout ! Ils m'ont calmé gentiment... joyeusement... Nous ne parlions plus que de l'année prochaine !

Nous étions devenus si aimables, si extrêmement copains... que c'était un genre de féerie... Ils ont bien vu mon caractère... La façon que je reprends confiance... Tout en dégustant le thé... les petits fours... les cigarettes et cigares... Et les voilà tous qui s'enveloppent dans une fumée si épaisse, massés au rebord de la table, que je les apercevais plus... Ils me parlent très fort, dans les nuages... leur langage de locomotive... Arracho ! ... Harracho ! ... Harracho ! ... arrou ! ... Harrou ! ... de plus en plus violemment... à emporter tout !... Ça pouvait pas être un complot... Le petit Juif, il arrêtait pas de m'expliquer, encore, toujours, les thèmes de la danse de l'Avenir !... la tête dans les mains... il monologuait : « Vous me comprenez, cher monsieur Céline... une facture plus vigoureuse... « sozial »... C'est le mot !... pas trop historique ! ... pas trop d'actualité non plus... Mais cependant bien moderne... et puis surtout qui fasse penser !...

À ce moment le secrétaire politique fut pris de quintes... il toussait fort... à s'étouffer... dans ses crayons... L'entretien devait prendre fin... Nous nous séparâmes, ravis...

En bourrasque, j'ai repris la porte... voltigeant... effréné de zèle... à travers d'infinis couloirs... des kilomètres de dédales... à chaque détour... chaque tambour... un corps de garde en alerte... Ce merveilleux opéra, dans l'intimité : une forteresse !... une citadelle en transe !... tous les labyrinthes traqués !... sur la défensive !... tous les boyaux en qui-vive... l'attentat rôde... Des yeux vous suivent du fond de toutes les ombres, vous épient... Vite dans la rue !... Ah ! l'allégresse, le délire m'emporte !... j'effleure les trottoirs à peine... en plein essor... souffle d'allégresse !... admirablement résolu !...

L'esprit me possède...

« Dine ! Paradine ! Crèvent ! Boursouflent ! Ventre dieu !... 487 millions ! d'empalafiés cosacologues ! Quid ? Quid ? Quod ? Dans tous les chancres de Slavie ! Quid ? de Baltique slavigote en Blanche Altramer noire ? Quam ? Balkans ! Visqueux ! Ratagan ! de concombres !... mornes ! roteux ! de ratamerde ! Je m'en pourfentre... Je m'en pourfoutre !

Gigantement ! Je m'envole ! coloquinte !... Barbatoliers ? immensément ! Volgaronoff !... mongomoleux Tartaronesques !... Stakhanoviciants !... Culodovitch !...

Quatre cent mille verstes myriamètres... de steppes de condachiures, de peaux de Zébis-Laridon !... Ventre Poultre ! Je m'en gratte tous les Vésuves !... Déluges !... fongueux de margachiante !... Pour vos tout sales pots fiottés d'entzarinavés !... Stabiline ! Vorokchiots ! Surplus Déconfits !... Transbérie !... « Voilà comment je me cause dans l'enthousiasme !... Et puis d'ailleurs résolu admirablement décidé ! brasé ! à toutes les plus suprêmes prudences !... Jamais ne plus rien marmonner... insinuer... le plus susurré soupir... qui puisse être compris de travers... Vicieusement interprété... péjoratif !... Ah ! pas du tout !... Ah ! méprise !... Palinodies !...

Tout d'effrénées louanges, je serai ruisselant !... Favorable aux Soviets ?... Phénoménal !... diantre !... Épris au point d'ébullition !... depuis mes chaussettes qui ne tiennent jusqu'à mes cheveux qui repoussent... Hosanna !... Ah ! comme je veux les chanter !... credissimo !... Les « réalisations » sublimes !... Les vocaliser sur vingt et cent autres gammes... Dominus ! ... m'en rompre les cordes... m'en faire éclater toutes les bronches... Et exploser pour eux !... Et puis les contradicteurs, ces fourbes morveux cancres rances, je les étourdirai sur place !... Aux « vils douteux », c'est juré ! Je répondrai tout comme l'autre ! de tout mon creux : « Tout va très bien ! Très fort ! très loin ! de plus en plus mieux !... fortissime !... » J'irai militer dans les cours de tout Paris, avec Popaul... Nous serons deux !... Je me donnerai corps et âme au plan « quadricentenal »... Je veux enfiévrer, bouleverser de « soziologie » toute la banlieue sud et ouest... la Seine-et-Oise jusqu'à Conflans... peut-être Pontoise... Déjà Nathalie me tenait en haleine, me dotait du rudiment... ne manquait une occasion de croiser le fer... de la controverse dialectique !... la « matérialiste »... brutale et sans merci... J'arriverai chez Popaul bardé de casuistique !... à bloc ! pour toute rivalité !... Je stockais en cours de promenade tous les arguments invincibles... J'avais des slogans plein la bouche... Je répétais dans ma chambre (la si coûteuse)...

« Ils ont pas un clou qui leur manque ! » Je l'affirmerai... pour commencer aux journalistes... froncé... buté... des sourcils... un vrai bœuf de Contradicteur !... Je m'étudierai dans la glace... « Pas une étrivière... pas un petit knout !... pas un licol de trop court !... Pas une meule trop légère !... C'est merveilleux ce qu'ils peuvent moudre ! et broyer... Ah !... Vendu ! que j'assaillerai instantanément le moindre muqueux détracteur !... Je le laisserai pas retrouver sa glotte !... Survendu !... Pantelant !... Tabétique fumant !... Gonocolose ! Gravelle ! Lâche trou d'ignoble !... Cancéreux volontaire ! Caiman lesbianique !... Voilà ! Pas un clou qui ne soit absolument droit planté ! Je réitère ! profondément ! ... Entendez-moi ! ... inaltérablement ! ... rivé ! ... fidèle à tout l'URSS ! en toutes portes de chaque prison de la glaciale

Vladivostock à la plus atrocement frigide encore Mer Esthonique !... Gueules salophages ! Tenez-vous pour interdites ! Précisément ! fanatiques, coites ! désormais !... perturbatrices à crapauds !... Pas un mouton ! tout au long des herbages tendrelets des quarante et huit républiques sans faveurs ! aux couleurs !... De la Protection des Kalmouks à la Réserve du Bidjean ! Fixe ! De Gourgoulie en Tartarêve ! Ah ! Du même ! fidèlement... Repos !... Tel que je cause ! dans n'importe quel Sokose ! ces fières parcelles du Paradis !... Pas une vache sans son train !... Pas une roue sans sa trente et deux bicyclettes !... Célérifères !... Pas une corne sans Korku ! Pas un seul flacon sans ivrogne ! ... Pas une croûte sans estomac !... Pas un goujat sans astrakan !... Pas une pancarte sans Staline !... Pas un poteau sans son Trotzky ! Pas un défilé sans traîtres ! Pas un bonheur sans Staline ! Pas un seul traître sans pancarte ! Pas un seul manche sans bannière ! Pas un seul Staline sans traître ! Pas de Paradis sans serpent ! Pas un Staline sans photo ! Pas de bonheur sans bourreau ! Photo ! Poto ! Ma-Tire-laine ! Tirolo ! » Voilà comment que je causerai !... quand on sera bien tombé d'accord ! du moment précis ! sur toutes les choses si délicates...

Je pouvais faire un tour, j'avais le temps, chaque matin, avant que Nathalie arrive...

Elle finissait son ménage et puis elle grimpait en vitesse au Rapport... à la Police... J'avais deux bonnes heures devant moi pour vadrouiller... C'est pas drôle les rues de Leningrad, les gens sont minables... désolants... je l'ai dit... les boutiques de même... Autant de pauvres guitounes, décrépites... mal rafistolées... parquets usés jusqu'aux membrures... antiques comptoirs en bois massif... somptueux... luisants d'avant- guerre... encore vaguement décorés de cornes d'abondance... d'altières armoires à rayons... décoration « petits bouquets » et flots rubanneux... Imitations fanées, moisies des chichis parisiens 1900... Leur camelote ?... Un immense fatras de rogatons infiniment déjetés... absolument insoldables partout ailleurs qu'en Russie... Un terrible « fonds » de brocante... tout l'invendable pathétique des très vieilles merceries de village... comme on en trouvait en France encore vers 1910 au cours des « manœuvres »... Je me souviens... Mais là-bas c'est le dernier cri... Tous ces rogatons pas regardables, ce dépotoir hors de prix, c'est leurs fournitures essentielles, la production sovietico-monstre des géantes coopératives... À Monrovia, en Libérie, ils se fournissent en cotonnade et quincaille chez John Holt, à Liverpool, je vous assure que ça se défend... C'est pas comparable !... C'est de l'article extrêmement loyal. « Came » pour « came » de traite, y a des limites en banditisme... Moi aussi, j'ai fait du commerce avec les sauvages... À Bikobimbo, sous paillotte, dans la fin tréfonds du Cameroun. J'en ai trafiqué pour des tonnes... J'avais pas de concurrence non plus...

Mais jamais j'aurais osé... j'aurais rougi. Quand je dis que leur came aux Soviets c'est de la pauvre ordure, je sais ce que j'avance. Je les ai faites toutes leurs boutiques, des grandes rues, avec Nathalie... C'est pas croyable comme immondice le genre qu'ils exposent... Faut du génie à une personne pour arriver à se vêtir... C'est tellement de l'étoupe leurs étoffes que ça tient pas la couture... Et c'est pas donné ! Faut savoir !...

Faut des roubles à la brouette pour se payer du très médiocre... quelques coupons cotonneux !... En définitive, c'est simple pour drainer la sueur et le sang du peuple, les Soviets chéris c'est les pires, les plus intraitables des patrons, les plus diaboliques, les plus acharnés des suceurs !... Les plus ravageurs exploitants... Je dis diaboliques, parce qu'ils ont en plus des autres, des idées de supercharognes. Ils font crever pertinemment leur peuple... leur peuple « rédempté », de toute cette abracadabrante misère, par pur calcul et système... Préméditée manigance. Ils savent très bien ce qu'ils font !... Décerveler, affamer, annihiler, broyer, le peuple chéri !... le pétrir toujours davantage ! jusqu'aux ultimes bribes de vertèbres, jusqu'au plus intime des fibres ! l'imbiber d'angoisse, qu'il en dégorge !... l'avoir infiniment en poigne comme une lavette toute consentante à n'importe quelle destinée... L'orgasme juif, la grande contracture de bâtards nègres au délire, de nous conchier tous dans la mort, plus avilis, mieux piétinés, plus immondes, putrides abjects, que tous les cauchemars de tous les crapauds en Sabbat. Et puis nous fourguer en latrines quand on nous aura tout pompé, torturés de millions de manières... Notre fatalité charmante ! Quant à la croque à Leningrad, c'est encore pire que l'habillage si possible... Leurs boucheries, presque toutes en sous-sol, en contre-bas de la rue, au fond, grottes sous les immeubles... bien puantes... Le peuple dans le ruisseau séjourne... il attend son tour... la « queue » massée devant le rideau des mouches... dense... ondoyant... tout bleu... il jabote le peuple... Il bourdonne avec les mouches... Il se débat contre l'essaim de mouches... entre les mouches...

L'une après l'autre, la concierge, la commère en bottes, la « baba » emmitouflée, la petite fille à lunettes, plongent dans le caveau... crèvent l'étendard des mouches... filent dans le tunnel... Rappliquent aux jour triomphales... Au poing leur petit bout de gras ! Les mouches foncent dessus tout de suite... les gens avec... tout ça tripote, pique, ronfle... dans l'essaim... C'est un nuage, une mêlée autour de la commère en bottes.

En rentrant de mes excursions, je jetais toujours un petit coup d'œil dans les bureaux de « Vox »... si je voyais rien... L'immeuble vis-à-vis de l'hôtel... le « Bon accueil aux Étrangers »... Je suis assez curieux de nature. Ces bureaux qui ouvraient si tard, jamais beaucoup avant midi, m'intriguaient. Un matin, comme ça, filant un regard dans cette pénombre... J'entends une musique... J'écoute... un piano... Je m'assois sur les marches... C'était fort bien joué... Je veux me rendre compte de plus près... Je fais tout le tour de la cambuse... Je descends les degrés... au sous-sol je trouve une porte... un petit passage... Je veux voir un peu la personne... Je m'y connais en piano, j'ai pianoté autrefois, un petit peu moi-même... Ça me tracasse toujours...

Me voici dans la maison... Tous ces bureaux strictement vides ça fait bien de l'écho... J'arrive au premier étage... ça vient de ce côté-là... Un paravent... Je m'arrête... sur la pointe des pieds, je fais le détour. Maintenant je la vois la pianiste... C'est la petite vieille, je la connais bien... C'est la « grand'mère », c'est elle qui cause le français dans ce « Bon accueil »... Elle fait même des phrases, elle fignole... elle parle précieux...

C'est elle qui me donne les renseignements pour les visites que je désire... Je me planque dans un coin de la pièce... je ne fais aucun bruit... J'écoute bien attentivement... Elle m'en avait jamais parlé, qu'elle en touchait merveilleusement du piano... Jamais... C'était trop d'effacement. Je lui en tenais rigueur... Nous étions pourtant bons amis... Ça faisait trois semaines au moins que chaque jour sur les midi je traversais toute l'avenue... pour lui présenter mes devoirs... et puis cancaner un petit peu... casser du sucre... Elle était fine comme de l'ambre cette petite vieille, et puis aimable au possible...

Là, sur ma chaise, je mouftais pas... l'écoutant... J'ai tout entendu... une exécution parfaite... d'abord presque tous les « Préludes » et puis Haydn, la « cinquième »... Je dis pas Haydn pour prendre un genre. En plus de mes dons personnels, j'ai fréquenté une pianiste, des années... Elle gagnait sa vie sur Chopin et sur Haydn... Vous dire que je connais les œuvres... et sensible à la qualité... Eh bien, je l'affirme comme je le pense, la grand'mère c'était une artiste...

Au bout d'un moment, je suis parti, comme j'étais venu, sur les pointes. Le lendemain d'abord, je voulais pas lui en parler de cette indiscrète audition... et puis je suis bavard à me faire pendre... J'ai risqué quelques allusions... enfin je l'ai félicitée... qu'elle touchait l'ivoire en virtuose... et même infiniment mieux !... Sans aguicheries, sans clinquant, sans bouffées de pédales... Elle a compris par mes paroles que je savais apprécier... et puis que vu mon raffinement j'étais bien capable d'une réelle conversation... En parlant bien bas, plus bas, elle m'a mis un peu au courant... « Je suis « nouvelle » dans ce pays, vous me comprenez, Monsieur Céline ?... « Nouvelle » non par l'âge, hélas !... Mais par la date de mon retour... Je suis restée absente vingt ans !...

Voici un an que je suis revenue... J'ai fait beaucoup de musique à l'étranger... Je donnais parfois des concerts... et toujours des leçons... J'ai voulu rentrer... les voir... me voici... Ils ne m'aiment pas beaucoup, Monsieur Céline... Je dois demeurer cependant... C'est fini ! ... Il faut !... Ils ne veulent pas de moi comme musicienne... Mais ils ne veulent pas que je parte... Je suis trop vieille pour le piano... me disent-ils... Mais surtout mon absence depuis tant d'années... leur semble suspecte...

Heureusement je parle plusieurs langues étrangères... cela me sauve... me vaut ce petit emploi... Je ne veux pas me plaindre, Monsieur Céline, mais vraiment je ne suis pas heureuse... Vous voyez, n'est-ce pas ? J'arrive au bureau avant l'heure, bien avant les autres, à cause du piano... Ils ont un piano ici... Chez moi, il n'y a pas moyen... bien sûr... pas de piano... Nous sommes trois vieilles personnes à loger ensemble dans une petite pièce... C'est déjà très bien... Si vous saviez... Je ne veux pas me plaindre... ».

La veille de mon départ, je la trouvai gênée la grand'mère, anxieuse, avec quelque chose à me confier encore... Elle chuchotait :

« Monsieur Céline, vous me pardonnerez... Puis-je me permettre de vous demander... Oh ! une petite question... peut être très indiscrète... Oh ! je ne sais trop... si je dois ?... Enfin vous ne me répondrez pas si je suis fâcheuse... Ah ! Monsieur Céline ! je ne suis pas très heureuse... Mais il y a beaucoup de gens, n'est-ce pas Monsieur Céline, qui ne sont pas très heureux ?... Cependant que pensez-vous ?... à votre opinion, Monsieur Céline ?... Une personne en ce monde, absolument sans famille... sans aucun lien... qui n'est plus utile à personne... Vieille... invalide déjà... malheureuse, plus aimée par personne... qui doit endurer bien des misères, bien des affronts... n'a-t-elle pas le droit à votre avis ?... bien sincère ?... sans ménagement, je vous prie, d'attenter à ses jours ?... ».

Ah ! Je ne fis qu'un bond !... sur ces mots... quel sursaut !...

« Holà ! Madame ! voici le véritable blasphème !... Comment ! Grande honte et remords ! Ah ! Je ne vous écoute plus !... Un tel projet ! aussi sauvage ! insensé ! sinistre !... Vous capitulez Madame ?... devant quelques arrogances de minces bureaucrates imbéciles... Je vous trouve à tout extrême, pour quelques niaises taquineries... Pfoui !... Quelques fredaines de cloportes... Déroutant ! Madame, déroutant ! ... en vérité... Un parfait talent comme le vôtre doit revenir aux concerts !... Voici le devoir impérieux !

Demandez à être entendue ! Madame !... Et vous triompherez !.. Tous ces gens du bolchévisme, dans l'ensemble, je vous l'accorde ne sont pas très aimables... Ils sont peut-être un peu cruels... un peu grossiers... un peu sournois... un peu sadiques... un peu fainéants... un peu ivrognes... un peu voleurs... un peu lâches... un peu menteurs... un peu crasseux... je vous l'accorde !... C'est à se demander par quel bout il vaudrait mieux les pendre ?... Mais le fond n'est pas mauvais !... dès que vous réfléchissez !... ».

La grand'mère, comme tous les Russes, c'était sa passion de réfléchir. Nous avons réfléchi ensemble... passionnément...

« Vous voyez, ai-je gaiement conclu, vous voyez ! Je peux vous assurer, Madame, je peux vous faire le pari, cent mille roubles ! que votre talent si précieux, si finement délié, si sensible, si intimement nuancé, ne sera pas longtemps méconnu !... Ah ! que non !... Vous reviendrez au public, Madame ! je vous le prédis !... Je vois ça d'ici !... Et dans toutes les grandes villes de la Russie du « Plan » ! Vous irez partout, triomphale, attendue, acclamée, désirée !.. redemandée ! ... »

— Vous croyez, Monsieur Céline ?... Ils se méfient tellement de nous, de tous ceux qui reviennent... de ceux qui connaissent l'étranger...

Nathalie à ce moment entrait... il fallait se taire.

— Au revoir, Madame, au revoir ! Je reviendrai ! absolument ! J'ai juré, deux ou trois fois.

Et puis voilà...

Nathalie, mon interprète, elle était tout à fait dévouée... parfaitement instruite, très régulière au boulot... Elle m'a montré tout ce qu'elle savait, tous les châteaux, tous les musées, les plus beaux sites... les plus renommés sanctuaires... les plus étonnantes perspectives... les anciens parcs... les Iles... Elle savait très bien toutes ses leçons... pour chaque circonstance... pour chaque moment... le petit laïus persuasif, la petite allusion politique... Elle était encore bien jeune, mais elle avait l'expérience des tourmentes révolutionnaires... des transbordements sociaux... des mondes en fusion... Elle avait appris toute petite... Elle venait d'avoir juste quatre ans, au moment de la guerre civile... Sa mère, c'était une bourgeoise, une actrice... Un soir de perquisition, y avait beaucoup de monde dans leur cour... sa mère lui avait dit comme ça, tout gentiment : « Nathalie, ma petite fille, attends-moi bien, ma petite chérie... Sois bien sage... Je vais descendre voir jusqu'en bas... ce qui se passe... Je remonterai tout de suite avec le charbon... ». Jamais sa mère n'était remontée, jamais elle n'était revenue... C'est les Bolchevicks qui l'avaient élevée Nathalie, dans une colonie, près de la ville d'abord, un peu plus tard, très au Nord... Et puis après, en caravanes... Plusieurs années comme ça... tout à travers la Russie... Elle racontait les frayeurs, et la rigolade aussi des petits enfants... Toutes les pérégrinations ! ... Des années... qu'on évacuait tout le pensionnat quand les troupes ennemies rappliquaient.. Les « rebelles » d'abord le Koltchak... et puis le Wrangel... et puis encore le Denikine... Chaque fois, c'était une aventure à travers les steppes... ça durait des mois et des mois... tous les petits enfants trouvés... Il faut reconnaître, les bolchéviques, ils avaient fait tout leur possible, pour qu'ils crèvent pas tous et toutes comme des mouches... tout le long des pistes... Des fois, il faisait si froid, que les petits morts devenaient tout durs comme des petites bûches... Personne pouvait creuser la terre... On pouvait pas les enterrer.

On les balançait du chariot, c'était défendu de descendre. Elle avait bien vu, Nathalie, toute la guerre civile... et puis ensuite les Kaoulaks pourris d'or !... Elle avait dansé avec eux... foiriné... mené fusiller des dizaines et des dizaines... Et puis ensuite les privations, encore, toujours, d'autres privations... biennales, décennales, triquennales, « quinquennales »... les torrents de jactance... maintenant elle guidait... Elle avait appris le français, l'allemand, l'anglais, toute seule... Il lui passait par les doigts, à « l'Intourist », les plus curieux hurons de la Boule... et puis infiniment de Juifs (95 pour 100)... Elle était discrète, secrète, Nathalie, c'était un caractère de fer, je l'aimais bien, avec son petit nez astucieux, toute impertinente. Je ne lui ai jamais caché, une seule minute, tout ce que je pensais... Elle a dû faire de beaux rapports... Physiquement, elle était mignonne, une balte, solide, ferme, une blonde, des muscles comme son caractère, trempés. Je voulais l'emmener à Paris. Lui payer ce petit voyage. Le Soviet n'a pas voulu... Elle était pas du tout en retard, elle était même bien affranchie, pas jalouse du tout, ni mesquine, elle comprenait n'importe quoi... Elle était butée qu'en un point, mais alors miraculeusement, sur la question du Communisme... Elle devenait franchement impossible, infernale, sur le Communisme... Elle m'aurait buté, céans, pour m'apprendre bien le fond des choses... et la manière de me tenir... la véritable contradiction !... Je me ratatinais. Il lui passait de ces éclairs à travers les « iris » pervenche... qu'étaient des couperets...

On s'est cogné qu'une seule fois, mais terrible, avec Nathalie... C'était en revenant de Tzar koï, le dernier château du Tzar... Nous étions donc en auto... nous allions assez bonne allure... cette route-là n'est pas mauvaise... Quand je lui fais alors la remarque... à la réflexion... que je trouvais pas de très bon goût... cette visite… chez les victimes... cette exhibition de fantômes... agrémentée de commentaires, de mille facéties... Cette désinvolte, hargneuse énumération... acharnée, des petits travers... mauvais goût... ridicules manies « Romanoff »... à propos de leurs amulettes, chapelets, pots de chambre... Elle admettait pas... Elle trouvait parfaitement juste, Nathalie. J'ai insisté. Malgré tout, c'est de là, de ces quelques chambres, qu'ils sont partis tous en chœur, pour leur destin, les Romanoff... pour leur boucherie dans la cave... On pourrait peut — être considérer... faire attention... Non ! Je trouvais ça, moi, de mauvais goût ! Encore bien pire comme mauvais goût, cent fois pire que tous les Romanoff ensemble... Un vrai très mauvais impair de dégueulasses sales Juifs... Ça me faisait pas plaisir du tout de voir comme ça les assassins en train de faire des plaisanteries... dans la crèche de leurs victimes... Je me trouvais d'un seul coup tzariste... Car ils furent bien assassinés, mère, père, cinq enfants... jamais jugés, assassinés bel et bien, massacrés, absolument sans défense dans la cave de Sibérie... après quels transbahutages !... des mois !... avec ce môme hémophile... entre tous ces gardes sadiques et saouls, et les commissaires judéotartars... Enfin la grande rigolade... On se rend compte... L'intimité des morts... les pires salopes, avant de crounir... ça regarde plus personne... C'est pas toujours aux assassins de venir dégueuler sur leurs tombes... Révolution ?... Bien sûr !... Certes ! Pourquoi pas ?... Mais mauvais goût, c'est mauvais goût... Le mauvais goût du Juif, la bride sur le cou, c'est le massacre du blanc, sa torture. C'est la torture du blanc et le profond instinct du Juif, le profond instinct du nègre. Toutes les saturnales révolutionnaires d'abord puent le nègre, à plein bouc, le Juif et l'Asiate... Marat... Kérenski... Béhanzin,... l'Euphrate... le Vaudoo... les magies équatoriales... les esclaves aux requins... Saint-Domingue... c'est la même horreur qui surgit... Tout ça c'est la même sauce dans le fond... ça suinte de la même barrique...

— Pourquoi ?... Pourquoi ?... qu'elle ressautait... Elle voulait pas, la carne, comprendre... Le Tzar, il était sans pitié !... lui !... pour le pauvre peuple !... Il a fait tuer !... fusiller !... déporter !... des milles et des milles d'innocents !...

— Les bolchevicks l'ont bien promené pendant des semaines, à travers toute la Sibérie. Ils l'ont buté finalement dans la cave, avec tous ses gnières ! à coups de crosse !... Alors il a payé !... Maintenant on peut lui foutre la paix... le laisser dormir...

— Il faut que le peuple puisse apprendre !... s'instruire !... Qu'il puisse voir de ses propres yeux, comme les Tzars étaient stupides... bourgeois... bornés... sans goût... sans grandeur... Ce qu'ils faisaient de tout l'argent ! les Romanoff ! des millions des millions de roubles qu'ils extorquaient au pauvre peuple... Le sang du peuple !... des amulettes !... Avec tout le sang du peuple ils achetaient des amulettes !

— C'est pas quand même une raison... Ils ont payé... C'est fini !...

Elle était insultante, la garce !... Je me suis monté au pétard... Je suis buté comme trente-six buffles, quand une gonzesse me tient tête...

— Vous êtes tous des assassins ! que je l'ai insultée... encore pire que des assassins, vous êtes tous que des sacrilèges vampiriques violeurs !... Vous chiez maintenant sur les cadavres tellement vous êtes pervertis... Vous avez plus figure humaine... Pourquoi vous les faites pas en cire ?... comme chez les Tussauds ? avec les blessures béantes ?... et les vers qui grouillent ?...

Ah ! mais elle rebiffait, terrible. Elle voulait pas du tout admettre... la petite arrogante saloperie... elle rebondissait dans la bagnole... Elle s'égosillait... « La Tzarine était pire que lui !... encore pire... Mille fois plus !... cruelle je vous dis !... Un cœur de pierre !... Elle ! la vampire !... mille fois plus horrible que toute la Révolution. Jamais elle a pensé au peuple !... Jamais à toutes les souffrances ! de son pauvre peuple ! qui venait la supplier !... À tout ce qu'il endurait par elle !... Jamais !... Elle avait jamais souffert elle !...

— La Tzarine ?... mais vertige d'horreur ! mais trombe d'ordures ! Mais elle avait eu cinq enfants ! Tu sais pas ce que c'est cinq enfants ? Quand toi t'auras eu le cul grand ouvert comme elle ! cinq fois de suite, alors tu pourras causer ! ... Alors t'auras des entrailles ! de souffrances ! de souffrances !... Purin !

C'est dire si j'étais en furie... C'était de sa faute ! Je voulais la virer de la bagnole !... Je me sentais plus ! de brutalité ! Je devenais tout Russe !...

Il fallut que le chauffeur il ralentisse... il arrête... qu'il intervienne, qu'il nous sépare... on se bigornait... Elle a pas voulu remonter ! elle était têtue... elle a fait tout le retour jusqu'à Leningrad à griffe. Je l'ai pas revue pendant deux jours. Je croyais que je la reverrais jamais... Et puis voilà, elle est revenue... C'était déjà oublié !... On était pas rancuneux... Ça m'a fait plaisir de la revoir. Je l'aimais bien la Nathalie. J'ai eu d'elle qu'une seule confidence, je parle une véritable confidence... quand je lui parlais de révolution... Je lui disais que bientôt, on l'aurait, nous aussi en France, le beau communisme... qu'on avait tous les Juifs déjà... que ça mûrissait joliment... alors qu'elle viendrait à Paris... que ça serait permis alors... qu'elle viendrait me voir avec un Juif...

— Oh ! vous savez, Monsieur Céline... c'est pas comme ça la révolution... Pour faire une révolution, il faut deux choses bien essentielles... Il faut d'abord avant tout, que le peuple crève de faim... et puis il faut qu'il ait des armes... toutes les armes... Sans ça... rien à faire !... Il faudrait d'abord une guerre chez vous... une très longue guerre... et puis des désastres... que vous creviez tous de faim... après seulement... après la guerre civile... après la guerre étrangère... après les désastres... Il lui venait des doutes...

Jamais elle ne m'a reparlé de la sorte... Toujours elle était en défense... en attitude, plus ou moins... Jamais elle-même... Je l'estimais... Je l'aurais bien ramenée à Paris... C'était une parfaite secrétaire, secrète.

J'ai des idées, moi, d'ailleurs sur la monarchie absolue, je les tiens d'un anarchiste, que j'ai connu autrefois, à Londres, un anarchiste authentique — un Bulgare — un pachyderme pour le poids. Il avait deux professions, il cumulait, accordeur de piano et puis chimiste-teinturier. Je l'écoutais religieusement. On l'appelait « Borokrom ». J'étais qu'un petit jeune homme pas très affranchi à l'époque. Je l'admirais énormément. J'étais facile à mystifier...

— J'ai gâché mon existence, tel que tu me vois, Ferdinand, qu'il me disait toujours. J'aurais voulu être, moi, le Roi, tu vois, d'un immense, puissant Royaume... Et puis que tous mes sujets, tu m'entends, tous ! sans aucune espèce d'exception, ils m'auraient tous haï à la mort ! Ils n'auraient pensé qu'à cela... me faire la peau... me résoudre... semaine et dimanche... ça les aurait réveillés en sursaut, une idée pareille... Ils auraient ourdi, comploté sans interruption contre mes jours... Chaque fois que je serais sorti de mon château magnifique, dans mon carrosse de grand gala... il me serait tombé sur la gueule quelque chose comme affreuses bombes ! Des pluies !

mon ami, des averses ! des déluges des plus terribles grenades !... des « fulminants » de tous calibres... Je n'aurais jamais survécu que par miracle... par l'effet de tout un subtil agencement, de tout un concours de prodigieuses circonstances... J'aurais été de mon côté royal plus fumier encore si possible que tous mes sujets à la fois... absolument sans pitié... sans parole... sans merci... J'aurais gouverné cette masse haineuse encore plus haineusement et absolument solitaire ! par la menace, les exécutions, l'outrage et le défi perpétuel !... À l'abri de ma formidable citadelle, j'aurais imaginé sans répit d'autres insultes, d'autres forfaitures, d'autres outrages ! encore ! toujours plus abominables ! pour navrer mes odieux sujets ! D'autres moyens de me rendre toujours plus abject, plus démoniaque, plus implacable ! plus impopulaire ! Ainsi je les aurais définitivement fascinés. Jamais je n'aurais eu un de ces gestes de clémence, de faveur, d'abandon qui vous discréditent un tyran mieux que cent mille pendaisons. Je n'aurais pendu, moi, que les tendres, les compréhensifs, les pitoyables... les évangéliques... les bienfaisants de tous poils... J'aurais organisé d'immenses concours de rosiers et de rosières... pour les fouetter tous et toutes ensuite à mort... devant toute la populace... Je me serais parjuré sans cesse, sans limite, sans répit... sauf pour infliger à mes sujets d'autres vexations.. les opprimer, les saccager davantage, dans tous les sens et façons. Haine pour haine ! et sans limite !... ma devise royale. J'aurais vécu tout seul, campé sur les revenus de mon immense Trésor, retranché dans mes carrosses de grand gala... Je les aurais tenu, mes abominables sujets, angoissés, haletants, attentifs à mes moindres gestes, toujours aux aguets, sous le coup d'une nouvelle iniquité, et cela pendant toute la durée de mon règne. Jamais un seul jour ne se serait passé sans quelque horrible déni de justice, quelque atroce méfait royal... l'écartèlement d'un juste, l'ébouillantage d'un innocent... Ah ! ce peuple ignoble ! le vois-tu ? toujours fébrile, délirant de fragiles, fugaces espoirs de me réduire très prochainement en bouillie, en pâtée sanglante sous les débris de mon magnifique carrosse ? Mon règne aurait été de cette façon, j'en suis certain, exceptionnellement réussi, le plus heureux en vérité de tous les règnes, de toute l'Histoire — sans guerre, sans révolution, sans famine, sans banqueroute. Ces calamités n'affligent en effet les peuples que parce qu'elles sont très longtemps à l'avance désirées, amenées, préméditées, pensées, mijotées, par toute la rumination des masses... l'oisiveté sadique, ruineuse des peuples. Mes sujets surhaineux n'auraient jamais eu le temps, eux, de penser à ces sottises, à ces catastrophes ! Je les aurais bien trop occupés par mes inépuisables trouvailles, mes infernales vacheries !... Ils se seraient bien trop passionnés sur la meilleure, prompte manière, la plus effroyable, de me réduire en caillots, en marmelade de viscères. J'aurais fait, moi leur monarque, l'accord de toutes les haines de mon Royaume, je les aurais centralisées, magnétisées, fanatisées sur ma propre royale personne. Voici le seul moyen royal, Ferdinand, de véritablement régner ! gouverner ! Ah ! Ferdinand ! ma vie eût été alors autre chose ! une destinée merveilleusement utile... tandis qu'à présent, tu vois, je parle... je me gaspille comme je peux...

Elle l'emportait facilement Nathalie dans la controverse... la doctrine... À vrai dire je n'existais pas... Elle avait suivi tous les cours de « Dialectique Matérialiste ». Elle possédait comme les curés sur le bout du doigt, toutes les questions, toutes les réponses.

— Les capitalistes que font-ils ?...

— Ils exploitent le malheureux peuple, ils spéculent, ils accaparent !...

— Que font-ils de leurs capitaux ?...

— Ils agiotent encore et toujours... ils trustent les matières premières... ils créent la rareté...

— Que font-ils de leur fortune ? dorment-ils chaque nuit dans trois lits ?... Possèdent-ils quatorze maîtresses ?... Se promènent-ils à la fois dans dix-huit automobiles ?... Habitent-ils vingt-deux maisons ?... Se gavent-ils dix-sept fois par jour ?... des mets les plus faisandés ? Que font-ils en définitive de tout ce terrible pognon ? qu'ils extorquent à l'écrasé, courbé, gémissant peuple ?

Ah ! ça ne troublait pas Nathalie, ces petites astuces.

— Ils se passent tous leurs caprices...

Voilà ce qu'elle avait trouvé... Du coup, je la possédais... Je reprenais tout l'avantage. Elle était collée, malhabile, sur la question du « caprice »... Caprice pour elle, c'était un mot... Rien de plus ! Elle en avait jamais vu des « caprices »... des caprices de capitalistes... Elle était bien incapable de me définir, de me citer un bon exemple de caprice... Je la mettais en boîte avec son « caprice »... je la faisais enrager... Un jour quand même, sur la fin, elle a demandé « pouce »... Ça l'intriguait que je lui raconte ce que c'était vraiment un « caprice ». J'ai cherché un bon exemple, pour qu'elle sache dorénavant, quand elle parlerait aux touristes :

— Voilà, j'ai dit, écoute-moi bien, je vais t'affranchir, ma mignonne. J'étais tout jeune à l'époque, ça se passait à Nice, vers 1910, je faisais le livreur pour la saison chez un bijoutier très fameux, M. Ben Corème... boulevard Masséna... J'avais tout à fait la confiance de mon patron, Ben Corème, « le joaillier des élégantes » et des « Grands Cercles et du Casino ». Mes parents, si pauvres, mais si foncièrement honnêtes, avaient juré sur leur vie, que je ne ferais jamais tort d'un sou... qu'on pouvait me confier des trésors. En fait, on m'en confiait souvent — c'était pas des mots. Mr. Ben Corème m'avait tout de suite mis à l'épreuve... et puis ne voyait plus que moi pour me confier ses diadèmes, ses parures les plus mirifiques, ses sautoirs de plusieurs mètres... Je me tapais plusieurs fois par jour la grimpette du Mont-Boron, vers les Palaces de la Côte, surchargé, à pleins écrins, de gemmes en pagaie, d'ors, de platines, et de « rivières »... pour le choix des « élégantes »... des plus grandes cocottes de l'époque... aux lubies d'une clientèle « high-life », la plus extravagante d'Europe, des « cercleux » les plus fantasques, des Reines du Boudoir. Dans mes poches, fermées par épingles de nourrice, je promenais dans une seule journée plus de richesses qu'un galion d'Espagne, retour du Pérou. Mais il fallait que je fasse vinaigre, que je drope drôlement dans la côte... pour revenir au magasin le plus vite possible. J'avais encore un autre travail également de confiance — auquel Mr. Ben Corème tenait aussi essentiellement. Je devais rester debout dans l'arrière-boutique, derrière de petits carreaux, derrière les brise-bise... Mais je devais jamais me montrer... jamais rentrer dans la boutique ! C'est moi qui surveillais les mains des clients et des clientes... C'était ma consigne... épier les moindres furtifs gestes... surtout les furtifs gestes... Les poignes !... Pas quitter des yeux les poignes !... jamais... Voilà... C'est délicat pour un vendeur, quand on réfléchit, d'observer comme ça les mains... Il peut pas tout faire... Il doit rester, lui, tout sourires. Il doit faire le joli cœur au-dessus du guéridon... tout prévenant... tout désinvolte... Il doit pas loucher vers les poignes... C'est pas une manière... C'était moi le bigleur... le lynx... Je connaissais tous les clients... Ils me connaissaient pas... Je connaissais tous les voleurs. Dans les Italiens et les Slaves il y avait des pervers... surtout chez les femmes... les Russes, les plus huppées aristocrates... y en avait des drôles parmi... des piqueuses friponnes !... taquines !... C'était leur vice d'estoufarès une petite parure... Ah ! les « manchettes » c'était la mort... Je gafais... je voyais venir... À l'instant... Pssss !... où ça filait dans le manchon. Je « toc-toc-toc » ! trois petits coups à ma porte... C'était entendu avec Ben Corème... Ça s'arrangeait toujours très bien, jamais un scandale.

Faut pas que je pleurniche, y avait du plaisir dans mon rôle... des compensations... quand elles étaient belles les clientes... assises... froufroutantes... je prenais des jetons terribles, je regardais les jambes. Je m'hypnotisais... Ah ! le moulé des cuisses... Ah ! ce que je me suis bien branlé... Ah ! ces divines poignes ! Ah ! ça je peux bien l'avouer sur toutes les Reines de l'époque je me suis taillé des rassis... tout debout, dans l'arrière- boutique, en faction pour Mr. Corème. J'ai eu une belle puberté, des rages de cul fantastiques. Ça m'empêchait pas d'être honnête et d'une vigilance impeccable... Pour toute cette confiance, cet alpinisme aux livraisons, cette lynxerie préventive et puis le ménage de la boutique (ouverture et fermeture avec le garçon), je gagnais 55 francs par mois... Avec les pourliches, j'arrivais très bien — sauf pour les tatanes où j'avais du mal... à cause surtout du Mont-Boron... des pentes de cailloux terribles... que je m'arrachais toutes les semelles... Elles me faisaient pas 15 jours, mes chaussures, tellement je poulopais... Mr. Ben Corème a compris, à la fin c'est lui qui me faisait ressemeler.

Nous avions dans la clientèle un grand personnage merveilleux, pas voleur du tout celui-là, au contraire, un vrai prodigue, le propre oncle du Tzar, le Très Grand-Duc Nicolas Nicolaievitch. Il est facile à se souvenir, ne serait-ce que par la taille... il faisait au moins deux mètres. C'est lui, cet immense, qu'a perdu la guerre en définitive et les armées russes. Ah ! j'aurais pu leur annoncer déjà en 1910 qu'il allait tout perdre... Il savait jamais ce qu'il voulait... Un tantôt, comme ça, il est entré dans la boutique... il était pressé, il fallait qu'il se baisse pour franchir la porte, le cadre. Il se cogne... Il était pas content... Il s'assoit. Il se tâte...

— Dites donc, qu'il fait, Ben Corème, je voudrais un cadeau pour une dame. Il me faut un bracelet...

Vite on lui amène les objets... des plateaux entiers... y en avait pour des fortunes... C'était pas du toc chez Corème... Il regarde... il regarde, Grand Nicolas... Il trifouille... il examine... Il pouvait pas se décider... Il se relève, il relève ses deux mètres.. Il va pour sortir... « Au revoir » ! Bing !... Il se recogne dans le haut de la porte... Ça le fait rebondir à l'intérieur... Il s'assiste... Il se retâte le crâne. Il avait mal...

— Ah ! tenez, donnez-moi tout ça Corème !...

À pleines poignes, alors, il fauche tous les bracelets sur la table... Il s'en remplit son pardessus... plein ses poches...

— Là !... qu'il fait... Maintenant montrez-moi les porte-cigarettes ! On lui passe tout le choix sous les yeux... Il reste abruti devant un moment... toutes les boîtes en or... les « serties » diamants... après il les ouvre toutes... il les referme sec... il s'amuse à les faire claquer... Ploc !... Plac !... Ploc !... Plac !.. Ploc !... Puis ça l'agace.. Il rafle tout l'assortiment... deux... trois douzaines... Il force le tout dans ses poches en plus des bracelets... Il se lève... Il se dirige vers la porte... « Sire ! Sire ! attention ! la tête !... ». Ben Corème il a bondi... Le Grand-Duc s'incline... avec le sourire... il passe... Mais là, sur le seuil, il se ravise... il pivote... brusquement demi-tour... Il va rentrer dans la boutique... Bamm !... il se refout un grand coup dans le chambranle ! Il se tient la tête à deux mains... Il recule...

— Corème ! Corème !... Vous enverrez votre note à Saint-Pétersbourg ! à mon neveu... Il choisira là-bas... lui !... là-bas !... Ça vaudra mieux !... Ça vaudra beaucoup mieux !...

Voilà du caprice !... Nathalie... Voilà de l'authentique caprice !... ou alors je m'y connais plus... Il faut retenir, Nathalie, ce bon exemple de caprice...

Pauvre Nicolas Nicolaievitch, les caprices continuent toujours pour ce qui concerne sa mémoire...

Par l'effet des circonstances, son grand Palais sur la Néva, il est devenu depuis 18 « L'Institut pour le Cerveau », l'Etude des Phénomènes Psychiques.

C'est fortuit, mais ça tombe pile.

— Tu vois comme la vie passe drôlement... et comme le monde est petit, même pour le grand Nicolas Nicolaievitch, qui n'avait pas lui, de tête du tout...

Ça la faisait rire Nathalie... cette petite histoire, mais modérément, elle croyait que j'allais recommencer, comme pour Tsarkoi-Selo... me repayer une crise... Elle me trouvait retors.

Cela suffit au fond ces trois mots qu'on répète : le temps passe... cela suffit à tout...

Il n'échappe rien au temps... que quelques petits échos... de plus en plus sourds... de plus en plus rares... Quelle importance ?...

Il m'est parvenu quelques lettres de Russie... de Nathalie... Je ne réponds jamais aux lettres... Un long silence... et puis un dernier petit message...

> Cher Monsieur Céline,
>
> Ne me croyez pas morte, ni disparue... J'étais bien malade seulement pendant ces mois et je ne pouvais pas vous écrire. C'est passé ! Je suis guérie, seulement je ne suis pas si forte qu'autrefois... L'hiver est fini, c'est le printemps chez nous aussi, avec le soleil que j'attendais... avec tant d'impatience. Mais je me sens encore très faible et un peu triste. Vous n'écrivez plus... Est-ce que vous m'avez oubliée déjà ?... Nous avons des visiteurs de chez vous maintenant à Leningrad et nous en attendons beaucoup pour les fêtes de juin. Allez-vous venir aussi un jour ?... Ce sera ravissant. Je voudrais bien avoir des nouvelles de vous et je vous donne l'adresse de ma maison.
>
> Mes meilleurs sentiments.
> Nathalie.

Et puis voilà...

Tout doucement, ils deviendront tous fantômes... et tous... et tous... et Yubelblat et Borokrom... et la Grand'mère... et Nathalie... tout à fait comme Elisabeth... l'autre Impératrice... comme le Nicolas Nicolaievitch qu'avait tant de mal à choisir... comme Borodine... comme Jacob Schiff... qu'était si riche et si puissant... comme toute « l'Intelligence Service »... et « l'Institut du Cerveau »... comme mes chaussures au Mont Boron... tout ça partira fantôme... loûû !... loûûû !... On les verra sur les landes... Et ce sera bien fait pour eux... Ils seront plus heureux, bien plus heureux, dans le vent... dans les plis de l'ombre... vloûûû... vloûûû... dansant en rond... Je ne veux plus partir nulle part... Les navires sont pleins de fantômes... vers l'Irlande... ou vers la Russie... Je me méfie des fantômes... Ils sont partout... Je ne veux plus voyager... c'est trop dangereux... Je veux rester ici pour voir... tout voir... Je veux passer fantôme ici, dans mon trou... dans ma tanière... Je leur ferai à tous... Hou ! rouh !... Hou !... rouh !... Ils crèveront de peur... Ils m'ont assez emmerdé du temps que j'étais vivant... Ça sera bien mon tour...

Et puis ce ballet ?... Il était prêt... J'en étais assez content... Toujours à propos de fantômes... Je le destinais à Leningrad... Et puis voilà !... Les circonstances... dommage... tant pis !... Je vais vous lire le début de ce long divertissement... une bagatelle ! Tout ?... Je vous ennuierais... Est-ce une épopée bien plausible ?... une intention très pondérable ?... Non !... Un petit sursaut simplement entre la mort et l'existence... exactement à notre mesure... voici qui danse exactement entre la mort et l'existence... cela distrait... vous emporte !... Vous me suivez ?... Un peu de lumière et d'accord... Le Rêve nous emporte... Mais la Musique ?... Ah ! Voici toute mon angoisse... Je retombe tout empêtré !... Musique !... ailes de la Danse ! Hors la musique tout croule et rampe... Musique édifice du Rêve !... Je suis encore une fois frit... Si vous entendiez causer, par hasard, dans vos relations... d'un musicien assez fragile... qui ne demande qu'à bien faire... Je vous prie... un petit signe... Je lui ferai des conditions... entre la mort et l'existence... une situation légère... Nous pourrons sûrement nous entendre...

VAN BAGADEN GRAND BALLET MIME ET QUELQUES PAROLES

Ces événements se déroulent à Anvers, aux environs de 1830. La scène représente l'intérieur d'un hangar immense. Tout un peuple de portefaix, dockers, douaniers, s'affairent, colportent, transbordent, dépiautent, éventrent... colis... tissus... soieries... coton... graines... cargos de tous ordres... Ils vont... ils viennent d'une porte vers l'autre... Dans le fond du hangar, entre cloisons... de hauts, très hauts amas de marchandises en vrac... entassées... Thé... café... épices... draperies... campêche... boiseries... bambous... cannes à sucre... Dans l'animation qui règne, la grande bousculade, l'on remarque un groupe de pimpantes ouvrières... gracieuses... mutines... au possible !... Elles passent... et reviennent... ailées... chatoyantes... coquettes... parmi ces équipes de lourds, suants, tâcherons... s'affairent... vont et reviennent... Les parfumeuses ! ... Elles apprêtent, versent les parfums... en flacons... avec mille délicatesses... les parfums d'Arabie... des Indes... d'Orient... Grande crainte d'être bousculées... avec leurs précieux flacons... petits cris d'émoi !... d'effroi !... froufrous ! Hument toutes premières, les essences des flacons... délices ! Petites extases !... Elles se querellent à propos des parfums... du rangement des flacons... Elles occupent avec leurs étagères et leurs fioles... bonbonnes... leurs comptoirs...

tout un côté du hangar... une volière... toujours pépiante... tout agitée... Les « cigarières » autres coquettes, occupent tout l'angle opposé... perdent aussi beaucoup de temps en menus manèges... vont, viennent... jabotent... caquettent... Tout ce petit monde évolue entre les « corvées » de dockers... qui vont et reviennent des navires... Lente procession de « forts », chargés à rompre de très lourds fardeaux... « balles » énormes... troncs d'arbre... quelques porte-faix se moquent... lutinent les parfumeuses... chipent aux cigarières... au passage... plongent dans les barils pleins de « carottes »... Grand vacarme... disputes... danses... ensembles... Tohu-bohu... de l'énorme hangar... bourdonnement d'activité... de travail... de disputes... On entend aussi les rumeurs du grand port... les sirènes... les appels... les chants des hommes en corvées... des chansons de manœuvres... à haler... etc. et puis d'autres musiques... des orgues de Barbarie... des musiciens de la rue... Un nègre surgit... bondit du quai en plein hangar... petit intermède sauvage... Il s'en va comme il est venu, le nègre... d'un bond ! ...

L'on remarquera dès le début que l'une des parfumeuses se montre plus gracieuse, plus enjouée que toutes les autres... plus coquette que toutes... pimpante au possible... la première danseuse... Mitje. Dans un coin, dans un angle de ce hangar, un réduit... Le spectateur verra l'intérieur de cette cahute : le Bureau de l'Armateur... séparé de la cohue générale du grand hangar par un énorme paravent. Dans le réduit, l'armateur Van Bagaden... ratatiné au possible... au fond d'un formidable fauteuil, très desséché, podagre et quinteux... Van Bagaden ! Il ne peut plus bouger de son fauteuil... remuer à peine... Il ne quitte plus jamais son fauteuil, ce réduit... C'est là qu'il vit, sacre, jure, peste, dort, menace, mange, crache jaune, et garde tout son or... l'or qui lui arrive par cent bateaux... Armateur sur toutes les mers du monde !... Ainsi nous voyons Van Bagaden, tyran des mers et des navigateurs, dans son antre. Il porte autour de la tête un grand turban noir qui le protège des courants d'air... Il est emmitouflé de laines épaisses. La tête seule émerge de tous ces pansements... Il n'arrête pas de sacrer, jurer, vitupérer son commis, le malheureux Peter... Celui-ci, toujours auprès de lui, haut perché sur son tabouret de comptable, n'arrête pas d'aligner des chiffres... d'additionner... d'énormes registres... Tout le pupitre est encombré par ces registres monstrueux... Le très vieux Van Bagaden, enrage, menace, momie coriace, maudit !

Peter, à son gré, ne va jamais assez vite... dans ses comptes... Van Bagaden, de sa grosse canne, frappe le plancher... Il se trémousse dans son fauteuil... Il n'arrête jamais... Peter sursaute à chaque coup de canne... Le bruit du vacarme, le tohu-bohu du hangar... Van Bagaden en est excédé... Ses ouvriers s'amusent donc au lieu de travailler !... Il entend les fillettes, les rires des ouvrières, les joyeuses clameurs. Il n'a donc plus d'autorité ! Il est trop vieux !... Toutes ces petites canailles le narguent ! lui échappent !... Il ne peut plus se faire obéir ! Damnation !... Il veut s'extirper de son fauteuil !... Il retombe... Et chaque fois qu'il cogne, en colère, le plancher... avec sa terrible canne... les petites ouvrières, loin de s'émouvoir, et les gars aux corvées, tout ce peuple en labeur, se moque et scande ! à la cadence ! de la canne !... Désespoir du vieux Van Bagaden défié !... ridicule !... (Les souris dansent, le vieux chat ne peut plus bouger...) Les petites parfumeuses, espiègles, viennent jeter un regard au paravent... et puis s'enfuient, toutes boudeuses... surtout la coquette Mitje, la plus vivace, la plus friponne... de tout cet essaim effronté... Peter, le commis fidèle, est lui amarré à ses énormes registres par une chaîne... et puis retenu encore à son tabouret par une solide ferrure... Peter est le souffre-douleur du terrible vieux tyran Bagaden... Il sursaute, Peter, de terreur, avec son tabouret... chaque fois que la canne du vieux cogne le plancher. Il recommence encore une fois toutes ses additions...

Un capitaine au long cours pénètre dans le hangar, fend, traverse les groupes... Il vient avertir le vieux Bagaden...

À l'oreille, il lui murmure quelques mots... Le vieux Bagaden, cogne... recogne... le plancher à toute volée... Peter sursaute... Bagaden passe à Peter une petite clef... Peter ouvre le cadenas de son entrave. Il peut descendre de son tabouret... Il sort du hangar avec le capitaine...

Grand intérêt dans le hangar... Grand émoi... Grand bavardage... Commentaires... On attend...

Au bout d'un moment Peter revient, traînant derrière lui dans un lourd filet, captive dans ce filet, une énorme masse... un entassement prodigieux de perles... un formidable sautoir... un bijou fantastique... tout en perles... chacune grosse comme une orange... Peter refuse qu'on l'aide à traîner ce magnifique fardeau jusqu'aux pieds de son maître Van Bagaden... La danse est interrompue... Toute la foule dans le hangar... manœuvres, marins, ouvriers, ouvrières... commentent admirativement l'arrivée de ce nouveau trésor. Van Bagaden, ne sourcille pas. Il fait déplacer un peu son fauteuil... Il fait ouvrir à Peter le coffre très profond qui se trouve juste derrière lui. Peter referme avec beaucoup de précautions, dans cette petite caverne, l'extraordinaire joyau... et puis regrimpe sur son tabouret, refixe la chaîne autour de sa cheville... ferme le cadenas, remet la petite clef à Van Bagaden, recommence ses additions... Et le travail reprend partout... Un moment passe... et puis un autre capitaine revient... chuchoter une autre nouvelle à l'oreille du vieux Van Bagaden... Exactement tout le même manège recommence. Peter revient cette fois chargé de coffrets et de besaces... d'autres joyaux, doublons... pierres précieuses... rubis... émeraudes géantes... Tout ceci encore est enfermé à triple tour, même cérémonie, derrière le vieux Bagaden...

Interrompu un petit moment... tout le trafic du hangar, le colportage des lourds fardeaux... reprend endiablé...

Sur le quai... du lointain... nous parviennent, à présent, les échos d'une fanfare très martiale... fanfare qui se rapproche... elle passe. On la voit passer devant la grande porte... grande ouverte... Dans le fond... soldats... bourgeois... matelots... en franche bordée... Gais lurons... ivrognes... une foule en pleine effervescence... joyeuse... déchaînée... Immenses drapeaux flottants qui passent... au-dessus de la foule... Bannières imagées... et puis un « saint » tout minuscule sur un palanquin... et puis d'immenses géants tout en carton... emportés par la foule... en goguette !... Le vieux Bagaden, cloué dans son réduit... peste... enrage... contre toute cette nouvelle bacchanale, ce tintamarre... qui déferle !...

Quelle rage de se divertir possède donc tout le monde !... Van Bagaden, lui, ne s'est jamais amusé ! ... La joie lui fait horreur et les grossières farandoles de cette canaille plus que tout le reste ! ... Il se soulève un peu de son fauteuil, au prix de quels efforts !... quelles souffrances !... de quelle agonie !... Enfin il aperçoit un peu... Quelle horreur ! tous ces fantoches en délire... Il dépêche vite Peter... vers cette nouvelle cohue !... Cette sarabande insultante !... « Rappelle au labeur, tout de suite... à l'ordre ! toute cette crapule !... Prends ma canne ! donc ! Peter !... bâtonne !... assomme-moi tous ces voyous !... Qu'on m'obéisse ! »... Mais la fête à présent monte... enfle... submerge tout le quai... tout l'espace !... tous les échos !...

Le pauvre Peter, tout éperdu, avec son bâton, se démène tout seul contre toute cette foule... contre toute cette joie, cette folie... l'immense farandole...

FIN

L'ÉCOLE DES CADAVRES

1938

PRÉFACE DE L'ÉDITION DE 1942

L'eau a passé sous les ponts depuis la sortie de ce livre !

Le monde a changé de visage. Encore quelques mois, quelques ans et l'on racontera des histoires qui n'auront plus ni queues ni têtes, personne ne se souviendra plus. Les témoins authentiques seront morts ou gâteux, ou enrôlés ailleurs.

Tuer sous silence ou broderie, telle est la grande œuvre du Temps, je me méfie. Ah ! ce métier je le connais, je suis Temps moi-même à mes heures ! Tout passionné de broderies ! De là si défiant, susceptible.

Juste là donc deux trois mots avant l'oubli, sur les caractères, les façons, les petits mérites de ce livre.

1° Imprimé sous Daladier.

2° Il fit condamner son auteur le 21 juin 1939 sur plainte de M. Rouquès qui s'y trouvait diffamé. M. Rouquès, chirurgien du Syndicat des métaux et des Brigades Internationales.

La parution de *l'École* ne fit aucun bruit — silence total, scrupuleux de toute la presse française — y compris la pacifiste, l'antisémite, la franco-allemande, etc., etc., pas un écho, pas une ligne, le frigo intégral, la pétoche totale, le désaveu absolu. Raisons de ce hoquet unanime : *l'École* était le seul texte à l'époque (journal ou livre) à la fois et en même temps : antisémite, raciste, collaborateur (avant l'heure) jusqu'à l'alliance militaire immédiate, anti-anglais, antimaçon et présageant la catastrophe absolue en cas de conflit.

Souvenons-nous qu'il était possible, toléré sous Blum d'être ceci ou cela, mais pas tout à la fois et en même temps. Tout le morceau ! On vous tolérait en somme d'avoir l'air de… mais toujours avec une petite réserve, un recours, un caleçon — à votre choix.

Si vous étiez antisémite alors s'il vous plait en même temps antiraciste ! à la bonne heure ! Le coup nul !... Si vous étiez rapprochiste, alors, je vous prie, en même temps pro-anglais ! Bravo ! Antiguerre, soit si vous voulez ! mais conférencier en loge ! La compensation ! Toujours un petit crochet au cul pour respecter la morale, les convenances, le bon ton, la Patrie, et en définitif le juif !... Sauver l'essentiel !... Toutes les rigolades du caméléon !

Ce livre eut donc le mérite d'être rejeté par toute la presse française (y compris l'antisémite), en totalité, au titre d'ordure totale, obscénité qu'il convient de traiter avec pincettes et par le silence.

Je fus lu tout de même par le parquet et les gens de *l'Humanité*. À moi la Correctionnelle ! Le jour de l'audience, même très remarquable discrétion de toute la presse française — y compris l'antisémite, la pacifiste, la pro-allemande, etc. — N'étaient présents à la 12ème en fait d'avocats et de journalistes que ceux de *l'Humanité*, du *Popu*, de *la Lumière*, etc., etc., mais alors ! en foule !

De mon bord, personne ne me connaissait plus. La Bête puante souille les meilleures causes…

À la première audition, admirable plaidoirie de notre vaillant Saudemont, puis au jugement trois mois plus tard (quel temps pour se renseigner !) n'assistaient que Denoël et moi forcément, Mlles Canavaggia, Marie et Renée, nos bons amis Bernardini, Montandon (et son parapluie), Bonvilliers, et notre excellent Tschann le libraire, et Mlle Almanzor.

C'est tout — c'est peu pour une aussi grande ville, en d'autres temps plus spontanée, plus facilement éprise des causes d'aventure et perdues.

Le juif avait passé par là, l'âme était froide. Voici les faits.

L'autre jour je déambulais comme ça, tout pensif, le long du halage entre la Jatte et Courbevoie, je songeais à des petites choses, j'avais des ennuis… J'allais pas me noyer, bien sûr… mais quand même j'étais tracassé, je ne trouvais pas la solution.

La vie n'est pas drôle tous les jours.

Je regarde un peu les alentours, je vois une péniche en pleine vase, renversée dessus-dessous, gisante, ça faisait comme une sorte d'estacade… et puis un petit treuil, pendentif, qui remuait tout seul…

Je regarde encore un peu loin… J'aperçois là-bas une sirène qui barbotait entre deux eaux, bourbeuses alors, très infectes… une fange pleine de bulles… J'en étais gêné pour elle… Je fis semblant de ne pas la voir… Je m'éloignai délicatement…

— Yop ! Eh ! dis donc ! Hop ! Ferdinand ! Tu dis plus bonjour folichon ! Grand tordu ! Crâneur malpoli ! Où c'est que tu te précipites ?...

Je la connaissais comme sirène, cette effrontée, je l'avais déjà rencontrée assez souvent, dans des circonstances délicates, en des estuaires bien différents, à d'autres moments de la vie, de Copenhague au Saint-Laurent, là-bas, toute éperdue, toute effrénée de mousse, de joie, de jeunesse, vertigineuse dans les embruns. Cette déchéance me bouleversait bien sûr… Comme ça dans la Seine… si poisseuse, si égoutière…

— Où courez-vous ainsi songeur ? Belle bite !… qu'elle m'interpelle.

Je la connaissais intrigante… elle était devenue bien grossière, dans les parages… Je la regarde alors de tout près. Quel pauvre visage !

— Tu me trouves vilaine à présent ? Affreux toi-même ! Allez ! Embrasse-moi ! J'étais bien forcé, ça sentait les huiles… je m'excuse…

— Tu vas être grand-père ! qu'elle m'annonce.

Elle s'esclaffe la garce. Elle savait tout cette bouseuse, tous les ragots, les bignoleries de la région.

— T'es bien renseignée, chère morue ! que je lui réponds, tac au tac. Indiscrète ! effrontée ! Tu t'es mis du vert ce matin ?...

— Du vert ! du vert !... cadavre vous-même ! Vieux croulant coquin putassier ! Vieux raté ! Ça te vexe hein grand-père ? que je te dise ! Vieux trousseur ! ravageur de pertes ! Honteux ! Honteux prostateux ! Mangefoutre !

— Ah ! que je lui dis. Navrante ordure ! Fleur de fosse ! vidangière ! je vais vous abolir ! insolente !

Un petit peu plus, je sautais dessus, je lui arrachais les écailles ! C'était fini les amours !... y avait vingt ans de trop entre nous pour l'ensorcellerie... On allait drôlement se peigner comme ça dans la vase des berges. Ça devenait odieux. Je fis l'effort pour être aimable, je voulais m'éloigner sans haine... Et puis la colère m'emporta.

— Je m'en vais à la mer, moi ! pas fraîche ! que j'annonce du coup tout crâneur. Je m'en vais aux ondes pures ! moi !... Barbaque d'épandage !

— Comment que t'as dit hein ? Barbaque ? Que tu m'insultes oublieux ? Navrante âme d'étron ! Répète un peu, que je te noye ! Pipi ! T'iras comme les autres à la mer ? oui, comme tous les chiens crevés du monde ? Enflure !

— Ça va ! que je lui réponds ! Barre voyoute ! T'es blèche, t'es triviale ! Tu cocotes ! T'as pas volé ta pénitence ! Je le verrai Neptune ! J'y dirai ! J'ai un condé avec sa fille ! La sirène du Point du jour ! Ça te viole hein ? T'as pas volé ta pénitence ! Je répète !

— Pénitence ! Pénitence !

— Oui ! Harangière !

— Hareng !? Hareng ?... que tu oses ?...

C'était pour elle le mot atroce « Hareng »... Ah ! elle en suffoquait ! hoquetait dans les bourbes, d'indignation, de furie.

— Hareng ! Hareng !... ça lui remontait.

— Attends Attends ! que je te dise toi ! Fruit de la Mer ! T'es en l'air ! Vieux gaz ! Plumet ! Baudruche ! Bulle ! Je suis pourrie que tu dis moi ! Culotté fretin ! Tâte-moi, tiens les miches ! dis donc ! Les rondins ! Mords ! C'est y du soupir qui me réchauffe ? Hein ?... C'est y de la blague à tabac ? Oui ? Suce ! Chétif !

C'était justement bien exact, elle était dure de partout.

— Et puis tu sais, qu'elle ajoute — elle se frappe alors très brutalement, elle se malmène à grandes claques les flancs, le poitrail tout luisant — ça sonne ! Tout ça c'est de la méchanceté ! Écoute ! C'est solide ! C'est pas du semblant ! Ça tient ! T'y feras le bonjour à Neptune !

Elle se marrait que je me déconcerte. Il lui manquait deux, trois dents...

Et la voix qu'était prise en rogomme, terrible…

— C'est les distilleries, qu'elle m'explique, ça me couvre l'organe. J'en ai quatre les unes dans les autres devant Levallois… après le pont…

— T'es bien par ici ?

— Ça te regarde ?

— Je te demande ?...

— Et toi, t'es beau comme tu te conduis ? Y avait encore de la rogne.

— Moi, je me conduis comme je veux… Je suis libre…

— T'es libre… T'es libre… pas longtemps…

— Conduis… Conduis… Ça serait à voir !...

— Mais tu sais rien ! Hé prétentieux !...

— Toi tu sais que les ragots pourris… ça qui vient traîner dans tes cloaques !

— Oui… Oui… fangeux bien vous-même !... Ça va pas durer toujours !... bel arrogant ! on va vous relever les allures !... On va vous couper les gazouillis !... Merle jaune, vous allez rire blanc, l'une de ces aurores !...

— Comment ?... Comment ?...

— Vous oserez même pas m'entendre. Vous êtes, il semble à vos dégaines, encore plus lâche que pourri.

— Tu dis ?... Tu dis ?...

— Que t'as donc fais dis à Clichy ?

— Comment ? Comment ?...

— Je sais tout… Et bien plus encore ! Davantage !... Dis-le donc que je te fais peur !...

— Moi peur ?... Infecte, ivrogne des fanges ! Mais je t'écoute voluptueusement ! Viens, arrive avec tes gangrènes.

— Que c'est lui qu'a dit… hi ! hi !... hi !... Que c'est elle qu'a vu… hue !... hue ! hue !...

— Ah ! Ah !... J'aurais jamais cru…

— Que c'est elle qui…

— Oh ! Oh ! Oh ! C'est vraiment trop beau !...

— Et que toi ! exact !... Oui ! Oui ! Oui !...

— C'est inouï !

— Et que tout enivré t'as… t'as… t'as… Comme ça qu'il a dit ! qu'elle a dit… qu'ils ont dit !... que si… si… que ça… que… que… si… si… qu'à… qu'à… voilà !...

— Non ? Non ? Non ?

— Si ! Si ! Si ! Donc !

— Vraiment c'est miraculeux !

— Toutes ?

— Oui ! Une, deux… dix… douze, quatre-vingt-douze !

— Tous ?

— Fermement ! sûr et certain !

— Ça va mal !

— T'es plus abject encore que tu le pensais ?

— Impossible !

— T'as plus du tout rien à dire ?

— Passe-moi donc l'encre de la Seine… Tu vas voir comment j'ai à dire… comme je me la trempe la bite dans du vitriol ! Si ça va fulminer, embraser, crépiter la supplique ! que j'aurai jamais pire foutu qu'au moment qu'on me pisse au cul ! Mords crevasse ! Amène-moi quelque étron solide, tout près là !... Quelque Kaminsky au hasard ! que je trempe ma plume dare-dare… que je l'humecte… Maintenant dévergonderie !... retourne à tes gogs ! t'es sortie pour rien… Immerge !

— Pour rien ? Pour rien ? Ferdinand ! Je te baise !

— Vire ! foi de grand-père ! Je t'encule vive !...

Pllouf !... Pllouf !... Une immense éclaboussure, elle était déjà plongée. Elle voguait là-bas… très loin… tout de même bien tentante, la damnée chérie…

J'en avais bien écrit cent pages de ma supplique, venues tout d'un trait, je l'affirme, absolument de première verve, quand je fus saisi par le doute… Une sorte d'accablement…

« Tu verses dans la haine Ferdinand !... Tu vas te mettre dans tous les états… Tu vas te cailler pour des nèfles… Tu vas t'abréger l'existence…

Laisse courir… C'est perdu d'avance… Tu peux pas avoir plus d'ennemis ! Des plus sournois, des plus tantes, des plus méticuleux, plus assassins, plus occultes, plus implacables, plus énormes, mieux outillés, mieux renseignés, plus frénétiques, des hésite-absolument-devant-rien-pour-assouvir-la-vengeance, le plus vicieusement, le plus cruellement possible ?... Alors ? T'es pas satisfait ? Comblé ? Gâté ?... » J'allais peut-être bien me rendre à ces douloureuses raisons, lorsqu'une lettre me parvint, par messager, exprès, urgente, anonyme et, ma foi, « très personnelle »…

Je pensais d'abord à quelque malheur survenu… quelque catastrophe… le pot-aux-roses découvert !... la vilaine histoire… Et puis non !... Et puis pas du tout ! Un simple rappel… une bagatelle… quelques incartades (authentique !) d'un véritable petit vilain…

« À Céline le dégueulasse.

« Figure d'enculé, ton bouquin de salope j'en ai lu quelques passages. Il ne m'a pas étonné d'une ordure comme toi. Mais sache que *les Youpins te chient dans la gueule* et y pissent ensuite pour bien faire dégouliner.

« Les Youtres te déplaquent dans le trou du cul et si tu veux te faire enculer, tu n'as qu'à nous avertir.

« Pour ta soif, si tu as soif, il y a du foutre bien chaud pour ta gueule de fumier, tu pourras te régaler les badigoinces. Tu prendras ça pour de la crème. Il y a des vicelards qui baisent des gonzesses et bouffent leur foutre après. Toi le *Saling* tu dois être comme eux. Tout ce qui est dégueulasse, tu aimes ça ! la merde, la pisse, le foutre. Comme dit la chanson :

« manger de la merde, boire du pipi, c'est le meilleur moyen de ne jamais crever de faim. Ça doit être ton principe. Les Youtres *t'enculent*, te *pissent* et te chient dans *ton sale groin de cochon puant*. Un con comme tes zigues s'il y avait une couronne à prendre on te sacrerait illico *Roi des cons*.

« Mais un petit conseil, fais gafouille à ta fraise, car un de ces quatre on pourrait bien rigoler.

« Et puis nous fais pas gonfler le bid avec tes cons de bouquins.

« J'ai lu quelques passages de *Bagatelles pour un massacre* à la devanture d'un libraire, parce que ça m'aurait fait chier d'acheter un de tes bouquins pour t'engraisser.

« En France, il y a eu Villon, Verlaine, Rimbaud qui étaient des mecs pas propres *mais plus intéressants que toi*. Ils avaient du mérite, *ils écrivaient en bon français*.

« Quant à toi, qui veut jouer les affranchis et qui ne l'est pas du tout, tu as l'air d'un con.

« Maintenant sache que moi, Juif, je n'irai pas *me faire casser la gueule à la guerre* pour m'entendre traiter de sale youtre et pour qu'un con comme ta gueule dise qu'ils n'y ont eu que 1300 tués pendant la dernière guerre.

« Et puis s'il y avait eu que 1300 tués, ça prouverait que les youtres *sont plus vernis que les chrétiens*. Et qu'ils n'étaient pas planqués, puisque beaucoup étaient dans la *Légion*.

« Au revoir, dégueulasse.

« SALVADOR, Juif.

« Si les Juifs sont circoncis, ils n'ont pas à en avoir honte. Ça leur permet, au contraire, de ne pas attraper *la vérole*. Ils peuvent bien se nettoyer. D'ailleurs, il y a pas de vérolés chez les Juifs, ou très peu. Les Youpins n'ont pas des bites de chiens qui puent. »

Ah ! Il ne m'aime que trop, ce Salvador ! C'est l'évidence ! La ferveur l'égare ! Il ne sait plus comment m'étreindre ! me posséder davantage ! Ah ! l'avide ! Ah ! l'éperdu ! Mon Dieu ! comme il s'y prend mal ! Il me froisse, il m'agace, il ne m'excite pas ! La passion le rend impossible. Salvador râlant d'idiotie ! Furieux ? mais tant mieux ! Que diantre !... Jamais trop furieux juste ciel ! Tout effrayant de fureur ! quelle chance ! Mais d'abord de grâce, qu'il me lise Salvador ! le prudent crayon à la main ! Qu'il m'épelle, qu'il tente de m'ânonner ! Avant de se lancer tout seul ! Qu'il me décalque gentiment ! Attendrissant de patience ! Qu'il me lèche sur tous les pourtours, qu'il m'onguente les rudiments de la violence, dévotieux ! Délicatesses des prémisses ! Fragilités impératives ! Salvador, vous me bouzillez !

Cher ingrat fainéant ! Crapoteuse nature ! Drôle ! Brute pataugière, baveuse de traviole ! Rien de votre affaire ne gicle ! n'emporte, n'allègre ! Une lourde pitié d'ergoteries foireuses ! Votre boutique ! Obscène ! Ah, que les maîtres sont à plaindre qui ne font lever autour d'eux que de telles ivraies blêmes et fades !

Ah ! rançon de la décadence ! Ah ! que labourer de telles immensités de cancres devient bien avant l'agonie, bien avant l'oubli, la plus terrible des contritions, la plus âcre des pénitences, pour toutes nos vanités, faiblesses, brèves glorioles, orgueils secrets ou pavoisants !

Aucune dramatisation… Nous sommes pour ainsi dire en guerre… Pas besoin d'en rajouter, on y est dans la « reder des ders »… Nous sommes déjà dans la danse. On pourrait bien sûr me répondre « Que cela vous importe-t-il ? Vous qui serez exécuté dès la première heure ? Vous n'en souffrirez pas longtemps de la guerre. »

C'est exact, et c'est une chance. Crever n'est rien, le truc le plus humiliant, la vexation super-infecte, ça serait qu'on vous ressuscite, qu'on vous réincorpore dans une horde aussi funeste de transis furieux, damnés, pervertis cocus.

Je laisserais donc les choses courir, les circonstances s'aggraver, s'envenimer à lure-lure… Je n'en moufetterais d'une cédille, j'attendrais les issues fatales avec une dignité pépère, j'irais peut-être me blottir quelque part dans un fond de cave, pour mourir en tout dernier, pour voir bien d'abord crever tous les autres, bien jouir, combien j'avais raison…

Las ! même au tréfil des abîmes, sur le rebord des cataclysmes, y a encore des cons qui flamboyent, installent, se surpassent en mics-macs dévergondés. Les voilà qui se touchent, pervers, tout au vice, s'attrapent la canule de droite, de gauche et de travers dans des contorsions si infectes qu'on peut vraiment plus supporter. Tel quel. Ce sont les bardes fanfarons qui vous font sortir de vos gonds.

J'observerais la catastrophe, ses cheminements, ses perfidies, en résolue placidité, si tout le monde se tenait de même, mais il s'en faut ! Mais pas du tout ! Au contraire ! Putois ! Quelle pétulance ! Jamais les parties bavardes ne furent aussi divagantes ! Ce ne sont à travers l'espace, les câbles et les paragraphes que défis, clameurs, propos outrés, manifestes énormes, tumultes outrecuidants.

Tous les esprits forts de l'époque bardent, paradent, salvent, s'ébrouent, virevoltent, propagent. Les échos éclatent, c'est la foire des mots qui vrombit.

J'en connais moi une bonne douzaine de romanciers, gazetiers, colonnistes, échotiers fameux qui se targuent chaque semaine de l'avoir terrassée la Guerre, poignée, dissoute, résoute, tordue, confondue, foutrée de stances magnifiques, lui annulé tous les conflits, repoussé les pires procidences, de vigueurs terribles, saignantes, au terrible fond des entrailles ! par la seule force de leurs écrits ! l'argumentation stylistique, pulvérisante, magistique de leur dialectique du tonnerre de Dieu ! Ah ! C'est pas des piquettes mineures ces écrivains vertigoïdes révérés sensationnalissimes par les cénacles miroboyoutres : Les grandes agences tintamarres de la comploterie mondio-lévy-blum ! Ah ! que non ! Pardon ! Pfoui ! Raca ! Oultre ! Poultre ! Les arrogants ! Les simulants ! Les empétrouillés tartufieux miteux ergotoïdes gratouilleux chinois ! pas regardables du tout ! Que je les pique au forfait ! Ah ! que je vais les retourner ! Clamer leur honte tout net ici ! Présomptueux ! Sur tous les toits ! Comme je le pense ! Ces vantards m'ignominent ! Venteux à mort ! C'est trop de culot sans foudroyement ! Jamais ils n'ont rien enculé, reculé, basculé, masculé, rien du tout ! ces perruchelets paoniformes, pas la moindre miche boniche, la moindre complicature, désourcillé, rabiboché le plus frêle litige mitigieux ! Rien du tout ! Jamais ! miteux miraux ! Bobardiers laryngiques !

Les Furies de la guerre, râlantes, ravagières, se faribolent à perte d'enfer de tous vos émois crougnotteux ! de vos anathémismes en vesses.

Tâteurs de situations ! Chiasses ! Je m'enfulmine je l'avoue ! Je brouille ! Je bouille ! Je taratabule plein mon réchaud ! Je fugue ! Je m'époumone ! J'essouffle ! J'éructe cent mille vapeurs ! J'outrepasse le convenant branle ! Tout beau gracieux ! Mes gigolets ! Torves rapaces ! Violes fugaces ! Trompeuseries ! Je vous gafe depuis lurette au dépourvu… Je vous vois filtrer, chancres échus, noires comploteries… Le cheveu ! Chignon ! Tout décalanche, emberlifique, le monstre écrabouille…

Je vais vous secouer les façons, je vais vous curer l'ambition ! Velus chenilleux stratagèmes ! La Paix ? La Paix ? Paix donc vous-mêmes ! Je sais bien à coups de placets, ce que vous allez perpétants, troufignoliser, ourdir, sinueux, en ces tréfonds âcres estranges… L'estouffatoire du Prix Nobel !... Occultatoirement ! Pardine ! Susurrants ruffians ! touchants frelons ! Bocaux ! Maquereaux ! Tirelire ! La gigantatoire gargamelle ! À vous ? Spermyramides ! Le boyautissime nougat ! La timbale Nobelle, colombelle, des suprêmes pacifieux concordants Génies ! Foultre ! Oultre ! Cinq-cent mille suaires au comptant ! dollardières espèces ! Je dis ! Pour qui l'escroque ! Dyname ! Détonne ! Je n'y dure ! Mite ! Fumières ! Mites ! Larves Je vous Zay ! J'explose ! Je me renvoie du plafond ! Je n'y puis ! Je n'y tiens ! Qu'y tenir moi ? Félonie ! Je vous saisis ! Mordez ce trafic, doublants juges ! gerbes bigleux, ragoteux, inanimes, que bullez-vous ? Calamitudes !

Déjà trop souvent qu'il a sauté de cordes en cordes Ferdinand ! cent et mille secousses ! Tondu ! Perclus ! Ne saute plus ! Ne tergiverse ! Caltez ! Tordus !…

C'est au tapin qu'il se propose, dispose, à présent Ferdinand ! compétent ! attend !

Oyez cartel ! Fienteuse Rivalerie ! Bourbilleux stylophores ! Ergotoplasmes des 82 000 paroisses ! Maisons culturiphages ! des

188 000 ghettos rédactorigènes ! Détergez-vous l'eschare ! Grignotez-vous la croûte et poignez-vous l'horrible ! Le jour de bander enfin nous arrive ! Qu'on nous oblige dans l'arène cette Paix toute chichitière ! À comparoître céans ! Qu'on la dépouille ! Déconcerte ! À poil ! Frivole catinière ! pimbèche tapinoise ! Et que chacun son tour, à sa chance l'affronte ! En lice !... Que le plus allégrant, incitant dandillant lui file céans deux doigts dans le trou du cul ! Qui dit mieux ? Trois ? Qui dit mieux ? Quatre ? Toute la poigne ? Il est vainqueur ! C'est enlevé ! Hurrah ! le fier troubadour ! Le Führer de la babilleuse ! Ah ! Paix ! Tu jouis ! enfin ! putasse ! Garce secrète ! Titilleuse ! Viceloque doubleuse ! À moi ! Nobel ! à plein pot ! Je m'aligne ! Cramponne ! Adonne ! Cocotte ! Tu montes ! Je t'envolerai galvaudière à plein troufignon de pécole ! Racole ! Ton oignon pourri ! Je t'en filerai mille colloques, ribotes, hymnes pacifieux, provocatiles, décalogogues, déconnogogues, , vétilles choisies, passe-temps, nouvelettes, romans terroireux, satires scintillantes, badines anicroches, odes équivoques, épigrammes fugitifs, Montyons panadeux, comédies reposantes, tragédies amusantes ! Tout ! que t'auras ma Paix ! pour toi ! Je t'aurai Trésor ! ma Paix Marmite ! Ma Paix Loterie ! Ce qu'il faudra ! Pourvu que tu reluises à point, me tombes dans l'actif, trébuches pantelante, pâmée Paix ! flageoles, digue-digue, éparpillée sur mes tendres os ! pluie d'or ! ondée miraculeuse ! dont enfin Denoël mon succube, ne tondera pas un fifrelin ! cornu sorcelleux ! C'est lui qui fera l'expert quand même, retors regardant, il saura bien si l'on m'arnaque, il s'y connaît en passes faisanes !

Si c'est pas moi, si c'est pas vous… Qui c'est donc qu'est le coupa-able ! Si c'est pas moi, si c'est pas vous… Qui c'est donc qu'a fait le coup !

Allons tout de suite au fond des choses. Les Démocraties veulent la guerre. Les Démocraties auront la guerre finalement. Démocratie = Masses aryennes domestiquées, rançonnées, vinaigrées, divisées, muflisées, ahuries par les Juifs au saccage, hypnotisées, dépersonnalisées, dressées aux haines absurdes, fratricides. Perclues, affolées par la propagande infernale youtre : Radio, Ciné, Presse, Loges, fripouillages électoraux, marxistes, socialistes, larocquistes, vingt-cinquième-heuristes, tout ce qu'il vous plaira, mais en définitive : conjuration juive, satrapie juive, tyrannie gangrenante juive.

Autant de diversions, paravents, maquillonnages puants, jalons, relais d'invasion des troupes juives, pénétrations, triomphes, jubilations des Juifs sur nos viandes, sur nos os, nos déchiquetages, nos culbutes aux charniers guerriers, révolutionnaires.

Combat d'espèces, implacable. Fourmis contre chenilles. Entreprise à mort… Toutes les armes sont bonnes. Juifs négroïdes contre Blancs. Rien de plus, rien de moins.

Depuis l'Égypte, même ritournelle. À votre bonne santé ! Le funambulesque fracas, abracadabrant, cyclopéen dont le monde actuel baratine implacablement, jour et nuit, sans rémission possible, constitue au premier chef l'arme juive par excellence, universelle, essentielle, admirable, contre notre système nerveux, une arme broyante très vulnérable de soumission, de désintégration intime, très bien trouvée pour nous abrutir. Le tam-tam éhonté, la tarabiscoterie, la vantardise trombonisée, obscène, la fébricitante bonimenterie, la charlaterie huileuse font du bien aux Juifs (nerfs de zinc). Ils s'y retrouvent dans leur élément naturel, la bacchanale hébraïque, le souk en folie. Le même régime d'exhibitionnisme simiesque nous dégrade, nous avilit, nous assomme, nous réduit très vite à la merci du Juif, par épuisement nerveux, nous annihile. Ce Juif gagne par le bruit tout ce que nous perdons de silence. En avant l'intimidation juive ! les conflits hurlés ! la politique, les angoisses de l'or, pour l'or, les propagandes dithyrambiques, les révolutions perpétuelles, décevantes toujours, les extases imposées, les haines entre Aryens sous tous prétextes, électoraux, religieux, sportifs, etc… Les catastrophes ranimés à délirantes cadences, rechutes paradoxales, suspens, d'autres crises toujours plus tragiques, l'épilepsie pour tous ! La raison du Goye à ce rythme de cabanon, la vinasse aidante, tôt vacille, trébuche, déraille, foirade, dégouline, renonce.

Après quelques années de ce démentiel régime, il n'est plus, le Goye, qu'un imbécile écho de toutes les volontés juives, décervelé par le chaos de ces fameuses cacophonies. Tout lui est bon pour se raccrocher, n'importe quel mot d'ordre pourri juif. Plus rien ne le dégoûte. Il agrippe, au petit bonheur, tout ce qu'il croit découvrir. Pour le noyé tout ce qui flotte devient miracle, le pire chien crevé. Le Goye plongé, tourbilloné dans le prodigieux, torrentiel, percutant carnaval juif a perdu tout discernement, et même toute velléité de discernement. Il ne réagit plus. Il ne se doute même plus qu'il n'existe plus. Il est trop minutieusement entrepris depuis l'école, depuis le lycée, depuis trop longtemps accaparé, robotisé, implacablement sonné, du berceau jusqu'à la tombe. Dès qu'il entr'ouve un œil, qu'il prête la moindre oreille au plus furtif écho du monde, il ne s'attend plus à autre chose qu'à des vérités juives, des mots juifs, des couleurs juives, des rythmes juifs, des transes juives, des charabiateries juives, des croisades juives. Il est fixé comme un poisson dans sa friture. Ce qui n'est pas juif peut seul encore, par extraordinaire inversion, le mettre en état de rébellion, d'hostilité, tellement il est devenu juif, synthétiquement, par persuasion. Tout lui parvient toujours du monde extérieur, inexorablement, infailliblement, invinciblement juif. Il n'est plus que le somnambule des volontés juives. Il a tout perdu dans la vacarmerie juive, jusqu'à la velléité de se retrouver, de retrouver sa personne, son âme, sa volonté… Le Juif l'emmène où il veut, comme il veut.

Les Démocraties ne sont que les dominions de la Tintamarrerie ahurissante juive, prodigieux stratosphérique tambourinage et gigantesque accompagnement de notre appareil de torture et de servitude. Absolument irrésistible. Quels sont les patrons de ce cauchemar ? Les banques juives, la conjuration des rabbins, (avec ou sans héroïne), l'*Intelligence service*, (grande productrice de guerre et de révolutions), l'Angleterre judéocratique, la Cité, toute aux Juifs.

Mais ce serait trop beau vraiment que tout fonctionne toujours comme sur des roulettes !

Trop beau et trop monotone !

Le Grand Pouvoir juif sait se ménager quelques petites difficultés, quelques petits pépins. De-ci de-là, semés judicieusement. Sadisme ? Précautions préventives ? Jeu ? On ne sait jamais… Le Pouvoir juif est joueur impénitent, comme tout ce qui tient du Juif. Et puis provocateur en diable, et tortionnaire et mouchard et maçonnique. Ces dispositions vicieuses l'entraînent parfois un peu loin. Mais il a tôt fait de se redresser, de se rétablir triomphalement. Il risque, il ne perd jamais.

Pour le moment, en Allemagne, en Italie, en Russie, un peu partout à vrai dire, le Juif découvre une certaine résistance à sa volonté… Un certain Racisme aryen. Oh ! pas bien dangereux ! encore bien sporadique, fantaisiste, timide. Le péril est vague, on le fait mousser ! L'U.S.A., si parfaitement juive, possède encore 70 pour 100 de l'industrie mondiale ! Le Juif peut voir venir !... Il tient toute la caisse, toute l'industrie… Ça ira !

Aucun danger au fond ! Il est sûr de gagner ! Une sensation de plus, voilà tout ! Pour Barush, pour Bollack, pour Litvinof, pour Rothschild, un peu mieux que du Baccara ! C'est tout.

Et cinquante millions de cadavres aryens en perspective… Vraiment rien de bien sérieux.

Pour le moment… Du frisson peut-être… Au pire…

Mais toutefois la rébellion aryenne peut s'étendre… Ce n'est pas absolument exclu ! Voici même l'aléa très piquant ! hi ! hi ! Le divin affriolant risque… Stop ! Assez bafouillé, assez trifouillé les picrates ! Assez de « découvert » ! Cette pseudo révolte aryenne doit être écrasée, laminée, écrabouillée, anéantie effroyablement, avec dispositifs sensationnels de tortures, cruautés très inédites, d'un bout à l'autre de la Planète, une leçon cataclysmique ! pour cette plèbe indigène secoueuse de ferrures ! Assez ! Au charnier s'il vous plaît ! Une main décisive ! Que pas un seul de ces crasseux jacassiers cafouilleux ne soit repris de tarentule indépendante avant 2 000 ans ! Un massacre bien expiatoire, absolument expiatoire de tous hurluberlus d'opposition ! Plus de sursauts, de mutineries aryennes dans les bagnes juifs avant vingt siècles ! Que la guerre s'avance adorablement préventive, providentielle ! Après la bave, le sang. Une boucherie punitive dont on parlera dévotieusement, admirativement, extatiquement, dans les chaumières aryennes pendant 20 siècles encore.

Tous les prétextes seront valables, aucun ne sera détestable… N'importe lequel suffira pourvu qu'il emporte les masses aryennes fanatisées vers les gigantesques massacres, qu'il détermine sans réticences possibles l'extermination enragée des peuples les plus militaires d'Europe, ceux qui constituent encore, malgré tout, un petit danger pour les Juifs : les Allemands, les Français, les Serbes.

Tout de suite, que ceux-là s'entr'égorgent ! Qu'ils se débitent à pleins charniers ! jusqu'au dernier !

Qu'il n'en reste plus un debout. Tous amochés, tous saignés, alors le Juif sera tranquille pour préparer la prochaine.

Les Français veulent se donner l'impression qu'ils possèdent encore une mystique. D'où tant de discours. Ils n'ont plus de mystique. Ils n'ont plus que des mots. Les Français sont vides.

La République maçonnique française n'est plus qu'une carambouillerie électorale très dégueulasse, une fantastique entreprise de duperie pour Français naïfs, brimés, saignés, escroqués cent et mille fois plus cruellement par les Juifs internationaux qu'ils ne furent jamais pendant 18 siècles par le pouvoir monarchique absolu.

La République maçonnique dévergondée, dite française, entièrement à la merci des sociétés secrètes et des Banques juives, (Rothschild, Lazare, Baruch, etc…) entre en agonie. Gangrenée plus qu'il n'est possible, elle se décompose par scandales. Ce ne sont plus que lambeaux purulents dont le Juif et son chien franc-maçon arrachent malgré tout chaque jour encore quelques nouvelles gâteries, bribes cadavériques, s'en bâfrent, bombance ! prospèrent, jubilent, exultent, délirent de charogneries. Nous sommes parvenus de compromis en soumissions au stade pré-soviétique, stade frémissant, intensif, du Juif en complot, l'Heure de la Transe kabalique, où toute la youtrerie mondiale engage à fond toutes ses batteries, tous ses politiciens, toutes ses troupes militantes, journalistiques, bancaires à l'assaut des pouvoirs suprêmes, de toutes les commandes, de tous les échanges, prébendes, fauteuils, trafics, bénéfices, où l'on mate une bonne fois pour toutes l'indigène, lui rive à la mitraille, au sang, son carcan, toutes ses ferrures. L'orgueil juif commande ! les soviets partout ! En langage clair : domination juive 100 pour 100. Cavalcade du Juif à ciel ouvert. Dépeçage, goinfrage de toutes les richesses de la Terre Promise, la nôtre ! conquise, asservie. Énorme partouze d'assassinats. Grands massacres d'indigènes bien crétinisés, saoulés, effondrés, au préalable, par le mondial, inimaginable, irrésistiblement hypnotique baratinage juif. Le Processus est infaillible.

Voir : Bela Kuhn – Hongrie : Rosenberg – Espagne ; Trotzky – Russie ; etc… Blum en France. Le programme éternel juif.

Pour ce qui concerne la France ostentation bien superflue puisque les Juifs possèdent déjà toute la puissance. Banques, Industries, Ministères, Commerce, Loges… Tous les leviers, tous les profits, tous les privilèges, toutes les immunités, toutes les cartes blanches. Simple surcroît de pavanerie négroïde. Afro-vanité. Tam-tam. Cet État français judéo-maçonnique constitue bien la plus ignoble escroquerie du Patriotisme que l'on puisse rêver.

Nous sommes, Français de souche, asservis, brimés, opprimés, cocufiés, dépouillés, minimisés, ridiculisés, à chaud, à vif, autant qu'il se peut, admirablement, implacablement, frénétiquement, trahis il faut ajouter, minutieusement, perpétuellement, inlassablement, par nos frères de race arrivistes, les francs-maçons, chiens volontaires des Juifs, goinfreurs, en toutes poubelles, en tous déchets juifs, meute à la curée, à la ripaille de toutes les gangrènes d'agonie, éperdus au sifflet des juifs. Les loges détiennent tous les pouvoirs. Les Youtres n'ont qu'à se servir. Aucune résistance. Ils s'installent, exploitent, rançonnent en définitive où ils veulent, comme ils veulent, où leur caprice les chatouille. Ils nous enculent, si telle fredaine les anime, publiquement, très impunément. Auriez-vous rêvé d'un négrite Maître de l'Instruction Publique ? Vous l'avez. En voulez-vous un autre, maître de nos Colonies ? Vous l'avez ! Juste retour des choses ! Demain Président du Conseil, ordonnateur de nos abattoirs (Il le fut déjà). La Haute Juiverie s'amuse de savoir à quel point l'on peut nous avilir, nous faire ramper, avaler des couleuvres, des hontes, des glaviots.

Je trouve, pour ma part, que les Juifs n'en feront jamais assez. Je voudrais qu'il soit décrété une bonne fois, définitivement, que toutes les Grandes Écoles, les Grands Corps de l'État, Académies, Polytechniques, Internats, Électorats, Hôpitaux, Radios, Théâtres subventionnés, Théâtres ordinaires, Banque de France, sont absolument réservés aux Juifs (comme en U.R.S.S.) strictement interdits aux Goyes. Dans la pratique évidemment, c'est déjà bien entendu. Mais enfin la chose n'est pas encore officielle et ça me choque. L'exclusive contre l'indigène doit être prononcée officiellement. Il est temps. Tout ce qui commande, tout ce qui émine, reluit, ordonne, enseigne doit être en France, à partir de ce jour, strictement juif. C'est tout. Ce serait absolument loyale constatation d'un état de fait qui crève les yeux. Ce décret officiellement pris, l'indigène se le tiendrait pour dit, plus de paroles, plus de démarches inutiles, il se cantonnerait strictement, une bonne fois pour toutes, dans les fonctions de son mérite, aux Abattoirs ou dans la merde.

Français autochtones, attention ! Vous n'êtes plus que 25 millions sur 40. Bientôt minorité… Avec tout ce qui s'ensuit…

Je ne vais pas rabâcher, tout ceci est raconté par les Juifs eux-mêmes, depuis le Talmud, en de nombreux, copieux ouvrages, que certains Aryens, trop rares, se sont donné la peine de lire, d'analyser, de résumer pour vous. J'ose me citer : *Bagatelles pour un Massacre* vous renseignera, je crois, assez bien sur l'importance de la question, son actualité, ce qui nous attend. Tout cela est écrit. Je n'ai rien découvert. Aucune prétention. Simple vulgarisation, virulente, stylisée. La judéologie est une science, l'étude de la maladie juive du monde, du métissage aryano-juif, de la mosaïque mandelienne, de la cancérisation mandelienne du monde actuel. Déconnage ? Jeux de mots ? Anathèmes délirants ? Non. Très authentiquement cancer, néoplasies, créées, provoquées comme toutes les néoplasies, par hybridations excessives, croisements forcenés, imbéciles, désastreux, anarchie cellulaires, déclenchées par fécondations dégradantes, absurdes, monstrueuses.

Tout ceci est à l'étude. Nous aurons peut-être la surprise, (si les blancs existent encore) de reconnaître dans quelques années que tous nos cancers, néo-formations gangreneuses, sociales et même chirurgicales procédaient toutes de la même origine, du même vice génétique : la dépravation antiraciale, la bâtarderie systématique, la forniquerie à toute berzingue, antiaryenne, l'avilissement des souches aryennes par apports négroïdes, absurdes, enfin tout l'enragé processus d'anéantissement aryen par contamination afro-asiatique, toute la prostitution raciale à laquelle nous astreignent, acharnés à nous dissoudre, les Loges du monde entier, les Juifs de tous les Grands Orients, sous couvert d'Humanitarisme. Francs-maçons, crétinoïdes larbins arrivistes des laboratoires Kabalistes. Laboratoires Kabalistes où l'on ne pense qu'à notre torture, à notre anéantissement par servitude, enculage, marxisme confusionniste.

Judéologie, science très hermétique, très antique (de Moïse à l'*Intelligence Service*, par le Talmud et les Évangiles). Science tarabiscotée, fuyante, farceuse, tragique, contradictoire, traîtresse. Crevasse du vieil Enfer, (qu'il faudra bien combler un jour ou périr tous) où l'on ne s'aventure que bardé de tous les culots, roueries, vaillances, défiances, crans d'arrêts éclairs, alibis, subterfuges chromés… Les plus opaques dominos ne vous serviront pas à grand'chose. Ils auront tôt fait de vous perdre où vous vous aventurez… Allez-y plutôt carrément. L'ennemi est prodigieusement averti, multiforme, jamais endormi, d'une vigilance atroce, c'est le Diable ! Dix mille fois sur vos gardes ! Tout Juif est un préposé de l'or du Diable ! Grand ou petit Juif ! aucune distinction !

Qui bronche, trébuche, culbute au gouffre. Sans raccrochage possible. Et c'est bien fait. Écrabouillerie très piteuse. Marmelade dans l'Aventure, grotesque.

Certains judéologues possèdent leur science à fond, sur le bout des doigts, les rudiments, l'Histoire des Juifs, du complot juif depuis l'Ethnologie, la Biologie du Juif. Leurs travaux sont célèbres, incontestés, fondamentaux. Tous les Aryens devraient avoir lu Drummont [sic], Plus actuels : De Vries, De Poncins, Sombart, Stanley, Chamberlain ; plus près : Montandon, Darquier de Pellepoix, Boissel, H. R. Petit, Dasté[1], H. Coston, des Essards, Alex, Santo, etc… Vous trouverez une bibliographie française très acha-

[1] Nous recommandons la lecture du livre admirable de Dasté : *Marie-Antoinette et le complot maçonnique.* (Réédité par Omnia Veritas Ltd)

landée au Centre Documentaire, 10 rue d'Argenteuil, au Rassemblement anti-juif, 12 rue Laugier. Quelques journaux, périodiques, suivent le Juif d'assez près. Contemporainement : *la France enchaînée*, *la Libre Parole*, *Je suis partout*, *l'Action Française*, certains jours… *Gringoire* assez timidement, certaines semaines, et puis c'est tout… Le reste, tout le reste de la presse française n'est que juiverie déchaînée, vociférante, haletante, frénétique, racissime, Intransigeante, Parisoiresque, cancérissime. Il serait temps peut-être que les Aryens, vendus ou non, qui ne désirent pas absolument crever dans l'inconscience au cours des prochaines hécatombes, se documentent un petit peu sur les raisons profondes de leur propre massacre. Il serait merveilleux aussi, mais c'est déjà rêver, que le prolétariat cesse d'idolâtrer, ne serait-ce que l'espace d'une grève, les vendus pourris, domestiques de gueule ou de plume qui lui servent d'oracles et se demande un peu d'où ils tiennent, ces devins, leurs vérités ? leurs mots d'ordre ? Ceci en tout bien, tout honneur, juste une petite minute avant que tout soit dit, que le déluge tout engloutisse.

Et notre bourgeoisie ? si par miracle elle pouvait cesser tout un mois de se surmener la tripe, de travailler du foie gras, de ramper dans les indigestions, qu'on la retrouve en train de réfléchir, enfin, à autre chose qu'à son ventre (le bourgeois chie, il a faim, c'est tout), elle éprouverait peut-être une petite surprise de se reconnaître aussi effrénément trahie par ses larbins-écrivains attitrés. C'est à qui de droite gentdelettre, plaquera, désertera plus vite la mangeoire menacée, ira, le plus dévotieusement, se faire mettre à gauche, virevolte ! désinvolte ! en pleine démagogie juive ! Le bourgeois, tout en côlon, si mufle, si fécal, si vil ne s'aperçoit même pas que ses larbins de classe, de plume, le sèment, se disposent à gigoter, à bambouler éperdument autour du bûcher révolutionnaire, pendant qu'il grésillera… c'est la panique générale des larbins de plume à moins cinq, l'exode en masse vers la démagogie renforcée, le communisme bienséant, le nouveau conformisme ouvrier christiano-litvinovnien ! Une affaire ! On se place, on se case, on se loge passionnément. C'est la panique au compromis, à moins cinq.

L'ignominie, la bassesse alimentaire, la goujaterie de tout ce monde, maîtres et valets mélangés ne dégoûte plus personne, ni déserteurs, ni désertés, ni spectateurs, le chien suit la pâtée, voilà tout. Personne n'est plus conscient, tout le monde est insensible à force de pourrir, comme la viande trop avancée ne souffre plus d'aucune entaille. Tout est dit.

Maîtres et valets s'en vont en gangrène, conjointement, les uns dans les autres, en fange, en mélasse, sans qu'une seule fibre plus ne réagisse. Trahis et traîtres, charognes de même, amalgamés, confondus.

Pour conclure, procurez-vous les livres des auteurs anti-juifs que je vous signale — vous ne regretterez pas vos 5, 10 ou 15 francs. — Vous ferez vivre ces vaillants, les seuls dans le monde actuel qui défendent encore votre peau, votre race, votre liberté. Faites une économie sur votre apéritif. Vous vous ferez du bien deux fois. Ayant retenu l'essentiel de ces deux ouvrages, vous en saurez autant que moi sur la question juive. Ce n'est pas très difficile. Érudition peu coûteuse. Les abrutis vociférants du marxisme apprennent bien des chapitres entiers de théologie communiste avec slogans judéo-crétins-suicidaires par cœur… et voyez comme ils triomphent ! Vous triompherez aussi, un moment avant votre mort. C'est toujours un résultat, une coquetterie.

De Moscou-la-Torture à Washington-Pétrole par Londres la Gavée, toute la juiverie franc-maçonne, journaleuse, bancaire, policière, artistique, salonneuse, trépigne, s'indigne, fulmine, vitupère. Qu'est-ce qu'ils attendent? Mais qu'est-ce qu'ils branlent ces tortilleux ? Paris-tout-du-sacrifice ? pour la déclarer cette bonne guéguerre ? C'est une vraie honte ! Alors ? merde ! Y a plus d'amour ! Bétail mijaureux, capricieux, trouillard ! Des soupçons ? Des questions ? Depuis quand le Français-tout-du-veau se permet-il des soupçons ? D'où prend-il cette impertinence ? Méfiance ? Des fois ? Ils se considèrent les membres tout d'un coup ? Voudrait-il les garder pour lui ? C'est un comble ! Ah ! D'entendre ces murmures pareils ? Il est fou la saloperie ? L'immonde récalcitre ? Et l'Honneur alors ? Le respect des Hypothèques ? Non ? Honneur avant tout ! Les barbaques de France-la-Doulce... les quarante cheptélisés, parfaitement stockés, gardiennés par le Juif, ça n'existe plus ? Maudissure ! Abats spéculés, répertoriés intégralement depuis 89 ! de Loges en Loges ! Découverts ! Recouverts ! Survendus ! vingt fois ! cent fois ! adjugés, bataillonnisés, cimetiérisés, par cent opérations éblouissantes, mille Traités de Convenants, discrets, hermétiques et solennels. Paris-la-Viande, renierait tout son passé de boucherie ? la plus expédiente, la plus amiable, la plus commode de toutes pour tous massacres aux enchères ? Impudique Francecaille ! Charogne mutine ! vous écroulerez au charnier avant toutes autres ! Vocation pour l'abattoir ! Toute l'histoire le prouve ! France crétine on vous arrangera aux petits obus ! Un plat triomphal de « rognons-canapés-cervelles » ! Servi infiniment chaud ! Que ça bondisse fainéasse ! Carcasses trembleuses ! à pleins dépôts ! Que tout ça rejaillisse ! fantastique ! irrésistible ! tout sang dehors ! Fleur au fusil ! Chrysanthème au fusil ! Blum au fusil ! qu'on vous admire à la vengeance, à la revanche enfin ! des déboires juifs, tout en furie, hallucinés, cramponnés, vampiriques à la glotte de ces boches atroces, monstres pogromistes ! N'est-ce point l'Héroïque programme, le rêve de tout franc patriote, franco-juif ? Quelle mouche vous pique ? Vous argutiez ? ergotez ? à présent ? casuistiquez ma parole ! comme des vrais Juifs ! Comble ! L'outrage des factieux ! Leur vergogne ! Sautez ! Valsez ! Foncez dans la danse ! Qu'on vous admire ! Qu'on vous retrouve ! Enfin ! Qu'on vous rende l'estime ! Frimands torves Aryens ! 25 siècles de Juiverie vous contemplent sur le point de vous éventrer conjointement, une fois de plus, au commandement juif ! Qu'attendez-vous France-la-Libérale, (toujours libérale depuis la maçonnerie 93) France-la-Joyeuse, l'insouciante-des-bidoches pour charger dare-dare du poitrail ? Pardon ? Plus haut ! Que l'on vous redécore ? Paris tout de la Villette ! À force de fluctuat vous finirez bien par merdgiturer ! Qu'attendez-vous Français pleins d'entrailles ! pour vous faire résoudre en “delikatessen” ?... transplacer tout chauds les vitaux organes ? Mouler hémorragiques en Victoires-rillettes ? Répartir en infinies Tranchées-saucisses ? Chairs à barrages ? Tampons à tanks ? L'on jase, l'on s'indigne un peu, laissez-moi vous dire, dans tous les ghettos de vous voir comme ça chipoter. Les amis de toujours de la « Vrance libérale » ne vous reconnaissent plus ! Vont-ils vous renier ? Trois fois ? Que l'on nous fasse revenir Jeanne d'Arc ! pour sauver Blum ! Bayard pour sauver Rothschild ! Barrès pour sauver Litvinov ! Nom de Dieu ! mais qu'on en sorte ! Et vive Benesh ! Vive Déroulède ! Vive Dreyfus ! Que le ministre insiste, Jean Zay, chez lui, chez elle !

Que nous sommes ingrats ! Plus d'enthousiasme au péritoine ? Pitié ! Ô crapules évasives ! Allez-vous répondre à vos frères démocrates ? à vos messies chéris ? Français rebuts ! Faut-il vous envoyer encore deux millions de Juifs surgis des fonds rouméliens où ils endurent là-bas, sachez-le bien, par votre couardise, cent mille martyres ! Forcément ! Faut pas les prendre pour des Sudètes les si émouvants martyrs juifs ! ne jamais confondre ! En plus, bien entendu, des deux millions et demi que vous avez déjà reçus depuis 1914, admirablement adoptés, gobergés, engraissés, resplendis sur vos pitances ? Faudra-t-il en arriver à ces mesures d'extrême inflation pour vous redonner le cran, l'essor, le goût des suprêmes sacrifices ? Ça vous émoustille pas quand même ? Toute exhorte vous laisse de glace ? Vous connaissez toutes les musiques, vous dites… Très bien ! Très bien ! Repos, mignons ! Patience gaudrioleurs polissons ! On vous repoissera au détour ! À qui sera le plus tante ! Patientez ! Tout hypothéqués que vous êtes ! Gigotez, mirmidons ! pour des prunes contre le sort inévitable, laissez-moi bien vous prévenir qu'en la fatale suprême croisade vous crèverez cent pour cent malgré tout ! L'Antifasciste Youpignolle ! la plus monstrueuse hécatombe gigantique libératrice que le monde aura jamais vue. On s'occupe de vous, les bûchers se rapprochent, les bourreaux sont aux torches de Palestine au Kamtchatka, de Barcelone à Dantzig.

Mille et mille incendies vous dis-je, à comburer la terre entière, qu'il n'en restera plus que scories innommables. La mère des Serbes n'est pas morte, elle a parsemé l'Europe de ses petits, de mille conflits qui ne demandent qu'à crépiter (en plus des Sudètes). Vous m'en direz des nouvelles ! L'on vous goupille, en ténèbres, les plus adroites, imparables surprises provocatrices.

Jamais, je le répète, ici, là-bas, partout, nos avenues ne grouillèrent de plus de rats juifs, plus déterminés. Toutes les ruines sont préparées. À nous les charniers à centuple fond !

À ciel ouvert ! propagande et mille fois propagande youtre ! Lyrisme de patriotisme, susceptibilité nationale. L'honneur partout ! Traités partout ! Prestidigitation juive partout ! harangue universelle ! Fausses nouvelles.

Aucune lutte possible pour la conversation de vos précaires abatis ! Renoncez ! Tous les Aryens au suicide ! Rien à tenter ! Rien à chiquer ! Rien à soustraire ! Tout l'or du monde ça vous possède des oreilles ! une démagogie des prédicateurs, des meneurs, des gueules, des gendarmes, plus grands, plus forts, bien plus irrésistibles que toutes vos miteuses si puériles raisons aryennes de ne point crever en massacre ! Et alors ? Les jeux sont faits ! depuis 93 ! Des nœuds coulants, garrots impeccables sont prêts pour toutes les encolures, les plus rétives. Elles y passeront toutes d'enthousiasme, estourbies sans un souffle de révolte, les plus ronchonneurs s'en feront périr délicieusement au vice.

Les maçons entraîneront… ces aides du bourreau, les petits grouillots à Samson…

Vous n'avez encore rien vu, rien goûté, rien appris ! Lanturlu ! Les premières semaines en croix sont les plus douloureuses ! Après on hurle pour le plaisir. C'est la Madelon ! Tchécoslovaquie, Nom de Dieu ! Prague ! (Miss Martyr 38). C'est loupé, mais on reprendra sur l'Espagne. Tous les Juifs dans nos boulots, innombrables après la prochaine, tous les cousins, tous les chacals à trépigner vos cimetières, à chier dans vos lits, enculer vos fils ! Ça va ! Ça ira ! Chantons la Youpipignolle ! Personne ne frémit dans les rangs ! Brutes ! Rebuts ! Croulantes carnes bordelleuses. Plus rien dans la culotte ? Ah ! vous ne valez pas la crotte de vos fiers aînés de 14 ! Ils n'ont pas chipoté vingt ans ceux-là, chéris des nécropoles ! pour s'apporter, torses brandis, fous d'ivresse offensive, transluminants de vaillance à travers glacis, redoutes, torrents de mitraille, à Charleroi ! Ils n'ont fait qu'un saut dans la Mort. Leur jeunesse ne fut qu'un tremplin. Vlouf ! Cinq cent vingt mille cadavres en une semaine. C'est beau ! Voilà de l'Épopée ! Ferez-vous mieux ? Tout est là ! Pour la vertu de la petite garde-barrière belge ! Honneur bien vengé ! Miséricorde ! Travail de Juif ! admirablement embouti, ajusté, soudé, goupillé, minuté. De la Synagogue aux rafales des Flandres ! Et vive Barmat ! Vive Vandervelde ! Vive Huysmans ! Vivent tous ceux qui recommencent ! Écœurants cons ! La petite Tchécoslovaquie (de l'*Intelligence Service*) tout aussi méritante et vertueuse que la petite Serbie (de l'*Intelligence Service* aussi) ne supportera pas plus que sa sœur en pureté ce viol trop canaille. C'est pesé. L'on vous réclamera par millions, branquignols ! pour ce fantastique pucelage ! Tenez-le-vous farouchement pour dit ! Tartufètes ! Des millions de parpaillots sont déjà crevés il y a pas tellement longtemps pour le pucelage (ou non) de la Vierge Marie. Rien de neuf ! France la Joyeuse-des-Carnages ! Lève ton sabot ! La valse commence ! Au son des youtrins ! Et des tambourins ! Démontre ta vaillance ! Va-t-en la faire la guéguerre ! La Fraternité du Juif ! Celte cocu, vendu, enculé, carambouillé ! t'appelle !

Sachons vaincre ! Sachons surtout périr !
Un Français doit crever pour Mandelle !

Pour Baruch tout Français doit mourir !
Le Kahal en chantant nous montre la carrière !
Catéchumènes marximalistes ! Flageolantes bourriques !
J'irai ! J'en veux ! Plein de versets pourris plein la gueule !
La Youtrerie gui-i-de nos pas !
Bien plus jaloux-oux de nous survivre
Que de partager nos cercueils !

Ainsi la chanson se termine dans la tripe en vrac.

Ah ! Comme ces personnes pensent à nous, à New-York ! Quelle sollicitude angoissée ! Ce que notre avenir les inquiète ! Quelle frénésie de nous voir, le plus vite possible, très bientôt, toute la franscaille ! barder en lignes ! Gaillardement à la pipe ! Sonnez olifants ! Frémissez drapeaux ! Rafalez tambours ! La route des Morts est splendide ! Pour nous, toutes les viandes ! espoirs-des-croisades-démocratiques ! nous avons tous les vœux d'encouragement ardents des quarante et huit États ! Voici des payes que je la pratique l'Amérique, dans les pires conditions, et les plus joyeuses, d'hystérie, d'ivrognerie, de déconnerie alternante, de gangsterie vaniteuse, de déconfiture, de dégonflerie, de braillage moralisateur. Jamais je ne l'avais trouvé si obscènement délirante que cet été, de fanatisme anti-quelque chose.

Il faut pourtant qu'ils s'en donnent, qu'ils se surpassent au prodige, les Américains, pour encore m'éberluer. On penserait avoir tout vu ! Pas du tout ! Cette fois on en reste rêveur, humblement bégayeur devant la léviathane infernale gigantesque proportion de l'actuelle bacchanale antifasciste américaine, la propagande américano-youtre belliciste, justicière, apostolique, croisadière, jusqu'au-boutiste, (avec nos gigots) furioso-démocratique, interventionniste éperdue, anti-fritz, anti tout ce qui pourrait empêcher notre européenne bidoche de verser sans aucun retard aux fournaises très flamboyantes des guerres à n'en plus finir.

C'est de notre mort qu'il s'agit, de notre mort d'Européens, de France et d'Allemagne, et des mirifiques commandes, providentielles, fébrilement anticipées par l'industrie américaine, morne et languide depuis vingt ans.

Tout ce bastringue propagé, myriacubé par les tonnerres de Propagande doit revenir extrêmement cher, des milliards mensuels à coup sûr… La récupération s'impose. Rien, absolument rien, aucun moyen d'affolement n'est omis, tout ce qui doit nous porter le plus rapidement possible aux extravagances décisives.

Sur le foirail américain la Kermesse est parfaitement abasourdissante, à miracle, totale de toutes les haines anti-nazies, anti-franquistes, anti-japonaises, anti-mussoliniennes surchauffées au blanc d'explosion. Tout ce qui n'est pas démocratique, soit juif 100 pour 100, éperdument honni. Toute la ville en vrombit, gronde, fricasse, crevasse, frémit, chambarde, rataboume de vitupérances râlantes contre Dudule, contre Rome, contre Tartempion l'anti-juif, contre les soies japonaises… Tous les moyens imaginables surpassés, centuplés de nous inciter aux batailles. Radio, Ciné, Théâtres, Périodiques, Quotidiens (25 pages), faux télégrammes, tout contribue, s'ajoute, se renforce, érupte, profuse, aimante, volcanise le très impatient virulissime message : « Mort aux anti-Juifs ! » C'est entendu ! On n'en sort plus !

L'opérette même a pris le ton, la vocation des propaganderies furieuses, des colères sacrées. Elle pousse par le charme aux massacres, par ritournelles suaves ou badines, mutines allusions, cuisses. L'enfer possède tous les trucs. Ah ! que nous sommes, franscailles, désirés dans la danse ! C'est plus de l'amour, c'est de la folie anthropophage ! Une délectation farouche anticipée, tous nos cadavres épars sur les champs de la Meuse, par millions et dizaines de millions.

Ah ! Comme l'on nous escompte, répartit, organise, dépiaute, régularise, débite d'un conflit de l'Europe à l'autre, au gré des cartes et des transports. Que le trafic de nos viandes est facile aux Américains ! viandes jamais frigorifiées, viandes à folles batailles ! toujours bouillantes ! En tous forums américains ce ne sont à notre propos que solennelles péroraisons, causeries aimables, discours, prédications, paraboles cafouilleuses, excitatophonies, prognostiqueries, transes de mages, semonces ecclésiastiques, adjurations, épilepsie, blâmes dignitaires, sorcelleries, offusqueries, vexeries, de nous voir encore ainsi, vivants, traînants, ergoteurs aux porteurs de nos charniers. Jours et nuits les appels retentissent, de plus en plus ardents, hurlants, redoublants, pathétiques, commandements à nous faire sans plus barguigner réduire en charpies historiques, en chairs à légendes bien saignantes, en nécropoles démocratiques. Ah ! Bayard ! Ah ! Verdun. Ah ! Dixmude ! Ah ! Joan of Arc ! Ah ! Clemenceau ! Comme l'on vous révère ! Comme l'on vous adore là-bas ! Vous êtes aux nuées américaines ! Divinités de nos abattoirs ! Ah ! C'est le sort le plus beau ! incomparablement ! Souffrir cent mille tortures en vérité ! Quelle faveur ! Tous les délices du cirque chrétien ! pour le triomphe démocratique ! Tous martyrs ! ineffablement reconnaissants à Litvinof ! à Barush ! à Sasoon ! Rothschild ! Lazare ! Bader ! Blum ! d'avoir si bien trafiqué la passion des Goyes, d'avoir si bien repris toutes les choses au départ, aux naïves origines, aux farouches étripades mystiques. Ah ! plus d'erreurs ! de chichiteries ! Vivement les tanks ! les tanks ! les mitraillettes ! Que ça saute un peu tous les membres, les âmes, les cervelles, que ça s'envole comme des bulles ! Qu'on rigole divinement !

C'est trop de miraculeuse faveur ! Profitons ! Que tout se décide à l'instant !

New-york, l'enragé ghetto, fulmine de démocratisme sous pression. La Guardia, le Rabbin Weiss, Lœb, Warburg, Barush, grands émirs démocratico-négroïdes aux immenses intérêts se consument littéralement. Un peu de mordant s'il vous plaît ! Ils nous exigent aux barbelés. Très normalement. Qu'attendez-vous ? Gratteurs futiles ! Roosevelt-Rosenfeld et Madame, première lady youtre d'Amérique (voyez portraits) vous baisent sur l'œil frémissants pioupious ! fringants baïonnets. Sautez muscades ! laissez-vous fendre guillerettement par les Huns d'en face.

Allons ! Allons ! le bon mouvement ! But héroïque ! Rien qu'un affreux petit moment à passer ! même pas la peine d'en causer ! Toute une éternité ensuite de conscience parfaitement tranquille, le devoir gentiment accompli. Cela ne vaut-il pas ceci ? Votre existence pacifique ? insipide ordure ? Je vous le demande ? Vous n'allez pas trahir par trouille damnable vos propriétaires angoissés ? Vos Juifs si humains messianiques ? Cela ne se serait jamais vu ! Laisser les hordes hitlériennes déferler sur vos sillons, ravager vos filles, vos compagnes, vos plaines, vos montagnes, vos faillites, vos prix-uniques, vos Citroëns, vos Lafayettes, vos Renaults ? Non n'est-ce pas ? Avant que la Shell ne soit requinquée au centuple, que la Mexican Eagle n'ascende d'un boom vertigineux ! Non bien sûr ! On vous reconnaît toujours légendairement, inépuisablement vaillants ! Ne faites pas mentir la Légende cocus d'univers ! Toute l'Amérique judéo-gangstérique s'effare à la seule pensée de vous revoir envahis ! Quel souci soudain de vous garder en alarme, en sauvegarde angoissée ; qu'on vous investisse, vous conquière sans coup férir ! comme la pantelante Autriche, si rothschildienne, la bedide badrie berdue, la Sudeterie, ce serait l'inexpiable infamie suprême ! Aucun judéo-américain n'en décolérerait de vingt siècles.

Toutes vos agonies pour l'amour-propre roteur d'un seul Juif de Brooklyn ! Français tenez-le vous pour dit !

Homologie ! Paris-tout-du-ghetto ! Gratuite des viandes Kachères ! Relevez les défis ! Vengez, tudieu Moloch ! Vienne ! Vengez Prague ! Vengez Karlsbad ! Paris à présent pleinement responsable et plus que jamais de toutes les atteintes à l'orgueil juif ! à la féodalité juive ! à l'empire juif mondial ! La France fille aînée de l'Église et du ghetto (c'est pareil). Allons rugissez ! Messieurs les lecteurs passionnés de la bonne presse optimisante youtre ! foncez assouvir, tripes autour du cou, les impériales vengeances de la mondiale satrapie youtre ! Ah ! Périr ! mille fois périr ! tout emporté, éclaté de tous les plus fragiles viscères pour l'Internationale bancaire et l'*Intelligence Service !* Quelle gâterie transfigurante ! bien ouvrière ! Qui renâcle à cet essor ?

Un Français doit mourir pour elles !
Pour elles un Français doit mourir !

Vociférons à cœur que veux-tu cette Marseillaise si maçonnisante, dont le sens irrésistible se découvre de plus en plus riche en vertus libératrices à mesure que l'on avance dans la carrière de cadavre.

Ô New-York ! Kahal ! Souk ! Shylockerie la plus clamoreuse, la plus insultante, la plus triviale, la plus obscènement matérialiste, la plus mufle du monde ! à vos ordres ! Irrévocablement ! emportés par la grandeur du sacrifice ! Nous frétillons de toutes les joies à la pensée que bientôt grâce aux bénéfices sur nos batailles, sur nos vingt millions de cadavres vous allez retrouver votre joie de vivre, votre prospérité délirante, vos pâmoisons d'orgueil, les plus éblouissantes, la suprême félicité ! l'Apothéose jubilante Kabalique !

— Ah ! les agonies les plus cruelles, les plus déchiquetées, les plus lentes, dans tous les barbelés du monde, de tous les Goyes de l'univers, ne sont vraiment que peccadilles très négligeables dès que l'on songe au résultat ! La gangsterie américaine nous ordonne aux tranchées pour Avril ! Quelle aubaine ! Ne décevons davantage nos grands amis américains. Ils ont leurs raisons d'insister. Démocrates enthousiastes de la Démocratie la mieux négrifiée, judaïsée, pétrolisée, spéculeuse, bankstérisée, détrousseuse de la mappemonde, ils se méfient, ils nous soupçonnent d'indépendance. Ils ne peuvent plus nous tolérer, comme ça fainéants, expectatifs, vautrés dans les réflexions, à la porte des grands abattoirs. C'est plus supportable ! Il faut les comprendre.

Et que demain, il nous pousse des drôles d'idées… qu'il nous surgisse des prétentions, des réflexions, des accoutumances de mort naturelle… Ah ! Ah ! Ça serait joli ! La catastrophe ! Le bouquet ! La calamité effroyable pour toute cette bâtarderie arrogante, cette canaille hébraïque montée, la plus couarde, la plus artificielle, menteuse, maquerote, installeuse, embusquée, maçonnique, provocatrice, la plus jouisseuse, la plus saoulante, la plus insupportable de toute l'espèce youtre.

Tout ce que peuvent tempêter, rafuter, tambouriner les hitlériens d'Allemagne contre les Juifs, les francs-maçons, ne dépasse pas le ton du ronchonnage, de la bougonnerie bonhomme en comparaison des trombes, tourmentes, cyclones d'insultes, défis, vitupérances, malédictions, folles virulences, à l'adresse de Rome, Berlin, Franco, du Japon, dont toute l'Amérique littéralement vrombit, rafale, déferle à longueur de jour et de nuit.

C'est aux États-Unis que l'on observe au mieux, que l'on goûte, toute la panique du Juif, la folle angoisse qui l'étrangle, camouflée arrogance, à la moindre évocation d'une possibilité d'un règlement de compte général, mondial. Ils en perlent, ils en tétanisent, ils s'en désossent de terreur, comme sur la chaise d'exécution. « La guerre contre Hitler ! » Et tout de suite ! Ralliement, mot d'ordre, magie précipitative, évangélisation de toute la juiverie américaine, fantasmatiquement démocrate.

La guerre, comprenez-moi bien, la guerre en Europe, en Asie, avec tous les vœux judéo-américains, de tous les parvenus bien éberlués, miraculés, les transfuges des ghettos valaques, exaucés, comblés, en frétillance délirante de superprofits, d'Hollywood à Long Island. Des cartes hautes comme des grattes-ciels [sic], tout en néons stupéfiants, pour épeler avec quelle peine ! les noms des plus belles étripades où vous serez tournés bouillies « inconnues », démocratiques engrais, navets, ferments, souvenirs.

Tous les rabbins en crises mystiques relancent Jéhovah ! qu'il nous refile de nouveaux Verduns ! Les pharamineux charniers ! regorgeants tripiers de Goyes ! Par la même aubaine, le remède adorable aux crises en tous genres, le stimulant prodigieux aux défaillances industrielles, le repompant imbattable des économies avachies, le retour tout garanti aux plus mirifiques, jubilantes Prospérités ! Les trois Radios, les six voitures, les quatre frigidaires, les sept téléphones, dans chacun des trois cent mille foyers juifs et la super-Télévision ! Tout ça prestidigitatoirement ! par la folle bourrasque des plus hauts hystériques salaires, à chier partout ! Le délire du trèpe aux fabriques ! Toute la piraterie au crédit, bien fantastiquement rambinée, bien frelatante, asservissante, l'amarrage du trèpe à tous les comptoirs juifs, le parfait asservissement par « tempérament ». Toute la manne américaine en flots déferlants ! Allons du cran ! Triboustin ! Vous l'aurez votre fourragère ! Du sacrifice ! De l'idéal ! Foutre sang ! Haut les cœurs ! De la culotte Le Gouarec ! Kergut ! Malidoine Arthur ! Durand Léon ! Sus aux Boches ! Mort aux Sudètes ! À vos matricules ! nom de Dieu ! Héroïques ! Manque personne ! Foutre bouseux ! On attend plus que La Gourmette d'Hollywood à Philadelphie ! dans les 48 États ! pour que tout redevienne prospère ! que les affaires reprennent un de ces boom ! inouï ! inimaginable de resplendissement ! La Gourmette en boudin de schrapnells ! en filigrané mitrailleuse ! Voilà le remède américain !

Broadway souffre ! La crise piétine ! C'est tout votre faute ! Lidoire Gaston ! Ange Philippe ! Triboustin Paul ! Dugommier Jean ! Votre amour-propre ne souffre pas, vous ? Vous demeurez comme ça impassibles pendant que toute la terre tressaute de préliminaires combats.

Anne Philippe (deuxième classe des chars) Pershing ne vous reconnaît plus ! Il vantait partout votre allant. Roosevelt ne voyait que par vous… c'est félonie !... Vous n'avez pas honte de rester tel quel tout vivant, biberonnant, jacassant, insipide, pendant que Samuel Cohen souffre lui, soucieux démocrate, américain 100 pour 100, des cruautés de la mévente, qu'il se ronge les foies démocrates devant les carnets de commandes ? Il va falloir vous décider Ange Philippe ! Vous faire crever au moins, franscailles, deux ou trois fois chacun, très horriblement pour vous rapprendre les bonnes manières, sacrificielles, fraternelles, internationales, les engagements démocratiques, les devoirs imprescriptibles de la France éternelle, pour vous faire pardonner un peu votre faible natalité.

Samuel Cohen de Brooklyn, le petit gâté d'Amérique, le démocrate rotarien, (le véritable Babbitt), il est fixé à notre égard, il est renseigné admirablement, pour tout ce qui nous concerne, par un tout spécial office, dit des « Informations Françaises ». On peut pas rêver plus ignoble, plus lâche, plus sournois comme entreprise de pousse-au-crime, de pousse-à-la-guerre, sous paravent démocratique que cette coulisse de fumiers. Et ça fonctionne en plein New-York ! Ça vaut son pesant de salive pour l'imposture et le culot.

Petit ghetto d'intellectueux, de cacafouilloneux gazetistes, arrière-loge immonde de préparation d'opinions internationales pour la prochaine pipe. Ghetto de liaison entre nos Juifs de France, ardents au pouvoir, avec les Juifs encore plus impatients aux massacres de là-bas. Vous rétribuez d'ailleurs admirablement sur vos deniers d'impôts les zèles officiants de cette fantastiquement éhontée, pernicieuse trafiquerie de fausses nouvelles. (16 à 30 mille francs par mois pour chaque dégueulasse). À ce prix vous pourriez imaginer que ces propagandistes informateurs, si bien rémunérés, représentent la fleur de nos Lettres, portent en tous lieux américains, très haut, le renom de nos Sciences, de nos Arts…

Hélas ! Il n'en est rien.

Le chiffre de leurs émoluments, seul, est extraordinaire. Encore s'ils ne faisaient rien du tout, le mal ne serait pas immense, on leur passerait volontiers de se régaler en sourdine, ça ne ferait que quelques Juifs de plus radieux de jouer les éminences dans les tripots diplomatiques. Je ne vous en parlerais pas s'ils se tenaient décemment, réservés, pudiques, conscients de leur nullité. Mais pas du tout ! Ces fielleux se portent garants, sacrent, jurent sur tous leurs prépuces, de votre vaillance au combat, de votre pétulance guerrière, de votre passion vengeresse, de votre fébricitante, invincible hantise d'aller dérouiller Hitler, d'aller le remettre au pas, le plus terrifiquement possible… À force, ça deviendra vrai… Impunément, ces infernaleries sont sécrétées, déconnées, débitées, dégueulées par le fameux office des Informations Françaises à New-York à travers toute la presse américaine, gâtée, fadée vous pouvez m'en croire.

Personne en France n'est au courant de cet extravagant, fabuleux, tragi-comique tripot de provocations (du côté des victimes prochaines) sauf quelques initiés complices juifs ou maçons des Affaire Étrangères.

À titre d'exemple, mordez donc un petit peu, ce morceau de bravoure, cette très évidente canaillerie troussée par le directeur même de cette officine des grandes contaminations, le Dr (?) Robert Valeur. Ce nom ne vous dit rien ? Moi non plus. En tout cas, ces lignes sont parues dans le *New-York Times* du 7 mai 1938. Voyez comme tout est bien réglé, dans le temps, l'espace, de ci, de là, de la planète :

« L'ambition allemande de dominer l'Europe centrale est évidente, si elle parvenait à ses fins, même par des moyens pacifiques, une autre guerre mondiale serait en définitive inévitable. Les membres de la majorité parlementaire française se rangent à l'avis qu'une Paix sauvegardée au prix d'une Mittel Europa Germanique, ne pourrait pas durer longtemps et que la crise ne serait que différée, reportée à un autre temps, où les conditions ne seraient pas aussi favorables qu'aujourd'hui (7 mai 1938). L'armée française est plus forte aujourd'hui que jamais depuis la guerre, et, plus que certainement, plus forte que l'armée allemande actuelle. Tous les Français frémissent à la pensée de mettre leur armée en action, mais il ne faut pas qu'Hitler interprète cette retenue comme une preuve que la France n'est pas prête à combattre. Seule, une nette détermination de combattre arrêtera Hitler, il ne sera pas influencé par la politique dite réaliste du Gouvernement actuel etc… etc… »

Ils connaissent le fin fond des choses dans les officines de New-York… Ils sont très bien renseignés sur la marche des événements. Vous l'avez échappé belle vers la fin de Mai, somnambules ! Quelque anicroche ! Partie remise !

Les Français vivent et périssent en pleine confiance, dans la confiance, pour la confiance. Ça leur suffit. Ce qui se trame à l'étranger, en leur nom, ils s'en foutent. Ils ne tiennent pas à voyager, à se méfier, à vérifier, on s'occupe d'eux suffisamment dans les ambassades. Leurs tripes flottent déjà partout, c'est le plus émouvant drapeau, le plus bel emblème de la France, le boyau de soldat. Y a pas plus pur, plus excitant, plus revigorant, qui redonne mieux confiance au démocrate américain que la tripe d'héroïque pioupiou.

La tripe du soldat français refera le tour du monde ! des fois et des fois, encore ! pour le triomphe démocratique, jusqu'à la consommation totale de tous les viscères dans les plus pires glorieuses batailles, la brave tripe du soldat français, la tripe la plus vaillante du monde, on en retrouvera plus même la pelure tellement qu'on l'aura fait servir, trimbaler, fulminer partout pour la plus radieuse gloire du Juif, sa souveraineté pointilleuse, son honneur jalousissime.

Paradoxe. Il est regardant comme personne, avare, pour tout dire, comme un rat, le Français du sol, l'autochtone, quand on le taquine aux espèces, qu'on vient lui tâter sa cassette, ses valeurs, ses propriétés, il fait vilain, il devient fumier, il vous traite horrible. Il veut vous passer par les armes. Mais si vous venez au contraire, lui demander, sa viande, sa peau, s'il s'agit du péritoine, du vrai trésor de sa personne, il aura pas un mot méchant, vous pouvez y aller carrément, que des amabilités, pas un hoquet de résistance, vous pourrez l'ouvrir tout entier, tout lui demander, tout lui prendre.

— Toc ! Toc ! Toc !

— Qui s'amène encore ?

— Entendez-vous *la Marseillaise*, Durand ! mon trésor ?

— Si fait ! Si fait ! parfaitement ! Mais qui l'en joue ?

— C'est moi ! C'est Samuel Logeman ! Prosperman Levy ! Vos Juifs adorables ! Vos messies chéris ! Vos coquins !...

— Ah ! les chérubins ! qu'ils me gâtent ! Ah ! Nom de Dieu ! Ah ! tant mieux ! Tant mieux ! Me dépêcher aux batailles ! de si bon matin ! Quel entrain ! Comme c'est tendre, comme c'est prévenant ! l'affriolante, martiale aubade ! Encore ! Encore ! Vous pouvez me croire touché ! J'en veux ! J'en veux ! Plus vite ! Je m'exalte ! Je les veux toutes ! Batailles ! Charges ! Pour moi ! Qu'on m'étripe céans ! Quelle infinie jubilation de crever me transpose ! C'est trop ! J'éclatouille ! J'explosille en cent mille miettes de furie reconnaissante ! Je suis trop brave pour moi-même ! Je me contiens plus ! Ouvrez-moi tout ! Sans plus tarder d'une seconde ! D'une rafale ! Je m'embrase d'effarante impatience héroïque ! J'ai bouffé l'enfer ! Messiman Lévy m'a promis le bonheur du genre humain ! Je veux tout connaître ! Tout reluire ! Je veux jouir de tous les côtés, comme le schrapnell terrifique au but de mort ! Tout or ! tout feu !

Dans l'énorme bacchanale propagandiste américaine, le cinéma new-yorkais donne son maximum. On pouvait s'y attendre. Les films sont exorbitants de haine démocratique. Absolument démonstratifs de la fantastique dégueulasserie fasciste, irréfutables, tandis que tout transportés au contraire à l'admiration palpitante pour les chevaleresques armées démocratiques, de plus en plus pacifiques, protectrices des opprimés, défenderesses du droit menacé, rempart des libertés démocratiques républicaines et maçonniques. Ce ne sont qu'atrocités nazistes, fascistes, japonaises, espagnoles, italiennes, enfants écartelés, vieillards démantibulés, villes carambouillées, hideurs, décombres, martyrs pantelants partout où la Bête anti-juive s'est abattue. Atroces rapines, ruées diaboliques. Trois heures de spectacle permanent. On nous gave de documentation catastrophique. Le remède est à côté du mal, heureusement ! On nous le présente. Il défile… Pour sauver, protéger, les libres démocraties ? quel moyen ? quel remède ? Je vous le demande ? Sur qui les démocraties peuvent-elles compter ? Petit futé ! Ah ! vous brûlez ! Vous commencez à connaître votre leçon… Mais sur votre viande ! Sainte Nitouche ! Sur les excellentes armées européennes démocratiques ! Si tellement animées d'un si bel esprit défenseur et vengeur ! Si vaillantes ! Avec leurs si excellents maréchaux ! si maçons, leurs si merveilleux effectifs, si bien entraînés à se faire chipolater en toutes conditions mitraillantes, hypercombattants pour la sauvegarde de tous cimetières, billards, charniers, et monuments funéraires. Vous défilez déjà là-bas comme si vous repreniez la Lorraine encore et à pleins écrans ! Français pioupious ! Charmantes anticipations ! Envoyez *Sambre et Meuse !* bras dessus, bras dessous avec les vaillants Russes ! Tenez-vous bien, les soldats de la Russie « démocratique »… Nuance. Staline, « l'homme de fer des démocraties ! » Portrait géant. Et la splendide armée chinoise donc ! Et Tchang-Kai-Chek ! notre non moins démocratique, magnifique allié ! Tout pour la Croisade ! Enfin toutes les phalanges démocratiques, trépidantes d'en découdre, impossible de les retenir !... Et de toute la plus vaillante, suprêmement républicaine armée tchécoslovaque, terreur des tyrans totalitaires (textuel). Vous êtes servis ! Et figures toujours plus émouvantes de Masaryk, de Benès. Olympiens, binoclés, scellés, secréteux, maçonniques, dignement réprobateurs. Faux témoins jupitériens. Crapules exécutantes des grands desseins juifs. Tartufes effrénés, pousseur au crime, pompeux digresseurs, pourvoyeurs fanatiques, provocateurs en tous carnages. Pour porter au comble l'enthousiasme de cette lumineuse propaganderie, de prodigieuse portée libératrice, l'on nous donne à présent Roosevelt-Rosenfelt ! bouquet ! en personne ! au plus immense agrandissement ! toute la gueule ! toute la grimace ! toute sa plus imbécile contorsion, baverie, hurlerie imprécatoire ! macaque en folie oratrice, toujours plus démesuré, encore plus énorme ! plus pitre ! au premier plan ! Je vous fascine ! Je vous tance ! Vous admoneste ! Vous adjure ! Vous hypnotise ! Il en louche, l'abominable ! Et ça gronde et ça tempête ! ce niagara du postillon ! Ça tonitrue dans l'exhorde ! Il nous en veut quand on s'élance pas dans les conflagrations tout de suite ! purificatrices ! Le fascisme, ça le tient aussi ! Tous ils répètent la même chose ! Ils nous déclarent bien équivoques dans nos façons de lambiner, de réfléchir sur les détails…

Le devoir nous appelle aux combats, oui zou merde ? Voilà ! That is the question ! Et c'est pesé immédiatement, très irréfutable ! il est plus formel encore que Mr Pétain pour tout ce qui concerne la vaillance des anciens combattants, des présents combattants, des futurs morts ! Mr Rosenfeld ! Il ne parle que d'union mondiale contre les fascismes ! Il y tient ! Il ne conçoit les choses qu'à l'universelle échelle. C'est un véritable cyclope ce louchailleur postilloneux ! Il se met en verve que pour l'immense, l'infini. Il nous fade. Il nous annonce, il nous promet, si nous sortons de nos torpeurs, des épurations mondiales, pharamineusement triomphantes, des victoires démocratiques absolument libératrices, de quoi bien tous nous passionner, de feux fuyants en mitraillettes, pendant encore au moins deux siècles ! La gâterie dépasse toute estimation ! Que l'on pavoise ! C'est gagné ! Qu'on lampionne tout de suite ! Et que ça lambille de Vladivostock à Bécon ! L'avenir est à nous ! Roosevelt nous le confectionne ! Il insiste encore… Ah ! nous voici sonoriquement prévenus ! Rien à réfuter.

L'avenir tout saignant, pâmant, juteux à point, bleu de mouches, savoureusement cadavérique. Il nous met les points sur les i, Roosevelt-Rosenfelt ! « Que ça doit pas recommencer l'histoire de la petite Belgique ! Que l'admirable petite laborieuse Tchécoslovaquie, comprenez le tortueux tartufier complotique ghetto Masaryk-Benesh, si vous ne vous décanillez, sautez à vos baïonnettes ! elle va subir votre petite sœur, à son tour, l'abominable viol teuton ! La ruée de l'infâme ! Écoutez ce fumier d'Hitler qu'est déjà par là, tout bandant, affutant, spumeux à la porte… »

C'est révoltant pour des âmes pures, comme Roosevelt… Sasoon, Litvinof, des salacites semblables ! Ah ! Vous avez juste une minute pour conjurer la catastrophe ! L'écroulement des Loges du Mittel Europa ! La calamité inexpiable ! Allons que ça fonce ! aux dépôts ! éperdus de joie croisadière ! À la géante échauffourée ! le trèpe en hordes salvatrices puantes le meurtre et l'oignon !

Ah ! C'est pas par des propos nuancés, des philosopheries insidieuses, c'est par des injures très tonitruantes, des engueulades catégoriques, des provocations bien rugies, des sommations d'ultime urgence, qu'on nous réveille les sentiments.

En des temps moins équivoques, dans n'importe lequel de ces films, on aurait trouvé facilement les motifs de 12 ou 15 ultimatums. Des « casus-belli » plein la crèche. Personnellement je trouve Hitler, Franco, Mussolini fabuleusement débonnaires, admirablement magnanimes, infiniment trop, à mon sens, pacifistes bêlants pour tout dire, à 250 Prix Nobel, hors concours, par acclamations !

Ça durera peut-être pas toujours. Les glaves ça retombe quelquefois. Je voudrais qu'il en reprenne plein la face, moi, le Roosevelt, et des grands comme l'Atlantique, et tout en vitriol.

Mais c'est bien trop espérer des astres et des vents de ce monde.

L'adorable c'est qu'à cent pas de ces filmasseries terribles, dans la 42ème Ouest, rutilent, flamboyants, en plein prospérité, gloire, les fameux « Burlesks » (formule Minsky) sortes d'Hyperevues à la « Casino », judéo-byzantines tout à fait de même, sans aucune prétention artistique, mais alors directement sadiques, catégoriquement érotiques, lupanaresques, cruellement onaniques. Furieuses Kasbahs sèches à 50 cents le fauteuil, dont le client est viré, bousculé hors, par la « prochaine », effaré, langue pendante, queue perdue, sperme en poison. Le traquenard juif à la miche folle, le chantage au cul bouillant. Comme spectacle c'est pas difficile, on comprend tout de suite, ça consiste rien qu'en coïts, mais mimés, des « eaux à la conasse » fougueusement simulées, par des artistes typiquement splendides, des créatures bouleversantes, bandatoires à mort, faut reconnaître, des brunes, des blondes, des longilignes, des rouquines, des menues, des trapues, des langoureuses, des chichiteuses, des sauvages, des dodues, des vampiriques, des fulgurantes, tous les goûts. Pas de dégoût. Un assortiment diabolique de carnations éblouissantes. Du sex-appeal vertigineux, le tout en convulsions égarantes, ondulatoires. Offrandes, reptations, trémulations, extases hypnotiques… En musique toute cette fantasia, insistante, baratinante, impitoyable. Comble de la Tentalerie.

Ces stupres ne nous sont offerts qu'après d'interminables, très réticents déshabillages, allées, venues, voltes, échappées, revenez-y de croupes, gigoteries de fessiers, fricoteries vibratoires, effrénésies de charmes, écartement de toisons, délires de moules, tribulations merveilleuses de tous les trésors au pavois… Ça va mal ! Ça va trop bien ! Des séances pareilles seraient impossibles ailleurs qu'à New-York. Elles ne sont tolérées là-bas, les censures ne les passe qu'à une condition, qu'elles soient toujours présentées comme « Séances Françaises », spectacles typiquement, authentiquement français. Saloperies bien documentaires sur nos manières si révoltantes, notre dégénérescence célèbre, nos débordements obscènes, nos mœurs de tarés monstrueux, légendaires. Mr la Guardia, maire juif de New-York, les trouve à ce titre excellentes, éducatrices au possible, vrais spectacles de préservation sociale. (Des choses que les adultes doivent tout de même connaître !) Et l'Ambassade de France aussi, forcément, est du même avis, la même distinguée qui patronne le terrible Office des Informations Françaises et la filmerie croisadière. C'est un tout. Le cycle est fermé. C'est du rapprochement franco-américain ou je ne m'y connais pas. On va nous voir aux Burlesques, comme nous allons nous aux singes, au Jardin des plantes, nous marrer de leurs facéties, de leurs saloperies, de leurs trouvailles trouducutières, de leurs branleries désopilantes, de leur priapisme atterrant. On ne demande pas aux macaques d'être réservés dans leurs mœurs. On nous en demande pas tant non plus ! Au contraire ! Ça serait une grande déception pour toute l'Amérique, si on nous trouvait un jour autrement qu'invinciblement dégueulasses, hantés du panais, hallucinés par la conasse, éperdus d'éjaculations, dans toute les conditions possibles et les plus grotesques, les plus infamantes, les meilleures, les plus françaises forcément, les plus pittoresques à regarder.

D'ailleurs, pour plus de certitude, pour la garantie d'origine, à la porte de chaque Music-Hall si gentiment spécia-lisé, un pitre foudré, fardé, en grande tenue d'officier de Hussards, parade, vocifère, ameute toute la 42ème ! « Entrez ! Entrez ! Vous serez contents ! Vous regretterez pas vos 50 cents ! Vous allez voir à l'intérieur, Messieurs, Mesdames ! Le plus beau spectacle ! L'inoubliable spectacle ! absolument français ! Le plus véritablement français ! L'officiel !... La vie amoureuse des Français ! Spectacle que tout Américain doit avoir vu ! Comment on ne peut voir ça qu'à Paris ! Capitale de la France ! Entrez ! » Nous sommes maintenant tombés si bas dans l'estime universelle (la conscience universelle dont nos cancans sont pleins), que la judéo-gangstérie qu'est pourtant bien une fiente affreuse, peut tout de même se payer le luxe de nous glaver pour 50 cents. Ils oseraient jamais faire ça aux métèques les plus dépréciés, les plus mal blairés, même au Japonais, même aux Mexicains, même aux pires moudjikans tordus. Ils auraient peur des histoires.

Mais avec nous ! Pourquoi se gêner ? N'est-ce pas comité France-Amérique ? Maurois, Herzog, Pétain, Lebrun, Chambrun, etc… qu'ils auraient bien tort ? Qu'ils ont vraiment rien à craindre ? Que c'est entendu qu'on est merdes !

* * * * *

Aucune illusion à se faire, les judéo-américains (c'est-à-dire en somme toute l'Amérique) ne nous rendent l'estime, ne commencent à nous considérer qu'au moment où le clairon rallie nos viandes, si corrompues déjà, vers les boucheries rédemptrices, les grands abattoirs batailleurs.

En ces occasions flamboyantes l'on nous pardonne tous nos vices, nos tares pendables, notre crapulerie légendaire. Pourvu que la barbaque s'élance, tout va bien, c'est l'amnistie ! Tout fait carnage ! Tout fait charnier ! Tout fait commandes !

La gangsterie du dollar se montre d'un seul coup extrêmement indulgente. Elle passe l'éponge. Elle ne nous piffe pour résumer qu'en temps de guerre. En temps de paix, c'est les pincettes, le pilori permanent.

À part Messieurs Benda, Maurois, Jouhaux, Max Lintran, et puis encore trois ou quatre autres, de grands apanages, Juifs de naissance, ou synthétiques, quelques Maréchaux quémandeurs, l'Amérique ne nous conçoit guère que maquereaux, ruffians, larbins de cuisine mendigots. C'est pesé une bonne fois pour toutes. Nos femmes, bien plus serviles, encore, se livrent pour des petits pourboires, toutes cavaleuses, vieillotes, jacassières, ventres pourris, trop heureuses quand on leur fait signe.

Elles ont beau se rendre très aimables, elles ont bien de la peine à se défendre. Elles retiennent l'homme qu'au pompier. Sur l'article, alors, imbattables !

* * * * *

Autres « Burlesks »…

Interview de Benoît Frachon et déclaration de sa Ventripotence juive Jouhaux, retour d'Amérique.

(*Humanité* du 30 septembre 1938)

« — Tu as passé quelques jours à New-York et précisément au moment où fut connu l'accord Hitler-Chamberlain-Daladier au sujet de la Tchécoslovaquie. Quelle fut la réaction aux États-Unis ?

« — L'opinion aux États-Unis fut stupéfaite de cette attitude jugée scandaleuse du gouvernement français. Ce manquement aux engagements était très sévèrement jugé. Nous étions assaillis de questions inquiètes. Toutes se terminaient par cette espèce de supplique : "Mais, dites-nous, n'est-ce pas, ce n'est pas là l'opinion du peuple de France ? Ce dernier réagira, il n'est pas possible que la France du Front Populaire, que nous aimons, abandonne ainsi la lutte pour la paix, et la démocratie ?" »

Naturellement c'était bien là notre conviction.

J'ai vu des hommes politiques influents pousser un véritable soupir de satisfaction quand, le soir, ils lurent dans un communiqué de *l'United Press* la déclaration de Jouhaux qui disait :

« Les travailleurs français n'accepteront jamais une telle proposition, même de la Chambre des députés à laquelle on doit soumettre ce plan absurde. »

Combien y avait-il de Juifs et de « maçons » parmi les « questionneurs inquiets » ? That is the question ? Combien d'usiniers de guerre juifs parmi les « pousseurs de soupirs de satisfaction » ? Certainement Barush, véritable empereur des États-Unis, le plus grand usinier de guerre du Monde.

* * * * *

Encore un truculent spectacle à ne louper à aucun prix. Le départ du *Normandie* de New-York. *Normandie !* triomphe de nos contributions, le plus crâneur de nos déficits. Sur 3 000 passagers, au moins 2 500 Juifs. À nous Aryens « assujettis » du génie français tout le déficit ! On est des gaillards prestigieux, des vicieux de la folle ceinture. Aux rats juifs du monde entier les prélassements inédits, les vogues les plus exorbitantes, le caviar à la louche de nos centimes additionnels. C'est plus de la passion, c'est de la vraie furie youtrissime pour grimper, grouiller sur ce bord, renifler, machillonner tout le sortilège du luxe, toute l'opulence talmudique de l'énorme rafiot. On dirait que les pires rats youtres, les plus pernicieux de l'espèce, les plus paniqueurs, ont opté pour la *Normandie*, pour la gigantesque panse, le fantastique tout en or, pour nef du prochain déluge. C'est vrai qu'elle représente très bien tout l'exact du Juif.

Comment vous figurer la chose ? imaginez-vous les Champs-Élysées montés sur péniche… mais alors des Champs-Élysées devenus encore bien plus juifs, parvenus à l'aurification suprême, absolue, des Champs-Élysées pour milliardaires en haschisch. Des Champs-Élysées encastrés, boulonnés dans le coffre-fort transatlantique le plus colossal, le plus spectaculaire, le plus juif du monde.

Les cabines ? autant d'éblouissants coffrets, avec tous les souks autour, babord, tribord, dessous, dessus, de l'or ! boutiques, terrasses, coiffeurs, piscines, télégraphe, bars, sur-bars, et contre-bars tout ruisselants d'or ! chiots, ascenseurs, musiques, manucures, capitaines, serviteurs, absolument garantis or ! plaqués or ! sertis or ! fondus or ! tout or !... L'on s'en nourrit d'or, l'on s'en bâfre, l'on s'en regorge, l'on s'en dégueule, l'on s'en évanouit.

Va petit mousse
Tout l'or te pousse !

Il en gicle partout, ça pisse l'or, les bienheureux embarqués tombent malades d'or. Ils vont, surgavés, crever d'or.

Le médecin de ce bord en or, accourt tout en or pour émollir un peu vos tripes, obstruées d'or, vous faire filtrer le surcroît d'or, qui vous bloque (hé, hé) les conduites intimes. Douleurs trop divines ! Il vous évacue, il vous délivre adorablement, avec le sourire tout en or, d'un formidable étron précieux, contenant au moins 500 carats d'or !... C'est pas difficile de comprendre que les Juifs adorent une navigation pareille, tout en carats. Ah ! Ils en raffolent de leur caravelle, cent mille fois plus miraculeuse que tous les *Mayflowers* leur *Ben Normandie*, la phénoménale, gigantesque boursouflure flottante, le ventre d'or transatlantique de la *Jew Line*. Y a même plus de jalousie possible entre les classes, tellement on se trouve bien entre Juifs, heureux, exaucés, triomphants, épanouis. C'est le Paradis ! C'est l'Extase ! Pilgrims en délirante goguette. « La divine grouillerie », les suites du *Mayflower*… L'unanimité, la communion dans l'or ! La haine des classes c'est pour nous. Entre Juifs : émulation, admiration, mais jamais de haine. Toujours Wendel, jamais Rothschild ! Toute la youpasserie en transe, affolée de condiments, d'omnipotence, bâfre cinq jours et cinq nuits sans désemparer, toutes les tribus à la curée des menus de plus en plus formidables, à rugir d'extase, de transsubstantations alimentaires, par langoustes, limandes en or, artichauts d'or, épinards de même, poulardes à la fraise, en or. On ne sait plus. Des stupres de matières avalables à faire rouler le géant des Mers bord sur bord. Des plus radines enfouies troisièmes (l'or en filament) aux plus exclusives boudoiries d'hyperluxe-Premières (l'or à la flopée) c'est l'exquis vertige jubilant, de courtines en couloirs d'or, de gradins aux salons, plus immensément aurifiés les uns que les autres, de plus en plus juifs, ruisselants, épanouis, abracadabrants d'or. « Mille et une nuits de Shylock », jusqu'aux volières cristal et or ! tout le rêve du Paradis juif, sous la main, là, très potable, palpable, buvable, goinfrable, chiable ! Hypersouk paradisiaque, chef-d'œuvre du très grand goût français, orgueil de notre pavillon ! Décoré entièrement youtre ! Tradition ! Prestige ! Salut ! Trois couleurs ! Quatre ! L'or foutre ! qui les avale toutes ! Synthèse de l'art juif français ! de la nation juive française !

Contribuables ! vous êtes plus cons que Louis XIV, lui au moins il profitait de Versailles. Il y demeurait. Vous êtes bien pires, vous vous faites construire des Palaces flottants, bien plus extravagants, plus déficitaires que tous ses Trianons juste pour faire naviguer vos rats. Vous êtes plus faciles à duper que les sujets de Louis XIV. Toute la grouillerie juive, la porcine, aux délices, dans la calebasse à Mammon.

C'est mince, c'est tout mince quand même la coque d'un si gros, si géant transatlantique… Ça frémit, ça grince, ça trembloche, ça joue… ça fuit… C'est pas très solide… et puis là-dedans c'est plein de Juifs… dans tout cet or… et puis ça flotte sur des abîmes… si profonds… sur des nuits et des nuits d'oubli…

C'est seulement pour l'équipage…

Les rabbins du port de New-York ils se gafent d'ailleurs de certaines choses, ils sont pas si fous… ils connaissent eux les sens occultes, les symboles du *Ben Normandie*, y a pas que la cocaïne qui les intéresse… Ils savent bien que chaque départ est une maille de plus dans la trame… Ils se gourrent pas… Ils arrivent en chœur à chaque levée d'ancre. Pour chaque départ, ils sont là, et pas tout seuls, je vous prie, avec toute leur clique croassière, tous les chantres de leurs synagogues. Et pendant des heures ça sup-plique, ça cantate, ça nasonne, ça vociféraille en yiddisch, à gueule que veux-tu, hagards, convulsés, possédés, effrayants… juste sous la passerelle… Une séance de Sabbat farouche… Le Rabbin du bord, celui qui s'en va, reprend au refrain la hurlerie. Il vocalise dans la tourmente, il bat la mesure, il gémit… Tous ils chialent du coup, unanimes, ceux qui restent et ceux qui s'en vont… C'est des grands sanglots très tragiques, des très hautes lamentations perçantes, des râles, en pleine sirène du départ… Ça dépasse même le déchirement…

À toute vapeur capitaine !

Ça va ! vous pouvez partir ! vous avez ce qu'il vous faut ! Il est beau le Super-Navire ! Il est plein d'Apôtres ! Et des ardents ! des super-Saint-Pierre ! des gens qui flottent que pourris d'or, par la force de l'or ! dans la force de l'or.

Il ne faut rien exagérer. La judéo-gangsterie américaine a beau raffûter son boucan énorme, c'est pas elle quand même qui décide des choses vraiment graves, celles qui engagent toute la juiverie. Pas du tout ! Dans les Conciles décisifs de la Politique juive mondiale, Washington compte pour du beurre. Le personnel politique judéo-américain s'est toujours, partout, démontré d'une connerie sans nom. Il a pas droit à la parole. C'est Londres-l'hypocrite qui garde la haute main, le pouvoir très absolu, (par l'*Intelligence Service*) de guerre et de paix. Washington ne rame qu'à la traîne avec son quarteron marrant de féodaux de la conserve et du soutien-gorge, éberlués du dollar, vieux aventuriers goujatiers, exhibitionnistes, analphabets retraités dans les protocoleries gâteuses.

Washington-la-conne n'ose jamais, ne prend jamais sur la scène mondiale d'initiatives majeures. C'est toujours Londres qui la règle dans toutes ses allures, fringantes, endiablées, sournoises, sermonneuses.

C'est Londres aussi qui règle Moscou dans ses perversités geôlières, ses partouzes d'aveux spontanés, autant, pas plus, mais pas moins qu'elle oriente tous nos Orients, nos Loges pas souveraines, nos trébuchets ministériels, notre démocratie française haletante. Les Sages de Londres ne demandent aux judéo-américains, obtuses, dépravées, infantiles brutes, que leur pétrole surabondant, leur coton, leurs avions, leur cinéma, leur or, leur 70 pour 100 de l'Industrie mondiale, leur inégalable tapagerie-bastringue, leur propaganderie abracadabrante, leur bluff cyclopéen. C'est tout. Le matériel en temps voulu, la hurlerie en temps voulu. Pas davantage.

On leur demande jamais d'idées, surtout pas d'idées, on leur en fait grâce. Les judéo-américains sont célèbrement idiots, atterrants de sottise, voyez Roosevelt, Otto Khan, Morgenthau, Filène, Barush, Rosenthal... Regardez ces têtes de cons... Sottise en personnes ! Londres se méfie de leurs idées pire que de la peste. Les judéo-américains ne se mettent en branle qu'au commandement de la Cité, pour déverser leur brocante, à toute berzingue, toute leur quincaillerie, le crédit, leurs huiles puantes, leur tintamarre, leurs filmeries, où on leur dit, ici, là-bas à l'endroit juste...

Tous les déclics, de la Guerre, de la Paix, sont à Londres.

* * * * *

Il nous l'a pas envoyé dire. Il nous l'a proclamé tout haut, très ouvertement, bien franchement, Monsieur le Maréchal Pétain. Qu'est-ce qu'il risque ?

« Anciens combattants ! Garde à vous ! Grogneugneu ! Ça roupille ? Ça ronfle dans les rangs ? La Paix vous amollit ! Vautrés ! La vaillance est minée ! Minables ! Vous voilà corrompus par les satisfactions matérielles ! par les délices de la Victoire ! Fixe ! Merde ! Foutre sang ! C'est trop écœurant de vous voir jouisseurs de la sorte ! Ça peut pas durer ! C'est pas supportable ! Faut des épreuves ! Alignement ! Redressement fameux ! Le sort de la France est entre vos mains ! Ça va mal ! Énergie sacrée ! Fixe ! Garde à vous ! Ça va ! Communion des âmes ! Patrie ! À vous ! Ça va jaillir les étincelles ! Je m'en occupe ! Communion des mobilisés ! Patrie ! Garde à vous ! À vos rangs ! Combattants ! Le sort de la France !... »

— Pardon ! Pardon ! Monsieur le Maréchal ! Petite minute ! Vous troufignolez à plaisir, Monsieur le Maréchal, les bonnes raisons, les mauvaises causes ! Vous confusionnez très vachement ! Pervers Maréchal ! C'est pas possible d'avaler des vraies monstruosités pareilles, vous atigez horriblement, Monsieur le Maréchal ! faut bien qu'on vous le dise ! Le sort de la France ? Il est pas du tout, du tout entre les mains des combattants, Monsieur le Maréchal ! pas plus des anciens que des nouveaux ! Repos ! Repos ! Le sort de la France, il est entre les mains des Juifs, précisément, de ces bons Messieurs Lœb, Barush, Roosevelt, Rothschild, Montagu Norman, Sinclair, de la belle « *Intelligence* », pour votre Service !... d'encore plus complotiques rabbins, Sassoon Lange, Litvinof, Weiss… Mais les anciens combattants, dans toute cette histoire, pas plus que les nouveaux d'ailleurs, ils ont rien à voir du tout… Dans la terrible goupille, ils comptent pour des nèfles ! Ils ont qu'à se laisser berner, propulser, dociles, basculer dans les grands massacres, la tambouille au sang qui mijote aux quatre coins du monde, toute leur viande au dépeçage, à pleins charniers affranchisseurs, en grandes fournaises à Judas, servis chauds à la mitraillette, à la ravigote d'ypérite ! On leur demande pas la couleur de leurs garde-robes. Ça suffit de leurs fascicules ! Trêve d'impertinences !

Ils promettent, ils rient, tout est dit.
— César : *les Celtes.*

Parlons un peu sérieusement. Parlons un peu de notre avenir. Elle va durer combien d'années la prochaine « dernière » ? La reder des ders ?... Dix ans ça semble un minimum.

Les spécialistes nous rencardent qu'ils ont fait des progrès splendides en armes défensives, mais qu'ils sont beaucoup moins fiers des engins d'attaque. En comparaison c'est loupé. Les offensives caneront pour sûr, figeront, cafouilleront dans les barrages. C'est écrit. Voyez l'Espagne... Les mitrailleuses nouveau régime, sont invincibles, infranchissables. Donc des hostilités très longues, très coûteuses, très meurtrières, très pâteuses, anéantissantes pour tout dire. La prochaine nous coûtera au moins dans les vingt-cinq millions de morts, tant civils que militaires. C'est moins qu'on peut estimer, par mitrailles, bombes, insurrections, épidémies, etc...

C'est le minimum optimiste pour la France vaillante, cocue et pas éternelle. Nous aurons trois, quatre et cinq fronts pour déployer nos héroïsmes, de la vraie gâterie. Que nous sortions vainqueurs ou vaincus de ces fariboles, le résultat sera le même pour nous. Strictement réduits à zéro, France anéantie par disparition des Français ! Ils ont beaucoup trop saigné, les Français, depuis 89. Ils perdent cent mille soldats par an, par malthusianisme. Ils ne font plus d'enfants. Une guerre par-dessus le marché ?

Ça sera pas la vraie « lutte finale », ça sera la boucherie terminale, la folle saignée torrentielle, démentielle, exhaustive. L'hémorragie à blanc. Moi je peux bien donner mon pronostic, je suis médecin, j'ai le droit.

L'issue de la prochaine on s'en fout, puisque de toutes les façons, nous serons portés disparus, repassés en cours de route. Ça peut pas nous intéresser, ni la victoire, ni la défaite, puisque de toutes les manières, nous ne verrons ni l'une ni l'autre, nous serons décédés bien avant, emboutis, broyés, émiettés dans les fracasseries enthousiastes, les croisaderies libératrices fantastiquement fulminantes. On retrouvera même pas nos cendres tellement on sera partis violents. Nous disparaîtrons corps et âme de ce territoire, bien avant la dernière bataille la Patrie elle existera plus, fumée ! ça sera des souvenirs de boudins, des fictions épongées au sang. À la fin de la prochaine guerre, on aura vu tellement de choses, il s'en sera passé des si drôles, qu'on se souviendra même plus de ceux qui l'auront commencée, ni pourquoi ils l'ont commencée...

Ils existeront plus les Français, ce sera pas une très grande perte, des hurluberlus si futiles, si dégueulassement inflammables pour n'importe quelle connerie.

Nous disparaîtrons corps et âme de ce territoire comme les Gaulois, ces fols héros, nos grands dubonnards aïeux en futilité, les pires cocus du christianisme. Ils nous ont pas laissé vingt mots de leur propre langue. De nous, si le mot « merde » subsiste ça sera bien joli.

* * * * *

Avec notre natalité déjà si piteuse, d'aztèques, de décadents risibles, notre biologie chancelante, nos métissages dégradants, notre rabougrisme spirituel, notre alcoolisme épanoui, nous ne pouvons nous payer à aucun prix le luxe d'une autre guerre. C'est classé.

La guerre pour nous, n'importe quelle guerre, malheureuse ou victorieuse, c'est tout pareil, c'est du suicide. La prochaine mobilisation, une de trop, on pourra bien l'encadrer, ça sera notre « Faire-Part » ! « Faire-Part-National » ! dans l'Union nationale, pour la Conscience universelle. Notre population autochtone, déjà si dangereusement abâtardie par les croisements négroïdes, afro-asiatiques, les apports de juifs tordus, le confusionnisme maçonnique, la trahison raciale, la dégénérescence érigée en religion sublimement humanitaire ne résistera pas à deux années de systématiques tueries.

Les Français, dès le premier jour, dès la gare de l'Est, s'en iront littéralement fondre dans la catastrophe, on n'en retrouvera plus la trace. Encore une autre épuration comme celle de 14 et c'est la fin du cheptel. La Gaule « chevelue » ! comme ils l'appelaient, et puis la « Gaule chauve », elle deviendra la « Gaule des cimetières ». Tout simplement. Feu l'indigène sera départi sans le moindre espoir de retour.

Il fallait bien le dire à la fin. Ça peut pas servir à grand'chose, mais c'est agréable.

Au point où nous en sommes, dans l'extrême péril racial, biologique, en pleine anarchie, cancérisation fumière, où nous enfonçons à vue d'œil, stagnants, ce qui demeure, ce qui subsiste de la population française devrait être pour tout réel patriote infiniment précieux, intangible, sacré. À préserver, à maintenir au prix de n'importe quelles bassesses, compromis, ruses, machinations, bluffs, tractations, crimes. Le résultat seul importe. On se fout du reste ! Raison d'État ! la plus sournoise, la plus astucieuse, la moins glorieuse, la moins flatteuse, mais qui nous évite une autre guerre. Rien ne coûte du moment qu'il s'agit de durer, de maintenir. Éviter la guerre par-dessus tout. La guerre pour nous, tels que nous sommes, c'est la fin de la musique, c'est la bascule définitive au charnier juif.

Le même entêtement à résister à la guerre que déploient les Juifs à nous y précipiter. Ils sont animés, les Juifs, d'une ténacité atroce, talmudique, unanime, d'un esprit de suite infernal et nous ne leur opposons que des mugissements épars.

Nous irons à la guerre des Juifs. Nous ne sommes plus bons qu'à mourir. Nous voici parvenus à ce degré d'hébétude, de décrépitude abjecte, où même l'instinct de conservation nous abandonne, nous l'avons dégoûté. Plus un seul patriote en France. Tous vendus, trouillards, pourris, éperdus d'honneur soi-disant, transis de pétoche maçonnique, de toutes les trouilles, trouille des Juifs, trouille de louper un nougat, trouille de perdre l'appétit, le sommeil, la transpiration, la petite amie, la concierge, le facteur, la jaquette, le petit ami, le demi-tarif, mes civilités empressées, la queue pluvieuse au cinéma, leur petite tête, une plus énorme légion d'honneur.

Comme patriotes nous n'avons plus, patentés, que ce terrible ramassis de Vénérables en rupture, maréchaux ou pas, Commissaires priseurs en toutes Urnes, Comiteux académiciens, perclus à prébendes, fantoches infiniment repoussants, ventriloques pour toutes trahisons, encaisseurs en tous bicornes, absolument plus regardables de la calvitie aux éperons. Mais ça cause, ça n'arrête pas, ça chevrote, ça beugle, ça redonde d'un vent dans un autre. Ça obstrue tout. Ça obstrue tout.

C'est l'infini d'allées, venues, de la Tribune aux Cimetières. Procureurs assermentés pour toutes boucheries historiques. Comme ces moutons à la Villette spécialement dressés, les « doubleurs », qui mènent leurs copains au tranchet indéfiniment, à la ribambelle, par tous les couloirs, bêlants…

Vous n'allez pas demander quand même à Messieurs Bedain, Suez-Weygand, Lebrun, Daladier, Cachin, et tous autres, de se mettre un beau jour, d'un coup, à penser différemment de l'*Intelligence Service ?* Pourquoi pas la Lune ? Ou la fermeture des Loges ? Ils ne peuvent être que d'accord sur tous les problèmes essentiels ! Ils pensent comme l'Opinion Publique, ces redondants, longévitants Messieurs, comme la Conscience universelle, exactement comme *Paris-Soir*, *l'Humanité*, *le Figaro*, *Regards*, *Candide*, *Marie-Claire*, *la Croix*, *l'Officiel*. Ils pensent tout à fait de même sur toutes les questions primordiales, comme tous les gens bien de France, comme Messieurs La Rocque, Wendel, Marin, Rothschild, Mendel, Doriot, Mauriac, Lebrun, Thorez, comme Messieurs Lazare, Verdier, Jouhaux, Stern, Bader, Dimitrof... En somme comme le Pape. C'est un chœur ! c'est un ensemble ! Tous conformes très exactement, dans la juste note, admirables conformistes, avec des petites variantes bénignes.

Ils parlent de tout, ces éminents, sauf des choses qui nous intéressent... Et avec quelle éloquence ! pertinence ils causent de rien !

Ils restent conformes au silence, à la grande directive youpine, à l'*Intelligence Service*, c'est leur business le silence. Ils parlent que pour ne rien dire. Ils sont payés, ils sont gâtés, ils sont gavés pour ne rien dire. C'est que du silence leurs paroles. Ils ont tous le même téléphone, et puis, au fond, le même programme. Quand ce sera le moment de la guerre, ils écouteront venir les ordres. Ils exécuteront sans férir, intégralement, à plein zèle, toujours silencieux bruyamment, ébahissants de discours. Ils signeront les envois de viande, les livraisons d'effectifs avec une conscience impeccable, à l'Heure des Combats, tant que ça pourra. On est bons comme l'aloyau nous, dans la boutique conformiste.

Les Français à l'étranger loin de se rechercher, s'évitent, se haïssent, se déchirent tant qu'ils peuvent. Aucun sens de solidarité. Pendant les occupations étrangères ils se dénoncent.

Dans nos démocraties larbines, ça n'existe plus les chefs patriotes. En lieu et place c'est des effrontés imposteurs, tambourineurs prometteurs « d'avantages », de petites et grandes jouissances, des maquereaux « d'avantages ». Ils hypnotisent la horde des « désirants », aspirants effrénés, bulleux « d'avantages ». Pour l'adoption d'un parti, d'un programme, c'est comme pour le choix d'un article au moment des « réclames », on se décide pour le magasin qui vous promet le plus « d'avantages ». Je connais moi des personnes, des véritables affranchis qui sont en même temps marxistes, croix-de-feu, francs-maçons, syndiqués très unitaires et puis malgré tout, quand même, encore partisans du curé, qui font communier leurs enfants. C'est des camarades raisonnables, pas des fous, qui veulent perdre dans aucun tableau, qui se défendent à la martingale, des Idéologues de Loterie, très spécifiquement français. Quand ça devient des racailles pareilles y a plus besoin de se gêner.

C'est du temps perdu. Des efforts pour le caca… tout à fait inutiles… Plus de mystique possible. Aucun rétablissement possible. C'est fini. Culbute. Même tabac d'ailleurs, droite ou gauche. Que des boyaux avides partout. Juste des conflits d'égoïsmes, implacables, que les Juifs admirablement truquent, tripatouillent, irritent, enflamment, étouffent, embringuent, tarabiscotent à leur profit. La conjuration juive mondiale seule véritable réussite de notre civilisation. Nous n'avons plus de patriotes. C'est un regret de bétail, on en a presque jamais eu de patriotes. On nous a jamais laissé le temps. D'une trahison dans une autre, on a jamais eu le temps de souffler… D'une guerre dans une autre…

On nous a toujours trafiqués, vendus comme des porcs, comme des chiens, à quelque pouvoir hostile pour les besoins d'une politique absolument étrangère, toujours désastreuse. Nos maîtres ont toujours été, à part très rares exceptions, à la merci des étrangers. Jamais vraiment des chefs nationaux, toujours plus ou moins maçons, jésuites, papistes, juifs, selon les époques, les vogues du moment, dynasties, mariages, révolutions, insurrections, tractations, toujours des traîtres en définitive. Jamais nos chefs n'ont eu les mains très nettes. Les Mazarins, les demi-Talleyrands, les sous-

Mirabeaux, les Vergennes, les Briands, les Poincarés, Jaurès, Clemenceaux, Blums abondent dans notre histoire.

Nous sommes les snobs, les engoués d'une certaine forme d'anéantissement par traîtrise.

De nos jours, toute la vaillance, l'exultance, le frénétisme de nos meneurs, preux « redresseurs », « rétablisseurs » patriotiques, maréchaux ou pas maréchaux, consiste à renchérir encore sur la tradition de traîtrise, à procurer fanatiquement, plus économiquement encore, si possible, des viandes françaises guerrières aux gouvernements étrangers. La fonction paye admirablement. Marché conclu, ils n'ont plus nos maîtres « redresseurs » qu'à se laisser porter de gloire en gloire, plus qu'à se régaler toujours plus éperdument, effrontément, à s'en foutre des bâfrées terribles, à pleins râteliers, toujours plus copieuses, mieux garanties par l'État, superpontifiantes, à s'en faire éclater toutes les sous-ventrières et puis encore d'autres prébendes, cumuls, tantièmes, légions, cordons ! Ça va ! ça vient ! Ça fonctionne les honneurs, les consécrations ! Des pourlichages à plus finir en d'autres fentes moult conciliables ! De plus en plus Vénérables ! Des caresses partout ! Des « fourrées » invincibles ! De la P. P. aux Invalides, de l'Élysée au Panthéon.

N'ont en France jamais réussi que les traîtres, les saltimbanques, et les donneurs. Peuples creux.

* * * * *

Il règne sur tout ce pays, au tréfonds de toute cette viande muselée, un sentiment de gentillesse sacrificielle, de soumission, aux pires boucheries, de fatalisme aux abattoirs, extraordinairement dégueulasse. Qui mijote, sème, propage, fricote, je vous le demande, magnifie, pontifie, virulise, sacremente cette saloperie suicidaire ? Ne cherchez pas ! Nos farceurs gueulards imposteurs Patriotes, notre racket nationaliste, nos chacals provocateurs, nos larrons maçons, internationalistes, salonneux, communistes, patriotes à tout vendre, tout mentir, tout provoquer, tout fourguer, transitaires en toutes viandes, maquereaux pour toutes catastrophes. Patriotes pour cimetières fructueux. Des vrais petits scorpions apocalyptiques qui ne reluisent qu'à nous faire crever, à nous fricoter toujours de nouveaux Déluges.

De notre petite vie personnelle, de notre vie nationale, ils se branlent effroyablement. C'est le cadet de leur souci. Inutile de dire ! Ils se doutent même pas que ça existe ! Nous ne tenons aucune place dans leurs préoccupations sauf pour nous à la pipe. Ça leur paraît même infamant, trivial, révoltant, cette manie d'être renseignés, cette folie qui nous pousse à demander le pourquoi l'on se tue ? Des chichis devant l'abattoir ? C'est une vraie ignominie anti-démocrate ! anti-humanitaire, anti-progressiste, antitout ! Notre petite vie personnelle leur est bien égal, à plus forte raison notre existence collective. Je parle pas de la race, ils se pouffent ! Pas la moindre place nous tenons dans l'esprit entreprenant de nos patriotes à tout faire. Ça les embarrasse jamais ce qu'on va devenir nous autres, dans les fantasias de la guerre, ça leur semble moins que rien comme contingence, y a pas pire aristocrate qu'un Vénérable franc-maçon pour le détachement des choses de nos viandes. Pour des patriotes bien placés, judaïques, y a que la gloire qui compte, la fière tradition de vaillance française. Notre peau ? C'est jamais la leur qu'on crible ! Ça leur paraît monstrueux des préoccupations pareilles pour des écartelés prochains ! Des véritables insultes que toutes ces rages d'explications ! Ces scrupuleuses ! Ces analyses ! Ces farfouillages plus que douteux dans les dessous patriotiques ! Ils se formalisent. Ils nous traitent d'obscènes.

Dans le bastringue aux pires tapins, dans les plus ramoneux bordels, y a des questions qu'on ne pose jamais, des mots qu'on peut pas se permettre.

Toujours, partout, y a de l'étiquette, il faut connaître, il faut se souvenir.

* * * * *

Si j'étais maire de Paris, je ferais coller qu'une seule affiche. Si j'étais maître des Écoles, je ferais apprendre qu'une seule leçon. Si j'étais roi des Bistrots, je verserais qu'un seul apéro, mais pour toutes les gueules.

Si j'étais prince des Journaux, je ferais passer qu'un seul article. Si j'étais empereur des Chansons, j'en ferais jamais chanter qu'une. Ça serait partout, toujours la même, en banderoles, en orphéons, en serpentins, en mirlitons, en fredaines phonographiques.

Faudrait bien tout de même qu'ils me l'apprennent.

Faudrait bien tout de même qu'ils la retiennent ! Qu'ils se l'insurgent ! Que ça les embrase, que ça les transporte, qu'ils se connaissent plus d'enthousiasme, de ferveur communicative.

La prochaine sera la dernière !
Gnières ! Gnières ! Gnières !
Ça sera le suicide de la Nation !
Gnières ! Gnières ! Gnons !
Ceux qu'apprennent rien comprendront !
Gnières ! Gnières ! Gnières !
Tous les cocus plein les wagons !
Gnières ! Gnières ! Gnons !
Au pays n'en reviendra guère !
Gnières ! Gnières ! Gnières !
Tous les cadavres qu'étaient trop cons !

Gnières ! Gnières ! Gnons !
Pour la prochaine gai reguerre !
Gnières ! Gnières ! Gnières !
Pour la prochaine gai ! ris ! donc !
Gnières ! Gnières ! Gnons !

(Ce dernier « Gnons » avec emphase.)

Ce sont les discussions qui tuent les races.

La prochaine guerre sera vraiment la dernière ! Gnières ! gnières ! gnières ! Et pour la meilleure des raisons ! C'est que personne n'en réchappera ! Tout sera dit. La Paix par le vide.

Un Pacte avec le diable ! Un traité ! Vingt traités ! Qu'on lui refile tous les Juifs ! les maçons ! le Pape ! Toute la lyre ! La Paix pour voir venir ! La Paix d'abord ! Nom de Dieu !

Retrouver une confiance, un rythme, une musique à ce peuple, un lyrisme qui le sorte du baragouin juif. Un Dieu ! d'où qu'il vienne ! Une âme ! le corps suivra ! On lui demandera pas son avis ! Ce sera à prendre, ou à laisser.

Chasser la mort des esprits, l'emmener au diable, broyer les têtes qui résistent, les acharnés du bavardage. Autrement c'est la culbute, victorieux ou vaincus, même bouillon. Écrabouillée, triturée, dépecée vive sur cinq frontières, cette triste patrie putasse, mitraillée par devant, derrière, ne sera plus avant trois mois que gazeuse horrifique charogne. Envahie, submergée, déferlée par les invasions de vingt hordes, elle ne s'en relèvera jamais. Retournée, tourmentée, disloquée, débâclée de fond en comble, déchaînée sur cinquante batailles, c'est fatal qu'elle soit occie bien avant la grande victoire. Elle aura tenu qu'un épisode. Il restera rien sous les pilonnages, les piétine-ments des cent mille colonnes, des bombes, des tanks, des offensives de très haut style. Rien du tout. Épongée. Sans compter les turlutaines de l'arrière pourri, les vampires non-combattants, toute la gangrène du « jusque-au-bout ».

Nous périrons sous les vainqueurs si c'est les fascistes qui gagnent, allemands, italiens espagnols, mocos. Nous périrons sous nos alliés si c'est leur victoire, la victoire démocratique, la victoire des Juifs. Ça revient exactement au même, d'une façon de l'autre on sera saignés au finish, à blanc. Une autre victoire comme 18 et c'est la fin, la ruée suprême sur le patrimoine autochtone. La ruée des mille ghettos du monde sur ce qu'il reste de l'Empire franc. Vous m'en donnerez des vaches nouvelles, communistes ! frémissants de juiverie ! cancres extasiés ! farauds cocus ! jobards incoercibles ! poires benêtes ! si vous en rescapez ! S'il en survit un seul de ces effroyables vêpres ! et ça sera miracle ! Vous m'en narrerez de merveilleuses !... Ils joueront vos osselets aux Puces, vous entendez ! vos remplaçants, vos héritiers super-émancipants, vos grands frères de Coalition, vos osselets d'antifascistes, de héros libérateurs. Aux Puces !

Ce sera enfin la bonne vie de Touraine en Côte d'Azur pour toutes les hordes persécutées. Depuis des siècles qu'on leur promet ! Grouilleries afro-asiates, proches-orientales, furioso-démocrates, égalitaristes, justicières, revendicatrices, super-humaines, soviétigènes, tout ça joliment francophage, radiné en trombes à la trompette juive ! la racaille arméno-croate, bourbijiane, valacoïde, arménioque, roumélianesque ! toute la polichinellerie balkane en folle triompherie ventrerie ! Vous serez servis voltigeurs ! La plus gigantesque aubaine de carambouillage jamais vue ! Ça va dévaler en délire après la victoire démocrate dans vos sillons, vos campagnes, ça va renverser vos montagnes, tellement qu'ils seront tous empressés de vider, retourner vos bleds ! vos émancipatrices cités ! vos dernières boutiques ! les gars ! d'enculer vos fils ! vos compagnes ! Ça sera la nouba Kabalique, le faridon du Paradis pour toute l'écrouellerie youpasse, la grande ruffianerie internationale au ralliement de *la Marseillaise !* On va se marrer deux minutes ! Vous serez racornis, tamisés à zéro. Vous serez éteints, vaporisés. Ils sont encore des millions d'autres, et puis encore des millions d'autres, et puis encore des millions, d'absolument pareils aux mêmes, et vous les oubliez toujours, dans vos lyrismes avariés, vos confuseries pérotantes, là-bas tassés qui se consument… des rats frémissants, peladés, pestilents, chassieux, réprouvés, persécutés, nécrophages, martyrs démocrates, qui se rongent de mille envies dans les tréfonds bessarabiens, indoustagènes, kirgizaniques. Pensez !... Pensez toujours à eux ! Ils pensent toujours, toujours à vous ! Toutes les vallées ouraliennes, budipestiques, tartariotes, verminent, regorgent littéralement de ces foisons d'opprimés ! Et que ça demande qu'à foncer, déferler irrésistibles, à torrents furieux, renverser les digues, les mots, les prévenances, votre fol bocage ! et vous l'oiseau cuicuiteur ! noyer tout ! Tous les souks, tous les brousbirs, tous les khans, toutes les kasbahs, tous les sanhédrins, tous les caravansérails, tous les Comitern de tous les deltas empuants de toutes les véroleries du monde déverseront d'un seul coup toute leur ravagerie truande, toute l'avalanche démocratique de leurs mécréants en famines depuis 50 siècles sur vos os ! Ah ! ça ira ! Ça ira ! Ça ira ! On nous pendra tous aux lanternes ! Garde à vous, Français ! Garde à vous ! Héroïques ? Oui ou merde ? Faudra-t-il donc vous botter pour vous faire descendre tout de suite au cercueil ? Dans la fière Patrie des charognes ? Je suis-t-y explicite ? C'est pas trop tôt que vous compreniez ! Déblayez un peu la surface ! S'il vous plait ! Laisser toute la place gentiment… On s'énerve à force de vous voir comme ça, vasouilleux, indécis, batifoleux d'un zinc à l'autre… Ça fait pas sérieux… On jase déjà dans les Loges à propos de votre conduite. Ça peut pas s'éterniser… Le Maréchal Pétartarin il a honte de vos petites manières, très matérialistes pour tout dire, il vous trouve préoccupés que d'avantages matériels ! Ah ! Fi ! Ah ! Pouah ! Quelle horreur ! Bande de goujats rebutants ! Vils ingrats anciens combattants ! C'est pas comme M. Suez-Weygand ! Lui au moins il la sauvegarde, la flamme des suprêmes sacrifices ! Il se la rallume pour lui tout seul avec des coupons terribles.

Le Maréchal Prétartarin, il veut pas que vous finissiez comme ça lâches, perclus, dans des piteuses morts naturelles ! Il vous commande des garde à vous impétueux ! Tout lauriers qu'il est ! Tout irrésistible Prétartarin ! Le plus enthousiaste gardien des cimetières héroïques français, de toute la Cimetièrerie française. Il est à son apogée dans tous les ossuaires Prétartatin !

« À vos rangs ! Garde à vous ! Fantômes ! Je vous inaugure ! Prétartarin des Nécropoles !

Fantômes ! Rassemblement ! »

« M. Daladier vient d'accepter la présidence de la Ligue pour la Protection des Israélites en Europe Centrale. » Les Journaux.

À tout prendre je trouve que les Blums sont bien moins dangereux que les Daladiers. Le trèpe il est en confiance avec le genre Daladier, il se dit : « Au moins, celui-là, c'est un vrai Français ! » Voilà qui vous trompe ! Un maçon c'est pas plus français que syriaque, volapuque, ou parpaillot ; c'est un Juif volontaire, un Juif synthétique. Enjuivé jusqu'au noyau, il n'appartient qu'aux Juifs, corps et âme.

Il a cessé d'être aryen, d'être des nôtres, au moment précis où il se vendait aux Loges.

D'esprit, de cœur, de réactions c'est un étranger, un ennemi, c'est un espion, une bourrique, un provocateur, aux gages de la juiverie mondiale. Dans les secrets de l'Aventure, ou pas du tout dans les secrets, selon son grade et son talent, selon qu'il est près du soleil ou très éloigné, il est quand même juif par-dessus tout. Un maçon ne peut plus comprendre, ne plus obéir qu'à des ordres occultes, des ordres de la juiverie mondiale, de la Banque mondiale juive, de l'*Intelligence Service* juif.

Il aura beau se faire cocoriquer du « national » plein la gueule, ça n'empêchera pas les choses, qu'il est vendu, qu'il est maudit, qu'il est pourri de toutes les fibres, qu'il est aux ordres absolus de l'Internationale juive, de toutes les saloperies secrètes, de la Massacrerie mondiale perma-nente. Traître indélébile, plus ou moins rusé, plus ou moins conscient, perfide, honteux, terrorisé, retors, mais pour ce qui nous concerne, traître, inverti racial, pourrisseur, assassin.

Toute l'activité maçonnique aboutit, implacablement, aux grands abattoirs pour Aryens, 93, 70, 14, l'Espagne, la Grande Prochaine. Œuvres du Triangle. Toute l'activité des maçons, superbes ou minimes, consiste à préparer, circonvenir, dresser, enfiévrer les masses aryennes en vue des plus folles hécatombes, de en plus patriotiques, vengeresses, révolutionnaires, croisadières, de plus en plus évidemment cousues de fil blanc.

Les francs-maçons travaillent pour les Juifs, en fourriers, ordonnateurs, propagandistes enragés de la décadence, de la disparition des races aryennes par tueries suicidaires de plus en plus gigantesques, ahurissantes, impitoyables, impeccables. Peu importe le maçon que nous repérons aux commandes, qu'il soit Daladier, Flandin, Ribot, Jouhaux, ou Viviani c'est pour nous du kif d'abattoirs. Blum ne fera ni plus ni moins. C'est le même gang au même tapin. Celui de l'envoi de nos viandes crues, à l'heure prescrite, à l'Heure Juive, aux tueries, aux fantastiques embrasements, aux charniers judaïques de plus en plus fastueux, dits défensifs, dits humanitaires, dits pacifistes, dits libérateurs, dits progressistes, dits communistes, dits anti-nazistes, dits, etc. dits, dits, dits...

S'il avait envie de « redresser », comme il annonçait, Daladier, il avait pas besoin pour ça de se répandre en 500 décrets. Trois suffisaient, très largement. Des bons, des effectifs :

1° L'expulsion de tous les Juifs.

2° Interdiction, fermetures de toutes les Loges et Sociétés Secrètes.

3° Travaux forcés à perpétuité pour toutes les personnes pas satisfaites, dures d'oreilles, etc...

Le jour où ces choses-là seront dites, écrites, promulguées noir sur blanc, ça sera possible de se rendre compte que le Président du Conseil est redevenu l'un des nôtres, que les Français sont de nouveau, maîtres chez eux. Pas avant.

Jusqu'à la preuve du contraire, dans l'état actuel des choses, nous ne sommes tous, Président compris, qu'une bande de fiotes bien rebutants, une racaille bien courbée, merdeuse, nécrosée, veule à dégueuler, effroyablement abrutie, damnée d'esclavage, de vinasse, de slogans juifs, de la vraie charogne en suspens, du nanan pour toutes les ruées de toutes les meutes à la renifle, une providence pour les chacals de tout l'univers. Une affaire cadavérique monstre.

L'union nationale dans ces conditions ne peut, ne doit être, astuce admirable, qu'une Apothéose fossoyante. Vingt millions de morts poings crispés, plus seulement tendus.

Les États fascistes ne veulent pas de la guerre. Ils n'ont rien à gagner dans une guerre. Tout à perdre. Si la paix pouvait encore durer trois ou quatre ans, tous les états d'Europe tourneraient fascistes, tout simplement, spontanément. Pourquoi ? Parce que des États fascistes réalisent sous nos yeux, entre Aryens, sans or, sans Juifs, sans francs-maçons, le fameux programme socialiste, dont les youtres et les communistes ont toujours plein la gueule et ne réalisent jamais.

Vous aurez beau regorgez d'or, de cuivre, de blé, de laine, de pétrole, posséder toutes les mécaniques les plus mirobolantes du monde, toutes les richesses, tous les trésors imaginables, si la démagogie travaille vos masses, vous n'arriverez quand même à rien, vous serez pourris au fur et à mesure, vous crèverez de matérialisme, de surenchère. Rien ne vous sauvera. Vous n'aurez le temps de rien faire, sauf des guerres et des révolutions. Vos masses ne vous laisseront aucun répit. Vous ne rencontrerez jamais devant vous que des gueules ouvertes, des langues pendantes. Vous ne construirez, vous n'achèverez jamais rien. Vous n'aurez jamais le temps de rien édifier, vous serez sapés par les ouvriers même de votre œuvre. Vous vous effondrerez dans votre propre chantier, vous n'élèverez que des ruines. Vos masses envieuses, muflisées, rationalisées, prosaïsées, enragées de matérialismes, exigeront toujours plus de matière que toutes vos mécaniques, les plus productrices, les mieux tourbillonnantes vous permettront jamais de leur distribuer, surtout égalitairement. Vous êtes frits. Rien ne vous sauvera. Vous n'arriverez jamais à joindre les deux bouts. Vous aurez beau promettre, surpromettre, et promettre encore, vous faire éclater de promesses, vous ne contenterez jamais personne. Vous serez toujours distanciés par cent mille autres nouveaux bobards. La rage, le chantage, le délire matérialiste surpasseront toujours et comment ! de cent mille coudées vos pires mirages, vos pires engagements, les plus éhontés, les plus culottés, les plus faribolants. Même l'armature de votre boutique sera saccagée en fin de compte.

Votre propre système à produire les richesses, l'usine, la mine, les coopératives s'écrouleront, comme tout le reste, sous les assauts du peuple, dans la boulimie délirante populaire.

L'imagination matérialiste nous condamne à l'infini dans la destruction, la philosophie matérialiste, la poésie matérialiste nous mènent au suicide par la matière, dans la matière. Tous ces acharnements prosaïques ne sont qu'autant de trucs de la matière pour nous dissoudre, nous rattraper. Les hommes épris de matière sont maudits. Lorsque l'homme divinise la matière il se tue.

Les masses déspiritualisées, dépoétisées, (marteau-faucille et boyau) sont maudites. Monstrueuses cafouilleries, virulentes anarchies cellulaires, vouées dès le chromosome à toutes les cancérisations précoces, leur destin ne peut être qu'une décomposition plus ou moins lente, plus ou moins grotesque, plus ou moins atroce. Les Mystiques des Républiques ne proviennent d'aucune âme avouable, ce sont les produits honteux de têtes crapautiques, les jus de quelques épileptoïdes, de quelques camouflés satrapes Kabaliques, en complot de nous détruire.

Pourquoi nous le dissimuler ? Soviets, Démocraties, Franc-Maçonnerie, Républiques faillies, tout autant de lupanars juifs, d'épiceries complotiques à centuple fond, filiales de la grande imposture mondiale, de la fantastique carambouillerie juive, où tout ce que nous apportons d'ef-forts, de valeur, d'espoirs, vient culbuter aussitôt, se résoudre dans l'infection, l'ordure, la charognerie juive. Éperdus de matérialisme, passionnés de « choses », de luxe, de pondérable, de raisonnable, de bouffable, de roulable, de vendable, de ventrable, la matière nous a muflisés, avilis, banalisés, ahuris, affadis, asservis à en dégueuler de nous connaître.

Spirituellement, nous sommes retombés à zéro, atterrants, ennuyeux à périr. Tous nos Arts le prouvent. Depuis la Renaissance, si mécanisante, nous rabâchons à peu près, avec quelques futiles variantes, les mêmes éculeries sentimentales (nos dites éternelles valeurs sentimentales !) Amour ! Re-Amour ! Pas d'Amour ! Plus d'Amour ! La rage du cul sous toutes ses formes : Jalousies… Caresses… Tendresse… Tristesse… sempiternellement… La hantise « charnaîle », toute la bandocherie si banalement éjaculatoire travestie mystique ! La dégueulasserie même ? notre âme ! Toute notre fierté spirituelle ? L'Amour !... Plus d'amour ! Re-encore de l'Amour ! Éperdus d'Amour ! Sans jamais nous lasser, sans même plus y penser, sans y croire. Obscènes, grotesques sans le savoir, très pompeusement, machinalement. Les lamas dans toute leur crasse tourbillonnent aussi leurs petits moulins à prières, machinalement, majestueusement.

* * * * *

Le petit chat mutin, lutin, tout bondissant devant la porte, s'y reconnaît bien mieux que nous dans les dix mille secrets du monde. Nous sommes devenus les plus stupides, les plus emmerdants de tous les animaux créés. Pesanteur matérialiste, ankylose dogmatique pontifiante à fins utilitaires. Tout nous condamne.

Nous ne jouons plus avec rien, nous utilisons tout pour plus vite tout détruire. Qu'offrez-vous ? Que promettez-vous ? Juifs réponds-nous !

Je vous offre, cul-bas, des autos ! des radios ! du plein la fraise ! plein la cravate ! plein les mires ! plein les miches ! plein les ouïes ! plein la mitrailleuse ! plein la jalousie ! plein la sépulture !

Vinasse, Borniol, et Circenses.

Ce sont les maçons aux ordres du juif Ximenès qui ont fait guillotiner Marie-Antoinette et Louis XVI. La plus fantastique calomnie maçonnique jamais déclenchée par Israël et menée tambour battant, triomphalement, jusqu'à la lunette de Samson, Juif.

Monsieur Veto avait promis !
Madame Veto avait promis !

Vous avez promis, maçons de la Loge 38, bien davantage ! Depuis Veto vous n'avez pas arrêté de promettre, vous avez exalté, fanatisé, enragé la meute de haines égalisatrices, de passions à bâfrer tout et tout de suite. Le tangible avant tout ! Toute la matière ! D'abord le Palpable ! Tout ce qui peut s'avaler, s'ingurgiter, s'approprier, s'accaparer, se boyauter. Vous l'avez mise en fringale matérialiste irrésistible votre meute.

Apôtres du mieux-vivre, la meute va vous bouffer, vous d'abord.

Vous êtes au bout de votre rouleau des promesses. Vous avez déjà donné tout ce qui vous appartient pas et puis en surplus tous les brouillards de la Lune.

La masse exige du consistant. Elle en a marre de vos paroles ! 150 années de paroles ! Vous n'y couperez pas. C'est vous le prochain « consistant ». Vous-mêmes ! comp-tant ! Ah ! Si vous n'aviez jamais promis que des sacrifices, il serait peut-être encore possible de vous expliquer, de vous sauver. Mais vous avez promis toutes les choses qui se bouffent, toutes les bonnes choses que l'on peut chier. Alors ? Tant pis pour vous ! Il ne reste plus rien de chiable dans votre boutique, que vous-mêmes. Vous qui pendant 150 ans n'avez cessé de lyriser la mécanique, les droits du peuple, la muflerie, la matière, l'arrivisme et la merde, vous allez être servis merveilleusement ! merdeux ! Vous vous êtes promis aux chiots révolutionnaires vous-mêmes ! Exorbités, aberrants, pontifiants, cafouilleux cancre vous avez commis au départ l'erreur capitale, inexpiable, vous avez misé sur la tripe, vous avez adulé, exalté, flagorné, glorifié la tripe.

La tripe sera toujours à la honte de l'homme, vous n'en ferez jamais un émouvant Credo, un titre de noblesse. Jamais. La tripe c'est toujours une erreur de la porter au pavois, la tripe sera toujours seulement la plus ridicule de nos servitudes, la plus piteuse de nos ordures. On s'en serait très bien passé. La nature a été vache. L'homme vous haïra toujours finalement, pour l'avoir mené par sa tripe, par son plus bas morceau. L'Homme veut être considéré, caressé, persécuté, pour son rêve, rien que pour son rêve ! C'est son dada ! Même le plus digestif, le plus bâfreux, le plus poubelleux des hommes est toujours plein de prétentions mystiques. Toutes les dialectiques sophistiqueries matérialistes ne sont que tout autant de gaffes grossières, apologies tarabiscotées de la merde, très maladroites. Rien de bandocheur.

Rien qui délivre, qui allègre, rien qui fasse danser l'homme. Vous ne verrez jamais que les êtres de pire bassesse, les voués, les maniaques intestinaux, les mufles essentiels, les hargneux boulimiques, les éperdus digestifs, les pleins de ripailles, les fronts écrasés, les bas de plafond, s'éprendre de tous ces programmes utilitaires forcenés, même travestis « humanitaires ». Rabelais s'est trompé. La tripe ne mène pas le monde, elle le perd. Maudite soit la tripe ! La France crève de ne penser qu'à sa tripe. Gageure stupide d'attendre la panacée, la civilisation rédemptrice des pires hantés du cœcum, des plus prometteurs recordmen du plus gros étron. C'est folie ! La cha-rogne la plus exaltée, la plus jutcusc, la plus ardente en pourriture, la plus copieuse, ne peut faire naître malgré tout que des larves.

On peut tenir l'Homme pour extrêmement charognier, cependant, malgré tout, sur la question de l'utilitarisme, les larves le baiseront toujours. Les séducteurs du matérialisme, pour une fois, c'est miracle ! ont visé trop bas, en parlant aux hommes. Cela paraît presque impossible ! Un peu trop bas en charognerie, d'où l'abracadabrante faillite de tout le système maçonnique, judaïque actuel, soviétique, démocratique, rationaliste. Supercheries calamiteuses, supercafouilleries, épilepsies de plus en plus exorbitées, hurlantes, obscènes.

Faillis ! Crochet ! Vendus ! Barrez ! Hideux ! Assez ! Au bagne !

Désolants cuistres radoteux ! miraux convulsionnaires ! prosaïstes époumonés ! supermufles outrecuidants, la Fête est finie !

Vous n'avez fait danser personne ! Vous êtes incapables ! funestes ! impossibles ! Vous excédez la terre entière avec vos fausses notes ! Vous êtes mauvais à en périr ! Et vous périrez ! On va vous engouffrer aussi. La masse va vous tourner en merde, votre masse chérie.

La fameuse « soziolochie » égalisatrice, civilisatrice, fraternisatrice, annoncée à coups de tonnerres et d'éclairs à la porte de toutes les satrapies juives : U.R.S.S., Hongrie, Barcelone, Mexique (toutes banqueroutières) ce sont les peuples du Fascisme qui l'appliquent chez eux entre Aryens, contre les Juifs et la Maçonnerie.

Qui a mis Rothschild en caisse ? c'est pas Daladier, c'est Hitler.

Quant à l'Ère nouvelle, l'Humanité marxiste tellement « renaissante », toute cette subterfugerie verbeuse s'est très vite déterminée en extraordinaires saturnales, déchiquetages, empaleries d'Aryens, massacreries insurpassables, tueries geôlières, tortures tartares, écorcheries de tout ce qui n'était pas juif, ne pensait pas juif.

Qui a fait le plus pour l'ouvrier ? c'est pas Staline, c'est Hitler.

Toutes les guerres, toutes les révolutions, ne sont en définitive que des pogroms d'Aryens organisés par les Juifs. Le Juif négroïde bousilleur, parasite tintamarrant, crétino-virulent parodiste, s'est toujours démontré foutrement incapable de civiliser le plus minime canton de ses propres pouilleries syriaques. Quinze paillotes abrahamiques au rebord du désert suffisent, tellement fantastique est leur pestilence, damnation, contamination, à rendre toute l'Afrique et toute l'Europe inhabitables.

Et voici cependant le sapajou funeste que nous supplions à grands cris de recréer tous nos États, de fond en comble, nos traditions, nos vices, nos vertus, nos âmes. Pourquoi n'irions-nous pas demander tout de suite à l'hyène rigoleuse du Zoo ses recettes d'idéalisme ? Au crotale ses dévouements ? au rat d'égouts ses mystiques ?

Les Juifs, racialement, sont des monstres, des hybrides loupés, tiraillés, qui doivent disparaître. Tout ce qu'ils trafiquent, tout ce qu'ils manigancent est maudit. Dans l'élevage humain, ce ne sont, tout bluff à part, que bâtards gangreneux, ravageurs, pourrisseurs. Le Juif n'a jamais été persécuté par les Aryens. Il s'est persécuté lui-même. Il est le damné de sa propre substance, des tiraillements de sa viande d'hybride. D'où cet état de plastronnage perpétuel, de dervicherie compensatrice, cette arrogance, cet extravagant culot, cette jactance, saoulante, cette effronterie brailleuse, si dégueulasse, si répugnante.

Bien sûr qu'il n'y peut rien, qu'il est irresponsable. C'est pas tout de même une raison pour que nous on s'en fasse crever, de ses tares, de ces malfaçons. Ça serait vraiment trop de complaisances. Il faut tout dire.

Les races assez peu nombreuses malgré tout, qui peuplent ce monde, loin de fondre, de s'amalgamer, de disparaître en somme, selon la doctrine maçonnique, par croisements et mélanges, sont au contraire en train de s'affirmer, de se caractériser, de se distinguer de mieux en mieux, de plus en plus nettement les unes des autres. Nous n'allons pas vers la fonte des races, mais au contraire vers l'exaltation des races, exaltation biologique, très naturelle. Il faut céder à cette loi, à cette tendance, nous les hommes, ou disparaître. Aucun compromis :

« Devenir ou Disparaître », loi naturelle du devenir « biologique ». Les races ne sont pas, elles deviennent. Les Aryens, les rejetons aryens sont de plus en plus aryens, les jaunes de plus en plus jaunes, les Juifs hybrides grotesques (regardez ces figures) de plus en plus impossibles.

Le juif doit disparaître. Il se débat, se révolte actuellement, il se raccroche. Loin de s'effacer, il accapare au contraire tout. Il ne veut rien céder, il veut tout prendre, et s'il ne peut tout prendre, tout détruire. Il n'admet rien hors de lui-même. Il veut être tout. C'est un imposteur délirant, un agonique forcené, un tyran tout exorbité, condamné, ayant le monde pour cabanon.

Le fameux idéal du Juif n'est qu'un épileptique hargneux fantasme d'aliéné des grandeurs. Le Juif ne conçoit, ne peut concevoir l'Univers que peuplé d'esclaves terrifiés, absolument à sa merci, muets, rampants, toujours trop heureux d'être expédiés vers de nouveaux bagnes, de nouvelles écorcheries, d'autres Apocalypses. Dans l'angoisse d'être repéré, isolé, démasqué, l'hybride juif n'en finit jamais d'abasourdir, d'ahurir, d'estomaquer les masses, en long, en large, en profondeur, à l'aide des pires tintamarres hypnotisants, des trois cent mille jérémiades revendicatrices furieuses, de ses clameurs aux outrages, de ses hâbleries prophétiques, fureurs incantatoires.

Il est fou d'angoisse le Juif et il veut nous rendre fous. Il y parvient par dervicheries, baratineries, perpétuelles.

La Comédie Juive mondiale : Entrez ! entrez ! venez voir ! *Les Terribles Malheurs et Merveilleuses Vertus d'Israël !* fait salle archi-comble. C'est même à tout bien considérer le seul spectacle qui fasse actuellement recette, qui plaise vraiment au populaire. Certains beaux esprits chagrins, quelques délicats, petites moues, prétendent que le théâtre se meurt ! Qu'il est mort ! Poses ! Sornettes ! Jamais au contraire il ne s'est mieux porté ! Les *Terribles Malheurs* remplacent, effacent toutes les comédies précédentes, périmées. Voici le fait accompli, essentiel. Voilà ce qu'il faut dire, admettre. Si la foule participe ? Elle se donne corps et âme ! Jamais *Mystères*, au Moyen-Âge, ne connurent foules aussi sincères, dociles, ferventes, ébahies ! S'il y fonce le peuple aux *Terribles Malheurs ?* Il en redemande ! Il s'en fait mourir ! Il s'en suicide de folle ferveur !

Toutes les pires figurations, les plus meurtrières, il les exige, et pas du flan ! Au réel ! Toute la Musique ! Il est de toutes les batailles ! de toutes les tueries ! Toutes les boucheries il les assiège ! il les emporte à l'assaut. Pour les *Terribles Malheurs* et les *Merveilleuses Vertus* il s'est déjà fait massacrer par millions et par millions et demain c'est pas fini, ça sera par dizaines de millions et dans le plus fol enthousiasme et jusqu'au dernier qu'il se fera équarrir. Qui parle de crise du Théâtre ? Quel aveugle ? Quel niguedouille ? Jamais on avait observé dans le cours des siècles, au contraire, telle frénésie de théâtre ! Comédie ! Mystère plus astucieux, plus époustouflant ! plus fastueusement héroïque ! plus horrifiant ! torrentiellement sanglant ! vrombissant de fureurs cabotines ! plus unanimes surtout ! Ah ! Voilà ! Plus unanimes !

* * * * *

Israël geôlier priapique, bluffeur, gaffeur, tyran périlleux, bourrique, frelon turlupiné, nous en veut d'une de ces haines pas concevables, pas imaginables. C'est comme de certains oiseaux, on entend jamais leurs appels parce qu'ils sifflent beaucoup trop haut, trop aigu, trop strident pour nos oreilles. Ça nous surpasse l'auditif. Le Juif c'est pareil dans un sens, il brûle de beaucoup trop de haine pour notre entendement. Ça nous fatigue rien que d'y penser. Lui pas… À la rigueur, sa figure devrait peut-être nous prévenir, sa gueule visqueuse, ses regards de pieuvre. Mais on le dévisage pas beaucoup. On évite. On regarde ailleurs.

Milliardaire toujours grelottant, Israël triomphant maudit, est pas content de nos présences, il nous trouve des vraies insultes, rien que d'exister, avec nos manières trop blanches. Il en sursaute du chromosome, rien que de nous voir aller, venir… Il peut pardonner qu'à nos femmes et encore à condition qu'il les encule de plus en plus, qu'elles arrêtent pas de le sucer. Mais pour nous, les mâles, c'est midi, jamais de pardon. Une de ces haines il nous voue, d'obsédé, de bâtard, d'hybride, inexpiable, irrévocable, infinie. Le perpétuel rongeant délire. Une haine cosmique, à cause de ce chromosome, de ce quart de chromosome loupé, teinté, maléfique, tiraillé, tordu.

Israël nous pardonnerait peut-être, en l'en suppliant, au bout du compte, toutes nos insolences, mais pas ce quart de chromosome. Ce millième d'onde de tiffe crêpu. Ça jamais.

S'il a fallu des flots de parfums d'Arabie pour effacer quelques traces d'un pauvre forfait crapuleux, que Madame Macbeth était bien ennuyée, ça sera pas trop à présent de plusieurs guerres, de tout notre sang pour effacer quelques taches sur les chromosomes d'Israël.

Hitler n'a pas fait que souffler aux Juifs leur vertigineux, mirobolant, programme dit marxiste (d'Engels en réalité, volé par Marx). Il les a encore doublés sur la question du Racisme.

Comment ? Comment ? Insolence ! Horreur ! L'Aryen, cette nature de beurre, si docile, infiniment plastique, toujours en tout temps soumis aux volontés Juives, que le couteau juif tritouille, barbouille, écrabouille, tartine de toute éternité, la denrée parfaite du commerce, par excellence, pour tous les trafics de guerre et de paix, que n'importe quel youtre chiasseux, tranche, débite, spécule, troque, mijote, avilit, merdifie tout à loisir, le voilà qui se prend en masse à présent, d'un coup ! rebiffe ! soudain ! La rébellion du beurre ! L'insurrection des éternels écrémés ! Cela ne s'était jamais vu ! entendu, soupçonné possible, jamais ! Le beurre aryen qui tourne raciste, coriace, hostile, intraitable, nazi ! Ah l'immondice ! Jamais depuis Tibère, Israël n'avait subi tel affront, enduré défi plus atroce.

Avant la venue d'Hitler, les Juifs trouvaient ça très normal les méthodes racistes. Ils se faisaient pas faute eux-mêmes d'être racistes, largement, effrontément, frauduleusement. À ce propos pas plus de race sémite que de beurre dans les nuages. Mais une franc-maçonnerie d'hybrides bien sournois, bien parasites, bien révolutionnaires, bien destructeurs, bien haineux, bien dégueulasses.

La religion judaïque est une religion raciste, ou pour mieux dire un fanatisme méticuleux, méthodique, anti-aryen, pseudo-raciste. Dès que le racisme ne fonctionne plus à sens unique, c'est-à-dire dans le sens juif, au bénéfice des Juifs, toute la juiverie instantanément se dresse, monte au pétard, jette feux et flammes, déclare le truc abominable, exorbitant, très criminel. Le racisme n'est plus alors qu'un effroyable dégueulasse subterfuge crapuleux pour détrousser les Juifs, un charabia de préjugés rétrogrades, puants, le vestiaire, l'affreuse friperie du capitalisme aux abois, le refuge des anti-humains qu'il convient de pétroler immédiatement, de réduire en cendres tout de suite. Une diablerie sinistre. Le sort, l'avenir, la sauvegarde du monde dépendent de la célérité de cette opération. Par la foi des anti-racistes ! Le bûcher ! Raciste égale Sorcier !

Le racisme aryen ? Pouah ! Quel scandale ! Qui avait jamais entendu parler d'une si extravagante pitrerie ? Quelle régression ! Quelle négation de tous nos progrès moraux, sociaux, si douloureusement acquis par l'élite si maçonnique de nos philosophes à travers les siècles ! Et les Droits de l'Homme piétinés ? Et tous les usages agréés ? (Juifs bouffent Aryens). Et les cinquante siècles d'enculeries éperdues d'indigènes ? Et les cent mille traditions convenables ? Quelle peste à nos portes ! Brune ! Jaune ! Verte ! Violette ! Spumeuse ! Pfoui ! Les obscènes déments !

Qu'on les enferme ! Qu'on les fricasse ! Qu'on les branche ! Qu'on les fouette tous jusqu'à l'os ! Que ça gicle ! Que ça éclabousse ! Ah ! vous allez me la respecter l'Apostellerie judaïque ! Merde ! La plus tendre des entreprises de rénovation des humains par exhortations persuasives ! Saloperies râleuses ! Vous les adorer pas encore vos philosophes ? vos juifs ? vos anges ? Il est temps ! Il est moins cinq ! Vous allez pas tout de suite les plaindre, Nom de Dieu ! vos bourreaux chéris ! Foutre racaille ! Avant qu'ils vous fassent crever ?

Ah ! Que voilà des bonnes paroles ! bien claires, bien simples, bien émouvantes !

Qui vous vont directes droit au cœur !

Non, il n'est pas possible aux chrétiens de participer à l'antisémitisme. Nous reconnaissons à quiconque le droit de défendre ce qui menace ses intérêts légitimes. Mais l'antisémitisme est inadmissible. Nous sommes, spirituellement, des sémites. — Le Saint-Père. *le Temps*, 20 septembre 1938.

C'est donc une témérité folle d'oser un beau matin comme ça annoncer aux Juifs en pleine face :

« Salomon ! Renonce ! Ça ne va plus ! Je ne veux plus guerroyer pour ta gueule ! c'est fini ! La mère des héros vient de mourir ! Ne t'évertue ! Ne plus ! Ne traficote ! Balpeau ! Marre ! Tes crosses tu peux te les foutre au train ! Celles d'Hitler et puis toutes les autres ! T'es con ! T'es trop vicieux ! Tu pues ! Tu complotes ! Tu me navres ! Décampe ! Si dans huit jours t'es pas trissé, ça va être ta désinfection ! »

Mais les gens polis que nous sommes, mais les obligeantes personnes ne parlent pas de cette façon. Elles s'expliquent rhétoriquement, elles comprennent tous les arguments de la casuistique, elles connaissent les trois cents façons, les afféteries particulières pour se faire plus, mieux enculer. Elles n'y manquent jamais, de plus en plus courtoisement, à tous les détours de la dialectique.

Le grand flux démocratique, le grand dégueulis salivataire les a parfaitement amollies de l'âme et du pot. Ça rentre maintenant vraiment tout seul. Et plus ils sont énormes les cruels ! nombreux ! exigeants ! plus on les adore.

Dans l'ivresse on ne sait même plus lequel des bourreurs l'on préfère ? Juifs de Hongrie ? Maçons de Pesth ? Askenazimes de Cracovie ? Nervis du Levant ? Marranes de Lisbonne ? Tartares ? Kirghizes ? Huns ? Hottentots ? Ça serait encore à discuter. On s'en fait foutre à pleins ghettos. Jamais trop.

D'Évian, on nous a promis encore cinq cent mille, en plus des deux millions que nous possédons déjà. Ça devient une reluisance divine. C'est plus de l'endosse c'est du génie…

Au temps où Ricord enseignait vers 1850, on observait encore dans la clientèle d'hôpital, des syphilis tout à fait somptueuses, des tertiaires mutilantes magnifiques, tous les délabrements de la grande affection. Des vrais spectacles d'amphithéâtre. Voilà l'histoire que l'on raconte à propos de la grande vérole.

Ricord se trouvait en clinique, certain jour devant un malade tout particulièrement fadé, sphacélé, délabré de partout, rongé, des bourses, du scrotum. En pleine gangrène.

Il lui demande un peu pour voir de sauter, de rebondir, sur place comme ça... Là ! Saute ! Saute mon ami ! Saute encore ! Encore ! Écarte les jambes ! À force de sauter, tout se décroche, tout le paquet, secoué, trop secoué, arraché, tombe à terre.

C'est tout pareil pour les nations quand elles deviennent trop pourries. C'est les Juifs qui les font sauter, sursauter, rebondir encore. Jusqu'au délabrement suprême. Tout s'arrache alors, tout se décroche, on balaye. C'est terminé.

* * * * *

Réminiscences amusantes.

La Franc-Maçonnerie en plein effort, à la veille de 89. « Sous Louis XVI, l'intimité, la camaraderie qui régnaient sur les navires de guerre entre les chefs et leurs subordonnés conduisaient ces derniers à discuter les ordres qu'ils recevaient... Pour la manœuvre du navire l'inférieur donnait son avis, discutait, et les chefs, irrités, préféraient souvent céder plutôt que de se faire des ennemis.

« Ce fut précisément le relâchement dans la discipline qui coûta à la France la possibilité d'affermir l'emprise qu'elle avait mise sur les Indes. En 1782-83 la flotte française, numériquement supérieure et commandée par le plus habile des amiraux qu'elle ait jamais eu, Suffren, livra quatre batailles à l'escadre anglaise dans la mer des Indes et chacune de ces batailles resta indécise parce que les capitaines n'obéirent pas aux ordres de Suffren, n'agirent pas comme des unités constituantes de l'Escadre, mais suivant leur opinion au sujet de ce qu'il y avait à faire.

« *J'ai le cœur transpercé* – écrivait Suffren plus tard – *au souvenir de cette défection générale. Il est terrible de penser que j'aurais pu détruire quatre fois l'escadre anglaise et qu'elle existe toujours.*

« *Une seule de ces batailles eût été décisive et les communications des armées anglaises et des entreprises commerciales de l'Inde dont elles dépendaient eussent été entièrement coupées. Le manque de discipline coûta un empire à la France.* »

Majors Eliot et Dupuy :

Si la guerre éclatait...

* * * * *

Actualités amusantes :

Maçonnerie 38 en plein effort. À la veille du Grand Triomphe Mondial Juif (Le super 89).

« Plus d'esprit de capitulation ! Le sort des Juifs du monde entier dépend de l'issue de cette lutte contre le fascisme. Nul ne peut plus nier que les Juifs sont devenus l'enjeu entre le fascisme et l'anti-fascisme. »

Bernard Lipschitz-Lecache : *le Droit de Vivre.*

Lipschitz lui au moins ne trompe personne ! *L'Humanité*, *le Populaire*, *le Jour* non plus ! Mais le P.S.F., ghetto du Colonel de la Rocque ? Voilà de l'excellent travail des Loges ! dans la meilleure tradition maçonnique : Simulacres ! Redressements pourrisseurs ! États-Généraux ! Connivences ! Les Amis des Amis de tous, etc.

« Je fais appel à tous les Israélites, et Dieu sait si nous en avons de très nombreux et de très chers dans nos rangs. »

La Rocque : discours de Lyon.

État-Major du colonel La Rocque-Ghetto :

Carvalo (Juif) secrétaire particulier de M. de la Rocque, placé là comme par hasard. F.·. *Pfeiffer :* ancien secrétaire du Parti Radical, l'œil de la Franc-Maçonnerie.

Silbert (Juif) délégué à la presse, de son vrai nom *Silberberg*. *Wormser* (Juif) conseiller aux comptes (achat du *Petit Journal*).

Barrachin, directeur politique, apparenté à la famille des Juifs Lazare-Weiller.

Robbe-Cohen, chef des parlementaires des P.S.F. dont la mère est Juive (famille Cohen).

Devaud, député du P.S.F., marié à une Juive (famille Gougenheim).

Thibaut, fils du violoniste Jacques Thibaut, dont la mère était juive (famille Goldsmith).

Lange (Juif) rédacteur au *Petit Journal. Treich* (Juif) rédacteur au *Petit Journal.*

Schwob dit d'Héricourt (Juif) commanditaire au *P.J.* (3 000 actions) ex V. N. du 16ème arrondissement, Paris.

Sternberg dit *de Armella* (Juif) commanditaire au *P.J.* (1 100 actions) ex V. N. du 16ème arrondissement, Paris.

Javal (Juif) commanditaire au *P.J.* avec 1 500 actions.

Historiographe du Colonel Ghetto : *Henri Malherbe*, de son véritable nom *Grünwald.*

Il est tout naturel qu'un jour prochain, le colonel Ghetto devienne, la guerre aidant, directeur de *l'Humanité ;* prophétie facile.

Le colonel Ghetto est aux gages, au service de la même racket israélite, que Messieurs Blum, Cachin, Thorez, Verdier, Lebrun.

Aucune différence essentielle. Autant de chefs de rayons de la même grande entreprise maçonnique. Rien ne les sépare.

* * * * *

Moi je m'en fous énormément qu'on dise Ferdinand il est fol, il sait plus, il débloque la vache, il a bu, son bagout vraiment nous écœure, il a plus un mot de raisonnable !

Quand vous prendrez sur l'avant-scène les joyeuses bombonnes d'ypérite, d'arsine, qu'on s'apprête à vous déverser, vous me direz si c'est raison ? Si le ciel vraiment vous estime à votre judicieuse valeur ?

Quand on viendra vous dépecer, vous épurer individuellement par dissections à vif des membres…

Visitant la maison Ipatiev quelques jours après l'affreuse tragédie, le précepteur du tsarévitch, M. Pierre Gilliard, découvrait dans l'embrasure d'une fenêtre « le signe préféré de la tsarine (la croix gammée) qu'elle faisait mettre partout comme porte-bonheur ». Elle l'avait dessiné au crayon en l'accompagnant de la date de son arrivée : 17 avril 1918. Le même signe se retrouvait sur le papier du mur à la hauteur d'un lit. *le Temps*, 20 juillet 1938

Aryens, il faut toujours vous dire à chaque Juif que vous rencontrez que s'il était à votre place il serait lui nazi 100 pour 100. Il vous trouve en son intime stupide à dévorer du foin de n'avoir encore rien compris. Et plus vous lui donnerez des preuves de bienveillance, d'amitié, et plus il se méfiera, forcément…

À chaque seconde, il se demande si ça va durer toujours…

Il aime pas beaucoup vous regarder en face. Plutôt il vous bigle de travers, à la dérobée, comme on observe les cocus, de biais, vaquer à leurs petites affaires, encore pas inquiets du tout, encore très loin des orages.

Je propose un décret : Le Travail est inhumain pendant la digestion.

Prolétaires, ouvriers, paysans, cessez donc un petit peu de vous gratter, de vous tripoter, de vous distendre, de prétendre que vous êtes partageux jusqu'aux fibres, socialistes, communistes, égalitaristes fanatiques, vous n'êtes rien de tout ceci. Pas plus que Monsieur Jouhaux, pas plus que Blum, pas plus que Staline, pas plus que M. Lebrun, pas plus que M. Bader, moins que le charbonnier du coin.

Vous êtes tous, un pour chacun, férocement personnels, hypocrites, ravageurs, envieux.

Vous n'attendez que le signal des journées émancipatrices pour foncer sur le bazar et vous servir personnellement, vous régaler personnellement, tout en réglant au passage quelques petits comptes personnels, sur des ennemis très personnels. Jamais les révolutions n'ont servi à autre chose, celle-ci, la prochaine, la marxiste, sera encore pire que toutes les autres, perfectionnée.

Par la raison raisonnante, la dialectique matérialiste, l'enseignement obligatoire prosaïste, vous voici très au point, formant la plus belle horde hargneuse, muflisée, dénigrante, poubelleuse, ravagière, qui sera jamais tombée sous le caparaçon des Juifs, depuis Constantin.

Vous m'en direz des nouvelles.

Butés, jobards, sceptiques, présomptueux et cocus vous voici enfin prêts, affranchis pour les plus mirifiques réformes !

Ça va être propre ! Le progrès vous attend ! Progrès nous voici ! Frais comme l'œil ! Saouls comme trente-six papes ! Sanglants comme la Villette ! Cons comme une affiche ! comme trente-six millions d'affiches électorales ! Rationnels comme les chiots ! Ça ira ! Ça ira très bien ! C'est l'évacuation qui commence ! Sus aux bourgeois ! Allons-y !

Le bourgeois ? mais lui aussi c'est un chiot ! Et comment ! « L'homme chie... il a faim, c'est tout ! » Il est frère du peuple, le bourgeois ! sang par sang, bourgeois maudit ! Le frère envié ! trop jalousé ! Le frère qui a réussi ! Quelle situation dans le monde ! La plus adorable de toutes : Bourgeois ! Votre idole rationnelle Peuple !

Votre Dieu fait Bourgeois !

Vous ne rêvez que d'être lui, à sa place, rien d'autre, être lui, le Bourgeois ! encore plus que lui ! toujours plus bourgeois ! C'est tout ! L'idéal ouvrier c'est deux fois plus de jouissances bourgeoises pour soi tout seul. Deux fois plus de boyaux, deux fois plus gros, deux fois plus long pour soi tout seul (22 mètres au lieu de 11). Deux, trois autos plutôt qu'une, quatre forts repas par jour, huit apéritifs, et pas d'enfants du tout, donc trois fois plus d'économie. Une super bourgeoisie encore bien plus tripailleuse, plus motorisée, beaucoup plus avantageuse, plus dédaigneuse, plus conservatrice, plus idiote, plus hypocrite, plus stérile que l'espèce actuelle : qui ne pensera plus à rien, qui ne rêvera plus à rien, sauf au menu du prochain gueuleton, aux bouteilles qu'on pourrait boire, avec trois ou quatre gosiers, bedaines en plus. Et puis alors « vivent les gendarmes ! » Un coup ! vivent tous les gendarmes ! et les gardes-mobiles ! et les Propriétés Foncières.

Boyaux avides prolétaires contre boyaux contractés bourgeois. C'est toute la mystique démocratique. C'est consistant, mais ça rampe, c'est lourd, ça fatigue, ça pue.

Pensez-vous que cette farce, cette gangrènerie poussive puisse durer encore très longtemps ? Salut !

Nenni mes beaux sires ! Nous y sommes !
La chandelle est morte
Je n'ai plus de feu !
Ouvrez-moi la porte, crapauds rouges !
Entrez Merveilleux !

Têtes d'épingles, vous n'avez compris dans le communisme que l'admirable instantanée façon d'assouvir immédiatement, en férocité, au nom d'une nouvelle pureté, vertu prolétarienne, inexistante, toutes vos rancunes de rentiers ratés, de chacals déçus. Votre plan intime, personnel, ne va pas plus loin. Je vous connais assez bien.

Évidemment, *l'Humanité* parle pas comme ça. Tout flatteur vit aux dépens… et dans la terreur des masses.

93 ! 71 ! 36 ! grandes masses démocratiques à la gloire du Peuple-Dieu ! du Peuple-Bétail !

Peuple-Dieu dans les paroles, Peuple-Bétail dans les faits. Peuple pour tous les Abattoirs.

Mais qu'avez-vous donc fait de votre fienterie personnelle ? de votre égoïsme de pourceaux sournois ? de votre fainéantise spirituelle ? de votre mesquinerie ragoteuse ? De votre rage éternellement dénigrante ? De votre paresse vinassière ? Où les avez-vous cachés tous ces trésors prolétariens, Masse de masse ? pendant la grande Élévation ? Le grand service divinatoire populiste ? La sublimation du peuple ? Peuple-Roi ? Peuple-Dieu ? Peuple-Tartufe ?

Un système social quelconque livré aux instincts magnifiques du peuple (*Humanité* dixit), système de n'importe quelle formule, la plus ingénieuse, la plus méticuleuse, la plus astucieuse, la mieux équilibrée, ne peut aboutir après huit jours, quinze jours de tentative qu'aux gigoteries sadiques, aux cirques de décapités, aux pitreries infernales genre Russie, genre Bela Khun, genre Barcelone, c'est écrit. C'est gagné d'avance.

À table ! peuple ! aux aveux marrants ! Sournois martyrs ! Damnés coquins ! Vous vous cognez éperdument tout un chacun du sort de votre classe ! C'est le dernier de vos soucis prolétaires, le sort de votre classe ! Qu'ils y restent donc tous dans la merde, les frères de classe ! pourvu que vous, personnellement, vous trouviez le filon d'en sortir. Vous faites tous, toutes les grimaces du communisme. Vos convictions ne dépassent pas la grimace, le beuglement. Les voix ne coûtent rien. Les bulletins non plus.

La conscience de classe est une foutaise, une démagogique convention. Chaque ouvrier ne demande qu'à sortir de sa classe ouvrière, qu'à devenir bourgeois, le plus individuellement possible, bourgeois avec tous les privilèges, les plus exécrables, les mêmes égoïsmes implacables, les mêmes préjugés, renforcés, les mêmes singeries, toutes les tares, la même avarice et puis alors une de ces haines pour la classe ouvrière ! Le prolétaire, le militant le plus ardent, il a envie de partager avec son frère damné de classe, à peu près comme le gagnant à la loterie nationale, il a envie de partager avec tous ceux qui ont perdu. Il veut bien partager la merde ce prolétaire, mais pas le gâteau. Il donnerait même bien à ses frères de classe toute la merde pour avoir lui tout seul tout le gâteau.

Sa ventripotence juive Jouhaux, avant de devenir empereur à la C.G.T., il avouait assez carrément ne l'avoir jamais rencontrée, la conscience de classe.

Elle a donc surgi depuis peu la conscience de classe ? Ça m'étonnerait, j'ai rien vu. Pas plus de communisme véritable dans les classes prolétariennes que de pâquerettes au Sahara.

Aussi loin d'un « fidèle lecteur », d'un effervescent de la « Base » au communisme authentique, que de la chaisière bigoteuse à Sainte-Thérèse d'Avila.

Le communisme est avant tout vocation poétique. Sans poésie, sans ferveur altruiste brûlante, purifiante, le communisme n'est qu'une farce, le dépotoir de toutes les rages, de toutes les rancunes plébéiennes, le tréteau pourri de tous les faisans, de tous les barbeaux tragiques, de tous les Juifs en performance d'imposture talmudique. À combien d'univers sommes-nous de cette Grande Passion altruiste ? Unanime ? de la foi communiste ? jamais en défaut, jamais en tricherie, jamais en exploitation ? De ce fameux « état d'amour » dont le peuple et le bourgeois ont continuellement plein la gueule, qu'ils n'arrêtent pas d'invoquer, mais qui leur sert jamais qu'au cul, une ou deux fois par semaine, avec beaucoup de poils autour et tout pourri de jalousie.

À combien d'Univers ?

* * * * *

On ne devient pas communiste. Il faut naître communiste, ou renoncer à le devenir jamais. Le communisme est une qualité d'âme. Un état d'âme qui ne peut s'acquérir. Rien ne peut modifier, atténuer, exalter le ton, la valeur, la joie d'une âme. Propagandes, éducations, violences, intérêts, souffrances, et même le fameux Amour n'atteignent pas l'âme. L'âme s'en fout.

Le fond d'un homme est immuable. L'âme n'apprend rien, n'oublie rien. Elle n'est pas venue sur la terre pour se faire emmerder. L'âme n'est chaude que de son mystère. Elle y tient, Elle le défend. Elle y tient par-dessus tout, envers et contre tout. La mort qui refroidit tout ne saisit pas toujours l'âme, elle se débrouille.

L'airain, le platine, le diamant ne sont que flexibles, ductiles, capricieuses, très impressionnables substances comparées à l'âme, à l'effroyable immutabilité d'une âme.

Rien ne peut l'atteindre. Du premier au dernier souffle la même pauvreté, la même richesse, exactement. Tous les bavardages, toutes les menaces, tous les charmes, tous les subterfuges flanchent, se dissipent devant sa porte, ne pénètrent jamais. Rien ne peut l'appauvrir, rien ne peut l'enrichir, ni l'expérience, ni la vie, ni la mort. Elle s'en va comme elle est venue, sans rien nous demander, sans rien nous prendre.

Le communisme dans la pratique c'est l'unanimité des âmes, des âmes toutes communistes, toutes altruistes, toutes embrasées de passion unanime.

Qui ? Que ? Où ? Comment ? Recrutement ? D'où vont surgir ces sublimes effectifs ?

Imposture grotesque dans l'état actuel des hommes ! Vous dites ?

Ces morveuses, ravageuses, hagardes hordes dénigrantes, enlisées dans les ragots, délirantes de conneries mesquines ? Ces anthropophages ? sournois ? Ces chiens de tous les charniers ? Ça ? Communistes ? Merde ! Vous abusez des animaux ! Nos sociétés croulent sous les richesses matérielles, mais elles crèvent de pauvreté spirituelle.

Le fanatisme objectiviste nous tue. L'homme vole ? mais c'est un étron qui s'envole, l'esprit ne s'enlève pas, jamais la pensée ne s'est tenue plus basse, plus rampante, moins ailée, moins délivrante.

Foutre des poésies mécaniques ! Poésie est morte avouons-le !

Tous nos Arts gisent grotesques, lourds rebuts raisonnants, surchargés d'astuces malheureuses, de mufleries tragiques.

Le Communisme raisonnable crèvera dans cette civilisation sans poètes comme tout le reste.

Le Communisme doit être folie, avant tout, par-dessus tout, Poésie.

Le Communisme sans poète, à la juive, à la scientifique, à la raison raisonnante, matérialiste, marxiste, à l'administrative, au mufle, au peigne-cul, au 600 kilos par phrase, n'est plus qu'un très emmerdant procédé de tyrannie prosaïque, absolument sans essor, une imposture juive satrapique absolument atroce, immangeable, inhumaine, une très dégueulasse forcerie d'esclaves, une infernale gageure, un remède pire que le mal.

Prolétaires, communistes vous l'êtes sûrement moins, beaucoup moins que Louis XIV. Il avait le sens de l'État ce fastueux emperruqué. Vous ne l'avez pas du tout. L'État, pour vous, c'est une vache, comme pour les bourgeois. Vous lui disputez les tétons. Lutte de classes !

Bourgeois, Prolétaires, vous êtes devenus si méchants, tous les deux, par la raison raisonnante, la muflerie calculante, le débrouillage forcené, qu'on peut plus vous réunir qu'à coups de trompette guerrière. C'est la sonnerie des massacres qui peut seulement vous rassembler.

Bourgeois, ouvriers, pas plus cher les uns que les autres. Vous n'avez retenu tous les deux, à travers tant de croyances, que les immondices. De toutes les Églises, à travers les siècles, relevé que les pires conneries, les préjugés, les singeries, grimaces, toute l'ordure de chaque religion, les plus désastreuses charogneries. Le « chacun fait son salut comme il peut » des premiers apôtres (déjà juifs), vous a menés parfaitement de Rome à 93. « Le Paradis n'est pas au ciel, mais sur la Terre et en tout Or » des nouveaux apôtres (toujours juifs) va vous mener un peu plus loin. On va rire. Le communisme c'est exactement le contraire de ce que désire le Peuple.

L'âme des prolétaires : une envie… L'âme des bourgeois : une trouille.

Vous n'avez jamais respecté, vénéré, les uns comme les autres que la trique, d'où qu'elle vous tombe.

Dans chaque Révolution, vous n'avez jamais compris, admiré les uns comme les autres qu'un genre de Tombola terrible, fantastique, à la vinasse et au sang, où les plus fauves, les plus sournois, les plus vicieux, les plus tueurs, gagnaient à coup sûr.

Et pas une trique d'opérette qu'il vous faut ! Non ! Non ! Non ! Du gourdin ! terrible, impeccable. Le grand dressage, sans pitié, inexorable. L'étrivière féroce, l'assommoir parfait, la trempe absolue pour le mutin, le frondeur, le badin, le causeur, le bel esprit. La volée gouvernementale annihilante, sans réplique, réconciliatrice, rédemptrice, rénovatrice, miraculeuse.

Observez un peu les choses. Si vous vous rendez aimable avec un chien, il vous comprendra peut-être, il vous mordra peut-être pas. Vous pouvez risquer. Mais avec un homme ? Vous êtes cuit d'avance. Il ne comprend que la violence, le sang, les raclées atroces. Et plus il en reçoit et plus c'est beau. Il trouve jamais que c'est trop. La preuve : les guerres !... Il s'en faut de cent mille élevages, de cent et cent mille sélections raciales, éliminations rigoureuses, (entre toutes celle du Juif) avant que l'espèce ne parvienne à quelque tenue décente, aux possibilités sociales.

Tous les végétaux, tous les animaux ont passé par la sélection. Pourquoi pas l'homme ? Ce qu'on a fait pour la betterave, pour le porc, pour la basse-cour, on peut pas le tenter pour nous ?

Par l'effet de quelle providence le chien est-il devenu fidèle, vigilant ? sociable ? La vache, laitière ? Le cheval, trotteur ? Le coton, cotonneux ? Le mouton, tout en laine ? Le blé, panifiable ? Le raisin, buvable ? Le serin, vocaliste ? Par la sélection raciste, par l'élimination très stricte de tous les immondes, avant le dressage, de tous les confus, les douteux, les hybrides néfastes, de tous les sujets trop bâtards, récessifs.

Pour traquer le diable dans l'homme, exorciser l'homme, deux seuls moyens conjugués : l'Élevage et la Trique.

Et puis d'ailleurs l'homme le sait bien, d'instinct. Nous n'avons rien à lui apprendre. Il nous joue la comédie, il se joue la comédie du Progrès, du Relèvement par les phrases. Il n'est pas dupe, il est fixé parfaitement. Dans les entr'actes du boyau, gavé, on ne trouve pas pire masochiste que l'homme.

Pour le désir de punition il a pas son pareil l'homme dans toute la série animale. La preuve encore : les guerres.

C'est un avide de martyre, des cent mille tortures. Dans ses bons moments il sent que ça lui fait du bien, que c'est par là son salut. Il souffre de ne pas souffrir assez. Jamais assez. Les dresseurs très féroces lui manquent. Il y supplée comme il peut. Ça commence au martinet et ça finit dans les barbelés. Mais c'est du gâchis perpétuel, des tortures bâclées, improvisées, absurdes.

Moi, qui visionne, je les vois très bien comment qu'elles devraient défiler, les masses des masses. Pas du tout comme actuellement, pleines de prétentions, plein la gueule. Mais non ! Mais non ! Plus du tout hostiles, plus désordres. Ouvriers, prolétaires, bourgeois, en chiens de faïence, mais non ! mais non ! tous très bien ensemble sous la même bannière ! Et comment ! Absolument fraternels. Des calicots grandeur immense ! Plus grands qu'on aurait jamais vus ! bâtards, braillards, haineux, croquants, raisonneux, morveux, tordus, louchons, râleux, pour une fois bien tous unanimes, réconciliés, à pleins chœurs, âmes déployées, pour une fois joliment sincères.

C'est la trique ! C'est la trique !
C'est la trique qu'il nous faut !
Oh ! Oh ! Oh ! Oh !

Ça serait pas du flan cette fois-là, ça serait conforme au grand dressage.

Staline, il s'y connaît un peu. Hitler, il est pas cave non plus. Mussolini, pour la musique… Franco, attendez donc qu'il gagne…

Les Mexicains ils se demandent… ils ergotent encore. C'est des écoles qui se cherchent… qui sont aux épreuves de technique.

À qui a profité je vous le demande un petit peu le Front populaire ? Aux Juifs strictement et aux maçons, (juifs synthétiques). Les Aryens ont tout paumé. Bourgeois, ouvriers, paysans, petits commerçants, artistes, petits fonctionnaires : repassés.

C'était écrit ! Dandins ! Vous l'avez voulu ! Inventaires des joyeux gagnants :

Les Trusts juifs, les Prix Uniques, les Banques juives, Florès ! trois, quatre, cinq dévaluations ! Quelle manne ! Les politiciens juifs ou enjuivés, les hobereaux du Syndicalisme, l'empereur démagogique juif Jouhaux, les petites satrapes de Cellules, toute l'obédience des Loges, les bourriques au train du complot et les Bistrots, ces Loges du Pauvres. Toute la Racket du plus grand asservissement, du plus grand abrutissement, les barons de la Cocaïne (dont les rabbins de la Cocaïne), les acheteurs de biens, d'hypothèques (tous juifs), les marchands de canons, d'avions, (tous juifs ou enjuivés essentiellement), nos deux cents familles juives, nos deux mille familles juives internationales, nos grands Molochs affameurs, affairistes, mobilisateurs, nos Rothschild, nos Lazares, nos Cohens, nos Sterns, nos Pâtenotres, nos Baders, nos Dreyfus… Jamais mieux passionnément obéis, régalés, comblés, adorés… enfin, de la même canaille youtre, les touristes, dits visiteurs providentiels ! releveurs du commerce, soi-disant ! en réalité très désastreuse engeance au pillage de nos derniers stocks, de nos dernières camelotes qu'il faudra racheter à prix d'or, chez eux, l'hiver venu. La Gribouillerie parfaite.

Ce pays, Royaume des Larves, des enflures saoules, par le bonneteau politique, le jeu des paniques, des grèves perlées ou formidables, les fripouilleries bancaires endémiques se trouve aux 9/10 ^{ème}e ruiné.

Et puis encore le petit dixième qui reste, l'ultime subsistant, faudrait pas se faire d'illusions, il a aussi pris le train de même. Il est là-bas comme tout le reste de patrimoine dans les fourrières de la Cité, dans la cave des Juifs. C'est gagné ! Trois centimes qu'ils nous ont laissés sur un franc ! et trois millions de morts ! De fil en aiguille, de démagogie en loisirs, l'industrie française est retombée en enfance. Si les juifs hésitent un tout petit peu à nous ruiner à zéro, comme ils pourraient très bien le faire du jour au lendemain, c'est pour pas vider la bête complètement, avant qu'elle arrive aux Arènes, à la suprême Corrida, qu'elle fournisse encore une course à peu près décente, que les spectateurs lointains en aient tout de même pour leur pognon.

Mais, enfin, ça va se terminer. Ça peut pas durer toujours, les sursis.

* * * * *

Qui donc a mis comme ça Rothschild sous les verrous ? pour spéculations ?

C'est pas Schussnig, c'est pas Cachin, c'est pas Jouhaux, c'est pas Blum, c'est pas Chamberlain, c'est pas Staline, c'est Hitler. Quel est le véritable ennemi du capitalisme ? C'est le fascisme. Le communisme est un truc de Juif, un moyen d'asservir le peuple plus vachement encore, absolument à l'œil.

Quel est le véritable ami du peuple ? Le Fascisme.

Qui a le plus fait pour l'ouvrier ? L'U.R.S.S. ou Hitler ?

C'est Hitler.

Y a qu'à regarder sans merde rouge plein les yeux.

Qui a fait le plus pour le petit commerçant ? C'est pas Thorez, c'est Hitler ! Qui nous préserve de la Guerre ? C'est Hitler !

Les communistes (juifs ou enjuivés), ne pensent qu'à nous envoyer à la bute, à nous faire crever en Croisades.

Hitler est un bon éleveur de peuples, il est du côté de la Vie, il est soucieux de la vie des peuples, et même de la nôtre. C'est un Aryen.

Les « chiens enragés de l'Europe » sont de ce côté du Rhin, Maurras !

Nos meneurs à nous, nos ministres ne sont que des larbins de juifs, Jean-Foutres maçons, envieux bousilleurs, arrivistes insensibles, qui se foutent de notre existence comme de leur première couche-culotte. Ils nous sacrifient tout naturellement, c'est leur fonction naturelle. Ils nous flattent et nous chient.

Ça serait intéressant de savoir combien il y a eu de suicides de soldats, (active et réserve) pendant la dernière semi-mobilisation.

Les Juifs c'est leur souci principal, leur grande pensée, leur grand dada, l'Armée française démocratique. Ils ont misé des sommes énormes, les Juifs, sur l'Armée française. Il faut que les choses se passent très correctement, que rien ne flanche, que ça mobilise dans les règles, sans anicroches, sans trafalgars, sans ombre au tableau, dans le plus fol enthousiasme, au moment le plus opportun, sur un « casus » amené aux pommes par le plus grand Kahal, quelque brûlot patriotiquement parfait, impeccable, irrésistible, que la croisade antinazie commence pas par des cafouillages, par des débandades ignobles, des guerres civiles dégueulasses. Non. C'est impossible.

De l'Union nationale ! Because ! Un peu molo s'il vous plait, là-bas sur les bases… Pour la propagande !... Minute ! Attention les brutalités… Virulents… toujours, certes… mais raisonnables… Pas l'impossible !... Attention, les extravagants… les persécuteurs de « mous »… du tact !

Ça va ! Ça va !... le communisme compréhensif… Contingent… Beaucoup de mains tendues… Ça fait plaisir… Ça ne coûte rien… Recommandé !

Plus du tout de confiscations ! de reprises intégrales, de jacobinisme 100 pour 100… On reparlera de tout ça plus tard…

De trop nombreux camarades ont maintenant leur voiture… Faut pas froisser pour des vétilles des personnes de condition… des damnés qu'arrivent à se faire dans les 160 francs par jour… le moment est mal choisi… De la tactique s'il vous plaît… De la compréhension mutuelle… du savoir-faire… Rentrez ces terreurs !

Lénine, lui-même, savait biaiser, surseoir, planquer, attendre une meilleure époque. Les fous seuls vivent dans l'absolu.

Contingences… Confiance… Tactique… Adresse… Confidences…

Les bourgeois ça leur file des transes, des aigreurs atroces d'entendre gueuler « Soviets partout ! Soviets tout de suite ! »

Ils y tiennent à leurs papiers de rente. « Qu'ils s'en torchent ! mais qu'ils les gardent ! Foutre ! Les jolis ! »

Voilà ce que répondent les maçons. Ne rien détruire, tout pourrir, c'est le dernier mot des Loges. Que tout s'écroule, mais sans fracas, sans émeute. Les Français de droite comme de gauche, sont conservateurs avant tout, par-dessus tout, ils redoutent les changements sociaux pire que la peste, pire que la guerre.

Ne plus retrouver leurs habitudes c'est la fin du monde, pour les Français authentiques, de droite ou de gauche. Le peuple pour les habitudes il est encore pire que les plus naphtalants bourgeois. Une fois l'ouragan passé il se précipite sur les décombres, le Peuple, il sauve tout ce qu'on peut sauver, il ramasse tout, il reprend tout, les pires vacheries, les pires impostures, les pires fariboles, les pires préjugés, toutes les morales les plus crasseuses, il va aux nues que de sottises, il repompe tout ça, il rafistole, il adopte. C'est son sentiment. Pas affranchi pour deux ronds.

S'il fait des révolutions, le peuple, c'est pas pour se libérer, c'est pour réclamer des Tyrannies plus solides.

S'il y a une chose qu'il déteste le peuple, c'est la Liberté. Il l'a en horreur, il peut pas la voir.

Le Peuple c'est un vrai Musée de toutes les conneries des Âges, il avale tout, il admire tout, il conserve tout, il défend tout, il comprend rien.

Le petit bourgeois ce qui le tracasse, le coagule, le chiffonne énormément c'est la destruction des rentes, la fonte des économies, il peut pas s'y faire, ça le dépasse. Ça le démoralise. C'est trop d'escroqueries coup sur coup.

Qu'à cela ne tienne ?

Toutes les concessions doctrinales pourvu que Petit Bourgeois laisse pas tomber l'armée française, reprenne sa place aux effectifs, qu'il bondisse à la gare de l'Est, qu'il saute sur les marche-pieds aux premiers roulements du tambour, qu'il fournisse, encore une fois, les cadres à la pipe ! Voilà l'essentiel ! Les Cadres ! La très impérieuse condition du prochain tabac ! Les Cadres ! C'est tout bourgeois les petits cadres ! Gafe ! Pas de divagueries ! Pas de dorages de pilules ! C'est tout cuit ! Impossible de mobiliser sans les petits cadres petits bourgeois ! C'est midi !

On irait jusqu'à rembourser à Petit Bourgeois l'Emprunt Russe pour qu'il retrouve sa vaillance, tout son cran, tout son moral avec ses coupons, son patriotisme exultant, toute sa combativité, sa joyeuse furia de 14 !

Petits Bourgeois ! En avant ! les Incomparables !

La partie vraiment sérieuse, essentielle de l'armée française, sans aucune substitution, suppléance possible, c'est la gradaille petite bourgeoise. Tous les bacheliers dans la danse ! Sans les petits gradés bourgeois, sergents, serre-files, lieutenants, capitaines de réserve, l'Armée française existe plus. La horde seulement, comme ça, toute seule, c'est la débraillerie qui commence, la foire aux Armées, le vertige de toute la canaille. À la première anicroche ! Tatouille ! Catastrophe ! C'est pesé ! Ça se terminerait en huit jours. Les petits cadres ne se recrutent bien que dans la petite bourgeoisie, évolutions de masses impossibles, plus de raccrochage au terrain.

La ténacité, le ressort, la tête de cochon dans le malheur, la fierté du devoir accompli, le sens hargneux du sacrifice, toutes ces balancelles sinistres sont des vertus petites-bourgeoises, très proches parentes traditionnelles du « très bien savoir se priver », du « jamais rien prendre à crédit », de la « prévoyance du lendemain », de la « féroce économie », de « l'existence pauvre mais honnête », du « rien demander à personne », du « faire honneur à ses affaires ».

Ces dignités cafardeuses font merveilles sur les champs de batailles. Elles valent à l'armée française ses extraordinaires petits cadres, admirablement sérieux, valeureux, de bravoure tranquille, sans limites, infiniment prévoyants de toutes les embûches, inlassablement redresseurs de toutes les situations, les plus précaires, les plus effroyables, jamais défaillants, jamais déprimés, jamais vautrés, jamais saouls, jamais exigeants pour eux-mêmes, jamais gaspilleurs, d'hommes ni de mots, toujours regardants, toujours soupçonneux des démonstrations coûteuses, pas spectaculaires pour un rond, petits gradés parfaitement responsables, jamais gaspilleurs de rien, ni d'un chargeur, ni d'une gamelle, ni d'un homme, anti-prodigues, seulement généreux de leur propre sang et jusqu'à la dernière goutte et pour les autres, pour leur escouade, leur unité.

Toujours les premiers à la pipe, sans arrière-pensée de gloriole ou de récompense. Citations et médailles peuvent pas beaucoup les régaler vu leurs dispositions jalouses, hargneuses, dénigrantes. Ils se trouvent mieux dans le devoir tout sec. Les honneurs pour autrui les vexent, les honneurs pour eux-mêmes les gênent.

Petits Bourgeois de la sorte, si crasseux, si rebutants, si dégueulasses, si peu lyriques en temps de paix deviennent facilement à la guerre des drôles de héros formidables, martyrs extrêmement susceptibles qui ne demandent rien à personne et calanchent comme ils ont vécu, dans la haine des témoignages et des appréciations flatteuses.

Vous pensez bien que les Juifs sont parfaitement au courant de ces qualités petites-bourgeoises si authentiquement guerrières, si parfaitement combattantes. Y a pas de bassesses qu'ils ne fassent en ce moment pour envelopper Petit-Bourgeois, pour qu'il boude pas à la Croisade, qu'il laisse pas tomber ses galons.

C'est pas les cohortes ouvrières rugissantes de bourdes conasses, perdues en pitanche, pourries de slogans marxistes, absolument hébétées, larbinisées, vachardisées par les jérémiades revendicatrices, qui vont comme ça, du jour au lendemain, relever les petits-bourgeois dans les petits cadres ! Clopinettes !

Prolo a pas le sens du devoir, il faut que le boulot le conduise, sans pointeau il existe pas. Sans la gradaille bourgeoise au cul, tout seul, c'est plus qu'un Robot jouisseur, un anarchiste fade. C'est la petite bourgeoisie, en France, qu'est la classe sérieuse, pas mystique, mais consciencieuse. Le peuple il est rien du tout, que de la gueule et du moindre effort.

C'est la petite bourgeoisie qu'a l'habitude de se priver, de se refuser tout plaisir, de même jamais rien désirer d'agréable, de prévoir toujours les pires catastrophes et toujours en définitive de se trouver marron, encore responsable. C'est pas le peuple.

Voilà l'entraînement à la guerre 100 pour 100 ! Incomparable ! L'État-Major il est pas fou, il se rend bien compte que, sans les petits cadres petits-bourgeois les pommes sont cuites. D'abord les gradés ouvriers jouissent d'aucun prestige sur le peuple. Pas de bachot, pas de prestige ! Le peuple, dans les circonstances graves, il veut avoir des cadres bourgeois, des bacheliers.

L'ouvriérisme c'est pour la gueule, pour les élections, pour les chorales, pour *l'Humanité*, pour le Théâtre, c'est pas pour les moments tragiques. Pas plus qu'un médecin né du peuple ça fera jamais un vrai médecin pour les ouvriers. Ça n'existe pas.

Qu'ils reprennent donc tout de suite leur autorité sur le trèpe les petits bourgeois ! Et que ça saute ! Et que ça fulmine ! le Salut de la Patrie l'exige ! Avant tout ! qu'ils empaquettent tout ce bétail ! qu'ils emmènent tout ça dégueuler dans l'Est leurs cent mille sottises, toute leur tripaille de cocus, dans les bourbiers Maginot, dans la folle farandole Marseillaise Internationale ! Sous les torrents d'ypérite ! La situation rétablie ! Les hiérarchies retrouvées ! restaurées, les choses redevenues normales ! Très bien ! Parfait ! Soupirs !

Ah ! Les affranchmanes ! Les insatiables de justice ! On va vous servir ! Les Lions de cellule ! Attendez mes turlupins ! Vous allez jouir ! On vous estime à vos valeurs en très haut lieu ! On vous prépare des fins d'artistes ! Des révélations mirifiques sur vos authentiques natures ! Bougez pas ! Des reluisances impériales ! Le Bastard, fils de Céleste ! Mérotte Alphonse ! Laridon Paul ! Portu Joseph Marmadou Louis ! Sengoux François ! tous répartis bien en guirlande autour du lieutenant Verlet Jules, licencié en Droit. Ça va, Madame la Marquise, très bien ! Des agonies pas banales ! vous finirez en vraies dentelles ! Plein les barbelés ! Vous finirez transparents, frémissants aux moindres rafales, ondoyants aux bouffées d'obus. Quels trépas ! Héros des viandes rouges ! Limés, repassés, fondus, lustrés, empesés, mousselinés par les tanks, vaporeuses résilles ardentes, oriflammes d'or et de sang.

Vous entrerez dans l'Histoire, drapeaux tout vifs, tout « rouges internationaux » de tout le sang des goyes, classes unies.

Jéroboam Pelliculman viendra vous prendre en photos, comme ça, merveilleux, suspendus, pour les « Regards de la Victoire », le super-youtro-périodique, l'hyper-prodigieux illustré de la ferveur Croisadière. Le nouvel organe « jusqu'au bout » du parti central communiste.

Vous enflammerez les « morals » rien que par la vue de vos carnes, décomposées, dansantes dans les brises.

Rachel Madelon, Max Préput, chanteront vos trépas sublimes aux A.B.C... Alors ça vous dit rien, figures ? Vous êtes pas émoustillés ? On vous prépare toute la gloire, vous avez plus qu'à rejoindre... Merde ! Rien vous suffit !

Saisissez-vous un peu les tendances ? Allons, maniez-vous ! D'abord votez bien patriote et même « Oignon national », le prochain coup, plutôt radical dans l'ensemble, aux élections 41 (si on vous laisse le temps) au commandement juif. Les Anglais voteront plus à gauche, plus agressifs, anti-fascistes très exigeants.

Une fois que vous serez partis, biffins, fleur au fusil, faire des prouesses dans les mitrailles, ils épauleront tous vos efforts, les Anglais, toutes vos vaillances, par l'aviation, la Navy. Vous serez bien contents. Leurs Loges milliardaires et Royales prêteront tout leur concours au parfait service des Étapes. Vous les retrouverez, les Anglais, aux bifurs, prestigieux et reposés. L'Angleterre c'est tout plein d'Élites, toujours prêtes à jouer les beaux rôles, élevés, distingués, officiels, les fonctions d'arbitre dans les corridas « jusqu'au bout ». Et la prochaine sera fadée. Ce sera une merveille de rendement, d'organisation. Remarquez déjà la classe du grand travail préparatoire.

Vous ne faites rien, ne décidez rien, Français, ouvriers, bourgeois. Vous ne pensez rien, vous ne savez rien, vous ne votez rien, vous ne hurlez rien, qui n'ait été ordonné, manigancé, mijoté, ourdi pour votre gouverne, des années, des années d'avance par l'*Intelligence Service.*

N'est-ce pas splendide ?

Votre destin est en fiches à « White-Hall ».

Vous serez expédiés, wagonnés, retranchés, éclatés, émiettés à l'heure W. — H. pour la jubilation des Banques, des Rabbins, du Komintern, de la Grande famille ?

Tout cela est écrit, inscrit, répertorié, prévu, dans les plus infimes détails avec les poids, les qualités, les nervosités, les convictions de toutes les viandes, de toutes les provenances, pour chaque pays, chaque province, chaque bataillon. Vous n'existez plus, vous n'êtes déjà plus que des souvenirs. Vous n'en savez rien ! Ça c'est prestidigitateur !

Faut bien qu'on en reparle... C'est une rengaine, mais ça ne fait rien... La gravité de la chose... Qui nous trame, trafique, ourdit, provoque toutes nos révolutions ? Tous nos désastres ? Toutes nos guerres ? Tous nos massacres ? Notre perpétuelle répugnante débâclerie ? La Juiverie ! Messieurs, Mesdames ! Et surtout la juiverie anglaise ! Le condensé virulicide des plus pernicieux vibrions de toute l'espèce youtre, les mieux préparés, par passages, mijoteries innombrables, séculaires à nous fermenter davantage, nous liquéfier, nous puruler, nous corrompre fantastiquement, et puis nous repiquer encore, requinquer en transes belliqueuses, aux tétanismes furioso-démagogiques, aux obscénités suicidaires, à la merde 93, et puis nous sonner de nouveau, nous affaler dans les chiots du Suffrage Universel, tous saignants, par regardables, perdus, léthargiques.

Et ça continue la musique ! et ça finira jamais ! les accès, les transes, les gigoteries épileptiques ! Tant que les judéo-britons l'auront si facile de nous mettre en boîte, y a pas de raison que ça se termine. Notre destin est Catastrophe.

Marlène Dietrich ne pouvait rien, qu'elle prétendait, contre l'amour. Elle avait pas de résistance.

Nous non plus, on en a pas contre les vacheries de « l'*Intelligence* ». On est de même, on se refait pas. On est des « voués ».

Elle nous mine, elle nous ravage, elle nous saccage, elle nous éreinte, elle nous pourrit de mille manières, comme elle veut. Jamais un mot dissonant. L'engeance vibrione juive anglaise peut effectuer sur nos viandes les plus folles proliférations, les plus gangreneuses, les plus nécrosantes, les plus déconcertantes de délabreries très horribles. Jamais une remarque.

Nous nous prêtons d'enthousiasme, adorablement, aux plus guignolesques, abracadabrantes charogneries (14 et la suite), du moment qu'elles sont inspirées, ordonnées par « l'*Intelligence* ». Nous raffolons de nos vautours, de nos diaboliques. C'est notre masochisme à nous, national, notre vice « étranger », notre exotisme au nord. Qu'ils nous détruisent ! qu'ils nous dépiautent ! qu'ils nous vident ! qu'ils nous retournent le blanc des yeux. On aime ça. On aime ça, on leur appartient corps et âmes ! On est leurs cobayes, leurs folles viandes d'essai.

C'est nous les parcs sociologiques des pires comploteries maçonniques, de toutes les vivisectionneries expérimentales, de toutes les guerriologies furieuses. Rien ne nous rebute. Rien ne nous semble excessif.

Jamais de refus. Jamais un mot disparate. La vraie devise des Français 1938 :

« Tout pour les Youtres d'Angleterre ! Tout pour Ben John Bull ! »

La Cité, « l'*Intelligence* », la Cour juive anglaise sont parfaitement responsables, depuis Cromwell, de toutes nos faillites, de toutes nos débâcles, en tous genres : continentales, coloniales, sociales, monétaires, spirituelles.

La Grande Maçonnerie anglaise et la nôtre dans l'obédience, nous maintiennent impeccablement dans les moyennes putréfactions.

La fantastique, interminable prospérité judéo-britannique n'existe, ne dure, ne peut durer sans éclipses, qu'en fonction de notre servitude, de notre ahurissement, de notre débilité, de notre endémique anarchie.

Une France toujours bien faisandée, politiquement bien grotesque, velléitaire, hâbleuse, cafouilleuse, toujours tout près de la faillite, budget jamais en équilibre, docile à tous les ordres bancaires, c'est-à-dire aux crochets de Londres, est une France extrêmement maniable, infiniment agréable aux Lords talmudiques de la Cité.

Jamais de résistance ! une véritable providence ! Selon l'heure, les circonstances, y a qu'à nous agiter un peu, nous attiser, nous filer encore quelques secousses, un peu de panique, nous tritouiller, nous raviver la pourriture, nous asperger, si c'est le moment, de quelques révulsifs scandales (Panama-Dreyfus-Stavisky). Et ça repart de plus belle ! et ça refume ! ça refermente ! on est de plus en plus pourris ! C'est un plaisir !

Comme ça qu'elle nous entretient juste devant sa porte l'Angleterre, qu'elle nous possède à la fourche, un purin splendide ! plus ou moins croulant, juteux, gonflé, raplati, à son aise, toujours prêt à se faire envoyer lui fumer d'autres bénéfices, d'autres comptoirs britanniques un peu partout. Ça va ! Ça va ! Ça ira !...

Jamais ils l'ont eue si facile les business judéo-britons qu'avec nous sur le continent.

Toujours prêts à nous répandre dans toute les crevasses, dans toutes les horreurs qu'ils fricotent pour que ça repousse, que ça reprenne admirablement, que ça refleurisse magnifique dans leurs prodigieux jardins.

Même les Indes ça n'existe pas à côté de nous comme enthousiastes, comme frénétiques, comme dévotieux à la cause, à la gâterie des pires maquereaux de la Mort que le Monde a jamais connus.

L'Espagne depuis l'Armada jusqu'au débrayage Franco, stagnante, putréfiée, croupisseuse, toute la péninsule en magma d'ordures, quel parfait bourbier ravissant pour l'*Intelligence Service !*

Une Espagne doucement purulente, nécrosée, enfientée, gisante, avec Clergé tout à fait toc, anesthésiant, une administration de pieuvres, une police bien comploteuse, bien cupide, bien maçonnique, voilà qui colle splendidement, rassure pleinement l'Angleterre ! Une Espagne bien impuissante est aussi indispensable à la Prospérité anglaise qu'une France conasse et belliqueuse.

Tout ce qui abaisse l'Espagne, élève, rassure l'Angleterre. C'est le principe depuis les Tudor. Une Espagne puissante menace l'Angleterre dans son vif, sur l'Égypte, vers les Indes. Impossible !

Question d'être des otages pourris l'Espagne nous ressemble au poil, tous les deux à la même enseigne. La très périlleuse hégémonie de la Cité sur tout l'Orient (proche et lointain) ne tient qu'à un fil, et ce fil passe par l'Espagne.

Si l'Espagne bouge, se redresse, tout casse.

Une Espagne forte, indépendante, et les carottes anglaises sont cuites ! Sarah Briton peut faire ses malles, Ben John Bull une croix sur les Indes. Aussi voyez comme il s'affaire, le gros maquereau britannique, comme il la couve, l'entretient la guerre d'Espagne. Aussi bien d'un côté que de l'autre, par Lœb, par Sassoon, côté gouvernemental, par Rothschild côté Franco. Jamais de succès décisifs ! Jamais de victoires concluantes ! ni d'un côté ni de l'autre ! Que des carnages, que des massacres de plus en plus ardents. Que ça saigne, que ça jute, que ça pisse partout, très abondamment. Que personne ne puisse jamais prétendre : C'est moi le plus costaud ! C'est moi le plus sérieux ! C'est moi qu'a gagné !

Ça n'existe pas !

Pas plus qu'entre Français et Allemands.

Tous les cadavres, tous les blessés, tous les vendus, tous les perclus, tous les paumés dans le même sac après dix ans, vingt ans de guerre. C'est l'Angleterre toujours qui gagne, l'Albion youtre en définitive qui croque tous les marrons du feu.

Ça va de soi. On fait même plus attention.

La Puissance judéo-britannique est une puissance de charognerie, qui ne s'entretient, ne se maintient que sur la décomposition de tous les États qu'elle domine.

L'Hyène anglaise ne s'engraisse que dans les charniers. L'*Intelligence Service* lui organise de siècle en siècle toutes les catastrophes, toutes les hécatombes dont elle a besoin.

Sans l'*Intelligence Service* l'Angleterre (avec ou sans charbon) se verrait très vite réduite à la portion la plus congrue.

On la retrouverait plus bas que l'Irlande.

* * * * *

Quand vous descendez hurler vos ferveurs sur le passage de Georges VI, demi-juif, de sa reine Bowen-Lyon la juive, mandatés par Chamberlain demi-juif, Eden demi-juif, Hoare Belisha, (Horeb Elisha parfaitement juif), enrobés, dans la troupaille des plus chevronnés bourricots vendus de la ministrerie française maçonnique, nos caïds de service, vous pouvez sûrement vous vanter d'avoir merveilleusement passé votre après-midi.

Maçon Lebrun, Maçon Bonnet, Maçon Windsor, Maçon Mary, Maçon Prince, Maçonnes Princesses, Maçon Daladier, Maçonnes Bourriques, Maçon Langeron tout ça ensemble c'est splendide ! ça peut déjà vous faire plaisir ! très plaisir ! mais c'est encore suffisant, je trouve. Il en manque.

Pourquoi on les invite jamais les bourreaux de la Tour de Londres ? avec leurs collègues de Paris, M. Deibler et ses aides, à défiler ? Ça leur est dû, ça serait que justice. Les Massacreurs à la main, les prolétaires de la chose ils ont aussi droit aux honneurs. C'est de la muflerie de notre part. Ils devraient figurer dans le cortège. Ça se faisait aux grandes époques, ça serait normal qu'on les acclame. Enfin surtout ce qu'il manque pour l'éblouissement des foules, c'est la bouleversante présence, en chair et en os, campés sur piaffants destriers, des quatre grands sorciers suprêmes de l'*Intelligence Service*.

Vive Lord Amiral Sinclair !
Vive Lord Duvean !
Vive Sir Mankay !
Vive Sir Montagu Norman !

Sortis au grand jour pour une fois ! Ah ! l'exaltante, sublime minute ! Tous Juifs ! Juifs ! Juifs ! et contre Juifs ! Là sous nos yeux, quelle faveur divine ! Je voudrais que défilent en plus : Messieurs Rothschild ! Stern ! Lazare ! Sassoon ! Barush ! Dreyfus ! Warburg ! Ils ont largement mérité ! contribué ! Alors ce spectacle ! Cet embrasement des populaces ! Au grand soleil ! Vive le Roi ! Vive le Roi !

Mais oui, Vive le Roi ! Certainement ! mais n'oubliez foutre personne ! Vive la belle Chambre juive des Lords ! Vive la plus haute Loge d'Écosse youtre ! Vivent les Sages de Sion ! Vivent tous nos carnages ! Vivent toutes nos tueries d'Aryens ! Vive le très grand Sanhédrin ! Vivent nos maréchaux si larbins ! Vivent nos patriotes si stupides ! Trop acharnément cons pour vivre !

Vivent les couteaux toujours plus gros !
Vivent les veaux !
Vivent les biques !
Vivent les bourriques !
Vivent les bourreaux !
Vivent nos rois catastrophages !
Tout rutilants, dégoulinants de viande dépecées, fumantes !
Vivent toutes nos tripes au soleil ! À bas les viscères !
Vivent toutes nos tripes autour du cou !
Vivent nos tripes un peu partout !
Hurrah ! Hurrah !
Vivent toutes les crèves !
Vivent les supplices !
Les abattoirs aux pleins pouvoirs !
Juifs encore !
Juifs partout !
Juifs au ciel ! comme sur la terre !
Amen ! Amen !
Bordel de Dieu ! Nom de Dieu ! Hosanna !
Vive Te Deum ! Pomme ! Sacrifices ! Merde ! Péritoine !
À genoux ! Chiasse !
Croix de notre mère !
Vive l'entrepôt des viandes ferventes !

Georges VI, Benesh, Daladier, M. Lebrun, Roosevelt, Pétain, Mme Simpson, Barush, Staline… Masaryk… le Comitern… Blum… Suez-Weygand… La Chambre des Lords… Le Grand Orient… Les damnés bien en chair… Thorez !

Quels sont les patrons de tous ces pantins ? Qui les commande aux ficelles ?

Qui supervise tous ces tréteaux ?

Mais les ramasseurs de l'or ! Les banquiers juifs ! Les Trusts juifs ! Les esprits de l'or ! Les Rabbins ! Les metteurs en scène juifs du monde juif ! Les Ardents du Grand Secret, du Kahal, de « l'*Intelligence* » !... Pourquoi travailler du mystère, du mic-mac fardé, du chichi puant ? de tous ces midis 14 heures ? Pourquoi tous ces mots putassiers, toutes ces ruses brouillamineuses ? Ces bulles de marais phrasouilleux ? Toutes ces chiasses verbiologiques ? Toutes ces mythologies marxistes ? humanitaires, libératrices, trouducutristes, tyrannicoles ? Tout ce maurrassisme rhétoreux ? Ces trafignoleries surtendues ? ces dialectismes décervelants ?

On ne comprend plus !...

Voilà ! Voilà ! Ne rien comprendre ! Buées ! Nuages ! Poudres ! Chèvre et chouteries pharaminantes ! Au fond de tout ce charabia ? Le trognon tout pourri du monde ! l'âme du monde ! Le Juif ! c'est tout !

Salades, pétrins, bouillies de perditions, tout en vases fraternitaires, humanitaires suffoqueries gluantes où le trèpe fonce, bourbe, s'affale, vinasse, dégueule et s'endort.

S'endort ? Pas longtemps ! Jusqu'à l'extrêmement prochaine !

On va vous réveiller spumeux ! Pardon papillons ! Rêveurs fascicules ! Les fournaises sont presque à point ! Crépitent ! Tout le lointain flamboye déjà fort joyeusement ! Des fleuves Jaunes aux crêtes de Castille, les Maudits, lâchés, caracolent. Ça va ronfler comme un enfer ! Dodo ! Dodo ! petites canailles ! petits lardons assoupis ! On va vous friser la couenne, la dure plante des pieds au tison !

De Moscou-la-Torture à Washington-Pétrole par Londres-la-Gavée, toute la juiverie râle, trépigne, s'exaspère, menace, éperonne ses maçons fainéants, les Loges repues, tous nos caïds, nos Jouhaux surempaoutés, surtrouilleux !

Et alors ? Foutre chienlits, vendus ! C'est pas terminé vos causettes ? Quand donc il va foncer votre trèpe ? Vous vous touchez Paris-les-Miches ?

Tortus raisonneurs ! Crapuleux ivrognes ! Écœurants valets ! Trognes bandites ! Félons ! Traîtres aux Juifs ! Chancres mous ! Voyous falsifieurs ! Allez me chercher Bayard ! ici ! Un grand coup de bugle pour la vaillance ! L'occasion est magnifique ! le Maréchal Bedain s'avance…

« Vranzais ! Vranzais !... » Ovations monstres.

J'étais aussi à Charleroi ! comme vous tous ! J'en suis bien revenu ! Blus de Guerelles ! Blum partout ! L'oignon sacré ! Faites-vous bien tous enguler ! Par nos bons perségutés ! Garde à vous ! Pour défiler !

Les engulés de la gauche ! Un ! deux ! Un ! deux ! Les engulés de la droite ! Un ! deux ! trois ! quatre !

Le Juif vous paye grogneugneu ! Tout est à lui dans la Badrie ! Corps et âmes ! Avenir ! Pisse au cul du souvenir ! Culte du souvenir ! Souvenir des culs ! Présent ! Amour ! Délices ! Orgues ! Violons ! Tout à lui ! Ne contrariez pas le Juif ! Qui lève la main sur le Juif périt ! Comme sur le Pape ! C'est la même chose ! Demeurez en adoration du Juif ! Plaignez le Juif comme vous plaignez Jésus ! C'est la même chose ! Affables ! plus affables encore ! suprêmement dévoués ! *La Marseillaise !* Magnanimes ! La youpignolle ! Tout pour la Badrie Vrançaise ! où tous Français seront enfin crevés ! Quelle ivresse ! Pour tous les Juifs du monde entier ! Tous Zublime ! Ils vous ont choisis ! Badrie où tous les Juifs du monde triomphants sur vos cadavres, par vos cadavres, pourront enfin bien circuler, prospérer, admirablement, sans jamais plus rencontrer l'immonde, prétentieux, reprocheux récriminateur indigène ! Si salopiauds que vous êtes ! Pfoui ! raca ! Pouah ! sur votre charogne ! Vomis ! Poubéliques ! Glaves ! Une France toute libérée, sans Français vivants à la ronde, parfaitement sémitisée, récurée de toute la franscaille ! désinfectée 100 pour 100 ! toute purifiée par les batailles !

Français ! tortiller dans les minutes que nous vivons devient un crime ! Ne sursoyez d'une minute ! d'une seconde ! Sus aux Teutons !

Pour la vingt et septième fois, le Rhin va charrier du sang, regorger ! que ça débordera de partout !

Les dieux juifs vous gâtent ! vous régalent !

Tous comme un seul homme unis dans la mitraille pour la France Éternelle. La plus cocue des Badries ! Badriotes ! Tous devant moi ! Bedain ! Ça va ? Je suis derrière vous tous ! moi Bedain ! Tout pour les yites de partout ! Pour la Badrie des cadavres ! Pour la France maçonnique ! tombée, disparue, évaporée au champ d'honneur juif ! Pour l'implacable vengeance d'Israël ! Pour le triomphe Talmudique ! Trois fois ! Vingt fois ! dis-je ! L'oignon national ! bouillant !

Toutes les trombettes guerrières ont sonné l'Heure des combats !

Sautez aux conflits ! engeance saoule !... Je reviendrai vous faire l'appel dans quelques mois ! Moi Bedain ! Et contre-cadence ! Voyous de la chaux vive ! Compris ? Garde à vous ! Faquins des rafales ! Rampez à vos tombes ! Que j'en prenne un qui fasse la fosse ! qui se tire avec son linceul ! Merde Je le tournique d'autor aux « Cultures » ! J'en fais la honte des asticots ! Je le fais braiser au « Navarin »... Par quatre ! Par mille ! Dix millions ! Marche !

Je vous retrouve aux Nécropoles ! Je veux que ça soit le plus gigantesque cimetière ! mon cimetière Bedain ! Le plus énorme ! Le plus fantastique qu'on aura jamais gavé ! Gardien déjà tout promu ! tout bicorné ! rehaussé ! garance et feuillages ! supéracadémicien de la grande Cimetièrie Française ! Je veux qu'il tienne tout l'horizon ! La plus pathétique ribambelle, sarabande, l'étendue la plus triturée d'humbles croix et de tumulus, des Flandres au Léman, de la Provence en Gascogne, que le glorieux soleil des Morts aura jamais réchauffée. Plus une motte de livre.

Lafayette nous voici ! *Le Chœur des Juifs à New-York.*

Je peux pas toujours parler tout seul, ça pourrait vous paraître suspect. Il faut bien que les autres aussi puissent présenter leur opinion. Je peux pas mieux faire que de vous citer le très bel article d'un grand périodique de New-York, très autorisé : *The American Hebrew*, Juin 1938 :

« Il peut donc arriver que ces trois fils d'Israël (Leslie Hoare Belisha, Léon Blum, et Maxime Litvinoff), ces trois représentants de la race, créent la combinaison qui enverra le frénétique dictateur nazi, qui est devenu le grand ennemi des Juifs de nos jours, dans cet enfer auquel il a condamné tant des nôtres.

« Il est presque certain que ces trois nations, (France, Angleterre et Soviets) liées par de nombreux contrats et dans un état d'alliance virtuel, sinon déclaré, resteront unies pour empêcher la marche ultérieure d'Hitler vers l'Orient.

« L'ordre qui enverra le premier nazi, aux pas de parade, franchir la frontière tchèque, sera l'étincelle qui plongera l'Europe encore une fois dans le néant. (Raté !)

« Et quand la fumée des batailles sera dissipée, que les trompettes se seront tues, et les balles auront cessé de siffler, alors on peut se représenter le tableau qui montrera la descente, pas trop douce dans un trou de la terre, de celui qui voulait jouer le rôle de Dieu, du Christ à la croix gammée ! tandis que les trois non-Aryens (Blum, Belisha et Litvinoff) entonneront en chœur, un Requiem, qui rappellera d'une façon surprenante à la fois *la Marseillaise*, *God Save The King* et *l'Internationale* et qui se terminera par l'éblouissant chant final guerrier, fier et belliqueux : Élie ! Élie ! nous sommes vainqueurs ! »

Dans le même genre aimable, une autre proclamation bien nette, bien catégorique, du Juif Kubowtski, président des associations juives de Belgique, s'adressant aux Aryens belges :

« C'est parce que vous ne voulez pas vous battre pour les Juifs que vous aurez cette guerre !

« Ne pensez pas que vous vous sauverez en nous laissant tomber ! »

Je vous le dis, y a du profit, des pintes de la meilleure humeur à parcourir les journaux, de droite, du centre et de gauche, à s'ébahir, se tamponner, un peu plus encore, sur les façons qu'ils peuvent mentir, troufignoler, travestir, exulter, croustiller, vrombir, falsifier, saligoter le tour des choses, noircir, rosir les événements selon la couleur des subsides, dérober, pourfendre, trucider, rodomontader, pirouetter, selon l'importance des enveloppes.

D'offusqueries en extases, c'est merveille ce qu'ils peuvent éteindre, rallumer, bouillir, congeler l'opinion des truands mornes. La voltige entre les lignes. C'est un régal par exemple la manière qu'ils surpassent autour des mics-macs Chamberlain, du sketch à frissons : *la Semaine des Sudètes*. Cette pitrerie fait salle comble on applaudit à tout crouler ! Même les marles les plus affranchmans ils en bectent, ils s'en délectent, de cette putasserie tragédique. Ils en reveulent, ils en redemandent de cette ragougnasse complotière. Les plus insurgés d'habitude, qui vont au pétard pour des riens, pour un petit frêle soupçon, comment ils foncent ce coup-ci se faire endormir ! C'est merveille !

Pourtant ça foisonne suffisant. Faut plus avoir le nez sensible. C'est du scénario très sommaire. Du canevas presque.

« Mr Chamberlain sauve la paix ! »
Lever du rideau : Hear ! Hear ! Hear!

Il sauve son pot Chamberlain ! Son pot de demi-juif. Il exécute que des ordres. Par téléphone, par écrit ça lui radine la Cité, des Banques, de l'*Intelligence*, du fond ardent des Synagogues : « Feignez Chamberlain, pacifistes ! Avancez-vous un peu plus à gauche ! Là ! S'il vous plait ? Parfait ! Maintenant vers la droite… Deux pas ! C'est tout ! Reculez… Tirez-vous Eden ! Par la Cour ! Faites du bruit ! Passez devant la S.D.N. ! Faites un petit signe de détresse ! Pas trop ! Là… Saluez ! Profondément… Vous reviendrez par le jardin… Allez… Venez… À vous Sir Simon ! Qu'on vous entende !... Renfrognez ! qu'on vous aperçoive par la fenêtre… mélancolique… songeur… Prenez la main de Runciman ! Là ! Repassez tous les deux !... Très bien !... De la désinvolture ! Du texte ! Maintenant du sérieux !... Pas trop… gentlemen pressés… Bonjour aux Tchèques ! Là !... Disparaissez !... Demeurez toujours en coulisse ! Duff Cooper… fignolez votre indignation… Ténébreux ! Prophétique sinistre !... Impatient !... C'est fait ? Nous y sommes ?... Un petit voyage en avion… Mystérieux mais photogénique toujours !... Maintenant vous aussi Chamberlain en avion !... au Tyrol !... Encore !... Retournez !... Évitez les mots… Munich !... Répétez...

Là… le chapeau… Shakespeare !... Parapluie !... les gants… Saluez ! Parfait… Bascule ! »

— Très bien Monsieur Or ! Que Dieu vous entende !... Toujours à vos ordres !...

Ainsi la comédie s'enchaîne bien rythmée sur un petit bruit de coulisse, aux tambours crêpés…

« Chamberlain défend, sauve la Paix ! » C'est le scénario exigé par le populo britannique.

Nous par ici, on est plus simples, on y va pas par 36 routes. On nous file un beau matin la guerre dans les poignes. C'est pesé !... Avec son plein de gendarmes autour ! Et en avant pour Charleroi ! Parfait pour nos gueules ! Les enfants du fascicule !

Les Anglais en voudraient jamais d'une guerre à la six-quatre-deux ! bâclée en vache, de cette façon. Ils veulent des frais, du décorum, des prévenances. Ils veulent du temps pour réfléchir, gentlemenement, méditer posément la chose. S'habituer à l'idée… C'est pas des barbaques de cirque, des hominiens comme nous autres, des genres « maudits sacrificiels », des chairs à pâtes d'offensive, les gentlemans ! Pardon ! Pardon ! Ne pas confondre ! C'est extrêmement différent un gentleman ! N'est-ce pas Sir Herzog of Maurois ? Ça nous pisse au cul du haut des falaises de Douvres, un gentleman ! C'est quelqu'un ! Comme dirait César.

Il faut bien connaître l'Angleterre, « jeunes Français qui la visiterez ! » Avec Gentleman minute ! Pour l'amener aux abattoirs c'est pas un petit coton. Il est fainéant et confortable le gentleman. Il a un pacte avec le juif, qu'il est pas bon pour la pipe, comme nous de rif et d'autor, pas du tout !... C'est en plus dans son contrat que nous devons y aller pour lui ! C'est entendu depuis trois siècles, il faut comprendre les différences. Respect des contrats !... Il compte donc, c'est régulier, le gentleman, sur toutes nos viandes comme remblais pour sa dignité, la sauvegarde de son thé pépère, de son golf, de sa pimpante boutonnière, fleurie. Des formes je vous prie ! Furies guerroyères, hagardes radeuses voyoutes ! avec le gentleman, des gants ! Il prétend qu'on le houspille pas… « Thé et mon Droit ! » C'est dans le pacte avec Israël depuis les Tudors. Faut lui ménager sa fierté, lui donner hautement l'impression qu'on lui respecte très l'aloyau ! Qu'on le file pas comme ça au détail, au découpage, sans résistances très farouches, prises terribles, furieux colloques, luttes inouïes. Ah ! Ça n'irait pas du tout si on avait l'air de l'emmener, de l'emballer à la légère, Tommy Gentleman, comme on embarque du français, du bétail à la criée, du veau pour toutes les charpies ! Pardon ! Il est pointilleux en diable ! susceptible horriblement, gentleman ! Il veut avoir son spectacle, pour se faire sa conviction.

« La très édifiante, très sublime, très mémorable lutte de Mr Chamberlain contre les forces maudites, les démons Teutons de la guerre ! » Ah ! que c'est beau ! Que c'est poignant ! Que c'est farouche ! Il y passera le Chamberlain, l'Eden aussi, le Cooper aussi, et tous les sui-vants ! Oui ? Non ? Bien sûr ! Puisque c'est écrit ! répété ! Mais comme ça boum ! tralala ! Ah ! foutre non ! Qu'après des oppositions joliment stoïques des déployements d'ingéniosités à en défaillir ! d'ébaubissement ! de vertige ! Des compromis à périr d'extase, des ferrailleries les plus cinglantes ! étincelantes ! fulminantes ! tourbillonnantes ! contre les esprits infernaux ! Parfaitement ! Billy Brown en a pour son pèze. Il est pas volé au spectacle. Ça vaut « l'Arsenal » pour le sport, ardent comme un match de finale. Que le Briton sorte édifié, convaincu de la performance, tout émoustillé d'avoir si bien joui, d'un si péremptoire tournoi, d'un si prodigieux pacifisme, et le Recrutement a gagné ! Ça va, il suit la musique.

* * * * *

Elle nous oublie pas non plus « l'*Intelligence* » pendant les crises. Elle connaît nos presses, nos radios, comme pas une. Elle décuple tous les effets du mystère, de l'anxiété, par des distributions pépères, à pleines rédactions, corbeilles, de toutes bouleversantes réticences, confidences, dessaleries, redondances, mille et cent chichis, extrêmement propices à faire perler, bouillir, cailler, rebondir le trèpe. C'est repris par nos larbins de plume, les directeurs, nos ministres, ça se diffuse en nuées si denses, affolantes, que déjà des années d'avance, on ne discerne plus rien du tout des choses des contours, des horreurs. Que c'est plus à travers l'Europe qu'une masse de connards bien transis, de soldats bien inconnus qui déjà tâtonnent la Mort.

La presse aux ordres, vogue et frétille après les bobards qu'on lui jette, comme les cabots tortillent, s'acharnent après leur os en caoutchouc. Pendant que les marles s'épuisent, se crèvent pour des morceaux de vent, les Juifs aux cuisines fricotent, farcissent, tarabisquent nos restes, ils nous refilent aux arlequins, aux vomissures du destin, en énormes « Bouchées Catastrophe ».

Nos redresseurs nationaux, les hommes comme La Rocque, comme Doriot, Maurras, Bailby, Marin, la suite… ils redressent rien du tout, puisqu'ils parlent jamais avant tout, de virer les Juifs. Ils parlent vraiment pour ne rien dire. C'est des causeurs, des pas méchants. Ils servent qu'à noyer le poisson. Ils endorment la purulence, ils travaillent dans la compresse, le subterfuge, l'émollient. Ils crèveront jamais rien du tout, pas le moindre petit abcès.

C'est en somme des complices des Juifs, des empoisonneurs, des traîtres. Ils laissent le pus s'infiltrer, le mal se répandre, gagner toujours en profondeur. Ils ont peur du bistouri.

Le Juif est la chair de leur chair. Encore bien mieux c'est leur pitance. Ils collent aux Juifs tenants du flouze. Ils voudraient pas qu'on les abîme ! Pour rien au monde ! Ça serait trop con ! Faut au contraire qu'ils adhèrent aux « beaux mouvements » redresseurs, aux « nationaux nominaux » les Juifs ! On leur parle un drôle de langage pour les fariner, on les travaille à l'épouvante.

« Dites donc, youp ? Vous entendez rien ? Ces sournoises rumeurs ? C'est pas des antisémites des fois ?... Oh ! Mais c'est horrible ! C'est exact ! Quelle honte !... À notre époque !... Croyez-vous ? Quelle ignominie ! Quelle ordure ! Et grotesque ! à pouffer ! Si c'était pas si tra-gique ! Mais quelle abomination ! Mais il faut vous défendre youpi ! Faire quelque chose ! Restez pas contemplatif ! Avisez ! Remuez-vous ! Ça peut se répandre ; s'envenimer terrible, l'antiyoupinisme ! devenir l'infernal ouragan ! Mais cependant… hein !... du doigté ! Faites pas la gaffe ! Vous êtes très gaffeur youpi ! Méfiez-vous ! Vous amenez pas comme en bombe tout de suite de face, en gueulant ! Vous seriez tout de suite écrasé ! Défendez-vous ingénieusement, astucieusement… faites-vous redresseur patriote, tenez ! On vous reconnaîtra plus ! On vous suspectera plus du tout ! Venez avec nous ! Plus Français que des vrais Français ! Ah ! Oui ? On vous a jamais trompé nous, youp ? Hein ?... On a toujours été gentils, loyaux, aimables, fraternels avec vous ! pas ? Alors en confiance ! Hein ? Ne tortillez plus ! Donnez-vous à notre beau mouvement national ! On vous dérivera les pogroms ! Nous ! nationalistes ! unionistes ! les mieux placés pour la vertu défensive patriote ! Insoupçonnés ! Insoupçonnables ! On vous fera l'assurance tous risques, contre toutes les destitutions, expulsions, restitutions, nazisme, racisme ! toutes ces vilaines néfasteries, polissonneries, très ordurières, en général ! Rendez-vous compte des garanties ! Des énormes avantages ! Le parti le plus frémissant, le plus hautement considéré, du patriotisme le plus redresseur !

Sans rival ! sans comparaison sur la place ! Implacable ! Intraitable ! Redressiste ! Rigorissime ! Les plus révérés noms de France comme paravents ! La Providence vous inspire ! Vous pouvez pas tomber mieux qu'entre nos bras ! Fraternité ! Il existe nulle part au monde une planque aussi ingénieuse, aussi solidement, foncièrement protectrice pour les Juifs dans votre genre que notre parti redresseur, youpi !

C'est un ghetto inespéré, modernisé, motorisé, supernationalisé ! Notre pavillon superpatriote peut couvrir admirablement toutes les marchandises et votre charognerie youpine bien sûr, sans aucune gêne, en surplus, dans ses plis, pépère, consolidée pour deux siècles ! Ça va pas ? Mieux que les Loges !

Viens avec nous ! petit youpi ! Viens avec nous ! Viens ! Tu connaîtras la gloire !...

D'abord, tu banques mon trésor ! Tu subventionnes ! C'est l'évidence ! C'est l'appoint ! C'est l'écot ! C'est de la vraie faveur ! T'as compris ? Tu vas être naturalisé « redresseur » ! Ça choquera personne ! Plus que « françois » ! t'es le frère de Jeanne d'Arc ! désormais ! Le frère de Jean Zay ! Là, t'es fier ?... T'auras la chemisette ! La supernationalité ! T'embrasseras aussi le colonel ! Raque ! Toucan nous te baptisons ! Nous te reprépuçons ! Tu peux être maintenant bien tranquille ! Personne te cherchera des crosses ! Viens avec nous, l'on t'adore ! L'on te protège ! Liberté des Rites ! des Cultes ! des Consciences ! Nous t'intronisons « très grand bienfaiteur national » ! Jean d'Arc ! Rénovateur très éminent ! Passez le chapeau ! La France toujours libérale ! Envers et contre tous ! Une et indivisible ! Toutes les bonnes volontés unies ! Maçonniques ! Judaïques ! Cocufiantes ! Tartarigènes ! On s'en fout ! Tartufiques ! La quête ! Combien ? Combien ? Combien ?

Le client a toujours raison ! Les plus gros clients des partis nationaux c'est les Juifs ! Ils auront donc toujours raison.

La Droite croque le pognon juif aussi avidement que la Gauche. Les Redresseurs qui ont du mal c'est ceux qu'arrivent un peu en retard, après les autres, sur le marché. Il faut qu'ils chassent dans les étages comme les placiers d'aspirateurs, qu'ils offrent des démonstrations à tous les Juifs qu'ils rencontrent… C'est du tapin une clientèle ! ça se fait pas tout seul.

Pour les petits Aryens du rang, les humbles fervents cotisants, les petits redresseurs à trois thunes, c'est pas du tout le même saxo ! S'ils se posent des petites questions, s'ils sont un peu interloqués par tant de Levys, de Schwobs, d'Abramsky, tant de Moïses aux postes de commande, on les tranquillise en moins de deux…

« Oh ! qu'on leur fait ! Vous gercez pas ! Les Juifs pour nous c'est de la tactique ! On les allèche… On les berne… On les subjugue ! Subterfuge ! Nous les avons ! Sortilège ! On les poisse ! aux poignes et aux poches…

C'est du travail merveilleux ! C'est tant qu'ils soient avec nous… Astuce ! C'est dehors qu'ils sont terribles !... Tandis qu'ici on les grignote… On les surveille… En pieuse alerte ! On les annihile… en catimini… On les enchaîne… Glissez !... Glissez !... petit frère !... N'insistez pas !... En confidence : dès qu'on aura pris l'Élysée, on en fera nous qu'un seul pogrom de tous les Juifs, du territoire… Le Céline, tenez, c'est qu'une pauvre lope, une pelure piteuse, à côté de nous comme intentions ! Les grands secrets du Parti !... Oui !... Les Juifs on n'en fera qu'une seule torche !... et puis un pâle nuage délétère… tellement qu'on sera nous intensifs dans nos fureurs sémitophages… Ah ! On sera pour eux des vrais volcans ! Les pauvres gens ! C'est même le moment qu'on les plaigne… Tenez-vous peinards centurions ! Patience ! Patience ! et vive le Chef !... Nous les attirons dans nos rets ! les Juifs ! pour mieux les vaporiser ! Les francs-maçons à l'heure vengeresse voyant comme ça un peu partout les flammes s'élever des synagogues comprendront ce qui leur reste à faire ! Ils tarderont pas à se rallier à notre merveilleux mouvement de Résurrection nationale ! à mots couverts d'abord ! À toute berzingue ensuite ! D'ailleurs c'est presque déjà fait… Le colonel s'en occupe… Ainsi soit-il !... »

Moralité : Juif qui douille, Juif sacré. Pourriture qui paye est divine. La pourriture tient tout en France.

Celui qui veut faire le mariole, trébuche, enfonce, ingurge la merde, suffoque, étrangle et disparaît. On n'en parle plus.

Toute vénalité mise à part, toute coquinerie personnelle, les frais d'un parti sont énormes, avec journaux, dispensaires, réunions, procès, affiches, urgences, etc… C'est un déficit perpétuel. Il faut du plâtre, il en faut de plus en plus, tout de suite, beaucoup, liquide, sans phrases…

Toutes les échéances sont tragiques…

Les cotisations du rang, la vente au public du cancan, ça peut pas boucher tous les trous, ça peut servir que d'accessoire. Il faut des dotations sérieuses, des souscriptions très massives pour renflouer la trésorerie sans cesse implorante, des bienfaiteurs, connus en Bourse, aux Soviets, à l'Intérieur, 9 fois sur 10, juifs, forcément.

C'est la condition vitale pour tous les partis d'aller piquer le blé où il se trouve, au cul des Juifs… Personne n'échappe… tôt ou tard…

Tous les partis, tous les journaux, sauf rarissimes, stoïques exceptions, ne sont en définitive qu'autant d'arrière-Loges, tambouilleries juives maquillées, ardents subterfuges, miroirs pour alouettes aryennes. L'opinion démocratique sort toute chaude de ces guet-apens, continuellement améliorée, renforcée, de plus en plus fébrilement juive.

Qu'importe donc les étiquettes ! les dénégations offusquées, furieuses, judiciaires, puisque malgré tout c'est le juif qui tient les ficelles et la caisse ! En politique démocratique c'est l'or qui commande. Et l'or c'est le juif. Le reste c'est des mots. Celui qui veut parler aux foules doit d'abord s'adresser aux Juifs, demander l'autorisation. Le juif lui passe les castagnettes. Après ça, il peut bien hurler… tout ce qu'il voudra, sur n'importe qui, pour n'importe quoi ! Aucune importance ! tout lui est permis, il trouvera toujours du pognon, s'il respecte les conditions, s'il parle jamais de la petite chose… sauf en bien… S'il répète très ponctuellement les bonnes phrases taboues… au moins deux fois par semaine… Les ralliements essentiels de la Grande Boutique :

« L'Allemagne est une nation de proie… la bête enragée de l'Europe… Les Allemands détestent Hitler… Le Racisme est une sauvagerie… Tous les Juifs sont pauvres et persécutés… La mesure, la tolérance, l'accueil de tous les Juifs du monde, font la grandeur de la France… Une bonne guerre contre l'Allemagne sera le triomphe de la France, la joie dans la Liberté… » Enfin tous les éminents slogans de la grande enculerie française, maçonnico-talmudique.

Et tant que ça peut ! et jamais de trop !...

C'est des phrases qui plaisent toujours, qui font reluire, à coup sûr, ouvriers, bourgeois, patrons, fonctionnaires… Aucune différence. Libéraux tous…

Bien sûr qu'on se fait un peu prier, c'est l'enfance de l'art… Qu'on sauve un peu les apparences. Qu'on se fait pas mettre d'un seul coup ! Qu'on tortille ! Qu'on fait les méchants ! les terribles !... les insurmontables ! Va te faire foutre ! Comédie !

Coquetteries ! C'est le froc qui chute comme par hasard… Les circonstances… Le bon moment… Le bon mouvement. On apprend aux petit copains à les prendre avec le sourire…

Stoïcisme ! bonne humeur française ! Tous unis devant les périls ! À se faire joyeusement enviander pour l'irradiance de la Patrie ! L'Unanimité nationale ! Le maintien de l'ordre dans la rue ! Se faire enculer par les Juifs c'est une nouvelle Alsace-Lorraine ! les véritables patriotes y sont toujours résolus ! pour la grandeur de la France ! pour le respect des Libertés. L'affaire est vraiment mirifique. La confusion prodigieuse ! D'un côté bannières déployées, les Aryens du trèpe con radinent, follement enthousiastes, ouverts, plus épris que jamais, radieux, juteux, offerts… De l'autre le pèze youtre, avisé, rafleur, acquisitif, méticuleux, se place, estime, saisit, enveloppe, juge, enlève ! Le tour est joué ! Le truc adorable !

Encore une bataille de gagnée !
V'là les cocus qui se baissent !
Encore une bataille de gagnée !
V'là les cocus de baisés !
V'là les cocus !
V'là les cocus !

* * * * *

C'est la méthode voyez-vous de l'habileté, du jeu finaud sur deux tableaux… dont nous crevons, malice des malices ! De plus en plus habiles, strabiques redresseurs rampants, plongeants, pourris confirmés, boursouflés, marrants putricules à grimaces, chavirés en tous lieux immondes. Pas le moindre petit sursaut, le plus abrévié hoquet, dans tout cet étal d'agonies, dans tout ce tripier d'infections, le plus frêle indice de révolte que les Juifs vont se faire virer, vomir, dégueuler à la fin des fins. Rien du tout.

Les soviets se seraient écroulés depuis belle lurette sans le soutien constant, la tutelle affectueuse de toutes les banques, de toutes les industries, de toutes les propagandes juives, maçonniques de monde entier.

Cet échafaudage de chiourmes en délire, ce catafalque de terreur n'aurait pas tenu six mois sans la fervente complicité de toute la youtrerie du globe.

Elle a tout couvert, tout musiqué, tout fait absoudre. Elle a propagé l'espoir, le mensonge, la menace, le chantage avec tant d'astuce, que même les experts dans la chose en sont restés abasourdis.

Le comble des culots propagandistes ! La plus exorbitante entreprise de bobarderie crapuleuse jamais fricotée par les Youtres dans le cours des siècles, où pourtant... La colossale charognerie soviétique, gluante de larves, ronflante de mouches, sous projecteurs juifs : Triomphe éblouissant !

La transmutation de toutes les valeurs par dévergondé baratin, sans limite. Tout en œuvre pour que — 10 se lise + 1000, que les masses s'y prennent dur comme fer, hurlent aux pullulations divines et crèvent en mirage !

Hors le fatras verbiologique, l'époustouflage vrombissant, les Soviets n'ont été conçus, engendrés, maintenus, propagés, que pour la progression glorieuse de la plus grande juiverie, en exécution du plan de guerre talmudique mondial dressé, modernisé, par le général Marx. (Même guerre judaïque en Espagne, en Chine.)

Un Soviet est une synagogue avant tout ! perfectionnée ! modernisée ! motorisée !

Talmud 38 !

Chaque Soviet représente un nouveau bastion. Chaque comitern une citadelle de l'Empire juif mondial.

Une expansion soviétique : Autant de glomécules sémites extraordinairement corrosifs, nécrosants, infusés à chaud, inclus en pleine viande aryenne.

La contamination marxiste de la Russie s'est effectuée très brutalement par injections simultanées, massives, paralysantes d'or judéo-américain. (Provenance de New-York, Amsterdam, Londres).

Les Soviets ont été implantés en Russie par les banques juives de New-York, Amsterdam, Londres (Lœb, Schiff, Sassoon, Warburg). Les arrière-loges, les Synagogues, les Luthériens, les États-Majors francs-maçons (allemands, français, anglais, russes) des deux côtés de la tuerie ont admirablement collaboré à l'avènement des Soviets par leurs silences… leurs diversions appropriées… leurs trahisons… tractations vaseuses… Libéralismes opportuns… toutes les musiques… Autant de comiterns autant de virulentes synagogues…

Tout commissaire du peuple n'est qu'un commissaire de la haute police juive, un garde-chiourme d'Aryens. Gardes-chiourmes verbeux, rationalistes, prometteurs, démocratiques, etc…

Staline, asiate aux ordres, bourreau spectaculaire. La cuisine du Kremlin est une cuisine juive. C'est Kaganovitch, beau-papa, qui l'épice.

Les Soviets ne durent, ne se maintiennent en tyrannie que grâce aux appuis éminents, aux complicités quotidiennes des Banques juives de New-York et de Londres, à la parfaite compréhension des gouvernements démocrates, à la coopération très indispensable de « l'*Intelligence* », surtout en Orient.

Les Soviets livrés à eux-mêmes, flancheraient à la première famine. Et tout de suite la grande vengeance ! l'épuration monstre ! le signal du plus formidable pogrom encore jamais vu nulle part ! Un véritable séisme ! Tibère en existerait plus, à côté, avec ses puériles embraseries. C'est vraiment presque impossible de se faire une petite idée, de concevoir même faiblement le degré de haine recuite où sont parvenues les masses russes, vis-à-vis des Juifs. Ressentiment très explicable.

Les Juifs ont assassiné plus de trente millions d'Aryens russes depuis qu'ils sont au pouvoir. La furie antisémite des Russes ne demande que la plus furtive occasion pour se donner libre cours, pour étonner le monde.

Que les Soviets, demain culbutent, et tout de suite, en l'espace de quelques heures, c'est l'égorgement de tous les Juifs, d'un bout à l'autre de la Russie. On en retrouvera peut-être pas un seul pour nous raconter les détails.

Ah ! Ne jamais plus entendre les admirables paroles juives !

Trêve de rigolade ! On se doute bien que les grands Juifs sont parfaitement au courant. Qu'ils ne nous ont pas attendus. Qu'ils sont à pied d'œuvre. En pleine connaissance de pétoche, avec des raisons très sérieuses pour se méfier hallucinamment des imprévus russes.

Leurs inquiétudes se conçoivent. Ils font des vœux tous, unanimes, riches et pauvres, aux quatre points cardinaux, pour que les Soviets s'écroulent pas. C'est leur terreur jour et nuit. Ils font plus que leur possible pour que rien ne change en Russie. Et ils peuvent énormément.

De tels gigantesques pogroms ! Après les horreurs hitlériennes ! Ça ferait beaucoup pour une époque !... Ça ferait même infiniment trop ! Et puis des rébellions d'esclaves c'est toujours prêt à s'étendre, à se propager... La Grande Juiverie religieuse, bancaire, policière, soutient le pouvoir soviétique comme elle soutiendrait un couperet très haut, loin au-dessus de sa tête... « Qu'il ne retombe ! »

Entre nous, sûrement qu'elle regrette la Grande juiverie d'avoir jamais foutriqué un pareil imbécile bastringue, tout biscornu d'emmerdements à n'en plus finir ! Elle voudrait bien s'en dépêtrer. Mais comment ? Elle ne peut pas !

Elle est engagée à fond, jusqu'au cou dans les Soviets, jusqu'au trognon, et à la vie et à la mort.

* * * * *

Trouvez-moi donc un petit Juif pauvre, qui dise du mal des Rothschilds.

Trouvez-moi donc un petit Juif pauvre, qui dise du mal des Soviets.

Trouvez-moi donc un petit Juif pauvre, qui trouve pas qu'il faille tout de suite aller dérouiller Hitler.

* * * * *

L'antisémitisme « à la royale »

Entre académiciens...

l'Action Française du 29 octobre 1938

IV. LA BONNE VOLONTÉ ET L'AUTORITÉ

On nous accuse de tout voir en triste. Non. Mais nous ne croyons pas qu'il suffise de se dire à midi quand il est minuit pour tout arranger. Je ne crois même pas à l'efficace de la seule bonne volonté. Elle a besoin d'être mise sur le bon chemin. Il y a beaucoup de vérité dans ces mots de M. André Maurois[2] au *Figaro :* « *L'état de l'opinion publique est tel, et la conscience du danger si vive, que nulle résistance ne serait possible le jour où un gouvernement énergique et impartial ferait connaître, par des communiqués motivés, les raisons de ses décisions.* QU'ILS SOIENT DE DROITE OU DE GAUCHE, OUVRIERS OU PATRONS, TOUS LES HOMMES QUE J'AI INTERROGÉS ONT ÉMIS LE MÊME VŒU : — QUE L'ON NOUS COMMANDE. » L'homme est un animal social, donc commandé, donc, et tout autant, révolté. L'art politique est donc d'organiser un commandement

[2] **Émile Hertzog.**

qui n'ait pas besoin de se retourner à tout bout de champ pour recevoir avis ou suffrage de ceux qui le suivent, car le revirement se fait vite. Tel qui aspirait hier aux plus inexprimables douceurs du joug, se met à murmurer et bientôt à crier à la première gêne qu'il en recevra. Oui, le moment est favorable, oui, l'heure sonne des initiatives…

Etc…

Charles MAURRAS.

Et le style ! le fameux Style ! Liquoreux, ânanonant, tendancieux faux-témoin, juif.

Toute la Terre en Tchécoslovaquie appartient aux usuriers juifs et pas du tout aux paysans qui la travaillent. — Déclaration de Lord Winterton, M. P. à la Chambre des Communes, le 11 mai 1934.

— Mais alors ça va pas finir ?

— Ils peuvent pas rester tranquilles vos Sudètes du tonnerre de Dieu ! Ils vont nous emmerder longtemps ?

— Ils aiment pas les Tchèques.

— Qui c'est ça les Tchèques ?

— C'est des militaires, c'est les gardes-mobiles des Juifs en Europe centrale, des Loges…

— Ah ! Et puis après ? Ça les gêne ?

— Oui ça les gêne…

— Tiens ! Tiens, ils préfèrent Gœring alors vos Sudètes ?...

— Ils aiment pas les Juifs ?

— Pas du tout !

— Pas du tout ! Ils aimeraient mieux Mussolini. Ils aimeraient mieux Franco… Ils aimeraient mieux le diable… Ils aimeraient mieux le Mikado, ils aimeraient mieux n'importe quoi, mais pas les Juifs…

— Mais dites donc, c'est des vrais infects, vos Sudètes ! ils ont des goûts de Boches, vos Sudètes !... C'est des véritables fascistes que vous me racontez là ! Des espèces de racistes aryens ! Mais ça me fout dans les colères ! Je me connais plus de vous écouter ! Chers petits Juifs !

— Quand j'y pense ! Des antisémites encore ! Des sectaires atroces ! Des préjugeurs rétrogrades ! Des vraies brutes persécutrices vos Sudètes ! C'est des cromagnons gammés ! des scalpeurs ! des véritables vampires ! des souilleurs de l'Europe entière vos Sudètes ! Ah ! Il est temps qu'on les corrige ! C'est triste que ça existe encore des primates vicieux semblables ! Ah ! il est grand temps qu'on les dresse ! Vos Sudètes ! Peaux de choléra !

Que ça finisse ! Qu'on les rende un peu démocrates ! habitables ! vos Sudètes ! Ouverts tout à fait comme ici aux grands progrès libéraux ! Aux grands courants de la pensée affranchissante ! Merde !

— Ah ! Vous avez bien raison !

— Ah ! Je vous le fais pas dire !

— Mais vous la tenez la formule !... Mais c'est la conception sublime ! Quelle tâche exaltante ! Quelle œuvre pour notre époque ! Quel programme mirobolissime pour tous nos Orients ! Vous me bouleversez ! Vous m'émouvez au possible !

— C'est normal !

— Vous m'avez séduit, délivré du doute !... Je suis à vous !... Je vous aspire !... Je vous bois !...

— Alors à l'action ! Qu'on me déporte tous ces gens-là ! Sudètes maléfiques ! Complicateurs ! rechigneux ! rebelleux ! Têtes de lard ! Qu'on me les transporte tous par ici ! Tous en France ! J'ai dit ! Nous avons de la place ici ! Nous avons toujours de la place ! Nous sommes pas des racistes nous autres !... C'est par là qu'on est supérieurs… Nous aurons toujours de la place !... De plus en plus de places !... Grâce aux trous de la guerre !... Et guerre à la guerre ! Nom de foutre ! Et Mort aux tyrans ! Dans six mois tous ces coriaces auront perdu leur barbarie ! Vous les reconnaîtrez plus ! Pacifiés, confusionnés, empaquetés à ravir, vos Sudètes ! on les reconnaîtra jamais ! enjuivés si guillerettement ! d'entre tous nos semi-Lévys, quarts de Moïse, para-néo-pluri Mendès ! C'est ça le miracle de Paris ! C'est le charme enculagaillant !... La sorcellerie d'exquis intrait de youtrissime envoûterie… Trois gouttes, trois mots, trois mois suffisent… Six mois c'est un maximum pour qu'ils redeviennent des gens normaux, vos Sudètes ! des vrais Aryens démocratiques ! Dans six mois ils seront rambinés, sémi-tisés, tout gonflés de telle manière vos Sudètes que ça sera plus rien du tout de les faire crever tant qu'on voudra pour Litvinov, pour Jouhaux, pour Nathan, pour Dimitroff, pour le Comitern, la Blum au fusil ! Ça sera devenu même leur vrai plaisir, la plus pâmoisante récompense !

— Vivement ! Vivement qu'on les amène !

— Ah ! Comme j'ai confiance dans Baris ! Le charme de la capitale ! Le si délicieux sortilège ! Le miracle des Champs-Élysées ! Des Galeries Toutalévy ! Ah ! Vous me rendez le souffle ! La passion vaillante !...

— Attendez ! Attendez ! ce n'est encore rien ! Attendez que je vous lise ce que j'écris ! en ce moment, à propos de patriotisme, à ce paltoquet qui m'insulte !

— Ah !

— Hein ?

— Oh ! Oh ! Oh ! Oh !

— Là ! Là !

— Ah ! Ah ! Ah !

* * * * *

Au temps où tout le monde comprenait les revendications des Sudètes…

La Commission permanente internationale des partis travaillistes et socialistes :

« Nous nous refusons à reconnaître le droit de pays étrangers à établir leur souveraineté sur des districts allemands homogènes qui forment une unité géographique. » Résolution du 26 avril 1919.

Le Comité d'action internationale des partis travaillistes et socialistes :

« Les populations ne doivent pas être transférées d'un État à un autre tant qu'elles n'ont pas été consultées sur leur volonté. » Manifeste du 11 mai 1919.

Le Ve congrès de l'Internationale Communiste réuni le 8 juin 1923 au Kremlin. Motion adoptée :

« Le Congrès constate qu'il n'y a pas une nation tchécoslovaque, l'État tchécoslovaque, outre la nationalité tchèque, comprend des Slovaques, des Allemands, des Hongrois, des Ukrainiens et des Polonais. Le Congrès estime nécessaire que le parti communiste en Tchécoslovaquie, en ce qui concerne les minorités nationales, proclame et mette en pratique le droit des peuples à disposer d'eux-mêmes, jusque et y compris celui de se séparer. »

* * * * *

La Tchécoslovaquie est née à Paris, sous la bonne étoile maçonnique. « Je recherchai et je cultivai ensuite, jusqu'à la fin de la guerre, pour des motifs de propagande, des relations avec trois facteurs importants : la Franc-Maçonnerie, la Ligue des Droits de l'Homme et le Parti Socialiste français… L'accès des milieux francs-maçons me fut ouvert par certains de nos compatriotes de Paris et les membres yougoslaves des Loges ; j'eus l'occasion de donner des causeries dans quelques-unes sur notre cause et d'y gagner ainsi les milieux francs-maçons de Paris. » (*Souvenirs de guerre et de*

Révolution du juif Édouard Bénès, page 172). Où est le mal ? s'étonne *le Crapouillot*, l'innocence faite magazine. Évidemment, où est le mal ?

Sept langues et pas de cœur.
— Proverbe suisse.

Je l'ai vu travailler un petit peu le juif Bénès à la S.D.N. Petite Crapule talmudique, toute agitée de subterfuges, inépuisablement sournois, complotique, tout conifié d'avocasseries, de rusailleries bébêtes et brèves. Un vrai petit dégueulasse raton tout délirant de médiocrité chatouilleuse. Un vibrion de couloirs toujours en train de se suractiver. Une très redoutable petite saloperie venimeuse au cœur de l'Europe. Bien entendu pour les Loges Jéhovah lui-même ! plus Salomon ! Exactement tout ce que les Maçons conçoivent comme idéal homme d'État : Une sécheresse mortelle dans une chicanerie sans limites.

Je dis le Juif Bénès, bien que la chose ait été maintes fois contestée parce que j'ai connu l'officier de l'*Intelligence Service* qui lui délivrait pendant la guerre ses « laissez-passer » temporaires. Benès ne possédait en effet aucun passeport d'aucune nationalité avouable. Il avait même pris la mauvaise habitude de se fabriquer lui-même des faux passeports. La déveine lui valut d'être arrêté à Londres en 16. Il était connu à l'*I.S.* (qui s'y connaît) comme « Juif agitateur » au même titre que Litvinoff, et Bela Kuhn et Trotzky.

Tous les trois continuent bien entendu à « agiter » (on est bourrique pour la vie) aux lieux de leurs affectations.

Ce sont les esprits pervers qui rendent la vie insupportable. Ils trouvent des intentions partout. Moi je me sens devenir si pervers que ça me tourne en folie raciste. Et pas qu'un petit peu ! Raciste 100 pour 100 ! autant que communiste, sans les Juifs !

À l'heure où nous sommes, dans les circonstances si tragiques, l'indifférence n'est plus de mise. Il faut choisir, il faut opter pour un genre de perversion, ça suffit plus de se dire méchant, il faut avoir une foi terrible, une intolérance atroce, y a pas beaucoup de choix, c'est l'aryenne ou la maçonnique, juive ou anti-juive. Ça va nous donner vingt ans de rigolade.

Je ressens, tellement je suis drôle, des choses encore bien plus perverses. Des véritables sadismes. Je me sens très ami d'Hitler, très ami de tous les Allemands, je trouve que ce sont des frères, qu'ils ont bien raison d'être si racistes. Ça me ferait énormément de peine si jamais ils étaient battus. Je trouve que nos vrais ennemis c'est les Juifs et les francs-maçons. Que la guerre qui vient c'est la guerre des Juifs et des francs-maçons, que c'est pas du tout la nôtre. Que c'est un crime qu'on nous oblige à porter les armes contre des personnes de notre race, qui nous demandent rien, que c'est juste pour faire plaisir aux détrousseurs du ghetto. Que c'est bien la dégringolade au dernier cran de dégueulasserie.

L'*Intelligence Service*, qui connaît on ne peut mieux Benès, lui avait fait miroiter (par confidents) pendant toute la crise des Sudètes, qu'il pourrait peut-être, à la faveur du renversement des États totalitaires, devenir Président des États Démocratiques d'Europe (maçonnique), d'une sorte de S.D.N. rénovée, maçonnico-démocratico-communiste, très acceptable par les masses, et d'immédiate application. L'Europe juive au second stade». Windsor aurait été promu dès la proclamation, Président du Sénat Européen ! Philippe Égalité 38 ! Il l'avait bien mérité. La Juive Simpson a joué magnifiquement son rôle.

Dans le coup, également, les trois grands Juifs anglais, Israël Moses Sieff, Mark Spencer, et Sassoon, après Rothschild les quatre plus grosses fortunes d'Angleterre. Tout devait passer comme muscades. Mais L'*I.S.* au dernier moment a redouté les mutineries dans l'armée française et le sabotage du ravitaillement anglais. Partie remise ! Dans six mois par exemple, après les élections triomphales du Parti Chamberlain. Semaine des Sudètes, semaine des Dupes.

Ni Benès, ni Litvinoff n'auraient, c'est écrit, en aucun cas, joui du Triomphe. Ils auraient été liquidés en cours d'action, comme le furent toujours les agents trop voyants de l'*I.S.*, tels Mirabeau, Danton, Robespierre, Borodine, Trotzky, Lawrence, etc..., etc...

La fête continue...

Le petit con frénétique ambitieux Benès n'a pas fini de gigoter sur la corde raide ou au bout de la corde, encore plus raide.

Le Juif hebdomadaire *Candide*, dans son éditorial du 29 septembre, jour même où la paix ne tient plus qu'à un fil, prenant toutes ses précautions, nous avertit que :

« On n'a jamais le droit d'oublier les leçons de l'histoire. La permanence des caractères d'un peuple est un des phénomènes les plus extraordinaires. L'Allemagne n'a jamais eu de respect pour ses obligations antérieures. »

Candide est beaucoup trop con pour être dangereux, il a même quelque chose en plus d'être con, il raffole des astuces. Qu'à cela ne tienne ! Cette persistance des « caractères acquis » doit être aussi remarquable chez les Juifs que chez les Allemands. Pourquoi pas ?

Allons-y pour les Leçons de l'Histoire ! Elles doivent être valables pour tout le monde. Les nazis n'ont pas inventé l'antisémitisme. Les témoignages et non des moindres, abondent à travers les siècles, de Diodore à nos jours, quant à la fameuse persistance des caractères juifs acquis, on n'a que l'embarras du choix.

Antiquité

DIODORE (30 av. J.C. — 20 apr. J.C.) : « Les amis du roi Antiochus (175 av. J.C. — 163) lui avaient conseillé d'expulser les Juifs parce que ceux-ci ne voulaient pas se mêler aux autres et considéraient chacun comme leur ennemi. »

SÉNÉQUE (4 av. J.C. — 65 apr. J.C.) : « Les coutumes de ce maudit peuple sont demeurées si solides qu'il s'est répandu à travers tous les pays ; les vaincus ont imposé leurs lois aux vainqueurs. »

TACITE (55 – 120) : « La plupart des auteurs s'accordent à reconnaître qu'à la suite d'une dégoûtante maladie qui s'était propagée en Égypte, le roi Bocchoris avait reçu de son oracle l'avis de purifier son royaume en chassant les Juifs, car c'est une race haïe des dieux et des hommes. Afin de garder le peuple sous sa coupe, Moïse lui donna des lois nouvelles ; tout ce qui est sacré pour nous est méprisable aux yeux des Juifs, et tout ce qui nous fait horreur leur est permis. »

MAHOMET (571 – 632) : « Je ne m'explique pas qu'on n'ait pas depuis longtemps chassé ces bêtes malfaisantes qui respirent la mort. Est-ce qu'on ne tuerait pas immédiatement des bêtes qui dévoreraient les hommes, même si elles avaient forme humaine ? Que sont les Juifs sinon des dévorateurs d'hommes ? »

SAINT-JUSTIN (166) : « Les Juifs étaient derrière toutes les persécutions que subissaient les Chrétiens. Ils erraient par tout le pays, propageant la haine des Chrétiens et minant leur foi. »

TERTULLIEN (160 – 230) : « Les Juifs constituent le champ d'ensemencement de toute action anti-chrétienne. »

Moyen-Âge

GONTRAN, Roi de France (525 – 593) : En 585, le roi Gontran vint à Orléans ; tout le monde l'acclamait, même les Juifs, et eux criaient plus fort que tous les autres. Le roi dit :

« Malheur à cette nation juive méchante et perfide, ne vivant que de fourberies. Ils me prodiguent aujourd'hui de bruyantes acclamations, c'est qu'ils veulent obtenir de moi que j'ordonne de relever, aux frais publics, leur synagogue que les chrétiens ont détruite ; mais je ne le ferai pas : Dieu le défend. »

L'abbé TRITHEME de Wurzbourg (1462 – 1516) : « Il est hors de doute qu'une aversion croissante est en train de se faire jour contre les usuriers juifs, tant parmi les grands que parmi les humbles. Je suis partisan de mesures légales qui empêcheraient l'exploitation du peuple par les usuriers juifs. Va-t-on laisser des étrangers envahisseurs régner sur nous ? Et régner sur nous, non en raison d'une force ou d'un courage supérieurs, d'une vertu plus haute, mais seulement au moyen de leur vil argent ? Ces gens vont-ils s'engraisser impunément de la sueur du paysan et de l'artisan ? »

LUTHER (1483 – 1546) : « Comme les Juifs aiment le Livre d'Esther, qui correspond si bien à leur appétit de vengeance, à leurs espoirs meurtriers ! Le soleil n'a jamais brillé sur un peuple plus assoiffé de sang, plus vindicatif que celui-ci, qui se prend pour le peuple élu afin d'avoir licence d'assassiner et d'étrangler les Gentils. Il n'y pas de créatures, sous le soleil, plus avides qu'ils sont, ont été, et seront — il n'est que de les voir pratiquer leur maudite usure. — Ils se flattent de l'espoir que lorsque le messie viendra, il rassemblera tout l'or et tout l'argent du monde et le leur partagera. Je suis d'avis qu'on brûle leurs synagogues, ce qui ne pourra pas brûler qu'on le couvre de terre afin qu'on n'en puisse plus rien voir… On devrait détruire tous leurs livres de prières, tous les exemplaires de leur Talmud où ils apprennent tant d'impiétés, tant de mensonges, de malédictions et de blasphèmes… Aux jeunes Juifs et aux jeunes Juives il faudrait donner le pic et la houe, la quenouille et le fuseau afin qu'ils gagnent leur pain à la sueur de leur nez… »

ÉRASME (1487) : « Que de vols, quelle oppression subissent les pauvres, victimes des Juifs ! Des souffrances telles, qu'ils ne sauraient souffrir plus longtemps — Dieu les prennent en pitié ! Les usuriers juifs sont profondément implantés jusque dans les plus petits villages et prêtent-ils cinq gulders, qu'ils exigent un reçu de six fois davantage. Ils réclament intérêts sur intérêts et par là-dessus des intérêts encore — de sorte que le pauvre malheureux perd tout ce qui lui appartient. »

Jusqu'à nos jours

Le Pape CLÉMENT VIII (1605) : « Le monde entier souffre de l'usure des Juifs, de leurs monopoles, de leurs tromperies. Ils ont réduit nombre d'infortunés à la misère, surtout des fermiers, des artisans, et les plus besogneux des pauvres. »

VOLTAIRE (1694 – 1778) : « Les Juifs ne sont qu'un peuple ignorant et barbare qui allie depuis longtemps la plus répugnante avarice et la plus abominable superstition à une haine inextinguible pour tous les peuples qui les tolèrent et grâce auxquels ils s'enrichissent. »

MARIE-THÉRÈSE, impératrice d'Autriche (1777) : « Je ne connais peste plus nuisible à l'État que cette nation qui réduit les gens à la pauvreté par la fraude, l'usure, les contrats financiers, et qui se livre à toutes sortes de mauvaises pratiques qu'un honnête homme abominerait. »

Benjamin FRANKLIN (1787). Débats préliminaires de la Constitution américaine :

« Dans tous les pays où les Juifs se sont installés en nombre, ils ont abaissé le niveau moral, discrédité l'intégrité commerciale, ils ont fait bande à part sans s'assimiler jamais aux autres citoyens. Ils ont tourné la religion chrétienne en ridicule et tenté de la miner… Ils ont bâti un État dans l'État et quand on leur a opposé de la résistance, ils ont essayé d'étrangler financièrement le pays… Si vous ne les excluez pas des États-Unis dans cette constitution, en moins de deux-cents ans ils y fourmilleront en quantités si considérables qu'ils domineront et dévoreront notre patrie et changeront la forme du gouvernement… Si vous n'interdisez pas aux Juifs l'accès de ce pays, en moins de deux-cents ans, vos descendants travailleront la terre pour pourvoir à la subsistance d'intrus qui resteront à se frotter les mains derrière leurs comptoirs. Je vous avertis, Messieurs, si vous n'excluez pas pour toujours les Juifs de notre communauté, nos enfants vous maudiront dans vos tombes… Les Juifs, Messieurs, sont des asiates… Ils ne seront jamais autre chose… »

NAPOLÉON 1er (1808), écrivant à son frère Jérôme : « J'ai décidé de faire quelque chose pour les Juifs ; mais je n'en veux pas voir entrer davantage dans mon royaume ; vraiment j'ai tout fait pour prouver mon mépris envers cette nation, la plus vile de l'univers. »

Mr NEWDIGATE à la Chambre des Communes, le 22 mars 1858 : « Je ne crois pas qu'un Juif puisse devenir un bon membre de cette assemblée, car le Juif est un strict observateur du Talmud et les tendances du Talmud ont, je me fais fort de le démontrer, un caractère amoral, anti-social, et anti-national… Les Juifs ont été soit directement, soit indirectement, fautifs de tous les troubles et de toutes les révolutions. Ils ont causé la ruine et la misère de leurs contemporains par les moyens les plus abjects et les plus tortueux. »

Le général GRANT (1861) : Durant la guerre civile américaine, la deuxième ordonnance du général Grant est ainsi conçue : « Les Juifs violent tous les règlements commerciaux édictés par la Trésorerie ; ils enfreignent également les ordres promulgués, aussi sont-ils expulsés du territoire qu'ils devront avoir évacué dans les vingt-quatre heures qui suivront la promulgation de cette ordonnance. »

Paul KRUGER, Président de la République du Transvaal, prenant la parole sur la place du marché à Johannesburg, en février 1899 : « S'il était possible de mettre carrément les Juifs à la porte de ce pays sans risquer la guerre avec la Grande-Bretagne, le problème de la paix perpétuelle serait résolu en Afrique du Sud. »

Enfin, de Léon BLUM, lui-même (Avocat conseil de Mr Bader : « Le goût de vivre, le besoin de s'accroître, de dominer ; les forces juives, en un mot. »

« Mis au service du socialisme international, le capital juif ferait assurément de grandes choses. »

« … Mais il est encore essentiel d'observer que si les Juifs interviennent dans la lutte sociale… ce sera pour obéir à la loi naturelle de leur race. »

Les « Français » qui n'osent pas s'avouer leurs lieux de naissance, ils sont de plus en plus nombreux. Surtout dans les professions libérales. À cet égard, honte sans doute… les annuaires professionnels syndicaux, des médecins, dentistes, pharmaciens, ne mentionnent plus les lieux de naissance. Ils ont été tout bonnement supprimés les lieux de naissance. Les dentistes, médecins, chirurgiens ne sont plus nés nulle part.

Ils existent, voilà tout. Y en avait trop de venus, sans doute, de lieux impossibles, de ghettos trop marquants. Ça faisait faire des réflexions. Maintenant c'est écrit tout sec, comme ça :

Le Dr Duconovitch, né le 31 décembre 1900.

C'est marre.

Si vous insistez beaucoup, on finira par vous répondre qu'il est né à Chatou-sur-Seine le Dr Duconovitch, comme M. le Ministre Mandel, et ça ne sera pas vrai non plus. Vous serez bien avancé… Et le Dr Kaganovitch ? Et le Dr Durand-Moumélian ?... et le Dr Lubomirzsky ?... et le Dr Klin-Voronoff ? Sont-ils nés nulle part ces gens-là ?

Des centaines et des centaines… de plus en plus d'« Heimatlos ». C'est pénible… Des pleins annuaires de médecins nés nulle part. Ça fait drôle… « N'avouez jamais » c'est la consigne. Un nom de famille ça se trafique (et comment !) tandis qu'un nom de ville c'est difficile à truquer. D'où ces pudeurs.

Tout de même il faut en finir, il faut vraiment faire quelque chose ! Ça peut pas durer toujours ces situations équivoques, ces gens qui ne sont nés nulle part… Ça commence à faire sourire. Je propose que nous, les originaires, on y mette un peu du nôtre. Qu'on leur donne une couverture à ces enfants de France « pas naturels », qu'on les sorte de l'embarras. Je vais faire pour eux un beau geste, je vais aller me faire inscrire au syndicat confédéré comme ça… Je vais insister : Dr L. — F. Destouches, né à Kiev le 27 mai 1894. Cachant ainsi, enfin, mon Courbevoie (Seine) qui m'a causé un tort énorme, tout au long de ma folle carrière.

Il ne manquera pas de se produire j'imagine, par sympathie, quelques conversions fameuses. Je vois très bien se faire inscrire à la C.G.T. le Dr G. Duhamel, de l'Académie de Médecine né à Lvov le… le… et le Dr Léon Daudet, de l'Académie Goncourt, né à Bratislava le… le… Ainsi la mode sera lancée. Pieux subterfuge. Tous les confrères indigènes renonceront très rapidement à leurs ridicules Saint-Mandé… Brioude… Verrière-sur-Couesson (Peut-on être né à Brioude ?) et se choisiront en vitesse un petit ghetto bien sonnant. (C'est pas les ghettos qui manquent de Reval à Trébizonde !) Ainsi tout le monde sera d'accord et tout le monde sera gâté. On sera tous vraiment enjuivés, méconnaissables les uns des autres, même par nos lieux d'origine, homogénéisés, naturalisés juifs, amiablement. On pourra les refaire les annuaires, ça sera une joie de les compulser, ça fera travailler l'imagination des jeunes filles, les lieux de naissance des docteurs, rien que des noms prestigieux, fantastiques, évocateurs au possible… des vrais endroits des mille et une nuits… *Tobolsk… Tourgaï… Orenbourg… Vladimila… Tambor… Simbirsk… Amasaïan… Kioutaïch… Perth…* C'est autre chose, avouez-le, que des *Bécons-les-Bruyères !...* C'est un peu rêche à prononcer, au premier abord, au début, et puis on s'y fait… *Tambor… Simbirk… Amasaïan…* Je suis né à *Amasaïan…* C'est comme je le disais plus haut à propos d'empapaouteries… Il suffit de s'y mettre avec un peu de bonne volonté… Vient l'habitude…

* * * * *

On se fait des petites illusions, on pense que l'on vous a compris. Et puis pas du tout. Sans prétentions, tout bonnement, consciencieusement, on a rédigé dans sa vie des milliers, milliers d'ordonnances… Et l'on ne saura jamais, jamais, tout le bien qu'elles ont pu faire, à la ronde… Ça n'a pas beaucoup d'importance. On vous a sûrement compris, toujours, toujours de travers.

Il faut bien se dire une chose, qu'en dépit de tous vos talents, de vos plus angéliques efforts, même de cette façon de génie qui finit bien par vous pousser, à force d'échecs, pour l'explication ultra-nette, pour l'ânonnage analytique, pour le mot à mot dévotieux des plus rabâchées prescriptions, des plus coutumières formules, l'on vous a toujours, toujours, compris de travers.

L'auriez-vous calligraphié vingt fois et puis encore vingt fois en caractères démesurés et puis chantonné joyeusement sur l'air de l*a Paimpolaise :* « qu'il doit la prendre sa demi-cuiller dans une certaine tasse de tilleul, bien chaude, juste au moment de se coucher »… Il n'en fera qu'à sa tête, le client, il en prendra trente des cuillers, au réveil, dans un court bouillon. Et ça fera un scandale horrible. Et il reviendra vous accuser… Et ça sera des complications à n'en plus finir. En toute humi-lité bien sûr que je vous raconte ces choses. Je ne prétends rien vous apprendre. C'est la vie… Quand je me souviens de ma pratique… Peut-être que je les fascinais ? Ça valait peut-être mieux que je m'en aille… M'en aille… c'est une façon de causer… Je me serais plutôt sauvé… Ils devenaient drôles… Ils commençaient à plus savoir s'ils devaient pas me buter sur place… tellement il se trouvaient fascinés.

Peut-être vais-je vous fasciner vous aussi ? Peut-être que je vais vous faire rendre ? Peut-être allez-vous me trouver odieux ? assommant au possible ? Peut-être allez-vous me honnir ? Si vous m'avez lu jusqu'ici c'est déjà du tempérament, c'est déjà la preuve d'une haine solide. Mais la suite est admirable.

Je vous préviens très courtoisement. L'émouvant récapitulatif de toutes les tergiversations des 50 chapitres liminaires… Vous n'aurez pas à vous plaindre !... Avec toutes conclusions « ad hoc ! »… extra fortes !... architecturales !…

Moi c'est vers la fin que je triomphe, dans l'envol pathétique, le surpassement, le bouquet !

Je suis de ces auteurs qu'ont du souffle, du répondant, du biscoto. J'emmerde le genre entier humain à cause de mon répondant terrible, de ma paire de burnes fantastiques (et bordel de dieu je le prouve !) Je jute, je conclus, je triomphe, je trempe la page de plein génie… De vous à moi, entre copains, c'est ce qu'on me pardonne pas du tout, à la ronde, ce qu'on me pardonnera jamais, jamais, la façon que je termine, que j'achève les entreprises, que je vais au pied comme une reine, à tous les coups.

Ils voudraient bien me faire mourir, mes émules, même mes petits élèves, par chagrins, par méchants propos, me faire périr sous les morsures d'une foison de cancrelats, sous les venins d'une pullulation atroce d'aspics effroyablement voyous, martyrivores. Mais ma peau de vache me protège, jusqu'ici j'ai réchappé.

Ne pas divaguer si possible, très bien retenir l'essentiel et puis vociférer, à s'en faire péter toutes les cordes, sur tous les tons. Racisme d'abord ! Racisme avant tout ! Dix fois ! Mille fois Racisme ! Racisme suprêmement ! Désinfection ! Nettoyage ! Une seule race en France : l'Aryenne !... très normalement adaptée, installée. Le reste c'est que des farcissures, des impostures, des saloperies.

Trois groupes aryens ! Les Alpins (les plus nombreux), les Nordiques, les Méditerranéens :

Aryens tous. Et c'est marre, et c'est tout. Ça suffit. C'est bien facile à retenir.

Les Juifs, hybrides afro-asiatiques, quart, demi-nègres et proches orientaux, fornicateurs déchaînés, n'ont rien à faire dans ce pays. Ils doivent foutre le camp. Ce sont nos parasites inassimilables, ruineux, désastreux, à tous les égards, biologiquement, moralement, socialement, suçons pourrisseurs. Les Juifs sont ici pour notre malheur. Ils nous apportent que du malheur. Ce sont les Juifs qui ont coulé l'Espagne par métissage. Ils nous font subir le même traitement. Ils nous rendent la vie impossible sur notre propre territoire. Ils ne pensent qu'à nous rançonner, nous asservir, toujours davantage, toujours plus intimement, plus dégueulassement, nous faire massacrer en de nouvelles révolutions, de nouvelles guerres, de plus en plus longues, de plus en plus saugrenues... Ce sont des gangreneux maniaques, contaminateurs de nos plus terribles véroles délabrantes, insatiables. Ils n'ont rien à faire par ici. Ils nous sont mille fois plus funestes que tous les Allemands du monde.

Ce sont les Allemands qui ont sauvé l'Europe de la grande Vérolerie Judéo-Bolchevique

18. Nous nous débarrasserons des Juifs, ou bien nous crèverons des Juifs, par guerres, hybridations burlesques, négrifications mortelles. Le problème racial domine, efface, oblitère tous les autres. Il relègue aux fantasmagories, aux accessoires pour cotillons et partouzes démagogues toutes les conjectures dites sociales, dites communistes, dites socialistes, dites maçonniques.

Tout autant de prématurations monstrueuses, d'anticipations imbéciles, de fanfaronnades criminelles, charruteries, charriages judaïques avant les bœufs. Kabaleries, prestidigitations, satrapies épileptiques, enragées fumisteries, abracadabrantes entreprises pour toutes tortures asiatiques, forceries marxistes abortives. Toute l'ignoble Grande-Guignolerie des youtres apôtres fraternisateurs. Pitreries criminelles.

Avant de tâter du parcours communiste, si périlleux, si miraculeux, les hommes devraient bien d'abord, avant tout, être engendrés convenablement, se présenter au départ avec des pédigrées nets. Ce n'est quand même pas ce quarteron de rabbins chassieux, pouilleux, négroïdes, cette racaille panarde, épileptoïde, nasillante, qui va revenir au 20ème siècle nous refaire le coup des Tables ! des Lois prophétiques ! Merde ! Y a de l'abus ! Aux douches ! Tordus pustuleux ! Que les Aryens se débrouillent seuls ! Qu'ils s'épurent d'abord ! qu'ils deviennent dans leur propre race autant de spécimens possibles ! On verra dans la suite des temps pour les tentatives communistes ambitieuses ! Ce serait une gageure idiote de vouloir faire courir en steeple le premier percheron venu, mal équarri, cabochard, véron. On l'améliore d'abord, l'animal, on le lance pas comme ça ! On l'affine par hérédité. C'est l'élevage ! On le surveille de père en fils. On le croise pas au petit malheur avec des chevaux juifs, des perclus, foutus, surtarés, pires rebuts d'étables immondes, bidets odieux, intouchables depuis des siècles dans tout l'Orient, dispersés, honnis, évincés des pires pouilleries de l'Univers. Salut ! Et c'est ça qui va nous dresser ? nous féconder ? Chiots ! Ça peut donner que des horreurs ! Encore un siècle de ce régime et on nous fera voir à huis-clos, payant, pour les frissons de répugnance.

La Démagogie anthropophage, optimiste, l'Israélisme folichon moderne consiste à nous faire reluire avec tous les pires bobards, formidables, sur nos qualités, nous déjà si tartignols, si périclités, nous masse de masse déjà si apéritive, cagneuse, muflisée, râleuse, morveuse, voûtée, bigle. On est tous quand même des grands as, par la gueule de nos gouvernants, absolument des plus fin prêts pour tous les plus extrêmes parcours, les plus époustouflantes épreuves ! Que nous allons tout emporter ! l'enlèvement ailé par bonds d'enthousiasme des plus effarants obstacles ! Le Paradis dans un fauteuil ! À portée de poigne ! En somme qu'il suffit d'un peu d'entraînement ! d'enseignement ! Une semaine d'audace encore ! de « pas froid aux yeux ! » Et youp ! là ! là ! C'est la Renaissance ! Le Cinéma ! Tous les miracles ! Pour ainsi dire que c'est chose faite ! Un coup tous ensemble ! Et Baoum ! Le mur s'écroule ! Tout de suite derrière c'est le Paradis ! Qui hésite ? Qui se tâte ? encore ? On se demande !

Ah ! l'imposture ! Ah ! Les foutus pervers fumiers satanés immondes ! Ah ! les doreurs de merdes pilules !

Mais c'est pas question d'école le communisme ! Ni de trémolos ! ni de politique ! ni d'élections ! ni de philosophie transcendante ! De leçons à prendre ou ne pas prendre ! C'est une question de sperme ! de foutre ! C'est infiniment plus calé ! C'est pas une question d'examens ! C'est une question de croisements ! d'élevage ! C'est ça la Révolution ! La vraie !... Si vous n'effectuez pas d'abord, avant d'entrer dans les détails, dans la terrible application de votre sociologie, verbagineuse, faribolesque, une sélection très farouche, inexorable, de toutes vos souches participantes, vous n'aurez fait que des grimaces, vous n'aurez même pas préludé, pressenti les rudiments d'une race blanche convenable, d'une société aryenne possible, communiste ou pas.

Vous n'aurez jamais rassemblé autour de vous qu'une dégueulasse racaille de tous charognards fainéants, sournois, vicieux, les plus inaptes à tout dressage profond.

Vous n'aurez jamais avec tous vos discours, vos velléités, contorsions, simulacres, que trompé, divagué davantage, déconné, aggravé le mal avec plus ou moins de profit personnel. Demandez-vous au chacal qu'il renonce à ses habitudes ? Qu'il se montre tout d'un coup sensible aux exhortations altruistes ? Attendez-vous du vautour qu'il se modernise ? Qu'il se modernise en charognerie ? Tous les enseignements du monde ne peuvent rien contre les instincts de la viande. Trente-six mille Facultés postillonneuses, transcendantales d'Humanitarisme apostolique, réparties sur le globe ne feront pas dévier d'un dixième de micron l'opercule du plus minuscule bigorno, avant l'heure venue.

Si la marée, la lune et le soleil ne semblent pas au bigorno, absolument propices à ses petites évolutions, il s'abstiendra, il n'en fera qu'à sa coquille. C'est exactement du kif avec l'homme, sauf qu'il peut toujours, lui, vous tromper avec ses : « Oui ! Oui ! Je vous suis ! Je suis entièrement d'accord ! Bravo ! Bravo ! »

L'homme c'est la machine à mentir, Bigorno sournois.

Pour la question des grandes réformes, des sociologies progressives c'est aux chromosomes d'abord qu'il faut s'adresser. À l'esprit plus tard ! On a le temps ! On en a que trop fait d'esprit ! Ça nous a pas trop réussi ! Derrière l'esprit il y a toujours du juif ! Avec ses salades pourrisseuses. On peut changer notre méthode, on a rien à perdre.

Toutes les sociologies marxistes, rationalistes ne sont qu'autant de bonimenteries obséquieuses, sous leurs allures rigides, scientifiques, impersonnelles, elles prennent l'homme par la vanité, elles le chatouillent au plus bas narcissisme, à la pire connerie satisfaite, à la tripe béate. Tartuferies, bagouteries matérialistes enjuivantes, attrape-gogos pour éperdus haineux boyautiques. Le Juif, le Roi juif, qui commande tout, qui possède tout dans nos États est un éleveur démoniaque. Paradoxe atroce ! C'est lui précisément l'ennemi juré de notre Race ! C'est lui, le Juif-Roi, précisément le plus ardent, le plus fanatique fornicateur abâtardisseur de notre race ! Et il nous possède ! Lui, l'organisateur le plus zélé, le plus acharné, en tous croisements immondes, catastrophiques, le Propagandiste le plus effréné de notre Putanat.

Notre République française n'est plus qu'une énorme entreprise d'avilissement, de négrification des Français sous le commandement juif. Nous avons pour gouvernants une clique de conjurés youtres sadiques et de maçons trouilleux vendus dont le boulot principal consiste à nous avilir, nous abâtardir davantage, nous ramener par tous les moyens au grotesque alluviant primitif, mi-nègre, mi-jaune, mi-blanc, mi-rouge, mi-singe, mi-juif, mi-tout.

La grande marotte de tous nos gouvernements successifs depuis 93, c'est de nous faire dégénérer. Ils ne pensent qu'à nous enjuiver, nous négrifier, tous les jours un peu plus, au nom de la civilisation.

La civilisation rêvée par un gouvernement français républicain c'est un encore plus parfait esclavage des indigènes aryens sous les Juifs, pour le profit, l'épanouissement des Juifs, toutes les rigolades des Juifs.

Toutes les doctrines humanitaires, égalisatrices, justicières, libératrices de Progrès par la Science, de Vérité Maçonnique, de Démocratie Universelle, etc… ne sont en définitive qu'autant d'affublants pompeux stratagèmes de la même grande entreprise juive : L'Asservissement total des goyes par pollutions systématiques, salopages forcenés, hybridations à toute berzingue, enculeries négroïdes massives.

Les races ne se font pas toutes seules, ne se défendent pas toutes seules ; elles sont au fond de chaque homme en instance, en « devenir » au fond de chaque espèce. C'est tout.

Elles exigent pour durer, pour subsister, un effort permanent, stoïque, de chaque être vivant, pour vaincre la disparition et la mort.

Elles sont en « devenir », toujours en péril, toujours menacées.

Les Aryens ont encore, peut-être, quelques possibilités de « s'accomplir » en purifiant leur race, de se dénégrifier, de se déjudaïser, il n'est que temps ! s'ils sont trop lâches, trop vils, trop fainéants, s'ils se laissent trop nombreusement enculer par les négrites, les asiates, par les juifs ils disparaîtront, ignoblement.

D'autres races viendront, jaunes sans doute, qui les balayeront, qui les rejetteront à la mer. France Empire du Soleil Couchant.

Les Français négroïdes ne s'en iront pas sans douleurs. Ils crèveront par servitudes, par guerres, révolutions, par tueries mutuelles, endémiques, rituelles, hébétées, tournées à l'état d'infernales, irrésistibles manies.

« To be or no to be » Aryen ? That is the question! Et pas autre chose ! Toutes les doctrines d'inexistence des Races, du plus grand confusionnisme racial, tous les apostolismes du méli-mélo racial à toute force, l'espérantisme du trou du cul, « à la Romain Rolland », au plus grand babélisme copulateur, ne sont qu'autant de virulentes vacheries destructrices, toutes sorties de la même boutique talmudique : « À la destruction des Blancs. »

« À l'affolement, à la confusion des sexes par toutes les bites de toutes les couleurs imaginables. »

L'Aryen doit s'extirper de son métissage dégueulasse ou disparaître et pas de façon pépère, tout simplement, doucettement, gentiment… Non ! À coups de supplices ! de tortures infiniment variées ! guerres ! démences très horribles, nécroses ravageantes, terrifiantes, convulsions incoercibles, abominables puanteurs. Des vraies fins vertes de cancéreux. La mosaïque héréditaire de l'hybride européen abâtardi recèle assez de ferments absurdes, d'inclusions anarchiques, de démences imminentes, pour déconcerter vingt enfers, pour engraisser tous les chirurgiens du monde. Le fameux rêve humanitaire du juif c'est un Pandemonium de toutes les nations dissoutes, une fantastique bouillabaisse des races pourries, affolées, perdues en carambouilles grotesques, toutes confondues dans une perpétuelle furieuse catastrophe.

Plus de race ! plus rien ! plus que des prostitués de juifs, sous toutes les latitudes, ahuris, consentants à toutes étripades.

En somme la réalisation d'un gigantesque cancer mondial, composé de toutes nos viandes, pour la jouissance, la vengeance, la prédominance du juif. Lui, le bâtard, l'hybride le plus répugnant du monde, prendrait à force de nous saloper, en comparaison, une petite allure intégrale, authentique, précieuse, raffinée. Au royaume des « écroulés dans la merde » les tordus du rois.

Racisme ! Mais oui ! Mais comment ! Mais plutôt mille fois qu'une ! Racisme ! Assez de nos religions molles ! Nous avons été suffisamment comme ça introduits par tous les apôtres, par tous les Évangélistes. Tous Juifs d'ailleurs depuis Pierre, le fondateur, jusqu'au Pape actuel en passant par Marx !

Le nationalisme est encore un truc de juif pour nous tétarer davantage, pour nous faire mieux entre-tuer de chenil en chenil. Ça va ! Ça suffit ! Vive le Racisme ! On a compris à force de cadavres.

Vive la Religion qui nous fera nous reconnaître, nous retrouver entre Aryens, nous entendre au lieu de nous massacrer, mutuellement, rituellement indéfiniment.

Vive la Religion si sévère, si impitoyable qu'elle nous ferait vivre dans la perpétuelle terreur d'être encore un coup trahis par nos sales instincts, de retomber dans les mêmes vices, les mêmes tueries fratricides.

Nous voulons être traités plus sévèrement que des porcs, nous l'avons mille fois mérité. Y a pas de raison qu'on nous prive !

On verra plus tard pour les paradis sociaux. Chaque chose en son temps.

Bien entendu, à part très rares et très courageuses exceptions, les savants de la Science Officielle, presque tous juifs ou francs-maçons, nient purement et simplement l'existence de la race juive. Pour couper encore plus court à toute controverse périlleuse, ils trouvent encore plus expédient de nier purement et simplement l'existence des Races et de la Race blanche aryenne, bien sûr, en particulier. « Pas plus d'Aryens que de beurre au cul. » Tel est le slogan de la Science Officielle. (C'est-à-dire judéo-maçonne).

Cette déclaration, signée, vous situe, vous classe immédiatement parmi les savants affranchis, ceux sur lesquels on peut compter, ceux qui sont dignes dès le moment, des plus hautes faveurs du Pouvoir. La croix vous l'avez d'autor.

Quant au racisme ! Ah ! Pardon ! C'est la convulsion d'horreur ! de l'épilepsie de dégueulage ! « La barbaresque négation de toute intelligente analyse dialectique des faits ! La plus sinistre des fariboles ! Le rétrogradisme à la nième puissance d'Hystérie ! Tout le crétinisme ordurier hitlérien ! » Et de pleuvoir les torrents d'imprécations torchées « à la scientifique »... ou à « l'analyste détaché olym-pien des faits »... Toujours les faits ! Le genre Lavoisier !... Le genre Pasteur !... Le genre Claude Bernard...

Dans les coulisses de la Science franco-juive on travaille énormément « à la manière dc »... L'impression sur les foules est toujours assurée, immense, quand vous écrivez « à la manière de Pasteur »...

Vous n'avez pas entendu le fameux professeur Poirier-Levisohn ? Ce qu'il leur passe aux racistes ? Ah ! Ah ! là ! là ! mon Empereur !...

Cependant, malgré tout, quand même, il se trouve toujours quelques dissidents, quelques négateurs de poncifs dans les cadres les mieux choisis de la Science la plus Officielle, exemple Georges Montandon, Professeur d'Ethnologie à l'École d'Anthropologie de Paris[3].

Voilà ce que déclare ce très irréprochable savant dans sa brochure récente, *Mise au point du problème des Races :*

« Enfin voici le point crucial, la clef du problème somatique juif, le nez convexe juif — pris comme le trait le plus caractéristique du faciès judaïque,

[3] **Dans la même dissidence le très remarquable discours du professeur Emmanuel Leclainche, Président de l'Académie des Sciences, de signification nettement raciste, prononcé le 30 décembre 37 en séance solennelle.**

car ce que nous en disons est valable "mutatis, mutandis" pour les autres caractères — est apparu non pas dans un domaine unique, où d'autres traits, réunis en complexe, étaient suffisants pour être considérés comme caractéristiques d'une race ; similairement à ce qui a été montré plus haut, quant à divers domaines de l'Océanie, le trait physionomique — le nez convexe dit judaïque — est apparu dans DEUX domaines, c'est-à-dire deux races, mais sur une portion seulement du domaine de ces deux races ; il est à cheval, selon ce qui a été dit plus haut, sur une partie de la race alparménienne (c'est-à-dire sa sous-race arménoïde) et sur une partie de la race méditerranéenne (c'est-à-dire sa sous race araboïde).

« *Or l'Ethnie juive*, il faut dire maintenant "l'ethnie juive" — qui a concordé à une époque, avec la nation juive, S'EST FORMÉE PRÉCISÉMENT SUR L'AIRE OÙ SE DÉVELOPPAIT CE FACIÈS QUI LUI-MÊME EST À CHEVAL SUR DEUX RACES, sur les Juifs (les individus d'autres races entrés dans l'ethnie juive non compris) appartiennent à deux races quant à la boîte crânienne.

« Tout en ayant un faciès, des parties molles, un MASQUE, commun à leurs ressortissants des deux races, ou du moins qui était commun à la majorité d'entre eux avant la dispersion, mais qui l'était aussi plus ou moins à leurs voisins arménoïdes non juifs et araboïdes non juifs — les uns et les autres ayant le faciès que l'on appelle judaïque ou levantin, qui chevauche, répétons-le, sur deux races, mais qui n'est pas suffisant à lui seul pour caractériser ce qu'anthropologiquement on appelle une race. —

« Mais comment est-il possible que les individus de l'ethnie juive ne se soient pas — question sociologique mise à part — complètement fondus physiquement dans les races européennes au milieu desquelles ils se trouvent ? Il faut se rendre compte que les diverses races ne sont pas, à une même époque, douées de la même vitalité ; certains complexes raciaux sont vivaces, progressifs, d'autres languissants, régressifs. *Or, le complexe judaïque est encore aujourd'hui physiquement vivace, et cette vitalité, combattant les causes de l'anéantissement par submersion que comportait la dispersion au milieu d'autres types, maintenait le complexe caractéristique tel qu'il se révèle par la face.* Et puis il y a encore un autre fait qui peut-être joue un rôle considérable. Sir Arthur Keith, Directeur de l'École des Chirurgiens de Londres, est le représentant le plus autorisé d'une tendance qui prétend que les races prennent naissance dans les groupes politiques, sociaux et nationaux. Il ne faut évidemment pas aller trop loin dans cette voie et la raison des grandes lignes de l'évolution est vraisemblablement interne, mais il est fort possible que les parties molles subissent un modelage, prennent un faciès particulier, dans les agrégats politico-sociaux de longue durée. Il faudrait alors admettre, et la chose est vraisemblable, que les SÉGRÉGATIONS ET LA SOLIDARITÉ JUIVES

ONT ACCENTUÉ, RENFORCÉ LE MASQUE QUI LEUR ÉTAIT PROPRE.

« On arrivera ainsi à la conclusion suivante quant au problème anthropologique judaïque. Ceux qui disent : “Il n’y a pas de race juive”, ou bien “Les Juifs représentent une ethnie, pas une race !” JOUENT SUR LES MOTS. Certes, il existe avant tout une ethnie juive ; c’est l’ethnie juive qui joue un rôle dans l’histoire. On peut même dire, au point de vue anthropologique :

« Il n’y a pas de race juive », en ce sens que la somme des caractères judaïques n’est pas suffisante pour mettre ce type en parallèle avec d’autres types auxquels est conférée la dignité raciale. Mais, s’il n’y a pas de race juive en ce sens-là, IL Y A UN TYPE RACIAL JUIF qui permet, dans un très grand nombre de cas, de reconnaître les Juifs à leur physique. Faut-il donner des exemples ? André Maurois (Herzog) dans la littérature, Léon Blum dans la politique, sont des individus chez lesquels s’accusent de la façon la plus nette les caractères que nous avons mentionnés plus haut. »

* * * * *

Heureusement, pour nous faire oublier ces vilains propos, nous trouvons dans une revue anglo-juive *Query* la déclaration récente d’un véritable expert français, M. Henri de Kérillis.

« La France et l’Italie, imprégnées de l’esprit catholique, ont toujours répugné à l’antisémitisme religieux, que les papes ont d’ailleurs toujours condamné à travers les siècles (?). Prenez, par exemple, le dernier article de *l’Osservatore Romano* qui réprouve la recrudescence d’antisémitisme en Europe Centrale.

« Quant au moderne antisémitisme d’inspiration raciste il se peut qu’il trouve un terrain favorable chez ces peuples d’origine barbare, en provenance des hordes primitives, mais il ne saurait s’implanter dans un pays comme la France, constitué par un conglomérat de peuples absolument différents les uns des autres. Un Provençal, un Corse, un homme de Narbonne d’origine phénicienne — les Phéniciens étaient les Juifs de la Mer — se trouve au point de vue racial, beaucoup plus près du juif que du breton, du basque ou du flamand. »

Et voilà ! La France armée juive ! Tout naturellement ! Par conglomérat ! Combien chaque Phénicien de Narbonne vaut-il de Bretons ? Ça serait agréable de savoir... pour la prochaine pipe ?

Dans ce même numéro du *Query* nous trouvons encore une étude très intéressante (nous semble-t-il !) d'un historien anglais, H. V. Morton, sur le juif dans le monde antique, avant Jésus-Christ.

Se référant au portrait que nous ont laissé du juif tous les chroniqueurs et légistes de ce temps, H. M. Morton conclut :

« Ce portrait est intéressant parce que c'est le seul que nous possédions du juif tel qu'il apparaissait aux Européens avant l'avènement du christianisme. Les persécutions, dans le sens moderne du mot, n'avaient pas commencé. Le Juif était encore un homme en armes, un soldat qui avait tout frais à son actif cette farouche défense de Jérusalem qui reste un des plus hauts exploits d'endurance, de courage qu'aient enregistré les annales guerrières. Cependant il est clair que le monde, en ces temps reculés, n'aimait pas le Juif. Le Juif apparaissait aux gens de cette époque comme un mystérieux, sinistre misanthrope, arrogant, intolérant. Il était toujours en quête de privilèges, ne cessait d'envoyer des députations en haut lieu pour plaider sa cause derrière le dos des autorités locales et il avait le génie de l'agitation politique. Mais ce qui déconcertait par-dessus tout ses contemporains c'était l'exclusivisme qui faisait de lui l'habitant d'une cité, mais jamais un citoyen véritable. C'était un homme qui avait un secret et un secret qui lui était plus précieux que la vie. Le monde antique, dont l'esprit était intensément cosmopolite, découvrait que le Juif était rebelle à tout mélange et, trouvant impossible de l'incorporer dans les cadres civiques, il le regardait avec méfiance et aversion. Il faut aussi se rendre compte que le Juif, qui n'était pas encore devenu l'opprimé des ghettos moyenâgeux, rendait haine pour haine.

« Ainsi nous pouvons constater dans le monde hellénique et gréco-romain des années 300 avant et 100 après Jésus-Christ, l'existence d'une antipathie contre le Juif où l'intolérance chrétienne n'entrait pour rien, l'envie commerciale non plus, fondée, semblerait-il, sur une incompatibilité de tempérament. Peut-être Isaïe l'exprime-t-il par ces quelques mots : *Car mes pensées ne sont pas vos pensées, ni ma route, votre route*. Et ce regrettable manque de compréhension était mutuel. »

Ce qui nous prouve que nos très antiques ancêtres étaient beaucoup moins cons que nous.

Ils avaient tout compris, tout de suite, admirablement.

Les Français sont bien contents de se rendre ridicules.

Vous savez sans doute que sous le patronage du négrite juif Jean Zay, la Sorbonne n'est plus qu'un ghetto. Tout le monde le sait. Mais il existe encore un sous-ghetto, une sorte d'intrait de ghetto, à l'intérieur même de la Sorbonne, que vous entretenez aussi, de vos deniers contribuables, et qui s'intitule (pour les têtards assujettis) « l'École Pratique des Hautes Études ». Une synagogue en surpression ! Le comble des culots juifs ! Le panache de notre insurpassable connerie de gogos goyes !

« Le juif — nous explique P. Gehen, dans son étude sur l'Université — y règne avec toute l'insolence du faux savant, se diplôme entre coreligionnaires, et se distribue la manne officielle à raison de mille francs de l'heure. Quant au goïm, il peut travailler dix ans s'il le veut sur quelque ingrat sujet d'érudition, on l'admettra pour faire nombre, toutes ses recherches seront pillées, on recevra narquoisement sa thèse, on fera semblant de l'examiner, mais quelles que soient la forme et la valeur de cette dernière, si l'élève français insiste pour obtenir le diplôme désiré et mérité, il voit immédiatement se dresser devant lui l'arsenal de la perfidie, du mensonge et de l'imposture. Si, sûr de son bon droit et de la justice de sa cause, cet élève veut aller plus loin, on envisage aussitôt de le mettre grossièrement à la porte. » Mais le plus adorable ! Savez-vous qui enseigne dans cet extraordinaire édicule académique le folklore français ? Le juif Marx ! tout simplement et cumulard en plus ! Directeur au Ministère des Affaires Étrangères des Œuvres Françaises à l'Étranger !... Cinquante cours par an à l'École des Hautes Études ! Jamais plus de deux élèves !

« Il reçoit pour chacun de ses cours — nous apprend P. Gehen — une somme très élevée de l'ordre de mille francs l'heure ! »

Il faut ajouter que ce Marx ne s'engraisse pas tout seul sur nos impositions. Un Juif n'est jamais tout seul. Il s'est promptement entouré ce Marx *nième !* dans ce prodigieux bastion de culture, d'autres professeurs, tout aussi français, tout aussi bretons que lui-même, tout aussi frémissants de nous décrasser, de nous élever enfin à la véritable compréhension de nos origines, de nous révéler ce que nous sommes, d'où nous venons, où nous allons, de nous faire potasser les sources mêmes de notre propre poésie ! ça c'est de l'enculage 100 pour 100 ou je ne m'y connais plus ! Ça vaut quinze défaites à Verdun ! à mon sens !

Quelques noms de ces culottés, invraisemblables professeurs : Messieurs et Mesdames : Maus, Marx encore, Dumézil, Élisser, Grabar, Silvain Lévi,

Stoupack (alter ego de Mme Brunschwig), Masson, Oursel, Weill, Puech, etc… Juifs !... Juifs… et contre Juifs !

Le chœur des Français contribuables : « Ah ! Comme ils sont intelligents ! Ah ! Ces professeurs ! Ah ! Ces savants ! Ah ! Ces Juifs ! Sans eux qu'est-ce qu'on deviendrait ? »

On finit par se le demander.

Vous êtes bien d'accord ?...

Il n'existe vraiment en ce monde qu'une seule internationale qui fonctionne et qui vaille ! L'Internationale bancaire, politique, policière, juive. Le monde n'a vraiment qu'une seule pensée, une seule intelligence : l'*Intelligence Service*.

L'Internationale dite ouvrière, l'Internationale de classe, n'est qu'un leurre, une simagrée, un subterfuge démagogique juif dont les Aryens se saoulent et déconnent, Aryens dopés, toujours en position haineuse, toujours prêts à foncer dans les pires catastrophes, les pires calembredaines guerrières, révolutions, croisades massacrières. Toute la lyre au « delirium » des démocraties en action.

Il n'existe pas « d'Intelligence ouvrière », il n'existe qu'une docilité hurlante ouvrière, un grégarisme aryen vantard, vociférant, que le Juif amuse, entretient, exploite depuis 2 000 années.

Il n'existe qu'une fantastique gigantesque connerie aryenne, mondiale que les Juifs utilisent au mieux de leurs intérêts. Et ils s'y entendent !

Tous nos Trusts sont juifs, les fameux « Trusts », terreurs des enfants de *l'Humanité !* Tous nos journaux (sauf rarissime exception) sont juifs. Tous nos banquiers sont juifs. Le travail seul est aryen.

Tous les profits du labeur vont toujours aux Juifs. C'est automatique. Vous travaillez juste pour bouffer, vous autres, pour subsister, tout l'excédent passe aux Juifs, au Pouvoir International juif, à la grande famille juive, aux banksters juifs. C'est classique. C'est comme ça. En fait d'Aryens, dans les grands trusts, les grandes affaires, il n'existe que des prête-noms, des paravents, des alibis, des maçons vendus, des prétextes, des caïds, des juifs synthétiques...

Pas plus de 200 familles que de beurre au train, une seule réelle grande omnipotence internationale famille : la famille juive, la grande féodalité juive internationale, qui nous rançonne, nous abrutit, nous détrousse, nous tyrannise, cent et mille fois plus cruellement que tous les marquis, les girons, les arrogants, les Petits Maîtres, les Grands Fermiers, les folles putains de l'ancien régime. Aucune comparaison.

Les sangsues juives sont mille fois plus avides, corrosives, têtues, massacrantes, goulues, que toutes les vermines chatoyantes, des vieilles monarchies frivoles.

D'ailleurs tout était déjà prêt, sous les vieilles monarchies frivoles pour la grande pullulation juive, tous les clapiers en batterie. Tous les clubs, toutes les arrière-Loges, aux ordres du Juif Ximenès, eurent tôt fait d'activer la danse en 89, n'eurent qu'à filer quelques tisons sous la grande tambouille philosophe pour que tout ça prenne fantastique ! barde ! fuse ! vrombisse ! bouillonne ! explose ! gicle ! et tout ! Que ça foire partout dégueulasse ! C'était déjà plein de sortilèges encyclopédiques, maçonniques, fraternitaires, bourré à péter.

Ce furent des fameuses bâfrances les grandes journées de 93 ! Ils ont briffé des drôles de choses nos grands ancêtres. Ils étaient pas superstitieux ! La Bastille du monde actuel infiniment plus redoutable que la piteuse déclassée croquemitainerie 93, c'est la Banque d'Angleterre, la Bastille 38 ! d'un pouvoir autrement tyrannique, autrement mondial, autrement rapace, autrement cruel. Un pouvoir organisateur de toutes nos faillites, de toutes nos détresses, de toutes nos tueries. Un pouvoir d'ennemis absolus, implacables, enragés, anonymes, insaisissables.

Ce monde est une société anonyme perpétuellement en faillite dont le Conseil d'Administration est entièrement juif et toujours réélu par les Aryens unanimes, enthousiastes, en dépit de la gestion toujours catastrophique. L'Aryen a le goût du malheur, de la souffrance infinie. Les administrateurs juifs du monde, qui ne foutent rien, sont les seuls qui s'enrichissent, sur la misère des États, à coups de faillites. Leur puissance s'accroît à la mesure des catastrophes. Tout l'or du monde est raflé périodiquement par les Juifs, à coups de crises, d'inflations, de révolutions et de guerres.

Toutes les décisions mondiales de guerre et de révolutions sont prises par les Juifs.

L'or en démocratie commande tout, les hommes, les gouvernants, les choses, la loi, les arts, la musique, le cul, l'armée, la vie, la mort, les âmes.

Pour la grande famille juive nous ne sommes qu'autant de bidoches corvéables, plus ou moins fainéantes, plus ou moins vendables, plus ou moins coriaces, plus ou moins dociles. On va vous vendre aux Juifs, rassemblés en partis de droite et de gauche comme on va vendre un troupeau de vaches, bien mugissantes, au Juif encore, le jour de la foire.

Les créateurs d'un Parti, de n'importe quel Parti, de droite ou de gauche, n'ont qu'une idée dans la tête, dès le début de leur aventure. À quel prix que je pourrai les revendre, le moment venu, aux juifs, mes branquignols ? Quand ils beugleront assez fort ? C'est tout.

Qu'importe la couleur des pelages ? Rouges, verts, jaunes ou résédas ? C'est pas la question. C'est pas les opinions qui comptent, c'est la force des beuglements et le nombre de bêtes.

Un bon troupeau politique, bien fanatisé, bien hurleur, c'est de l'or en barre. Le Juif est toujours preneur. Pour le Juif c'est tout de la vache, de l'électeur, du soldat, de la bonne qualité de viande aryenne qui lui donnera jamais de déboires.

* * * * *

… Il devient très vite le champion très ardent de toutes les causes qu'il embrasse…

Le paquebot sur lequel il avait pris passage devait faire escale à New-York pendant cinq jours.

Ayant à ce moment grand besoin de repos, il fit connaître au commissaire du Bord qu'il se refusait absolument à tout interview, qu'il ne voulait pas être photographié, qu'il n'apparaîtrait en public à aucun prix.

Mais il comptait sans sa propre passion. Le premier reporter sut trouver son point faible.

« Vous devriez nous dire quelques mots, Monsieur le Professeur Einstein, quelques paroles de vous pourraient aider grandement la cause du Sionisme… »

Avant que le navire eût quitté la quarantaine, Einstein avait déjà promis un speech pour un déjeuner de gala, un autre discours pour un dîner, une conférence pour la radio, etc…

Ses cinq jours à New-York ne furent qu'un tourbillon d'activité pour la cause du Sionisme.

Edwin MULLER : *Étude sur la vie d'Einstein*
(*The Nation*, Septembre 1938)

Wendel ! Wendel ! Rigolade ! Petit Sire ! Diversion miteuse ! (D'ailleurs, tenu, Wendel en parfaite obédience par son propre Conseil juif.)

Wendel n'est qu'un insignifiant, le bouc qui pue, le Lustucru qui fait peur aux enfants de *l'Humanité*... Mais les autres, comment qu'ils s'appellent ? *L'Humanité* ne les nomme jamais, toujours Wendel ! Ça fatigue ! On a bien encore un roi tout de même ! Et joliment puissant, ma parole ! De la grande dynastie mondiale ! Louis XVI quelle fragile pelure ! Mais Rothschild quel monarque ! Maurice ? Arthur ? James ? Cunégond ? Comment qu'on l'appelle ? Lequel de ces Messieurs ?

Ah ! Comme il serait agréable qu'on nous le présente au cinéma, très souvent, qu'on nous en cause à la radio, soir et matin, qu'on nous rassure qu'il a vraiment bien déjeuné... qu'on nous donne de ses nouvelles... qu'il a bien dormi... qu'il a bien fait ses petits besoins... Mais jamais rien... que du lugubre silence... Le protocole impitoyable... Et nos Princes, nos potentats de la grande satrapie sémite ? les personnages de Sa Cour ? nous voulons aussi les connaître ! officiellement !... Toujours Wendel ! C'est fastidieux ! Crochet !

Nous voulons les Princes authentiques !... Pas les frimes ! Les faux-semblants ! Nos Ducs Lazare ! nos Ras Dreyfus ! C'est à peine si nous les entrevoyons... Quelle cruauté ! Nos Sterns, nos Bollacks, nos Blochs, nos Baders, nos Péreires nous manquent... devant les yeux... là tous les jours... Nos Émirs Foulds, Cohens, Empains, on nous les oublie !... On nous mène donc en bateau !... C'est autre chose que des Wendels !... L'Huma n'en parle jamais cependant... Félonie ! Ni même de ce Rothschild, Louis, qui pourrit là-bas dans les geôles viennoises, sous les verrous de l'ami des capitalistes, l'Hitler.

Comme tout ceci est fort étrange ! Suspect !... *Le Popu, l'Huma* tromperaient-ils leurs lecteurs ? Leurs rédactions seraient-elles juives ? Elles nous cacheraient le principal ? Les principaux ? Nos plus splendides omnipotents seigneurs de France, tous sémites, tous admirablement dotés des plus fantastiques apanages, des plus gigantesques privilèges, tous juifs, tous de branches cousines... Hum ! Hum !... Des potentats quasi-divins ! Pas détenteurs de courants-d'air ! de châteaux en Gascogne, de vermoulues à pignons, de rendez-vous à fantômes ! Non ! Non ! Non ! Des Trusts en plein fonctionnement qu'ils sont les maîtres, qu'ils superordonnent, ces Nom de Dieu de Puissants !... Des forces qui comptent, qui vous assoyent, qui vous foudroyent... Des vraies personnes surnaturelles qui nous tombent directes de l'Olympe, sur les os, irrésistibles, qui nous affament comme elles veulent, qui nous font voter comme elles veulent, qui nous font périr comme elles veulent, où elles veulent, quand elles veulent, sans même rien nous expliquer. Juste deux ou trois grognements farouches pour fouailler la meute, les bestiaux baveux, et hop ! d'autor c'est engagé, la guerre commence !... Ou bien c'est la révolution ! La chute de toutes les monnaies ! L'écrabouillage d'un continent ! Ça dépend… Comme ça, tout à leur bon vouloir, très absolument ! Selon leur caprice ! Vous existez pas.

Avant la guerre le peuple au fond il comprenait rien du tout au grand sens des mots terribles Capitalisme… Exploitation… Conscience ouvrière… Trusts… Syndicalisme rénovateur… C'était que des mots pour la gueule avant la guerre… On le faisait hurler, bien sûr, le peuple… On l'a toujours fait hurler… N'empêche qu'il y comprenait goutte aux brûlantes questions sociales. C'était du chinois… Y croyait pas beaucoup… Il était pas encore conscient des souffrances horribles de son état d'opprimé martyr, de crucifié des fabriques, de forçat tordu des labours.

Tout ça n'est venu que plus tard avec l'or des grandes propagandes, l'or russe en particulier, extrait par d'autres bagnards, des tourbières glacées là-bas vers l'Amour. Le Monde est petit.

L'ouvrier d'avant la guerre, bien sûr qu'il avait des accès de très légitime révolte, des bouffées de fièvre vinasseuse, avec crises mélodramatiques « à la Zola »…

C'était entendu, classique, ça survenait comme l'urticaire : une fièvre toute rouge après trop d'importants discours, vers la fin des élections, et puis ça lui remontait encore au premier mai, pour le grand drame des Barricades, rien que pour emmerder les bourriques, faire sortir tous les cuirassiers, que ça scintille plein les boulevards.

Le grand triomphe prolétarien à cette époque de damnés simples, ça consistait en mitraillades, à toute volée, à coups de culs de bouteilles, en furieuses rafales, plein les écrans de cavalerie lourde, que les tessons éclatent horrible, plein les casques, plein les aciers, que ça tranche les croupes des gayes, fende les cuirs, que ça foute une pagaye affreuse dans les escadrons. C'était le triomphe prolétaire. J'ai été souvent de la noce au contact des émeutiers, très bien placé pour me souvenir. Il fallait que la grive radine au pas de gymnastique. Ça arrangeait tout de suite les choses. Elle toujours, tout de suite populaire, l'infanterie, bien blairée, en toute occasion sympathique, baïonnettes dardant des éclairs, fringantes au fusil. C'est tout ce qu'elle demandait la foule, qu'on remplace les cuirassiers par de l'infanterie. Elle pouvait pas blairer les chevaux. Immédiatement s'engageaient les parlotes, ça se tassait. Ça finissait en quiproquos, fraternisations scandaleuses, controverses, cafouilleries, canettes et recanettes, rancards, pelotages, litrons encore, à pleins paniers.

C'était pas long que ça s'élève autour des troufions, des pires violentes engueulades entre civils et connaisseurs. Ils en arrivaient aux coups, il se défiaient de tous les noms, à propos des menus détails, qu'ils étaient pas du même avis sur les équipements… les manières… la fantaisie dans les cravates… la prestance des officiers, les formes extérieures du respect, les 36 portions, paraît-il, qu'il avait le droit le colonel… les traditions régimentaires… la valeur des troupes en campagne… les progressions si difficiles en terrains meubles découverts. Des véritables stratèges et passionnés pire que Turenne qui se révélaient au contact, pour les manœuvres d'infanterie et le service des forteresses… La foule venue pour mutiner tournait sur place réserviste. Elle avait pas le ferme propos des revendications sociales la foule. Elle oubliait tout son programme à la seule vue des pioupious. C'était pas des foules sérieuses… Mais quand elle est revenue de la pipe !... Ah ! Elle en savait des trucs ! Des machins, tous les secrets formidables ! La foule de foule ! Comment qu'ils s'étaient affranchis les troubadours ! Méconnaissables ! Éclairés ! Fallait voir comme ! « Et que je dis ! Terrible ! Capital ! Le capital ! Les capitaux ! Les Trusts ! Formidable ! Oui que je te dis ! Et que je te casse ! » Plus rien que des vraies terreurs du Capital ! des Terreurs de Vent ! C'est tout ce qu'elle avait pu retenir des grands abattoirs 14, la masse de masse : un mot ! Capital ! Maintenant elle en a plein la gueule de son mot ! Elle peut plus causer d'autre chose ! Capital ! C'est tout ! Elle peut plus comprendre autre chose ! C'est fini ! Jamais qu'une idée à la fois !... Jamais qu'un mot à la fois !... Mais alors vraiment à mort !... Il faut qu'elle en crève ! Capital ! Elle peut plus causer d'autre chose ! Capital ! Et deux cents familles ! Jamais qu'une idée, une haine à la fois ! Le Vampirisme capitaliste ! Les pressurations de la misère humaine !... Tout l'accessoire du guignol démagogique… L'énorme dégueulasse jérémiade qui ne répond plus à rien en Europe…

Les foules démocratiques, cabotines, sournoises, présomptueuses, pourries d'encens, pourries d'encre, archi-pourries, tout empuantées, enfientées par les propagandes, les mensonges juifs et maçons, dressées par les Juifs et les loges à la muflerie, à la mesquinerie matérialiste, à la revendication éternelle, à l'éternel chantage mandigot sont condamnés à mort. Toute l'Épinalerie des haines absurdes, vaines, qui ne peut s'effacer qu'au sang.

Depuis que le peuple est souverain il a jamais changé son disque : Capital ! Capital ! Capital ! Ca ! Ca ! Pi ! Pi !...

C'est un monstre à tête d'épingle le peuple, juste de quoi retenir dans son rétriqué cassis une seule rengaine, une seule faribole à la fois. Et c'est marre.

C'est toujours la même qu'il rabâche, qu'il ânonnait avant 14, déjà. Jamais qu'une haine à la fois… apprise avec des tels efforts, des telles douleurs infernales qu'il peut plus s'en séparer. Il l'adore à mort sa rengaine. C'est seulement qu'après la prochaine qu'on l'entendra, s'il en reste ça serait du miracle ! hurler quelque chose de nouveau.

« Mort pour les Juifs ! Aux chiots les Loges ! Debout les Aryens ! » Mais sans doute qu'il sera trop tard. Ce sera fini les risettes. C'est toujours trop tard quand il s'affranchit le trèpe, trop tard de cinq, dix, vingt années de guerre, de cinq, dix, vingt millions de morts.

Le reste du temps qu'est-ce qu'il fabrique le peuple bibineux, pêcheur d'ablettes ? Entre les déluges ? Rien ! Il s'écoute causer, roter, il se fait reluire avec des conneries, comme des vraies gonzesses, des futilités, des babioles. Il compte les verres sur la table… jamais il parle du fond des choses. Jamais. C'est une vraie affaire pour la Mort, le peuple. Un coup de clairon, il s'apporte, y a pas besoin de lui expliquer. Il est toujours là. Il attend.

* * * * *

Pourquoi on la fait pas la guerre ? Tout de suite ? Que ça traîne ? Pourquoi donc Français, petites têtes folettes, petits grelots insoucieux, petits turlupins jacasseurs on vous laisse comme ça au rabiot ? Que vous avez pas encore rejoint tous vos dépôts du sacrifice ? Une bonne fois pour toutes ? Le 4ème, le 202ème, le 624ème Barbaque ? Hein ? Vous trouvez ça très normal ? De pas être encore en pipe devant Vezoul ? Épinal ? En train de vous faire dépecer sur la frontière espagnole ? En train de soulever les montagnes avec vos tripes dans les Abruzzes ? Ça vous est dû les sursis que vous iriez dire pour un peu !... Perdez donc cette illusion avant de perdre toutes les autres. Si vous êtes encore en vie, c'est pas de votre faute, ni de la mienne. C'est à cause d'une hésitation de l'*Intelligence Service*. Depuis le moi de Mai déjà que vous devriez être au sport, en train de bouleverser la « Siegfried », d'écraser les hordes germaniques. Vous perdez rien pour attendre. Si les Anglais tergiversent c'est à cause du ravitaillement des Îles Britanniques. Uniquement. Ils gardent un très mauvais souvenir du dernier blocus. Il faut qu'ils importent la clape ou qu'ils crèvent de faim les Anglais. Ça les agace rien que d'y penser. Rien ne pousse à bouffer sur leurs Îles.

Les sous-marins ont bien failli la dernière fois réussir… Il s'en est fallu d'une pichenette. L'Angleterre ne se nourrit qu'à la cuiller, par cargos, il faut que les cargos lui arrivent, lui montent jusque dans la bouche… Qui coule ses cuillers gagne la guerre… L'Angleterre coule sans falbalas, de faim… C'est le danger, le seul, en ce moment, qui fasse encore réfléchir les gouvernements anglais, qui laisse un petit peu perplexe l'*I.S.*… Pour « cargos contre sous-marins », le problème est résolu, paré, étalé. On a compris. La défense est à la hauteur. Mais « cargos contre avions » ? et surtout contre avions en escadrilles ?... C'est l'inconnu, on ne sait rien… Pas grand'chose… Aucune expérience valable, aucune certitudes. Voilà le hic, le seul. Le Gésier de la vieille Albion se contracte à l'idée… Rien à bouffer dans ses Îles, sauf du charbon.

Cargos contre avions en groupe ? L'Aventure ! les experts de l'*I.S.* se tâtent… Quand ils croiront avoir très raisonnablement résolu ce terrible problème : Protection des convois entre les Açores et Bristol, alors Français, mes petits pères, vous pourrez dire que vos pommes sont cuites, que vous allez sauter dare-dare parmi les mousqueteries folles, les conflagrations à n'en plus finir, les rougeoyantes fascinations. Tout de suite des débris plein la chambre, des cervelles partout !

Il ne faudrait pas croire non plus que ça va suffire désormais d'une méchante petite blessure, un, deux litres d'hémorragie pour vous éloigner des combats ! Ah ! pas du tout ! Des clous ! Vous serez requinqués sur place, refilés « pronto subito » dans l'impétueuse aventure, jusqu'à l'éventrage final : À la gloire de la corrida !

Ça va plus être une excuse d'avoir pissé le sang à glouglous pour se trouver pâle, exempt de sarabande. Ah ! mais pardon ! Mais non ! Mais non ! Tout est prévu !

Et la Science alors ? Et le Progrès ? Ça serait pas la peine…

Et la Chirurgie aux Armées ? Et les transfusions d'urgence ? Vous connaissez pas le tout dernier mot de la Science « transfusionnante » ? L'animal humain aux combats, grâce aux techniques très récentes de transfusions rationnelles, presque instantanées, sur les lieux mêmes de la bataille, a presque plus de raison de mourir. Non. On lui en remet immédiatement du sang, comme ça, sur le tas, la blessure encore ouverte, sang vivant ou sang « de conserve », selon l'heure, les conditions, l'état du cadavre. On le fait revivre pour combattre. Le rendement de la soldatesque se trouve grâce à cette découverte, formidablement amélioré. Ça va barder les corps à corps ! 10, 20 fois mieux qu'en 14 ! Grâce aux transfusions ! 50 fois plus que sous l'Empire ! N'importe quel soldat pourra survivre désormais à de bien plus terribles blessures, de bien plus grands délabrements qu'en 14, des arrachements, des épanchements d'une gravité surprenante, des hémorragies qu'autrefois on aurait tenues pour fatales. Les services de Santé, qu'une vigilance extrême, seront toujours à point donné avec leur sang « de conserve », en bonbonnes stérilisées pour remettre du jus dans les veines. Le remède toujours à côté du mal.

Les déperditions de forces combatives par hémorragies seront réduites au minimum. Plus de ces massacres empiriques, de ces hécatombes au petit bonheur, de ces boucheries très grotesques comme à Charleroi par exemple, où tant de petits soldats furent éliminés, exsangues, beaucoup trop tôt, qui auraient très bien pu tenir, repompés, encore trois, quatre et cinq jours, sous les avalanches de mitraille.

Lacunes de technique ! Impréparation ! Ça n'arrivera plus ! À l'avenir on combattra jusqu'à la dernière goutte de sang, de son propre sang, de sang « injecté », de sang des autres, de sang d'autres vivants, de sang d'autres morts. Ah ! « le Service des Injections compensatrices » jouera parfaitement son rôle sur les champs de bataille. La guerre est un sport comme un autre. On nous l'a assez répété. On a fini par comprendre. Très bien ! Bravo !

Rappelez-vous la natation… Avant le crawl… après le crawl… Ce fut un monde comme différence. Le jour et la nuit. Rendement, vitesse, endurance, décuplés !

La transfusion ça fera de même pour la guerre, ça bouleversera tout. Ça sera un miracle. La prolongation du soldat à travers les pires épreuves, comme on aurait jamais cru. Quatre, cinq fois la durée normale. Il suffira qu'on vous remonte avec une injection de sang, dès que vous aurez perdu, du vôtre, trop abondamment. Question d'organisation, c'est tout. C'est simple. Comme on repompe un pneumatique dès qu'il commence à s'affaisser. À chaque fuite : un litre de sang ! Et hop ! Un coup de pompe ! Et ça refoncera de plus belle, la viande à bataille !

C'est fini les excuses faciles, les virées vers les hôpitaux pour une petite nappe de répandue… l'embrochage d'une artère quelconque… le classique broyage des tibias… c'était bon aux temps romantiques, ces petits trucs sentimentaux… les tragiques pérégrinations de ces « blessés très pitoyables pour populations larmoyeuses ! » Assez ! Y aura maintenant de la pudeur et de l'efficience aux armées. L'arrière ne voyant plus rien ne pleurnichera plus… Toute la cuisine conservatrice des « saignants » se fera dans les zones des armées, sur les lieux mêmes, à l'économie, à la dernière ampoule, au dernier globule, au dernier soupir.

On utilisera tous les restes, impeccablement, toute la viande, le jus, les os, les rognures du soldat, on gaspillera pas un troufion. L'envers vaut l'endroit ! On recoud, ça tient, on injecte, c'est marre. Bonhomme comme tout neuf ! On vous fera durer jusqu'au bout, c'est bien le cas de le dire, vous et votre sang bondisseur, badin, fantasque, gicleur, éclabousseur, à la première écorchure. On arrangera tout ça quand même, on vous remplacera le morceau tout entier (chirurgie Carrel). On vous fera complètement, méconnaissable, mais suffisant, on vous remplacera le sang aussi, et vous refoncerez dare-dare, couper les moustaches à Hitler, clouer les mitrailleuses ennemies. Tous les « Services transfusionnistes » sont parés pour la grande épreuve. Écoutez, c'est un vrai plaisir ce que déclare à ce propos de Dr Tzanck, hématologiste très distingué, dans le très celtique *Paris-Soir :*

« On ne peut de toute évidence envisager de se servir des combattants (comme donneurs de sang) ce serait les affaiblir, car un donneur de sang doit être un sujet favorable, mener une existence tranquille et suivre un régime sain. Faute de mieux, on se résignera au sang "de conserve", car malgré tout la meilleure manière de conserver le sang humain consiste à le laisser à l'homme. Mais les inconvénients d'un pareil système sont nombreux… etc… »

Voilà, n'est-ce pas, de quoi bien vous rassurer ? Vous aurez tout le temps pour conquérir vos citations, à la Brigade, au Corps d'Armée, peut-être même la Médaille, avant qu'on vous relève complètement mort. Et puis ça sera pas fini !... Vous aurez encore de l'espoir ! On vous repompera… Vous pourrez recharger encore… aller reprendre d'autres drapeaux !...

Ça devient vraiment trop facile avec des progrès pareils de se tenir héroïques des mois… des mois… des années…

Y aura plus de raison que ça finisse.

Quand je lui donne tort, il m'insulte. Quand je lui donne raison, il me congratule. Je ne peux pas considérer Monsieur Maurras comme un véritable antisémite. — Emmanuel-Eugène BERL

Qu'on me pardonne ! Qu'on me lapide !

Mais où veut en venir Maurras ? Je ne comprends rien du tout aux finesses, aux dosotages, aux magnifiques chèvres et chouteries de sa latinissime doctrine. Que préconise-t-il finalement ? Une latinité parfaite ? Une alliance avec l'Italie ? Mais certes ! Nous en sommes ! Avec Franco ? Mais pourquoi pas ! Et puis alors ? On ne sais plus… tout subsiste ? tout est à refaire ? Latinité par-dessus tout ? Tous félibriges ? Hurrah Vaucluse ! Vive Pétrarque ! En avant Mistral ! Un ban pour Virgile ! Horace à l'action !

Le latinisme je peux pas le souffrir, mais je conçois qu'on l'adore. « Sunt verba et voces, praetereaque nihil » (Horace et pages roses).

Peut-on réconcilier l'Europe ? L'unir pour l'amour du latin ? Tout est là. Je ne crois pas. Il faut des raisons plus solides, des raisons de force, d'armées, de foi nouvelle, de race pour unir. Le latinisme est un lien lycéen, un lien de narcissisme académique, de mutuelle admiration pour brillants lauréats du Concours général. L'Allemagne s'est toujours tenue hors du latinisme. Elle s'est terriblement privée ! Elle n'a point participé à la merveilleuse enculerie par les hautaines armées romaines, par les athlètes en rhétorique, prélude à l'autre adorable enculerie par les conjurés déchaînés juifs. Voilà surtout ce qu'on lui reproche à l'Allemagne, nous les nations favorisées sous le rapport « humanisme », la France,

l'Angleterre si hautement civilisées, si admirablement enculées.

La Barbarie Germanique ! L'Allemagne nation de proie ! La bête enragée de l'Europe ! La Barbarie teutonne ! que César n'a jamais pu mettre ! Varus non plus ! Teutobochus le Boche ! « Monstrum horrendum informe ingens ! » (Virgile et page roses).

Ça le gêne énormément Maurras. Il reprend les crosses de César. Il peut pas quitter le lycée. Il s'y est toujours trouvé trop bien. C'est un lycéen enragé. Il fait de la « retenue » volontaire depuis quarante ans.

« Ni Berlin ! ni Moscou ! » Il est très fier de cet adage. Il y tient comme à ses prunelles. Ça vous prend un petit air catégorique… Un petit air seulement… Il ne dit pas notre pétrarquiste la moitié des choses… Il faut tout dire Maurras !... Il faut tout dire !... Ce n'est pas « ni Berlin ni Moscou »… C'est « Avec les Juifs ou contre les Juifs »… Par les temps qui courent celui qui est contre Berlin est avec les Juifs, c'est pur, c'est simple. Maurras vous êtes avec les Juifs en dépit de vos apparences. Ni Berlin, ni Moscou, ça ne veut rien dire ! mais bel et bien « Washington-Londres-Moscou » contre « Berlin-Rome-Burgos ». C'est à prendre ou à laisser ! Il faut choisir ! C'est la minute ! c'est l'instant ! Point de marchandages latins. Ça porte pas beaucoup à choisir les « Humanités », ça porte à circonlocuter, à digresser pompeusement, à s'admirer tout ronronnant dans l'ordonnance d'un beau vide. « Abyssum abyssum invocat. » (L'abîme appelle l'abîme ; David : P. XLI. 8.)

Toujours en garde contre l'Allemagne, « nation de proie », nous retombons, c'est fatal, sous le joug anglais, sous la judéocratie anglaise, dans le célèbre « équilibre », l'admirable, astucieux « équilibre » que nous payons, bon siècle mauvais siècle, d'une bonne dizaine de banqueroutes, de dix ou quinze millions de cadavres (et demain bien davantage) de tout un infernal surcroît de divagueries, démocratisme épileptique. La folle suiciderie permanente ! L'équilibre européen pour nous, c'est ça, une permanence aux abattoirs.

Il est pas difficile, Maurras de trouver le truc très ingénieux, précieux, providentiel, recommandable. Salut ! La Paix par le Désert !

« Ubi solitudinem faciunt pacem appellant » (Tacite).

Que veut-il Maurras ? La France toute seule ? toute indépendante ? ne se compromettant avec nul ? seule défenderesse désormais de son irradiante culture gallo-romanique ? de son génie pétrarquisant, rabelaitique, molièresque, Jeanson de Saillyteux, mazarien, maurrassien pour tout dire ? c'est pas très facile non plus…

Ça serait le rêve, mais c'est idiot comme rêve. Nous ne sommes plus sous Louis XIV. Les pets de Monsieur Lebrun ne font plus tressaillir l'Europe. Ils ne font même plus rire personne, ce sont des pets vraiment pour rien. « Cuncta supercilio movemens » (Qui ébranle l'univers d'un froncement de sourcils ; Horace id.) La France toute seule c'est une promenade… Avec l'Italie et l'Espagne ça ne change rien aux conditions, nous pouvons que retomber, une fois de plus, sous l'Angleterre, sous le joug judéo-britannique. C'est tout. Les dignités les plus pointilleuses, les plus respectables, ne changeront rien aux fatalités du fameux équilibre. La France seule ou plus latine encore, par alliance, retombe quand même dans les fontes diplomatiques anglaises. Et nous savons ce que cela signifie.

Le monde est actuellement beaucoup plus vache qu'au temps de Louis XIV sur toutes les questions matérielles, alimentaires, ravitaillements, mines, industrie, matières premières. Les États qui ne possèdent sur leurs territoires, en propre, bien à eux, ni pétrole, ni cuivre, ni bois, ni phosphate, ni coton, ni mines d'or, ni même assez de blé pour étaler par tous les temps, n'avoir jamais besoin de personne, et surtout des bateaux de personne, doivent drôlement et en vitesse s'unir, se confédérer, faire peur aux États riches ou disparaître, crever d'épuisement à force d'être rançonnés, pillés, tondus de plus en plus court par les États opulents, périr dans l'esclavage, dans la honte, dans la guerre des tarifs, dans la guerre tout court, dans toutes les révolutions, les calamités, les catastrophes à n'en plus finir. C'est comme ça : c'est pas autrement. Pourquoi crânouiller ? Pourquoi pas l'avouer, les États sans pétrole, sans cuivre, sans coton, sans or, ne s'appartiennent pas. L'indépendance pour eux c'est un mot. Ce sont, ce seront toujours des états esclaves, des états prolétaires, voués corps et âmes à l'exploitation sans limite par les États Riches, naturellement dotés, privilégiés en cuivre, en blé, en coton, en pétrole. Et puis voilà, et puis c'est tout.

L'Angleterre au tout premier rang de ces états vautours, l'État vautour et comment ! par excellence ! Il n'existe pas plus d'équilibre durable européen qu'il n'existe de conflit éternel franco-allemand.

Ce qui existe c'est un éternel intérêt de la judéocratie anglaise à nous entretenir en perpétuel conflit franco-allemand, par tous les moyens, de siècle en siècle, moyens formidables, bêtes comme chou mais merveilleusement efficaces, la preuve ! « Felix qui potuit rerum cognoscere causas... » (Heureux celui qui a pu pénétrer les causes secrètes des choses ; Virgile et toujours pages roses).

Les Aryens d'Europe n'ont plus trente-six cartes dans leur jeu, deux seulement ! La « carte anglaise », et ils cèdent une fois de plus à l'*Intelligence Service*, se jettent une fois de plus dans le massacre franco-allemand, dans la plus pharamineuse, fulgurante, exorbitante folle boucherie qu'on aura jamais déclenchée dans le cours des siècles (peut-être pour la dernière fois ! les jaunes sont aux portes !) Ou bien ils jouent la « carte allemande », se révoltent, s'unissent, se lèvent contre l'Angleterre, la somment, la sonnent, l'abattent, la rasent. On n'en parle plus. C'est à prendre ou à laisser.

Pas trente-six cartes, deux seulement ! « Video cartas et lupos ! » Exclamation très latine (pas dans les pages roses). « Je vois les cartes et les loups ! » Maurras il a pas les page roses chez lui. Il travaille tout de mémoire. « Ad memoriam ».

« Pour abattre Hitler, il faut d'abord écraser Staline. » DORIOT — *Liberté* du 12 octobre1938

Avec quoi, il va abattre Hitler, Doriot ? Avec les régiments français à fils uniques ? Avec quels alliés ? La France n'a plus d'alliés. Elle est bien trop déconfite, galeuse, branleuse, avancée dans les gangrènes, contagieuse, pour qu'on s'acoquine avec elle. Salut.

Pendant la grave dernière crise la Belgique a mobilisé contre nous, pas contre l'Allemagne. L'Italie, il ne se passe pas de jour qu'elle nous fasse très nettement comprendre combien nous la dégoûtons, qu'elle en a marre de nos allures, que tout en nous lui répugne, qu'elle attend qu'une occasion pour nous corriger, pour nous montrer ce qu'elle peut faire avec nos os de pourris... Nos nationaux veulent pas comprendre, ils persévèrent dans leurs efforts de séduction... de plus en plus bas putassiers.

Alors avec quoi il va l'abattre Hitler, Doriot ? Avec les Juifs de son parti ? Il veut écraser Staline en même temps ? Brave petit gars ! Pourquoi pas ? D'une pierre deux coups ! Et youp ! là ! là ! c'est gagné ! Nous sommes en pleine loufoquerie, en plein crânouillage loufoque creux, venteux, bien français ! Cocorico ! Cocorico ! Les prémices de la paralysie générale, la folie des grandeurs !

Aussi absurde que du Maurras, du Kérillis, ou du Péri, vraiment des raisonnements d'hurluberlus à interner. Vous voyez donc pas que vous êtes en l'air ? Que plus rien vous retient au-dessus des précipices ? Que l'Europe toute entière (y compris les Anglais) attend que de vous voir basculer ? Le plus tôt possible ?

À quoi riment toutes ces jactances ? toutes ces proclamations bravaches ? Ces provocations de piteux, perclus, malthusianistes rentiers ? On se le demande ? Le Vésinet en folie ! À nous faire prendre pour encore un peu plus cons, plus bouffis, plus inconscients, inconsistants, hystériques, présomptueux, gâteux, vétilleux que nous le sommes déjà ?...

Et puis aussi la muflerie de tous ces cartels ! Remarquez ! muflerie très typiquement française ! Mais Doriot ! Mais Maurras ! Faudrait tout de même en rabattre ! de ces plastronnades ! Mais c'est Hitler qui vous a sauvés tous les deux de Staline et de ses bourreaux juifs ! Ni plus ! Ni moins ! C'est pas vos petites grimaces ! Vous lui devez une fière chandelle à Hitler ! Vous seriez déjà fusillés tous les deux (avec tous les Aryens qui causent) depuis belle lurette ! s'il avait pas l'atroce Hitler nettoyé l'Allemagne en 28 ! Y a de beaux jours que sans Hitler c'est les Juifs du Comintern qui feraient la loi par ici, les Prévôts, à Paris même, avec leurs tortionnaires mastards. Vous seriez servis ! Vous auriez plus beaucoup la chance d'installer sur les tréteaux ! Ingrats ! Non ! Certes ! Vous parleriez aux radis par les temps qui courent. Ça serait fini les grands airs, les poses plastiques terrifiantes. C'est grâce à Hitler que vous existez encore, que vous déconner encore. Vous lui devez la vie.

« Je vas vous désosser, moi, barbares ! Je vas vous abattre bêtes enragées ! atroces Teutons ! Je vas vous retourner les naseaux, moi ! Je vas vous mettre en poudre ! Moi ! Je ! Moi ! Moi ! Je ! » À force de défier comme ça... de vous rendre insupportables... comme si vous étiez en état... Vous allez voir un de ces jours... la purge... Tous les spectateurs de l'Europe ils sont prêts à se fendre la pipe... Les vantards quand on les dérouille ça fait plaisir à tout le monde. Tout le monde est heureux. C'est un cas sans espoir, le vôtre ? Vous avez perdu toute mémoire tellement que vous êtes abrutis ? ou c'est encore la suffisance ? Vous pouvez plus vous souvenir combien qu'elle aurait duré la France de 14, rien qu'elle, toute seule, devant l'Allemagne ? Quinze jours maximum.

Vous vous saoulez à l'eau de la Marne à présent ? C'est complet... Cocorico ! Cocorico ! Cocorico !

Sauvés ! On discute ! — Les Juifs.

Je trouve l'antisémitisme italien tiède, pour mon goût, pâle, insuffisant. Je le trouve périlleux. Distinction entre les bons Juifs et les mauvais Juifs ? Ça rime à rien. Les Juifs possibles, patriotes, et les Juifs impossibles, pas patriotes ? Rigolade ! Séparer l'ivraie du bon grain ! Tout de suite nous retombons dans les fines discriminations, les scrupules libéraux, les nuances, les mesures « équitables », les trouducuteries, les avocasseries, les rhétoriques, les pines de mouche, en plein « latinisme ». Maurras est ravi. Donc pratiquement c'est inepte.

Le Juif gagne toujours dès qu'on lui entrouvre la porte des fins dosages, des justifications dialectiques… C'est son métier la dialectique.

Un Juif a toujours raison. C'est le principe.

Il aura toujours raison, cent mille raisons, cent mille excuses, toutes meilleures les unes que les autres pour demeurer chez vous, pour attendre, attendre encore, et puis un jour, tout oublié, vous foutre vous dehors, dans deux ans, dix ans, vingt ans… Toute l'Histoire des Juifs hurle ce principe : « Tout compromis avec les Juifs se termine par le triomphe des Juifs et par l'écrabouillement des Goyes. » C'est classique. Vous n'y couperez pas. On veut se débarrasser du juif, ou on ne veut pas s'en débarrasser. Qui veut la fin veut les moyens, et pas les demi-moyens.

Le chirurgien fait-il une distinction entre les bons et les mauvais microbes ? Ceux qu'il entend laisser mijoter dans le champ opératoire, les microbes tranquilles, les « dénués de virulence », les inoffensifs saprophytes et puis les germes qu'il doit éliminer tout de suite, faire bouillir, détruire inexorablement, sous peine des plus graves pépins, des septicémies mortelles ? Non. Cette attitude serait inepte, désastreuse. Il passe à bouillir tous ses instruments avant d'opérer et pas pendant, mais vingt bonnes minutes sous pression, extrêmement scrupuleux. A.B.C. de l'Art chirurgical.

Tout est mystérieux dans le microbe comme tout est mystérieux dans le juif. Un tel microbe si gentil, un tel juif si louable hier, sera demain la rage, la damnation, l'infernal fléau. Nul ne peut se porter garant de l'avenir d'un microbe, pas plus que de l'avenir d'un Juif. C'est la bouteille à encre. Les vagues de virulence passent sur l'espace et puis c'est tout, comme elles veulent, quand elles veulent. Saprophytes inoffensifs, Juifs inoffensifs, germes semi-virulents, virulents seront demain virulissimes, foudroyants.

Ce sont les mêmes Juifs, les mêmes microbes, à divers moments de leur histoire, c'est tout. Personne n'a le droit de se risquer seul, c'est tout. Personne n'a le droit de se risquer d'introduire un seul microbe, un seul juif dit inoffensif, dans le champ opératoire. Personne ne sait ce que deviendra, ce que fut autrefois, comment va tourner le microbe ou le Juif le plus bénin d'apparence. Tous les adversaires de Pasteur n'étaient pas incurablement, irrévocablement crétins, ou de mauvaise foi. Certains d'entre eux firent même de très honnêtes efforts pour appliquer dans leur chirurgie les nouvelles méthodes pasteuriennes. Ils ne demandaient pas mieux que de stériliser leurs instruments avant d'opérer. Ils croyaient en toute probité les avoir stérilisés parfaitement, leurs instruments, de très bonne foi, quand ils les avaient bouillis au préalable quelques minutes, comme un œuf à la coque, un-deux-trois minutes, dix minutes au maximum. Les résultats étaient effroyables. « Monsieur Pasteur est un charlatan ! Son antisepsie n'est qu'une farce. Je les ai fait bouillir, moi, mes bistouris ! Selon sa fameuse méthode ! Mes statistiques démontrent que la méthode Monsieur Pasteur n'est qu'une faribole de maniaque. Rien ne change par sa méthode ! Même infection ! Même mortalité ! Les microbes ! Ses microbes ! Quelle duperie, quel battage ! »

À cette époque l'infection post-opératoire enlevait à peu près 95 pour 100 des opérés. Pasteur eut toutes les peines du monde (dix ans de parlotes furieuses) à faire comprendre à ses adversaires qu'ils étaient tout de même, eux, responsables de leurs échecs opératoires, pas sa méthode. Les découvertes pasteuriennes furent formellement niées en France, bannies pendant dix ans, et par les plus grands savants français de l'époque. Les méthodes pasteuriennes n'acquirent droit de cité que grâce à Lister, après un long exil en Angleterre. Ces petits démêlés tout à l'honneur du fameux esprit français, tout de lumière, de lucidité, de logique, de cartésianisme, de narcissisme. Bref, Pasteur dut renoncer pendant dix ans à faire admettre aux savants de la Race la plus intelligente de la Terre qu'entre une ébullition de trois minutes et une ébullition de vingt minutes, il existait un abîme, un monde, qu'une stérilisation de trois minutes demeurait imparfaite, donc absolument inutile (plutôt nuisible), tandis qu'une ébullition de vingt minutes, scrupuleuse, stérilisait véritablement, parfaitement, les instruments opératoires, supprimait tous les germes (et leurs spores), et par conséquent toute possibilité d'infection.

Pour ces éminentes cervelles latines le mot « stérilisation » suffisait. Elles avaient eu le mot ! Elles avaient eu la chose ! Ébullition ? N'est-ce pas ? Très bien ? Antisepsie ? Alors ? Deux ! Dix ! Vingt minutes ! Qu'est-ce que ça pouvait bien foutre toutes ces histoires de minutes ? Des échappatoires ! Des alibis ! Des faux-fuyants ! Des chichiteries ! ces minutes ! Quelle différence ? Y avait bien eu tout le mot : ébullition ? On avait bien fait bouillir ? Alors c'était l'essentiel !

Pasteur était condamné devant l'Académie de Médecine française, latine, verbale, puisqu'il avait prononcé le mot ! Il était foutu. Ils avaient tous répété, les quarante académiciens, le mot. Alors c'était suffisant. Si ça marchait pas c'était tant pis pour sa gueule ! Les latins, les latinisants sont conifiés par les mots, toujours, ce ne sont pas eux qui conduisent les mots, ce sont les mots qui les conduisent. Ils croient aux mots, ils ne croient qu'aux mots. Ils pensent que le monde est un mot, que le juif est un mot, que la stérilisation est un mot, que tout peut s'arranger avec des mots, avec un mot, avec un mot juste, avec un mot heureux. Ils raffolent des solutions verbales, dites heureuses, ils n'en reconnaissent jamais d'autres. Si les événements comme à Munich viennent bousculer leurs petites solutions verbales, vous les voyez longtemps, longtemps encore, demeurer tout déconfits, malheureux, ne reconnaissant plus le monde, leur monde, qui est un monde essentiellement de mots.

À force de tout arranger, de tout trancher avec des mots, ils finissent par croire forcément que tout est arrivé. Et en avant ! Et en avant les mots ! Nous possédons maintenant en France le plus soufflé brelan de vaniteux crétins pontifiants imaginables, les plus grands rhétoriciens, raisonneurs de travers de la Planète, les plus fieffés culottés épouvantables grands moralistes à faux de l'univers.

Revenons à nos Juifs.

Il se passera en Italie, en France, pour les youtres, exactement ce qui s'est passé pour la pseudo-antisepsie désastreuse. C'est facile à prévoir. Ces semblants de déjudaïsations, ces antisémitismes mitigés, mesurés, littéraires, à mots couverts, feutrés, ne donneront rien du tout. Si vous voulez dératiser un navire, dépunaiser votre maison, vous n'allez pas dératiser à demi, dépunaiser seulement votre premier étage ? Vous seriez certains d'être envahi dans un mois, par dix fois plus de rats, vingt fois plus de punaises.

Les déjudaïsations à l'italienne, à la Maurras, à la circonlocution, ne me disent rien qui vaille. Ce ne sont que désinfections littéraires, non efficaces, irréelles. Je suis même persuadé qu'elles font aux Juifs beaucoup plus de bien que de mal.

Toute l'histoire ancienne et contemporaine nous prouve que ces simulacres, ces semblants d'action contre les Juifs réussissent admirablement ! Voyez les résultats !

Deux qui sortent par la porte, trente-six mille rentrent par la fenêtre. Et les demi-juifs ? Pourquoi par les demi-microbes ? les quarts de microbes ? Il faut savoir ce que vous voulez. Vous voulez vous débarrasser des Juifs ou vous voulez qu'ils demeurent ? Si vous voulez vraiment vous débarrasser des Juifs, alors pas trente-six mille moyens, trente-six mille grimaces ! Le Racisme ! Les Juifs n'ont peur que du racisme. L'antisémitisme, ils s'en foutent. Ils peuvent toujours s'arranger avec l'antisémitisme. Le nationalisme est là pour un coup ! et le baptême donc ! Racisme ! Racisme ! Racisme ! Et pas qu'un petit peu, du bout des lèvres, mais intégralement ! absolument ! inexorablement ! comme la stérilisation Pasteur parfaite. Si vous voulez faire seulement joujou, lancez-vous tout de suite dans les « équitables dosages », les judicieuses mesures, les nuances, l'antipersécutionnisme par exemple. Du coup vous pouvez être tranquilles, vous les garderez tous vos Juifs, mieux encore, tous leurs cousins, leurs connaissances, leurs relations, (et Dieu sait qu'ils en ont !) ne manqueront pas de vous rappliquer des quatre coins de l'Univers attirés par votre renommée libérale, viendront se blottir sous vos ailes, pour vous admirer de plus près, vous et votre si fine, lumineuse compréhension de la dialectique culturelle, des hauts devoirs humanitariens, de la fraternité pro-juive, de l'identité de tous les hommes dans le malheur. Vous serez gâtés ! Ah ! Vous ne serez pas l'ordure totale ! La brute indicible comme Hitler !

Pourquoi Maurras, je me demande, a-t-il peur du racisme ? Il a rien à craindre dans ses origines ? Peut-être qu'il veut pas faire peur aux Juifs souscripteurs, aux « bons Juifs » ?

Conclusion : Par les morales les plus rigides, les mesures les plus terrifiantes on n'arrive pas à grand'chose avec les hommes, mais par les demi faux-semblants, les demi-teintes, les faux-fuyants, qu'est-ce qu'on espère ?

Autant bien mieux avouer tout de suite qu'on a rien envie de faire du tout, qu'on s'en fout.

Ça serait plus simple, plus honnête.

Et puis Amen nom de Dieu ! Et vive l'enfer du Talmud !

Rien de plus juif que la Pape actuel. De son véritable nom Isaac Ratisch. Le Vatican est un Ghetto. Le Secrétaire d'État Pacelli, aussi Juif que le pape.

L'Église est toujours prête à rebrûler Jeanne d'Arc. Trop heureuse ! L'Église, notre vieille sorcière judaïque, marchande de cierges…

Qui mange du Pape en meurt !

Alexandre BORGIA

* * * * *

Le monde dans toute sa folie, suit malgré tout, d'assez près, les prédictions juives. Ça peut pas beaucoup nous surprendre puisque les Juifs sont les auteurs de toutes nos musiques, de toutes les danses dont la futile humanité trémousse, s'écartèle. C'est la moindre des choses qu'ils s'y retrouvent dans les ritournelles du destin.

Presque tout est advenu à peu près selon les présages depuis l'Égypte… Rien à dire, l'un dans l'autre, dans l'ensemble, ça colle. Jusqu'en 1940, c'est bien comme ils avaient prévu. Mais où ça ne va plus du tout, où la machine à prédire déglingue, cafouille, foire, déconne horriblement, où les Mages les plus déliés, les plus diserts, les plus surhumains pataugent, louvoyent, se noyent en furieux pataquès, c'est quand ils arrivent aux abords de l'année 1940. Alors, ça va plus du tout. On les comprend plus. Leur charabia s'épaissit, c'est la nuit. C'est plus qu'un ergotage horrible dans les rangs magiques. Ils nous laissent en panne devant les abîmes. Même Nostradamus, le prodige des Vaticinants, le youtre que pas grand'chose démonte (il avait prédit les Saturnales 93, jour pour jour, 300 ans d'avance) s'interrompt, chipote, esquive, désiste, bouffe sa chique. Les plus suprêmes superconscients du bout des siècles se débalonnent aux abords 1940. Rien ne va plus dans l'extra-lucide. Tous les prémoniteurs s'étranglent. 1940 leur coupe le sifflet. L'au-delà 1940 pue les cataclysmes. Ça va trop mal pour qu'on en cause. Tous les voyants louchent ailleurs. Ils préfèrent. La mite les poisse… leur obstrue la divination… Ils se touchent… Ils tortillent… Ils refusent de remettre leurs besicles. La fête est finie.

Pour moi, c'est la honte, c'est la chiasse qui les étreint, qui les poigne, qui les interdit… Ils gafent les Mages, (Ils sont tous aux Juifs), dans les horoscopes, les tarots, les marcs, salamandres, que ça sera un grand règlement 1940 ! Ils savent de quoi elle retourne l'Histoire, c'est eux qui l'ont engendrée, que c'est pitié infernale, démoniaque pitrerie, comme les Goyes se sont fait poirer, trucider, spolier, bénarer, hacher, foutriquer toujours et toujours par les Youtres, depuis le commencement des Âges ! La grande escroquerie masochisto-chrétienne, ils la connaissent dans tous les détours, tous les déclics, toutes les ficelles, tous les tréfonds des catacombes, depuis Moïse, depuis Pierre jusqu'à Belisha, de ghettos en ghettos... de cathédrales en Comitern... Tralala ! Je vous l'affirme ! (Des vents ? Des phrases ? Des pauvres paroles ?) Boyaux vous-mêmes. Piteux ! Silence ! N'émettez plus ! Émissions craintives ! Vents du bas ! Je vais vous les conclure moi les Mages ! Vous la remettre la clef des mystères. Vous en ferez ce que vous voudrez !

« Pulsate et aperietur vobis ! » (Frappez et il vous sera ouvert ! Évangile St. Luc) Je peux pas me compromettre davantage. Je vais tout vous révéler ! Ce que l'on ne vous dit jamais, ne raconte jamais aux enfants.

Ce n'est pas depuis hier, c'est bien depuis Charlemagne que tout va si mal en Europe. Depuis Charlemagne, nos carottes sont cuites, recuites, revenues, remises à bouillir au sang goye !

Depuis son fils, le Débonnaire, le débile, l'enviandé fameux, l'illuminé fait chrétien de foi la plus vive, celui des confessions publiques, le comprimé de contrition, de pieuserie, l'empereur bouleversé de remords, l'empereur mortifié, confesseur de toutes ses indignités sur tous les parvis de l'empire. Un cadeau !

L'empereur dévotieux époux, servi ou éperdu de remords mystiques, fondant au possible... servi mollet, servi poreux, servi friable, servi cocu à sa terrible garce, Judith de Bavière, l'épouse du démembrement, la fauve judaïque ! Louis le Débonnaire le pâlot ! Louis le Pénitent ! Louis l'Aryen ! tout du confesseux ! Et puis toute sa lignée des envoûtés pusillanimes, toute la kyrielle carolingienne, de plus en plus dévotieux, pâlots, superpénitents, mortifiés, humiliophiles... épongeogènes... torchecuteux... Charles le Chauve... Louis le Bègue... les rejetons de plus en plus gris... les rejetons verdâtres... de plus en plus confesseux... désastreux, délirants d'indignité, de torts, de fictions mortifiantes, de pénitences... de cilices, de manque de couilles... de couillettes... de plus en plus éplorés, déplorés, contrits, capitulants, scrupuleusement angoissés, trifouillants insatiables, inconsolables, de croquemitaineries ratichonnes, branleux excommuniants, mea culpins infinis de plus en plus chevrotants, affolés, de plus en plus éperdus, de plus en plus chauves, de plus en plus bègues. Ah ! Nous avons été soignés ! fignolés... Ah ! Nous fûmes joyeusement lancés dès les premiers siècles dans la belle carrière enculière des abnégations ! soumissions ! repliements ! holocaustes ! détachements ! docilités sublimes ! châtiments ! châtiments ! abélardises ! joies sacrificielles ! massacres expiatoires !

Ah ! Nous avons été gâtés dès nos origines pour la pénitence ! la rage des pénitences ! Masochistes attendris pour tous aveux chrétiens ! Nous avons de qui tenir ! La joue ! deux joues ! Trente-six joues ! Tout le buffet ! Trente-six mille chandelles ! Vessies ! Vessies ! Toutes les étoiles du ciel ne sont que les lanternes du Temple de notre connerie. La foi ! La foi ! Quelle foi de la merde ! Nous avons de qui tenir pour l'hébétude crédule ! Quel dressage ! La frénésie de souffrir ! Les descendants carolingiens n'ont su tout de suite comment dégénérer, crouler, renoncer davantage, s'émasculer encore un peu mieux, ramper encore un peu plus grotesquement sous tous les bénitiers du Pape, se rendre encore un peu plus dégueulasses par nouvelles renonciations, macérations bêlantes. Le plus éhonté brelan de christianeux enfifrés qui soit jamais tombé sous la férule des youtres. Quand je dis les youtres comprenez les évêques aussi, c'est pareil. Tout un empire à genoux ! Quel beurre ! Suppliant ! Implorant les absolutions ! Tout un empire de confesseux ! De l'empereur au dernier des serfs ! Tous à genoux ! Ah ! la savoureuse pharamineuse chariboterie ! Toute la horde aryenne en esclavage volontaire ! Le Masochisme fanatique pour tous !

La religion christianique ? La judéo-talmudo-communiste ? Un gang ! Les Apôtres ? Tous Juifs ! Tous gangsters ! Le premier rang ? L'Église ! La première racket ? Le premier commissariat du peuple ? L'Église ! Pierre ? Un Al Capone du Cantique ! Un Trotzky pour moujiks romains ! L'Évangile ? Un code de racket… L'Église catholique ? Un arnaquage aux bonnes paroles consolantes, la plus splendide des rackets qui ait jamais été montée en n'importe quelle époque pour l'embéroutage des Aryens. On ne fera jamais mieux ! Depuis

Sésostris c'est le grand jeu ! C'est le nougat miraculeux ! Toujours les Goyes qui sont marrons ! À tous les coups ! à tous les détours ! Des Catacombes en Tartarie ! De Babylone chez Citroën ! De Catalogne à Chicago ! Immanquable ! Le Goye chocolat partout ! À genoux ! La nouvelle variété du genre, le stratagème « communiste », c'est de « l'à genoux » aussi pour tout le monde, bien sûr, forcément, mais ça vaudra jamais l'autre, l'évangélique ! Ça sera jamais si fameux ! Si assuré, si peinard ! Y a plein de « paillons » dans le communisme, des statistiques qui empoisonnent, des mirages de jambonneaux qu'il faut toujours dissiper. Ça sera jamais aussi splendide comme fonctionnement, comme rapport. L'autre, la « Légende catholique » ça se déroulait dans les nuages, jamais de contrôle ! jamais de risques ! Aucun frais ! Tout en rêves !

Ce qui tue le juif dans le communisme, c'est que l'incrédule peut y aller voir, se rendre compte, en Russie, et revenir dire que c'est pas vrai !... Que rien du Paradis n'existe… Que les jambons tombent pas du ciel. Ça fait mal. Christianisme, foi liquéfiante pour éternels agenouillés transis, prostrés terrifiés, angoisseux empaffés, voués, offerts, évertués à toutes les priaperies juives, à toutes les foutriqueries judaïques, goulus de tous les foutres, de toutes les ruées d'Abyssins, les miches toujours en bataille, toujours en souffrance ! Résignation ! La religion des Soumis ! La croyance faite pot ! Pénitence ! Aveux ! Tendres aveux ! Confidences ! Re-Pénitence ! Macérations ! Abnégations ! Plus d'épreuves ! Sacrées ! Tortures ! Bénies ! Adoration des chères souffrances ! Pleurnichons ! Bas les frocs ! Encore plus de contrition ! Déchirements ! Désolation ! Méticulisation de l'Indignité souffreteuse ! Purgatoire ! Purgations ! Vaticinations confessières ! Douleurs ! Douleurs ! Plus de douleurs ! Flagellations ! Crucifix ! Encore ! Remords éternels ! Larmes ! Larmes ! Deuils ! Mortifications laminantes ! Agoniques ! Merci ! Amen ! Amen !

Quelle mirifique aubaine pour le juif que cette planète surpeuplée d'esclaves éperdument contrits, auto-analyseurs introspecteurs farfouilleur submergés exorbités pour des fantômes en pines de mouches à longueur de cauchemar terrestre. Quelle manne mille fois plus juteuse, délectable, profitable, régalante, que les pauvres sucs candis du Désert d'Horeb !

Cette mirobolante incroyable pullulation des serfs aryens fanatiques en ratiocinages dénigrants ! tout étouffés ! abrutis de haines mutuelles, fébrilement, farouchement ragoteux, scrupuleux de toutes conneries décervelantes, toujours passionnément fiers de se faire mieux englander, saloper toujours davantage par leurs satrapes juifs, plus cruellement si possible, se faire éventrer de bas en haut pour la jubilance, l'irradiance du Moloch crépu. Jamais assez ! Jamais trop ! Voilà le miracle ! Peut-il exiger davantage de la Terre et du Ciel le juif ? Dieu-Juif partout !

Les Aryens sont immédiatement mordus pour tout ce qui peut les avilir, les asservir davantage, les dégueulasser un peu plus. Ils se feront mettre en charpies pour n'importe quel youtre, encore un peu plus crapule, plus charlatan que les autres… Pierre, Marx, Trotzky, Roosevelt, etc…

Constipés en tout, bouchés de partout les Aryens, sauf pour la ravagière bite du juif, toujours admirablement aspirée, sucée, folichonnée, réchauffée, régalée, réjouite adorablement. C'est plus de la rage, c'est de la communion du fondement.

La connivence judéo-chrétienne, prélude à la grande curée judéo-maçonnique a toute son origine dans le traité de Verdun (843). Le Traité de Dépiautage, de Démembrement. L'Empire carolingien tronçonné. Sabotage de l'Empire, découpage de l'Empire en trois lopins idiots :

France-Allemagne-Italie. Sabotage de l'Europe. Fagotage de l'Europe en cinquante frontières absurdes. Création de l'Europe impossible. Création de l'éternel conflit franco-germanique, de l'éternelle boucherie franco-gemanique, de l'inépuisable tuerie d'Aryens français contre Aryens allemands.

L'Apocalypse en famille, pour la plus grande prospérité, gloire, dévergonderie, rigolade, bacchanale d'Israël.

Le gouvernement du Reich a inauguré hier le canal Rhin-Danube commencé par Charlemagne. — Les Journaux, 31 octobre 1938.

Caltez avec vos parchemins ! Arrière ! Troubadours ! Luth ! Sornettes ! Oh ! Là ! Là ! Pirette ! Néfaste ! Au musée ! La honte ! L'attirail ! Pauvre peau de lapin ! Fripe ! Défroque ! Cervelle romancière ! Entendez-vous l'Ostrogoth ! 843 ! Pourquoi pas Mathusalem ! C'est à se la dévorer vivante ! ! Quel bouffon ! Pouffons ! Il est trop drôle ! En vérité ! Ferdinand Luminal ! Scandale ! Vendu ! Le vampire d'Aix-la-Chapelle ! Douche ! Douche ! Charlemagne ! Oh ! Oh ! Oh ! Il est impayable ! Véritablement ! Aspersion ! Immersion !...

C'est curieux, moi, je ris pas du tout… Je la trouve crépitante, embrasante d'actualité ma petite histoire du Débonnaire.

C'est le Tour de France, moi, qui me fait chier, avec ses étapes en mélos, ses apéros dithyrambiques. Je le trouve morne, ampoulé, rampant le Tour, poudreux, fadasse, archaïque, à côté des vicissitudes du Traité de Verdun 843. C'est pas de la réclame, c'est sincère. Il me possède, moi, âme et substance, le Traité de Verdun 843. Je suis pas seul d'ailleurs, vous mêmes qui gloussez, petits marles espiègles, vous en crèverez bientôt du Traité de Verdun 843. Il a pas fini de vous ébahir, de vous éblouir le Traité de Verdun 843. Vous en baverez des grenades par extraordinaire émotion. C'est autre chose que les Rois de la Jante ! que les duels Byrrh, Suze, Bartali, Pernod, dans tous les cols de la Faucille ! Ah ! Pardon ! jamais rien ne vous fut offert aux « Actualités », de plus merveilleusement actuel que les fastes du Traité de Verdun 843.

C'est *Paris-Soir* qui nous excède avec ses rabâcheux topos, ses vieilleries d'y a deux heures qui pèsent déjà soixante siècles, les petits détritus de la veille servis pomponnés, judaïques, foisonnants, d'éloquence merdeuse.

C'est pas l'écran, c'est pas vos canards vendus qui vont vous mettre à la page. Personne ne vous parlera jamais du Traité de Verdun 843, de nos maudites origines. C'est sûrement pas *l'Humanité* qui va se mettre à table, Gabriel Péri juif de service, ni la radio, juif de service Ben Azet, ni la synagogue *Populaire*, ni le Gallus-Latzarus, ni le reste de la presse française, composite de larbins aux ordres des Grads-Prêtres Bollack-Stern-Havas les Juifs aux sources des Nouvelles ! C'est pas Romier, c'est pas Mauriac, c'est pas Buré, etc… tous hommes de la conjuration, sous-juifs synthétiques. Ça ferait pourtant des beaux chapitres pour leur « Allemagne, bête enragée, nation de Proie » et leur « Conscience Universelle »… Ils nous expliqueraient bien des choses chemin faisant… Ils nous amuseraient certainement… Ils nous émouveraient [sic] peut-être…

La catastrophe de Verdun 843, c'est la catastrophe permanente, elle outrepasse toutes les autres, question de sensation, par la violence spectaculaire… Ils en rempliraient les journaux s'ils voulaient rien qu'avec qu'elle, en photos-montages gigantesques, en panoramas hallucinants. On verrait tous les Aryens éclater, tantôt sous les tanks, tantôt sous les barricades, sous les charges de cavalerie, sous les hoplites, sous les marmites de poix bouillante, sous les barbacanes, ça dépendrait des époques, du genre de la croisade en cours. On verrait comme ça toute l'histoire, notre Histoire d'Aryens, en gros plans fondus charniers.

Toujours, toujours y en aurait d'autres des cocus à massacrer, toujours d'autres…

Pas besoin de tous ces petits crimes de la première page, ça serait plus qu'un vaste abattoir d'un bout à l'autre du cancan.

Du vrai journal pour le peuple, dans le peuple, fait avec le peuple.

Nous sommes séparés de l'Allemagne depuis 1100 ans ; 1100 ans de merde, de conneries furieuses, 1100 ans de mensonges sans arrêt, de trémolos ignobles, de palliatifs vaseux, de rémissions louches, de revanches toujours plus infectes, de solutions pourries.

Nous n'en sortons pas. Nous sommes les enfants d'un cauchemar, d'un monstre dont tout le sang nous dégouline plein la gueule et plein les yeux. Nous ne parlons plus que de sang, dans le sang. Nous ne voyons plus que du sang.

Depuis 1 100 ans, veaux traqués, nous ne faisons que chavirer d'un abattoir dans un autre, d'un charnier dans un autre, toujours plus accablés, plus soumis, plus saignants. Il règne sur toute cette Europe un sale fatalisme de boucherie, une dévotion très prostrée devant toutes les tueries possibles, infiniment répugnante, à en dégoûter Dieu le Père, s'il n'était de par lui-même Jean Foutre si dégueulasse. Plus de 1 100 ans d'éventreries bafouilleuses, de balivernes apocalyptiques, de calembredaines massacrières. Ça suffit pas ?

Ça fait peut-être tout de même le compte ? Le poids comme rançon ? Comme pénitence d'un foutu calamiteux parchemin confesseux. D'un Traité de honte et de scrupules débilogènes ? Comme expiation des conneries d'une clique d'empédéreux christianeux carolingiens ! Merde ! C'est un véritable enfer comme dommages et intérêts ! Rideau ! N'est-ce point le moment qu'on s'en torche du Traité de 843 ? L'avons-nous suffisamment fumée l'Europe de nos barbaques françaises et allemandes, depuis 1 100 ans ? Pour les bénéfices judaïques ? On va faire les comptes ! Et surtout depuis quatre siècles pour la sorcière britannique, la Sarah-la-Marmelade de son yite ! après on causera !

Jusqu'à preuve du contraire, c'est une ordure Miss Marmelade, l'atroce Angliche, pas fréquentable, bel et bien maquée, reluisante, avec le plus jeton des doubleurs. C'est même une honte qu'on lui cause à cette bourrique fourreuse de youtres. Pas des paroles qu'on lui devrait ! rien que des glaves ! Et plein la fiole ! Que ça lui dégouline partout ! Plein l'arrogance ! Pour cent mille livres de bien gluants, à chaque fois qu'elle l'ouvrirait ! Voilà du régime pour sa poire ! C'est une donneuse ! Roule the wouèves ! Roule-the-Merde ! L'Albion roule the ouaives de charognes ! Saloperie ! Sarah Marmelade, la donneuse d'Europe !

DE PROFUNDIS.

Tout le pognon des Français, si paysans, si regardants, il est plus du tout dans leurs poches, il est passé dans les fouilles juives, dans les caves de la Cité. Il a suffi d'un bon petit siècle de triomphale démocratie, de maçonnerie prestigieuse pour accomplir ce miracle, qu'à petit flouze il pousse des ailes, qu'il revienne plus du tout par ici.

Question de places, d'emplois, de petites fonctions, de grosses prébendes dans l'industrie, l'artisanat, la presse, les Arts, la médecine, c'est exactement du kif. Y en a plus que pour les Juifs ! Et puis dans les Trusts de même, les fameux trusts vampiriques, dont on arrête pas de nous causer (les deux cents familles…) Il a suffi d'un siècle de Loges pour que tout ça passe aux yites. Les indigènes n'ont plus rien. Ils sont strictement dépouillés, repassés. Le miracle est accompli. Ils ont plus qu'une chose à faire pour se rendre plus utiles encore, c'est s'en aller crever aux guerres, pour défendre l'or de leurs patrons, de leurs youtres, de leurs dieux. À quoi ils serviraient sans ça ? Je vous le demande ? Toutes les viandes françaises indigènes seront demain hachées, grésillées, farcies « petits éclats », menues grenailles, fondues, revenues « estouffades », servies chaudes au gaz, sur les champs de bataille des cinq fronts. Ça leur fera faire des Pâques splendides à ces zigotos d'Aryens ! À ces petits émancipateurs ! Prêchez ! Prêchez, mes petits frères ! l'émancipation par les Bases ! Vous allez gagner ! Vous allez tous être régalés dans la Croisade antifasciste ! Personne ne sera oublié dans la distribution des prix. Y en aura pour tous ! Vous avez une chance inouïe ! Ma parole ! Récitez votre « Pater » ! Vos « Dies Irae » ! mot à mot ! Vos propres faire-parts ! Vos « Ave » ! Gâtés ! Pas besoin de retenir vos créneaux ! Vos caveaux ! Tout est prévu ! Organisé ! Au kilo ! Chaque offensive ça pèse tant de viandes ! Tant par fringale expiatrice ! Tant par service rédempteur ! Bien dans vos natures ! Allez-y ! Poitraillez Mordieu ! C'est des vrais cadeaux qui vous tombent du ciel ! Des trépas pareils ! Pour des causes si illuminantes, si pharamineusement humaines ! Des agonies pleines de fusées, des vraies féeries ! Des comas éblouissants ! C'est pas banal ! C'est même suprême ! Tout seuls comment que vous finiriez ?... Hein ?... Je vous le demande ? De morts naturelles, sans doute… banales… Des agonies de vieillards comme ça… dans des lits ?... lamentablement… Pouah ! Allons ! Des hésitations ?

Une offensive qui piétine c'est de la barbaque qui tourne jaune, qui ramollit au péril. Tant de tonnes de plus ! fraîches, c'est gagné ! Le moment critique ! Dare-dare ! Les États-Majors sont guillerets, ne demandent qu'à vous élancer dans les attractions… Et puis d'abord, écoutez-moi, si vraiment ça vous lancine, que vous trouvez que ça traîne de trop, que vous pouvez plus vous retenir d'impatience, vous pouvez toujours rejoindre, sans délai, le Marquis Marty d'Albacete au front gouvernemental. Il a du travail à la main. C'est un vrai père pour les chômeurs le Marquis d'Albacete, lui si mutin de la Mer Noire, si fusilleur en Castille, si foireux aux gerbes à Toulon mais toujours remarquez-le bien, le Marquis Marty d'Albacete, toujours de l'excellent côté du Conseil de Guerre. C'est à ça qu'on reconnaît la classe, la valeur de l'homme.

* * * * *

Lorsqu'elle sera terminée la prochaine Croisade, Dieu sait comme ! Le Juif pourra se vanter de nous avoir tous possédés jusqu'au dernier millésime de notre croulant fifrelin, jusqu'à l'ultime grelottante goutte de la suprême hémorragie.

Tant pis ! Tant mieux ! Le plus tôt sera le mieux ! Le pire serait encore qu'on vous ressuscite dans une telle horde de férus infects furieux cocus, trépignants pour tous abattoirs, irrésistibles d'être égorgés, inassouvibles aux sacrifices.

Les États Aryens : Parcs à bestiaux pour tueries juives. Batailles rituelles pour équarisseurs, beuglements, charrois en tous genres, phénomènes sociaux divers, traite des vaches pendant les entractes.

Vous avez l'Europe telle quelle depuis l'année 843, l'année du partage, du démembrement. Ça n'a pas cessé le grand sport depuis ce moment, et c'est pas fini, et ça continue. Comprenez-moi bien.

Mais alors, dites donc Ferdinand, vous allez pas terminer ce genre prétentieux ? Ces effets captieux ? Ces paradoxes imprécatoires ? Ce phrasouillis vétilleux ? Où que vous partez en zigzag ? Vous allez pas aboutir ? Abrégez un peu vos facondes ? Venez au fait ! Que voulez-vous ?

Moi, je veux qu'on fasse une alliance avec l'Allemagne et tout de suite, et pas une petite alliance, précaire, pour rire, fragile, palliative ! quelque pis-aller ! Pas du tout ! Mais non ! Mais non !... Une vraie alliance, solide, colossale, à chaux et à sable ! À la vie ! À la mort ! Voilà comme je cause !

Je suis pas en train de cacher mes préférences, mes sentiments. Je trouve que sans cette alliance on est rétamés, on est morts, que c'est la seule solution. On est tous les deux des peuples pauvres, mal dotés en matières premières, riches qu'en courage batailleur. Séparés, hostiles, on ne fait que s'assassiner. Séparés, hostiles, côte à côte, on sera toujours misérables, toujours les esclaves des bourriques, des provocateurs maçons, les soldats des Juifs, les bestiaux des Juifs. Ensemble on commandera l'Europe. Ça vaut bien la peine qu'on essaye. On filera une telle trouille aux Yites qu'ils s'évaporeront de la planète. Même pas besoin de les toucher, on les flambera juste un petit peu... le bout des arpions... On se réveillera comme d'un cauchemar. Ils seront partis !... pour toujours !...

On filera Londres en quarantaine, au garde à vous. Ça pourra se faire immédiatement. C'est que des haines artificielles qui existent entre nous et les Boches, ourdies, ranimées, entretenues, propagées par les Traités et les Loges, les journaux, les radios, à la solde du Juif. Ça peut s'arranger en 48 heures. Rien d'irrémédiable.

Il faut de la haine aux hommes pour vivre, soit ! c'est indispensable, c'est évident, c'est leur nature. Ils n'ont qu'à l'avoir pour les Juifs, cette haine, pas pour les Allemands. Ça serait une haine normale, salvatrice, défensive, providentielle, comme contre une vérole ravageante, ou les envahissements de la peste, les rats colporteurs de morbus. Ça voudrait dire quelque chose.

La haine contre les Allemands, c'est une haine contre nature. C'est une inversion. C'est notre poison, et mortel. On nous l'injecte tous les jours, à doses de plus en plus tragiques.

La France n'est latine que par hasard, par raccroc, par défaites, en réalité elle est celte, germanique pour les trois-quarts. Le latinisme plaît beaucoup aux méridionaux francs-maçons. Le latinisme c'est tout près de la Grèce. La

Grèce c'est déjà de l'Orient. L'Orient c'est en plein de la Loge. La Loge c'est déjà du Juif. Le Juif c'est déjà du nègre. Ainsi soit-il.

La bougnoulisation du blanc par persuasion latine, par promiscuités maçonniques. La France est aryenne, pas du tout juive, pas du tout nègre. La partie solide de la France, l'anti-discoureuse, a toujours été la partie celte et germanique. La partie qui se fait tuer, la partie qui produit, la partie qui travaille, la partie qui paye, est celte et germanique.

Dix départements du Nord payent autant d'impôts que tout le reste de la France. Les fusiliers bretons ont eu autant de tués (1 380) en une seule journée à Dixmude que tous les Juifs de France pendant toute la guerre.

La partie non celtique en France, cause et pontifie. Elle donne au pays ses Ministres, ses Vénérables, ses Congressistes hyper-sonores. C'est la partie vinasseuse de la République, la méridionale, profiteuse, resquilleuse, politique, éloquente, creuse.

Il n'existe aucune haine fondamentale, irrémédiable entre Français et Allemands. Ce qui existe c'est une machination permanente, implacable, judéo-britannique, pour empêcher à toute force que l'Europe se reforme d'un seul bloc, d'un seul tenant franco-allemand comme avant 843. Tout le génie de la Judéo-Britannie consiste à nous mener d'un conflit vers un autre, d'un carnage dans un autre, étripades dont nous sortons régulièrement, toujours, en effroyable condition, Français et Allemands, saignés à blanc, entièrement à la merci des Juifs de la Cité.

L'équilibre européen sous la tyrannie anglaise n'est qu'un infini massacre, à répétitions, franco-allemand.

Les bêtes du continent doivent toujours être pour la satisfaction anglaise, plus ou moins vidées, sonnées, incapables de s'arracher au joug britannique… Une Europe toujours délirante, brûlante, toujours au bord du coma, voici la force de l'Angleterre.

Le conflit franco-allemand est la condition même, l'industrie suprême de l'Angleterre.

C'est de la prospérité anglaise toute cuite.

Le conflit franco-allemand repousse rituellement de ses cendres. C'est du Phénix.

Elle a pas besoin de se cailler l'Angleterre. Chaque génération franco-allemande repique au massacre dare-dare, toujours plus conne, plus cocue, plus combustible, toujours encore plus impatiente de se faire roustir, anéantir dans les embrasements cataclysmiques juifs.

Il me semble que c'est assez net. Je suis pas très partisan des allusions voilées, des demi-teintes. Il faut tout dire ou bien se taire. Union franco-allemande. Alliance franco-allemande. Armée franco-allemande.

C'est l'armée qui fait les alliances, les alliances solides. Sans armée franco-allemande les accords demeurent platoniques, académiques, versatiles, velléitaires… Assez d'abattoirs ! Une armée franco-allemande d'abord ! Le reste viendra tout seul. L'Italie, l'Espagne par-dessus le marché, tout naturellement, rejoindront la Confédération.

Confédération des États Aryens d'Europe. Pouvoir exécutif : L'armée franco-allemande. Une alliance franco-allemande à la vie, à la mort.

Alors ! et seulement alors, ça sera enfin terminé la plaisanterie judaïque millénaire, l'inépuisable croisade humanitaire, démocratique, l'incessante, l'infatigable, boucherie dite libératrice, humanisatrice, salvatrice, rédemptrice. Le Rhin, fosse commune.

Ce sera le glas de l'empire britannique, et ce sera pain béni, de la Tyrannie britannique, l'écroulement de l'Empire ! Tant mieux ! Nom de Dieu tant mieux ! La fin du cauchemar.

Tous nos malheurs viennent de Londres, de la Judéo-Britannie. Tout seuls Français, et même alliés aux Italiens, nous demeurons ce que nous sommes, les esclaves de l'Angleterre, les enchaînés aux comptoirs britanniques.

Alliés aux Allemands c'est autre chose. On file en l'air enfin nos chaînes. L'Angleterre on la déculotte, on la fixe une bonne fois pour toutes.

Nous sommes les maîtres de l'Europe.

Nous sommes les maîtres de notre destin.

Ce qui, soit dit en passant, ne nous est encore jamais arrivé.

L'alliance franco-allemande, c'est la puissance judéo-britannique réduite à zéro. Le fond même du problème atteint, enfin. La Solution.

Une seule force anti-juive en ce monde, une seule force pacifique réelle : L'armée franco-allemande.

Tout le reste n'est que fariboles, babillages, diversions, entourloupes de Juifs.

L'armée franco-allemande, quatre cents divisions d'infanterie parfaitement dérouilleuse, résolues.

Qui dit mieux ? Quoi bronche ? rechigne ? rebiffe ? récalcitre ? Travaille du sourcil ? Ergote ? Récrimine ? S'oppose ? Relève le gant ?

On attend.

Que se déclarent les fortes têtes, les grognons, les intraitables… les petits méchants…

* * * * *

Monsieur le Maréchal Pétain, ce n'est pas aux deux quarterons de quadragénaires artérieux combattants, fléchis, perclus, éclopés rhumatoïdes, émergés par miracle de nos sempiternels charniers franco-allemands qu'il faut maintenant stentoriser vos trop bouleversants « garde à vous » !

Mais non ! Mais non ! Monsieur le Maréchal ! Quart à gauche ! C'est de l'autre côté ! Ce sont les Juifs de la Cité ! Les Puissants de Londres ! Les démoniaques démocrates de « l'*Intelligence* » qu'il faut figer dans la trouille ! Maldonne Monsieur le Maréchal !

Vous faites erreur, Monsieur le Maréchal ! L'ennemi est au Nord ! Ce n'est pas Berlin ! C'est Londres ! La Cité ! Les casemates-tout-en-or ! La Banque d'Angleterre avec ses laquais « framboise » ! Voilà l'ennemi héréditaire ! Je connais bien les abords, Monsieur le Maréchal ! Je m'offre à vous éclairer, à vous précéder, si vous me faites l'honneur… Je connais les meilleurs passages…

Vous avez peut-être un peu peur, Monsieur le Maréchal ? Vous redoutez les aventures ?...

Ah ! Je ne vous vois pas très mordant !...

Il vous manque du monde, Monsieur le Maréchal ! Il vous manque de vrais effectifs ! Il vous manque le principal ! Les 400 parfaites divisions d'infanterie franco-allemandes.

Bien sûr ! Bien sûr !... Carence fatale !... Irréparable !... Rien à faire ! Tout est perdu !

Horriblement ! Aucune chance !

C'était pourtant la seule victoire qui pouvait nous intéresser, le sac de la Banque d'Angleterre et des Juifs de Londres, Monsieur le Maréchal ! Notre suprême recours !... Les autres victoires on s'en fout !... Elles peuvent intéresser personne, que les Juifs. C'est des victoires pour les Juifs, jamais que pour les Juifs, de carnages d'Aryens sans malice, des boucheries de plus en plus lourdes pour Aryens de plus en plus cons.

Que c'est même pas la peine du tout de leur expliquer rien du tout aux Aryens.

« N'importe quoi et vinasse. » C'est devenu le Credo suprême des Aryens de France.

C'est même ça qu'est superbe chez eux. C'est leur sublimité même, leur confiance faite masse, leur confiance faite mort.

Dites donc alors et l'absorption ? Vous en faites rien ? Luberlu ? Vous y songez pas, belle figure ? Si jamais l'on se rapproche, mais c'est réglé ! Mais c'est tout net ! Ils nous absorbent ! Mais c'est l'abomination ! C'est la flétrissure infernale ! Absorbés tout vifs, comme ça, par les boches ! Vous y pensez pas !... Mais vous en crevez pas de honte ? à l'expectative ? Proférer aux quatre vents des parjures pareils ! Vraiment des paroles de vrai fou ! Dégénéré sadique idiot ! C'est un monde ! Une alliance ? Voyez-vous ça ? Damnation ! Si l'on se rapproche... Mais ils nous absorbent ! C'est tout cuit ! Ah ! On aimerait mieux tout de suite périr de trois ou quatre mille morts, en très terrifiques batailles, avec des mouvements de menton splendides, être éventrés à qui mieux-mieux, que de survivre comme ça sous les boches, ignoblement, que de subir leur absorption ! Tout crus ! Mais c'est impossible ! Et douze siècles d'Histoire héroïque ? qu'est-ce que vous en faites ? Rien ? La France pépinière de héros ? Ventre-Dieu ! Engluée ! Absorbée ! Asservie ! Engloutie ! Alliée ! Pouah ! Vous y pensez pas Obscène !

— Pardon ! Pardon ! Ventre-Dieu ! Mais absorbés, asservis, englués, nous pouvons pas l'être davantage que nous le sommes à présent, sous Bloch, sous Blum, sous Daladier, sous Rothschild, éperdument...

Envahis, dépouillés, rançonnés, ravagés, évincés, pourris, ridiculisés, ensoldatés, bougnoulisés, nous ne pourrons jamais l'être davantage qu'en ces beaux jours de 38...

Ce franc pays pour tout dire, sans aucune exagération, n'est plus qu'une très basse colonie d'exploitation juive, une sous-Palestine, encore beaucoup plus dégradée.

Pour tout droit, pour toute liberté que nous demeure-t-il, indigènes ? Le droit (et précaire) de nous échiner sous le Juif, pour les Juifs, dans les plus rebutants emplois, ceux qui les fatiguent, dont ils ne veulent pas, qui esquintent l'homme et payent infime, et puis de crever pour les Juifs, encore, dans les guerres qu'ils nous aménagent. Et puis c'est marre, et puis c'est tout. Voilà le bilan national.

La révolte nous sied comme un gant ! Trésor de rigolade ! Nous qui sommes hypothéqués, trafiqués, survendus jusqu'aux fibres, par tous les Juifs de l'univers ! C'est à périr la bite en bouche de convulsions judicoles d'ouïr des salades aussi sorcières ! Il nous va bien d'être offusqués ! Nous ne possédons rien en propre, plus rien, pas même une chanson, à présent toutes juives.

Possédés ? Absorbés ? Nous ne le serons jamais plus, et plus honteusement qu'aujourd'hui.

En bref, la question qui se pose est celle-ci, elle est tout simple : Resterons-nous esclaves des Juifs, ou redeviendrons-nous germaniques ? À choisir.

Qu'avons-nous à perdre dans une alliance franco-allemande ? Les Juifs.

C'est une catastrophe qui se supporte. On se console. Et puis nous avons de bons exemples, parfaitement éprouvés, valables, de mariages franco-allemands. Nous l'a-t-on assez prônée l'édifiante Confédération Suisse ? Qu'est-ce qu'on attend pour essayer ?

Je n'ai jamais entendu dire que les cantons de Zurich opprimaient ceux du Tessin, que les Genévois se faisaient brimer, dépouiller par les gens de Bâle. Jamais.

La France, chef-lieu le Vésinet.

Mais les Juifs perdent pas leur temps. Ils vous doublent déjà de plus belle auprès des Allemands, des Anglais, des Italiens, depuis l'affaire de Munich. Ils vous donnent pendant que vous bavez, que vous installez encore, que vous posez aux « terreurs ». Cocorico !

Vous terrifiez plus rien du tout. Le sol s'effondre, vous crânouillez à droite, à gauche. L'Europe se forme contre vous. Vous en savez rien. C'est vous maintenant le prochain « tirage ». Bientôt ça sera plus la question de savoir quels seront vos alliés. Y a plus d'alliés pour les grotesques. Ça sera la question de savoir comment se débiteront vos provinces, qui va se taper la Franche-Comté, s'annexer la Normandie, repopuler l'Aquitaine, s'adjoindre la Corse et Marseille, défranciser l'Algérie.

C'est tout.

Causez toujours.

* * * * *

Y'a pas besoin de se frapper. La Roue tourne. Elle en écrasera, sûr, encore, des hommes et des hommes. Des millions et puis des millions. Ceux-ci, ceux-là et puis bien d'autres, ça n'en finira jamais.

Ils fonceront toujours aux tueries, par torrents de viandes somnambules, aux charniers, de plus en plus colossaux, plantureux.

Y a pas de raison que ça se termine. C'est leur nature.

Y a pas besoin de les exciter. Ils se précipitent. Personne peut jamais les retenir. Ils parlent que de leurs « avantages », ils en comprennent pas le premier mot. Ils veulent rien apprendre du tout. Ils sont fainéants d'âme et de tête. Les événements s'accompliront. Ils iront se faire écrabouiller par races entières, par continents. Ainsi de suite.

Puisqu'ils veulent rien comprendre, puisqu'ils veulent rien apprendre, puisqu'ils veulent rabâcher toujours, toujours les mêmes conneries, très bien ! Très bien ! Ils seront gâtés ! Ils passeront l'examen quand même ! à la grande kermesse des Têtus ! C'est un monde ! d'une façon toute fantastique, par prodigieux écartèlements, feux grégeois munificents, flamboyantes enrageantes mitrailleries, très extravagantes fournaises, gigantesques bengalades, pyrogénies hallucinantes. L'École mirifique !

Tout le monde sera reçu.

* * * * *

Nous sommes au siècle de la suffisance. Il convient de nous prononcer très fatuitement. Je vais couper les ailes d'un canard. Il volera quand même. De tous les côtés l'on m'annonce que j'ai touché des sommes formidables d'Hitler. C'est le canard classique, si j'ose dire. Je m'en fous énormément que l'on m'accuse des pires horreurs. J'ai l'habitude. C'est la bêtise de la supposition qui me blesse. Je me sens tout déprécié. Vous êtes trop cons, suppositeurs, pour inventer autre chose ?

Réfléchissez un petit peu que je gagne avec mes livres, mes romans, tout simplement dix fois plus d'argent qu'il ne m'en faut pour vivre. Je connais le monde trop bien, ses façons, je l'ai pratiqué trop longtemps pour ne pas être mithridatisé en long et en large, contre les plus minimes, les plus furtives illusions, les plus fugitives faiblesses. Renoncez. Rien. Aucune prise.

J'ai mis de côté un petit paquesson pour les jours périlleux. J'ai planqué suffisamment pour n'avoir plus jamais besoin, devrais-je vivre encore cent ans, des secours de personne. Peau de vache absolue – Est-ce que je suis renseigné sur les conditions humaines ? — Pendant 35 ans j'ai travaillé à la tâche, bouclant ma lourde pour ne pas être viré de partout. À présent, c'est fini, bien fini, je l'ouvre comme je veux, où je veux, ma grande gueule, quand je veux.

Ne vous cassez pas le haricot.

Ce que j'écris, je le pense, tout seul, et nul ne me paye pour le penser, ne me stimule. Personne, ou presque personne ne peut se vanter d'en faire autant, de se payer ce luxe. Moi je peux. C'est mon luxe. Mon seul luxe. Et ce n'est pas terminé ! Je n'ai pas fini de travailler. Ma mère, à 71 ans, insiste encore pour ne dépendre de personne. Elle continue à travailler, elle gagne sa vie. Je suis pareil. Je ferai de même. Pas de fainéants dans la famille. À 71 ans j'emmerderai encore les Juifs, et les maçons, et les éditeurs, et Hitler par-dessus le marché, s'il me provoque. Qu'on se le dise. Je dois être, je crois bien, l'homme le moins achetable du monde. Orgueilleux comme trente-six paons je ne traverserais pas la rue pour ramasser un million à la traîne dans le ruisseau d'en face. Voilà Ferdinand, au poil. Il faudra le tuer. Je ne vois pas d'autre moyen. Le malheur, c'est que les gens vous jugent toujours d'après leurs propres tendances, et qu'ils sont presque tous à vendre, n'importe quel jour, par tous les temps.

Même les plus riches, les plus superbes. Ils arrêtent pas de s'offrir. En fait, leur vie n'est qu'un putanat perpétuel plus ou moins chichiteux, somptueux, prétentieux.

Et puis je vais vous dire encore une bonne chose. Les véritables fructueuses affaires se font à gauche, pas à droite.

C'est même curieux, à ce propos, l'Italie, l'Allemagne, voilà les deux seuls pays qui m'envoyent jamais un croc pour mes traductions. Ils traduisent et puis c'est marre.

Croyez-vous que ma petite plume ne vaille rien pour les acheteurs du Kremlin, de l'*I.S.*, de la Banque d'Angleterre, ceux-là mêmes qui couvrent constamment d'or les pires tocards ?

Et c'est tellement plus facile, plus opulent, plus licite d'en croquer du côté maçonnique !

Tous les honneurs !

Je suis assez bien renseigné. Pensez-vous, à tout prendre, que même en France il me serait très ardu de faire tomber un million par mois dans une petite caisse quelconque ? Sous un prétexte ou sous un autre ? Réfléchissez.

Cessez de me juger d'après vous-mêmes, à votre mesure.

Enfin pour terminer, si la question vous tracasse, malgré toutes mes explications, que ça vous empêche de dormir, vous obsède, venez donc m'interroger, personnellement, bien en face, carrément, l'un de ces jours.

Ne vous touchez plus dans les coins.

* * * * *

DÉJÀ...

L'influence directe du juif était si puissante à la cour de Louis le Débonnaire que l'évêque de Lyon, saint Agobard, y fut traité avec le plus grossier mépris quand il alla présenter à l'Empereur ses justes doléances contre Israël. Lorsqu'il déclara au Souverain que ses fonctionnaires, à Lyon, étaient aussi terribles pour les chrétiens que doux pour les juifs, ce fut dans cette cour judaïsée un scandaleux tollé contre le grand Évêque.

Louis DASTÉ : *les Sociétés secrètes et les Juifs.*

DERNIÈRES NOUVELLES

l'Humanité du 5 novembre 1938.

« Hier a été inauguré le dispensaire du Syndicat des Métaux de la région parisienne... Plus que jamais cette organisation mérite le titre que notre journal naguère lui décerna : Le plus beau Syndicat de France... Au cours du vin d'honneur qui suivit la visite prirent la parole les docteurs Kalmanovitch, Oppman, Rouquès, Lecain, Bli, etc... (tous juifs), les principaux artisans de cette réalisation.

[...] Après eux, M. Dreyfus, directeur du Service Régional des Assurances sociales, exprima sa satisfaction et déclara que l'administration... etc., etc. »

l'Action Française du 5 novembre 1938.

« Le Ministre de notre Éducation Nationale Jean Zay (de son véritable nom Zacharie) va présider effectivement une cérémonie remarquable.

« Lundi prochain, à 17 h 30, il se rendra à l'hôtel Salomon Rothschild pour honorer de sa présence une fête assez audacieuse où l'on doit célébrer la transformation en citoyen français du chef d'orchestre Bruno Walter, qui a quitté l'Allemagne, où son manque de titres aryens entravait sa carrière musicale. »

BOUQUET

Le Dr Logre, médecin de l'Infirmerie spéciale de la Préfecture de Police, signale que les cas de *delirium tremens* ont presque doublé depuis l'application des nouvelles lois sociales.

L'absinthe est à présent servie dans les grands « démis » jadis réservés à la bière (*le Populaire ;* 27 décembre 37)

Les aliénistes signalent une aggravation et une augmentation des cas de folie qui placent notre pays au premier rang des statistiques européennes de l'aliénation mentale.

La « Bénédictine » dont l'action de capital payée 750 francs vaut aujourd'hui 6 860 francs a élevé régulièrement ses dividendes de 200 francs 80 en 1935 à 355 francs en 1938.

TOUT EST DIT

Le Front Populaire, auquel tous les culots réussissent, débusque enfin toutes ses batteries et nous déclare très carrément que nous ne sommes plus désormais qu'une très sale piteuse idiote racaille, très justement asservie par les Juifs.

« *Le front Populaire de la région parisienne, ému par l'agitation antisémite qui se manifeste dans certains milieux et notamment en Alsace-Lorraine et dans la région parisienne, met en garde la population parisienne contre les agents de Hitler en France.*

Il demande que les pouvoirs publics interdisent les journaux faisant des appels au meurtre, et déclare que, dans les heures graves que nous traversons, l'union des forces démocratiques est nécessaire pour barrer la route au fascisme international, fauteur de guerre et de misère.

Il rappelle que, depuis 1789, la France ne fait aucune différence entre les Français et les Juifs, et qu'il ne laissera pas s'instaurer dans notre pays les mœurs qui déshonorent les pays dits totalitaires...

SI LES FRANÇAIS NE SONT PAS CAPABLES DE CONCURRENCER LES JUIFS QUI PRENNENT LEURS PLACES DANS TOUS LES DOMAINES, DEPUIS L'USINE JUSQU'AU GOUVERNEMENT, C'EST QUE LE JUIF EST MIEUX DOUÉ ET, PAR CONSÉQUENT, IL EST JUSTE QU'IL COMMANDE ET DIRIGE LES FRANÇAIS INFÉRIEURS À LEUR TACHE. »

(Motion votée à l'unanimité par le Front Populaire de la Région Parisienne, le 23 septembre 1938).

À quand nos rouelles ?

LES BEAUX DRAPS

1941

Ça y est ! Il paraît que tout change qu'on est maintenant dans les façons, la Rédemption, les bonnes manières, la vraie vertu. Faudra surveiller son langage. Y a des décrets aussi pour ça. Je suis passé en Correctionnelle, faut pas que ça recommence ! Surtout ne dénommons personne ! Rien que des idées générales ! Madame de Broussol en a bien ! née Plumier ! Sardines à l'huile ! pudibondes ! pas à l'eau ! Pernod ! Ah ! Ah ! Je me comprends ! C'est l'astuce ! Parfaitement seul ! Je me donnerai pas ! Je mouille plus du tout, je m'hermétise, je suis bourrelé de mots secrets. Je m'occulte. Et encore tout à fait prudent ! Tout devient des plus épineux. Y a des censeurs, des délateurs dans tous les coins… Je sais plus où me mettre… Châtions, châtions nos expressions !...

La France est bourrique, c'est plein la Commandatur des personnes qui viennent dénoncer… Elles vont au Parquet ensuite… le lendemain elles retournent rue de Rivoli… Au nom de la Patrie toujours ! donner le copain, la copine… comme ça ne perdant pas une minute… Le Fiel est Roi ! Regardez la gueule du trèpe, c'est du long cauchemar en figures. C'est tout obscène par le visage. Parties honteuses remontées au jour. Châtions, châtions nos expressions ! Il n'est que temps Bordel de merde ! On se méfie jamais assez ! Restaurons le respect des chastes, le pleur des vierges, la bave des blèches. Ça va nous redonner la Lorraine ! le Palatinat ! la Pologne ! que sais-je ? l'esprit invincible ! le triomphe ! la gloire de nos armées tordues ! l'esprit sacrifesse ! Ils vont remonter de la Lozère nos petits pioupious, de langue châtiée, avec la duchesse d'Israël, tous les ministres ex-les plus forts, la vraie anisette d'avant-guerre, tout ce qu'il y a de terrible « comme avant » !... Ils vont vous retourner tout le bastringue, bouter le Hanovre, puis Munster ! eccetera !... On jonctionnera avec les Russes ! On leur fera un Napoléon ! On ramènera le Kremlin en pots ! Tant mieux ! Tant mieux ! Bougre de Dieu ! Hourra pour nous ! pour la frite ! On déterrera le Charlemagne ! on le rapportera dans un taxi ! Il va nous sauver la vertu, la circonspection, le menuet !

Y en avait pas beaucoup de mon temps des discrétions d'approches et de forme… Bien sûr, ça marchait pas si fort. Nous ne dépassâmes pas Ostende. On peut dire merde et être vainqueur, on peut dire zut et se faire étendre. C'est ça l'atroce ! Y a des preuves et pas des menues. Moi j'ai fait la retraite comme bien d'autres, j'ai pourchassé l'Armée Française de Bezons jusqu'à La Rochelle, j'ai jamais pu la rattraper. Ce fut une course à l'échalote comme on en a pas vu souvent. Je suis parti de Courbevoie au poil, le 13 au matin.

Je voulais tout voir ! Cinquième colonne ! Vous m'entendez ! Pris entre deux feux ! Entre les feux et les derrières pour être plus exact !

Je sais pas comment disent les décrets dans des cas semblables. Je suis parti avec des petites filles, je raconterai tout ça bien plus tard, à tête reposée, des « moins de dix jours » et leur grand'mère, dans une toute petite ambulance. J'ai bien protégé leur jeunesse au pire des plus affreux périls. (On dira tout ça sur ma tombe).

Croyez-moi si vous voulez, on pouvait pas aller plus vite, on a bien fait tout ce qu'on a pu, pour rattraper l'Armée Française, des routes et des routes, des zigs zags, des traites en bolides, toujours elle nous a fait du poivre, jamais elle s'est fait rattraper, l'Armée Française. Y avait du vertige dans ses roues. Ô la retraite à moteur ! Oh ! la prudence priorisée ! Oh ! les gendarmes redevenus hommes ! à la grelottine sauve-qui-peut !

J'ai vu des tanks de 40 tonnes bousculer nos orphelins, nous bazarder dans les colzas pour foncer plus vite au couvert, la foire au cul, orageante ferraille à panique. Charge aux pantoufles ! La tripotée 71 suivie de 40 ans de honte fut un fait d'armes munificient à côté de la dernière voltige. C'est pas des choses qui s'inventent. C'est pas de la vilaine perfidie. On était quinze millions pour voir. Y avait plus besoin de *Paris-Soir*. Il était déjà en Espagne, lui, qui prétendait tout le contraire ! Il nous avait abandonnés !... Que c'était tout cuit pour Berlin ! Quelle déconvenue ! Il était pas sincère sans doute. Pourtant on était libre alors… Oh ! ça recommencera jamais ! À présent c'est une autre époque ! Y a des bons usages, des sincères, de la vraie vertu, des tickets…

La tricherie est presque impossible, on rédempte et on se sent du Code. Je me sens renouveau rien qu'à me relire. J'ai dix ans.

Hé ! qu'as-tu fait de ton fusil ?
Il est resté au champ d'Honneur !

Ça devient curieux les soldats quand ça veut plus du tout mourir. Y a quelque chose qui se passe. L'entrain manque. Voyez ces jolis officiers emporter leur armoire à glace… déménager leur plus précieux bien… la petite amie… en torpédo priorisante… on les reverra pas de sitôt… le grand jour des décorations… Un jour de gloire comme les autres… La Terre tourne quand même nom de Dieu !... On nous refera ça au cinéma !... Les Champions du monde de la guerre !... On retournera ça tout autrement !... Vous savez la jolie nageuse qui reculbute sur son tremplin… rejaillit là-haut à l'envers… On refera ça pour l'Armée Française… De Saint-Jean-Pied-de-Port à Narvick… Tout à l'envers… Et ça se passera parfaitement ! Et tout le monde sera bien content. Les vaincus seront de l'autre côté… C'est tout ce qu'on demande… c'est déjà fait !...

— Vous avez pas vu un petit peu… tous les prisonniers qu'on promène ?... qui passent en camion ?...

— De la viande ! Je vous dis ! Des malheureux ! Du bétail ! L'esprit est pour nous !... C'est le principal !

* * * * *

Regardez-moi ces Ritals… regardez-moi si ça se défend ! à Bardia et puis ailleurs… en plein désert… coupés de tout… contre 200 000 enragés… blockhaus par blockhaus… 25 jours… Je vous demande franchement… Qui dit mieux ? Ils auront peut-être des revers mais faudra drôlement qu'ils se hâtent pour nous surclasser en pétoche… Faudrait qu'ils retraitent depuis Modane jusqu'au Tibre et bien au-delà, faudrait qu'ils arrivent en Sicile à 60 à l'heure, exorbités de panique avec quinze millions de vieillards, femmes, enfants aux trousses, en une foire encore jamais vue, les couches-culottes trempées à tordre de jactance fondue.

C'est pas encore pour demain !... On peut dormir sur nos lauriers !... On est pénards dans un sens.

C'est drôle à présent c'est la mode d'accabler en tout les civils, c'est les puants, c'est les galeux, c'est eux les infects responsables, les lâches charognards de débâcle. C'est eux, c'est eux, c'est rien que leur pied. Qu'ils s'expliquent un peu ! qu'ils se disculpent ! Pourquoi ils ont eu peur comme ça ?... Pourquoi ils furent pas héroïque ?...

Faudrait peut-être d'abord s'entendre… Qui c'est qui doit défendre la France ? les civils ou les militaires ? Les tanks 20 tonnes ou les vieillards ? Les tordus, les gnières en bas âges, les lardons morveux, les prudents affectés spéciaux, ou les régiments mitrailleurs ? Ah ! C'est pas bien net dans les propos… On arrive pas à bien comprendre. Y a de la confusion, de l'équivoque, on dit pas toute la vérité…

Elle coûtait cher l'Armée Française, 400 milliards pour se sauver, 8 mois de belotes, un mois de déroute… Des impôts en n'en plus finir… Ils ont eu raison les civils de se tailler par tous les moyens. Ils ne voulaient pas mourir non plus. Ils avaient rien à faire en ligne qu'à encombrer les batailles, si bataille il y avait eu… C'était aux militaires d'y être, de ralentir l'envahisseur, de rester mourir là, sur place, la poitrine cambrée face aux Huns, et pas le derrière en escampette. Si ils avaient été moins vite, y aurait eu moins d'embouteillage. On peut comprendre ces choses-là sans passer par l'École de Guerre. L'Armée qui fuit c'est pas convenable, ça propage des vents de panique. De Meuse à Loire c'était qu'un pouet, une foire unanime. Qui qu'a fait la plus grosse diarrhée ? les civils ou les militaires ? C'est pas une raison de pavoiser, d'afficher des souverains mépris, Scipion merde-au-cul-s'en-va-juge ? C'est tout le monde qu'a été malade, malade de bidon, de la jactance, malade de la peur de mourir. Les partout monuments aux morts on fait beaucoup de tort à la guerre. Tout un pays devenu cabot, jocrisses-paysans, tartufes-tanks, qui voulait pas mourir en scène. Au flan oui ! pour reluire ? présent ! Exécuter ?... ! Maldonne !...

Toutes les danseuses qui ratent leurs danses prétendent que c'est leur tutu. Tous les militaires qui flageolent gueulent partout qu'ils sont trop trahis. C'est le cœur qui trahit là de même, c'est jamais que lui qui trahit l'homme. Ils voulaient bien tous jouer la pièce, passer sous les Arcs de Brandebourg, se faire porter dans les Triomphes, couper les bacchantes du vilain, mais pas crever pour la Nation. Ils la connaissent bien la Nation. C'est tout du fumier et consorts. C'est tout des ennemis personnels ! Pardon alors et l'après-guerre ? Qui va en jouir si ce n'est pas nous ? Les canailles démerdes ! Y a que les cons qui clabent ! L'après-guerre c'est le moment le meilleur ! Tout le monde veut en être ! Personne veut du sacrifice. Tout le monde veut du bénéfice. Nougat cent pour cent. Bien sûr y a eu des morts quand même ! des vraies victimes de l'imprudence. C'est rien à côté des millions, des absolus martyrs de l'autre, les calanchés du cœur nature, ceux de 14 à 18. Merde ! On peut dire qu'on les a eus ! Même les carcans de la foutue cerise qu'on peut regretter, honteux de tout, 800 000 qu'on en a butés.

* * * * *

En somme ça va pas brillamment… Nous voici en draps fort douteux… pourtant c'est pas faute d'optimisme… on en a eu de rudes bâfrées, des avalanches, des vrais cyclones, et les optimistes les meilleurs, tonitruant à toute radio, extatiques en presse, roucouladiers en chansons, foudroyants en Correctionnelle.

Si c'était par la force des mots on serait sûrement Rois du Monde. Personne pourrait nous surpasser question de gueule et d'assurance. Champions du monde en forfanterie, ahuris de publicité, de fatuité stupéfiante, Hercules aux jactances.

Pour le solide : la Maginot ! le Répondant : le Génie de la Race ! Cocorico ! Cocorico ! Le vin flamboye ! On est pas saouls mais on est sûrs ! En file par quatre ! Et que ça recommence !

* * * * *

Tout de même y a une grosse différence entre 14 et aujourd'hui. L'homme il était encore nature, à présent c'est un tout retors. Le troufion à moustagache il y allait « comptant bon argent » maintenant il est roué comme potence, rusé pitre et sournois et vache, il bluffe, il envoye des défis, il emmerde la terre, il installe, mais pour raquer il est plus là. Il a plus l'âme en face des trous. C'est un ventriloque, c'est du vent. C'est un escroc comme tout le monde. Il est crapule et de naissance, c'est le tartufe prolétarien, la plus pire espèce dégueulasse, le fruit de la civilisation. Il joue le pauvre damné, il l'est plus, il est putain et meneur, donneur fainéant, hypocrite. Le frère suçon du bourgeois. Il se goure de toutes les arnaques, on lui a fait la théorie, il sait pas encore les détails, mais il sait que tout est pourri, qu'il a pas besoin de se tâter, qu'il sera jamais assez canaille pour damer là-dessus le dirigeant, qu'il aura toujours du retard pour se farcir après tant d'autres. C'est de l'opportunisme de voyou, du « tout prendre » et plus rien donner. L'anarchisme à la petite semaine. C'est de la bonne friponnerie moyenne, celle qu'envoye les autres à la guerre, qui fait reculer les bataillons, qui fait du nombril le centre du monde, la retraite des vieux une rigolade, l'ypérite pour tous un bienfait.

Au nom de quoi il se ferait buter le soldat des batailles ? Il veut bien faire le Jacques encore, il a du goût pour la scène, les bravos du cirque, comme tous les dégénérés, mais pour mourir, alors pardon ! il se refuse absolument ! C'est pas dans le contrat d'affranchi. Monsieur se barre à vitesse folle. Que le théâtre brûle il s'en balotte ! C'est pas son business !

* * * * *

Et puis d'abord c'est général, les chefs veulent pas mourir non plus. Vous remarquerez que les grands despotes, les présidents, les forts ténors, les rois, les princesses, tout ça se déhotte, fonce au couvert, dès que l'aventure tourne aigre, vacille… Foudres d'escampette. Pas un qui paye de sa personne. Sauver la viande c'est le suprême serre. Pendant les plus farouches exhortes, pendant qu'ils affolent au massacre, ils quittent pas leur « Shell » du regard. C'est leur vraie Madone !

Pas si cul de se faire étendre !

De la promesse ! du microphone ! c'est dans le bon jeu ! Tout ce qu'on voudra ! du parfait texte ! Tant que ça pourra ! Pour eux aussi tout est théâtre… Ça fait une fringante ribambelle du Ras Tafari à Reynaud… Combien qui se sont trouvés pâlots sur le moment de payer la note ? Comptez un peu sur vos petits doigts. Et sans doute que c'est pas fini.

Le spectacle est permanent… Qui voulez-vous croire ? Quel tréteau ?

Regardez un petit peu chez nous si Reynaud nous avait causé de la façon belle et suivante :

« Nous vaincrons ! chers patriotes, j'en suis foutrement convaincu ! parce que nous sommes-nous les plus forts ! Tambour ! Tambour ! Bordel sang ! J'en suis tellement persuadé que je reste avec vous, mes amours ! On la défendra la terre France ! Avec tous nos os s'il le faut ! La plus merveilleuse, la plus chouette, la plus eccetéra et tout ! Pas un branquignol qui flageole ! C'est vaincre ou mourir ! On s'embrasse ! On embraye tel quel ! Et c'est entendu ! C'est moi le patron ! C'est moi l'exemple ! Du sang d'Achille ! Brasier des cœurs ! Ralliez-vous à mon microphone ! Si un recule vingt centimètres de la Somme au Rhin je me brûle la pipette ! Illico ! Ici même à mon Louis XIV ! Je survis pas à la honte ! Je me bute au bureau ! Vous entendez tous, nom de Dieu ! Vous repasserez tous sur mon cadavre !... C'est plus la peine d'exister dans une France de soldats pourris !... De chiens croulés ! foireux ! immondes ! partout sous les jupes !... J'en veux plus ! J'ai dit ! Moi le ministre de la guerre ! Et pour une fois c'est pas du pour de rire ! Sonnez clairons ! Roulez « tambours ! »

Ça ça en serait des Épinals ! Des fresques à reboumer l'Héroïsme ! On serait heureux dans les Manuels !...

Hélas c'est plus ainsi qu'on cause quand on est de Croisade aujourd'hui !

"Shell and Safety !"... and "Safety first !"

* * * * *

« C'est le mensonge qui nous fit tant de mal ! »

Ô Sophie ! Ce crime ! Ils en ont tous vécu les tantes ! prospérés ! engraissés, bouffis ! reluis à l'extase ! C'est à présent qu'ils se dégoûtent ? Mais ils peuvent pas vivre d'autre chose ! Ils sont foutrement incapables de vendre autre chose que du puant ! leurs lecteurs en voudraient jamais ! Le goût est fait !

De quelles volées d'étrivières faudra-t-il labourer ces chiens pour les guérir des gognos juifs ? pour les redresser à la hauteur d'homme ? À leur affaire qu'au fond des boîtes ! Fouinant, rampants unanimes ! Je veux parler des journaux et des lecteurs et des romans, des radios, du reste. Tout pourri juif et contre youtre, charlatans, canailles et consorts, à la grande curée du cheptel, chiens maçons et lopes associés. Tartufes paysans à triangles, tartufes notaires, grands auteurs.

Mains dans les mains, échanges académiques de merdes, stylisées. Brossage des tatanes en tous genres. « Qui fit une fois les chaussures fera toujours les chaussures. » Que surviennent demain les Tartares, les Valaques, les Ostrogoth, qu'importe le poil, les pointures, les valets seront toujours là ! Y aura qu'à siffler qu'ils accourent avec leur petit matériel :

Adjectifs, raisons en tous genres, brios dialectiques et crachats.

Tout ce qui ne ment pas est honni, traqué, chassé, vomis de haut, haï à mort. C'est le grand secret que l'on cache comment l'on pourrit jour par jour, de plus en plus ingénieusement.

Je vous le dis bande de bâtards, vous êtes plus bons qu'à l'enfer ! Chiures de mensonges ! Critiques d'art ! et ça commence un tout petit peu ! C'est ma gentille consolation. Vous aurez pas besoin de tickets ! Y aura de la torture pour tout le monde ! juifs et larbins ! laboureurs traîtres ! aryens félons ! bicots à lèpre ! tordus mondains ! tous dans le même tas ! la même charogne ! à petit feu !... à grands volcans ! à trombes de vérité ! glaciales à tout pulvériser... à menus linceuls... poudres pâles... souffle de rien...

En somme la guerre continue, on la fait désormais sans risques, sans armes ni bagages, y en a plus, dans le fond des cinémas… Sur la Meuse y avait plus personne mais au « Tarapout » c'est complet. La guerre des loufes. Ça vesse dans le noir. Ça papillone aux pissotières. C'est suffisant. Héroïsme français cent pour cent. Courage de voyous, de métis, courage de juifs, qui ont plus rien dans le tronc que des fiels, du profit retourné, des rages vaseuses de gonzesses. Qui paye finalement, je vous demande, ces foireuses esclandres ? Les prisonniers tiens c'est fatal ! De ça alors le petit Français s'en fout, pourvu qu'il joue sa comédie. « Le petit cresson, le petit duraille, le petit os terrible client. »

— Dis donc ! Dis donc ! Dis donc ! Hortense ! Ah ! dis donc ! si t'avais vu ça !...

— Quoi donc ? Quoi donc ? mon petit Mimile ?

— Sur le boulevard Magenta !...

— Alors ?... Alors ?...

— Dis donc, un Fritz !

— Ah ! Qui qui nous en débarrassera !...

— Je passe derrière… Dis donc que j'y fais : Vive de Gaulle ! Grosse vache ! Vive de Gaulle !

— Ça alors, dis donc Mimile ! T'es pirate et tout, je veux ! mais alors là, pardon quand même…

— Je les emmerde je te dis ! Je les emmerde !...

— Mimile tu me fais peur !...

Pourquoi ils se gêneraient les Anglais ? Ils auraient bien tort ! Les Français ils sont tout consentants, ils sont enthousiastes d'être battus, écrabouillés, dépecés vifs… Ça leur fait plaisir… Dakar… Dunkerque… Libreville… Mers-el-Kebir… Fouilly-les-Oies !... Ils peuvent bien prendre tout ce qu'ils veulent ! Vivent les Grandes Banques ! Et vive le Roi ! Les Antilles !... les Indes !… Mendoza !... Pays femelle vénère raclée… l'amour bien cruel… couler toute la flotte française !... On leur fait cadeau !... les Canaries… la Pucelle… Terre-Neuve… Canada !... Ils veulent pas de la Corse ?... Mais voyons !... Ça n'a vraiment pas d'importance !... Pas de géographie !... de la jouissance !... Napoléon ! Fachoda !...

Il suffit que ça leur fasse plaisir ! On se trouve vengés dans notre honneur ! Vive la Reine ! Vive Madame Simpson ! abolir nos cathédrales !... Vive Dieu l'Anglais !... Nous envoyer les choléras, le bouton d'Alep, la fièvre aphteuse, le chancre mou ! Ça nous vengera bien notre honneur !... pourvu que ça emmerde les Allemands !... On souffrira tout ! Ah ! on reluira tant et plus !... C'est du dépit féminin, ça se raisonne plus !... C'est érotique… Si ils voulaient nous bombarder ! c'est ça qui nous ferait bien jouir. Oh ! l'extase alors ! cette transe ! On serait tout heureux comme à Londres !... On irait faire nos queues en cave… C'est ça qui nous vengerait l'Honneur !... Et si ils nous mettait les gaz ?... Du coup alors on se tiendrait plus ! Quelles folles délices ! Quelle jubilation jusqu'aux anges ! C'est là vraiment qu'ils nous aimeraient !... C'est ça qu'emmerderait les Allemands !... On leur ferait des trous dans leurs masques… Ils sauraient pas ce qui leur arrive !... Oh, alors ! alors ça pardon !

Ça serait pas la moitié d'un sport !... On rigolerait de jour et nuit !...

On serait morts pour la Chambre des Lords de rire sous les gaz hilarants !... C'est autre chose que des Colonies.

Il n'est de bosco ni tordu
Qui n'ait un peu le diable au cul (Dicton)

Washington aimait pas les juifs, mais Roosevelt lui il les aime bien, il est leur homme cent pour cent, il a rien à leur refuser. Il entraîne tout dans la guerre, l'U.S.A., le Continent, la Lune.

Il s'en fout énormément, il jouit, il est d'âge, il s'amuse. Après moi le déluge ! C'est du Louis XV. Ce sera pas long. Je donne pas 20 ans à Broadway que les chèvres y paissent. Vous allez voir cette musique !... Ils se doutent pas les Français comme ça se présente l'Amérique. Ils se font des illusions. 40 millions de blancs bien ivrognes, sous commandement juif, parfaitement dégénérés, d'âme tout au moins, effroyables, et puis 300 millions de métis, en grande partie négroïdes, qui ne demandent qu'à tout abolir. Plus la haine des Jaunes !

On n'a qu'un tout petit peu ouvrir les portes de la Catastrophe vous allez voir cette Corrida ! C'est Carthage en beaucoup plus brute, plus arrogant, plus pourri. Ce genre d'anarchie éperdue ! Le monde sauvé par les frères Marx ! Nous sommes aux dessins animés ! Y aurait de quoi rire en d'autres temps ! Mais comme on se trouve y a de quoi se la mordre ! aux étoiles ! 36 ! 48 ! Toute la boutique ! démocratons ! 36 chandelles !

Félix-le-Canard avec nous !

* * * * *

La population blanche en régression aux États-Unis

New-York, le 1er février.

Il résulte d'une étude du bureau des statistiques américain qu'entre 1939 et 1940 les tendances du peuplement des États-Unis se sont complètement bouleversées.

Le dernier recensement démontre que la population blanche de l'Amérique tend à diminuer de 5% tandis qu'au cours de la même période l'augmentation de la population a été de 7 % parmi les hommes de couleur.

les Nouveaux-Temps, 2 février 1941.

Il est prédit que dans cent ans les blancs habiteront à New-York un quartier réservé : les nègres iront voir au Nouvel-Harlem les « pâles » danser la polka.

* * * * *

Trêve d'Hypocrisie !

Les Français, ils rêvent Ministères… À quel Ministère ils rêvent ?

Président du conseil.	De Gaulle.
Guerre.	Reynaud.
Affaires Étrangères.	Eden Anthony.
Finances.	Personne.
Intérieur.	Mandel.
Marine.	n'importe quel juif.
Air.	le petit sou.
Justice.	Marchandeau.
Santé, Famille.	le sirop des Vosges Yéyé.
Voies et Transports.	Y en a plus.
de la Misère.	le Père Noël.
P.T.T.	Sainte-Odile.
Informations.	Geneviève Tabouis.

Quel est le plus grand politique que la France ait jamais connu depuis Louis XIV ?... Raymond Poincaré ! Celui-là, ils connaissaient nos droits. Il plaidait le dossier de la France l'un dans l'autre tous les huit jours. Avec lui ça périmait pas. Jamais il perdait notre cause, il gagnait toujours.

Si il était vivant ça se serait pas passé comme ça.

Comme c'est vilain les hypocrites ! Pourquoi ils disent les Français qu'ils ont pas voulu la guerre ? Ils l'ont bel et bien voulue. Ils ont tous été derrière Daladier au moment de la Déclaration, tout autant que derrière Clemenceau, et puis après derrière Mandel et puis encore derrière Reynaud et puis derrière n'importe qui !... Cocorico ! 800 000 affectés spéciaux ! Et tous les écrivains avec ! et tous les journalistes avec ! Voici la simple vérité.

Ils en voulaient pas de la guerre ? C'était bien simple, bien facile, ils avaient qu'à écrire une lettre chacun à leur député, qu'ils en voulaient pas de cette guerre, qu'ils en voulaient à aucun prix, sauf « casus belli » par l'Allemagne. Jamais on l'aurait déclarée.

Ça leur coûtait chacun un franc. C'était vraiment de la bonne dépense et de la bonne démocratie. Je crois qu'on l'a sentie venir cette guerre, qu'on a été des plus prévenus, cent fois, mille fois plus qu'en 14 ! en toute connaissance de la cause ! À l'heure actuelle on serait pépères, dans la bonne vie, heureux et tout. La connerie a été donc faite, sciemment, délibérément, par une bande de cons.

On aurait pas eu de prisonniers. On serait derrière notre belle armée, toujours redoutée, redoutable, derrière notre la Maginot intacte, on attendrait de faire les arbitres, on serait les caïds de l'Europe, adulés, respectés, pelotés, tout.

* * * * *

Tous les Français sont de gaulistes [sic] à de rares loustiques exceptions. De Gaulle ! ils se pâment. Y a six mois ils entraient en crise quand on leur parlait des Anglais. Ils voulaient tous les refoutre à l'eau. Y en avait plus que pour Ferdonnet. À présent c'est tout pour Albion, par Albion, sous Albion… Qu'est-ce qu'on risque ? Au fond c'est plus qu'une bande de singes, des velléitaires jacassiers, des revendicateurs gâteux. Ils savent plus ce qu'ils veulent sauf se plaindre. Gueuler ! Et c'est marre ! Ça finit par tomber du ciel ! Revendiquez ! Nom de Dieu ! C'est la loi ! Le plus grand condé du monde ! La bonne jérémiade hébraïque comment qu'ils l'ont adoptée ! Vous voulez plus des Anglais ? Râlez !...

Vous voulez plus des patrons ? Râlez ! Vous voulez refaire la Pologne ? Râlez !

La Palestine ? Le Kamtchatka ? Le Bois de Boulogne et la Perse ? Râlez de plus en plus fort !

En voulez-vous des Pommes de Terre ? de la Lune et du Patchouli ? du triporteur ? de la langouste ? Vous cassez pas la tête… Râlez !

Pour finir la révolution faudrait qu'on leur offre le moulin, la petite crécelle à prières, et que c'est tout écrit dessus, les doléances en noir sur blanc, les espoirs, les exi-gences… comme au Congrès du Lama… Ils tourneraient ça tout en marchant, en processionnant pour que ça tombe… Chacun son petit moulin d'éternelle revendication… ça ferait un barouf effroyable, on pourrait plus penser qu'à eux…

« Je suis l'Homme conscient !... j'ai des droits !... j'ai des droits !... » Rrrrrrr ! Rrrrrr !

Rrrrr !... « Je suis opprimé !... Je veux tout !... » Rrooouuuu !... RrOOOUUUU !...

Ça serait définitif tel quel… On serait apaisé dans un sens. On pourrait plus placer un mot. Le Rroooouuuu… éteindrait tout.

* * * * *

C'est la présence des Allemands qu'est insupportable. Ils sont bien polis, bien convenables. Ils se tiennent comme des boys-scouts. Pourtant on peut pas les piffer… Pourquoi je vous demande ? Ils ont humilié personne… Ils ont repoussé l'armée française qui ne demandait qu'à foutre le camp. Ah ! Si c'était une armée juive, alors comment qu'on l'adulerait !

Supposez une armée youpine, qui vienne mettons d'un peu plus loin… Y aurait rien de trop splendide pour elle ! Que des extases à plus finir ! C'est ça qui manque aux Français la férule du Juif, il veut plus en connaître une autre. Il veut en mourir et content, je vais vous dire comment tout à l'heure. Il est maudit, il est voué. Tout le reste c'est que des paroles.

* * * * *

Le bourgeois ce qui voit dans de Gaulle, c'est la « Royal Dutch », ses belles « Suez ». Il se dit voilà un homme placé aux sources de la Vie ! C'est le général de la Fortune ! Il nous remettra tout comme avant. Il nous foutra tout ça aux ordres ! On retouchera ses coupons ! On réaura son plein d'essence, on ressortira les dimanches, on reira aux gueuletons, on rira chier sous les bosquets dans la douceur des airs angevine, et ça sera l'orgueil qui remontera jusqu'aux cieux, de la belle odeur des toutes mieux nourries tripes au monde, chevalières aux Légions d'Honneur.

Parlons du fameux « rapprochement » tout de suite devenu un alibi, un bœuf magnifique pour les juifs et les francs-maçons. Tous les autres sont éliminés, à quelques individus près, inoffensifs pauvres maniaques, dont moi-même, agitant marottes et pamphlets, mirlitons, grelots. Aux Youpins seuls les choses sérieuses.

*

*　　*

Parlons des enseignes « maisons juives ». Je connais des goyes qui l'arborent. Leur succès est éclatant. Leur chiffre d'affaires double ! triple ! Triomphe !

À nous les rutabagas ! les graisses de chevaux de bois ! les yeux ronds !

*

*　　*

Si l'on « rapprochait » vraiment il faudrait travailler ensemble, sans fraude, sans chichis, sous discipline, méthodiquement, recréer l'Europe.

*

*　　*

Finie la drôlerie anarchique, les alibis admirables, irréfutables, esbourriffants, magiques, merveilleux à tout sabouler, saloper, rien foutre : « L'occupation… les exactions… les cœurs meurtris… les justes colères… la mort dans l'âme, etc… »

Tartufe patriote c'est quelqu'un !

La présence des Allemands les vexe ?
Et la présence des juifs alors ?

Plus de juifs que jamais dans les rues, plus de juifs que jamais dans la presse, plus de juifs que jamais au Barreau, plus de juifs que jamais en Sorbonne, plus de juifs que jamais en Médecine, plus de juifs que jamais au Théâtre, à l'Opéra, au Français, dans l'industrie, dans les Banques. Paris, la France plus que jamais, livrés aux maçons et aux juifs plus insolents que jamais. Plus de Loges que jamais en coulisse, et plus actives que jamais. Tout ça plus décidé que jamais à ne jamais céder un pouce de ses Fermes, de ses Privilèges de traite des blancs par guerre et paix jusqu'au dernier soubresaut du dernier paumé d'indigène. Et les Français sont bien contents, parfaitement d'accord, enthousiastes.

Une telle connerie dépasse l'homme. Une hébétude si fantastique démasque un instinct de mort, une pesanteur au charnier, une perversion mutilante que rien ne saurait expliquer sinon que les temps sont venus, que le Diable nous appréhende, que le Destin s'accomplit.

* * * * *

Comment c'est fait l'opinion ? C'est bien simple, c'est fait à Paris. Un Parisien comment c'est fait ? C'est bien simple ça vient de la campagne. Ça vous arrive un beau matin, en petite valise, wagon pommes. Voici l'homme sur le pavé. Le Juif est là qui l'attend, avec sa presse, sa radio. Il va rendre Bidasse parisien, Bidasse éberlué est tout mûr. En avant les génials slogans ! Tout trou du cul de vache au village voici Bidasse promu quelqu'un sur l'asphalte de la Ville Lumière, passé l'objet d'une affection, d'une sollicitude passionnée de toutes les minutes. Il a un « goût » qu'on lui décrète, un flair ! une délicatesse !

Un génie personnel inné ! que c'est le joyau de la planète ! qu'on lui affirme, qu'on lui déclare, par éditions extra-spéciales, en immenses titres, à feux de Bengale, à tout néon ! qu'il en est bouleversé d'autor, déluré, cascadeur et tout. En huit jours il se reconnaît plus. Un vertige d'intelligence ! Le chef-d'œuvre des 22 siècles ! C'est lui l'unique et pas un autre ! Tout des sauvages partout ailleurs ! Des gens qui n'existent pas… des pays de minables et d'affreux, des queues-dans-le-dos !... « Sa Pomme » est d'avis ! positif ! Avantageux comme Boccador ! Apothéose des quintessences, Français moyen, chouchou des dons rarissimes, le Prince des forces et des astuces ! l'on-ne-fait-pas-mieux-de-Dol-à-Pékin ! C'est plus que de le faire boire un peu, de l'étourdir au cinéma, de le faire passer aux Folies, qu'il se déprave éperdu Grand Luxe, qu'il se damne aux nénés-sortilèges, aux mirages de hautes priaperies, le voilà tout gâteux à fondre, déconnant le nord pour midi, la droite pour la gauche… Il a oublié son clocheton, son pissenlit, sa chèvre borgne, il est perdu. Rupture des labours. Paysan renié par ses vaches. Même pauvre à bouffer du rat, c'est lui le plus fort armé du monde ! délirant à plein univers ! il défie la Terre ! l'Amérique ! il lance des cartels au Zénith ! il a des canons pour la Lune ! il la traverse aller et retour !

Il est plus comparable à rien, il est plus montrable, plus sortable, plus écoutable sans rougir. Voici l'homme fou à ligoter, citoyen grisé de conneries qu'a perdu tout sens du ridicule. Il sait plus ce qu'il fait, ce qu'il ne fait pas. Il a plus que des velléités, des ébauches, des bribes, il sait plus rien entreprendre, il comprend plus rien. Il a perdu ses racines. Il est l'homme des publicités, rincé, délavé, chiffe crâneuse. Il va où sa connerie le pousse, où le juif lui souffle les slogans.

Pour tenir la France en haleine, c'est pas fort : faites reluire Bidasse, mariole, hargneux, ricanier. La faraude opinion française c'est la laide Symbiose Bidasse-Youtre.

Bidasse de plus en plus décevant, fourbu, branlé, équivoque.

Voici longtemps que ça fonctionne, que Tabarin attend Bidasse pour lui monter le bourrichon, lui en mettre plein les carreaux, pour l'hypnotiser à mort, à son débarquer de la campagne. Déjà en 1580, Tabarin sur le pont Neuf attendait les gars.

La France crève de ses croquants snobs, mobiliers bois de rose, « trousers », vernos sur « œils de perdrix ».

* * * * *

Essayez de comprendre ce qu'ils veulent ? Ils veulent quoi ?... Ils en savent rien ! Les radicaux ? La monarchie ? Le retour « comme avant » ? La Sociale ? Les Phalanstères ? La guerre civile électorale ? Alexandre Dumas Dictateur ? Le Comité Mascuraud ? Léon Blum ? Reynaud ? Les Jésuites ? La Proportionnelle ? Les Jeux de Loto ? Le grand Mogol ? Ils veulent quoi ? Ils savent pas eux-mêmes… Ils ont tout salopé, pourri, dégueulé à tort et à travers, tout ce qu'ils toucheront sera de même, dégueulasse, ordure en deux jours.

Ils veulent rester carnes, débraillés, pagayeux, biberonneux, c'est tout. Ils ont pas un autre programme. Ils veulent revendiquer partout, en tout et sur tout et puis c'est marre. C'est des débris qu'ont des droits. Un pays ça finit en « droits », en droit suprêmes, en droits à rien, en droits à tout, en droits de jaloux, en droits de famine, en droits de vent.

À nous deux ! — RASTIGNAC

Mais faut pas oublier l'Élite ! Elle existe ! Bordel ! Elle existe ! D'où qu'elle vient celle-là ? Elle vient de son village de même. Elle arrive se faire consacrer... Humer l'atmosphère parisienne... la sophistication des choses, l'astuce, l'entendu raffiné... l'élégance qui s'improvise pas... Comment c'est la consécration ? C'est la maîtrise de faire : peutt ! peutt !... C'est pas si simple que ça a l'air... C'est toute une carrière, des épreuves... Faut d'abord aller à l'école. Sauter dans le bachot...

La navigation commence !... Passer les éliminatoires... S'y reconnaître en géographie... en algèbre... en agronomie... se faire injecter les Pandectes... La Science Politique... Apprendre au poil l'Histoire de France bien juive et maçonne et pourrie, bien faisandée, bien contrefaite... Sortir de tout ça licencié... Déjà bien vache en petites lumières, babillard du pour et du contre... Le rudiment de la muflerie... le scepticisme élémentaire... le cœur déjà pas très vaillant de race épargnante et salope, se le racornir encore un peu... se le ratatiner forme bourse qu'il tinte vraiment plus que pour les sous... grâce à l'instruction frigidante, rationnelle et papyracée... Voici l'adolescent d'élite au point pour les cent mille profits, bien défendu contre sa jeunesse, contre les emballements de son âge... ayant bien retenu la morale de papa-maman... l'horreur des spontanéités... le déshonneur du sacrifice...

Voici l'adolescent d'élite à point pour les cent mille profits... petit wagon pommes première classe... villageois snob montaignisé... cent fois plus avide que son père qu'était pourtant un fameux crabe... qui laissait pas grand'chose sur l'os... Voici fiston reniflant la ville... Dents longues, ficelle, yeux faux-fuyants. Il va entrer dans les relations, il va fréquenter les salons, la Loge des « Hirsutes réunis » (affiliée Brith-Brith), deux, trois bars en vogue. C'est lancé ! Là alors c'est du vrai peutt ! peutt ! la Mode, la Couture, les Artistes ! Ah ! vraiment des gens de vertige ! qu'ont le cœur qui bat plus du tout sauf un petit peu pour la « Persic » et deux, trois « toc » pour la partouze quand c'est la fête d'un grand Fermier qu'on n'enfile que des Agentes de Change ! Oh, c'est le plain-pied du Sublime ! on fonce au sein du raffinement ! avec tout confort capiteux, parfums ambrés, chochottes menues, menottes d'Orfèvres ! Hammam, Ambassades, eau chaude, poils d'S.D.N... On suce des secrets redoutables... Quels prolongements ! Il en reste tout miraut le pote... Il sait plus où mettre son affaire... Il parle plus de sa sous-préfecture… Il bulle quand il pense au grand monde… aux portes d'Or que ça lui ouvre… à sa culture évasive… à la façon qu'il s'affranchit… qu'il surpasse à présent papa… Il pense plus qu'International… les « critériums de la valeur »… « l'abjection des crasseux profanes »…

Trusts des cerveaux !... Barbares qui conçoivent mal les choses ! petits cassis vils purotins… trusts des esprits… Le sien tout de suite !... Et les affres de Mr Benda ? Du coup alors il participe ! pour le juif jamais trop de vœux, jamais trop de tendres alarmes, de révérences, de genoux fléchis… Encore deux trois devoirs en Loge… quelques bonnes notes du Vénérable… fiston débouche en pleine élite… Il escalade deux trois salons… mais faut pas qu'il s'en trouve ébaubi !... Penaud qu'il oublie son "peutt ! peutt !" au moment convenable !... Catastrophe ! défrise les génies qu'il fréquente !... les princesses de la distinction… Sarah Barbizol-Cudégonde née Schwob-Arzincourt et l'éblouissant Durand-Kahn qui est Montaigne actuel en Sorbonne… qu'est si sceptique qu'il en dort plus… qu'est un tel trésor casuistique qu'il fait de la merde mangeant du pain !... Que tout le monde en reste ébloui… Que ça fait des thèses mémorables dès qu'une seule lui sort au derrière… Voilà comment ça marche l'élite !... Le petit pote faut pas qu'il s'endorme, il serait dépecé par la meute… On fréquente ou on ne fréquente pas ! Ah ! Ah ! Attention ! C'est du « peutt peutt ! » ou la mort ! Peutt ! Peutt ! en mépris mi-dégoût avec un quart sourire blasé pour tout ce qui n'est pas merde juive… C'est tout plein de nuances tout ça aussi… faut pas abuser des babines… On est à la cour à Mammon, à la cour du grand Caca d'or ! On décourage les importuns… Le courtisan joue les babines. Certes ! pas trop n'en faut !... à bon escient !... C'est la fonction, le privilège, la fière défense du Tabouret. Il serait éminent aux Finances, de tout premier ordre aux Phosphates, bouleversant aux élevages de Porcs, de haute puissance dans les Betteraves, il serait Michel-Ange en culottes, ça lui servirait pas grand'chose si il sait pas faire les « peutt ! peutt ! » Ô l'impitoyable exclusive, l'ordalie féroce !

Et comme ça se fait les peutt ! peutt !? Ça se fait en relevant les babines à propos de rien et de tout. C'est une façon de chier par la bouche sur n'importe quoi on vous présente… peutt ! peutt !... du moment que c'est pas timbré youp, de précieux caca sémitique. Mais alors attention les cuivres ! les superlatifs ! toute la pompe ! si c'est du théâtre d'intentions… du fin sel de yite cabaret… négroïde frondeur contre aryen, à sens unique… du journal qui ne veut rien dire mais qu'est plein de soupirs qu'en disent long… et de photos de vrais amis… On se comprend !... Bravo le bon juif provençal ! tout rond et l'acceng ! dix-huit fois ! vingt-cinq fois français ! et quel talent ! Deux cent cinquante fois plus que vous !... Le serre au Goncourt qu'arrive pile ! mais voyons !... Conseil de réforme assuré ! naturellement ! Et le ballet à l'Opéra ?... Et le dernier bon ton de vaseline !... Ah ! C'est le roman de l'Exilé… C'est le ragot ministériel… C'est Tout-Vichy… Oh ! mais les basses… Attention !... flairez l'embûche ! Gafez ! Reniflez de très loin !... Téléphonez rue Cadet… au nouveau maçon S.V.P. de l'autre côté du Petit Palais… Renseignez-vous et allez-y ! C'est la raillerie, le scepticisme, l'arétin mépris supérieur… qui vous efface d'une seule babine tout ce qui n'est relent youpin, mijotant fumier de Secret…

Certain ? alors allez-y carrément ! Relevez, retroussez babines !... Prononcez-vous gaillardement !... Relevez ! relevez ! peutt ! peutt ! babines !... Vous êtes dans le ton ! la voie royale ! vous allez franchir d'un seul coup trois échelons, trois marches du temple ! les douze cercueils de votre Loge ! Votre avenir est presque juif ! Suffit pour ça d'une seule babine ! placée au moment optima !... On vous épie… on vous surveille… cent fois reprenez l'exercice, cent fois que dis-je ? mille, cent fois mille ! et rebabine ! rebabinez !

C'est tout l'enjeu de votre vie ! Vous êtes pas de race larbine pour rien… ça serait malheureux à votre âge ! Allez-y ! blasé… averti… fripez le nez un tout petit peu… comme ça… les narines… culturel… qu'est au courant du fin des choses… sceptique en somme… même agacé… dodelinez s'il le faut… dédaignez beaucoup… dédaignez !... le malfrin baveux… l'essoufflé truand juste français… votre double… Ah ! l'enflure, où qu'il s'avance ?

Il est né ici simplement ? Il est pas marié à Rachel ? Il est pas degré bleu quelque part ? Ah ! le crime ! alors pardon ! étranglez-moi ça ! Une corde ! Ratatinez-moi ce cochon ! Tout ce qu'il peut tenter l'incongru mais c'est de l'ordure ! et puis pas même ! C'est même pas la peine de regarder ! C'est tout cuit ! C'est de la fiente d'avance ! À l'hallali mes sournois frères ! curée ! curée ! Vous gênez pas ! La Veuve arme nos bras vengeurs ! Hurlez d'horreur ! Et tous ensemble ! Ravagez-moi cette engeance ! que rien vous arrête ! Faites-en de la gadouille ! Une bouze verte ! C'est que votre frère à esquinter ? C'est là votre devoir de Français ou vous comprendrez jamais rien ! C'est ça le vrai patriotisme et la libération humaine ! Deux pierres d'un coup ! Dix pierres d'un coup ! le tombereau ! Qu'il en ressorte plus ! Ah ! surtout point de méprise ! L'œil et le bon ! Une bonne carrière tient qu'à un fil ! Allez pas écrire que ça vaut si c'est pas un homme des occultes !... Vous seriez puant pour toujours !... Ostracisé tout net à mort ! Sans pardon possible ! Ça c'est bien plus grave que de l'inceste ! « A trouvé de l'indigène fort bon » ! Je dis pas meilleur que du juif ! C'est proprement impensable !... C'est du crime pas imaginable !... C'est du hors la nature française… Ils pourraient jamais s'y résoudre. Ils en crèveraient là net sur place… d'horreur, d'oubli de dénigrement… Pas éreinter son frère de race ?... Mais ça se serait jamais connu ! Ça serait vraiment la fin de la France !... Oh ! Attention pour les babines ! Oh ! que ce soit correct et prompt ! indubitable, tout répulsif. Ah ! relisez donc mes critiques. Vous allez vous régaler encore ce coup-ci, pour ne citer que mon petit cas… peutt ! peutt !... et peutt ! peutt ! enragé !...

Ça c'est du chaud travail d'ensemble !... des vraies leçons exactes pour tout le monde !... Ce qu'il faut dire… et ne dire pas… apprécier… mordre… salir… conchier… Y a qu'à prendre le ton et puis suivre… Alors vous voguerez sur les velours, plein les nougats, distendu, pétant de réussite ! Ça vous empêchera pas d'être nul, mais vous aurez l'autorité, et personne vous doublera plus. Vous entrerez au conseil d'Ordre. Prenez-moi au mot, petite tête. C'est vous qui jugerez tous les autres, une fois pour toutes et tout caïd, vous serez du côté du vainqueur, en politique, art, ou finance, un éminent de la babine, un vrai redouté peutt-peutteux. Vous ferez la pluie et le beau temps au « Tatersaal » comme au « Croissant ».

« Que sçouais-je ? » Je sçouais que c'est « juivre ou mourir ! »… d'instinct alors et intraitable ! dès que vous reniflerez du français ! Vous êtes au point ? C'est admirable !

À vous les places superchoisies, les postes d'élite, les téléphones supersecrets, les indéracinables planques, les gâteaux, les vraies toisons d'or, que vous arriviez de vos Brouzarches, de vos Conches-sur-Eure, des fonds de vos Creuses, encore plein de paille au cul et fouasse, la nuque encore tout élastique, le front tout prêt des siècles de joug, ça fait rien, vous serez reconnu maître, rude chef d'élite et transcendant, de la façon que vous ferez peutt ! peutt ! Que tout ce qu'est aryen vous excède que tout ce qu'est pas juif vous empourpre de honte et d'horreur, que c'est instantané chez vous, qu'on a pas besoin de vous prier, qu'on a jamais pu vous surprendre d'avoir autre chose que des renvois dès que vous reniflez que c'est pas juif. La difficulté vous stimule, même dans le folklore, vous retrouverez immédiatement tout plein de youpins.

C'est le diable si vous êtes pas poète avec des facultés comme ça ! Quel avenir mon joli garçon ! Quel peutt-peutteux considérable ! Écrivez à la N.R.F. ! Une sérosité pâle vous sourd, une mucosité blême exsude, s'étend fragile sur deux cents pages. L'effort divin est accompli ! Un immense écrivain de plus !...

Le cœur bien ralenti s'arrête. C'est plus qu'un petit cuir bien prudent, avec sa petite poche pour ses fiches. Comme çà vous aurez plus d'ennuis. Vous aurez plus d'ennuis. Vous aurez plus qu'à enregistrer de nouveaux triomphes, vous taire, de condés en condés, épouser l'héritière convenante, la mieux affiliée, vous faire saluer au restaurant.

Voguez, voguez petit bonhomme ! vous aurez tous les vents pour vous ! Bordel pavoisez votre toile, épanouie arrogante aux mers ! Sans vous émoustillez bien sûr, cela ferait du tort à votre peutt-peutt… Vous n'auriez plus l'air britannique… Le flegme ! Le flegme du puissant !... En plein calme comme il vous est dû… comme il vous sied à ravir… nonchalamment à la coupée… laissez venir…

Vous convolerez calmement… vous copulerez calmement… vous irez gentiment au Sphynx… vous aurez des petits enfants calmes sans imprévu… sans avatars… toujours tout ça grâce au peutt-peutt… en sillon juif…

Vous en serez de la vraie élite, choyé, gavé, préservé, tout… C'est l'essentiel dès que l'on songe, que l'on réfléchit un petit peutt !...

La vie est courte, crevante, féroce, pourquoi hors peutt-peutt s'emmerder ? À quoi ça ressemble je vous le demande ! malheur aux ignares voilà tout ! Se casser le cul pour des clopinettes ? pour des rédemptions fantastiques ? des croisades à dormir debout ? quand c'est si facile de se défendre, de parvenir par la babine à port sûr, ravissant, fameux…

Certes faut être fumier de très bonne heure, faut que la famille s'en occupe, autrement ça se développe moins bien, c'est une question de premier âge, en plus d'heureuse hérédité, la bonne étoile c'est d'être bien né, sous des parents qui comprennent. Ça s'ensemence la vermine, ça se cultive tiède, à l'ombre, ça prolifère, c'est heureux, plus heureux foutrement que l'aigle qui croise là-haut dans les tempêtes.

La vermine quel avenir immense ! raisonnable ! coup sûr ! Les aigles il en reste presque plus !

Par Hiram bordel ! la Terre tourne ! Elle contient plus de mauvais que de bon ! Les jeux sont faits !

Je connais le plus honnête homme de France. Il se donne un mal ! Il se dépense ! Il est maître d'école à Surcy, à Surcy-sur-Loing. Il est heureux qu'au sacrifice, inépuisable en charité. C'est un saint laïque on peut le dire, même pour sa famille il regarde, pourvu que l'étranger soit secouru, les victimes des oppressions, les persécutés politiques, les martyrs de la Lumière. Il se donne un mal ! Il se dépense ! Pour les paysans qui l'entourent c'est un modèle d'abnégation, d'effort sans cesse vers le bien, vers le mieux de la communauté.

Secrétaire à la Mairie, il ne connaît ni dimanche ni fête. Toujours sur la brèche. Et un libre d'esprit s'il en fut, pas haineux pour le curé, respectueux des ferveurs sincères. Faut le voir à la tâche ! Finie l'école… à la Mairie !... en bicyclette et sous la pluie… été comme hiver !... vingt-cinq, trente lettres à répondre !... L'État civil à mettre à jour… Tenir encore trois gros registres… Les examens à faire passer… et les réponses aux Inspecteurs… C'est lui qui fait tout pour le Maire… toutes les réceptions… la paperasse… Et tout ça on peut dire à l'œil… C'est l'abnégation en personne… Excellent tout dévoué papa, pourtant il prive presque ses enfants pour jamais refuser aux collectes… Secours de ci… au Secours de là… que ça n'en finit vraiment pas… À chaque collecte on le tape… Il est bonnard à tous les coups… Tout son petit argent de poche y passe… Il fume plus depuis quinze ans… Il attend pas que les autres se fendent… Ah ! pardon ! pas lui !... Au sacrifice toujours premier !... C'est pour les héros de la mer Jaune… pour les bridés du Kamtchatka... les bouleversés de la Louisiane… les encampés de la Calédonie… les mutins mormons d'Hanoï… les arménites radicaux de Smyrne… les empalés coptes de Boston… les Polichinels caves d'Ostende… n'importe où pourvu que ça souffre ! Y a toujours des persécutés qui se font sacrifier quelque part sur cette Boue ronde, il attend que ça pour saigner mon brave ami dans son cœur d'or… Il peut plus donner ? Il se démanche ! Il emmerde le Ciel et la Terre pour qu'on extraye son prisonnier, un coolie vert dynamiteur qu'est le bas martyr des nippons… Il peut plus dormir il décolle… Il est partout pour ce petit-là… Il saute à la Préfecture... Il va réveiller sa Loge… Il sort du lit son Vénérable… Il prive sa famille de 35 francs… on peut bien le dire du nécessaire… pour faire qu'un saut à Paris… le temps de relancer un autre preux… qu'est là-bas au fond des bureaux… qu'est tout aussi embrasé que lui question la tyrannie nippone… Ils vont entreprendre une action… Il faudra encore 500 balles… Il faut des tracts !… Il faut ce qu'il faut !… On prendra sur la nourriture… il compte plus ses kilos perdus… Il rentre au bercail… il repasse à l'action… prélude par une série de causeries… qui le font très mal voir des notables… Il va se faire révoquer un jour… Il court à la paille… En classe il souffre pour ne rien dire… Tout de même il est plein d'allusions surtout pendant l'Histoire de France…

Il leur fait voir que c'est pas rose aux mômes de la ferme à Bouchut d'être comme ça là, d'ânonner sur les preuves de 4 et 4, 8… et les turpitudes de Louis XVI pendant que peut-être là-bas au Siam y a un innocent qui expire dans les culs de basses fosses à nippons !... que c'est la pitié de notre époque… la jemenfouterie du cœur humain… Il en pousse des sacrés soupirs, que toute la classe est malheureuse… Il se relance dans les démarches… Il demande audience au préfet… lui plutôt timide de nature… Il l'en-gueule presque à propos de son petit coolie… qu'est là-bas tout seul et qui souffre dessous 400 millions de chinois… Il sort tout en ébullition… excédé… hurlant aux couloirs… ça lui fait un drôle de scandale.

Je l'ai rencontré, c'était en Mai, au coin de la rue de Lille et de Grenelle, il ressortait encore d'une démarche auprès de l'Ambassade des Soviets, toujours à propos de son nippon… Il avait tapé pour venir, pour faire les soixante pélos, deux commerçants de son village. Savoir comment ça finirait ! où l'emporterait sa passion !... On peut pas dire qu'il est juif, Bergougnot Jules il s'appelle, sa mère Marie Mercadier. Je les connais depuis toujours. Il est en confiance avec moi. Je peux en avoir avec lui. C'est un honnête homme.

— Dis donc, que je lui dis, un peu Jules… Tu veux pas me rendre un service ?...

— Ça dépend qu'il me fait… Je me méfie !... Avec les gens que tu fréquentes !... Enfin ça va, dis toujours…

— C'est pour Trémoussel qu'est mouillé… Tu sais ? « la Glotte » ? Il s'est fait faire… Il est pas bien avec les flics… Il a manifesté à Stains… Il a cassé un réverbère…

— Tant pis pour lui, c'est un salaud !...

— Pourquoi tu dis ça ?

— Je le connais !... On a été grives ensemble… On a fait trois ans au 22… J'ai jamais pu l'encaisser… Il est pas parti à la guerre ?

— Non il est trépané de l'autre…

— Y en a des trépanés qui retournent…

— Oui mais pas lui, il se trouve mal, il a des crises…

— Il se trouve pas mal pour faire le con !...

— Mais c'est pour les juifs qu'il milite !... C'est pour eux qui s'est fait poirer, c'est pour l'assassin de l'ambassade…

— Ça fait rien c'est une vache quand même !...

— Pourquoi que tu lui en veux comme ça ?... C'est bien la première fois, dis, Jules que je te vois haineux pareillement… et quelqu'un qu'est dans tes idées… qui souffre aussi pour la cause…

— C'est vrai dis donc t'as raison… Je peux pas le blairer le Trémoussel !... On était camarades de lit… C'est pas un méchant garçon… mais il a quelque chose d'impossible…

Jules il est foncièrement honnête et consciencieux et tout scrupules… ça le chiffonnait ma remarque…

Il fit encore un effort.

— Eh bien tu vois au fond je vais te dire… Trémoussel je le connais bien !... ça doit être ça qui m'empêche… J'ai vécu trois ans côte à côte… les autres je les ai jamais regardés… je les connais pas pour ainsi dire… Et puis, tiens, je vais te dire toi grande gueule ! maintenant que je te regarde un petit peu… T'es pas beau ma saloperie ! T'es encore plus infect que l'autre… Ah ! Dis donc taille que je te revoie plus !... J'ai des relations moi tu sais !... Je te la ferai remuer, moi, ta sale fraise !...

Je voulais pas envenimer les choses… Je voulais pas d'esclandres dans la rue… surtout à ce moment-là… Je suis parti par la rue du Bac… Il a pris le faubourg Saint-Germain… Je l'ai jamais revu Jules… C'était un parfait honnête homme, il se dépensait sans compter. Il se donnait un mal, un souci ! Jamais vu pareil apôtre pour les choses qui le regardaient pas. C'était pas la gloire des honneurs, ça l'avait pas intoxiqué, même pas officier de la rosette.

Sans armes, sans avions, sans mitraille, à coups de pieds au cul, coups de poing dans la gueule, ça se serait déroulé la même chose, la même tatouille, la même déroute, même catastrophe.

Les nations ne vont pas mourir parce que les hommes d'État sont nuls, leurs gouvernements trop cupides, trop ivrognes ou trop pédérastes, tout ceci est sans importance, leurs ministres trop prétentieux, leurs ambassadeurs trop bavards, qu'elles-mêmes, ces nations capricieuses, sont devenues trop arrogantes, sursaturées de richesses, écrasées par leurs industries, trop luxueuses ou trop agricoles, trop simplettes, ou trop compliquées. Tout ceci est sans gravité, vétilles passagères, simples faits divers de l'Histoire. Les matières premières essentielles font-elles défaut à l'industrie ? Les usines tournent-elles ralenties ?... Voici déjà les choses sérieuses, mais qui peuvent encore s'arranger. Voyez l'Allemagne.

Et les désastres militaires ? Les occupations par l'ennemi ? qu'en dites-vous bel intrépide ? Aucune importance. Une nation prolifique, ardente, se relève admirablement des plus grands torchons militaires, des plus cruelles occupations, mais seulement à une condition, cette condition très essentielle, mystique, celle d'être demeuré fidèle à travers victoires et revers aux mêmes groupes, à la même ethnie, au même sang, aux mêmes souches raciales, non abâtardies, celles qui la firent triompher, souveraine, aux temps d'épreuves et de conquêtes, de s'être malgré tout préservée des fornications de basses races, de la pollution juive surtout, berbère, afro-levantine, des pourrisseurs-nés de l'Europe.

A-t-elle succombé aux philtres, versé aux racailles de partout ? De ce moment plus de salut, tout pays contaminé juif dégénère, languit et s'effondre, la guerre ne le tue pas, l'achève. L'essentiel est fait, le Burg que l'on prenait au loin, par illusion, supercherie, pour redoutable citadelle, ne tenait qu'à forts de carton, enclose populace de fous, braillant brelan d'énergumènes, furieux à carcans, tout gâteux, perdus de discours et de vin, acharnés après leurs décombres, voués à la mort, à s'étriper tous.

La foudre a frappé cette horreur, toute débâcle est un coup de grâce.

Mais voici 37 millions d'êtres qui se trouvent là cons ébaubis, la tourmente passée, dépareillés, envieux, sournois, n'ayant pas une idée commune, sinon quelque morne aversion les uns pour les autres, plats anarchistes resquilleurs, miteux et fades, chacun pour soi, un contre tous, et si c'est possible tous contre un. Décomposition du cadavre. Que peut-on faire de cette engeance ? Cet énorme amas de loques ? Déporter tout ça vers l'Oural ? Remettre tout ça d'autor en bottes, puants lots, en fourgons-prolonges, leur faire dégueuler leur connerie là-bas au tapin sous la trique, les faire repousser tant bien que mal, en dispositions plus gentilles, à mille et milles verstes de chez eux ?

Ça pourrait peut-être arriver... C'est peut-être pas si impossible... Peut-être plus tôt qu'on le pense...

* * * * *

Le Bourgeois, lui, il s'en fout, ce qu'il veut c'est garder son pognon, ses « Royal Dutch », ses privilèges, sa situation et la Loge où il se fait de belles relations, celles qui vous relient au Ministère. En définitif il est juif puisque c'est le juif qui tient les ors, qu'a le plus beau Veau dans son Temple. C'est des choses qui se discutent même pas !... qui vont d'elles-mêmes une fois pour toutes !... Et peutt ! peutt !... Le seul vrai regret du bourgeois c'est de pas être né juif, juif tout à fait, depuis toujours, papa maman. La vraie noblesse de notre époque. Il l'imite en tout et pour tout, mêmes opinions, mêmes engouements, mêmes vedettes, mêmes répulsions, mêmes morues, mêmes zibelines. Il file le youtre train comme il peut, Ben Pourceaugnac.

Seulement le juif il a plusieurs cordes, il est Trotsky et puis Rothschild, les deux en même temps à la fois... Il a un blase pour toutes les sauces. C'est là qu'il va baiser le bourgeois.

Samuel Bernard et puis Sanson ! D'abord « peutt ! peutt ! » et puis grand « Pffuitt ! » Ah !

Ah ! Voici la devinette !

L'ouvrier il s'en fout d'être aryen pur ! métis ou bistre ! de descendre de Goths ou d'Arthur ! pourvu que son ventre ne fasse pas de plis ! Et précisément ça se dessine… Il a d'autres chats à fouetter ! Qu'est-ce que ça peut bien lui faire d'être de sang pur ou de mélange ? Pourquoi pas marquis de Priola ? duchesse des Gonesses ? Tout ça des histoires de boches, des trucs pour emmerder les juifs, les razzier, secouer leur pognon. C'est des vengeances de l'Hitler qu'a pas pu dominer le monde, bien emmerdé. Y a des petits juifs bien sympathiques, et des Français des vaches finies, des lots écœurants. C'est pas du tout une question de race. C'est une question de classe. Tout le monde sait ça… Le juif est l'ami de l'ouvrier, démocrate, ami du progrès, partisan de l'instruction publique, du suffrage des femmes. C'est ça qui compte !

C'est autre chose que du cagoulard. Un ami de la liberté ! c'est un persécuté le juif, un homme qui souffre pour sa religion ! Une victime des dictatures ! Les juifs responsables de la guerre ? Voilà encore une autre salade ! Une invention du Capital pour disculper les vrais coupables, les hommes de la cinquième colonne. Les vrais coupables c'est Hitler et puis Wendel, peut-être Dreyfus (et encore pour lui c'est à voir), d'accord et d'accord tous les trois (les gros ne se mangent pas), avec Churchill et Franco pour étrangler le prolétariat, lui reprendre ses conquêtes de 36, sa dignité par les week-ends, sa Simca 12 et son bois de rose.

C'est ça pour lui la guerre du monde à Prolétaire 41, c'est pour ça qu'il crève, qu'il la saute. On lui changera pas son idée avec des fifres et des sourires. La question du jour et de l'avenir. Il a la vérité dans le tronc, il en changera plus.

Tout le reste c'est que de la manigance, des embrouillaminis de fausses vaches, de mecs payés par les dudules et par conséquent par les riches pour déconfire, noyer le poisson, pour endormir le damné de la Terre.

Oh ! la ! la ! comme c'est délicat, comme c'est ardu, pénible et tout d'aborder des sujets semblables ! Voici par exemple une personne… Elle a par exemple la vérole, vous pouvez vous dire : Oh ! ça va !... c'est un malade pas très commode… Je vais lui soigner ses petits boutons avec une pommade anodine… quelques petites dragées jaunes ou rouges… il sera bien content… Je lui parlerai pas de la grande chose… ça me fera un client satisfait, qui dira du bien de moi partout… Je l'entreprendrai pas par piqûres… Sûrement il me fera des malaises… il aura les dents déchaussées… il dégueulera dans l'escalier… il défaillera peut-être en syncope… voyez-vous ça dans mon fauteuil ? que je soye obligé de le cacher… à la trois… quatrième ampoule ? de l'enfermer un peu dans l'armoire… qu'il me fasse finir comme Bougnat… on sait jamais dans l'existence… la malveillance est partout… On s'affole et puis c'est l'horreur… le drame commence, le Grand Guignol… Faut pas voir trop au fond les choses… pas trop curieux ! C'est la bonne règle « curiosity kills the cat » comme dirait de Gaulle… Mais retournons à notre malade… Si nous lui faisions une ponction pour voir un petit peu ses méninges… Si son liquide est pas troublé… ce que dit un petit peu sa cervelle… Oh ! la ! la ! Gardez-vous-en bien !... Du coup vous êtes mûr pour l'enfer !... Vous savez pas où aller ! Dans vingt ans… trente ans… davantage ! Il reviendra vous voir ce monsieur… hanter vos nuits de songes atroces… l'ai-je tué ou l'ai-je pas ?... tellement il vous aura maudit… Il sera votre vampire dans la retraite que vous aurez si bien gagnée, vous le scrupule en personne… d'y avoir un petit peu remué comme ça son liquide rachidien… Ah ! ne remuez donc rien du tout ! même pour l'amour de Dieu sincère ! Pour le dévouement aux perclus ! vous vous ferez emmerder à mort !

Restez tranquille ! Soignez bénin… des petites pilules qui froissent personne… Laissez la vérole où elle est. Elle vous demande rien. Elle se trouve bien dans la profondeur. Bercez-là de vos bonnes paroles. C'est pas de la médecine qu'on vous demande, c'est de la magie. Attaquez jamais l'essentiel on vous en sera bien reconnaissant, ému, très touché pour toujours. Le bonheur c'est parler de rien, de laisser crever les pourris, à l'heure et au jour du Destin, de pas s'occuper de la petite sœur. De faire votre cour à Tréponème avec de menues dragées blanches et des gros mensonges.

Je connais une malade distinguée elle me dit toujours quand je la rencontre… que je la sermonne un peu…

« Oh ! Docteur ! non !... C'est pas la peine… Je n'ai eu qu'un tout petit début… Vous le savez bien ! Je vais tout de même pas me soigner toujours pour un tout petit début de ça… Vous m'avez pris si bien à temps !... Oh ! Docteur, soyez raisonnable ! »

Et c'est pas l'argent qui l'anime. J'en ai jamais pris à personne. Non ! c'est tout simplement la chose que ça l'ennuie d'aller à fond. Elle veut pas reconnaître le pénible. C'est ainsi et puis voilà tout. La vérité personne n'en veut.

Dans un autre genre remarquez donc, dans les discours, dans les journaux qui parlent de remonter la France, jamais ils attaquent le sujet, ils se grattent, ils se tortillent tout autour, ils se posent la main sur le cœur, ils poussent joliment le trémolo, et puis encore deux, trois coups de gueule et puis c'est marre et puis c'est tout. Ceux qui parlent vraiment mal des juifs, les terribles adversaires d'Israël, ils parlent pas de la question des classes/races, ou ils la nient tout simplement, ils éludent, ils biaisent, bronchent, cavalent… Ils piquent pas, ils vantent les pilules, les onguents « Meloli-méla » qui sont souverains contre l'évidence.

Ceux qu'incantent dans le genre communiste, ils gazent beaucoup avec les youpes, ils leur font forcément des poignes, c'est leurs grands adjudicateurs. Tout ça c'est bénin, bien gentil, caboteux, effleurant, facile, bavocheries, emplâtreries, pommades, Baume Tranquille, Baume Commandeur pour les grands jours, quand on va jusqu'à la Bastille !... Que ça fait des superbes tirages ! et puis c'est marre et puis c'est tout. Qu'on va faire Hou ! Hou ! aux fantômes et puis qu'on rentre si fiers chez soi… Tout beaux joujoux pour la vérole ! La Terre tremble pas pour si peu ! Parfaites diversions bien futiles, qui tiennent le peuple bien partagé, incapable de courts-circuits… Que c'est l'assurance contre la foudre, la bénédiction des boutiques.

* * * * *

La France juive et maçonnique, une fois pour toutes. Voilà ce qu'il faut se mettre dans le tronc, chers diplomates ! Les équipes sont à l'infini… À peine l'une est-elle usée… qu'une autre se dessine… de plus en plus « rapprochantes », forcément…

C'est l'hydre aux cent vingt mille têtes ! Siegfried n'en revient pas !

Le Peuple autrefois il avait, pour patienter, la perspective du Paradis. Ça facilitait bien les choses. Il faisait des placements en prières. Le monde tout entier reposait sur la résignation des pauvres « dixit Lamennais ». Maintenant il se résigne plus le pauvre. La religion chrétienne est morte, avec l'espérance et la foi. « Tout en ce monde et tout de suite ! ». Paradis ou pas !... Comme le bourgeois, comme le juif.

Allez gouverner un petit peu dans des conditions pareilles !... Ah ! C'est infernal ! Une horreur ! Je veux bien l'admettre.

La preuve c'est que personne y arrive plus.

* * * * *

Les hommes semblent éprouver un grand effroi, absolument insupportable de se trouver un beau matin, tout seuls, absolument seuls, devant le vide. Les plus audacieux, les plus téméraires se raccrochent, malgré tout, à quelque trame usagée, bienvenue, classique, éprouvée, qui les rassure et les relie aux choses raisonnables, acceptées, à la foule des personnes convenables. On dirait que le froid les saisit. Ainsi Drumont et Gobineau se raccrochent à leur Mère l'Église, leur christianisme sacrissime, éperdument. Ils brandissent la croix face au juif, patenté suppôt des enfers, l'exorcisent à tout goupillon. Ce qu'ils reprochent surtout au youtre, avant tout, par dessus tout, c'est d'être le meurtrier de Jésus, le souilleur d'hostie, l'empêcheur de chapelets en rond… Que ces griefs tiennent peu en l'air ! La croix antidote ? quelle farce !

Comme tout cela est mal pensé, de traviole et faux, cafouilleux, pleurard, timide. L'aryen succombe en vérité de jobardise. Il a happé la religion, la Légende tramée par les juifs expressément pour sa perte, sa châtrerie, sa servitude.

Propagée aux races viriles, aux races aryennes détestées, la religion de « Pierre et Paul » fit admirablement son œuvre, elle décatit en mendigots, en sous-hommes dès le berceau, les peuples soumis, les hordes enivrées de littéra-ture christianique, lancées éperdues imbéciles, à la conquête du Saint Suaire, des hosties magiques, délaissant à jamais leurs Dieux, leurs religions exaltantes, leurs Dieux de sang, leurs Dieux de race.

Ce n'est pas tout. Crime des crimes, la religion catholique fut à travers toute notre histoire, la grande proxénète, la grande métisseuse des races nobles, la grande procureuse aux pourris (avec tous les saints sacrements), l'enragée contaminatrice.

La religion catholique fondée par douze juifs aura fièrement joué tout son rôle lorsque nous aurons disparu, sous les flots de l'énorme tourbe, du géant lupanar afro-asiate qui se prépare à l'horizon.

Ainsi la triste vérité, l'aryen n'a jamais su aimer, aduler que le dieu des autres, jamais eu de religion propre, de religion blanche.

Ce qu'il adore, son cœur, sa foi, lui furent fournis de toutes pièces par ses pires ennemis. Il est bien normal qu'il en crève, le contraire serait le miracle.

* * * * *

J'avais conçu un projet, bien aimable, intéressant, je voulais réunir les articles des maîtres de la plume, des membres éminents de l'Élite, parus, les plus émouvants, au cours de la transe d'histoire, des mois fatals 39-40... J'aurais appelé ça *Pages Perdues*... Je ne savais pas très bien encore... *le Florilège des Jean Foutre... Bravoures en Feuilles... Bravoures en bulles...* sûrement que j'aurais trouvé... avec une petite préface : « Tout ce qui est loyal est grand... Il faut violer la modestie de nos héros de la pensée... etc... etc... »

Ils viendront sûrement « rapprocher » ces preux trouvères, un jour ou l'autre... Ils savent pas encore avec qui... C'est pour cela qu'ils se grattent encore... Ils sont marrants remarquez... Ah ! Splendides notaires de mes deux ! Conseillers de familles... Y a encore des aryens à vendre !... allez vous tracassez pas !... y en aura toujours !... dans une Croisade, dans une autre ! Ils vaudront bien sûr plus grand'chose !... mais ça fera toujours un petit fond... Elle est pas morte votre Étude !... Faudra revoir un peu les formules... mais je suis bien tranquille pour vous... C'est un coup « de la main sur le cœur »... sera-t-il à droite ? sera-t-il à gauche ? Ah ! on ne sait pas !... C'est délicat... Faut pas foutre toute l'Étude par terre d'un mouvement inconsidéré... Faut que le client revienne tout seul... qu'il se retrouve tout de suite en confiance... avec quelqu'un qu'il puisse causer...

Un livre c'est une sincérité, c'est une valeur, c'est un tout ! c'est un morceau de vôs ! y en a des goûts et des couleurs ! mais on se rattrape de l'un dans l'autre !

Le tel censuré aujourd'hui demain sera mirobolique !... après-demain aux ergastules !... c'est la joyeuseté nouvelle ! le grand Trafalgar des faveurs ! c'est un prouvé fumier ce jour, au printemps proche bruissant des myrtes ! Apothéotiques d'aubépines !... Ah ! confrères ne dépérissez ! vous m'avez assez bien fait chyer, je tel doigne mon petit souspir, mais chétif, brief en durée, menu de ton, frêle à malyce, nullement à vous desboutir !

Fourtre ! tout au contraire moult esbaudi ! tout à rejouy de vos restours ! emmy l'encens, les pourpoints d'or, altières trompesteries fantastiques, fringants choirs à vois virginates, des Angloîstoires ou d'Armérirque !

* * * * *

On dit des tas de choses, c'est vite fait d'arranger le monde. La question sociale elle demeure, les juifs ont pas tout inventé, ça serait trop beau, l'inégalité des classes, les privilèges des repus, l'injustice en tout et pour tout ! Les juifs auraient pas l'occasion de fomenter les révoltes si il y avait pas les motifs. Il les ont pas créés de toutes pièces, ils se démerdent autour c'est exact, ils se défendent drôlement à coups d'Humanitarisme, ils en ont fait leur grande machine, dite « des Revendications », c'est la plus formidable du monde, qu'est entièrement entre leurs mains, ils sont astucieux voilà tout. Ils ont le baratin, la plate-forme, toutes les Loges qui leur poussent au cul. C'est quelqu'un, pas d'illusion. Ça s'arrangera pas au sourire, ni au trémolo, aux bulles de Pape. Faudra régler la grosse question, la question des sous. Et je le crains une bonne fois pour toutes. Les bons comptes font les bons amis et pas qu'un petit peu, tout à fait.

Le monde est matérialiste, le plus menu peuple compris. Il croit plus à rien qu'au tangible. C'est comme ça l'Instruction Publique, l'évaporation des Légendes. Ils veulent plus se remettre en route avant qu'on ait réglé les comptes. Une société civilisée ça ne demandent qu'à retourner à rien, déglinguer, redevenir sauvage, c'est un effort perpétuel, un redressement infini. C'est de l'effort et ça fatigue. La nôtre elle veut plus rien foutre, elle veut plus se fatiguer du tout. Elle se les retourne de plus en plus. Elle s'effondre dans tous les coins.

C'est la base qu'est vermoulue, qu'étant bâtie sur l'espoir, ils en veulent plus du tout de l'espoir, ça ressemble trop aux courants d'air, ils veulent du « tout de suite et confort ».

C'est plus des hommes de Légende, c'est plus des imaginatifs, c'est des hommes de la mécanique. Pascal ça l'étonnait aussi les espaces infinis des cieux, il aimait mieux la brouette. Ça rend pas bon la mécanique ça rend prosaïque et cassant. Tels quels ils repartiront jamais, ils saboteront la machine, on ira de plus en plus à pied, on sera de plus en plus malheureux et la police et les prisons elles seront croulées avec le reste, noyées sous décombres.

C'est autre chose un essor, c'est un enthousiasme !

Où qu'est Dieu ? le Dieu nouveau ? le Dieu qui danse ?... Le Dieu en nous !... qui s'en fout ! qu'a tout de la vache ! Le Dieu qui ronfle !

Les damnés de la Terre d'un côté, les bourgeois de l'autre, ils ont, au fond, qu'une seule idée, devenir riches et le demeurer, c'est pareil au même, l'envers vaut l'endroit, la même monnaie, la même pièce, dans les cœurs aucune différence. C'est tout tripe et compagnie. Tout pour le buffet. Seulement y en a des plus avides, des plus agiles, des plus coriaces, des plus fainéants, des plus sots, ceux qu'ont la veine, ceux qui l'ont pas. Question de hasard, de naissance. Mais c'est tout le même sentiment, la même maladie, même horreur. L'idéal « boa », des digestions de quinze jours. Tout ça roule, roule tout venin, tiédasse, dépasse pas 39°, c'est un malheur pire que tout, l'enfer médiocre, l'enfer sans flamme. Y a des guerres qu'arrivent heureusement, de plus en plus longues, c'est fatal.

La Terre se réchauffe.

* * * * *

Le peuple il a pas d'idéal, il a que des besoins. C'est quoi des besoins ?

C'est que ses prisonniers reviennent, qui aye plus de chômage, qu'on trouve des boulots soisois, qu'on aye la sécurité, qu'on se trouve assuré contre tout, le froid, la faim, l'incendie, qu'on aye les vacances payées, la retraite, la considération, la belote et le pousse-café, plus le cinéma et le bois de rose, un vache smoking tempérament et la pétrolette d'occasion pour les virées en famille. C'est un programme tout en matière, en bonne boustiffe et moindre effort. C'est de la bourgeoisie embryonne qu'a pas encore trouvé son blot. Les plus terribles bouleversements vont pas lui changer son programme. C'est du rêve de décontenancé, de paysan qu'a plus sa vache, plus de terre, plus de châtaignes, qui se raccroche à tout ce qu'il trouve, qu'a peur que le monde lui manque, que tout lui flanche entre les doigts. Tout ça il se dit c'est fantastique ! ça pousse tout seul, ça durera pas… Je serai à carreau que fonctionnaire… Ah ! bordel foutre il m'en faut ! Retraite ou mourir ! La Sécurité ou la mort !

La Panique c'est toujours vilain, faut prendre les choses comme elles sont.

Ça serait pas si abominable, ça pourrait très bien s'arranger, si les atroces profitaient pas pour forniquer leurs saloperies, les occultes cultiveurs de haines, qui démordent jamais, enveniment, disposent les traquenards, bouzillent, torturent à plaisir.

C'est l'Abîme, c'est l'Apocalypse, avec tous ses monstres déchaînés, avides, dépeceurs jusqu'à l'âme, qui s'entrouve sous les petites gens.

* * * * *

Ça suffit pas la misère pour soulever le peuple, les exactions des tyrans, les grandes catastrophes militaires, le peuple il se soulève jamais, il supporte tout, même la faim, jamais de révolte spontanée, il faut qu'on le soulève, avec quoi ? Avec du pognon.

Pas d'or pas de révolution.

Les damnés pour devenir conscients de leur état abominable il leur faut une littérature, des grands apôtres, des hautes consciences, des pamphlétaires vitrioleux, des meneurs dodus francs hurleurs, des ténors versés dans la chose, une presse hystérique, une radio du tonnerre de Dieu, autrement ils se douteraient de rien, ils roupilleraient dans leur belote. Tout ça se paye, c'est pas gratuit, c'est des budgets hyperboliques, des tombereaux de pognon qui déversent sur le trèpe pour le faire fumer.

Il faut étaler les factures, qui c'est qui dèche ? C'est à voir.

Pas de pognon, pas de fifres, pas de grosses caisses, pas d'émeutes par conséquent.

Pas d'or, pas de révolution ! pas plus de Volga que de beurre en branche, pas plus de bateliers que de caviar ! C'est cher les ténors qui vibrent, qui vous soulèvent les foules en transe. Et les chuchoteries de portes cochères à cinq cents bourriques par carrefour ?

Ça revient des sommes astronomiques ! C'est du spectacle, faut mettre le prix, les frais d'émeute ça cube, ça ruine ! pour amener le trèpe à plein délire, qu'il secoue ses chaînes, la marmite, le pot-au-feu Duraton, que tout ça culbute et le tyran, qu'on étripe tout ça dans la joie ! la fraternité reconquise ! la liberté de conscience ! le Progrès en marche ! Que ça soye l'énorme Opéra, le plus géant de deux trois siècles que c'est une autre vie qui commence ! Ah ! ça alors c'est dispendieux ! Au prodige ! Tout un monde de petites bourriques à gaver, festoyer, reluire, des poulets de tous les plumages au picotin plein les Loges, de limaces à redondir, grassoyer, tiédir, mignoter, que tout ça vermoule l'édifice, chuinte et corrode à prix d'or. C'est des notes à n'en plus finir.

C'est hors de prix la Police qui prépare une Révolution, la pullulation d'émissaires, asticoteurs de griefs, des mille rancœurs à la traîne, retourneurs de fiels.

Et il en faut ! Jamais de trop ! Comme c'est passif le pauvre monde, oublieux ! le baratin du damné, voilà du tintouin infernal, lui auquel le gros rouge suffit faut lui donner la soif du sang, qu'il puisse plus tenir dans son malheur, que sa condition le rende maboule, atrocement fauve, anthropophage. Lui qui demande qu'à rester tel quel, grognasseux, picoleux, fainéant. Il veut se plaindre mais pas autre chose. Il faut que tout lui tombe sur un plat. Pardon alors ! Maldonne Mimi ! C'est là qu'il se fait drôlement relancer par les « ardents » à tant par jour, les fonctionnaires de la Révolte. Et c'est encore que le premier acte, les prémices du drame, les exposés de la comédie, les rassemblements tapageurs. Faut pas en promettre des subsides, faut les amener luxurieusement, c'est un gouffre d'insurger le fretin, c'est le Pérou que ça mobilise, le trésor de la « Shell » y passe.

Pas d'or pas de révolution.

Le damné il est pas commode faut qu'on l'éclaire et bougrement, pour qu'il s'élance aux barricades, qu'il commence à faire le fou. Il préfère lui la vie de famille, l'autobus et le meeting baveux. Au fond il aime pas les histoires. Il est conservateur fini, il est de la terre, né Bidasse, faut pas l'oublier. Voter ça devrait bien suffire voilà ce qu'il pense intimement. Il tient pas aux sacrifices, aux piscines de sang. Il y tient même pas du tout. Il faut pour ça qu'on l'enfurie, qu'on le picadorise à mort. C'est un tintouin du tonnerre. Il est gueulard mais pacifique. Plus mendigot que fracasseur. Il veut bien encore des violences mais si c'est les autres qui dérouillent.

Il est comme toute l'armée française il veut défiler triomphant. Il veut sa voiture, son bois de rose, sa Retraite de vieillard à trente ans, tout des raisons pour pas mourir. La pêche à la ligne. Qui dit mieux ? Il veut pas mourir du tout. Les gardes civiques ça tue très bien ! Ils vous ont de ces mitrailleuses ! Sagesse d'abord !

À quoi bon changer l'ordre social pour que les autres se régalent et qu'on soye soi morts et martyrs ? Victoire ? C'est vite dit ! Mais pas d'omelette sans casser d'œufs ! Et pas de bonnes victoires pour les morts ! Chacun réfléchit forcément !... Quelles garanties ? Chacun se demande « in petto »... Est-ce bien sérieux ? Va-t-on mourir pour le confort ?

Que les autres crèvent si ça leur chante ! On verra bien comment ça tourne... C'est là le hic, le point sensible, le « ne-pas-se-mouiller » paysan, c'est là qu'il faut pousser au crime ! à plein orchestre ! que l'or entre en transe et comment ! La vieille Bastille et ses neuf tours, serait toujours au poste, altière, hautaine, formidable, et ne gênerait vraiment personne, pas plus que Fresnes ou l'île de Ré, si les Banques, les démons de Londres, n'avaient pas fait le nécessaire, enflammé la viande saoule à temps, déchaîné l'émeute, le carnage, soulevé l'ouragan des ragots, les torrents de bave conventionnels, l'ébullition de la frime du sang. L'arrière-petit-fils de Louis XIV serait encore à l'Élysée, Marie-Antoinette révérée par tous les enfants des écoles, patronne de l'élevage des agneaux, si Pitt avait pas insurgé les petits scribouilleux de l'époque, pourri la noblesse à gaga, versé les ronds à pleines hottes, soudoyé la cour et les champs, les mères abbesses et les bourreaux… Sans or les idées ne sont rien. Il faut verser l'or à foison, à boisseaux, à tonnes, pour soulever le peuple. Qui n'en a pas n'insurge personne. Pas plus aujourd'hui qu'au-trefois. Tout d'abord un commanditaire ! C'est la condition du spectacle ! Et point petit cave chichiteux ! quelque hagard effaré comparse ! Pouah ! Quelle horreur ! Quelle insolence ! Non ! Tel répondant colossal ! Le plus coûteux des opéras ! Y songez-vous ? L'Opéra des Insurrections ! Avec Déluges ! Chœurs symphoniques ! Oh ! la ! la ! Si ça vous entraîne ! Tâtez-vous avant d'y toucher ! Vous en avez ? Z'en avez pas ? Quelle est votre banque ? Vous êtes raides ?

Alors taisez-vous ! Caltez ! emmerdez personne ! Vous êtes qu'un petit impertinent ! un petit garçon mal embouti ! Allez donc apprendre la musique ! Ça vous disciplinera l'esprit ! On n'insurge qu'avec des espèces et pas du semblant ! des pichenettes ! Non ! Non ! Des trombes ! Cyclones de pèze !

Guillotine est fille de Guichet.

Ah ! trouver un commanditaire c'est le début de toute grande chose, le rêve de toute personne sérieuse, sans commanditaire point d'essor, le génie lui-même tourne à vide, bouffon bientôt, s'épuise en onaniques mirages. Rien ne peut réussir sans or, rien ne s'achève, n'aboutit, tout s'évapore au premier souffle. Au moindre méchant vent contraire, la première petite cabale, tout se dissipe et disparaît. Pour retenir les hommes ensemble, les posséder en franche meute, il faut leur garantir la soupe, l'écuelle régulière et copieuse, autrement ils prennent plusieurs maîtres et votre meute existe plus, vous êtes fini pour l'aventure, la chasse est bien fermée pour vous.

Ah ! C'est des choses qu'il faut connaître, qu'il faut respecter, c'est des Lois. Tenez par exemple Lénine et son compère Macaire-Trotsky, ils le connaissent eux le fond du sac... le fin grigri des sortilèges, ils s'embarquaient pas à lure-lure...

Admirez leur prévoyance, leur esprit d'administration, leur prosaïsme impeccable, leur vigilance aux aguets de tout bailleur présentable... jamais une seconde déportés du point essentiel : le pognon ! Au guet du nerf des batailles intrompables.

Ah ! que voici des gens sérieux ! C'est pas eux qui se seraient échauffés sur des motions courants-d'air, des vins d'amitié anisés, des hurluberluteries saoules, les vociférations du genre, les tonitruements romantiques, tous les ours creux de la ménagerie qui ne font peur qu'aux petits enfants. Ils voulaient bien des petits congrès qui ne font de mal à personne, pour dire comme ça qu'on a de la troupe, et bien soumise, qu'on est écouté en bas lieux, des rassemblements de minables, des agités de l'injustice, des pelliculeux de l'oppression, des inanitiés de la grande cause, tous les sous-nutris de brouets sales, les cancrelats du café-crème, les intraits enfiévrés de mistoufle, de bile et de bafouillage, il en faut pour le prurit, l'exaspération de la connerie, le baratin vaseux des masses. Des orateurs qui puent de partout, le chien mouillé because pardingue, des crocs because la carie, des nougats because ils sont deuil, de la gueule because l'estomac, tout ça qu'est dans la chtourbe rance, qui sort d'un hospice pour un autre, d'un cornet de frites pour la Santé il en faut pour envenimer le trèpe. Ah ! C'est les martyrs de la cause ! Ah ! c'est des choses qu'il connaître, que ça mord, grinche et puis dégueule sur le morceau, ingrats, infidèles, prétentieux, dès que ça déjeune un petit peu because ça n'a pas l'habitude.

Oh ! la grossière catégorie, oh ! la très rebutante clique, pour les personnes d'entreprise qui veulent pas crever champignols, engloutis sous projets foireux, embarbouillés dans les palabres, perdus dans les lunes, les promesses. La rhétorique c'est pour les foules, aux chefs il faut du répondant, le vrai répondant c'est la Banque.

C'est là que se tiennent les clefs de songe, le petit Nord et le grand secret, les Souffles de la Révolution. Pas de banquiers pas de remuements de foule, pas d'émotion des couches profondes, pas de déferlements passionnels, pas de Cromwell, pas de Marat non plus, pas de fuite à Varennes, pas de Danton, pas de promiscuité, pas de salades.

Pas un Robespierre qui résiste à deux journées sans bourse noire. Qui ouvre les crédits, mène la danse.

Tout est crédit, traites validées, surtout dans les moments critiques où les reports sont épineux.

Pas de chichis ! pas de badinettes !... Les affiches se collent pas toutes seules… les afficheurs font pas crédit… Ils présentent leur note le soir même… Pour eux tous les soirs c'est le grand soir.

Voilà les humbles servitudes, tout est mesquin dans la coulisse. C'est pour ça qu'elle a réussi la bande à Lénine. Non seulement parce qu'elle était youpe, mais aussi qu'ils étaient sérieux, bien au courant des circonstances, qu'ils sont pas lancés découverts, qu'ils étaient sûrs de leur liquide, qu'ils étaient bourrés au départ.

Tout de suite ils ont donné confiance. Au nom de quoi ils causaient ? Au nom du monde des opprimés ? des Damnés de la Terre innombrables ? des écrabouillés de l'Injustice ? des atterrés de l'Imposture ?...

C'est bien entendu, ça va de soi ! Mais aussi, peut-on dire surtout, au nom de la Banque Lœb-Warburg qu'est autre chose comme répondant sous tous les degrés Latitude… Ils en avaient plein les vagues ces grands sournois de la bonne aubère, avant de propager les émeutes… et pas du pour, du qui s'entend, qui tinte guilleret, qui répercute… qu'est du divin cliquetis… qui remue le Ciel et la Terre… tous les échos des réussites… qu'est la sorcellerie des passions… Qu'est l'onde de magie droit aux cœurs… qu'autour d'elle toute musique s'éteint le frais cliquetis de l'or… la prestigieuse longueur d'onde !...

Bien sûr on était en famille, Trotsky, Warburg, Lœb… banquiers juifs… agitateurs… poètes et paysans… Ça demandait qu'a se rencontrer, qu'à servir en chœur la bonne cause, la seule qui compte, celle des youpins… la Grande Cause de Grande Entourloupe, la grande mise en bottes des aryens, définitifs, plombés, secrets, Royaume d'Isaac absolu qui s'étend du Ciel aux Enfers avec Durand qui se magne la hotte, tout con comme toujours, rissolant, les pieds en feu courant la cendre, s'arrachant la chair pour son maître, lui servant toute chaude, bien saignante, à point, qu'il aye rien à dire de son Durand, péri d'amour. C'est ce que voyait bien Warburg et puis Lénine et puis Trotsky et puis bien d'autres que je ne nommerai pas. C'était entendu, naturel, c'est la communauté du rêve, le vrai communisme cachère, nous tout saignants servis à point.

Ils ont appris ça au berceau dans leur Légende essentielle, lisez un peu le Talmud et la Thora. Y a cent fois ça et davantage. Nous autres on est nés à l'envers, on est nés pour le catéchisme, l'angélus des pelures, le bréviaire des aloyaux, des hommes de consommation, brutes à bataille, charrois et colportages en lourd, tapins zéro, labours zébi, nos femmes pour la couche du Khédive, pour lui distraire ses rages de dents, si il la trouve assez gironde, qu'elle se fasse mignonne par tous les bouts.

Lénine, Warburg, Trotsky, Rothschild ils pensent tout semblable sur tout ça. Pas un prépuce de différence c'est le marxisme cent pour cent. Banques, forçats tout ça bien d'accord. C'est les Bateliers de la Volga, c'est les faucons rouges de Puteaux qui se ravissent que c'est arrivé ! Ils voient déjà le monde meilleur, plein de nougats pour leurs petites gueules ! Attendez chers gloutons de nuages, on va vous fader mes joujoux, il va vous promener le Père Noël !

Ils se sont entendus illico, Warburg, la Banque et Trotsky. Tout ça c'était dans les présages… un chèque présenté par *le Temps*, New-York faisait la couverture, 200 millions de dollars-or pour foutre en l'air l'entreprise du Tzar, culbuter, repasser Romanov, pas 200 millions clarinettes, 200 millions frais et d'espèce ! Trotsky lui-même fit le voyage, présenta ses plans, sa personne, ses façons, il plut tout de suite par ses idées à Mrss Schiff, Warburg et Lœb… mais pas trop par sa personne… Ils le trouvèrent un peu remuant, un peu trop bouillant, hystérique… Ils avaient parfaitement confiance bien sûr, mais enfin n'est-ce pas malgré tout… 200 millions c'est une vraie somme… 200 millions dollars-or, il pouvait être accidenté… ça surgit vite un assassin… Ça tombait pile que Lénine se trouvait justement sans place… un peu à la bourre du mouvement… lui alors tout à fait sérieux, un ascète, un os on peut le dire… de fer à côté de Trotsky… Il plut beaucoup à Messieurs Lœb… Ils le prirent de réputation… l'engagèrent en toute confiance.

Il était alors à Paris… Il sautait la faim rue Delambre… Kalmouk café crème… Il était lui que demi-juif… C'était le minima pour New-York… Marché conclu… Alors pardon !... Ce boum !... Ce départ en tornade ! Le menu parti bolchevique qu'était huit jours auparavant qu'une pénible petite roustissure, une cocasserie à peine en l'air, un quarteron d'énergumènes… alors je vous dis ce ballon ! Ce shoot aux étoiles !... Ça pousse drôlement dix milliards-or !... Il bouffe la Cote ! Il emballe ! Il est partout ! Il bouscule tout ! Kerensky branle, bronche, s'évapore ! On le voit plus !... tellement l'effet est foudroyant… Il se trouve net pulvérisé !... Le « Bolchevik » dans un fauteuil... Limited... C'est une valeur de New-York... Tout culbute, résorbe, terre s'efface...

Le Romanov est capout, les Cadets avec, les Mencheviks par-dessus et leur barbe hirsute, et la Dame de Pique !... Les jeux sont faits ! Nicolas il part dans la neige, il s'en va là-bas à mille lieues avec sa famille, son petit sabre, et ses amulettes... Les masses alors comment qu'elles se sentent !... qu'elles entrent en transe et volcaniques !... C'est l'éruption des couches profondes ! la Farandole des Grands Espoirs... C'est « dix jours qui bouleversent le monde » !... Mr Lœb est bien heureux... Il s'embête pas au télégraphe !... Ses petits associés non plus... Trotsky leur file les bonnes nouvelles...

« Lœb-Warburg Bank, New-York ».

« Romanov en l'air. Tout va bien. STOP. ***Kerensky de même effacé.*** STOP. ***Larguez encore 150 000.*** STOP. ***Triomphe assuré.*** STOP. ***Progrès en marche.*** STOP. ***Difficultés peuvent surgir.*** STOP. ***Confiant ardent vigilant.*** STOP. ***Terrible et bon œil.*** STOP. ***Trotsky. »***

On remue là-bas le grand Kahal. Tous les Cohen sont sur le pont. De Chicago à Wall-Street c'est une immense jubilation... Tous les ghettos de luxe sont aux anges, ça bouillonne dans les arrière-Loges... Les *Fraternitys* convulsent... C'est décidément l'âge promis !... Le sacrifice est emballé !... Toute la banque juive contribue... Le paquet arrive via Stockholm... Quand il parvient à Petrograd qu'on ouvre les 150 sacs, alors c'est de l'ivresse on peut le dire !... Les douze commissaires tous youpins tout autant que les Douze du malheur, ils savent ce que toucher veut dire, ils prennent pas ça pour des copeaux, ils connaissent la chanson du monde, que c'est de la bonne huile de miracle, que maintenant tout peut arriver ! Alors c'est la vogue mirifique ! La machine au Progrès elle fonce, elle ronfle, elle s'emballe, elle tourbillone au vertige, c'est une dynamo de Justice, d'égalité, de lumière, vrombissante en pleine barbaque goye ! Sept millions de bourgeois sont occis en pas deux mois de Martiales Cours. Ça déblaye drôlement l'atmosphère ! C'est autre chose que petites motions d'instituteurs pelliculeux, enchifrenés petits méchants, bilieux petits colis chafoins, mauvais coucheurs à participes, cancrelats de Cités Futures, pue-du-bec et myopes à grelots, lépreux sans ulcère, fils de clebs, conformismes de la petite aigreur, vibrions des petites eaux louches ! Mais ça alors pardon minute ! C'est du Théâtre pour Continent ! 120 millions de personnes en scène ! sans compter les morts, les blesses, les exécutés par mégarde, les sacrifiés dans les coins...

Et puis encore de la dépense, des répétitions générales, des péroreux au tarif double, des palabreurs qui sont sournois, qui se nourrissent pas de leurs hyperboles, qu'il faut éclairer de nuit et jour à coups de prébendes et triples soldes.

L'insurrection est sur les genoux quand elle a payé ses factures. Les résolutions fléchissent, les vierges rouges pâlissent un peu… C'est un gouffre « le Progrès en marche ».

Même avec la banque Warburg Kuhn, c'est venu à caner un moment. C'était une telle gourmandise, une telle boulimie dans les steppes après les fafes à Washington qu'il y eut un petit moment de bisbille, les juifs-dollars se faisaient prier… Les commissaires russes abusaient… Du coup Lénine se résorbe, il se retire un peu en Finlande… Il avait été à l'école, il connaissait le prix des ors… l'indépendance que ça vous donne… Il voulait pas être tari… Mené comme ça gentil enfant… Il voulait pas être sous Trotsky… Il tenait à ses coudées franches, plus se trouver traînard de personne…

« Revenez donc mon chère Lénine », Trotsky le relançait chaque matin… « Toute la Russie vous réclame… C'est une ferveur à votre adresse ! Les moujiks se sentent plus d'ivresse ! à la perspective de bonheur ! Revenez petit Père radieux ! Guidez nos pas vers l'autre monde ! de l'égalité justicière ! de la rédemption des damnés ! Que c'est tout cuit ! tout en musique ! Que c'est l'extase de nos Idées ! le triomphe du Progrès en marche ! Il galope plus ! Il charge ! Il vole !... On sera tous en chœur à la gare… toutes les ultimes délégations… tous les Komintern Progrozozieff… les Sans-Dieuzov… les Trogransky… Les Empouétines du Syphonieff !... Tout ça pour vous acclamer !... Arrivez cher Lénine ! Venez ! De grâce… Arrivez ! »

Mais Lénine il se gratte encore… Il sait pas trop… Il réfléchit… il est vraiment pas si pressé… Il se concerte… Il soupèse la chose… Il se promène dans Helsingfors… Il a pas tellement hâte de rejoindre… Voilà une idée qui lui monte… Il entre au Western Telegraph… Il a le serre aussi pour New-York… C'est le moment qu'il se dit de s'en servir. Et hop !... crossé le Trotsky !...

« Kuhn Lœb et Warburg, New-York. »

« Damnés soulevés admirables. *STOP.* ***Mais réclament encore 100 millions.*** *STOP.* ***Mieux.*** *STOP.* ***Pour abolir Romanov.*** *STOP.* ***Effacer traces monarchie.*** *STOP.* ***Conseille envoi immédiat.*** *STOP.* ***À moi-même ici.*** *STOP.* ***Perspective Newsky nettoyée.*** *STOP.* ***Cosaques avec nous.*** *STOP.* ***Péril petit bourgeois persiste.*** *STOP.* ***Lénine.*** *STOP.* ***Fidèle et sûr.*** *STOP.* ***Pur.*** *STOP.* ***Dur.*** *STOP.* ***»***

C'était le coup classique, impeccable, le coup de gong au commanditaire qu'est engagé jusqu'aux ouïes, qu'est emballé par ses « avances », qui court après son pognon. Le Lœb il voulait pas être fleur, s'être mouillé et les douze tribus, ponctionné le Tout-Sanhédrin, fait cracher les plus hauts magnats des Loges et Wall-Street et puis que tout se débobine, que sa Révolution flageole, qu'elle finisse en vaste pogrom… L'horreur impossible !... Allez hop ! l'effort final ! en avant 40 de mieux ! 40 millions dollars-or !

Tout ça via Stockholm-Helsingfors pour le fin manœuvrier !

Badaboum ! Lénine encaisse ! Maintenant y avait plus à surseoir, à chichiter dans les apprêts. L'affaire solidement agencée, dessus des étais de première, pouvait plus rien craindre de personne, y avait les bases, le répondant.

C'était conçu à fer, à chaud, à or surtout. Le trésor bien planqué en fouille, le divin lest. Lénine hésite plus, il se parfait, se bichonne, s'agrémente, endosse les fringues de circonstances… le costard élimé rase-pet… le def du comptable « chez lui »… le foulard des rhumes… il est de l'emploi, ça fait vingt ans qu'il repasse le rôle… au poil… voilà « l'Homme-parole-âme-des-foules »… il entre dans l'acte comme un gant… C'est là qu'est l'intelligence !... il fonce au dur ! il s'embarque !... Takatchoum !... Takatchoum !... Petrograd !... Il tombe en pleine ébullition…

C'est le Messie qu'émerge du train… Les damnés lui boivent les paroles… Il parle plus de courants d'air… Il parle de choses qu'ont du sens… Il peut se permettre… C'est des messages… C'est des valeurs… C'est le Credo qui soulève les mondes !... les montagnes avec !... Le Blé d'Amérique est avec lui… La youtrerie passe dans ses veines. Toutes ses syllabes sont en dollars… Il a payé comptant : L'inertie des opposants, la pourriture des cadres adverses, ça devient du velours… du beurre de noisettes… C'est de l'Hydromel de Néva !... Il parle d'or quoi, c'est tout dire !... Du coup les damnés se tiennent plus… Le grand orchestre entre en délire, tous les musiciens sont payés ! La grande saoulerie gronde à plein les carrefours !... moujiks, bourriques, forçats, putains, commissaires youpis, noire mercante, tout ça farandole à mort, à pleins cadavres et c'est la fête ! c'est la nouba sur Pierre et Paul ! Dostoïewsky à la polka ! c'est le musette « Marteau-Faucille » à l'abattoir du Grand Judas. On rigole bien, on est en sang. C'est plus de la petite Carmagnole. C'est la sarabande du Tonnerre ! que Dieu lui-même est au plaisir, que le Diable lui passe les cymbales ! par Jéhovah ! c'est la grande Folle ! que tout le bastringue lui saute des poignes, que toute la Terre convulse ! virevolte ! s'écrase ! fiasque partout ! dégouline !... Que c'est plus une chose à regarder.

Mrss. Kuhn Warburg, se retrouvent une drôle de confiance, ils se régalent sur les télégrammes… ça, c'est du labeur grande cuvée ! de l'assouvissement pur carat ! On peut pas faire mieux en moins de jours ! C'est intensif, ça coûte un monde, mais nom d'Isaac, nom de foutre, c'est de l'éclair de diamant d'orgie ! C'est pas des choses à se priver quand on trésorise des milliards ! À quoi bon donc ils serviraient ?

Restait à parachever le turbin. On oubliait Romanov. Il était resté à la traîne là-bas vers Irkousk… avec Médéme et les enfants… On leur fit un sort en vitesse… Ils faisaient des prières en famille au fond de la maison Ipatieff… Ça pouvait pas durer toujours… Ils furent écrabouillés en cave… Nicolas, Médéme et ses filles… On n'en fit qu'une chair à pâté… sauf un main qu'est encore en Suisse, préservée dans un coffre-fort. Ainsi passe la vie des grands…

Et puis pour que personne n'en ignore qui s'en était occupé… Ce fut gravé en hébraïque, en forts caractères de Kabbale, en plein dans le mur, ici et là, tout près du sol, près des cadavres. « Gloire et Bonheur au Peuple Juif »… Ça commémorerait bien la chose. J'ai vu moi les photographies de ces merveilleux hyérographes. (Mission du général xxx en Sibérie).

Bien sûr y a des personnes sceptiques… Il y en a toujours… toujours eu… C'est au Diable tout ça !... les Irkousk !... Allez-y voir !... On n'est pas Tzar !... Moi non plus bien sûr… c'est certain !... Je m'en fais pour l'harmonie des rites !... Je m'en fais pour la main qu'est en Suisse !... qu'il faudra bien serrer un jour… Pour la suite dans les idées… pour la persistance du Dessein…

* * * * *

Le Communisme c'est le grand dada, c'est le grand cheval de bataille du juif. Une seule façon de nous en sortir : lui secouer sa cavale, sauter dessus nous autres, on peut bien.

Le bluffeur juif, sale con, fainéant, il saura même pas quoi en faire du communisme quand il l'aura. Il salopera, bouzillera tout. Il pourra pas s'en empêcher, c'est sa nature. Justice sociale pour le juif ? Lui le faisan, le Pharaon, le jeteur de poudre, le maquereau-né de l'Univers, l'hystérique satrape rebut de l'Orient, le bâtard de toutes les mystiques, l'incapable de tous les métiers, le parasite de tous les temps, l'imposteur de tous les trafics, le malagauffre tourné canaille ? C'est ça l'homme nouveau ? Ah pardon ! Ça serait drôle, ça serait un miracle, ça serait la première fois au monde qu'on verrait le juif sortir des phrases, des saloperies, des complots, pour se replier au rang commun, au tapin, réguler, correct, marner comme tout le monde, à égalité. Alors ça jamais ! Ça n'existe pas ! C'est tout le contraire de sa nature ! Chié par Moïse il tient son rang de caque supraluxe, copain qu'avec les autres chiés, en Moïse, en l'Éternel ! Il est que pourri, pourrissant. Il a qu'une chose d'authentique au fond de sa substance d'ordure, c'est sa haine pour nous, son mépris, sa rage à nous faire crouler, toujours plus bas en fosse com-mune. Qu'est-ce qu'il attend du communisme ? De nous cintrer encore plus étroit, nous garrotter d'encore plus près dans la prison juive.

Tous ouvriers, oui, mais sous lui ! Et pour quoi faire ? Sas caprices, tiens ! sa fantaisie, son apothéose de faux nègre. Y a du Louverture dans chaque juif, je les expédierais tous là-bas, moi, à Saint-Domingue, Caraïbes, ça serait un bon climat pour eux, ils verraient aux îles ce que ça donne, le communisme entre cousins, puisqu'ils veulent plus de la Palestine.

Si y avait encore un peu de moelle au fond de la carcasse des Français, ça serait le moment d'essayer, absolument entre nous, ici même, le fameux gri-gri communiste, la panacée universelle, avant que les juifs nous l'infligent, sans nous demander notre avis, pour leur triomphe et notre supplice. Ça serait prudence élémentaire, les juifs absolument exclus, autrement c'est la catastrophe, c'est la culbute aux abîmes, au reptilarium Kabalique, aux gouffres de l'arrière-pensée.

Bouffer du juif[4] ça ne suffit pas, je le dis bien, ça tourne en rond, en rigolade, une façon de battre du tambour si on saisit pas leurs ficelles, qu'on les étrangle pas avec. Voilà le travail, voilà l'homme. Tout le reste c'est du rabâchis, ça vous écœure tous les journaux, dits farouchement antisémites, qu'est-ce qu'ils cherchent au fond ? On se demande. Qu'est-ce qu'ils veulent ? la place des youpins ? Carrer là-dedans leurs chères personnes ? C'est mince comme programme. Celui qui profite d'une idée c'est déjà une sacrée salope, je veux pas croire qu'ils sont ainsi. Dans tous les cas, point de méprise, la façon qu'ils jouent de la trompette, ils peuvent s'essouffler sur ce ton, pendant des décades et des siècles, ça fera pas naître un enthousiasme dans la masse française, avancer la question d'un poil. Le Français d'abord il s'en fout, il pense au charbon, au malheur, à son charbon, à son malheur personnel, à son petit charbon à lui, à rien d'autre, le reste il s'en fout, c'est des idées, il en veut pas. Il a froid, il est gercé. Tous ces journaux préchi-prêcheurs ils en sont optimistes. Il faut ça pour un journal, c'est la tenue d'ordonnance, c'est la posture traditionnelle, c'est le ronron rotatif. Faut avoir l'air d'être sûr de soi. De voir des étoiles dans la nuit. Quelle crampe par les temps qui courent !... Faut qu'ils déconnent, qu'ils se donnent, faut pas qu'ils se détendent une minute... C'est de la bulle, ça s'évapore... Faut pas qu'ils se marrent, ils se feraient crocher... C'est de la bulle, ça monte... la masse elle regarde, elle regarde tout, mais elle a pas envie de monter, elle redoute de se casser la gueule.

Ils sont cocasses les canards, ils se grattent un petit peu... Ça ne suit pas !... Ils sont emmerdés... Voilà des mois qu'ils essayent de faire tressaillir la viande froide... de Gaulle il en verrait des dures si il arrivait par ici !... Il se doute pas ce que c'est frigide l'enthousiasme français !... Il serait écœuré en moins de deux... Elle est morte Adèle, elle bouge plus... Qu'est-ce qu'elle veut Adèle ?... de la Patrie ? des bas morceaux ?... de la candeur ?... du naturel ?... de l'ordre moral ?... des anathèmes ?... des souscriptions ?... de la violence ?... ou des papouilles ?... des grands procès ?... des grands poètes ?... Ah ! la vache on la comprend plus... elle fait la queue, elle râle à mort... elle rentre chez elle, elle râle encore... C'est « Revendication » qu'elle a... jusqu'au tréfonds de la molécule de la pinéale du trognon... Rien ne la passionne que de râler... et puis le marché noir... où qu'on a du beurre ? des bernots ? des patates ? au Bureau de Tabac !... que la Buraliste est de Coutance, qu'elle a vu des soldats allemands, pas elle, mais sa nièce, un trop

[4] **J'entends par juif, tout homme qui compte parmi ses grands-parents un juif, un seul !**

horrible vraiment spectacle, qu'étaient noyés debout dans la mer, qu'arrivaient comme ça jusqu'au bord, à cause de leurs bottes, remplies d'eau.

Ça dépasse pas ça. C'est triste. Les journaux de choc ils se ravalent, ils s'arrachent les touffes, de malaise, de se voir comme ça en quarantaine, déprisés par les masses françaises. Comme ils sont assez crânouilleux ça les fait pas réfléchir ces sourciers de la politique, ils sont pas capables. Ils ont un dada, ils s'y tiennent, ils sont là-haut, ils caracolent, ils voient pas ce qui se passe aux pavés. Qu'ils vont tout prendre dans la gueule en affreuses tornades un de ces jours. Faut pas être un grand astrologue pour présager des choses pareilles. Dans le mou, dans le vide, ils continuent, toute leur carrière en dépend, les juifs par-ci ! les loges par-là !... Mais ça l'intéresse pas le public !... Comme on dirait de moins en moins ! Ils bravent alors l'adversité, ils hurlent à contre-courant, ils ameutent le souscripteur… « Le mouvement prend de plus en plus d'ampleur… passionne de plus en plus nos foules… les villes, les campagnes… nos masses entrent en effervescence ! elles exigent la mort des maçons !... des youpins ! de leurs créatures ! qu'ont mis la France dans cet état ! Dans cette position trop atroce !... Dans ces draps infâmes !... »

Mais c'est pas vrai ! les arracheurs ! les masses elles demandent rien du tout, elles gueuleraient plutôt « Vivent les Juifs ! » qui savent bien mieux promettre la Lune. Ça fait rien, qu'ils disent nos apôtres, faut pas rester sur des échecs, faut pas avoir l'âme de vaincu, un journal c'est fait pour tourner, c'est une feuille d'espoir qui se vend, qui ne fait de mal à personne, hurlons Noël, il arrivera ! C'est du Coué à la petite semaine. Ça serait peut-être honnête de se rendre compte…

Le peuple il est pas anti-juif, il est judéophage, il veut bouffer que du bourgeois, du bourgeois qu'il connaît bien, son idéal, son modèle, son patron direct, qu'est du même chef-lieu de canton, du même bled, du même village, qui parle son patois si possible, son frère français qu'a réussi, il est fratrophage, le Français, pas mangeur de juif pour un sou. Le juif il est pas en question, l'antisémitisme c'est un blase, l'invention canaille des bourgeois et de leurs suppôts pour dériver le pauvre peuple, ses trop légitimes fureurs sur un innocent. Mais le peuple ne marchera pas, il sait trop bien à quoi s'en tenir ! il est éclairé ! « Le Juif est un homme méritant, c'est un homme à épargner, c'est un homme persécuté par le capitalisme nazi, un homme qu'on essaye de salir avec ses balivernes racistes, l'anti-juif c'est un cagoulard, un ennemi du prolétariat, un fasciste larbin des patrons, des gros, des trusts, des Wendel. »

Et puis voilà, et puis c'est tout.

On retourne à la question des ronds. La grande question des temps qui courent. Le juif il est mystérieux, il a des façons étrangères, il est international, il joue la misère, il a son pognon pas visible, il a plus ou moins un accent, et donc du prestige, tandis qu'Arsène le frère de lait qu'a réussi comme passementier, « Jerseys, macramés en tous genres » qu'est né dans la rue des Bézives, trois maisons après la Poste, parlez-moi de celui-là comme salope ! qui se carre à présent en bagnole, qu'a sa villa à la mer, qu'a une bonne pour ses deux enfants, voilà un qu'est intolérable ! la vraie charogne à abolir ! Moi j'y vois pas d'inconvénient. Vous en voulez du communisme ? Youp ! Laridon ! Servez chaud ! Vous serez fatigués avant moi ! Je vais pas défendre Arsène bourgeois, crougnotteux, dégueulasse, néo-youtre, tartufe, bas « peutt-peutt ». Jamais ! Effacez-moi cette infection ! Son exemple empoisonne tout. Ça devrait être fait depuis longtemps. Ni Caliban, ni Ariel, c'est un fumier où rien ne pousse. Aryen pourri vaut pas mieux que juif, peut-être un peu mois.

Tout ça nous avance pas bezef… que faire du Lion populaire ? On sait plus comment le travailler… On voudrait le doper un petit peu, lui redonner un peu de fringance, de l'appétit pour les grandes choses, le goût des hauts sentiments… Il renâcle, il veut pas de vos salades, ce qu'il veut c'est bouffer du bourgeois, c'est ça qui lui dit, qui l'incite… Ça le rend tout mélancolique qu'on l'empêche de déjeuner… Il en veut pas de vos bagatelles le Lion populaire ! de vos pâles persils, de vos bulles d'idées, il veut de la barbaque et de la chaude, du capital bourgeois replet, des fines paupiettes, de dodues couennes… Oh ! Il est canaille… Il veut bouffer même le vison, les mules en croco à Médéme à 1 225 francs la paire. Il veut tout ça, il veut tout, c'est promis depuis Mai 36.

Personne qu'a pu le remettre en train ni pour la guerre, ni pour la paix. Il est envieux, il est sournois, il bave, il est des plus mauvais en cage, il fait plus honneur à personne, il est plus montrable. C'est une bête devenuc impossible. Il veut dévorer son bourgeois. Mais donnez-lui donc nom de Dieu ! Voilà 12 siècles que ça mijote ! C'est le moment ou jamais ! Voulez-vous donc des catastrophes ? Le juif a préparé la chose, tant pis pour vous, tant pis pour nous ! Le goût lui passera peut-être au populo de la bourgeoisie si il peut s'en mettre jusque-là… à tant et plus et davantage ! Il verra ce que c'est le bonheur !

C'est comme ça chez les confiseurs, on interdit pas aux demoiselles, aux nouvelles vendeuses de goûter à leur marchandise. Au contraire on les encourage. « Mais prenez-en ! prenez-en donc ! Tapez dans tous ces beaux bocaux ! Régalez-vous en bien !... » Au bout de huit jours elles en veulent plus, elles sont guéries pour l'existence. Elles savent ce que c'est que les bonbons.

Le bourgeois malgré sa prétention, il est pas toute l'Histoire du Monde, il est qu'un moment à passer. Faudra bien qu'on le mange comme le reste, du jour qu'il sera vraiment mûr. Faut pas qu'il demande des impossibles, des prolongations arbitraires, des délais indus. Y a des temps comme ça fatidiques, des heures qui sonnent au cadran. À vingt ans on marie ses filles, à 1942 ans la société croque ses bourgeois. Ils sont à l'engrais depuis une paye. Ils sont même déjà en conserve. C'est un service qu'on va leur rendre. Ils souffriraient en insistant. Ils commencent à manquer de tout.

* * * * *

Pour le peuple le Communisme c'est le moyen, l'astuce d'accéder bourgeois illico, à la foire d'empoigne. Sauter dans les privilèges, tranquille, Baptiste une fois pour toutes.

La Cité future pour Popu c'est son pavillon personnel avec 500 mètres de terrain, clos soigneusement sur quatre faces, canalisé si possible, et que personne vienne l'emmerder. Tout ça enregistré devant notaire. C'est un rêve de ménagère, un rêve de peuple décadent, un rêve de femme. Quand les femmes dominent à ce point, que tous les hommes rêvent comme elles, on peut dire que les jeux sont faits, que grandeur est morte, que ce pays tourné gonzesse, dans la guerre comme dans la paix, peut plus se défendre qu'en petites manières, que les mâles ont plus qu'à entrer faire leur office de casseurs, saillir toutes ces mièvreries, abolir toutes ces prévoyances.

Ça sera-t-y des jaunes ? des blancs ? des noirs ? des purs ? des compliqués ? Est-ce qu'on périra dans la noce ? C'est bien possible, c'est même probable.

Toujours est-il que ça sera des hommes et des butors, des dominants qu'iront pas demander aux grand'mères comment faut rêver dans la vie, qui seront disposés comme des ours.

Plus con que le Français ? Vraiment n'est-ce pas, c'est impossible ? Et surtout l'intellectuel ? Littéralement enragé dès qu'il s'agit de déconner dans le sens juif. Un snob masochiste. Et y a pas de race ! Et y a pas de juif ! Et moi par-ci ! Je sais ceci ! Et peutt-peutti ! Et peutt-peutta ! Je sais cela ! Je suis un as du scepticisme ! Ah ! Gobineau quel jobard ! Ce Montandon, quel farceur ! Et le Michelet, quel vendu ! Et que je t'embarque tout détonant en pleine déconophonerie buse ! phénoménal époustouflant à cent mille bords canonnant de cent mille bourdes ! et toujours à contre cause, contre les siens, contre son sang, et toujours pour la gloire du juif, son apothéose, son génie, sa prééminence hors de doute. Toujours un petit juif là dans le coin, tapi, goguenard, qui se tâtonne… épie le goye en ébullition… maintenant rassuré se rapproche… voyant l'objet si bien en feu… passe la main sur ce joli con !... l'encourage, l'asticote, caresse, lui lisse le poil, l'envers… l'endroit… jubile… Ah ! le bon aryen toujours le même, toujours semblables à lui-même, toujours prêt à faire jouir son juif ! Ah ! qu'il est franc ! Ah ! qu'il est voué ! Ah qu'il est juteux à la mort ! Et qu'il se remet en action, le joli con, requinqué de si chaude étreinte, d'humanitaire compréhension.

« Ah ! Nom de Dieu ! Y en a pas de race ! Y a pas de juif non plus, Bordel sang ! Qu'est-ce que c'est qu'un juif? Quel bobard ! Quelle crasse abomination ! Quelle saloperie des fascistes ! C'est pas la honte de notre époque de voir des dinausaures [sic] pareils ? du sang des victimes dégouttants ! tout englués de cœur d'apôtres ! foulant, broyant, écartelant la substance même de vérité ! la chair lumineuse et musique ! »

Le petit juif s'il en boit ! Il se tient plus de violente extase, il en part tout seul dans son froc ! de voir comme ça, le si brave homme si bien disant ! si bel d'enthousiasme ! si épris ! à plus reconnaître de ferveur ! que ça le transpose, l'enivre fol ! d'être positif qu'y a plus de races ! Ferré là-dessus, inépuisable, qu'il est dans le triomphe de baver ! qu'il peut aller tire-larigo [sic] ! carafouille à perdre l'âme…

« Moi ! voyez-vous ! moi ! moi ! moi ! moi je dis que ! que ! que ! et patati et patata ! La race-ci !... la race-là ! la race qua ! qua ! qua ! qua !... n'a pas ! n'a pas ! n'a pas ! n'a pas !... » qu'il est une race à lui tout seul, une race de « moi ! moi ! moi ! moi ! moi ! »… Dix-huit millions de cons dans un seul.

Tout ça bien sûr je vous comprends, c'est très joli, c'est distingué, ça fait rare, ça fait raffiné, de se chercher, de se trouver une race, de mettre en valeur sa lignée, l'esprit, les beautés de l'ethnie. Hé ! hé ! Voilà qui nous sort du commun ! qui vous parfume fort son d'Hozier ! Nous taquinons l'élevage de luxe ! la haute sélection ! le grand club ! où allons-nous ?... Ceci nous éloigne des misères…

Que trouvez-vous en « la française », en cette façon, de si précieux à préserver ? Le Monde serait-il appauvri de quelque beauté essentielle si elle venait à disparaître ? Tout et bel et bien engloutie sous les copulations d'afro-asiates ? Peut-être…

Hélas, que j'ai honte d'avouer… Que vois-je ?... Que sens-je ?... Point de grand-chose à pavoiser, propice à bouillonner la foule… Ce n'est rien… c'est même un ton, un petit sourire de gaîté, tintante à la source, toute furtive, espiègle aux mousses, filante au gué…

Ô bonheur de qui l'admire, l'écoute et se tait ! ne ternit la joie si fragile de se montrer riante à vous, fantastique et frêle comme l'enfance, éternelle, féerique au cœur… C'est la précieuse magie qui monte du sol et des choses et des hommes qui sont nés de là…

Venez ici… Venez là… écoutez ci…

Assommez croassante bêtise ! mégère impostière Furie ! Virago vinassière puante ! Venez ici… entendez là… alouette filante aux cieux ! Gai ! Gai ! plus haut ! droit à l'azur ! et preste et vive d'un fin trait ! tout enchantante votre jour… libre vaillante allègre fragile… emportée de joie… furtive aux étoiles là-haut… blêmes au matin… Voici de gentille gaîté ! plus légère que toute !... mieux de chez nous… qu'à toutes je préfère… point crispée comme la godon… éclatante comme l'italienne… gaîté d'abord ! Gaîté c'est tout !... Je veux des chants et des danses… Je ne me soucie de raison… Qu'ai-je faire d'intelligence, de pertinence ? de dessein ? n'en ai point ! L'Univers non plus… César chagrin ne me froisse parlant aux autres de nous ! « Ils promettent, ils rient, tout est dit. » Tant pis !

Que me fout Mr Ben Montaigne préchi-précha, madré rabbin ?... Il n'est point la joie que je cherche, fraîche, coquine, espiègle, émue… Combien à lui je préfère… Couperin du « Coucou »… Christine des virelais… Gervaise des branles !... Je voudrais mourir de rire, mais légèrement… Bellay m'est plus cher que Racine pour deux trois vers… Je veux bien larmoyer un peu mais en dansant... Je suis de la « troupe volage »… Les sanglots d'Iphigénie m'ennuient… Hermione est obscène et s'écoute…

Sombres histoires de cul.

Mr Montaigne n'est point lyrique et c'est un grand crime à mes yeux, il fabrique ses sournois Talmuds, ses gros manuels du « Parfait Juivre », à crougnotter dans la tiédeur, dans la dégonflerie captieuse, à cent mille bonnes raisons pour une… L'Horreur !...

Le grand besoin d'être touché… tout divinement allégé… de soi perclus, gris et souci !... emporté tout vif !... à la ronde ! sur les nuées qui passent volages !... N'en parlons plus !

Je n'ai point besoin de sermons, mais de délivrance légère et tous ceux de mon sang de même… point ne vaut vivre sans caprices… frivoles et déraisonnants… Méchant qui nous tance ! Danser nous voulons ! Nul de nous bien apte à raison… mais gentiment bien prompt a rire et danser de même… à musique de notre essor… L'enthousiasme tient à peu de chose… au jet d'une alouette au ciel… à la joie menue qu'elle éprouve… là-haut, tout là-haut pour nous… gaîté vole, vive apeurée… de lourdes hontes survenues… morfondues…

Ah ! remportez-nous ces torrents ! Ces avalanches de sagesse !... Las !... nous noyons dessous Sçavoir [sic] !...

Tout cela nous gâche et nous tue…

Que notre gaîté s'éteigne et les dieux mêmes seront contrits… Las ! les cieux seront lors plus lourds…

Nous voulons vivre sans connaître… Nous voulons bien mourir de rire… le plus frivolement… si possible…

Que nous hante encore le Destin ?... âpres raisons aigres marmonnent…

* * * * *

Gaîté seulement nous sauvera, non point l'usine ! ni plan de ceci, ni cela, ni grognonnages de balourds, ni stratagèmes de ruffians mâtinés cuistres, rafistolages en béton de « Toureifèles » en fourniments, Trusts en Concerns, grands [sic] calamités tayloriques, délires Pyramides, puants mastodontes à fatras, écrasant nos vies statistiques sous Déluges-fontes-agglomérés, délectations paranoïdes. Mort à tous fours et cheminées !

Choyons, fêtons notre musique, nôtre ! qui nous fera voguer jolis par-dessus les horreurs du Temps d'un bel et frais et preste essor ! à notre guise ! notre caprice ! fifres ! clarinettes ! grêle tambour ! Embrassons-nous ! À gros bedons point de mercy ! À grimaces aigres : sacrifices ! médecine de chiens !

Il faudra bien solder la danse ! me damne ! les musiciens de notre choix ! Qui payera ? Les riches bien sûr ! Ils sont venus jusque sur nous du fond des siècles, tout exprès pour nous régaler, nous égayer de leurs largesses ! En doutiez-vous ?

* * * * *

Ah ! retrouvons notre gaîté ! où se cache-t-elle ? Dessous les sous ? Partageons-les ! Ah ! l'Univers sera surpris lorsqu'il apprendra que Français partagent pécune ! Cela ne s'était jamais vu ! Ah ! retrouvons notre gaîté ! Ah ! volons tous au sacrifice ! Ah ! Plus de mines morfondues ! gai ! gai ! polkons ! tous au partage !... Pourquoi le peuple a-t-il perdu ses francs rires et couplets ? Les ronds ! les ronds ! question résolue ! Harpagon pendu !

Ah ! certes bien chaud partisan de justice sociale. Il faut faire régner la justice, et tout de suite et pas dans dix ans ! Nom de Dieu ! Ça va assainir l'atmosphère, purger les rancunes ! Il faut faire régner la justice, la vengeance des opprimés, non parce que ça leur fait plaisir, mais parce que c'est la guérison, le baume des jaloux, des envieux, des enragés de pognon, de tout le monde en somme aujourd'hui, de la société tout entière qu'a plus une idée hors du pèze, le bourgeois pour qu'il se barre pas, le pauvre pour lui calotter.

C'est la maladie unanime, faut opérer ça d'un seul coup ! inciser l'abcès long et large ! que ça dégorge qu'on en parle plus !

Tant qu'on aura pas ouvert Pognon, on a rien fait de sérieux, méchants cautères sur pourriture, marché noir et compagnie, tralalas foireux, clarinettes…

C'est pas de discours qu'il s'agit, ni d'ordre moral, ni de Police, d'élections non plus, c'est Gros Sous qu'il faut opérer, vider sa poche, débrider, amener tout ça au soleil. C'est de l'hygiène sans patchouli, nettoyer le cul de la Sociale, après elle pourra se faire coquette. Telle quelle c'est une infection, une hideur bien décourageante, que c'est même plus à en rire, que c'est vraiment plus rien du tout.

* * * * *

La Révolution moyenneuse ? Comment l'allez-vous faire belle face ?

Je décrète salaire national 100 francs par jour maximum et les revenus tout pareillement pour les bourgeois qui restent encore, bribes de rentes, ainsi je n'affame personne en attendant l'ordre nouveau. Personne peut gagner plus de 100 balles, dictateur compris, salaire national, la livre nationale. Tout le surplus passe à l'État. Cure radicale des jaloux. 100 francs pour le célibataire, 150 pour les ménages, 200 francs avec trois enfants, 25 francs en sus à partir du troisième môme. Le grand salaire maxima : 300 francs par jour pour le Père Gigogne. Ça sera une extrême exception, la moyenne 70-100 balles.

Forcément y en a qui fument, qui trouvent que c'est pas juste du tout, les ceusses qui gagnent pas leurs cent francs... Pardon ! pardon ! Tout est prévu ! 50 francs salaire minimum, 75 marié, 100 francs les pères de famille avec trois enfants au moins. J'ai pensé à eux.

Plus de chômage bien entendu. Comment vous supprimez ça ?

Je nationalise les Banques, les mines, les chemins de fer, les assurances, l'Industrie, les grands magasins... C'est tout ? Je kolkozifie l'agriculture à partir de tant d'hectares, les lignes de navigation, je ramasse le blé, les froments, l'élevage des génisses, et les cocottes avec leurs œufs, je trouve du boulot pour tout le monde. Et ceux qui veulent pas travailler ? je les fous en prison, si ils sont malades je les soigne.

Comme ça y aura plus d'histoires, faut que tout le monde y passe, les poètes je m'en occupe aussi, je leur ferai faire des films amusants, des jolis dessins animés, que ça relèvera le niveau des âmes, il en a besoin. Une fois qu'on est sorti de la tripe, de l'obsession de la boyasse, tous les petits espoirs sont permis.

* * * * *

Faut pas du grand communisme, ils comprendraient rien, il faut du communisme Labiche, du communisme petit bourgeois, avec le pavillon permis, héréditaire et bien de famille, insaisissable dans tous les cas, et le jardin de cinq cents mètres, et l'assurance contre tout. Tout le monde petit propriétaire. Le bien Loucheur obligatoire. Toujours les 100 francs maxima, les maridas à 125, les grosses mémères à 150. Ça fera des discussions affreuses, du bignolage perte d'ouïes, un paradis pour ménagères, on arrêtera plus de jaboter à propos des profiteurs qu'ont des 4 et 5 enfants, mais ça aura plus de conséquences, ça pourra pas soulever les masses des différences de 25 francs.

Votons mesquin, voyons médiocre, nous serons sûrs de pas nous tromper. Voyons le malade tel qu'il se trouve, point comme les apôtres l'imaginent, avide de grandes transformations. Il est avide de petit confort.

Quand il ira mieux ça se verra, on pourra lui faire des projets, des grandes symphonies d'aventures, nous n'en sommes pas nom de Dieu ! Si on le surpasse il va en crever, il va s'écrouler dans son froc, il va débiner en lambeaux, il va se barrer en jujube, il tient déjà plus lerche en l'air... Il est vérolé d'envie comme le bourgeois d'avarice. C'est le même microbe, même tréponème.

C'est ça qui leur donne des abcès, qui les torture, les grimace.

Les opérer tous les deux, ensemble, d'un même bistouri, c'est Providence et charité, c'est la résurrection sociale.

Ils sont trop laids à regarder, tels quels, convulsant dans leur merde, il faut agir, c'est un devoir, c'est l'honnêteté du chirurgien, une toute simple, fort nette incision, presque pas sanglante, une collection fleur à peau, archi-mûre… un petit drain… quelques pansements… et puis c'est tout… huit à dix jours…

* * * * *

Moi j'aime pas les amateurs, les velléitaires. Faut pas entreprendre un boulot ou bien alors il faut le finir, faut pas en laisser en route, que tout le monde se foute de votre gueule…

Si on fait la révolution c'est pas pour la faire à moitié, il faut que tout le monde soye content, avec précaution, douceur, mais avec la conscience des choses, qu'on a rien escamoté, qu'on a bien fait tout son possible.

Quel est l'autre grand rêve du Français ? 99 Français sur 100 ? C'est d'être et de mourir fonctionnaire, avec une retraite assurée, quelque chose de modeste mais de certain, la dignité dans la vie.

Et pourquoi pas leur faire plaisir ? Moi j'y vois pas d'inconvénient. C'est un idéal communiste, l'indépendance assurée par la dépendance de tout le monde. C'est la fin du « chacun pour soi », du « tous contre un », de « l'un contre tous ». Vous dites : Ils fouteront plus grand'chose. Oh ! C'est à voir… On en reparlera… Je trouve ça parfaitement légitime que le bonhomme il veuille être tranquille pour la fin de ses jours. C'est normal… et la sécurité de l'emploi… c'est le rêve de chacun. Je vois pas ce que ça donne d'être inquiet, j'ai été bien inquiet moi-même, j'en ai t'y mangé de la vache ! Je crois que je suis un champion de la chose, j'ai tout de même ça en horreur. Je vois pas à quoi ça peut servir pour le relèvement de la Sociale, la marche agréable du Progrès, de se casser le cul effroyable, d'en chier comme trente-six voleurs, sans fin ni trêve, les consumations par l'angoisse que c'est du crématoire de vie.

C'est toujours des douillets nantis, des fils bien dotés d'archevêques qui vous parlent des beautés de l'angoisse, je leur en filerai de la voiture, moi ! de la sérieuse voiture à bras, et poil, certificat d'étude ! à l'âge de 12 ans ! je te leur passerai le goût de souffrir !

Le juif il veut bien tout ce qu'on veut, toujours d'accord avec vous, à une condition : Que ce soit toujours lui qui commande. Il est pour la démocratie, le progrès, toutes les lumières, du moment que ça va dans son sens.

Grandes étiquettes et crapuleries.

La formule lui est bien égal, il se débrouille toujours, pourvu que ce soit lui qui commande, en définitive, par personnes interposées, par missions occultes, par les banques, par le suffrage universel, par les semi-juifs, par les maçons, par les mariages dynastiques, tout ce qu'on voudra, et les Soviets, pourvu que ce soit lui qui commande.

Il fabrique aussi bien son beurre dans les monarchies nordiques que dans les Kominterns kalmouks ou dans les Loges du Mexique. Il est à son aise partout pourvu que ce soit lui qui commande, abandonne jamais les ficelles.

Il chante la chanson qu'on voudra, dansera sur toutes les musiques, gigottant [sic] avec les singes, hurlant avec les pauvres loups, zigzaguant avec les serpents, imitant tous les animaux, toutes les races, tous les passeports, pourvu que ce soit lui qui commande.

C'est un mimétique, un putain, il serait dissous depuis longtemps à force de passer dans les autres, s'il avait pas l'avidité, mais son avidité le sauve, il a fatigué toutes les races, tous les hommes, tous les animaux, la Terre est maintenant sur le flanc, rendue par ses tripatouillages, il est pas encore rassasié, il emmerde toujours l'Univers, le Ciel, le Bon Dieu, les Étoiles, il veut tout, il veut davantage, il veut la Lune, il veut nos os, il veut nos tripes en bigoudis pour installer au Sabbat, pour pavoiser au Carnaval. Il est fol, à lier complètement, c'est qu'un absurde sale con, un faux sapajou hystérique, un imposteur de ménagerie, un emmerdant trémousseux, crochu hybridon à complots. Il nous escorte c'est le malheur, c'est le monstre qui colle, l'Horreur chez soi, il est monté dans la nef à la place d'un vrai animal.

Il veut plus jamais nous quitter du moment que c'est lui qui commande.

On le vire de la barre ?... on peut plus… on en a marre d'intervenir… Il hurle trop fort quand on le bouscule… Il a fatigué tout son monde… Il faut que ce soit lui qui commande…

* * * * *

Le juif il a peur de rien… Il a peur seulement que d'une chose : du Communisme sans les juifs.

Le bonheur sans Marx et ses fils… Ça alors c'est la fin du monde…

C'est le renversement des vapeurs. C'est l'explosion du Soleil. C'est le suicide du haricot.

* * * * *

Je vois venir les « jeunes redresseurs »… comme ci… comme ça bureaucrates, pleins de virulences et d'entregent, prêchi-prêcheurs… pleins de bonne foi, de pétulance… Qu'ils ont du Travail plein la gueule, et du flan aussi… Le Travail-salut ! le Travail-fétiche ! Travail-panacée-des-tordus ! Le Travail remède la France ! Travail toutes les sauces !... Les masses au Travail ! bordel foutre ! Les pères au travail ! Dieu au travail ! l'Europe au travail ! Le Bagne pour tous ! Les fils au travail ! Mémères au boulot ! Faut que ça fume ! La grande ivresse des emmerdeurs ! L'intention est excellente… mais faut penser aux « pas abstraits », à ceux qui vont trimer la chose… ceux qui sont pas dans les bureaux en train de se griser de statistiques, d'épures prometteuses… Ceux qui vont les exécuter les hauts projets mirobolιques, qui vont se farcir les mornes tâches au fond des abîmes de charbon… qui vont s'ahurir à la mort autour des chignolles tréfileuses dans le bacchanal âcre des fabriques, toute la vie dans le relent d'huile chaude. C'est pas marrant le tangible…

Pardon !... Pardon !... faut réfléchir !... faut se demander où ça nous mène ?... si tout ça c'est pas l'imposture, une façon de se débarrasser… On dit que la machine rend méchant… le contraire serait une rude surprise. C'est anti-humain au possible de foutre comme ça dans les rivets, les générations montantes, les mitoyennes, les fléchissantes, dans les enfers de quincaille pendant des jours, des années, toute la vie… sans issue probable… sans musique… l'hôpital à la fin de vos jours.

Qui va là-dedans pour son plaisir ? Sûrement pas nos chers visionnaires, nos gentils ardents redresseurs, tout épargnés par leur culture, leur bel acquit, leur position.

L'usine c'est un mal comme les chiots, c'est pas plus beau, pas moins utile, c'est une triste nécessité de la condition matérielle.

Entendu, ne chichitons pas, acceptons vaillamment l'usine, mais pour dire que c'est rigolo, que c'est des hautes heures qu'on y passe, que c'est le bonheur d'être ouvrier, alors pardon ! l'abject abus ! l'imposture ! l'outrant culot ! l'assassinat désinvolte ! Ça vaut d'appeler les chiots un trône, c'est le même genre d'esprit, de l'abus sale.

Bien sûr on peut pas supprimer, l'usine dès lors étant admise, combien d'heures faut-il y passer dans votre baratin tourbillant pour que le boulot soye accompli ? toutes les goupilles dans leurs trous, que vous emmerdiez plus personne ? et que le tâcheron pourtant crève pas, que ça tourne pas à sa torture, au broye-homme, au vide-moelle ?...

Ah ! C'est la question si arduc... toute délicate au possible. S'il m'est permis de risquer un mot d'expérience, sur le tas, et puis comme médecin, des années, un peu partout sous les latitudes, il me semble à tout bien peser que 35 heures c'est maximum par bonhomme et par semaine au tarabustage des usines, sans tourner complètement bourrique.

Y pas que le vacarme des machines, partout où sévit la contrainte c'est du kif au même, entreprises, bureaux, magasins, la jacasserie des clientes c'est aussi casse-crâne écœurant qu'une essoreuse-broyeuse à bennes, partout où on obnubile l'homme pour en faire un aide-matériel, un pompeur à bénéfices, tout de suite c'est l'Enfer qui commence, 35 heures c'est déjà joli. La preuve c'est qu'on voit pas beaucoup des jeunes effrénés volontaires s'offrir à la conduite des tours, des fraiseuses racleuses chez Citron ou chez Robot C°, pas plus que de commis éperdus mourant d'adonner leur jeunesse à l'étalage chez Potin. Ça n'existe pas. L'instinct les détourne.

Attention à forcer l'instinct ! C'est ça qui nous rend impossible ! Malheureux indurés canailles, qu'on sait plus par quel bout nous prendre, culs-de-jatte sur tabourets d'horreurs, chevillés aux cent mille chignolles, tordus complotiques à binocles, myopes de régularité, monotones à dégueuler. Taupes de jour.

Il faudrait rapprendre à danser. La France est demeurée heureuse jusqu'au rigodon. On dansera jamais en usine, on chantera plus jamais non plus. Si on chante plus on trépasse, on cesse de faire des enfants, on s'enferme au cinéma pour oublier qu'on existe, on se met en caveau d'illusions, tout noir, qu'est déjà de la mort, avec des fantômes plein l'écran, on est déjà bien sages crounis, ratatinés dans les fauteuils, on achète son petit permis avant de pénétrer, son permis de renoncer à tout, à la porte, décédés sournois, de s'avachir en fosse commune, capitonnée, féerique, moite.

La France elle a des ennuis. Elle va crever d'à peu près tout, des juifs, des maçons, de l'Angleterre, de la défaite militaire, de bisbille celtique éperdue, de prétentions cacochymes, de la haine des uns pour les autres, de l'égoïsme capitaliste, et cœtera et couetera… Elle va crever qu'elle manque d'essence, de coton, de cuivre et de froment…

Elle va périr enfin surtout qu'elle produit plus assez d'enfants, c'est l'œuf de Colomb par le fait : plus d'enfant, plus de France… Au taux actuel c'est des plus simples, dans 20 ans y aura plus de jeunesse… y aura plus chez nous que des vieillards, des emphysémateux à bosses… La question sera donc résolue en même temps que les autres… France éternelle aura vécu… de tours de vache en discours, de folles saignées en clarinettes… Pas besoin de se casser la tête… Les problèmes d'asile de vieillards c'est du ressort de l'Économat, y a plus besoin de Premier Ministre… des suppositoires… du tilleul… On est donc au bout du rouleau. C'est de la pénurie vitale… C'est la poule qui ne veut plus pondre… Ah ! la déprimante conjecture ! De quoi morfondre bien des Sénats ! Bien sûr y a le Code de la famille ! Mais qu'il est étique et râleux ! chafoin ! Je crois pas qu'il fasse bander personne…

Et c'est pourtant de ça qu'il s'agit… Beaucoup de papier, peu d'enthousiasme. Faut se mettre à la portée du monde… Vous parlez d'un fringant passé !... Tout en catastrophes écœurantes… Verduns pour rien… Gloire pour les prunes… Impôts pour les youtres, les anglais… la Ceinture française tous les jours… jamais pour nous les chaussures !... toujours pour les autres !… Salut ! Vous avez dégoûté la bête. Vous parlez d'un joli présent… Vous parlez d'un jouissant avenir… que du boulot, des sacrifices, des charogneries à perte de vue… C'est pas un programme bandochant… Vous vous rendez compte ? On en a sué 400 milliards pour parvenir où nous en sommes… sur les genoux… en bas d'une autre côte… C'était aussi un grand projet bien patronné par toute l'élite, la fine fleur des hautes maçonneries… à quel renfort de zimboum ! boum !...

Quelles pâmoisons ventriloques !...

Quels sacrés jurements au bonheur ! quelles culotissimes assurances ! Et de quels hommes ? Presque les mêmes… les bulles encore au coin de la gueule… C'est donc le tout à recommencer ?...

Minute ! Vous permettez qu'on se gratte… qu'on se demande où ça va conduire votre nouvelle enfourcherie de dada… qu'on se demande dans votre aventure qu'est-ce qu'on va lui faire au têtard ? C'est ça qui nous intéresse… Quels tours de fumiers tout ça couve ?… Des championnats de la maigreur ?... Va-t-on battre les Russes… les Berbères… au Grand Steeple de la Privation ?...

Prévenez-nous tout de suite…

Faut vous faire encore des enfants ?

Ça vous suffit pas les vieillards ? Ah ! Ça va mal ! Mieux vaut l'admettre. La confiance se cache, les enfants aussi, ils restent au fond des entrailles.

L'entrain à la vie n'est plus là.

Ça se voit en tout, dans nos grimaces, nos façons gercées… Crédit est mort une fois pour toutes.

Pas de sécurité pas de famille ! Plus de légèreté, plus de grâce, dans les mouvements, dans les cœurs…

Sans enfants plus de gaîté.

Comment rendre la confiance à tous ces gens sourcilleux, revêches au déduit, noués de partout ?...

Je crois par un autre code de la Famille, mais alors beaucoup plus vivace, plus ample, bien plus généreux, pas un code de ratatinés discutailleux préservatifs. Mais non ! Mais non ! Un vrai code, qui comprendrait tout, bêtes, biens et gens, enfants et vieillards de France dans la même famille, les juifs exclus bien entendu, une seule famille, un seul papa, dictateur respecté. Une famille donc respectable où y aura plus du tout de bâtards, de cendrillons, de poil de carotte, de bagnes d'enfants, « d'Assistance », où la soupe serait la même pour tous, où y aurait pas d'enfants de riches, des tout dodus et les petits maigres, des qui s'amusent, d'autres qui la pilent. Ça va vraiment plus une société bâtie comme la nôtre, faut mieux qu'elle s'efface, c'est comme une chienne qu'est trop vicieuse, c'est normal qu'on s'en débarrasse.

Tout le monde à la même école ! Les familles réunies, en somme, toutes les familles dans une seule, avec égalité des ressources, de droit, de fraternité, tout le monde au salaire national, dans les 150 francs par jour, maximum, le Dictateur 200 points pour lui faire spécialement honneur, encore qu'il soit bien entendu qu'on ira pour sa livre « extra » le taper plus souvent qu'à son tour, question de bien lui rappeler la vie, qu'il en chiera comme un voleur, que c'est le rôle des pères de famille.

Faut recréer tout ? alors parfait ! Mais faut pas se perdre dans les prostates, faut recommencer tout de l'enfance, par l'enfance, pour tous les enfants. C'est par là que le racisme commence et le vrai communisme aussi, à l'enfance et pas ailleurs, par la gentillesse unanime, l'envie que toute la famille soit belle, saine, vivace, aryenne, pure, rédemptrice, allégrante de beauté, de force, pas seulement votre petite famille, vos deux, trois, quatre mômes à vous, mais toute la famille bien française, le juif en l'air bien entendu, viré dans ses Palestines, au Diable, dans la Lune.

On se fout des enfants des autres ! Ça suffit bien d'élever les siens ! Chacun voit midi à sa porte ! Il faut que ça cesse ce genre hideux, une fois pour toutes ! que ça devienne incompréhensible cet égoïsme ès berceau. Il faut que les enfants des autres vous deviennent presque aussi chers, aussi précieux que les vôtres, que vous pensiez aussi à eux, comme des enfants d'une même famille, la vôtre, la France toute entière. C'est ça le bonheur d'un pays, le vrai bouleversement social, c'est des papas mamans partout. Le reste c'est que des emmerdements, des abracadabrantes combines, des fourbis chinois, des pitreries d'orgueil, hagard, absolument contre nature, qui peuvent finir qu'en catastrophes.

Racisme c'est famille, famille c'est égalité, c'est tous pour un et un pour tous. C'est les petits gnières qu'ont pas de dents que les autres font manger la soupe. Au sort commun pas de bâtard, pas de réprouvés, pas de puants, dans la même nation, la même race, pas de gâtés non plus, de petits maîtres. Plus d'exploitation de l'homme par l'homme. Plus de damnés de la terre. C'est fini. Plus de fainéants, plus de maquereaux non plus, plus de caïds, plus d'hommes à deux, trois estomacs.

Le marxisme est bien emmerdé, on lui secoue son atout majeur : le cœur froid des hommes.

C'est la famille qui réchauffe tout, c'est plus le pognon qui l'unit, c'est la race, c'est plus le pognon qui la divise, y en a plus. C'est tout le pays familialement recréé à 100 francs par jour.

La maîtresse richissime d'un de nos présidents du conseil, actuellement en prison, fut paraît-il à l'origine, à l'inspiration des « décrets de pudeur » récemment promulgués.

Outre ! Décrets d'offusquerie ! de protection soi-disant de la morale et des familles !

Bouffre ! que voici la tartuferie dans tout son odieux faux-fuyant ! sa dégueulasserie bourrique ! toujours cavetante aux Parquets ! (comme les communistes) pour dériver les griefs, détourner la foudre sur quelques piteux qu'en peuvent mais…

Ah ! le fameux tableau de chasse ! comme ça va relever les familles quand on aura cintré trois cloches, trois plumiteux en mal de terme, qu'auront ressorti les filles de Loth, et puis deux, trois petits maniaques qui se font du mal au martinet !... Malheur ! Ça leur fera des belles cuisses aux familles françaises !

Madame, j'aurais des choses à dire si vous étiez encore en Cour, mais vous n'êtes plus aux faveurs… vous en entendriez des belles… mais vous n'êtes plus au pouvoir… C'est pas mon genre l'hallali, j'ai pas beaucoup l'habitude d'agresser les faibles, les déchus, quand je veux me faire les poignes sur le Blum je le prends en pleine force, en plein triomphe populaire, de même pour les autres et Mandel. J'attends pas qu'ils soyent en prison. Je fais pas ça confidentiellement dans un petit journal asthmatique. Je me perds pas dans les faux-fuyants, les paraboles allusives.

C'est comme pour devenir pro-allemand, j'attends pas que la Commandatur pavoise au Crillon.

Demain si le Daladier revenait (c'est pas impossible croyez-le) je vous affirme que je le rengueulerais et pas pour de rire. D'abord y a un compte entre nous, c'est lui qui m'a fait condamner… Pour le moment il est tabou, il est par terre, ça va, j'attends…

Y a un temps pour tout que je dis… J'aime pas les salopes.

C'est sous Dreyfus, Lecache, Kéril, qu'il fallait hurler « vive l'Allemagne » ! À présent c'est de la table d'hôte…

Mais revenons à nos familles… Vous leur vouliez du bien Madame ? Avec tout le respect que je vous dois, vous vous foutez d'elles et bellement ! C'est pas en expurgeant les livres que vous augmenterez leur confort. D'abord je vais vous dire une bonne chose, les familles elles lisent jamais rien, quelque fois le *Paris-Soir* et encore… C'est pas les livres qui les corrompent… Ce qui les corrompt c'est votre exemple, c'est l'exemple de vos privilèges, c'est votre astucieuse réussite de foutre rien avec des rentes, d'être bien heureuse dans votre nougat, toute parasite et pépère. La voilà la folle indécence, l'obscénité en personne ! Voilà le fléau Madame, c'est pas dans les livres, c'est dans votre existence même.

Je vous vois qu'une façon de les aider les familles qui vous sont précieuses, c'est de leur verser tout votre pognon, tous les attributs de la fortune. C'est ça qui les soulagera bien, c'est pas les déplacements de virgules, les nitoucheries effarées, les trémoussements autour du pot… Si vous attaquez le problème alors allez-y carrément ! amenez vos ronds ! là ! sur la table ! tous vos ronds ! on verra de cy que vous êtes sincère, que c'est pas du cinéma, que les familles vous tiennent à cœur.

Parce que si c'est pour la musique, nous aussi on peut composer… des folies-bouffes… des pastourelles… Racine, lui, travaillait en verses pour les jeunes filles de la Maintenon…

Ah ! Méfions-nous de ces maîtresses !... elles vous ont un goût des Beaux-Arts… un penchant, le caprice, le don, de s'occuper des familles !…

Oh ! C'est pas que je vienne dire du mal des Beaux-Arts et de leur enseignement. Je trouve rien de plus essentiel. « Donnez-moi le privilège d'écrire les chansons d'un peuple et je serai bien au-dessus de celui qui fait les Lois. »

Voici le précieux adage tout à méditer.

Vous dites : « Le peuple a aucun goût ! Il aime que le faux, les ordures… »

Où qu'il aurait pris son goût ? Pas à l'école, on l'apprend pas. On se désintéresse du goût, de l'enthousiasme, de la passion, des seules choses utiles dans la vie… On apprend rien à l'école que des sottises raisonnantes, anémiantes, médiocrisantes, l'air de tourner con râbacheur. Regardez les petits enfants, les premières années… ils sont tout charme, tout poésie, tout espiègle guilleretterie… À partir de dix, douze ans, finie la magie de primesaut ! mués louches sournois butés cancers, petits drôles plus approchables, assommants, pervers grimaciers, garçons et filles, ragoteux, crispés, stupides, comme papa maman. Une faillite ! Presque déjà parfait vieillard à l'âge de douze ans ! Une culbute des étoiles en nos décombres et nos fanges !

Un désastre de féerie.

Quelle raison ? La puberté ? Elle a bon dos ! Non ! Parce que dressés tout de suite en force, sonnés d'emblée dès l'école, la grande mutilante de jeunesse, l'école leur aura coupé les ailes au lieu de leur ouvrir toutes grandes et plus grandes encore ! L'école n'élève personne aux nues, elle mutile, elle châtre. Elle ne crée pas des hommes ailés, des âmes qui dansent, elle fabrique des sous-hommes rampants qui s'intéressent plus qu'à quatre pattes, de boutiffes en égouts secrets, de boîtes à ordures en eaux grasses.

Ah ! C'est vraiment le plus grand crime d'enfermer les enfants comme ça pendant des cinq ou dix années pour leur apprendre que des choses viles, des règles pour mieux s'ahurir, se trivialiser à toutes forces, s'utiliser l'enthousiasme aux choses qui s'achètent, se vendent, se mangent, se combinent, s'installent, dilatent, jubilent Capital, qu'on roule avec, qu'on trafique, qu'on goupille, chignolle, lamine, brase, en cent enfers mécanisés, qu'on accumule dans ces dépôts pour les refiler à bénéfices… à la grouillerie des brutes d'achat.

Quelle atroce farce ! Saisir les enfants à leurs jeux, les empêtrer minutieusement pas examens impeccables de notions toujours plus utiles, tourner en plomb leur vif argent, leur river après les quatre pattes, que la bête gambade plus jamais, qu'elle reste prosaïque à toujours, fardée à hurler à mort, sous chape effroyable, à désirer toutes les guerres pour se dépêtrer comme elle peut d'une existence qui n'en est plus, qu'est une espèce de survie d'une joie trépassée depuis longtemps, enterrée toute vive à l'école.

Parce que si ça doit continuer notre existence pareille et même, telle qu'elle se déroule aujourd'hui, sur cette boue ronde, je vois pas beaucoup à quoi ça rime… Des catastrophes comme distractions… des hécatombes comme dessert… ça peut encourager personne… On pourrait peut-être aviser, varier un peu nos usages… se demander par où ça pèche… À moins qu'on aime l'atrocité… les grands Beaux-Arts de catastrophe…

C'est important les Beaux-Arts, c'est pas moi qu'en dirais du mal… C'est la manière de s'en servir, c'est là qu'est le hic… Ça serait peut-être même une façon de rénover de fond en comble l'Europe et ses tristes vilains penchants, de lui retrouver un petit peu une âme, une raison d'être, un enchantement, une gaîté surtout, c'est ça qui lui manque le plus, une gaîté pour commencer, puis une mélodie bien à elle, une ivresse, un enthousiasme, un racisme d'âme et de corps, qui serait l'ornement de la Terre, la fontaine des plus hautes féeries ! Ah, nom de Dieu y en a besoin !

Pas un racisme de chicane, d'orgueil à vide, de ragots, mais un racisme d'exaltation, de perfection, de grandeur.

Nous crevons d'être sans légende, sans mystère, sans grandeur. Les cieux nous vomissent.

Nous périssons d'arrière-boutique.

Vous voulez retrouver l'entrain ? la force créatrice ? alors première condition : Rénovez l'école ! recréez l'école ! pas qu'un petit peu… sens dessus-dessous !...

Tout doit reprendre par l'école, rien ne peut se faire sans l'école, hors l'école. Ordonner, choyer, faire éclore une école heureuse, agréable, joyeuse, fructueuse à l'âme enfin, non point morne et ratatinière, constipante, gercée, maléfique.

L'école est un monde nouveau qui ne demande qu'à paraître, parfaitement féerique, tous nos soins envers ce miracle ne consistent encore à ce jour qu'en brutalités méthodiques, en avortements acharnés.

Le goût du public est tout faux, résolument faux, il va vers le faux, le truqué, aussi droit, aussi certainement que le cochon va vers la truffe, d'instinct inverti, infaillible, vers la fausse grandeur, la fausse force, la fausse grâce, la fausse vertu, la fausse pudeur, le faux bonhomme, le faux chef-d'œuvre, le tout faux, sans se fatiguer.

D'où lui vient ce goût-catastrophe ? avant tout, surtout de l'école, de l'éducation première, du sabotage de l'enthousiasme, des joies primitives créatrices, par l'empesé déclamatoire, la cartonnerie moralistique.

L'école des bourrages ressassages, des entonnages de fatras secs nous conduit au pire, nous discrédite à jamais devant la nature et les ondes…

Plus d'entreprises de cuistreries ! d'usines à rogner les cœurs ! à raplatir l'enthousiasme ! à déconcerter la jeunesse ! qu'il n'en réchappe plus que noyaux, petits grumeleux rebuts d'empaillage, parcheminés façon licence, qui ne peuvent plus s'éprendre de rien sauf des broyeuses-scieuses-concassières à 80 000 tours minute.

Ô pions fabricants de Déserts !

Bien sûr il faut des certitudes, du pondérable, des poids, des mesures, des sciences exactes, des découpetages d'Algébrie, des mathématiques Barateuses-lieuses, des concomitants Mastodontes, poustouflants à cent mille pistons, par tourbillonages réversibles, des fouasseuses gicleuses synthétantes hautes dix fois comme la tour Eiffel, à jus de cornue miroboleux, idoles de vingt Trusts verticaux, avec fournaises en ébonite, cheminées qui traversent les Alpes, tous les torrents emboutis, façonnés égouts de Haute-force, mers Blanches en sirops, qui remplacent mille hommes à fond de mine par trois pets et un tondu, tout ceci formellement précis et loustiquerie polytechnique.

Fort bien ! Très bien ! Nous sommes contents !

Parfaitement louable et Grand merci ! Le progrès étant à ce prix !

Tout de même faudrait que ça passe en second... en tout honneur et révérence... que ça décervelle pas l'enfance... autrement c'est plus qu'un désastre, un misérable naufrage en plein Prodige de mécanique, qu'on laisse tout de même l'enfant tranquille que ça lui mange pas tout son rêve, les forces du progrès électrique, tourpillonnant standardisé, parce que c'est ça le divin précieux, précieux comme trois cent mille progrès, notre tout petit mirliton à nous... encore au fond des âges... trois cent mille fois mille progrès et encore mille fois dix mille ans, ça ne vaut pas... le petit rigodon du rêve la musique timide du bonheur, notre menu refrain d'enfance...

Que doive crever Polytechnique on se fera parfaitement raison, qu'on marche déjà très bien à pied, qu'on fera dodo dans l'autobus quand y aura plus d'essence du tout, à jamais... et quand ça sera la mort du cheval... on reviendra aux temps comme avant où y avait pas encore les clous... où se promener était pas un drame, où ça finissait pas toujours à l'hôpital ou en prison.

Je veux bien qu'il y ait de la force majeure, des mals nécessaires, des mécaniques dans certains cas, des trolleybus, des Cyclo-pompes, des calculatrices à moteur, je comprends les sciences exactes, les notions arides pour le bien de l'Humanité, le Progrès en marche... Mais je vois l'homme d'autant plus inquiet qu'il a perdu le goût des fables, du fabuleux, des Légendes, inquiet à hurler, qu'il adule, vénère le précis, le prosaïque, le chronomètre, le pondérable. Ça va pas avec sa nature. Il devient, il reste aussi con. Il se fabrique même une âme chimique avec de l'alcool à toutes doses, pour réagir contre l'angoisse, se réchauffer les aciers, se duper au monotone, il se délabre, cafouille, s'étiole, rote, on l'emporte, on l'incarcère, on le radoube, on rambine vitesse, il revient, tout est à recommencer… il tient plus huit jours à la vie super-intense des cent mille grelots à la fois tressaillis dans du vitriol. Et de plus en plus convaincu « d'alésages au polycompteur », de précipices à la corde, virés au 3/5ème de poil, d'engouffrants phénomènes de trombes, halluciné à mort de Vide, osmotique des riens, métaphysique de sottise, hypnotisé de précisions, myope de science, taupe de jour.

On l'éberlue de mécanique autant que les moines de mômeries nos pères les crasseux, il fonce le moderne, il charge, du moment qu'on lui cause atomes, réfractions cosmiques ou « quanta », il croit que c'est arrivé dur comme fer. Il est en or pour tous panneaux. Il donne dans le prestige des savants comme autrefois aux astrologues, il s'est pas encore rendu compte que d'additionner des pommes ou de mettre en colonnes des atomes, c'est exactement semblable, c'est pas plus sorcier, c'est pas plus transcendant l'un que l'autre, ça demande pas plus d'intelligence.

Tout ça c'est de la vaste escroquerie pour bluffer le bonhomme, l'appauvrir, le dégoûter de son âme, de sa petite chanson, qu'il aye honte, lui couper son plaisir de rêve, l'ensorceler de manigances, dans le genre Mesmer, le tripoter, le conditionner trépied de machine, qu'il renonce à son cœur, à ses goûts, muet d'usine, moment de fabrication, la seule bête au monde qu'ose plus du tout sauter de joie, à son caprice, d'une patte sur l'autre, d'une espièglerie qui lui passe, d'un petit rythme de son espèce, d'une fredaine des ondes.

Comment que le nègre va gagner ! Qu'il va venir abolir tout ça ! toute cette forcènerie sinistre ! lui l'Anti-machine en personne ! qui déglingue tout ! raccommode rien ! l'Anti-Raison force de la nature ! Il l'aura beau pour trépigner toute cette valetaille abrutie, ces chiens rampants sous châssis !...

N'importe quel poisson crevé peut descendre le flot furieux, mais il en faut un de courage et joliment vif pour remonter au courant.

Regardons encore ces déjetés, ces accidentés permanents qui savent plus où donner de la tête, comment on peut leur rendre une âme ? une petite musique, un rythme ? qu'ils soyent plus si fades comme ils sont, en honte au dernier têtard, tout fiévreux, râpeux de raison, ignobles à écouter, à voir. Et infatués avec ça ! d'être à bout de tout leur rouleau, si serfs intrépides, plus pauvres que l'âne, attelés plus bas, au marché vide.

Faudrait un Hercule convaincu et drôlement soufflé, pour les arracher ces lascars à leur roboterie, citoyens motorisés, puis citoyens-bicyclettes, puis citoyens tout nus, pieds nus, la gueule de travers, mauvais coolies, que faire pour eux ? Pas grand'chose. Le traitement à l'école ? Peut-être… Avant l'usine, le bureau, avant la fameuse orientation professionnelle… avant le pli irrémédiable ?... Peut-être… Tout doucement… par les Beaux-Arts ?... Pas à la manière de Maintenon, de Racine, les grandes indécences. Hélas les temps ne son plus. États de luxe, de gaspillages… où l'âme courait encore les rues… divertissements blasés… le peuple encore tout chantant, dansant, festoyant à guise… Hélas ! Les temps ne sont plus… Nous sommes avares devenus, malmenés, pauvrets de ressources et de cœur. Soyons au fait de notre honte. Il faut tout reprendre à l'école, aux balbutiements, à l'A.B.C. de la brimade, de l'estiolerie d'émotions. Las ! que faire de cet insensible, sans rythme, sans saveur, sans essor, que nous livre aujourd'hui l'école, sortie des pensums ? Absolument rien. Confiné, constipé, chafouin, rageur, peureux, revendiquant, tricheur, sournois, effleurant tout, n'aimant rien, bavard de tout, comprenant rien, ah ! l'aride petit phénomène ! âcre résidu de hideux drame, celui de l'étiolerie des âmes, sous la férule des cuistres rances.

Ce misérable est sans recours, c'est un osselet pour toujours à brinquebaler dans les machines, il a plus qu'à attendre son tour, la guerre où on broye les osselets sous les charges de tanks fourrageurs ou sous torpilles en abris-caves où ça se concasse à la toluite les petits osselets de son genre.

Pour l'adulte pas grand'chose à faire… Peu de Révolution pour lui !... des phrases… des phrases… toujours des phrases… L'enfance notre seul salut. L'École. Non à partir des sciences exactes, du Code civil, ou des morales impassibles, mais reprenant tout des Beaux-Arts, de l'enthousiasme, de l'émotion, du don vivant de la création, du charme de race, toutes les bonnes choses dont on ne veut plus, qu'on traque, qu'on vexe, qu'on écrabouille. Une société que demande-t-elle ? en plus du lait chez l'épicier, du pain de quatre livres, du frigidaire ?

Des sociétaires qui s'entendent, qui sont émotifs, émus les uns par les autres, pas des bûches rébarbatives… qu'ont des raisons de se rencontrer, agréablement, non pour admirer leur confort, leurs peaux de zébis du Kamtchatka, leurs 35 chevaux « Quaquaquat », leurs boîtes à viande 14 litres qu'est la puanteur des campagnes, leurs « tankinettes » d'élégance, mais des choses qui ne s'achètent pas, qu'on fait soi-même avec des ondes, de la bonne humeur, du vent, de l'enthousiasme, du divin, de la « pôvoisie »…

Sans création continuelle, artistique, et de tous, aucune société possible, durable, surtout aux jours d'aujourd'hui, où tout n'est que mécanique, autour de nous, agressif, abominable.

Faut-il croire que c'est compliqué, singulier, surnaturel, d'être artiste ? Tout le contraire ! Le compliqué, le forcé, le singulier c'est de ne l'être point.

Il faut un long et terrible effort de la part des maîtres armés du Programme pour tuer l'artiste chez l'enfant. Cela ne va pas tout seul. Les écoles fonctionnent dans ce but, ce sont les lieux de torture pour la parfaite innocence, la joie spontanée, l'étranglement des oiseaux, la fabrication d'un deuil qui suinte déjà de tous les murs, la poisse sociale primitive, l'enduit qui pénètre tout, suffoque, estourbit pour toujours toute gaîté de vivre.

Tout homme ayant un cœur qui bat possède aussi sa chanson, sa petite musique personnelle, son rythme enchanteur au fond de ses 36° 8, autrement il vivrait pas. La nature est assez bourrelle, elle nous force assez à manger, à rechercher la boustiffe, par tombereaux, par tonnes, pour entretenir sa chaleur, elle peut bien mettre un peu de drôlerie au fond de cette damnée carcasse. Ce luxe est payé.

Tous les animaux sont artistes, ils ont leurs heures d'agrément, leurs phases de lubies, leurs périodes de rigodon, faridon, les pires bestioles biscornues, les moins engageantes du règne, les plus mal embouchés vautours, les tarentules si répugnantes, tout ça danse ! s'agite ! rigole ! le moment venu !

Les lézards aveugles, les morpions, les crotales furieux de venin, ils ont leurs moments spontanés, d'improvisation, d'enchantement, pourquoi on serait nous les pires sacs, les plus emmerdés de l'Univers ?

On parle toujours des têtards, ils se marrent bien eux, ils frétillent, ils sont heureux toute la journée. C'est nous qu'on est les pires brimés, les calamiteux de l'aventure.

À quoi tout ça tient ? à l'école, aux programmes. Le Salut par les Beaux-Arts !

Au lieu d'apprendre les participes et tant que ça de géométrie et de physique pas amusante, y a qu'à bouleverser les notions, donner la prime à la musique, aux chants en chœur, à la peinture, à la composition surtout, aux trouvailles des danses personnelles, aux rigodons particuliers, tout ce qui donne parfum à la vie, guilleretterie jolie, porte l'esprit à fleurir, enjolive nos heures, nos tristesses, nous assure un peu de bonheur, d'enthousiasme, de chaleur qui nous élève, nous fait traverser l'existence, en somme sur un nuage.

C'est ça le Bon Dieu à l'école, s'enticher d'un joli Bel-Art, l'emporter tout chaud dans la vie. Le vrai crucifix c'est d'apprendre la magie du gentil secret, le sortilège qui nous donne la clef de la beauté des choses, des petites, des laides, des minables, des grandes, des splendides, des ratées, et l'oubli de toutes les vacheries.

C'est de ça dont [sic] nous avons besoin, autant, bien autant que de pain bis, que de beurres en branches ou de pneumatiques. Qu'on me dilacère si je déconne ! Et comment on apprend tout ça ? En allant longtemps à l'école, au moins jusqu'à 15-16 ans… qu'on en sorte tout imprégné de musiques et de jolis rythmes, d'exemples exaltants, tout ensorcelé de grandeur, tout en ferveur pour le gratuit.

La ferveur pour le gratuit, ce qui manque le plus aujourd'hui, effroyablement. Le gratuit seul est divin.

Plus de petits noyaux crevassés, issus des concours, qui peuvent plus s'éprendre de rien, sauf des broyeuses-concassières à 80 000 tours minute.

Malédiction sur la France ! — LAMARTINE
(Dernières paroles)

Une fois le cœur consacré au don de soi-même, la vie ne peut plus grand'chose sur votre belle heureuse humeur. C'est un genre de lampe d'Aladin qui trouve toujours de nouvelles joies en lieux les plus sombres.

Ça s'arrange toujours plus ou moins, on ne foudroye pas un artiste.

C'est lui qui juge l'Univers, qui se fait marrer à sa guise, tantôt en bien, tantôt en mal, comme ci, comme ça, à petites astuces, au petit bonheur.

On ne peut plus grand'chose contre lui, ni les éléments, ni les hommes, il est passé fétiche pour tous, petit grigri des familles. Si on réfléchit c'est pas mal, rien qu'avec du souffle… Ça serait peut-être la fin des bisbilles, des jacasseries de sales cons, venimeux atroces, des ragotages diffamants, destructeurs de tout, de réapprendre à chanter ensemble, en chœur, et voguer de même, la main dans la main ?...

L'enseignement de rénovation quelle ampleur vous lui donnez ? Toute ! Par la danse, les sports, les Beaux-Arts, les choses utiles seulement secondes, la moitié du temps dirons-nous, il suffit bien ! 10 années ! les meilleures heures, les plus ardentes, dévolues à l'admiration, au culte des grands caractères, au culte de la perfection qui doit embraser l'âme humaine.

Il faut réapprendre à créer, à deviner humblement, passionnément, aux sources du corps, aux accords plastiques, aux arts éléments, les secrets de danse et musique, la catalyse de toute grâce, de toute joie et la tendresse aux animaux, aux tout petits, aux insectes, à tout ce qui trébuche, vacille, s'affaire, échoue, dégringole, trimbale, rebondit, recommence de touffes en brin d'herbe et de brin d'herbe en azur, tout autour de notre aventure, si précaire, si mal disposée…

Que pense de nous la coccinelle ?... Voilà qui est intéressant ! Point du tout ce que pense Roosevelt, ou l'archevêque de Durham…

Que le corps reprenne goût de vivre, retrouve son plaisir, son rythme, sa verve déchue, les enchantements de son essor… L'esprit suivra bien !... L'esprit c'est un corps parfait, une ligne mystique avant tout, le détour souple d'un geste, un message de l'âme, mieux à surprendre, à recueillir au bond, à l'envol de danse que sous accablants grimoires, marmonnerie de textes, contextes, bâfrerie d'analyse de poux, découpages de cheveux en mille, sports assis, migraines, remigraines et la suite, à dégueuler ce noir bastringue, noir sur blanc, tripes et boyaux morfondus de gravité, d'horreurs apprises immangeables, titubants malheureux navrés de bibliothèques, enlisés, suffoquants, affreux, sous glu de savoir, sous calcifiants amonts de fouasse, culturelle.

Ah ! la pourceaude pataugerie ! Ah ! qu'ils sont mornes à regarder ! à secouer ! à comprendre !...

Glués de la sorte, que voulez-vous qu'il en advienne, sans ailes, sans émoi, sans ferveur ? Brutes ou goujats, mufles partout, sournois d'usine, de cancres en boutique, ivrognes aux labours, bêtes à cinéma, passifs partout, de plus en plus ennuyeux, ennuyés, croulants, accablés ?

En chacun délivrer l'artiste ! lui rendre la clef du ciel !

Pensons à l'école française.

Que trouvons-nous ici, chez nous, de plus facile à faire revivre ? d'immanent… au ras du sol… Parmi les dons, les cadences… les sourires un peu… les moins oubliés… le petit espoir… la flammèche… vacillante certes… fumeuse déjà… mais enfin…

L'art ne connaît point de patrie ! Quelle sottise ! Quel mensonge ! Quelle hérésie ! Quel dicton juif !

L'art n'est que Race et Patrie ! Voici le roc où construire ! Roc et nuages en vérité, paysage d'âme.

Que trouvons-nous en ce pays, des Flandres au Béarn ?... Chansonniers et peintres, contrées de légère musique, sans insister… peut-être une fraîcheur de danse, un chatoyement de gaîté au bord des palettes, et d'esprit en tout ceci, preste de verve et badinant… et puis doux et mélancolique… Je veux bien !... Tout est merveille et m'enchante et chante qui m'élève du sol !... de véritable nature des hommes qui sont nés de là… C'est le choix d'une fleur au jardin, nulle n'est méprisable… entre toutes nulle n'est vilaine, toutes ont leur parfum… Point de mines mijaurées !

Tout est sacré de ces miracles… les plus infimes accents… trois vers, deux notes, un soupir…

De cy l'on peut tout recréer ! les hommes, leurs races, et leur ferveur… Panser leurs blessures, repartir vers des temps nouveaux. Il faut retourner à l'école, ne plus la quitter de vingt ans. Je voudrais que tous les maîtres fussent avant tout des artistes, non artistes-cuistres à formules, abrutisseurs d'un genre nouveau, mais gens au cours du merveilleux, de l'art d'échauffer la vie, non la refroidir, de choyer les enthousiasmes, non les raplatir, l'enthousiasme le « Dieu en nous », aux désirs de la Beauté devancer couleurs et harpes, hommes à recueillir les féeries qui prennent source à l'enfance.

Si la France doit reprendre l'âme, cette âme jaillira de l'école. L'âme revenue, naîtra Légende, tout naturellement.

Bien sûr il faudra tout l'effort ! Ne point labeur ménager !

Tant de scrupules et mille soucis ! d'application merveilleuse, une fièvre, une ferveur, peu ordinaire de nos jours.

Mais l'enfance n'est point chiche du divin entrain dès qu'elle approche des féeries. L'école doit devenir magique ou disparaître, bagne figé.

L'enfance est magique.

L'enfance tourne amère et méchante. C'est elle qui nous condamne à mort. Nous y passerons.

Il n'est que temps ! Battons campagne ! Croisons contre l'Ogre ! Tuons l'Ogre ! Et tout de suite ! « Horribilus Academus » ! L'ogre brandisseur de Programmes ! Étreigneur ! Dépeceur à vif ! Dévoreur de petits enfants !

— Dites donc votre Élite elle râle…

— Qu'est-ce qu'elle a l'Élite ?

— Elle dit qu'elle est pas contente !

— De quoi ?

— Des cent francs…

— Ben merde, c'est déjà joli !... C'est une thune d'avant 14 ! Vous vous rendez compte !

Faut souhaiter que ça dure les cent francs !... Je trouve ça déjà d'un libéral !...

— Elle dit qu'elle peut pas y arriver… que cent francs, c'est se foutre du monde, que c'est pas un revenu d'Élite, que c'est une paye d'ouvrier, d'un chassieux de bureau, d'un homme de pas aucune valeur ! Elle demande pour quoi vous la prenez ?

— Eh bien dites donc c'est un monde !... voilà l'élite qui s'insurge !... Alors c'est que l'honneur est en jeu !...

— Persiflez toujours ! Qu'est-ce que vous faites de l'ambition ? des délicatesses de l'élite ? de la façon qu'elle se vêt, de la manière qu'elle présente, chez elle et dans les salons, se nourrit, se chausse ?... D'où que vous sortez ? Vous avez pas vu ses pardingues ? trois pour l'été, sept pour l'hiver ?... Ses vingt-huit paires de bottines ? et les vernis pour le soir ? Les quatorze costards anti-crise ? Vous savez pas ce que ça coûte ?... et de souper un peu en ville ? avec des élites comme elle !... des personnes posées ? de condition ? Mais ça coûte déjà vos cent francs rien qu'en vestiaire et cigarettes !... Vous y êtes pas du tout !... Vous voulez que sommairement vêtue avec ce qu'on mange aujourd'hui, elle attrape froid notre élite ?... qu'elle s'enrhume, qu'elle puisse plus sortir ?... qu'elle soye forcée de rester couchée ? chez elle ? à la diète ? y a déjà de quoi la rendre malade rien que de vos pénibles soties… Vous avez pas de but dans la vie vous !... vous avez pas d'ambition ! Vous pouvez rien comprendre à rien ! Vous songez creux, voilà tout ! comme tous les ratés ! Vous tuez l'ardeur ! l'entreprise ! Vous découragez les élites ! Voilà ce que vous faites ! et allez donc ! avec vos projets d'anarchiste ! Vous découragez les forts… C'est grave Monsieur, c'est très grave !... L'Élite c'est un raffinement… C'est un goût… c'est une atmosphère… c'est un certain luxe !... Que croyez-vous avec 100 francs ?

Mais vous ne trouverez personne !... Vous ne voyez pas par exemple un Régent de la Banque de France à 100 francs par jour ? Non n'est-ce pas ? Un Directeur des Chemins de Fer à 100 francs de même ? moins cher peut-être que son lampiste si ce dernier est père nombreux !... Un gouverneur de Province à 100 francs par jour ?... Un grand Président des Trusts à cent francs ? pas plus ! Un Procureur de Tribunal à ce salaire misérable ? Vous n'aurez personne, je vous assure ! à 100 francs par jour !... que du déchet ! de la racaille !

— Alors que vive le déchet ! vive ! et la racaille de même aussi !

— Nous sommes en pleine utopie ! À la quatrième dimension !...

— C'est bien ce que je pense ! C'est agréable ! C'est l'ensorcellerie même ! On voit les hommes comme ils sont dans le fond de leur tripe de salopes ! évaporés des discours ! ce qu'ils ont vraiment dans le buffet ! du lard ? des idées ? du pourri ? C'est là qu'on va voir ce que ça pèse non dans les mots, mais dans les faits d'amour de la France… l'enfiévrante passion du bien général… le culte patriote… le désintéressement sacré… les plus hautes cimes d'abnégation… la foi dans la France éternelle… le brûlant désir de servir… Ah ! ça va être un bon moment ! On s'ennuyera pas une minute !...

— Mais ils vont tous démissionner ! Ils voudront jamais se soumettre !... L'Élite c'est bougrement fier !...

— Démissionner ?... Je crois pas… C'est pas des gens qui démissionnent… Ils comprennent pas la raison. Ils comprennent que leur nombril. Ils le trouvent très bien, extraordinaire… Ils en sont heureux au possible… Tout le reste c'est que de l'injustice…

L'Élite n'est-ce pas c'est Exemple ou alors c'est rien du tout. L'exemple c'est de manger comme tout le monde, pas moins bien sûr, mais pas plus. L'idéal du parfait gueuleton, du dîner d'état-major, sauvera pas la France. Je vois pas beaucoup d'autre idéal dans l'élite actuelle. Manger finement, à volonté, le tout arrosé dive bouteille, à température, et nectar, rots appréciatifs et Vermot.

La tripe déesse des bourgeoisies.

Vous comprenez que le peuple qu'a déjà des sérieuses tendances vous lui montrerez pas deux fois les manières d'élite… Vous pourrez toujours, belle gueule, lui recommander les hautes lectures, les dissertations édifiantes, la sublimation de soucis, la fréquentation des classiques, ils vous enverra rebondir, il verra plus en vous que la panse, le foie gras, il vous pensera plus qu'en foie gras, jamais fatigué des jeux de table, pistant encore semaines et dimanches les fins traiteurs, les hostelleries, à travers guérets et campagnes, à la chasse d'auges exorbitantes, adulé des restaurateurs, en autos douillettes, à la quête d'autres venaisons, de mieux en mieux cuisinées. Kilomètres « 115 »… « 330 »… de pourlècheries, d'autres provendes, d'autres foies gras, chantant ravi, extasié, porc suprême motorisant. Grand Menu, Bible de la France… Voici l'exemple pour le peuple, la réclame vivante au foie gras, exaltante à miracle, épique, M. et Madame Oie-Cochon.

Qui dit mieux ?

Ah ! oui mais dites donc y a pas que ça ! Notez aussi je vous en prie : Fête pour l'Esprit ! Bonne chère ! table joyeuse ! l'Esprit festoye à mille facettes ! l'Élite étincelle ! Verve pétille ! Vous n'y pensez pas, morfondu ! Mousse champagne ! et facéties !

Oh ! la menteuse ! la truie nitouche ! Rien de plus banal qu'un gésier ! le ruminant en nous, visqueux, l'antre Tripe, piteux au regard, gras à l'écoute !... L'esprit ne trouve rien du tout !

Qui plantureusement soupe et dîne, deux fois par jour, trouve à digérer tel malaise, tel aria de ventre que tout son esprit disloque, astreinte de pancréas, bile de feu, chyle et boyasse distendus, muqueuses dévorées de chloride ! Pauvre sagouin tout saccagé d'expulsions de gaz, tympanique partout, tambour brimé de convenances, surpasse un moteur en péteries, d'où l'innommable promenade, de sites en bosquets du dimanche, des affolés du transit, à toutes allures d'échappements, de Lieux-dits en Châteaux d'Histoire. Ça va mal !

Il faut faire quelque chose quand on souffre.

J'ai pour cela une petite formule, pour ces occasions si pénibles, dont je me sers dans la pratique, que je recommande aux personnes qui savent ce que je veux dire, que digérer c'est pas badin sitôt que les gaz se forment, que c'est pas la question de l'esprit, d'élite ou d'autres joujoutes, que c'est question d'être soulagé.

Voici ce que je préconise !

Poudre magnésie calcinée	0 gr. 20
Charbon végétal	0 gr. 50

Pour un cachet n° 30 : Deux de sorte après chaque repas.

Pour conditionner mieux encore, rapproprier le tractus, reverdir l'usage, le sujet se trouvera bien d'une purgation légère deux fois par semaine au réveil, de sulfate de soude, une cuillérée par exemple, dans un demi-verre d'eau tiède, cuiller à dessert il s'entend.

Mais l'esprit n'est rien de ceci. Il n'a que faire en ces misères.

Il n'est pour rien dans cette affaire. Laissons-le hors de débat.

Pour ce qu'il en reste.

On est pas des Saints ! Mais justement ! Il en faut !

Des élites comme ça dévorantes, des bâfreurs, des accaparants, on en a vraiment pas besoin. Puisque leur force c'est l'esprit, elles doivent bien jeûner un petit peu, de temps à autres, les élites... Je vous dis pas qu'elles doivent vivre d'eau claire et de salsifis tamisés, mais tout de même il faudrait qu'elles songent qu'elles sont pas là que pour le lard et les massages sous bains tièdes. De quel côté qu'elles se trouvent ? On voudrait savoir ? Côté Ariel ? ou Caliban ? Ondes ou haricots ? Aquilons ou gaz ? Ça serait à choisir et tout de suite... L'heure est aux purifications, la vogue est à l'Égalité. En ont-ils joué nos maçons ! pavoisé, ceint nos édifices, ensorcelé nos monuments ! il fallait bien que ça aboutisse un jour ou l'autre, que ça descende dans l'existence, l'Égalité.

Égalité devant la faim, pour tous les vivants la même chose, les 3 000 calories Standard, pour le génie, pour Beethoven, comme pour Putois Jules, terrassier.

L'égalité physiologique, l'égalité devant le besoin, la damnée matière essentielle, une fois pour toutes, le couvert, la gueule, les tatanes, le lait des enfants, le repas unique, s'il le faut, mais la même tambouille, la même chaleur pour tout le monde, plus de cloches, plus de pansus, des qui la sautent, d'autres qui s'étouffent, qu'on en sorte, qu'on en parle plus, que ça soit réglé une fois pour toutes. Plus de tergiverses, plus de périphrases. Le ticket humain d'existence.

De la diversité bien sûr, des petites fantaisies personnelles, mais toujours dans les limites des 50-100 francs « pro die », plus d'accaparements possibles, d'organisation de la rareté. Finis les Doges du Marché Noir !... les Ducs de la Laine, du Babeurre ! L'esprit prendra tout son essor quand on parlera plus de la mangeaille, ni des pull-overs superfins, que ça sera plus un problème et surtout un motif d'envie, de haine, de fureur jalouse.

Vous tenez au respect du peuple, bâfreur infini ? alors faites pas tout de suite comme lui, vous ruez pas sur la nourriture ! Comment vous voulez qu'il vous croie avec vos prétentions d'élite, vos prééminences de l'esprit quand il vous voit tout cochon ? de groin toujours en frémissences ? ça résiste pas !... Il hurle au crime c'est fatal ! il pense plus qu'à vous foutre en l'air, vous secouer la musette, il a envie aussi de tout ça, du repas d'ortolans, des soles béchamel, du petit bourgueil fruité comète. C'est tout à fait dans sa pointure.

Il révère pas tout spécialement on Kil-Calemdot (je parle des temps-prospérité !). Il est du cornet lui-même ! Vous vous tenez comme des dégueulasses, il prend son modèle comme il le trouve. C'est vous l'élite, c'est vous l'exemple. Tant pis pour vous !

Pour le juif n'est-ce pas c'est tout cuit. La propagande est là toute faite. C'est plus que des portes ouvertes.

Et maintenant que tout est préparé, attendons la suite.

Un pleur sur le Parlement.

Est-il mort ? est-il vivant ? On ne sait guère. Be or not… Les membres éparpillés s'agitent… Que veulent-ils au fond ? Mais bougre Dieu garder leur place !... Cela s'arroge de haut vocable… L'intérêt passionné du Bien Public !... les Devoirs sacrés de la Charge !... toutes les ferveurs au dévouement !... Mais en un mot comme en dix mille cela s'appelle : Bœuf avant tout ! Vous voyez un petit peu Médéme… Madame épouse député… de retour à son bled natal… déconfite avec son viré… Vous voyez ça chez la maman, au dîner de famille ?... les gueules… avec les oncles… les cousins… Vous voyez un peu les sourires… Les échanges de petites allusions…

Maintenant que tout le monde paye son chemin de fer…

Ah ! On tuerait pour beaucoup moins !... On assassinerait le bourg entier, la circonscription, l'adversaire, les supporters, le président des jambes de bois, le tambour municipal, trois cents pêcheurs à la ligne, tout le Conseil général, les sonneurs de la Saint Maclou, et tous les cocus du canton, pour un mot pareil !

Bande de mendigots ragoteux ! trouilleux fripons ! sacs et cordes ! frelons voyous ! sacs à vin ! haut-le-cœur ! manches ! cacas ! larves à bistrot ! inutiles ! horde ! bulleux décatis ! Servent plus à rien ! rien du tout ! qui votent plus à rien du tout ! Oh ! la racaille ! Ces puants ! En voilà qui perdent bien la France ! Charognes responsables ! Citoyens sans urnes ! Chiures d'eunuques ! Ah ! Loge de ma vie ! Détresse ! Il pleut sur la République !

Je veux bien qu'il y a les deux ans « d'avance »… que c'est tout de même une jolie fleur 180 000 francs comptant… que ça permet de voir venir… Tout de même… tout de même… Vous savez… trois ans ça passe vite ! et trois ans dans l'inquiétude !... dans les malheurs de la Patrie !... d'où que ça remue… que ça vibrionne… que c'est du grouillement sans pareil… à travers les ruelles et la ville… Ça vous a des drôles de relations 2 200 parlementaires… dans l'occulte comme dans l'apparent… dans le clergé comme chez les cachères… que c'est des champions de l'entregent… du démerdage superagile… vertigineux aux intrigues… des fulminates pur le culot… complotiques à perte de souffle… C'est à pas croire ce que ça toupille, virevolte en tout sens, enlace, serpente, carafouille, barate, fricote, contamine, dégueule, jusqu'à l'épuisement, régurgite encore, rebourne, un Député disponible qui veut pas se trouver étendu après les deux berges de défiance…

C'est pas de la grande dignité mais c'est de la bonne mœurs bien française que c'est pas encore suffisant d'un coup de pied au cul pour se dire que votre tapin est mort ! qu'il faut tout de même autre chose et même trois quatre cent mille victimes pour se dire que tout est perdu et même deux, trois, quatre pieds au cul ! qu'il faut des choses bien plus sérieuses, que tout ça prouve rien du tout, que la plus grande meurtrissure que puisse souffrir un amour-propre c'est de voir un autre dans votre tapin qui vous a bluffé d'en sortir, pendant qu'il héritait en douce du lit de la veuve et des afurs... Ah !

Ça alors vraiment y a de quoi revivre ! rien que pour ratatiner ce vautour ! ce crème de fumier. Y a de quoi sortir de la tombe !

C'est ça qu'on va assister, des règlements post mortem, des guerres de cadavres.

* * * * *

Tout le procès des Templiers est à refaire, pour les Juifs et les Francs-Maçons.

L'autre jour une maîtresse phrase dans un journal d'opinion.

« Les citoyens de ce pays (français) ne se laisseront pas facilement arracher leur bulletin de vote. »

Oh ! l'astucieux ! la bonne pièce ! Je cause ! Renoncer à ce bon suffrage ? Rien ne va plus ! Mais c'est monstrueux ! Vous voudriez pas ? Politicien égal maçon, maçon égal chien de juif... Il faut ce qu'il faut... République ou plus république ! La continuité s'il vous plaît !

« Je maintiendrai ». Devise royale et de Hollande. Rénovation du parlement ? À votre aise ! Tout ce que vous voudrez ! Mais d'abord qu'on vote ! Nom de Dieu qu'on vote !

Élection égal Baratin, égal achat des ahuris, égal flagornerie des foules, égal Bistrot empereur des Rots, égal Français « premier du monde », égal noyade en vinasse, égal Grande Presse et Ratata, grande radio, égal grande ribote des votants, égal la folle foire d'empoigne, égal viande saoule à discrétion, égal Parlement de Laquais, commissionnaires de cantons, laquais d'enchères, laquais de Loges, laquais de juifs, laquais de tout ce qu'on voudra, laquais sonores, laquais d'ambassades, laquais à toutes sauces, laquais éperdus d'astuce, à ramper, bramer, farfouiller, boîtes et ordures en tous genres, valets de pied, valets de main et, s'il le faut, d'assassinat, en tous styles, singuliers, collectifs, sur terre, dans l'air et sur l'eau... à volonté des maîtres occultes, livraison à l'heure, au sifflet, selon le climat, la saison : toutes hécatombes en tous genres, la France en tige, en fleur, en herbe, fauchée selon la méthode, les clauses du véritable pacte, le seul qui importe, le seul respecté : Vote aux Aryens, Urnes aux juifs.

* * * * *

Suffrage universel ? Mais oui ! tout à fait d'accord ! Seulement si vous permettez : pas de charrue avant les bœufs ! Éloignez d'abord le juif ! Il a tous les atouts en mains, le pognon et le revolver.

Si on joue bien sûr qu'on est faits ! Cela va de soi, tout frits d'avance. Souvenez-vous du vase de 36 ! on le boit encore au Front Populaire ! le philtre du youtre ! Et c'est pas fini ! Il est amer ? Je vous le fais pas dire !

Communisme ? À ma manière ? Mais certainement ! Bien entendu ! Seulement si vous permettez : Pas de charrue avant le bœuf ! Virez le juif d'abord ! Il a tous les leviers en mains, et tout l'or et toute l'élite ! Si vous en tâtez il vous coiffe ! c'est réglé dans l'heure ! Tous les cadres sont prêts, les affiches, il étouffe, il accapare tout. Vous respirez plus. Simulateur, fainéant, sadique, bouzilleur, queutard, négroïde, il sera inapte à rien construire, il sera bon qu'à tout torturer, sabouler la crèche, calcer les mignonnes, et puis c'est marre et puis c'est tout. Le parasite en folie. Tout le reste c'est des mirages, faisanderies, impostures de youtres.

Ça sera le coup de l'Espagne, mille fois pire, et pour la peau, qu'une anarchie.

Quand tout sera plus que décombres, le nègre surgira, ça sera son heure, ça sera son tour, peut-être avec le tartare. Le nègre le vrai papa du juif, qu'a un membre encore bien plus gros, qu'est le seul qui s'impose en fin de compte, tout au bout des décadences. Y a qu'à voir un peu nos mignonnes, comment qu'elles se tiennent, qu'elles passent déjà du youtre au nègre, mutines, coquines, averties d'ondes…

C'est la forêt qui reprendra tout, la géante, la tropicale, et le Bois de Boulogne et vos petits os, calcinés, pour rien, on peut le dire, la première chose vraiment gratuite que vous aurez faite, un cataclysme pour des prunes.

S.O.S.

Plus de tergiverses ! Plus d'équivoques !

Le communisme Labiche ou la mort ! Voilà comme je cause ! Et pas dans vingt ans, mais tout de suite ! Si en on arrange pas un nous, un communisme à notre manière, qui convienne à nos genres d'esprit, les juifs nous imposeront le leur, ils attendent que ça, on sera tombés dans leur traquenard, alors finish le Jésus ! les jouxtes casuistiques, les tortillages de croupions, les branlettes d'éperdus scrupules ! Ce sera une tout autre musique ! en plein Sages de Sion ! dans la Vallée des Tortures ! vous m'en direz des nouvelles !... en plein vivarium dévorant, scolopendres, crotales, gras vautours, qu'on aura pas assez de lambeaux après nos carcasses pour régaler tout le bestiaire et parvenir de l'autre côté, voir la fin des réjouissances.

Vinaigre ! Luxez le juif au poteau ! y a plus une seconde à perdre ! C'est pour ainsi dire couru ! ça serait un miracle qu'on le coiffe ! une demi-tête !... un oiseau !... un poil !... un soupir !...

* * * * *

Conseiller national	8833 francs par mois
Chômeur national	420 francs par mois
Femme de Prisonnier	360 francs par mois (soldat national)
Vieillard indigent	120 francs par mois (assisté national)

Dépêchons-nous mais attention ! pas de fausses manœuvres, pas de faux-fuyants ! La justice et absolue ! Sans justice plus de pays possible ! Abolition des privilèges ! un 89 jusqu'au bout ! Réussi alors, pas au flan !

Sans justice et absolue, plus de pays possible, plus de Patrie, plus d'Armée Française, plus qu'une horde d'empoisonnés dans une aventure dégueulasse, des tire à hue et à dia, une sournoise racaille jacassière, la guerre civile électorale, permanente, fuyante, grimacière, alcoolique, une basse peuplade de pillards, anarchistes opportunistes, paysans reniés de leurs vaches, désaxés, pervertis voyous, qui veulent tout prendre et rien donner, jouir contre tous, rien sacrifier à la cause commune, coriaces, rapaces, bavards, cyniques, plus à prendre par n'importe quel bout, avec du miel ou des pincettes, un hideux ramassis de bâtards, sans foi, sans scrupules, sans musique, qu'éprouvent plus que des furies foireuses pour des trucs de plus en plus bas, des mobiles de chiens aux ordures.

Voilà où gît l'homme actuellement, vous vous rendez compte du travail ?

Avant de lui causer racisme, de sujets qui touchent à l'âme, faut d'abord l'opérer de sa haine, lui récurer sa jalousie. C'est pas une petite affaire. Ça se fera pas tout seul, on est deux, le bourgeois et lui, en siamois. C'est le moment solennel où faut que Dieu descende sur la Terre. Qu'on voye un petit peu sa figure.

Arrière les phrases ! les salades ! Vous êtes d'accord ? oui ou merde ? On caresse pas ! On exécute ! Si vous refusez alors tant pis !... Vous voulez vous mettre aux « cent francs » ou vous voulez pas ? C'est le dilemme, c'est la souffrance… C'est l'œuf de Colomb. Il tient pas en l'air l'œuf tout seul. Faut lui casser un peu son bout. Y a pas à biaiser. C'est ainsi le prix de l'équilibre dont causent toujours les personnes dans les occasions émouvantes, c'est la justice devant le pognon, c'est pas autre chose et d'abord ! C'est pas midi à quatorze heures !

Tout ce que vous lui direz au peuple à l'époque actuelle, si vous lui parlez pas des ronds, d'abord, envers, par-dessus tout, ça tombera à plat, en vesse, vous aurez aucun écho, vous aurez pas la catalyse, le ronron des joyeuses reprises, le sourire des convalescences, vous aurez flûté pour re-rien. C'est pas de médecine qu'il s'agit, d'onguent comme-ci, miton-mitaine, c'est de la grave opération. Il est noué, il est buté, il est au caca votre malade, il veut plus écouter rien, le juif l'a ensorcelé, l'a bourrelé de vindicte sociale, il dégueule le fiel jour et nuit.

Voilà comme il se trouve.

Il est tout vous mais à l'envers, il est de l'autre côté de la médaille, l'envieux contre avare. Solidarité impossible sans l'égalité devant les ronds, d'abord. On s'occupera de l'esprit ensuite, et de la famille, et de la patrie, et du racisme si vous voulez, et de tout le bazar et son train… Tout ça c'est que de l'accessoire, du colifichet, des entourloupes plus ou moins… Voilà ce qu'il pense le bon peuple et vous l'en ferez pas démarrer… Le peuple il est tout sournois, comme vous devenu et bourrique, et méfiant, et lâche, il est passé par les coulisses, le juif lui a montré les trucs. Jadis il était homme de foi, et puis homme de force, après ça devenu homme de main, à présent il est homme de queue, critique et ragoteux partout.

Ça suffit plus de se battre les flancs pour lui faire renaître l'enthousiasme, il faut une autre pièce au programme… la fleur des sublimes sentiments… Propagande par l'espoir est morte… C'est tout de suite qu'il veut que vous crachiez au bassinet rénovateur… et de tous vos ronds, pas qu'une obole… Il veut voir ça de ses yeux vu… et pas du pour, des bons de Bayonne, mais du véritable coquin pèze trébuchant, valable au comptoir !

Tout ce que vous lui raconterez pour proroger l'échéance il y croira pas, pas plus qu'au Secours National, ou au quart d'heure des filles mères ou au Code des eccetera… Tout ça c'est bien cuit, repassé. Il croit plus à rien.

L'incrédulité est totale… Le prolétaire il revendique, il s'occupe pas de vos histoires, il croit qu'à son ventre, il croit que vous défendez le vôtre, et puis c'est marre et puis c'est tout, que tous les appels au bon cœur, aux forces morales, à la beauté des principes, à la réunion des Français, c'est encore que des entourloupes pour abuser de son ignorance, que ça cache qu'une foison d'arnaques des saloperies à plus finir, des nouveaux condés encore pour noyer le poisson, pour le faire rebosser à l'œil, pour vous régaler de sa faiblesse, pour secouer encore des milliards au nom des sublimes entités, de la France chérie et du Gland, que vous vous payez bien sa fiole, mais que vous le prenez pour un autre et qu'il les a retournées de partout et que c'est voilà pour vos fesses !

Racisme, patrie, beauté, mérite, abnégation, sacrifesses, et barati et barata !... Il s'en fout tout ça dans le même sac et dans la merde et bien profond. Grand avis aux amateurs ! C'est des choses enfouies pour toujours, voilà ce qu'il pense, l'état d'esprit.

D'ailleurs le Dr Mardoché passe derrière vous, soyez tranquille, repique les doses nécessaires de jour et de nuit, il entretient la virulence, il regarde pas aux frais, rien qu'en France par ces temps critiques, ça doit être du milliard par jour.

Après ça vous pouvez y aller, avec vos évasives salades, pour renverser les opinions ! édulcorer les amertumes ! l'autre qui promet du substantiel rien que du substantiel ! et tout de suite ! Ah ! c'est du coup à la Saint Thomas… Il veut toucher tout le prolétaire. C'est un malade d'objectif…

« Vide Thomas… Vide latus… Vide pedes… »

Il veut toucher à vos ronds, il veut les compter avec vous…

Y a que ça qui peut le remettre en route… votre pognon chéri…

C'est pas commode à arranger les rénovations nationales et la conservation des sous.

Ah ! C'est un hiver rigoureux… ça on peut le dire… la Seine va charrier des glaçons… On s'y attend… J'ai vu ça du Pont de Bruyères… si ça siffle !... la nature n'est pas clémente pour les personnes dans le besoin… Une bise !... Une rigueur !... la petite montagne d'Argenteuil en est toute gelée… avec son moulin… Elle arbore grand manteau de neige… la traîne éparpille… enveloppe les maisons, poudre les toits… trempe à la rive… émiette à l'eau… à grands remous passant à voltes autour des arches… Ah ! c'est un hiver rigoureux ! la plaine en nappe jusqu'aux remblais loin, loin là-bas étale tout son blanc… joue à la russe au vent des steppes… à sifflants tourbillons dansants et flocons et poudres…

L'usine toute au froid dressée brandit au ciel ses quatre tours, effilées, plus hautes que les nuages, en plein flamboyement… demain il fera encore plus froid… c'est dans l'air, dans le rouge là-bas, la grande déchirure des mirages… aux crêtes du Mont Valérien…

Oh ! comme tout ceci accable le tordu cyclo, acharné à vent debout, époumoné à sa fourche, morveux, les jantes en ficelle, quatre poireaux dans son tender, arrachés, valsant digue dong… de rigoles en fondrières, de pavés en flaques.

Il peut plus, il met pied à terre, il va renifler au parapet, il se mouche. Il réfléchit contre le vent. Ça lui prend la tête, il ose plus bouger de froid. Ah ! il faut passer quand même ! Moi, j'ai mes fonctions de l'autre côté, j'ai des choses à faire, on peut pas dire le contraire… Je suis attendu, et pas par une, vingt personnes !... peut-être une trentaine… Ah ! Je me fais couper la gueule aussi par ces tranchants d'atmosphère, qu'arrivent à toute vitesse glaciale… Je dépasse le cycliste.

Voici Divetot mon confrère qu'arrive juste dans le sens inverse… Il a fini lui son office… J'aime toujours bien le rencontrer… d'abord c'est un excellent homme et puis distingué, on peut le dire… et puis un savant dans un sens… Il a fini lui ses visites… il a distribué tous ses bons… c'est à mon tour à présent, de reprendre l'infirmière, le tampon… de faire de la peine à personne… d'obliger tout le monde dans le malheur. Ah ! C'est pas commode, ni propice… vu la rareté des transports… les pénuries d'arrivages, le hic des médicaments… le lolo qui vient plus du tout… because les chemins de fer qui déconnent, qui trouvent plus à se réchauffer… et le susuque qu'est du Nord qui veut plus descendre… et les beubeurres qui sont à l'Ouest qui veulent plus entendre rien, qu'on a pas vus depuis des semaines… la médecine devient difficile quand les malades mangent presque plus… Ah ! il me remarque aussi Divetot que ça devient vraiment ardu… et c'est un homme bien pondéré !... que les parents se rendent pas compte du fond des choses, que du lait en boîtes y en a plus… surtout le sucré qui venait de Suisse… de la Suisse ils s'en foutent les parents, ils y croient pas à la Suisse, c'est leur gnière qui les intéresse, ils vous l'agitent juste dessous le nez pour qu'on se rende compte comme il est froid, comme il est blême, et qu'il tousse, et sans chaleur… vu qu'y a pas eu un dé de carbi dans toute la cagne depuis six semaines… et que ça peut pas durer toujours… Que c'est pas le sirop qu'arrange tout, même le Dessessartz qu'est parfait, de quel secours ! maniable, calmant, l'irremplaçable remède… mais pour guérir au Pôle Nord !... Et les vieillards qui refroidissent fatalement plus vite que tout le monde… vu qu'ils sont déjà presque gelés… qu'étaient si contents de leur tisane… comment qu'on va leur réchauffer ?... leurs rhumagos ?... leur bourdaine ?... C'est des problèmes qui dépassent l'homme… Divetot en était bien d'avis… bonne volonté ne suffit pas !... ni la science, ni les connaissances… y a des fatalités qu'arrivent… qui sont rigoureuses et terribles…

Je suis toujours content de voir Divetot… On se rencontre pas assez souvent… c'est vraiment un cœur sur la main, et puis d'excellent conseil, et affectueux, et puis sensible aux Belles Lettres, et puis de riche expérience. Il me ramenait toujours en auto au temps où ça roulait encore…hélas tout ça est bien fini… On va-t-à pied et pas plus fiers… on peut le dire… C'est rigoureux… on bavardait de choses et d'autres comme ça sur le pont, dans la bise… On est ainsi, nous les médecins… On est toujours assez bignolles… on fout son nez un peu partout… ça me plaît bien les tours d'horizon… les aperçus politiques… lui-même il déteste pas… ça grise le froid et puis de causer, surtout là-haut dans les zefs aigres… Frappé l'aquilon ! Il m'est sympathique Divetot… et je crois que c'est réciproque… Je lui attire son attention… une idée qui me passe… Je luis fais : « Vous entendez pas ?... Taa !!!... too !... too !... too !... too !... too !... Taa !... Taa !... comme le vent d'hiver rapporte ? »… Je lui chante pour qu'il entende mieux… la ! fa ! sol ! la si do ! la ! Do ! qu'il entende bien tout l'appel, do dièse ! sol dièse !... bien entendu !... fa dièse mineur ! C'est le ton ! Le Charme des Cygnes… l'appel, ami ! l'appel !...

— Magnifique ceci Ferdinand ! magnifique ! Somptueuse musique !... Il me contredirait jamais… Mais tragique !... Tragique je le trouve ! n'est-ce pas… Ah ! n'est-ce pas ?...

Sensible Divetot, oh sensible !... et bienveillant !... vraiment un homme de qualité !...

— Oui que j'ajoute… c'est tout en l'air !...

— Oh ! Ferdinand vous êtes bien sûr ?... Il doute un peu de ceci…

— Le Destin Monsieur ! le Destin !...

Il me fâchait son doute. Je m'impatiente finalement…

– Vous voyez là-bas ?... la plaine… après la Folie… Charlebourg ?... les flocons s'engouffrent !... plus loin encore ?... tout au glacis ?... virevoltent !... tout en écharpes… et puis… s'enroulent… Qui bondit là ?... de linceul en linceul… ah ?... se rassemble ?... la ! fa ! sol !... la… si… do !… too !... too !... je n'y puis plus rien !... Too !... Too !... tant pis ! mon ami !... Tant pis ! que le charme joue !... too ! too !... Chimères ! voilà ! Chimères !...

Nous partîmes à rire tous les deux tellement la neige tourbillonnait… à vertige… à furieux volutes… à nous aveugler… Nous fûmes éloignés l'un de l'autre… de vive force… Je poursuivais mon chemin à contre bourrasque… Il me criait encore de loin à travers la neige…

« Les bons sont sous le tensiomètre !... » Nous avions là notre cachette… « dans le tiroir de gauche ! »

C'est exact y avait du monde… une foule à la consultation… une clientèle vraiment fidèle… une, deux, trois, quatre ordonnances… et puis un Bon… c'est le rythme… un… deux… trois Bons… une ordonnance !... C'est la cadence depuis l'hiver… de moins en moins d'ordonnances… de plus en plus de bons… chaque fois un quart… un demi-litre… je me fais prier énormément… J'ai la panique du téléphone… que ça sonne, qu'il y en a plus… que j'ai donné tout le lait de la ville… à mesure que la gêne augmente de moins en moins d'ordonnances… de plus en plus de bons… 25 morceaux de sucre… un petit seau de carbi… que la misère s'arrête plus… qu'elle augmente… qu'elle recouvrira bientôt tout… et la médecine à la fin… qu'elle en laissera plus du tout…

Un, deux, trois petits mômes à la file, tout secoués de coqueluche… qui sont en cocons dans leur laines… et puis une octogénaire avec sa nièce qu'est en chômage… elles vivent ensemble en pavillon… la vieille elle arrête pas de trembler… ça la tient depuis l'autre dimanche… qu'elle a essayé de sortir… d'aller à la pompe… c'est pas naturel comme elle tremble, c'est une grelottine incroyable pour une carcasse aussi frêle… elle fait trembler toute sa chaise… ma table auprès… les murs… la porte… Je cherche un peu d'où ça peut venir… elle en chante, elle en crierait presque, tellement ça la secoue son catarrhe, son âpre emphysème… Ça fait trois jours et trois nuits qu'elle tremble ainsi de cette façon… qu'elle secoue tout dans leur bicoque… elle peut plus dormir du tout… elle tient sa nièce réveillée… Elles demeurent en pavillon de bois… « Bai addrabé befroid dehors ! » Elle a plus de dents forcément… « bai bebans bfais bfroid aubsi !... » C'est la tremblote qu'arrête plus… C'est comme ça à quatre-vingts ans… Une fois qu'on en est saisi… Ça vous prend, ça vous lâche plus… « Ça suinte chez nous en glace des murs… faudrait mieux qu'elle meure que de souffrir comme ça… » elle m'explique la nièce les choses… elle est butée, toute réfléchie, elle demande la paix ou du charbon… que ça finisse mes bons conseils si je peux pas la réchauffer… elle en veut pas de mes cachets, de mes frictions non plus… à l'alcool… pourtant proposées bien aimable… Elle en veut plus de la gentillesse, elle veut du charbon et du pain… « Tontine elle est pas malade, elle a faim, elle a froid c'est tout… elle arrêtera pas de trembler tant qu'elle aura pas de charbon… » C'est du charbon noir qu'elle veut… du charbon qui brûle dans les poêles… et puis un peu de lait et de sucre… Je veux pas l'avoir sur la conscience… je me fends encore de vingt-cinq kilos… C'est pas du tout dans le règlement… Je fais des entorses à qui mieux mieux…

Je suis hanté par le téléphone…

Encore des mères et puis des filles et puis des pères et des cousins… des désolés, des sûrs d'eux-mêmes… des qui boitent… qui toussent… qui la sautent… qui supportent ça plus mal que bien… Ah ! je prends tout, j'ai le sourire, de l'avenance… des habiletés… j'ai le pardessus aussi… on expire de froid dans le local… le à zéro passe comme il veut… il fait le tour de nos cloisons… Tout sournois à vent coulis…

Allons ! C'est fini tant bien que mal… la nuit tombe, estompe à présent les gens et les choses… ils sont partis souffrir ailleurs… chez eux… J'ai pas pu en dériver plus d'un… deux… sur l'hôpital… Enfin grêle le téléphone… je tressaute ! je bondis !... C'est la catastrophe !... C'est rien !... les noms seulement des défunts… ceux de ma tournée de chaque soir… s'ils ont vraiment le droit de laisser ça… de nous quitter pour de bon… de nous fausser compagnie… « mort » c'est vite dit !... Je vais voir ça… si ils sont sages… bien sages, impeccables… je délivrerai leur billet… le billet pour s'enterrer… Je délivre celui-là aussi… Rien ne m'échappe. Je suis Dieu assermenté… Ça peut demeurer loin un mort !... Tous aux confins de la commune… tout en bas presque à la plaine… on a beau connaître… c'est vache souvent à se retrouver… surtout à présent sans lumière… rue des Bouleaux-Verts… ça va !... une petite montée… la passerelle… rue des Michaux… tourne à gauche… puis un sentier… Là ça devient que des zigs zags… on se fourvoyerait facilement… « Venelle des Trois-Sœurs »… c'est plus loin encore… « Impasse du Trou-de-Sable »… Plus loin, tout là-bas, au fond, c'est Villemomble… Le vent a repris, il est dur… il brasse la plaine, il ronfle, il bouscule… je quitte plus mon sentier… attention !... C'est pas encore là… plus bas… ça dérape… c'est tout verglas… champs inondés… on se fracturerait la colonne que personne vous entendrait… C'est vraiment un bout du monde… ah ! maintenant je me rapproche…

« Ruelle des Bergères »… Oh ! ce froid… ça vous arrive en pleine trompette… ça souffle du tonnerre de Dieu !... La neige vous ferme les carreaux… la guerre c'est vraiment infect, c'est une époque de damnation… la preuve que la nature se dérange, qu'elle fait crever l'homme en frimas…

Je suis sûr que ça doit être ici… je gueule dans le noir… je me fais connaître… Ah ! on répond !... C'est la voisine… c'est d'à côté que l'on ouvre… la voici !...

— Mais elle est pas là docteur…

— Elle est pas là ?... Mais je viens pour un décès…

— Un décès ?... Elle est pas revenue !...

— Pas revenue ?...

— Elle est pas morte… elle est pas partie…

— Pourtant on nous a prévenus…

— Ah ! C'est une erreur… c'est pas nous… On est ses voisins… On la voyait tous les jours… Elle part comme ça de temps en temps… elle dit qu'elle s'ennuie…

— Alors qui donc a prévenu ?

— Oh ! ça j'en sais rien !...

— Elle est partie depuis combien de temps ?

— Ça va pas faire une dizaine de jours… Souvent elle part que pour un soir… c'est pas souvent pour si longtemps… c'est une personne originale… Y a pas de froid qui tienne !... vent ni brume !... elle part et puis voilà tout ! C'est la musique qui l'entraîne… qu'elle raconte !... Nous on entend rien… elle vient nous trouver, elle chantonne… on sait tout de suite ce qu'elle va nous dire… « Mes enfants je pars ! » Ta !... ta !... ta !... la voilà partie !...

— À son âge ?...

— C'est une belle santé !... elle va se promener qu'elle annonce… elle nous avertit toujours… la voilà en route !... 86 ans !... comme ça toute seule… sans chien, ni chat… avec sa canne, sa mantille, et puis son falot !

— Par ce froid ?

— Pas de froid, ni de gel, ni de diable qui vaille ! son air lui chante et c'est fini ! Elle dit au revoir bien gentiment… et puis à son âge elle se dépêche… on la voit traverser là-bas toute l'étendue… et puis au fin fond de la plaine… elle disparaît… sa petite lumière qu'on dirait souffle !... Elle a beaucoup voyagé d'après ce qu'elle raconte… Elle a été paraît… en Chine… en Indochine… encore plus loin… qu'elle a raconté… Elle voulait plus rester chez elle… Soi-disant qu'elle respirait plus… que ça la faisait mourir à force… Surtout depuis la guerre… avec tous les volets fermés… Elle voulait revoir ses amis… qu'étaient là-bas soi-disant… là-bas ?... on a jamais su !...

pour ça elle traversait la plaine tous les soirs vers les minuit… elle entendait la musique… d'après son idée… que c'était « gai là-bas chez eux ! »… qu'on « s'amusait bien »… Elle vivait seule dans sa maison… Mais elle était pas malheureuse… la Sœur venait souvent la voir… elle manquait de rien… Elle attrapait sa lanterne et hop ! qu'il aurait plu à seaux ! en avant ! en route !...

— À son âge c'est extraordinaire…

— Fallait pas la suivre… Elle s'en allait vers Gennevilliers… Elle rentrait sur les trois, quatre heures… au petit jour quelque fois… elle était toujours bien aimable… mais elle suivait son idée… C'était l'amusement sa marotte… « Ils s'amusent là-bas vous savez… ils s'ennuient pas une minute ! »… soi-disant de ses amis… C'était ça son idée fixe… C'était une gaie pour ainsi dire… Toujours elle parlait de ses amis… Mais nous on les a jamais vus… sans doute ils existaient pas… Un jour elle a prévenu la sœur… « Ma sœur, un jour ils me ramèneront… et ça sera pas moi cette personne… Ça en sera une autre… » Une lubie vous pensez bien ! Elle l'a dit aussi au laitier… nous on a pas fait attention, n'est-ce pas les personnes de cet âge !... elles sont un peu comme les enfants… Enfin toujours elle est pas là… mais moi je crois pas que ce soit grave… C'est une originale c'est tout !... Elle était bien connue allez ! jamais on y aurait fait du mal… elle en raconterait des histoires !... bavarde alors !... et puis tout d'un coup elle se taisait… la voilà partie… enfin n'est-ce pas ?... elle est pas là !... si c'était un accident qu'ils l'aient trouvée sur la route, ça se saurait de l'hôpital !... Si les Allemands l'avaient vue avec sa lanterne… ils l'auraient ramenée chez elle… C'est déjà arrivé une fois… Non, je vous dis, c'est de la fantaisie !... On la connaît bien !... du moment que sa musique lui passe, elle file on dirait une jeunesse !... personne pourrait la retenir… Oh ! elle reviendra je suis tranquille…

— Eh bien je repasserai de temps en temps…

— Tout de même dites donc, mon pauvre docteur, ça vous a dérangé pour rien !...

— Oh ! c'est pas une catastrophe… il est pas trop tard heureusement !... J'ai encore deux, trois visites…

On s'est dit au revoir…

J'y suis allé directement, constat « de coups, de blessures » et puis des morts… vraiment des morts, des morts tout à fait comme tout le monde, des choses qui ne font pas un pli.

Le lendemain j'ai rencontré Divetot mais je lui ai pas raconté tout… C'est de là que ça vient les catastrophes ! du manque de délicatesse… Vous entendez comme ça des ondes… des avis qui passent… des symphonies… vous vous dites c'est dans l'atmosphère… et puis ça y est !... et puis je m'en fous ! TOO ! too ! TO ! TO ! to ! ta… ta… a… a !… ça va ! vous verrez bien !... La !... fa !... sol !... la !... si !... do... la… Do !... très bien… très bien… je demande pas mieux… J'ai dit ça aussi autrefois… Parfait ! Message ?... je l'emmerde !... Parfait ! Libre à tous ! moi aussi je suis gai d'atmosphère et drôlement en train on peut le dire !... tous ceux qui me connaissent !... N'empêche que n'est-ce pas comme ça : Taa !... too ! o ! o ! o ! oo !... l'appel des Cygnes c'est une chose qui vous saisit ! qui bouleverse le cœur ! pour le peu qu'on aye !... Ah ! moi je l'entends… ça me retourne !... Y en a plein la plaine !... les abords !... et puis alors au ciel ! pardon !... de ces nuages/images ! des géants d'orages qu'arrivent pavanant !... Monstres de rien !... pris à mille feux… et mirages… de joies envolées !... mouettes à muser virevolent… d'aile vive effleurent nos soucis… prestes à flèche… dessus… dessous l'arche enrubannent passants moroses… leur bouderie… leur queuleuleu, quinteux pèlerins d'un bord à l'autre.

À la berge la péniche malmène, chasse aux remous, rafle, drosse, amarre… Oh ! ça finira pas comme ça !... C'est pas moi qui vendrai la mèche !... Mais je connais des malfamants, des quidams en perversité, des gens qu'ont les esprits torves, des ambitieux tout hermétiques, inouïs de reluisances diaboliques qui sont en véritables pactes avec les puissances d'outre-là !... Ah ! Pour ces possédés rien ne compte !... ni de cœur, ni de délicatesse ! tout à l'abîme des mauvaises Foi… Ah ! des terribles aux damnations !... Voilà ! je n'en dira pas plus ! Tel blême pendu de son vivant se resuicide à peine au sol pour dérouter les succubes !... Ah ! que voici de vilaines morts !... L'infamant mystère ! Trépas de rats calamiteux !... Je n'en dirai pas davantage !... Nul d'entre eux, de ces ladres à croûtes, ne se dissiperait gentiment… à vogue et musique enchanteresses… telle cette personne ma cliente… que je recherche un peu partout… voguerait ainsi vers les nuages au souffle et torrents d'Harmonies !... Nenni !... Disgrâce à ces malfrats retors ! tout empaquetés de sottises ! boudinés, tout farcis de fiel, si infects en noirceurs, si tristes, si rances, qu'ils en crèvent tout vifs et d'eux-mêmes !... qu'ils s'en dégueulent pour ainsi dire, semblables monstres ! l'âme et le corps et tout de trop ! que c'est leur viande qui n'en veut plus, qui les rebute, les tarabuste, leur recommande que ça finisse, qu'elle aime mieux retourner aux limons ! qu'elle se trouve bien trop malheureuse ! que c'est trop de les avoir connus !

Voilà comment se déroulent les drames d'outre-là… remontent des ténèbres les suicidés, les gestes très affreux, les viols, les contrefaçons, les félonies scorpionimiques des personnes vouées lucifèrement ! Ah ! C'est le sort ! Il est jeté ! Malheur au sort ! personnes qui ne veulent que le maudit qui les souffle, les gratine, les larde partout, au gril des angoisseux déduits, à Loque-sur-Erèbe ! Tickets de supplices ?... Par ici !

Et c'est pas fini ! ça rôde ! là pardon ! j'en suis certain !... c'est pas près d'être évaporé des philtreries si maléfiques ! aussi venines, corrodatrices ! à cyanhydre essence foudroyonne ! belzébutiennes !... L'on me conçoit !...

Je m'entends !... Ah ! c'est pas fini les suicides !... J'en vois encore plein les zéniths !... des prodigieux, des minuscules… des tout de puces, des continents !... Ah ! c'est ainsi que ça s'emporte les Génies fulgurants des songes ! orgueil à part ! Lorsque la Kabbale brûle ses ambres… buboneux crapauds gobent l'encens ! du coup toutes les marmites culbutent ! Et c'est la fin du rizotto !... faut savoir où expirent les brises… où vont mourir bergeronnettes… oisillons… où batifole ma cliente ? sur quelque grand air d'Opéra ?... ah… et puis bien refermer sa gueule ! C'est le moment des Univers… l'appel ! l'exhorte en fa mineur !... qui n'insiste pas !... c'est à vous !... c'est à vous la ferveur des ondes !... si vous avez l'âme haricot ça va pas arranger les choses… l'âme est partie !... il faut savoir filer l'arpège… l'essaim des dièses… la trille au vol… Le cœur s'arrête !... Eh bien tant mieux ! L'alouette en flèche pique et son cri ! Joye et matin ! La politesse est accomplie !... Madame ! Grande révérence !... do !... si !... la ! si !... Soupir ! C'est fait ! la chose est faite ! La vie partie !...

Diaphanes émules portons ailleurs nos entrechats !... en séjours d'aériennes grâces où s'achèvent nos mélodies… aux fontaines du grand mirage !... Ah ! Sans être ! Diaphanes de danse ! Désincarnés rigododants ! tout allégresse heureux de mort ! gentils godelureaux ! À nous toutes fées et le souffle !... Élançons-nous ! Aux cendres le calendrier ! Plus rien ne pèse ! plumes d'envol ! Au diable lourds cadrans et lunes ! plumes de nous ! tout poids dissous ! âmes au vol ! âmes aux joies !... au ciel éparses à bouquets… fleurettes partout luisantes, pimpantes scintillent ! Volée d'étoiles !... tout alentour tintent clochettes !... c'est le ballet !... et tout s'enlace et tout dépasse, pirouette, farandole à ravir !... ritournelles argentines… musique de fées !

Mais que voici venir si preste ?... déboulé mutin !... Oh ! la capricieuse fredaine ! Ta ! ta ! tin ! tin ! diguediguedon ! Tout acidulée grappillette… frémis de notes !... cascadette ! friponne magie !... Ô mignon trio de déesses ! À cabrioles tout autour ! Houspillés sommes divinement ! Trois sylves à magie guillerette ! do ! do ! do ! fa mi ré do si ! Coquines-ci, mutines-là ! Effrontées ! Trilles ! Quelles enlevades ! et si joliment chiffonnées ! Taquines ! Quel essor ! Charges de joies ensorcelantes !... Ô l'exquise impertinence ! Environnés à tourbillons ! Fraîches à défaillir de roses et de lumière ! Elles nous pressent, nous boutent ! nous assaillent ! De grâce ! à mille effronteries ! pointes et saccades de chat ! se jouent de nous ! Ta ! ta ! ta !... Magie de sourire nous achève… Nous sommes pris !...

N'échapperont ! notre défaite s'accomplit !... chargés de joies ensorcelantes ! à dérobades ! prestes retours ! mieux vaut nous rendre !...

nous fûmes défaits aux lieux des Cygnes… où mélodie nous a conduits… appel en fa ! tout s'évapore !... deux trilles encore !... une arabesque !... une échappée ! Dieu les voici !... fa… mi… ré… do… si !... Mutines du ciel nous enchantent ! damnés pour damnés tant pis !

Que tout se dissipe ! ensorcelle ! virevole ! à nuées guillerettes ! Enchanteresses ! ne sommes plus… écho menu dansant d'espace ! fa ! mi ! ré ! do ! si !... plus frêle encore et nous enlace… et nous déporte en tout ceci !... à grand vent rugit et qui passe !...

HOMMAGE À ZOLA

1933

Cédant aux instances d'un ami très cher, L. F. Céline fit en 1933 un discours public, le seul de sa carrière littéraire. C'était à Médan, un jour d'été. On demandait à l'auteur du *Voyage au bout de la nuit* de rendre hommage à Zola. L.-F. Céline, en définissant l'œuvre de l'écrivain naturaliste, dépeignait l'époque où elle fut écrite, et cela l'amena à parler de la condition de l'écrivain d'après-guerre. Ces pages, en quelque sorte un commentaire avant la lettre de *Mort à crédit* furent publiées en 1936 par Robert Denoël dans sa plaquette "Apologie de *Mort à crédit.*"

Les hommes sont des mystiques de la mort dont il faut se méfier.

En pensant à Zola nous demeurons un peu gêné devant son œuvre, il est trop près de nous encore pour que nous le jugions bien, je veux dire dans ses intentions. Il nous parle de choses qui nous sont familières... Il nous serait bien agréable qu'elles aient un peu changé. Qu'on nous permette un petit souvenir personnel. À l'Exposition de 1900, nous étions encore bien jeune, mais nous avons gardé le souvenir quand même bien vivace, que c'était une énorme brutalité. Des pieds surtout, des pieds partout et des poussières en nuages si épais qu'on pouvait les toucher. Des gens interminables défilant, pilonnant, écrasant l'Exposition, et puis ce trottoir roulant qui grinçait jusqu'à la galerie des machines, pleine, pour la première fois de métaux en torture, de menaces colossales, de catastrophes en suspens. La vie moderne commençait.

Depuis on n'a pas fait mieux. Depuis *l'Assommoir* non plus on n'a pas fait mieux. Les choses en sont restées là avec quelques variantes. Avait-il, Zola, travaillé trop bien pour ses successeurs ? Ou bien les nouveaux venus ont-ils eu peur du naturalisme ? Peut-être...

Aujourd'hui, le naturalisme de Zola, avec les moyens que nous possédons pour nous renseigner, devient presque impossible. On ne sortirait pas de prison si on racontait la vie telle qu'on la sait, à commencer par la sienne. Je veux dire telle qu'on la comprend depuis une vingtaine d'années. Il fallait à Zola déjà quelque héroïsme pour montrer aux hommes de son temps quelques gais tableaux de la réalité. La réalité d'aujourd'hui ne serait permise à personne. À nous donc les symboles et les rêves ! Tous les transferts que la loi n'atteint pas, n'atteint pas encore ! Car enfin c'est dans les symboles et les rêves que nous passons les neuf dixièmes de notre vie, puisque les neuf dixièmes de l'existence, c'est-à-dire du plaisir vivant, nous sont inconnus ou interdits. Ils seront bien traqués aussi, les rêves, un jour ou l'autre. C'est une dictature qui nous est due.

La position de l'homme au milieu de son fatras de lois, de coutumes, de désirs, d'instincts noués, refoulés, est devenue si périlleuse, si artificielle, si arbitraire, si tragique et si grotesque en même temps, que jamais la littérature ne fut si facile à concevoir qu'à présent, mais aussi plus difficile à supporter. Nous sommes environnés de pays entiers d'abrutis anaphylactiques, le moindre choc les précipite dans des convulsions meurtrières à n'en plus finir.

Nous voici parvenus au but de vingt siècles de haute civilisation et cependant aucun régime ne résisterait à deux mois de vérité. Je veux dire la société marxiste aussi bien que nos sociétés bourgeoises et fascistes.

L'homme ne peut persister en effet dans aucune de ces formes sociales, entièrement brutales, toutes masochistes, sans la violence d'un mensonge permanent et de plus en plus massif, répété frénétique "totalitaire" comme on l'intitule.

Privées de cette contrainte, elles s'écrouleraient dans la pire anarchie, nos sociétés. Hitler n'est pas le dernier mot, nous verrons plus épileptique encore, ici peut-être. Le naturalisme dans ces conditions, qu'il le veuille ou non, devient politique. On l'abat. Heureux ceux que gouvernèrent le cheval de Caligula.

Les gueulements dictatoriaux vont partout à présent à la rencontre des hantés alimentaires innombrables, de la monotonie des tâches quotidiennes, de l'alcool, des myriades refoulées, tout cela plâtre dans un immense narcissisme sadico-masochiste toute issue de recherches, d'expériences et de sincérité sociale. On me parle beaucoup de jeunesse, le mal est plus profond que la jeunesse ! Je ne vois en fait de jeunesse qu'une mobilisation d'ardeurs apéritives, sportives, automobiles, spectaculaires, mais rien de neuf. Les jeunes, pour les idées au moins, demeurent en grande majorité à la traîne des rats bavards, filoneux, homicides. À ce propos, pour demeurer équitables, notons que la jeunesse n'existe pas au sens romantique que nous prêtons encore à ce mot. Dès l'âge de dix ans, le destin de l'homme me semble à peu près fixé, dans ses ressorts émotifs tout au moins, après ce temps nous n'existons plus que par d'insipides redites, de moins en moins sincères de plus en plus théâtrales. Peut-être, après tout, les "civilisations" subissent-elles le même sort ? La nôtre semble bien coincée dans une incurable psychose guerrière. Nous ne vivons plus que pour ce genre de redites destructrices. Quand nous observons de quels préjugés rancis, de quelles fariboles pourries peut se repaître le fanatisme absolu de millions d'individus prétendus évolués, instruits dans les meilleures écoles d'Europe, nous sommes autorisés, certes, à nous demander si l'instinct de mort chez l'Homme, dans ces sociétés, ne domine pas déjà définitivement l'instinct de vie. Allemands, Français, Chinois, Valaques… Dictatures ou pas ! Rien que des prétextes à jouer à la mort.

Je veux bien qu'on peut tout expliquer par les réactions malignes de défense du capitalisme ou l'extrême misère. Mais les choses ne sont pas si simples ni aussi pondérables. Ni la misère profonde, ni l'accablement policier ne justifient ces ruées en masse vers les nationalismes extrêmes, agressifs, extatiques de pays entiers. On peut expliquer certes ainsi les choses aux fidèles, tout convaincus d'avance, les mêmes auxquels on expliquait il y a douze mois encore l'avènement imminent, infaillible, du communisme en Allemagne. Mais le goût des guerres et des massacres ne saurait avoir pour origine essentielle l'appétit de conquête, de pouvoir et de bénéfices des classes dirigeantes. On a tout dit, exposé, dans ce dossier, sans dégoûter personne. Le sadisme unanime actuel procède avant tout d'un désir de néant profondément installé dans l'Homme et surtout dans la masse des hommes, une sorte d'impatience amoureuse, à peu près irrésistible, unanime, pour la mort. Avec des coquetteries, bien sûr, mille dénégations, mais le tropisme est là, et d'autant plus puissant qu'il est parfaitement secret et silencieux.

Or, les gouvernements ont pris la longue habitude de leurs peuples sinistres, ils leur sont bien adaptés. Ils redoutent, dans leur psychologie, tout changement. Ils ne veulent connaître que le pantin, l'assassin sur commande, la victime sur mesure. Libéraux, marxistes, fascistes ne sont d'accord que sur un seul point : des soldats !... Et rien de plus et rien de moins. Ils ne sauraient que faire en vérité de peuples absolument pacifiques.

Si nos maîtres sont parvenus à cette tacite entente pratique c'est peut-être qu'après tout l'âme de l'Homme s'est définitivement cristallisée sous cette forme suicidaire.

On peut obtenir tout d'un animal par la douceur et la raison, tandis que les grands enthousiasmes de masses, les frénésies durables des foules sont presque toujours stimulés, provoqués, entretenus par la bêtise et la brutalité. Zola n'avait point à envisager les mêmes problèmes sociaux dans son œuvre, surtout présentés sous cette forme despotique. La foi scientifique, alors bien nouvelle, fit penser aux écrivains de son époque à une certaine foi sociale, à une raison d'être "optimiste". Zola croyait à la vertu, il pensait à faire horreur au coupable mais non à le désespérer. Nous savons aujourd'hui que la victime en redemande toujours du martyre et davantage. Avons-nous encore sans niaiserie le droit de faire figurer dans nos écrits une providence quelconque ? Il faudrait avoir la foi robuste. Tout devient plus tragique et plus irrémédiable à mesure qu'on pénètre davantage dans le Destin de l'Homme, qu'on cesse de l'imaginer pour le vivre tel qu'il est réellement… On le découvre. On ne veut pas encore l'avouer. Si notre musique tourne au tragique, c'est qu'elle a ses raisons. Les mots d'aujourd'hui comme notre musique vont plus loin qu'au temps de Zola. Nous travaillons à présent par la sensibilité et non plus par l'analyse, en somme "du dedans". Nos mots vont jusqu'aux instincts et les touchent parfois, mais en même temps, nous avons appris que là s'arrêtait, et pour toujours, notre pouvoir.

Notre Coupeau à nous ne boit plus tout à fait autant que le premier. Il a reçu de l'instruction... Il délire bien davantage. Son délirium est un bureau standard avec treize téléphones. Il donne ses ordres au monde. Il n'aime pas les dames. Il est brave aussi. On le décore à tour de bras. Dans le jeu de l'Homme, l'Instinct de mort, l'Instinct silencieux est décidément bien placé, peut-être à côté de l'égoïsme. Il tient la place du zéro dans la roulette. Le Casino gagne toujours. La mort aussi. La loi des grands nombres travaille pour elle. C'est une loi sans défaut. Tout ce que nous entreprenons, d'une manière ou d'une autre, très tôt, vient buter contre elle et tourne à la haine, au sinistre, au ridicule. Il faudrait être doué d'une manière bien bizarre pour parler d'autre chose que de mort en des temps où sur terre, sur les eaux, dans les airs, au présent, dans l'avenir, il n'est question que de cela. Je sais qu'on peut encore aller danser musette au cimetière et parler d'amour aux abattoirs, l'auteur comique garde ses chances, mais c'est un pis-aller.

Quand nous serons devenus moraux tout à fait au sens où nos civilisations l'entendent et le désirent et bientôt l'exigeront, je crois que nous finirons par éclater tout à fait aussi de méchanceté. On ne nous aura laissé pour nous distraire que l'instinct de destruction. C'est lui qu'on cultive dès l'école et qu'on entretient tout au long de ce qu'on intitule encore : la vie. Neuf lignes de crimes, une d'ennui. Nous périrons tous en chœur, avec plaisir en somme, dans un monde que nous aurons mis cinquante siècles à barbeler de contraintes et d'angoisses.

Il n'est peut-être que temps en somme de rendre un suprême hommage à Émile Zola à la veille d'une immense déroute, une autre. Il n'est plus question de l'imiter ou de le suivre. Nous n'avons évidemment ni le don, ni la force, ni la foi qui créent les grands mouvements d'âme. Aurait-il de son côté la force de nous juger ? Nous avons appris sur les âmes, depuis qu'il est parti, de drôles de choses.

La rue des Hommes est à sens unique, la mort tient tous les cafés, c'est la belote "au sang" qui nous attire et nous garde.

L'œuvre de Zola ressemble pour nous par certains côtés à l'œuvre de Pasteur si solide, si vivante encore, en deux ou trois points essentiels. Chez ces deux hommes, transposés, nous retrouvons la même technique méticuleuse de création, le même souci de probité expérimentale et surtout le même formidable pouvoir de démonstration chez Zola devenu épique. Ce serait beaucoup trop pour notre époque. Il fallait beaucoup de libéralisme pour supporter l'affaire Dreyfus. Nous sommes loin de ces temps, malgré tout, académiques.

Selon certaines traditions, je devrais peut-être terminer mon petit travail sur un ton de bonne volonté, d'optimisme malgré tout… Or que devons-nous espérer du naturalisme dans les conditions où nous nous trouvons ? Tout et Rien. Plutôt rien, car les conflits spirituels agacent de trop près la masse de nos jours pour être tolérés longtemps. Le Doute est en train de disparaître de ce monde. On le tue en même temps que les hommes qui doutent. C'est plus sûr.

''Quand j'entends seulement prononcer autour de moi le mot *Esprit*, je crache !'' nous prévenait un dictateur récent et pour cela même adulé. On se demande ce qu'il peut faire ce sous-gorille quand on lui parle du naturalisme ?

Depuis Zola, le cauchemar qui entourait l'homme non seulement s'est précisé, mais il est devenu officiel. À mesure que nos ''Dieux'' deviennent plus puissants ils deviennent aussi plus féroces, plus jaloux et plus bêtes… Ils s'organisent. Que leur dire ? On ne se comprend plus…

L'École naturaliste aura fait tout son devoir, je crois, au moment où on l'interdira dans tous les pays du monde.

C'était son destin.

L.F. Céline

MEA CULPA

"Il me manque encore quelques haines.
Je suis certain qu'elles existent."

Ce qui séduit dans le Communisme, l'immense avantage à vrai dire, c'est qu'il va nous démasquer l'Homme, enfin ! Le débarrasser des "excuses". Voici des siècles qu'il nous berne, lui, ses instincts, ses souffrances, ses mirifiques intentions... Qu'il nous rend rêveur à plaisir... Impossible de savoir, ce cave, à quel point il peut nous mentir !... C'est le grand mystère. Il reste toujours bien en quart, soigneusement planqué, derrière son grand alibi. "L'Exploitation par le plus fort." C'est irréfutable comme condé... Martyr de l'abhorré système ! C'est un Jésus véritable !...

"Je suis ! comme tu es ! il est ! nous sommes exploités !"

Ça va finir l'imposture ! En l'air l'abomination ! Brise tes chaînes, Popu ! Redresse-toi, Dandin !... Ça peut pas durer toujours ! Qu'on te voye enfin ! Ta bonne mine ! Qu'on t'admire ! Qu'on t'examine ! de fond en comble !... Qu'on te découvre ta poésie, qu'on puisse enfin à loisir t'aimer pour toi-même ! Tant mieux, nom de Dieu ! Tant mieux ! Le plus tôt sera le mieux ! Crèvent les patrons ! En vitesse ! Ces putrides rebuts ! Ensemble ou séparément ! Mais pronto ! subito ! recta ! Pas une minute de merci ! De mort bien douce ou bien atroce ! Je m'en tamponne ! J'en frétille ! Pas un escudos de vaillant pour rambiner la race entière ! Au charnier, chacals ! À l'égout ! Pourquoi lambiner ? Ont-ils jamais, eux, velus, refusé un seul frêle otage au roi Bénéfice ? Balpeau ! Balpeau ! Haricots ! En voyez-vous des traînards ?... À la reniflette qu'on les bute ! Il faut ce qu'il faut ! C'est la lutte !... Par quatre chemins ? Quel honneur ?... Ils sont même pas amusants ! Ils sont toujours plus gaffeurs, plus cons que nature ! Faut les retourner pour qu'ils fassent rire !...

Les privilégiés, pour ma part, je n'irai pas, je le jure, m'embuer d'un seul petit œil sur leur vache charogne !... Ah ! Pas d'erreur ! Délais ? Basta ! Pas un remords ! Pas une larme ! Pas un soupir ! Une cédille ! C'est donné ! C'est l'Angélus ! Leur agonie ? C'est du miel ! Une friandise ! J'en veux ! Je m'en proclame tout régalé !...

Je te crèverai, charogne ! un vilain soir !
Je te ferai dans les mires deux grands trous noirs !
Ton âme de vache dans la danse ! Prendra du champ !

Tu verras cette belle assistance !...
Au Four-Cimetière des Bons-Enfants !

Ces couplets verveux me dansent au cassis ! Je les offre à tous par-dessus le marché, avec la musique ! "L'Hymne à l'Abattoir", l'air en plus ! C'est complet !...

Tout va bien ! Ça ira !
Le un s'en va ! Le joli un !
Le deux qui vient !...

Ainsi de suite chantaient en cadence nos gais pontonniers d'autrefois ! Piétinons ! Piétinons ! Trépignons dur ! Cette pertinente infection ! Il faut repasser toute la race ! Jamais depuis le temps biblique ne s'était abattu sur nous fléau plus sournois, plus obscène, plus dégradant à tout prendre, que la gluante emprise bourgeoise. Classe plus sournoisement tyrannique, cupide, rapace, tartufière à bloc ! Moralisante et sauteuse ! Impassible et pleurnicharde ! De glace au malheur. Plus inassouvible ? plus morpione en privilèges ? Ça ne se peut pas ! Plus mesquine ? plus anémiante ? plus férue de richesses plus vides ? Enfin pourriture parfaite.

Vive Pierre 1er ! Vive Louis XIV ! Vive Fouquet ! Vive Gengis Khan ! Vive Bonnot ! la bande ! et tous autres ! Mais pour Landru pas d'excuses ! Tous les bourgeois ont du Landru ! C'est ça qu'est triste ! irrémédiable ! 93, pour ma pomme, c'est les larbins… larbins textuels, larbins de gueule ! larbins de plume qui maîtrisent un soir le château, tous fous d'envie, délirants, jaloux, pillent, crèvent, s'installent et comptent le sucre et les couverts, les draps… Comptent tout !... Ils continuent… Jamais ils ont pu s'interrompre. La guillotine c'est un guichet… Ils compteront le sucre jusqu'à leur mort ! Les morceaux, fascinés. On peut tous les buter sur place… Ils sont toujours dans la cuisine. Rien à perdre ! On peut estimer pour du vent leur brelan d'intellectuels, impressionnistes confusionnistes à tendances, tantôt bafouilleux vers la gauche, tantôt sur la droite, au fond de leur putaine âme tous farouchement conservateurs, doseurs de fines arguties ; tout farcis d'arrière-pensées. Ça suffit la vue du réglisse ! Ils iront où l'on voudra, à l'odeur de la vache prébende, à la perspective du tréteau… C'est pas eux qui peuvent la racheter l'imbécillité titanesque, la crasse chromée du cheptel !... Putains de race ils découlent… À l'égout donc aussi l'engeance !... Qu'on nous en parle plus du tout !... Les autres en face, c'est du même, pénétrés, "redresseurs de torts" à 75.000 francs par an.

Se faire voir aux côtés du peuple, par les temps qui courent, c'est prendre une " assurance-nougat ". Pourvu qu'on se sente un peu juif ça devient une "assurance-vie". Tout cela fort compréhensible.

Quelle différence, je n'en vois pas, entre les Maisons de la Culture et l'Académie française ? Même narcissisme, même bornerie, même impuissance, babillage, même vide. D'autres poncifs, à peine, c'est tout. On se conforme, on se fait reluire, on se rabâche, ici et là, exactement.

Le grand nettoyage ? Question de mois ! Question de jours ! Ah ! Oui ! La chose sera bientôt faite !... Qu'on se réjouisse !... Qu'on bengalise !...

C'est facile en somme la bascule ! Le butage de la classe entière ! On n'enfonce que des portes ouvertes, et puis comment vermoulues ! Fusiller les privilégiés, c'est plus facile que des pipes !.... Tout ça c'est la gloire naturelle ! La bonne revanche du "tout petit" ! Le dédommagement mille fois juste ! Tous les damnés qui récupèrent !

O.K. !

Merde ! On peut bien le dire ! C'est pas trop tôt !... Tout ça régulier jusqu'au sang !...

Les riches on les boulottera !
Tra-tra-tra
Avec des truffes dans le croupion !
Vive le son du canon !
Boum !

Enfin voici le principal ! Voici une bonne chose de faite !... Voilà Prolo libre ! à lui, plus d'erreur possible, tous les instruments dont on cause, depuis le fifre jusqu'au tambour !... La belle usine ! Les mines ! Avec la sauce ! Le gâteau ! La banque ! Vas-y ! Et les vignes ! et le bagne aussi ! Un coup de ginglard ! Tout descend ! Nous tout seuls ! Cœur au ventre ! Prolo désormais chargé de tous les bonheurs du troupeau… Mineur ! la mine est à toi ! Descends ! Tu ne feras plus jamais grève ! Tu ne te plaindras plus jamais ! Si tu gagnes que 15 francs par jour ce seront tes 15 francs à toi !

Tout de suite faut l'avouer ça s'engueule. Il pue aussi un peu le larbin. Il a, l'homme de base, le goût des ragots… C'est véniel, ça peut s'arranger ! Mais y a tous les vilains instincts de cinquante siècles de servitude… Ils remontent dare-dare, ces tantes, en liberté, encore beaucoup mieux qu'avant ! Méfiance ! Méfiance !... la grande victime de l'Histoire ça ne veut pas dire qu'on est un ange !... Il s'en faudrait même du tout au tout !... Et pourtant c'est ça le préjugé, le grand, le bien établi, dur comme fer !...

"L'Homme est tout juste ce qu'il mange !" Engels avait découvert ça en plus, lui malin ! C'est le mensonge colossal ! L'Homme est encore bien autre chose, de bien plus trouble et dégueulasse que la question du " bouffer ". Faut pas seulement lui voir les tripes mais son petit cerveau joli !... C'est pas fini les découvertes !... Pour qu'il change il faudrait le dresser ! Est-il dressable ?... C'est pas un système qui le dressera ! Il s'arrangera presque toujours pour éluder tous les contrôles !... Se débiner en faux-fuyants ? Comme il est expert ! Malin qui le baisera sur le fait ! Et puis on s'en fout en somme ! La vie est déjà bien trop courte ! Parler morale n'engage à rien ! Ça pose un homme, ça le dissimule. Tous les fumiers sont prédicants ! Plus ils sont vicelards plus ils causent ! Et flatteurs ! Chacun pour soi !... Le programme du Communisme ? malgré les dénégations : entièrement matérialiste ! Revendications d'une brute à l'usage des brutes !... Bouffer ! Regardez la gueule du gros Marx, bouffi ! Et encore si ils bouffaient, mais c'est tout le contraire qui se passe ! Le peuple est Roi !... Le Roi la saute ! Il a tout ! Il manque de chemise !... Je parle de Russie. à Leningrad, autour des hôtels, en touriste, c'est à qui vous rachètera des pieds à la tête, de votre limace au doulos. L'individualisme foncier mène toute la farce, malgré tout, mine tout, corrompt tout. Un égoïsme rageur, fielleux, marmotteux, imbattable, imbibe, pénètre, corrompt déjà cette atroce misère, suinte à travers, la rend bien plus puante encore. Les individualismes en ''botte'', mais pas fondus.

Si l'existence communiste c'est l'existence en musique ; plus râlante, borgne et clocharde, plus vacharde comme par ici, alors il faut que tout le monde danse, faut plus un boiteux à la traîne.

Qui ne danse pas
Fait l'aveu tout bas
De quelque disgrâce...

C'est la fin des hontes, du silence, des haines et des rognes cafouines, une danse pour la société tout entière, absolument tout entière. Plus un seul infirme social, plus un qui gagne moins que les autres, qui ne peut pas danser.

Pour l'esprit, pour la joie, en Russie, y a la mécanique… La vraie terre promise ! Salut ! La providentielle trouvaille ! Il faut être ''Intellectuel'' éperdu dans les Beaux-Arts, ensaché depuis des siècles, embusqué, ouaté, dans les plus beaux papiers du monde, petit raisin fragile et mûr, au levant des treilles fonctionnaires, douillet fruit des contributions, délirant d'Irréalité, pour engendrer, aucune erreur, ce phénoménal baratin ! La machine salit à vrai dire, condamne, tue tout ce qui l'approche. Mais c'est dans le ''bon ton'' la Machine ! Ça fait ''prolo'', ça fait ''progrès'', ça fait ''boulot'', ça fait ''base''… Ça en jette aux carreaux des masses… Ça fait connaisseur instruit, sympathisant sûr… On en rajoute… On en recommande… On s'en fait péter les soupapes… Je suis ! nous sommes dans la ''ligne'' ! Vive la grande Relève ! Pas un boulon qui nous manque ! L'ordre arrive du fond des bureaux ! Toute la sauce sur les machines ! Tous les bobards disponibles ! Pendant ce temps-là, ils ne penseront pas !...

Comme Résurrection c'est fadé !... La machine c'est l'infection même. La défaite suprême ! Quel flanc ! Quel bidon ! La machine la mieux stylée n'a jamais délivré personne. Elle abrutit l'Homme plus cruellement et c'est tout ! J'ai été médecin chez Ford, je sais ce que je raconte. Tous les Fords se ressemblent, soviétiques ou non !... Se reposer sur la machine, c'est seulement une excuse de plus pour continuer les vacheries. C'est éluder la vraie question, la seule, l'intime, la suprême, celle qu'est tout au fond de tout bonhomme, dans sa viande même, dans son cassis et pas ailleurs !... Le véritable inconnu de toutes les sociétés possibles ou impossibles... Personne de ça n'en parle jamais, c'est pas "politique" !.... C'est le Tabou colossal !... La question "ultime" défendue ! Pourtant qu'il soit debout, à quatre pattes, couché, à l'envers, l'Homme n'a jamais eu, en l'air et sur terre, qu'un seul tyran : lui-même !... Il en aura jamais d'autres... C'est peut-être dommage d'ailleurs... Ça l'aurait peut-être dressé, rendu finalement social.

Voici des siècles qu'on le fait reluire, qu'on élude son vrai problème pour tout de suite le faire voter... Depuis la fin des religions, c'est lui qu'on encense et qu'on saoule à toute volée de calembredaines. C'est lui toute l'église ! Il en voit plus clair forcément ! Il est sinoque ! Il croit tout ce qu'on lui raconte du moment que c'est flatteur ! Alors deux races si distinctes ! Les patrons ? Les ouvriers ? C'est artificiel 100 pour 100 ! C'est question de chance et d'héritages ! Abolissez ! vous verrez bien que c'étaient les mêmes... Je dis les mêmes et voilà... On se rendra compte...

La politique a pourri l'Homme encore plus profondément depuis ces trois derniers siècles que pendant toute la Préhistoire. Nous étions au Moyen Age plus près d'être unis qu'aujourd'hui... un esprit commun prenait forme. Le bobard était bien meilleur "monté poésie", plus intime. Il existe plus.

Le Communisme matérialiste, c'est la Matière avant tout et quand il s'agit de matière c'est jamais le meilleur qui triomphe, c'est toujours le plus cynique, le plus rusé, le plus brutal. Regardez donc dans cette U.R.S.S. comme le pèze s'est vite requinqué ! Comme l'argent a retrouvé tout de suite toute sa tyrannie ! et au cube encore ! Pourvu qu'on le flatte Popu prend tout ! avale tout ! Il est devenu là-bas hideux de prétention, de suffisance, à mesure qu'on le faisait descendre plus profond dans la mouscaille, qu'on l'isolait davantage ! C'est ça l'effrayant phénomène. Et plus il se rend malheureux, plus il devient crâneur ! Depuis la fin des croyances, les chefs exaltent tous ses défauts, tous ses sadismes, et le tiennent plus que par ses vices : la vanité, l'ambition, la guerre, la Mort en un mot. Le truc est joliment précieux ! Ils ont repris tout ça au décuple ! On le fait crever par la misère, par son amour-propre aussi ! Vanité d'abord ! La prétention tue comme le reste ! Mieux que le reste !

La supériorité pratique des grandes religions chrétiennes, c'est qu'elles doraient pas la pilule. Elles essayaient pas d'étourdir, elles cherchaient pas l'électeur, elles sentaient pas le besoin de plaire, elles tortillaient pas du panier. Elles saisissaient l'Homme au berceau et lui cassaient le morceau d'autour. Elles le rencardaient sans ambages : "Toi petit putricule informe, tu seras jamais qu'une ordure... De naissance tu n'es que merde... Est-ce que tu m'entends ?... C'est l'évidence même, c'est le principe de tout !

Cependant, peut-être… peut-être… en y regardant de tout près… que t'as encore une petite chance de te faire un peu pardonner d'être comme ça tellement immonde, excrémentiel, incroyable… C'est de faire bonne mine à toutes les peines, épreuves, misères et tortures de ta brève ou longue existence. Dans la parfaite humilité… La vie, vache, n'est qu'une âpre épreuve ! T'essouffle pas ! Cherche pas midi à quatorze heures ! Sauve ton âme, c'est déjà joli ! Peut-être qu'à la fin du calvaire, si t'es extrêmement régulier, un héros, 'de fermer ta gueule', tu claboteras dans les principes… Mais c'est pas certain… un petit poil moins putride à la crevaison qu'en naissant… et quand tu verseras dans la nuit plus respirable qu'à l'aurore… Mais te monte pas la bourriche ! C'est bien tout !... Fais gaffe ! Spécule pas sur des grandes choses ! Pour un étron c'est le maximum !...''

Ça ! c'était sérieusement causé ! Par des vrais pères de l'Église ! Qui connaissaient leur ustensile ! qui se miroitaient pas d'illusions !

La grande prétention au bonheur, voilà l'énorme imposture ! C'est elle qui complique toute la vie ! Qui rend les gens si venimeux, crapules, imbuvables. Y a pas de bonheur dans l'existence, y a que des malheurs plus ou moins grands, plus ou moins tardifs, éclatants, secrets, différés, sournois… ''C'est avec des gens heureux qu'on fait les meilleurs damnés.'' Le principe du diable tient bon. Il avait raison comme toujours, en braquant l'Homme sur la matière. Ça n'a pas traîné. En deux siècles, tout fou d'orgueil, dilaté par la mécanique, il est devenu impossible. Tel nous le voyons aujourd'hui, hagard, saturé, ivrogne d'alcool, de gazoline, défiant, prétentieux, l'univers avec un pouvoir en secondes ! Éberlué, démesuré, irrémédiable, mouton et taureau mélangé, hyène aussi. Charmant. Le moindre obstrué trou du cul, se voit Jupiter dans la glace. Voilà le grand miracle moderne. Une fatuité gigantesque, cosmique. L'envie tient la planète en rage, en tétanos, en surfusion. Le contraire de ce qu'on voulait arrive forcément. Tout créateur au premier mot se trouve à présent écrasé de haines, concassé, vaporisé. Le monde entier tourne critique, donc effroyablement médiocre. Critique collective, torve, larbine, bouchée, esclave absolue.

Rabaisser l'Homme à la matière, c'est la loi secrète, nouvelle, implacable… Quand on mélange au hasard deux sangs, l'un pauvre, l'autre riche, on n'enrichit jamais le pauvre, on appauvrit toujours le riche… Tout ce qui aide à fourvoyer la masse abrutie par les louanges est bienvenu. Quand les ruses ne suffisent plus, quand le système fait explosion, alors recours à la trique ! à la mitrailleuse ! aux bonbonnes !... On fait donner tout l'arsenal l'heure venue ! avec le grand coup d'optimisme des ultimes Résolutions ! Massacres par myriades, toutes les guerres depuis le Déluge ont eu pour musique l'Optimisme… Tous les assassins voient l'avenir en rose, ça fait partie du métier. Ainsi soit-il.

La misère ça se comprendrait bien qu'ils en aient marre une fois pour toutes, les hommes accablés, mais la misère c'est l'accessoire dans l'Histoire du monde moderne ! Le plus bas orgueil négatif, fatuité creuse, l'envie, la rage dominatrice, obsèdent, accaparent, cloisonnent tous ces sournois, en cabanon, l'énorme Lazaret de demain, la Quarantaine socialisante.

"Popu gafe-toi bien ! T'es suprême ! T'es affranchi comme personne ! T'es bien plus libre, compare toi-même, que les serfs d'en face ! Dans l'autre prison ! Regarde-toi dans la glace encore ! Un petit godet pour les idées ! Vote pour mézigues ! Popu t'es victime du système ! Je vais te réformer l'Univers ! T'occupe pas de ta nature ! T'es tout en or ! qu'on te répète ! Te reproche rien ! Va pas réfléchir ! coute-moi ! Je veux ton bonheur véritable ! Je vais te nommer Empereur ? Veux-tu ? Je vais te nommer Pape et Bon Dieu ! Tout ça ensemble ! Boum ! Ça y est ! Photographie !"

Là-bas de Finlande à Bakou le miracle est réalisé ! On peut pas dire le contraire. Ah ! il en est malade Prolo de ce vide tout autour de lui, soudain. Il s'est pas encore habitué. C'est grand un ciel pour soi tout seul ! Il faut qu'on la découvre bien vite la quatrième dimension ! La véritable dimension ! Celle du sentiment fraternel, celle de l'identité d'autrui. Il peut plus accabler personne… Y a plus d'exploiteurs à buter…

"Toutes tes peines seront les miennes"… et l'Homme plus il se comprime et se complique, plus il s'éloigne de la nature, plus il a des peines forcément… Ça peut aller que de mal en pire de ce côté-là, du côté du système nerveux. Le Communisme par-dessus tout, même encore plus que les richesses, c'est toutes les peines à partager. Y aura toujours, c'est fatal, c'est la loi biologique, le progrès n'y changera rien, au contraire, beaucoup plus de peines que de joies à partager… Et toujours, toujours davantage… Le cœur pourtant ne s'y met pas.

C'est difficile de le décider… Il rechigne… Il se dérobe… cherche des excuses… Il pressent… Automatiquement, c'est la foire ! Un système communiste sans communistes. Tant pis ! Mais il faut rien en laisser paraître ! Qui dira "pouce" sera pendu !...

À nous donc les balivernes ! À notre renfort tous les supposés cataclysmes ! Les ennemis rocambolesques ! Il faut occuper les tréteaux ! Qu'on renverse pas la cabane ! Les coalitions farouches ! Les complots charognissimes ! Les procès apocalyptiques ! Faut retrouver du Démon ! Le même à toute extrémité ! Le bouc de tous les malheurs ! Noyer le poisson à vrai dire ! Étouffer la dure vérité : que ça ne colle pas les "hommes nouveaux" ! Qu'ils sont tous fumiers comme devant !

Encore nous ici on s'amuse ! On est pas forcé de prétendre ! On est encore des "opprimés" ! On peut reporter tout le maléfice du Destin sur le compte des buveurs de sang ! Sur le cancer "l'Exploiteur". Et puis se conduire comme des garces. Ni vu ni connu !... Mais quand on a plus le droit de détruire ? et qu'on peut même pas râler ? La vie devient intolérable !...

Jules Renard l'écrivait déjà : ''Il ne suffit pas d'être heureux, il faut que les autres ne le soient pas.'' Ah ! C'est un vilain moment, celui où on se trouve forcé de prendre pour soi toute la peine, celle des autres, des inconnus, des anonymes, qu'on bosse tout entièrement pour eux... On y avait juré à Prolo que c'était justement les ''autres'' qui représentaient toute la caille, le fiel profond de tous ses malheurs ! Ah ! l'entôlage ! La putrissure ! Il trouve plus les ''autres''...

Pourtant on l'enferme soigneusement, le nouvel élu de la société rénovée... Même à ''Pierre et Paul'' la prison fameuse, les séditieux d'autrefois étaient pas si bien gardés. Ils pouvaient penser ce qu'ils voulaient. Maintenant c'est fini totalement. Bien sûr plus question d'écrire ! Il est protégé, Prolovitch, on peut bien l'affirmer, comme personne, derrière cent mille fils barbelés, le choyé du nouveau système ! contre les impurs extérieurs et même contre les relents du monde décati. C'est lui qu'entretient, Prolovitch, la police (sur sa propre misère) la plus abondante, la plus soupçonneuse, la plus carne, la plus sadique de la planète. Ah ! on le laisse pas seul ! La vigilance est impeccable ! On l'enlèvera pas, Prolovitch !... Il s'ennuie quand même !... Ça se voit bien ! Il s'en ferait crever de sortir ! De se transformer en ''Ex-tourist'' pour varier un peu ! Il reviendrait jamais. C'est un défi qu'on peut lancer aux Autorités Soviétiques. Aucun danger qu'elles essayent ! On est bien tranquilles ! Elles tenteront pas ! Il resterait plus là-bas personne !

Chez nous, il pourrait se divertir, Prolovitch ! Y a encore des petits loisirs, des drôles de fredaines clandestines, du plaisir enfin ! Même l'exploité 600 pour 100, il a gardé ses distractions ! Comme il aime jaillir du boulot dans un smoking tout neuf (location), jouer les millionnaires whisky ! Se régaler de cinéma ! Il est bourgeois jusqu'aux fibres ! Il a le goût des fausses valeurs. Il est singe. Il est corrompu... Il est fainéant d'âme... Il n'aime que ce qui coûte cher ! ou à défaut, ce qui lui semble tel ! Il vénère la force. Il méprise le faible. Il est crâneur, il est vain ! Il soutient toujours le ''faisan''. Visuel avant tout, faut que ça se voye ! Il va au néon comme la mouche. Il y peut rien. Il est clinquant. Il s'arrête tout juste à côté de ce qui pourrait le rendre heureux, l'adoucir. Il souffre, se mutile, saigne, crève et n'apprend rien. Le sens organique lui manque. Il s'en détourne, il le redoute, il rend la vie de plus en plus âpre. Il se précipite vers la mort à grands coups de matière, jamais assez... Le plus rusé, le plus cruel, celui qui gagne à ce jeu, ne possède en définitive que plus d'armes en main, pour tuer encore davantage, et se tuer. Ainsi sans limite, sans fin, les jeux sont faits !... C'est joué ! C'est gagné !...

Là-bas, l'Homme se tape du concombre. Il est battu sur toute la ligne, il regarde passer ''Commissaire'' dans sa Packard pas très neuve… Il travaille comme au régiment, un régiment pour la vie… La rue même faut pas qu'il abuse ! On connaît ça, ses petites manières ! Comment qu'on le vide à la crosse !... C'est l'avenir seulement qu'est à lui ! Comme ici exactement !... ''Demain on rasera gratis''… Pourquoi ça biche pas, Tartempion ? C'est l'instinct juste qu'a manqué ! C'est tout simple ! Au fond, qu'on y réfléchisse, y avait pas besoin d'attendre pour partager les richesses. On aurait pu se les répartir déjà dans les temps agricoles, tout au début des humains… Pourquoi donc tous ces chichis ? Les fourmis elles ont pas d'usines, ça les a jamais empêchées… ''Tous pour tous''… C'est leur devise !

Capital ! Capital ! Faut plus rugir, c'est toi tout entier, Prolo ! de la Rolandique au croupion… Popu, t'es seul ! T'as plus personne pour t'accabler ! Pourquoi ça recommence les vacheries ?... Parce qu'elles remontent spontanées de ta nature infernale, faut pas te faire d'illusion, ni de bile, *sponte sua*. Ça recommence.

Pourquoi le bel ingénieur il gagne des 7000 roubles par mois ? Je parle de là-bas en Russie, la femme de ménage que 50 ? Magie ! Magie ! Qu'on est tous des fumiers ! là-bas comme ici ! Pourquoi la paire de tatanes elle coûte déjà 900 francs ? et un ressemelage bien précaire (j'ai vu) dans les 80 ?... Et les hôpitaux ? Celui, le beau du Kremlin à part et les salles pour ''l'Intourisme''. Les autres sont franchement sordides ! Ils ne vivent guère qu'au 1/10e d'un budget normal. Toute la Russie vit au dixième du budget normal, sauf Police, Propagande, Armée…

Tout ça c'est encore l'injustice rambinée sous un nouveau blase, bien plus terrible que l'ancienne, encore bien plus anonyme, calfatée, perfectionnée, intraitable, bardée d'une myriade de poulets extrêmement experts en sévices. Oh ! pour nous fournir des raisons de la déconfiture canaille, de la carambouille gigantesque, la dialectique fait pas défaut !... Les Russes baratinent comme personne ! Seulement qu'un aveu pas possible, une pilule qu'est pas avalable : que l'Homme est la pire des engeances !... qu'il fabrique lui-même sa torture dans n'importe quelles conditions, comme la vérole son tabès… C'est ça la vraie mécanique, la profondeur du système !... Il faudrait buter les flatteurs, c'est ça le grand opium du peuple…

L'Homme il est humain à peu près autant que la poule vole. Quand elle prend un coup dur dans le pot, quand une auto la fait valser, elle s'enlève bien jusqu'au toit, mais elle repique tout de suite dans la bourbe, rebecqueter la fiente. C'est sa nature, son ambition. Pour nous, dans la société, c'est exactement du même. On cesse d'être si profond fumier que sur le coup d'une catastrophe. Quand tout se tasse à peu près, le naturel reprend le galop. Pour ça même, une Révolution faut la juger vingt ans plus tard.

''Je suis ! tu es ! nous sommes des ravageurs, des fourbes, des salopes !'' Jamais on dira ces choses-là. Jamais ! Jamais ! Pourtant la vraie Révolution ça serait bien celle des Aveux, la grande purification !

Mais les Soviets ils donnent dans le vice, dans les artifices saladiers. Ils connaissent trop bien les goupilles. Ils se perdent dans la propagande. Ils essayent de farcir l'étron, de le faire passer au caramel. C'est ça l'infection du système.

Ah ! il est remplacé le patron ! Ses violences, ses fadaises, ses ruses, toutes ses garceries publicitaires ! On sait la farder la camelote ! Ça n'a pas traîné bezef ! Ils sont remontés sur l'estrade les nouveaux souteneurs !... Voyez les nouveaux apôtres… Gras de bide et bien chantants !.... Grande Révolte ! Grosse Bataille ! Petit butin ! Avares contre Envieux ! Toute la bagarre c'était donc ça ! En coulisse on a changé de frime… Néo-topazes, néo-Kremlin, néo-garces, néo-lénines, néo-jésus ! Ils étaient sincères au début… à présent, ils ont tous compris ! (Ceux qui comprennent pas : on fusille). Ils sont pas fautifs mais soumis !... Ça serait pas eux, ça serait des autres… L'expérience leur a profité… Ils se tiennent en quart comme jamais… L'âme maintenant c'est la ''carte rouge''… Elle est perdue ! Plus rien !... Ils les connaissent eux tous les tics, tous les vices du vilain Prolo… Qu'il pompe ! Qu'il défile ! Qu'il souffre ! Qu'il crâne !... Qu'il dénonce !... C'est sa nature !... Il y peut rien !... Le prolétaire ? en ''maison'' ! Lis mon journal ! Lis mon cancan, juste celui-là ! Pas un autre ! et mords la force de mes discours ! Surtout va jamais plus loin, vache ! Ou je te coupe la tête ! Il mérite que ça, pas autre chose !... La cage !... Quand on va chercher les flics on sait bien tout ce qui vous attend !... Et c'est pas fini encore ! On fera bien n'importe quoi, pour pas avoir l'air responsables ! On bouchera toutes les issucs. On deviendra ''totalitaires !'' Avec les juifs, sans les juifs. Tout ça n'a pas d'importance !... Le Principal c'est qu'on tue !... Combien ont fini au bûcher parmi les petits croyants têtus pendant les époques obscures ?... Dans la gueule des lions ?.. Aux galères ?... Inquisitionnés jusqu'aux moelles ? Pour la Conception de Marie ? ou trois versets du Testament ? On peut même plus les compter ! Les motifs ? Facultatifs !... C'est même pas la peine qu'ils existent !... Les temps n'ont pas changé beaucoup à cet égard-là ! On n'est pas plus difficiles ! On pourra bien tous calancher pour un fourbi qu'existera pas ! Un Communisme en grimaces ! .... Ça n'a vraiment pas d'importance au point où nous sommes !... Ça, c'est mourir pour une idée ou je m'y connais pas !... On est quand même purs sans le savoir !... à bien calculer quand on songe, c'est peut-être ça L'Espérance ? Et l'avenir esthétique aussi ! Des guerres qu'on saura plus pourquoi !... De plus en plus formidables ! Qui laisseront plus personne tranquille !... que tout le monde en crèvera… deviendra des héros sur place… et poussière par-dessus le marché !... Qu'on débarrassera la Terre... Qu'on a jamais servi à rien... Le nettoyage par l'Idée…

À L'AGITÉ DU BOCAL

C'est en 1948 que Céline, ayant appris que Sartre dans ''Portrait d'un antisémite'' (*Les Temps Modernes*, décembre 1945, texte repris plus tard en volume chez Gallimard sous le titre de *Réflexions sur la Question juive*) avait écrit : ''Si Céline a pu soutenir les thèses socialistes des Nazis, c'est qu'il était payé'', écrivit ce pamphlet en réponse. Il l'envoya à Jean Paulhan qui ne le publia pas, et le double à Albert Paraz qui le reproduisit à la fin de son livre *Le Gala des vaches*, où il passa inaperçu. Une édition à 200 exemplaires en fut tirée par les soins de ses amis (P. Lanauve de Tartas, Paris, s.d.).

Je ne lis pas grand-chose, je n'ai pas le temps. Trop d'années perdues déjà en tant de bêtises et de prison ! Mais on me presse, adjure, tarabuste. Il faut que je lise absolument, paraît-il, une sorte d'article, le *Portrait d'un Antisémite*, par Jean-Baptiste Sartre (*Temps modernes*, décembre 1945). Je parcours ce long devoir, jette un œil, ce n'est ni bon ni mauvais, ce n'est rien du tout, pastiche... une façon de ''Lamanièredeux''... Ce petit J.-B. S. a lu *l'Étourdi*, *l'Amateur de Tulipes*, etc. Il s'y est pris, évidemment, il n'en sort plus... Toujours au lycée, ce J.-B. S. ! toujours aux pastiches, aux ''Lamanièredeux''... La manière de Céline aussi... et puis de bien d'autres... ''Putains'', etc... ''Têtes de rechange''... ''Mais''... Rien de grave, bien sûr. J'en traîne un certain nombre au cul de ces petits ''Lamanièredeux''... Qu'y puis-je ? Étouffants, haineux, foireux, bien traîtres, demi-sangsues, demi-ténias, ils ne me font point d'honneur, je n'en parle jamais, c'est tout. Progéniture de l'ombre. Décence ! Oh ! je ne veux aucun mal au petit J.-B. S. ! Son sort où il est placé est bien assez cruel ! Puisqu'il s'agit d'un devoir, je lui aurais donné volontiers sept sur vingt et n'en parlerais plus... Mais page 462, la petite fiente, il m'interloque ! Ah ! le damné pourri croupion ! Qu'ose-t-il écrire ? ''*Si Céline a pu soutenir les thèses socialistes des nazis c'est qu'il était payé.* '' Textuel. Holà ! Voici donc ce qu'écrivait ce petit bousier pendant que j'étais en prison en plein péril qu'on me pende. Satanée petite saloperie gavée de merde, tu me sors de l'entre-fesse pour me salir au dehors ! Anus Caïn pfoui. Que cherches-tu ? Qu'on m'assassine ! C'est l'évidence ! Ici ! Que je t'écrabouille ! Oui !... Je le vois en photo, ces gros yeux... ce crochet... cette ventouse baveuse... c'est un cestode ! Que n'inventerait-il, le monstre, pour qu'on m'assassine ! À peine sorti de mon cacao, le voici qui me dénonce ! Le plus fort est que page 451 il a le fiel de nous prévenir : ''*Un homme qui trouve naturel de dénoncer des hommes ne peut avoir notre conception de l'honneur, même ceux dont il se fait le bienfaiteur, il ne les voit pas avec nos yeux, sa générosité, sa douceur, ne sont pas semblables à notre douceur, à notre générosité, on ne peut pas localiser la passion.*'' Dans mon cul où il se trouve, on ne peut pas demander à J.-B. S. d'y voir bien clair, ni de s'exprimer nettement, J.-B. S. a semble-t-il cependant prévu le cas de la solitude et de l'obscurité dans mon anus… J.-B. S. parle évidemment de lui-même lorsqu'il écrit page 451 : ''*Cet homme redoute toute espèce de solitude, celle du génie comme celle de l'assassin.*'' Comprenons ce que parler veut dire… Sur la foi des hebdomadaires J.-B. S. ne se voit plus que dans la peau du génie. Pour ma part et sur la foi de ses propres textes, je suis bien forcé de ne plus voir J.-B. S. que dans la peau d'un assassin, et encore mieux, d'un foutu donneur, maudit, hideux, chiant pourvoyeur, bourrique à lunettes. Voici que je m'emballe ! Ce n'est pas de mon âge, ni de mon état… J'allais clore là… dégoûté, c'est tout… Je réfléchis… Assassin et génial ? Cela s'est vu… Après tout… C'est peut-être le cas de Sartre ? Assassin il est, il voudrait l'être, c'est entendu mais, génial ? Petite crotte à mon cul génial ? hum ?... c'est à voir… oui certes, cela peut éclore… se déclarer… mais J.-B. S. ? Ces yeux d'embryonnaire ? ces mesquines épaules ?... ce gros petit bidon ? Ténia bien sûr, ténia d'homme, situé où vous savez… et philosophe !... c'est bien des choses… Il a délivré, parait-il, Paris à bicyclette. Il a fait joujou… au Théâtre, à la Ville, avec les horreurs de l'époque, la guerre, les supplices, les fers, le feu. Mais les temps évoluent, et le voici qui croît, gonfle énormément, J.-B. S. ! Il ne se possède plus… il ne se connaît plus… d'embryon qu'il est il tend à passer créature… le cycle… il en a assez du joujou, des tricheries… il court après les épreuves, les vraies épreuves… la prison, l'expiation, le bâton, et le plus gros de tous les bâtons : le Poteau… le Sort entreprend J.B.-S... les Furies ! finies les bagatelles… Il veut passer tout à fait monstre ! Il engueule de Gaulle du coup !

Quel moyen ! Il veut commettre l'irréparable ! Il y tient ! Les sorcières vont le rendre fou, il est venu les taquiner, elles ne le lâcheront plus… Ténia des étrons, faux têtard, tu vas bouffer la Mandragore ! Tu passeras succube ! La maladie d'être maudit évolue chez Sartre… Vieille maladie, vieille comme le monde, dont toute la littérature est pourrie… Attendez J.-B. S. avant que de commettre les gaffes suprêmes !... Tâtez-vous ! Réfléchissez que l'horreur n'est rien sans le Songe et sans la Musique… Je vous vois bien ténia, certes, mais pas cobra, pas cobra du tout… nul à la flûte ! Macbeth n'est que du Grand-Guignol, et des mauvais jours, sans musique, sans rêve… Vous êtes méchant, sale, ingrat, haineux, bourrique, ce n'est pas tout J.-B. S. ! Cela ne suffit pas… Il faut danser encore !... Je veux bien me tromper bien sûr… Je ne demande pas mieux… J'irai vous applaudir lorsque vous serez enfin devenu un vrai monstre, que vous aurez payé, aux sorcières, ce qu'il faut, leur prix, pour qu'elles vous transmutent, éclosent, en vrai phénomène. En ténia qui joue de la flûte.

M'avez-vous assez prié et fait prier par Dullin, par Denoël, supplié ''sous la botte'' de bien vouloir descendre vous applaudir ! Je ne vous trouvais ni dansant, ni flûtant, vice terrible à mon sens, je l'avoue...

Mais oublions tout ceci ! Ne pensons plus qu'à l'avenir ! Tâchez que vos démons vous inculquent la flûte ! Flûte d'abord ! Retardez Shakespeare, lycéen ! 3/4 de flûte, 1/4 de sang... 1/4 suffit je vous assure... mais du vôtre d'abord ! avant tous les autres sangs. L'Alchimie a ses lois... le ''sang des autres'' ne plaît point aux Muses... Réfléchissons... Vous avez emporté tout de même votre petit succès au ''Sarah'', *sous la Botte*, avec vos *Mouches*... Que ne troussez-vous maintenant trois petits actes, en vitesse, de circonstance, sur le pouce, *Les Mouchards* ? Revuette rétrospective... L'on vous y verrait en personne, avec vos petits potes, en train d'envoyer vos confrères détestés, dits ''Collaborateurs'' au bagne, au poteau, en exil... Serait-ce assez cocasse ? Vous-même, bien entendu, fort de votre texte au tout premier rôle... en ténia persifleur et philosophe... Il est facile d'imaginer cent coups de théâtre, péripéties et rebondissements des plus farces dans le cours d'une féerie de ce genre... et puis au tableau final un de ces ''Massacre Général'' qui secouera toute l'Europe de folle rigolade ! (Il est temps !) Le plus joyeux de la décade ! Qu'ils en pisseront, foireront encore à la 500e !... et bien au-delà ! (L'au-delà ! Hi ! Hi !) L'assassinat des ''Signataires'', les uns par les autres !... vous-même par Cassou... cestuy par Eluard ! l'autre par sa femme et Mauriac ! et ainsi de suite jusqu'au dernier !... Vous vous rendez compte ! L'Hécatombe d'Apothéose ! Sans oublier la chair, bien sûr !... Grand défilé de filles superbes, nues, absolument dandinantes... orchestre du Grand Tabarin... Jazz des ''Constructeurs du Mur''... ''Atlantist Boys''... concours assuré... et la grande partouze des fantômes en surimpression lumineuse... 200.000 assassinés, forçats, choléras, indignes... et tondues ! à la farandole ! du parterre du Ciel ! Chœur des ''Pendeurs de Nuremberg''... Et dans le ton vous concevez *plus-qu'existence, instantaniste, massacriste*... Ambiance par hoquets d'agonie, bruits de coliques, sanglots, ferrailles... ''Au secours !''... Fond sonore : ''Machines à Hurrahs !''... Vous voyez ça ? Et puis pour le clou, à l'entr'acte : Enchères de menottes ! et *Buvette au sang*. Le *Bar futuriste absolu*. Rien que du vrai sang ! au bock, cru, certifié des hôpitaux... du matin même ! sang d'aorte, sang de fœtus, sang d'hymen, sang de fusillés !... Tous les goûts ! Ah ! quel avenir J.-B. S. ! Que vous en ferez des merveilles quand vous serez éclos Vrai Monstre ! Je vous vois déjà hors de fiente, jouant déjà presque de la flûte, de la vraie petite flûte ! à ravir !... déjà presque un vrai petit artiste ! Sacré J.-B. S.

www.ingramcontent.com/pod-product-compliance
Ingram Content Group UK Ltd.
Pitfield, Milton Keynes, MK11 3LW, UK
UKHW020839081225
9428UKWH00003B/4

9 781913 890490